KB120374

주요국 사회보장제도 10

프랑스의 사회보장제도

한국보건사회연구원 나남
Korea Institute for Health and Social Affairs nanam

《주요국 사회보장제도》 총서 기획진

노대명 한국보건사회연구원 선임연구위원
김근혜 한국보건사회연구원 연구원
정희선 한국보건사회연구원 연구원

주요국 사회보장제도 10

프랑스의 사회보장제도

2018년 12월 10일 발행
2018년 12월 10일   1쇄

지은이   노대명·김대중·김영아·김은경·나병균·박찬용
          박혜미·신윤정·심창학·이성애·봉인식
발행자   趙相浩
발행처   (주) 나남
주소   10881 경기도 파주시 회동길 193
전화   (031) 955-4601 (代)
FAX   (031) 955-4555
등록   제 1-71호(1979. 5. 12)
홈페이지 www.nanam.net
전자우편 post@nanam.net

ISBN 978-89-300-8952-4
ISBN 978-89-300-8942-5 (세트)

책값은 뒤표지에 있습니다.

주요국 사회보장제도 10

프랑스의 사회보장제도

노대명 · 김대중 · 김영아 · 김은경 · 나병균 · 박찬용
박혜미 · 신윤정 · 심창학 · 이성애 · 봉인식

한국보건사회연구원 나남
Korea Institute for Health and Social Affairs nanam

머리말

지난 20년간 프랑스 사회보장제도는 큰 변화를 경험해 왔다. 그리고 최근 들어서는 더욱 근본적인 개혁이 이루어지고 있는 것처럼 보인다. 하지만 이는 갑작스럽게 나타난 개혁이라기보다 지난 수십 년간 누적된 크고 작은 수많은 개혁의 효과라고 말할 수 있을 것이다. 그리고 이러한 개혁들은 2차 세계대전 이후 구축된 현 사회보장체계가 빠르게 변화하는 경제·사회 현실과 충돌하며 만들어낸 결과물일 것이다.

이는 결국 프랑스 사회보장제도의 역사적 변천 과정을 통해 이해해야 할 문제이다. 그것은 프랑스혁명 직후 공화주의 혁명가들이 꿈꾸었던 복지국가에 대한 이상과 그 힘겨운 여정, 제3공화국 아래 자라났던 복지국가의 이상과 좌절, 그리고 현대 프랑스 사회보장제도의 설계자였던 라로크(Pierre Laroque)의 야심찬 사회보장계획과 그 절반의 성공 등을 의미한다. 특히, 보편적이고 단일하며 민주적인 사회보장제도를 꿈꾸었던 라로크의 사회보장계획이 여러 직능 집단의 반대로 다양한 레짐으로 구성된 현재의 형태를 갖게 되었다는 점에 주목할 필요가 있다. 프랑스 사회보장제도는 비스마르크 모델에서 다른 모델, 즉 베버리지 모델이나 그와 유사하지만 다른 어떤 사회보장 모델로 변화하고 있다고 말할 수 있을지 모른다.

이 책은 프랑스 사회보장제도를 학생이나 관련 전문가가 알기 쉽게 소개하는 데 초점을 맞추어 집필되었다. 국내외에서 활동하는 사회보장제도 각 분야의 전문가들을 필자로 하여 내용의 전문성을 높이는 데 주력하였다. 아울러 3부로 구성하여, 제 1부는 프랑스 사회보장제도의 역사와 환경 그리고 최근 동향을, 제 2부는 프랑스의 주요 소득보장제도를, 제 3부는 의료보장과 사회서비스를 소개했다.

제 1부 사회보장 총괄은 모두 6장으로 구성되어 있으며 프랑스 사회보장제도를 이해하는 데 필요한 기본정보를 제공하도록 초점을 맞추어 집필되었다. 제 1장 사회보장의 역사적 전개는 주요 발전단계를 중심으로 제도 도입 및 개편의 핵심내용과 그 배경을 설명하고 있으며, 제 2장 사회보장제도의 기본구조는 사회보장제도 전체의 구조와 그것을 운영하는 중앙과 지방의 행정체계를 폭넓게 소개하고 있다. 정책환경을 진단한 제 3장 경제여건과 소득분배구조는 최근의 통계자료를 기초로 그 실태를 자세하고 분석하고 있다. 제 4장 인구구조의 변화와 전망은 통계자료를 활용하여 프랑스의 소득분배구조와 인구 문제를 국제비교 등을 통해 균형감 있게 보여주고 있다. 제 5장 정부재정과 사회보장재정은 다양한 재정통계를 활용하여 프랑스 사회보장재정이 갖는 특징을 잘 보여주고 있으며, 특히 일반 사회보장 부담금(CSG) 제도를 자세히 소개하고 있다. 제 6장 최근 사회보장 개혁동향은 마크롱 정부 출범 이후의 동향을 소개하고 있다.

제 2부 소득보장제도는 5장으로 구성되어 있으며, 프랑스 소득보장제도 중 핵심제도의 구조와 특징 그리고 당면과제를 소개하고 있다. 제 7장 공적 연금제도는 프랑스 연금제도의 다층구조를 소개하고, 각 레짐별 공적연금제도의 주요 내용과 현황 그리고 문제점을 다루고 있다. 제 8장 고용보험제도 및 고용정책은 실업보험제도의 역사와 수급자 현황, 주요 고용정책의 주요 내용 그리고 정책과제를 다양한 자료를 활용해 자세히 언급하고 있다.

제 9장 산재보험제도는 제도의 구조와 주요 내용 그리고 최근의 보장 실태와 쟁점 등을 소개하고 있다. 특히, 자영업자 등 기존 제도로 보호하기 힘든 집단에 대한 지원제도를 자세히 설명하고 있다. 제 10장 가족수당제도는 프랑스 사회보장제도의 상징적 제도인 가족수당제도의 구조와 주요 정책 그리고 실태와 문제점 등을 각종 통계자료를 토대로 자세히 보여주고 있다. 끝으로 제 11장 공공부조제도는 인구 집단별로 분산된 형태를 갖추고 있는 프랑스 생계급여제도 및 기타 사회부조제도를 소개하고 있다.

제 3부 의료보장 및 사회서비스는 7장으로 구성되어 있으며, 의료보장제도와 장기요양보험 그리고 기타 사회서비스를 다루고 있다. 제 12장 보건의료제도는 프랑스의 보건의료체계와 주요 관리기구 그리고 병원 등 의료공급기관의 실태와 과제를 설명하고 있다. 제 13장 의료보장제도는 프랑스 의료보장제도의 발전과정, 기본구조, 그리고 재정구조를 중심으로 살펴보고 있다. 제 14장 장기요양보장제도는 프랑스 장기요양제도를 그 발전과정과 기본구조 그리고 등급판정과 지원서비스 등을 중심으로 자세히 설명하고 있다. 참고로 프랑스 장기요양보장제도는 사회보험방식의 제도가 아니라 조세를 재원으로 하며 지방정부가 관리하는 제도이다. 제 15장 고령자 복지서비스는 장기요양제도를 제외한 복지서비스, 간병서비스, 주거서비스 등을 소개하고 있다. 제 16장 장애인 복지서비스는 프랑스의 장애인 통합지원체계와 주요 내용 그리고 지원서비스 등 다양한 내용을 다루고 있다. 제 17장 아동 및 보육서비스는 프랑스 보육정책의 발전과정과 현황을 소개하고 있다. 제 18장 주택 및 주거서비스는 프랑스의 공공임대주택(HLM)과 주거수당을 중심으로 발전과정과 주요 내용을 소개하고 있다.

〈주요국 사회보장제도〉는 기획과 집필 그리고 편집까지 많은 시간을 투여하였다. 먼저 집필과 반복되는 수정 그리고 출판까지 긴 시간을 인내해 주신 모든 필자 분들께 진심으로 감사드린다. 그리고 힘든 기획과 제작과정을 언제나 웃음으로 함께해 주신 김근혜 연구원과 정희선 연구원께 감사

드린다. 그리고 방대한 분량의 원고를 꼼꼼하게 다듬어 주신 나남출판사의
관계자 분들께도 감사의 마음을 전한다. 끝으로 이 기획을 승인하고 지지
해주셨던 김상호 원장님께 감사드린다.

한국보건사회연구원

노 대 명

주요국 사회보장제도 10
프랑스의 사회보장제도

차 례

3부 의료보장 및 사회서비스

제 **1** 부 　사회보장 총괄

사회보장의 역사적 전개

1. 사회보장과 사회보호의 개념

프랑스에서 '사회보장'(*sécurité sociale*)은 사회보험과 가족수당을 지칭하는 법률 용어로서 비교적 구체적이고 한정된 의미를 포함하고 있다. 이에 비하여 프랑스에서 '사회보호'(*protection sociale*)란 단어는 사회보장, 실업보험 (*assurance chômage*) 그리고 사회부조(*aide sociale*)와 사회복지서비스(*action sociale*)을 포함하는 포괄적 의미로 쓰이고 있다. 여기서 역사와 기본구조를 설명하는 데 있어서는 프랑스 사회보장은 물론 실업보험, 사회부조와 사회복지서비스를 포함한 프랑스 사회보호의 역사를 다룰 것이다.

프랑스 사회보호체계는 서로 대립하는 동시에 상호 보충적인 세 가지 상이한 논리에 기초한다. 세 가지 논리는 첫째, 피보험자(*assuré*)의 자격으로 획득하는 권리(*droit*)를 의미하는 각종 사회보험과 가족수당(급여), 둘째, 프랑스 영토 내의 거주자가 갖는 권리로서 사회부조의 다양한 급여, 그리고 마지막으로, 지방자치단체(*collectivités territoriales*)와 관련 공공기관이 스스로 의무화하는, 그러나 수혜 대상자의 권리라고 할 수는 없는 제

<표 1-1> 사회보호의 세 가지 논리 요약

	사회보장	사회부조	사회(복지)서비스
보호의 성격	피보험자와 부양가족에게 급여가 의무적으로 제공.	지자체, 공공단체의 의무적 이행, 의무적 지출	임의적
방법	위험의 실현과 동시에 그리고 기여수준의 과다와 상관없이 급여 제공(객관적 권리)	대상자의 상태에 따라 개별화된 욕구에 대하여 재정 보조(주관적 권리). 따라서 개인의 욕구상태를 입증해야만 하며 행정은 이를 측정 평가	자원봉사 정책의 틀 안에서 공중 또는 영토를 목표로 하는 재화와 서비스의 사회화, 특수화된 제공
재정의 원칙	피보험자 보험료, 급여 수준은 국가가 결정	잔여적	일시적 감정이나 충동, 집합적 재화, 설비, 조치에 대한 실험 목적으로 추진, 재정지원은 오래 지속되지 않고 축소될 수 있음
법적·규칙적 근거	〈사회보장법〉	〈사회복지서비스 및 가족법〉	몇 가지 행정 회람
수혜자 유형	노동하는 인간	피부조인	활동적 행위자로서 인간

자료: Thévenet, Hardy, & Lhuillier, 2015: 34.

반 사회(복지) 서비스를 포함한다.

이와 같이 프랑스 사회보호체계는 단일한 논리에 기초하지 않고 상이한 세 가지 논리에 기초하고 있는 혼종적(hybride) 개념으로 이해해야 한다. 또한 이 세 가지의 논리에 기초하여 제반 급여와 서비스가 제공되는 다원화된 제도로 구성되어 있다.

프랑스 사회보호체계는 사회보장체계와 사회부조체계 그리고 사회복지서비스체계로 구성되어 있다. 여기서 수혜 대상자의 법적 권리에는 두 가지가 있다. 사회부조는 사회보장과 함께 사회권을 구성하는 두 개의 기본 권리라 할 수 있다.

사회부조의 권리는 영토적 개념에 기초한다. 다시 말해서 프랑스 영토에 거주함으로써 누릴 수 있는 권리이다. 객관적 권리(droit objectif)인 사회보장의 권리와는 달리 사회부조의 권리는 주관적 권리(droit sujectif)[1]이다. 권리로서 사회보장과 사회부조는 의무적 성격을 지닌다. 여기서 의무적이라 함은 법적 의무로, 다시 말해 사회보장과 사회부조의 이름으로 대상자에게 제공되는 급여는 국가 또는 사회보장제도가 의무적으로 제공해야만 한다는 의미이다. 그래서 만약 이 권리가 제대로 실현되지 않을 경우 국민은 사회보장공단(Caisse de la Sécurité Sociale) 혹은 국가와 지방자치단체를 상대로 급여나 서비스를 요구할 수 있다. 프랑스 사회부조에 대한 이의 신청, 사회보장법원과 소송제도(contentieux)가 바로 그것이다. 그러나 이와는 대조적으로 사회복지서비스는 임의적인 사회부조(aide sociale facultative)로서 이해할 수 있고 권리성이 희박하다(Thévenet et al., 2015). 즉, 제공자 혹은 제공 주체의 의사에 따라 대상자 혹은 대상 집단에 임의로 제공되는 급여나 서비스를 말한다. 2)

2. 역사적 전개

역사적으로 사회보호체계는 중세의 자선(charité)에서 공공부조(assistance publique)로, 그리고 19세기 말부터 20세기 초 기간 동안 사회보험(assurances sociales)으로, 그리고 2차 세계대전 이후 사회보장(sécurité sociale)으로 발전하였다. 이러한 역사적 변화 단계가 각각 전 단계의 논리가 일소된 채 순수한 새로운 논리에 의해 지배되었던 것은 아니다. 중심이 되는 사회보호의 논리와 활동이 바뀔 뿐 이전의 것들도 지속적으로 존재한다. 예를 들어 자선의 시대는 중세 번영기를 지나 15세기경 중세 장원경제의 쇠퇴와 절대왕권, 상공업의 부흥으로 끝이 나지만 자선의 논리와 활동은 공공부조

---

1) 사회부조는 급여조건으로 자산조사 실시와 부양의무자의 부재 또는 부양의무자의 부양능력 부재 혹은 부족을 필요로 한다.
2) 연고지 불명의 난민 집단, 집시, 경제적 어려움에 처한 미성년 젊은 층, 아르키(Harki)와 자녀, 자녀 없는 성인 부녀자 등을 의미한다.

의 시대에 이어 그 이후 기간에서도 계속 나타난다. 또 다른 예로 사회보험은 19세기 말부터 20세기 초까지의 기간 동안 노동자 계급을 중심으로 발전한 새로운 사회보호의 논리이자 활동이지만, 사회보험과 같은 기간 동안 공공부조의 논리와 활동도 지속적으로 존재하면서 공공부조 헌장(Charte de l'Assistance Publique, 1889) 채택을 통하여 한 단계 더 민주화, 현대화된 형태로 발전하였다.

사회보호의 역사적 전개에서 발견할 수 있는 두 개의 중심주제는 빈곤과 생활 불안정 문제이다. 빈곤의 문제는 그 역사가 매우 길다. 이에 비해 노동자 계급의 생활 불안정 문제는 비교적 최근에 나타난 것으로, 19세기 프랑스 사회의 산업화와 함께 중요한 사회 문제로 대두했다.

우리는 역사적 전개과정을 자선의 시대(~15세기 말), 공공부조의 시대(16세기 초~19세기 말), 사회보험의 시대(19세기 말~20세기 초), 그리고 사회보장의 시대(1945년~현재) 등 4단계로 나누어 살펴볼 것이다.

1) 자선의 시대

프랑스 역사에서 빈곤은 긴 역사를 가지고 있다. 그러나 빈곤과 빈민 집단에 사회가 개입하기 시작한 것은 기독교 전파 이후로 알려져 있다(Lallemand, 1910). 기독교에서는 이웃을 사랑하라고 가르치고 어려운 이웃을 돕도록 장려한다.

중세시대 사회보호의 기본단위는 교구(paroisse)였다. 그리고 빈민과 부랑인은 사회로부터 환영받는 존재였다. 이들은 평생을 신의 존재를 찾아 전국을 떠돌며 생활하는 순례자들(pèlerins)과 동일시되었으며, 모든 교회와 수도원에서는 문을 활짝 열고 이들을 환대하였다.

자선은 종교적 동기에 의해 빈민을 돕는 것을 말한다. 자선의 논리는 단순한 것이 매우 흥미롭다. 하느님은 돈이 많은 사람의 기도소리보다는 빈민의 기도소리를 더욱 경청한다. 따라서 돈이 많은 사람이 구원받기 위해서는 빈민에게 자선을 베풀어야 한다. 부자의 금전적 혹은 물질적 도움을 받은 빈민은 하느님께 이를 알리고 부자의 구원을 위해 기도하며, 빈민의 기도소리를 경청한 하느님은 부자를 구원한다는 논리이다. 중세시대 사회는 빈민을 앞다투어 도와줌으로써 빈민 집단은 어느 시대보다도 적극적으로 보호되었다.

2) 공공부조의 시대

공공부조는 자선의 세속화로 이해할 수 있다. 유럽의 역사에서 16세기는 상공업의 부활과 절대왕권 대두의 시대였다. 상공인(*bourgeois*)의 지원에 의한 절대왕권의 강화는 바티칸의 교황을 능가하리만큼 커졌고 빈민에 대한 보호는 교회에서 절대왕권의 손으로 넘어갔다. 빈민은 더 이상 사회로부터 환영받는 존재가 되지 못하였고 오히려 사회질서를 위협하는 성가시고 귀찮은 존재로 바뀌었다.

첫 번째 세속화 노력은 프랑수아 1세 때 있었던 '빈민 사무소'(Bureau des Pauvres)이다. 이 기관은 현재의 코뮌 사회복지센터(CCAS)의 기원이다. 영국에서는 〈엘리자베스 빈민법〉(*Poor Law*, 1601)이 16세기 말 빈민법을 집대성한 총괄적 형태의 법으로 기록된다. 프랑스의 빈민 사무소와 영국의 빈민법은 절대왕권 주도로 지방자치단체가 해당 지역의 빈민에 대한 공식적 책임을 천명한 최초의 노력으로 이해할 수 있다. 파리 지역에는 오텔 디외(Hôtel Dieu)가 민간 서비스로 전환되었다. 그 이후 모든 대도시마다 오피탈 제네랄(Hôpital Général)이 세워졌고 왕이 임명한 검사에 의해 운영되었다.

18세기 말부터 19세기 초 사이, 프랑스 혁명기에는 역사상 처음으로 부조의 권리(*droit de l'assistance*) 개념이 출현하였다. 몽테스키외(Montesquieu)는 《법의 정신》에서 "길거리에서 나눠주는 동냥과 자선으로 국가의무가 이행되었다고 볼 수 없다"고 하였다. 1790년에는 혁명세력에 의해 '구걸방지위원회'(Comité de l'Extinction de la Mendicité)가 결성되었고 그 운영은 라로슈푸코 리앙쿠르 경(Duc de la Rochefoucauld-Liancourt)이 맡았다. 프랑스 제1공화국 헌법(1791년 9월 3일 공포) 제1조는 "유기아를 양육하고 병약자를 부양하고 노동 가능한 빈민에게 노동 기회를 제공할 목적으로 공공구호 총괄본부를 조직한다"며 부조에 할애되어 있다. 1793년 정비된 헌법에는 "사회는 시민에게 노동의 기회를 제공해 주거나 생존수단을 보장해 줌으로써 생존을 보장해 주어야 한다"고 규정하였다.

이러한 프랑스 혁명기의 새로운 부조이념은 보호 대상자 권리개념에 기초한 이상적인 것이었지만 실정법과 사회복지제도로 구체화되지 못하고 끝나버렸다. 이어 나폴레옹 집권 이후 국가는 사회권 실현에 관심을 두지 않았고 프랑스 혁명세력이 만든 사회권 이념은 계승되지 못한 채 거의 한 세기를 지나다가[3] 19세기 말 제3공화정에서 부활하였다.

프랑스 제3공화정(1871~1939년)은 사회보호 발달에서 매우 중요한 시기이다. 빈민에 대한 관심과 공공부조 중심의 사회보호 정책을 말하면서 레옹 부르주아(Léon Bourgeois)의 연대주의(*solidarisme*)에 주목하지 않을 수 없다. 그는 사회구성원 간의 관계를 연대의 관계로 정의하고 사회구성원 전체가 연대적 관계 속에서 지내야 하고 또 지내고 있다고 주장했다. 그에 따르면 가장 유복한 사회구성원은 가장 빈곤하고 빚이 많은 사회구성원에게 빚을 지고 있다는 것이다. 따라서 빈곤한 사회구성원에 대한 부유한 사람의 일종의 의무가 존재하는데 이것이 공공부조제도로 구체화되는 것이다. 따라서 부르주아는 빈곤 문제 대안으로서 국가의 적극적 정책과 제도, 특히 공공부조의 현대화, 활성화가 필요하다고 역설하였다.

---

3) 19세기 부조 역사에서 하나의 예외적인 복지입법으로 간주되는 1838년의 〈정신질환자법〉을 빼놓을 수는 없다. 이 법은 각 도(*département*)마다 1개씩 정신질환자 수용시설을 설치하도록 규정하고 있다.

19세기 말 제 3공화정이 추진한 복지 개혁은 교육 개혁과 함께 매우 강력하고 강도 높게 진행되었다. 이들 개혁을 뒷받침하는 공화주의 이념은 프랑스 혁명에서 근원을 찾을 수 있는데, 복지 개혁과 교육 개혁의 기본이 되었다. 1890년대부터 부조체계의 전면적 재구조화가 이루어졌다. 현대적 공공부조 입법이 들어서게 된 것은 1889년 파리 공공부조 국제회의가 채택한 공공부조 헌장이 그 효시가 된다.

이후 19세기 말부터 20세기 초까지 설립된 사회보호의 법과 제도는 매우 다양하다. 좀더 구체적으로, 1893년 〈무료 의료부조법〉으로 지자체가 빈곤층의 모든 의료비용을 부담토록 하였고 병원이 부조기관(의 법적 지위)에서 유료서비스가 제공되는 의료기관으로 전환되었다. 1904년 6월 27일, 28일 법은 아동부조 서비스의 재편을 규정했다. 1905년 7월 14일 법은 노인, 병약자, 장애인 집단에 연금 급여를 제공하거나 복지시설에 수용토록 하였고 1913년 7월 14일, 17일 법은 빈곤한 임산부와 관련한 부조법이었다. 1910년 4월 5일 법은 다성원 빈곤가족에 대한 부조법이었다.

이러한 부조 관계법 외에도 산업체 종사 임금근로자 집단의 사회보호에 관한 새로운 법과 제도가 이 시기에 나타나기 시작하였다. 1898년 4월 1일 법은 공제조합에 관한 법률이었으며 1898년 4월 9일 법은 산업재해 보상의 고용주 책임을 규정한 산재보상에 관한 법률이었다. 1910년 4월 5일 법은 〈노동자와 농민을 위한 퇴직연금제도에 관한 법〉(*Loi sur les Retraites Ouvriers et Paysannes*: *ROP*) 이었고 1928년 4월 5일 그리고 1930년 4월 30일에는 〈사회보험법〉이, 1932년 4월 11일에는 의무적 성격의 〈가족수당법〉 등이 나타났다.

19세기 말과 20세기 초 기간의 사회보호제도는 부조와 재해예견 조치 (*prévoyance*) 가 프랑스 사회 내에 공존하는 시기였다고 정리할 수 있다. 우선 공공부조는 전통적인 대상자인 빈민 집단을 보호하기 위한 것으로, 이기간 동안 민주적이고 현대적인 모습으로 재편되었다. 아울러 공공부조의 민주화와 현대화 그리고 사회보호의 새로운 이념이자 보호기술로서 재해예견적 조치와 제도가 프랑스 사회에 모습을 보이기 시작했다. 바야흐로 공공부조와 사회보험의 양립시대가 시작된 것이다.

3) 사회보험의 시대: 사회의 산업화와 사회보호 이념의 변화

(1) 산업화에 따른 계급분화, 새로운 사회보호 이념 출현: 집단적 재해예견 조치
산업사회의 주된 사회보호의 이념이자 보호 기술은 재해예견적 조치,[4] 좀 더 정확히 정의한다면 집단적 재해예견 조치(*prévoyance collective*)이다.

19세기 초 사회정책학자 외젠 뷔레(Eugène Buret)는 당시 프랑스 사회에서 가속화되는 계급분화 현상과 양자 사이 영원히 상반되는 두 이해관계의 영속화를 발견했다(Buret, 1840: 64). 계급분화에 의해 무산 노동자(*prolétariat*) 집단이 새로이 나타났으며 이는 로베르 카스텔(Robert Castel)이 주목하는 자유노동자 집단, 다시 말해 떠돌이 노동자와 동일시된다(Castel, 1996). 이들은 19세기 산업화 사회의 중심 행위자로 부상했다. 이들의 유일한 생활수단은 임금이었는데, 극히 낮고 불안한 수준에 불과하였다. 실업, 질병, 노령, 산업재해 등의 개입으로 일을 못 하게 되면 임금이 단절되었기 때문이다.

당시 낮은 임금 수준과 불안정성은 이들의 열악한 경제생활의 원인이 되었고 그러한 생활 불안정 요인을 해소하고자 하는 다양한 노력이 있었는데 그 대표적인 것으로 첫째, 노동자의 자구적 노력으로서의 공제조합(Société de Secours Mutuels) 단체와 둘째, 기업주가 자사 노동자를 위해 조직한 고용주공단(Caisses Patronales)이 있었다. 그리고 이들은 국가에 의한 사회

---

4) 재해예견적 조치에 해당되는 보호기술은 개인적 재해예견 조치로서의 저축, 집단적 재해예견 조치로서의 공제조합, 고용주공단, 민간보험, 사회보험 등이 있다[나병균, 《사회보장론》(2002)의 "제 3장 보호기술의 변천"을 참고하라].

보험이 출현하기 전까지 노동자 계급의 경제생활 불안정과 빈곤의 문제를 해결하는 주된 수단이 되었다.

(2) 사회 문제에 대한 국가의 소극적 대응

빈곤의 문제와 노동자 계급의 생활 불안정 문제는 19세기 산업화 사회의 주된 사회 문제였음에도 국가의 대응은 지극히 소극적이었다. 빈곤의 문제는 영국의 경우처럼 빈민법에 의한 대응 노력도 없었다. 국가의 유일한 복지 관계 입법은 1838년 〈정신질환자법〉이었다. 이 법은 정신질환자의 격리수용을 목적으로 도(département) 단위에 정신질환자 수용시설을 설치하는 것이 전부였다. 19세기 기간 동안 영국 사회에 있었던 자선조직화 운동(COS Movement)이나 인보관 운동(Settlement Movement)과 같은 민간 사회복지 부분의 활약상도 찾아볼 수 없었다. 프랑스 혁명기 동안 출현하였던 정부에 의한 참신한 빈곤대책이 무산된 이후, 빈곤의 문제는 다시 교회로 넘어갔다. 가톨릭교회는 19세기 말까지 빈곤 문제와 빈민에 대한 해결사이자 후견인의 역할을 수행하였다.

제2공화국과 제2제정기 동안, 노동자 계급에 의해 조직되고 운영되던 공제조합(SSM)에 대한 국가 입장은 '(공권력에 의한) 조심스러운 감시와 통제'로 요약된다. 요컨대 국가는 이들 공단을 국가에 등록하도록 유도한 다음, 등록된 공단이나 조합에 대해서는 보조금을 지원하였다. 이런 방법으로 노동자 계급을 감시하고 통제하였다. 반면, 고용주공단에 대해서는 기업주의 운영에 일임하였다.

(3) 새로운 사회보호의 이념으로서 사회보험의 출현

세계 최초의 사회보험은 19세기 후반 독일에서 시작되었다. 사회보험제도 제안자라 할 수 있는 당시 재상 비스마르크는 1870년대부터 급격하고 성장하는 노동운동을 무마하고자 노력하였다. 〈사회주의 진압법〉제정을 통하여 노동운동을 탄압하는 동시에 체제 순응적인 노동자 집단에게는 사회보험 제도화를 비롯한 혜택과 기회를 제공코자 하였다. 사회보험은 후자에 해당하는 비스마르크의 정책으로서, 산업재해 등 노동자 생활의 불안정 요인이 되는 사회적 위험에 대해 국가가 보험제도를 만들어 노동자가 의무적으로 가입도록 하고 그 운영은 국가 직영 혹은 가입자에게 맡기며, 재정은 기업이 부담하거나 노동자와 기업주가 분담하는 보험료로 충당토록 하였다. 프로이센(독일) 재상 비스마르크 주도로 이루어진 독일 사회보험은 재해보험(1881)을 시작으로 질병보험(1883), 노령보험(1889)으로 확대되었다. 독일에 비해 프랑스는 30여 년이 지난 이후 사회보험이 제도화되었다.

프랑스 최초 형태의 사회보험은 1910년의 노동자와 농민을 위한 퇴직연금(일명 ROP)이다. 그러나 이 제도는 노령이라는 사회적 위험에 대한 사회보험으로서 당연히 유지되어야 할 조건, 즉 대상자의 강제가입과 보험료 납부의 의무가 개인의 자유를 침해한다는 이유로 법원(*cours de cassation*)의 위헌 판결을 받은 이후 의무가입 조항을 삭제함으로써 가입자 수가 급감하는 현상을 겪었고, 결국 실패한 제도로 끝나 버렸다. 19세기 말 산업재해 보상의 책임 개념을 중심으로 전개된 의회논쟁(*débat parlementaire*)은 결국 1898년 〈산재보상법〉으로 귀결되었다. 산업재해 보상에 대한 기업주 책임을 규정한 〈산재보상법〉은 사법이 정하고 있는 과실 책임주의에서 탈피하여 산업재해 보상에 대한 전적인 기업주 책임을 규정하는 내용이며, 오랜 의회논쟁을 거친 끝에 공포되었다. 그러나 보상제도로서 사회보험 원칙의 적용은 정치적 협상과정에서 삭제되었다. 그런 이유로 하츠펠드는 당시의 〈산재보상법〉을 정치적 타협의 산물로 규정하고 있다(Hatzfeld, 1971).

(4) 국가의 태도

한마디로 국가는 노동자 및 가족의 경제생활 안정 문제에 무관심하였다. 국가는 노동자의 공제조합을 대상으로 재정적 지원을 하거나(1852년 〈공제조합 지원법〉), 국립 노령 퇴직공단(1850)을 설치·운영하는 등의 방법으로 노동자의 개인적이고 임의적인 대비책을 장려하고 보조하는 데 그쳤다.

빈곤자에 대한 국가의 채무, 노동자 계급의 경제생활 안정 보장에 관한 국가의무 등은 19세기 말부터 진보적 성향의 공화파 의원을 중심으로 논의되기 시작하였다. 19세기 말 무렵부터 국가의 무간섭주의5)는 노사 간의 대립 심화와 노동자 계급의 요구 증대에 의한 압박으로 점차 변화하기 시작하였다. 첫째, 노동자와 가족의 (자율적 성격의) 사회보호 조직에 대한 국가의 개입이 강화되었다(1890년 〈철도회사 퇴직 및 구호공단에 관한 법〉, 1894년 〈광부 퇴직금에 관한 법〉, 1895년 〈고용주공단 기금 운용에 관한 법〉 등). 둘째, 1889년 파리에서 열린 세계 공공부조 총회(Congrès International de l'Assistance Publique)에서 채택된 공공부조 원칙에 따라 의무적 공공부조 개념에 기초한 제도가 들어서기 시작하였다.6) 셋째, 종전까지 통제와 감시의 대상이었던 노동자 공제조합을 국가가 앞장서 적극적으로 권장하기 시작하였다(1895년의 〈공제조합 자율화 법률〉, 1898년 4월 공제조합 헌장 등).

노동자와 가족의 경제생활 안정에 대한 국가의무는 1880년 마르탱 나도(Martin Nadaud)가 하원에 제출한 〈사회보험에 관한 법률〉을 시발점으로 한다. 무려 50년에 걸친 보수파 자유주의 진영과 진보적 공화파 의원 간의 의회논쟁이 시작되었다. 그러나 사회보험의 의무가입 개념은 의회에서 쉽게 받아들여지지 않았다. 1910년 4월 5일의 〈노동자와 농민을 위한 퇴직연금제도에 관한 법〉은 프랑스 최초의 사회보험이다. 재원은 노사 공동부담의 보험료와 국가 보조금으로 충당되었다. 1898년 〈산재보상법〉은 산업재해에 대한 보상의 책임을 과실 소재에 불문하고 기업주가 맡도록 규정하였다(무과실 책임의 원칙). 이 법은 초기에는 상공업 분야 임금근로자 집

---

5) 이 부분은 신섭중 외(1994), 《세계의 사회보장》, 프랑스 편, 221~224쪽을 요약·정리 했다.
6) 여기에 해당하는 일련의 법은 이 장의 2 중 "2) 공공부조의 시대"를 참고하라.

단에만 국한하여 적용되었다. 그러던 것이 농업 종사자, 상공인 등에게까지 점진적으로 적용범위가 확대되었고 1945년 사회보장제도 성립과 함께 산업재해 보상보험제도는 사회보장제도에 속하게 되었다.

프랑스의 노동자를 대상으로 한 포괄적인 사회보험제도가 제도화된 것은 제3공화정 기간에 해당하는 1928~1930년(〈사회보험법〉, 1930년 7월 1일) 기간에 와서의 일이다. 프로이센과의 전쟁(보불전쟁)에서 패배함으로써 독일에게 양도하였던 알자스와 로렌 지역이 1차 세계대전 승리로 프랑스 영토에 환원됨에 따라 그동안 독일 사회보험에 가입되어 혜택을 누렸던 알자스와 로렌 지역 노동자의 사회보험 권리를 유지할 것이냐를 둘러싸고 의회에서 논의가 전개되었다. 결국, 이 지역 노동자를 포함한 전국의 노동자로 확대하여 포괄적 제도로 만들어 사회보험 권리를 확대하는 방향으로 결정되며 의회논쟁이 마무리되었다. 1930년 프랑스 사회보험제도는 일정 소득수준 미만의 상공업 부문 임금근로자를 대상으로 질병, 노령, 산업재해 등 포괄적인 사회적 위험에 대해 보상하는 것을 내용으로 했다. 사회보험의 일선 공단은 노사동수의 대표로 구성된 위원회가 운영하도록 규정하였다(Merrien, 1990: 347). 사회보험 관련 입법(1898, 1910, 1930년)의 의회 통과는 프랑스의 현대 복지국가 진입으로 이어졌다.

(5) 사회보험 적용범위 확대와 가족수당제도 도입의 배경

20세기 들어 계속되는 산업화로 임금근로자 집단이 확대되고 가족 부담 등 새로운 사회적 위험에 대한 급여가 신설됨에 따라 사회보험의 적용범위가 점차 확대되었다.

프랑스 가족수당은 모든 가정을 대상으로 포괄적인 급여와 서비스를 제공하는 제도로 알려져 있다. 이 제도는 19세기 말 교황 레옹 13세가 회장(encyclique)을 통하여 발표한 '정당한 봉급'(juste salaire)의 개념을 기업 내에서 자발적으로 실천코자 하였던 일군의 기업주로부터 시작되었다. 가족수당이 전 인구로 보편화된 것은 1930년대 초 가족수당제도가 국가의 출산 장려 인구정책과 결합하면서부터이다. 가족수당은 1945년 성립된 프랑스 사회보장체계 안에 정착되었다.

4) 사회보장의 시대

(1) 현대적 사회보장체계의 출현

사회보장은 2차 세계대전 이후에 나타난 새로운 사회보호 개념으로 사회보험 등 기존의 사회보호 개념 또는 체계를 집대성한 것이지만 동시에 이들 개념을 능가하는 새로운 측면이 존재한다. 보호의 보편성, 단일성이다. 보편성의 첫째 개념은 가입 대상자 범위의 보편성이다. 다시 말해 사회보장 보호 대상자 범위가 노동자 계급을 포함한 현대 사회구성원 전체로 확대되었다. 둘째는 보호되는 사회적 위험 범위의 보편성이다. 즉, 현대사회 구성원의 일상생활에서 안전을 위협하는 모든 위험요소를 사회적 위험 범위로 포함하고 위험이 실현되었을 경우 급여를 제공함으로써 소득의 단절 문제를 해결하고 가입자 경제생활 안전을 보장한다는 것이다.

사회보장 개념이 나타난 시대적 배경으로 1930년대 초 일어난 경제대공황과 2차 세계대전을 전후한 보편주의적 사회보호제도 수립에 호의적이었던 국제적 조류를 지적하지 않을 수 없다.

① 경제대공황과 베버리지 보고서의 영향

1941년 영국 처칠 정부는 사회보험체계를 분석하고 개선된 운영 방향을 제안하려는 목적으로 위원회를 만들고 위원장에 베버리지를 임명하였다. 1942년, 이 위원회 이름으로 발표된 일명 〈베버리지 보고서〉에는 사회보험제도의 이념과 원칙을 능가하는 혁신적 내용이 담겼다. 보고서의 중심주제는 현대사회로부터 빈곤을 제거하는 것이었고 베버리지는 모든 사람에게 생존수단을 보장해 줄 것을 제안하였다. 이러한 구상은 1938년 뉴질랜드의 사회보장제도에 이미 담겨 있었다. 또한 미국의 〈사회보장법〉(Social Security Act, 1935)은 경제공황 극복을 목적으로 발표된 뉴딜정책에도 포함되어 있었다. 미국 〈사회보장법〉은 실업보험과 노령보험의 급여 그리고 공공부조의 급여와 서비스 제공을 통해 노동자 생활의 안정을 기하는 동시에 빈곤 집단의 기초생활 보장을 목적으로 했다. 그러나 정책의 이면에는 사회보장급여의 광범위한 제공을 통해 인구의 구매력을 증가시키고 소비진작을 통하여 막힌 경제순환 물꼬를 다시 트고자 하였던 당시 미국 정부의 의도가 숨어 있었다.

〈베버리지 보고서〉는 미국 〈사회보장법〉의 출현을 가능케 한, 케인즈 경제학의 수요에 관한 일반이론에 기초하여 사회보장의 급여를 경기 활성화의 수단으로 동원하는 것을 내용에 담았다. 〈베버리지 보고서〉는 전 인구로의 사회보험 확대실시와 가족수당제도의 창설을 제안하였다. 또한 단일한 형태의 급여를 통하여 모든 사회적 위험에 대한 보상을 실시함으로써 사회구성원 전체의 국민생활최저액 보장을 제안하고 있다. 여기에 소요되는 재원은 노사가 공동으로 반씩 부담하는 보험료로 충당하고, 사회보장의 행정은 국가 공공서비스의 일환으로서 국가의 사회보장 담당 부서에 책임을 지울 것을 제안하였다. 베버리지는 이러한 계획 실천의 전제조건으로 완전고용정책과 포괄적 국민보건 서비스체계의 운용을 제안하였다.

〈베버리지 보고서〉의 내용은 1945~1948년 동안에 제도화된 영국 사회보장에 그대로 구체화되었다. 이 보고서는 발표와 동시에 여론의 열렬한 지지를 받았다. 이는 전쟁 기간 동안 나타난 사회보장에 대해 호의적인 국제적 조류와도 절대 무관치 않았다.

이 보고서에 나타난 영국 사회보장의 주된 제도는 두말할 필요 없이 사회보험제도이다. 베버리지는 보편화된 사회보험 급여가 제공됨에 따라 빈곤의 문제가 해결될 것으로 기대하였다. 공공부조(사회부조) 급여는 임시로 존속하는 것으로 결정되었지만 보편화된 사회보험의 국민생활최저액 보장이 전 국민을 대상으로 확대, 실시되면 공공부조의 (선별적) 급여는 점차 소멸할 것으로 기대하였다.

② 1940년을 전후한 시기의 사회보장 성립에 호의적이었던 국제적 조류
이러한 국제적 조류를 대변하는 것이 1941년 연합국 수뇌들이 채택한 대서양 헌장이다. 이 헌장에서는 전쟁이 끝난 다음 도래할 새로운 사회의 목표를 제시했는데 그중 하나가 '공포와 궁핍으로부터의 해방'이며 이를 위하여 모든 사회구성원에게 사회보장을 확대할 필요성을 확인하였다. 대서양 헌장의 정신은 1944년 필라델피아 선언과 1945년 국제연합(UN) 헌장에 의해 계승되었고, 1948년 국제연합이 채택한 세계 인권선언에는 사회보장의 권리가 인간의 기본권리로 구체화되어 나타났다.

파편화된 상태의 사회보험제도가 보편화되고 단순화된 새로운 사회보호 형태로 변화하기 시작한 것은 2차 세계대전이 끝난 1945년부터이다. 이러한 변화는 영국과 프랑스를 포함한 유럽 여러 나라에서 나타났다. 한국을 포함한 제 3세계 국가의 사회보장제도 도입은 1950년대 국제연합이 제시한 경제개발과 사회개발 계획모형으로부터의 영향이 지배적이다. 특히, 사회개발 계획에는 1940년대 성립된 선진 회원국의 사회보장과 사회개발의 개념을 제 3세계 국가에 권유하여 확대하려는 목적이 있었다.

(2) 프랑스 사회보장체계의 성립

① 1930~1945년의 프랑스 사회보호체계
2차 세계대전 직전의 프랑스 사회보호체계는 구성이 복잡하였고 내용도 부족한 점이 많았다. 우선 1893년 의료부조를 비롯한 다양한 종류의 공공부조가 대상자 집단별로 제한된 수준에서만 실시되었으며, 둘째로 사회보험

의 경우, 실업을 제외한 대부분의 사회적 위험에 대한 보상을 약속하고는 있었으나 의무가입 대상이 일정 소득수준 미만의 상공업 임금근로자로 제한되어 전 국민에 대한 혜택과는 거리가 멀었다. 마지막으로 사회보험, 가족수당, 산업재해 보상제도의 운영 주체가 각각 분리된 채 병존한 상황이었다. 분리된 운영 체계는 가입 혹은 보험금 지급에서 일어나는 여러 복잡한 문제의 원인이 되곤 하였다.

② 개혁에 호의적이었던 정치 · 사회적 환경

2차 세계대전이 종료될 무렵 프랑스 사람들은 좀더 정의로운 민주주의를 염원하고 있었다. 1944년, 국가 레지스탕스 위원회(Conseil National de la Résistance: CNR)는 모든 사람에게 충분한 생존수단을 보장하는 완성된 형태의 사회보장 계획을 발표하였다. 이 계획은 사회보장의 운영을 가입자 대표와 국가에 맡기고 산업재해 보상보험과 가족수당을 사회보장체계에 포함하는 내용을 담고 있다. 또한 프랑스의 보건, 사회적 맥락에서 새로운 집합적 보장체계를 창설할 것을 제안하고 있다. 실제로 독일이 프랑스를 점령하는 동안 생활수준이 악화되고 사망률이 증가하였고, 특히 결핵 이환율이 높아졌다. 따라서 (의학 발달로) 점점 가격이 높아지는 보건의료체계에 누구나 쉽게 접근할 수 있는 개방된 기회가 필요하였다. 또한 노인과 가족의 물질적 조건의 악화와 인구구조의 악화는 사회보호 급여체계의 재구축을 필요로 하였다.

1944년부터 프랑스 임시정부는 사회보장 계획(Plan Français de Sécurité Sociale)의 작성을 피에르 라로크(Pierre Laroque)에게 위임하였다. 그는 1945년 6월 계획을 작성하여 정부에 제출하였다. 이 계획은 당시 일부 노조와 정당의 요구로 수정되었지만 결과 보고서는 노동조합과 다수당인 인민공화운동파(Mouvement Républicain Populaire: MRP)의 지지를 받았다. 이 계획은 1945년 10월 4일 〈사회보장조직에 관한 법령〉으로 공포되었다.

③ 프랑스 사회보장제도의 성립

2차 세계대전 중에 시작된 프랑스 사회보장 계획은 베버리지 보고서에 나타난 사회보장 개념으로부터 많은 영향을 받았다. 사회보장의 원칙으로서 보편성과 단일성의 원칙이 대표적이다. 이 계획에는 종전의 프랑스 사회보험제도가 추구해 온 고유한 원칙도 있다. 국가에 의한 사회보장제도 운영을 원칙으로 하는 베버리지 사회보장의 경우와는 판이하게, 프랑스의 제도는 가입자에 의한 자치를 원칙의 하나로 제시하고 있다.

1945년 발표된 프랑스 사회보장안은 아래에 열거된 3대 원칙을 포함하고 있다. 보편성의 원칙, 단일화의 원칙 그리고 (사회적) 민주주의(*démocratie sociale*) 원칙이다.

첫째, 보편성의 원칙은 모든 사회적 위험에 대비한 경제생활 보장정책을 강구하는 급여를 제공하고 가입 대상자 범위도 전 국민으로 확대한다는 의미이다. 둘째, 단일화의 원칙은 종전까지 난립한 인상을 주던 각종 사회보험공단을 정리하고 국민연대의 원칙에 기초하여 일원화된 보상체계를 확립한다는 의미이다. 그러나 사회적 위험으로서 실업은 계획의 원안에 포함되지 않았던 연유로 사회보장의 사회적 위험범위에서 제외되었다.[7] 셋째, (사회적) 민주주의 원칙의 실현이란 새로이 설립되는 사회보장제도의 운영을 가입 대상자 대표에게 맡긴다는 의미이다. 구체적으로, 일선 사회보장공단의 이사회는 가입 대상자 대표로 구성되는 것을 원칙으로 하였다. 1945년 10월 4일 〈사회보장조직에 관한 법〉 제 1조를 보면 이상에서 열거한 프랑스 사회보장안의 목표가 요약되어 있음을 알 수 있다.

사회보장제도는 노동자와 그들 가족의 소득을 감소하거나 상실케 하는 모든 종류의 위험 그리고 출산 및 가족부양의 부담으로부터 보호함을 목적

---

7) 실업에 대한 사회보호는 1958년 노사협의체에 의해서 운영되는 실업보험(*assurance chômage*) 형태로 제도화된다.

으로 한다. 사회보장조직은 향후 여러 사회보험, 예컨대 임금근로자, 연금, 산업재해 보상 및 가족수당 등에 관한 법률이 정하는 바에 따라 급여 서비스를 실시한다. 1945년과 1946년의 관계 법령에 의하여 노동자 및 가족의 생활에 영향을 미치는 각종 사회적 위험이 보호의 대상에 포함되었다.

- 1945년 10월 19일 법: 질병, 출산, 노령 및 사망 등의 보상을 위한 사회보험에 관한 규정
- 1946년 8월 22일 법: 전 국민을 대상으로 하는 가족수당에 관한 규정
- 1946년 10월 30일 법: 산업재해의 치료와 예방에 관한 규정

이상의 세 법령은 향후 프랑스 사회보장제도가 대상으로 하는 포괄적 사회적 위험의 범위를 규정한 것이다. 다만 실업은 보호 대상에서 제외되었다.

사회보장제도는 종전의 사회보험제도와는 비교할 수 없을 만큼 포괄적(사회적 위험의 범위)이고 광범위(가입 대상자 범위)했다. 그러나 1945~1946년 동안 각종 사회단체가 피에르 라로크의 사회보장 안에 부정적 반응을 보였고 결과적으로 국민연대(solidarité nationale) 원칙에 기초한 단일 사회보장제도의 실현은 사실상 불가능하게 되었다. 이들은 새로 들어설 제도가 자신에게 불이익을 초래할 것이라며 가입에 반대하였다. 공무원 등 이전부터 우수한 사회보험제도의 혜택을 받던 사람은 자신의 사회보험 권리상의 기득권 보호를 위해 사회보장제도 가입에 반대하였다. 국가는 이들 사회단체와 정치적 협상을 통하여 해결방법을 모색하였다. 그 결과 프랑스 사회보장은 원래의 기본의도와는 달리 직업연대 또는 직종연대의 원리에 기초한 '모자이크식 제도'로 변질되었다.

농업 종사자와 특수직 종사자 집단(예컨대 공무원, 선원, 광부, 국영 기업체 종사자)은 1945년 사회보장제도 성립 이전부터 이 제도 가입에 반대하여 특수레짐(Régimes Spéciaux, 1946)과 농업 종사자레짐(Régimes Agricoles:

임금농부 노령보험, 1949; 자영농부 노령보험, 1952)을 만들었다. 한편 사회보장 일반레짐(Régime Général) 내부에서도 분열이 일어났다. 상공업 분야 중 자영업자는 일반레짐의 노령보험 가입을 거부하고 1948년 1월 17일 법에 따라 그들만의 노령보험 자영업자(자율)레짐(Régimes Autonomes)을 설립했다. 기술직, 관리직 노동자(cadres)는 일반레짐이 정하는 소득 상한선 이상의 소득을 보장하는 보충연금제도를 설립한다는 조건으로 일반레짐에 가입했다. 이들은 결국 노사협약의 방식으로 그들만의 보충연금제도인 간부퇴직제도 일반단체(AGIRC, 1947)를 설립하였다.

사회보장의 보편성 원칙에 따라 모든 국민을 대상으로 시도되었던 일반레짐은 1950년대 들어 상공업 분야 임금근로자만을 위한 제도로 전락하였다. 단일성 원칙에 따라 일원화된 사회보장제도를 구축하려던 최초 설계자의 시도는 무산되어, 결국 일반레짐, 특수레짐, 자영업자레짐, 농업 종사자레짐 등 사(4)원화되었다. 그뿐만 아니라, 각종 보충연금제도와 공제조합이 사회보장제도의 범위 안에 포함되었다. 이러한 1945~1946년에 형성된 사회보장제도의 기본구조는 근본적인 변화 없이 오늘날까지 유지되고 있다.

④ 사회보장과 사회부조

1945년 프랑스 사회보장의 제도화는 사회부조와는 관계없는 변화였을 뿐 아니라 부조에서 사회보험제도로 이행하는 결정적인 계기로서 소개되기도 한다. 사회보장제도 설립자에게 있어서 이 제도의 미래는 완전고용을 전제로 한 것이었고, 부조는 보충적이고 임시적인 방편에 불과했으며 장차 사회보장급여가 확대됨에 따라 줄어들다가 결국은 소멸할 것으로 판단하였다(Palier, 2002: 70~71).

그러나 이러한 제도 초기 설립자의 기대와는 달리, 사회부조의 급여는 감소하기는커녕 증가하였다. 첫 번째 예가 질병보험과 사회부조의 질병급여

와의 관계이다. 전자의 급여에서 소외된 빈곤층과 경제적 취약계층을 위한
사회부조의 급여가 감소하지 않은 채 유지되었다. 또한 1970년대 중반부터
증가하기 시작한 사회적 배제로부터 신빈곤층을 보호할 목적으로 실업부조
와 사회부조급여가 증가하기 시작하였고, 1980년대 들어서는 사회보장으
로 보호가 사실상 불가능한 인구 집단을 보호하기 위해 사회보장제도 안에
부조성 급여가 새로 만들어졌다. 이들을 총괄하는 명칭으로 사회적 최저급
여(*minima sociaux*)가 증가하였다. [8]

오늘날 프랑스 사회보호체계 내에 존재하는 급여는 세 부류로 구성되어
있다. 첫째는 사회보험과 가족수당으로, 이들은 가입과 보험료 납부의 반
대급부로 보장되는, 권리로서의 사회보장급여이다. 이 급여들이 프랑스
사회보장 권리를 대표한다고 볼 수 있다. 둘째는 사회적 최저급여이다. 이
들은 프랑스 사회보장제도 내에 존재하지만 재원은 보험료 수입이 아닌 조
세의 방법으로 국가에 의해 조달된다. 셋째는 사회부조의 급여로서 이들은
프랑스 지방행정의 일환으로 제공되는 사회부조급여와 서비스이다. 사회
부조 행정은 도(*département*)가 중심이고, 사회부조의 재원은 국가에 의하
여 조세의 방법으로 100% 충당된다.

(3) 프랑스 사회보장제도의 확대와 제도 간의 격차 조정

① 제도의 확대: 일반화
1945년부터 1978년까지의 기간 동안 프랑스 사회보장정책의 일관된 목표
는 일반화(*généralisation*)였다. 사회보장의 일반화는 베버리지가 권한 보편
화, 즉 보호 대상자 범위와 커버하는 사회적 위험의 대상을 사회구성원 전
체로(가입 대상자 범위의 확대) 확대하며, 경제생활 안정에 위협이 되는 모

---

8) 사회적 최저급여에 대해서는 후반부에 1980년대 이후 사회보장 개혁을 논하면서 재론한다.

든 사회적 위험에 대한 급여 실시(사회적 위험범위의 확대)를 확대하는 것을 의미한다. 이 기간의 일반화 작업은 앞에서 언급한 바와 같이 두 가지 방향으로 사회보장 적용범위를 확대하는 것에 집중되었고 이는 성공적이었다.

또한 일반레짐이 규정한 연금급여의 낮은 수준(기초연금 수준)을 보완하기 위한 목적으로 직업 연대성에 기초한 다양한 보충연금제도가 단체협약 방식으로 조직화하였다. 앞에서 언급한 AGIRC 1947, ARRCO 1957, 그리고 자영업자 노령보험(ORGANIC, CANCAVA 1978)의 조직화가 이에 해당한다.

프랑스의 실업보험은 1958년에 도입되었다. 실업보험의 도입은 전국 고용주연합(CNPF)과 노동조합(FO, CFTC, CGC) 간의 단체협약(*convention collective*) 방식으로 진행되었다. 실업보험의 가입 대상자는 모든 산업체 임금근로자 집단이고 재원은 노사가 공동 부담하는 보험료로 하고 운영은 노사 동수로 구성되는 이사회에서 하는 것으로 결정되었다(ASSEDIC, UNEDIC).

② 제도 간의 조화와 균형의 모색

1970년대는 프랑스 사회보장의 조화의 시대(*harmonisation de la sécurité sociale*)라고 정의할 수 있다.

앞서 언급한 네 가지 상이한 직업별 사회보장제도 간의 급여상 격차 문제는 국민연대 원칙에 따라 개선되었다. 사회보장 일반레짐 외곽의 자율적 레짐 간의 급여수준의 격차 조절이 추진되었다(노령보험 급여수준 격차 조절, 1972년 10월 3일 법; 여타의 사회보험제도 간의 급여수준 격차 조절, 1973년 12월 17일 법; 4개 직업별 사회보장제도 간의 점진적 격차 조정, 1974년 12월 24일 법). 또한 가족수당 급여수준을 하나로 통일하였다(1977년 7월 12일 법).

그러나 이와 같은 조치에도 불구하고 직업별 레짐(특수레짐과 일반레짐, 자영업자레짐) 간 급여수준의 격차, 특히 노령보험 급여수준의 격차 문제는 완전히 해결되지 않은 상태이다.

③ 질병보험 (현물)급여의 보편화

질병보험 보편화 전략은 1974년 12월 24일 법, 즉 질병보험을 포함한 모든 사회적 위험 부문별 사회보험 급여의 일반화 의지를 표현한 법에서 비롯된 다. 이어서 1975년 7월 4일 법은 질병 및 출산보험 (Assurance Maladie et Maternité) 권리 (급여) 의 확대의 영역을 제시하였다.

1978년 1월 2일 법에 따라 개인보험 (assurance personnelle) 을 만들고 질병 보험 미가입자의 가입을 권유하는 한편, 일정 소득수준 미만의 대상자의 보험료 부담은 제 3자 (사회부조와 가족수당공단) 가 부담하는 것으로 원칙을 정하였다.

1988년부터 질병보험에 가입하지 못한 젊은 실업자층의 개인보험 보험 료를 가족수당공단 (CAF) 이 대신 부담하기 시작하였다.

마침내 1999년 7월 27일 법에 의해 보편의료보장제도 (CMU) 가 제도화 되었고 2000년 1월 1일부터 시행되기 시작하였다. 이 법의 적용에 따라 그 동안 개인보험 가입유도 방식으로 의료 문제를 해결하던 55만 명을 포함한 70여 만 명이 CMU 적용인구로 편입되었다. 또한 이 법의 적용으로 일정 소득수준 미만의 저소득층이 질병보험 보험료의 3자 비용지불 원칙을 적용 받게 됨에 따라 저소득층 6백만 명이 새로이 이 제도의 혜택을 받게 되었다 (Hutteau, 2001 : 20).

④ 운영 방식의 변화

프랑스 사회보장제도 설립 당시 라로크의 구상은 가입자 대표가 직접 사회 보장제도의 운영을 맡는 민주적 사회보장제도를 만드는 것이었다. 이는 공 제 조합적 운영방식의 특성이라 할 수 있는 가입자 자치와 (국가로부터의) 자율성의 원칙이다. 이와 같은 1945년 사회보장제도 설립 원칙은 1967년 진행된 일반레짐 운영 방식의 변화, 1996년 쥐페 개혁을 거치면서 근본적 으로 변화하였다.

⊙ 1960년 개혁에 의한 국가 감독권한 강화

1960년 5월 12일 법은 사회보장 기관의 행정이사회가 가지고 있었던 업무의 상당 부분을 기관장에게 이관하고 이들이 기관 내의 인사행정과 기타 서비스체계의 작동을 책임지도록 하였다. 다시 말해 가입자 권한의 많은 부분이 기관장에게로 옮겨 간 것이다. 동시에 이 법으로 사회보장제도에 대한 국가의 감독권한이 대폭 강화하였다. 이러한 변화는 사회보장이 마주하기 시작한 재정 문제를 해결하려는 의도에서 시작되었다.

⊙ 1967년 잔느니 개혁

퐁피두 대통령 재임 기간 동안 사회보장 주무장관을 지낸 잔느니(J. -M. Jenneney)의 이름을 딴 개혁의 방향은 1967년 8월 21일 발표된 법령에 나타나 있다. 이 개혁의 요지는 위험의 분리, 노사 협의체 가동과 선거에 의한 대표 선출방식의 포기로 집약된다. 이 개혁은 사회보장 일반레짐이 겪고 있었던 수입과 지출의 불균형 문제와 재원 조달상의 어려움을 해결하고자 하는 목적에서 시작되었다.

• 위험의 분리: 종전의 1개 전국공단(Caisse Nationale)에서 하나의 재정체계로 운영되던 것에서 위험 부문별로 공단 형태의 3개 전국공단〔임금근로자 질병보험 전국공단(CNAMTS), 가족수당 전국공단(CNAF), 임금근로자 노령보험 전국공단(CNAVTS)〕으로 분리하여 각각의 기관이 수입과 지출의 균형을 취하도록 하였다. 가족수당 및 노령보험 전국공단의 경우에는 문제가 없었지만 질병보험 전국공단의 재정적자 문제가 심각한 채 장기화되고 있었다. 이 문제를 해결하기 위해 질병보험 전국공단의 권한을 대폭 강화하는 다양한 조치가 시행되었다. 예를 들어, 일선 공단에 대한 전국공단의 행정적 권한을 강화하고 재원 조달상의 난관 극복을 위해서 노사동수에 의한 이사회 운영방식을 도입하였다.

• 노사협의제와 선거제도의 포기: 노사협의제(Conseil Paritaire)는 사회보장 행정에서 노사 간의 안정적인 협의체 구성을 통하여 협의에 의한 (재정) 문제 해결을 도모하기 위한 목적으로, 사회보장공단 이사회에 노사동수로 구성된 협의체(paritarisme)를 구성하고 이들로 하여금 공단 운영의 책임을 맡도록 하였다. 아울러 노동자 대표는 노동조합이 임명하고, 고용주 대표는 고용주 단체가 지명하도록 하였다. 또한 봉급제 행정직원을 선거로 뽑는 것을 그만두고 노동조합에서 임명하는 것으로 대체했다.

1968년 7월 31일 법과 같은 해 8월 법령에 의해 사회보장조직 중앙기구(ACOSS)를 설립하였고 이 기구는 세 개의 전국공단 간에 공동재정 업무를 수행토록 하였다. 또한 사회보장 전국공단 연합(UNCASS)을 설치하고 단체협약과 같은 공통 관심사에 대하여 협의토록 하였다.

잔느니 계획은 일반레짐의 재정적자 문제를 해결하지 못한 채 실패로 끝났다. 노사협의체는 그들에게 주어진 권한을 충분히 행사하지 못했고 또한 공동재정 운영은 세 위험 부문별 재정보조가 가능케 함으로써 타 위험 부문의 재정을 가져다 쓸 동기를 유발하였다.

이 개혁 실패는 사실 현실적이지 못했던 데 원인이 있었다. 국가는 노사협의체에 국가의 경제·사회 정책을 일임할 수 없다. 가입자 이해관계에 관련되는 보험료와 급여는 증감할 수 있더라도, 사회보장 일반화정책에 소요되는 추가 재정은 일반레짐으로서는 부당한 부담(charge indue)이 될 수밖에 없다. 이것은 국민연대에 기초한 국가 소관영역이기 때문이다.

1981년 사회당 집권기에 한때 (사회적) 민주주의 운영방식이 부활하여 이사회의 임금근로자 대표를 선거로 뽑는 것으로 환원된 적이 있으나(모로와 정부) 이사회가 사회보장재정의 수지 불균형 문제에 대응하는 방법은 보험료 인상이나 혹은 급여수준의 하향조정과 같은 소극적 방법 이외에는 존재하지 않았다. 이어서 다음 단계에서는 국가개입 증가를 통한 사회보장재정적자 문제의 해결 노력이 이어졌다.

(4) 프랑스 사회보장 개혁

일반적으로 1980년대를 복지국가 위기의 시대, 그리고 1990년대를 복지국가 재편의 시대로 정의한다. 이 기간 동안 프랑스 사회보장제도는 많은 변화가 있었다. 팔리에(B. Palier)는 프랑스 사회보장이 비스마르크 유형과 영원히 결별하였다면서 유형상의 변화를 논하고 있다.[9] 그만큼 사회보장의 변화는 근본적으로 그리고 광범위하게 이루어졌다.

개혁의 목표는 사회보장의 수입과 지출의 균형을 회복하는 데 공통적인 목적을 두고 있다. 먼저 노령보험 개혁은 인구고령화에 따른 재정적자 해소에 가장 큰 목적이 있었다. 질병보험 개혁은 현물급여 부문의 보호 사각지대 문제를 없애기 위한 것이었다. 가족수당 개혁은 빈곤 문제 해결과 여성의 일과 가정 양립 지원이라는 동기에서 시작되었다.

① 노령보험의 개혁

모든 선진 복지국가의 경우와 마찬가지로 프랑스의 노령연금도 1980년대부터 재정적 적자 문제 해소를 목적으로 다양한 종류의 제도 개혁이 이루어졌다. 보험료 방식에 의존하는 사회보험 재정의 수지균형을 유지하는 방법은 보험료를 올리거나 급여수준을 낮추는 등 두 가지 방법이 있는데 1980년대 개혁은 보험료 인상의 방법을 주로 사용하였다.

1983년 미테랑 정부에서는 연금 수급연령을 65세에서 60세로 낮추는 이른바 조기퇴직제도가 실시되었다. 이 조치는 당시 높아진 실업률을 낮출 목적으로 실시한 제도였는데, 이 목표를 달성하지 못하였을 뿐만 아니라 조기퇴직으로 인한 노령보험 지출요인이 증가하여 개혁은 실패로 끝나고 말았다. 1985년부터 1991년까지의 기간 동안 임금근로자 부담분의 보험료

---

9) 예컨대 팔리에는 프랑스 제도가 비스마르크 유형에서 탈출했다고 진단하고 있다(Palier & Martin, 2008: 1~17).

는 4. 7%에서 6. 55%로 인상되었다.

1990년대와 그 이후 노령보험 개혁의 대체적인 방향은 연금 개시연령을 높여 보험료 납입기간을 연장하거나 연금 수급조건을 강화함으로써 연금 재정지출을 억제하는 데 모았다. 1993년 발라뒤르 개혁은 연금 개혁의 신호탄이었다. 이 개혁은 일반레짐 개혁에 집중되었는데 연금액 산출 기준을 강화하고 보험료 납입기간도 37. 5년에서 40년으로 연장하였다. 연금 수준 하락에 따른 보완책으로는 노령연대기금(FSV)을 만들고 일반 사회보장 부담금(CSG)으로 재원을 충당토록 하고 조기퇴직 억제를 정책적으로 유도하는 방법을 택하였다.

1995년 알랭 쥐페 총리가 제안한 연금 개혁의 핵심은 재정적자 문제가 심각한 공무원과 국영기업체 종사자의 특수레짐의 만기연금 불입 기간을 37. 5년에서 40년으로 연장하여 일반레짐 가입자와 형평을 맞추고 연금 수준도 수득의 75% 보장에서 70% 이하로 낮추는 것을 골자로 하였다. 그러나 이것은 공무원의 강력한 반대에 직면하여 실현되지 못하다가, 결국 2002년 라파랭 정부 때 보건복지부 장관 이름을 딴, 이른바 피용 개혁 때 연금제도 개혁에서 관철되었다. 결과적으로 특수레짐 가입자의 만기 가입 기간은 37. 5년에서 40년으로 증가했고, 소득 대체율도 66% 수준으로 하향 조정되었다. 2010년 연금 개혁도 1993년과 2002년 개혁의 연장선에 있었으며 연금 수준 하락을 보상하려는 방법으로 개별연금저축(Caisse d'Epargne Individuelle) 가입 등 비법정 임의가입 원칙의 보충연금제도 가입이 정책적으로 권장되었다.

1980년대 이후 노령보험은 노동자 소득의 보장이라는 프랑스 사회보장 원래 목표에서 다소 후퇴하였고, 줄어든 연금액을 보충하기 위한 목적으로 연금저축 등의 방법이 권장됨으로써 혼합형 또는 다주적(*multi-pillar*) 연금 제도로 변화하였다.

② 질병보험의 개혁

사회보장 중 질병보험은 다른 사회보험과는 달리 보험자와 가입자(단체) 사이에 의료공급자인 병원과 제약회사 등의 행위자가 개입된다. 그런데 이들은 질병보험 수지균형의 열쇠를 쥐고 있다고 해도 과언이 아닐 만큼 중요한 역할을 수행한다. 특히, 의사는 건강해지고 싶어 하는 환자의 욕구에 부응하여 최선의 서비스, 최고의 기기와 설비 그리고 의약품을 투입하여 환자를 쾌유시키고자 한다. 즉, 이들에게 비용이 가장 중요한 문제인 것은 아니다. 바로 이런 점이 질병보험지출의 통제를 어렵게 만드는 요인 중 하나다. 2013년의 경우 4가지 위험 분야 중에서 질병보험은 지출이 가장 많고 적자 규모 역시 가장 컸다. 이미 1970년대부터 질병보험의 쟁점은 지출의 통제와 재정의 수지균형에 있었다.

질병보험 개혁에서 빼놓을 수 없는 것이 쥐페 개혁이다. 1995년 발표된 질병보험 개혁안은 국가와 의회에 의료보험 지출통제의 권한을 부여하는 것을 주요 내용으로 담고 있었다. 국가는 새로이 공포된 〈사회보장재정법〉(Loi de Financement de la Securité Sociale)에 근거하여 사회보장재정 지출을 통제할 수 있게 되었고 의회는 매년 사회보장에 할애될 재원 총량을 정하고 차기년도 보건지출 상한선을 정하도록 하였다. [10]

질병보험 전국공단은 의회가 제시한 목표치 달성을 위해서 의료 전문인력과 협약을 체결하는 방법으로 목표에 접근했다. 입원비용 통제를 목적으로 1996년에 지역병원청(ARH)이 지역(région) 수준에 설치되었다. 이 조직이 강화된 형태로 조직된 것이 지역보건청(ARS, 1999)과 질병보험공단 전국연합(UNCAM)이다.

보편의료보장제도(CMU)는 원래 쥐페 개혁에 포함되어 있었지만 시행되지 않다가 조스팽 내각에서 비로소 실시되었다(1999년 7월 27일 법). 이

---

10) 질병보험지출 국가목표(ONDAM)를 의미한다.

새로운 제도는 프랑스 영토 내에 거주하는 모든 사람을 일반레짐 질병보험에 가입토록 하고 본인이 부담하도록 되어 있는 보험료를 정부가 대신 지원해 줌으로써 빈곤층 및 경제적 취약계층에 질병보험의 의료서비스를 보장해주는 제도이다(Dupeyroux et al., 2011: 277).

2004년 두스트블라지 개혁에서는 질병보험 적자 해소를 위한 매우 강력하고 적극적인 조치가 강조되었다. 일반 사회보장 부담금(CSG) 세율을 인상하고, 입원 시 본인 부담액, 기타 의료비 일부 본인 부담분을 인상하였다. 환자를 중심으로 진료체계를 재조직화하는 담당의사제(Médecin Traîtant), 개인 의료기록제(Dossier Médical Personnel)를 실시하였다. 또한 질병보험 제도에 대한 국가개입을 대폭 강화하여 지역(région) 단위에 지역보건청 설치를 전국적으로 확대하고 정부가 임명하는 지역보건청장이 매년 질병보험 재정계획을 작성하여 운영토록 하고, 한편으로는 질병보험공단 전국연합을 조직하고 정부가 의장을 임명함으로써 일반레짐 질병보험 공단을 포함한 전국의 모든 제도의 질병보험공단의 재정지출을 통제토록 함으로써 질병보험 적자 해소와 재정적 수지균형 상태를 회복토록 하였다.

이어서 2010년 질병보험 개혁안은 새로운 진료과정의 조직화, 의약품 정책, 의료비 환급, 질병에 의한 휴가 통제, 재정지출 절감 등 5가지 내용을 포함하였다(유은경, 2011: 64~72).

③ 가족수당의 개혁
프랑스 가족수당 부문 지출은 국민 총생산의 3% 이상을 점유한다.11) 사회보장 전체지출에서 가족수당이 점유하는 비율은 10% 수준이다(Dupeyroux et al., 2011: 291). 보편주의적 가족정책의 결과 이와 같이 일찍부터 높은 수준의 재정지출은 물론이고 가족정책 부문은 사회보장 부문에서 질병보험

---

11) 가족수당 일선조직으로서 전국에 102개의 공단(CAF)을 가지고 있다.

부문에 비견할 만한 수준의 전국적 조직망을 가지고 있다. 1980대 이후 프랑스 가족수당 개혁의 방향은 크게 두 가지로 요약할 수 있다.

첫째, 가족정책과 빈곤정책의 결합이다. 특히, 1980년대부터 사회 문제로 대두되는 청년실업 등 노동시장 불안정의 문제와 사회적 배제 등 신빈곤층의 문제는 사회보장의 새로운 적응 노력을 요구하기에 이르렀다. 이러한 배경에서 1988년 최저통합수당(RMI)이라는 새로운 형태의 가족수당이 설립되었다. 정부가 그 예산 전체를 지원하며, 급여에 관한 모든 업무는 가족수당공단이 담당했다. 이는 프랑스 가족수당제도의 전통이라 할 수 있는 보편주의 급여, 출산 장려목적의 급여 정책과는 조화되지 않는 급여로서 일정 소득수준 이하의 저소득 실업자에게 선별적으로 제공된다. 이 급여는 1999년 활동연대수당(RSA)으로 변화되었다. RMI, RSA는 새로운 종류의 사회보장급여로서 비갹출급여이며 빈곤노동자 집단에 제공되는 연대적 급여와 서비스이다.

둘째, 1985년 이후 2005년까지 지속된 일·가정 양립 정책과 여성에게 주어진 자유선택의 권리이다. 이 정책은 여권 단체가 출산 가족정책에 관해 끊임없이 제기한 비판에 대한 대응으로서, 일하는 어머니를 위한 보육 인프라를 확충, 강화하고 출산휴가, 육아휴직 등 제도정비를 통하여 일하는 여성의 편의와 권익향상에 기여하였다. 가족수당이 추구해 온 체계를 이원화시켜 운영함으로써 여성 입장에서 양자택일 선택이 가능토록 의무화하였다.

현재 프랑스의 가족정책은 출산주의라는 전통적 목표를 포기하지 않은 상태에서 다른 한편으로는 여성의 취업과 사회진출을 돕고 직장생활과 가정생활의 양립을 지원하는 방향으로 진행되고 있다. 그리고 앞서 언급한 최저통합수당 등 새로운 제도 도입으로 선별주의 급여의 증가, 재원조달 방식의 변화를 통해 보험료 방식에서 조세와 보험료를 절충하는 절충방식으로 변화하였다.

④ 사회적 최저급여 종류 다양화와 급여 수준의 향상

1970년대까지 존재한 사회적 최저급여(기초소득 보장급여)는 노인 최저급여(AVTS 등), 장애인 복지 분야의 성인장애수당(AAH), 특수교육수당(AES) 그리고 한부모수당(API)이 전부였다. 이것이 계속 사회적 최저급여의 수적 증가와 급여수준의 개선으로 나타났다. 현재 8개의 사회적 최저급여가 대상자에게 제공된다. 노인 최저급여와 노령연대기금(FSV), 질병보험의 장애수당, 성인장애수당, 실업자 집단을 대상으로 한 기초생활수당(ASS와 ATA 등), 미망인수당(Allocation de Veuvage), 활동 연대수당 등이다.

특히, 경제 불황이 계속되면서 청년, 여성, 장기실업자 집단 등이 노동시장에 진입하기가 극도로 어려워지고 이들 집단의 실업 문제가 프랑스 사회보장재정 압박요인으로 작용하자 빈곤실업자 집단을 위한 사회적 최저급여가 제도화되기에 이르렀다. 1984년의 특별연대수당(ASS), 1988년의 최저통합수당(RMI) 그리고 2008년 신설된 활동연대수당(RSA)이 그것이다. 이 수당은 종전의 급여가 가지고 있던 기초생활의 보장이라는 목표 외에 수급자의 노동능력과 노동동기를 제고하거나 유지하여 언제라도 일을 다시 손에 잡을 수 있도록 하는 의욕적 목표를 표방하고 있다. 당시 주무장관이었던 마르탱 이르쉬(Martin Hirsch)에 의해 추진되었으며 빈곤노동자의 기초생활 보장과 함께 근로동기 보존이라는 목표가 정책적 차원에서 고려되었다. 추가소득에 대한 면세혜택을 제공하여 빈곤노동자의 노동의욕을 유지토록 하고 추가소득의 기회를 가지게 함으로써 생활수준을 향상한다는 목표도 함께 지닌다. 활동연대수당의 두 가지 목표가 흡족한 결과를 거두었다고 속단하기에는 시기상조인 듯하다.

⑤ 사회보장목적세 도입

1990년 12월 일반 사회보장 부담금(CSG) 제도가 도입되었다. 재원은 프랑스 영토 내 거주하는 모든 사람의 온갖 종류 소득에 부과되고 세율은 소득의 종류에 따라 차이가 난다. 본 세금의 징수는 사회보험료 통합징수기관(URSSAF)이 담당한다. 확보된 재원은 질병보험의 CMU 관련 지출, 노령보험의 FSV 지원, 가족수당공단의 RSA, AAH 예산 지원에 투입된다. 이밖에 1996년 쥐페 개혁에서는 사회부채 상환부담금(CRDS)이라는 제2의 목적세가 창설되었다.

⑥ 사회보장 개혁의 결과

프랑스 사회보장은 가입자와 가족의 생활 불안정 문제 해결에 목적을 두었다. 이를 위하여 1945년 〈사회보장조직에 관한 법령〉은 가입자 자치원칙에 기초한 행정과 재정의 자율성 원칙에서 출발하였다. 그러나 자율성의 원칙은 1980년대 들어 흔들리기 시작하였다. 그 직접적 원인은 사회보장의 재정적 어려움에서 비롯된 것으로 보인다. 이에 국가는 목적세제 도입으로 해결을 모색하기 시작하였고 그 결과 재정 부문은 물론 사회보장 행정의 영역에서도 국가 개입이 큰 폭으로 확대되었으며 자율성의 원칙은 더 이상 통용되지 않게 되었다.

질병보험 분야에서의 개혁은 사회보장 본래의 목표, 다시 말해 보편주의적 보호를 이루기 위한 목적에서 출발한 것이다. 사회보험 방식에 기초한 보편적 의료보장의 목표달성은 모든 사람이 사회보험에 가입하여 정기적으로 보험료를 납부하는 것을 조건으로 하여 가능하다. 그러나 그동안 소수이기는 하였지만 질병보험 급여에서 소외된 사람의 문제가 있었고, 특히 1980년 이후 완전고용 상태가 종식된 이후 질병보험 보호의 사각지대 문제는 한층 더 심각하게 되었다. 1990년의 CMU의 도입은 이러한 배경에서 추진되었으며 의도한 정책 목표는 달성된 것으로 판단된다.

사회적 최저급여의 확대 역시 사회보험 방식에 의한 생활 불안정 문제 해결이 한계에 이르러 이를 해결하기 위한 목적에서 도입된 것으로 판단된다. 사회보장 비갹출급여의 증가와 재원조달 방법으로서 목적세에 의한 해결방법은 프랑스 사회보장정책의 기본원칙이었던 사회보험의 보편화(일반화)를 통한 안전사회의 실현과 복지국가 목표로서 보험사회(*société assurancielle*)의 실현에서는 한참 멀어진 듯하다(Ewald, 1986: 223).

사회보장급여의 목적은 두 가지로 정리된다. 첫째는 (가입자) 소득의 실질적 보장이며, 둘째는 (가입자) 기본욕구의 충족이다. 비스마르크 유형의 사회보장제도는 첫 번째 목표, 베버리지 유형의 사회보장제도는 두 번째 목표에 충실하다고 말할 수 있다. 프랑스 사회보장은 비스마르크 유형에서 출발한 제도지만 출발 당시부터 둘째, 즉 가입자 기본욕구의 충족 목표도 무시되지 않았다. 예를 들면 노인, 장애인 집단을 대상으로 한 최저급여가 이미 1950년대부터 존재했다. 최근 들어서는 사회적 최저급여가 다양화되고 있다. 이는 프랑스 사회보장이 두 가지 목표를 동시에 성취하고자 하는 목적을 지닌 제도로 변화하고 있음을 입증한다.

프랑스 사회보장의 역사는 자선, 공공부조, 집단적 재해예견 조치라는 세 가지 이념을 중심으로 발전하였다. 1945년 사회보장제도 설립자들은 사회보험과 가족수당의 일반화(보편화)를 사회정책의 목표로 잡았던 것 같다. 다시 말해 오늘날의 사회보장급여 확대를 통한 안전한 사회목표의 구현이다. 그러나 1980년 이후 사회적, 경제적 환경의 변화, 사회보호체계의 변화로 인해 사회보장급여만으로 사회구성원 전체의 불황(*rainy day*)에 대한 대응이 어려워졌으며 그에 대한 하나의 대안으로서 사회부조와 사회복지서비스의 중요성이 새로이 주목받기 시작하였다.

현재 프랑스 사회보호체계는 한편으로 사회보험의 권리로서 노동과 임금을 통하여 생활을 영위하는 노동자 계급의 생활안전을 보장하고, 다른 한편으로 소외된 계층과 빈곤 집단의 사회보호로서 기초생활보장 목적의 활동연대수당(RSA)과 사회보장의 비각출급여, 그리고 이를 보완·보충하기 위한 목적으로 지방자치단체에서 제공하는 사회부조와 사회복지서비스급여와 서비스를 통해 대상자 집단의 (최소한의) 안전한 생활을 보장해 주고 있다. 물론 이 두 가지 종류의 권리, 다시 말해 사회보험의 권리와 기초생활 보장급여와 서비스 간에는 수준상의 격차와 불평등의 문제가 있고 대상자 집단도 다른 게 사실이다. 그럼에도 이 두 권리의 개념은 프랑스 사회보장이 추구해 온 두 가지 목표, 즉 (노동자 계급의) 실질적 소득보장과 (사회구성원 모두의) 기본욕구의 충족이라는 본래의 목표를 충실히 수행하고 있다고 평가할 수 있다.

마지막으로 사회보장 역사 발전에서 우리가 주목해야 할 부분은 정책 행위자로서 국가의 존재와 역할이다. 프랑스 역사에서 국가는 매우 크고 강했지만 사회보호 부문에서도 마찬가지일까? 20세기 기간 동안 국가는 사회보장의 문제를 사회에 맡긴 채 적극적 개입을 자제하였다. 1945년 〈사회보장조직에 관한 법령〉에서 사회보장제도의 운영원칙으로 내세운 사회적 민주주의가 바로 여기에 해당한다. 여기서는 사회보장공단 행정이사회의 임원진을 가입자의 직접선거를 통해 선출하도록 규정했다. 국가는 사회보장 운영을 이해 당사자에게 맡긴 채, 사회보장 권리에서 소외된 사람의 생존권보호 문제에 대해서만 사회부조와 사회복지서비스 차원에서 해결을 모색해왔던 것이다. 그러나 국가의 사회보장에 대한 정책적 개입은 1970년대 후반부터 점차 확대되어 1996년 〈사회보장재정법〉의 제정으로 최고조에 이르렀다. 사회보장의 재정적자의 문제가 특정 제도의 편린적 노력만으로 해결될 수 없고 국가연대성 원칙에서 해결점을 찾아야 한다는 여론의 방향이 아마 영향을 미친 듯하다.

국가 개입을 설명하는 또 하나의 역사적 사실은 프랑스 혁명기 동안 형성된 사회복지에 있어서 보호국가(*Etat protecteur*)의 이념이다(Rosanvallon, 2001). 제1공화국 헌법에는 경제적 어려움에 처한 국민에게 일자리를 마련해 주고 이것이 불가능할 경우 생존권을 보장해 주는 것을 국가의 채무로 규정하였다. 혁명기 동안 나타난 보호국가의 이념은 혁명기의 종식과 자유주의국가 이념의 범람에 의해 표류하다가 19세기 말 제3공화정에서 공공부조 개혁과 사회보험의 제도화로 구체화하기에 이른다. 그러나 공공부조에 대한 국가의무의 구현 이외에 사회보장제도에서 국가는 사회보장의 권리를 노동자와 가족의 권리로 규정할 뿐 권리구현의 실체인 사회보장공단 이사회 구성은 가입자가 뽑은 대표로 구성하는 것을 원칙으로 하였다. 반면 1967년 4개 레짐의 전국공단의 법적 지위, 그리고 공단장을 국가가 임명토록 규정한 것은 사회보장에 대한 국가 개입의 시작으로 보아야 할 것이다.

1988년의 최저통합수당의 시작은 어려움에 처한 국민의 기초생활을 국가가 보장해 주는 프랑스 보호국가 이념의 부활로 이해된다. 청년실업의 문제와 신빈곤의 문제를 일시적인 것이 아니고 프랑스 사회가 떠안아야만 할 구조적 문제로 확인하면서 국가가 보호자의 역할을 자임하고 전면에 나선 것이다. 1990년대 사회보장재정에 대한 적극적이고 다양한 형태의 국가 개입 역시 보호국가 전통의 재현으로 이해할 수 있다. 국민이 난관에 처했을 때 보호자의 역할을 자임하면서 국가가 전면에 나서는 것은 프랑스 혁명기에 시작된 공화주의적 국가의 면모이다. 이와 관련하여 프랑스의 사회정책에서 공화주의의 개념과 전통에 대한 추가적인 연구가 필요하다.

현재 프랑스 사회보호체계는 1945~1970년대 기간 동안의 사회보장 독주의 시대를 접고, 1980년대부터는 사회보장과 사회부조 그리고 사회복지서비스가 각각의 다른 논리에 기초하여 사회구성원과 그들 가족의 생활안전의 문제를 보장하고 있다고 설명할 수 있다. 프랑스인은 현재 사회보호의 다원화 시대에 살고 있는 것이다.

■ 참고문헌

국내 문헌

나병균(2002). 《사회보장론》. 서울: 나눔의 집.

_____(2014). "1980년대 이후 프랑스 사회보장의 개혁: 기초보장 기능 강화와 국가 역할의 증대". 〈사회보장연구〉, 30권 3호, 59~89.

신섭중 외(1994). 《세계의 사회보장》. 서울: 유풍출판사.

유은경(2011). "프랑스 의료보험 개혁의 배경과 내용". 〈HIRA 정책동향〉, 5권 1호, 64~72.

해외 문헌

Borgetto, M., & Lafore, R. (2009). *Droit de l'Aide et de l'Action Sociale*, 7e édition. Paris: Monchrestien.

Buret, E. (1840). *De la Misère des Classes Laborieuses en Angleterre et en France: De la Nature de la Misère, de Son Existence, de Ses Effets, de Ses Causes, et de l'Insuffisance des Remèdes Qu'on Lui a Opposés Jusqu'ici, Avec les Moyens Propres à en Affranchir les Sociétés*. Paris: Paulin.

Castel, R. (1996). *Les Métamorphoses de la Question Sociale: Une Chronique du Salariat*. Paris: Fayard.

Dupeyroux, J., Borgetto, M., & Lafore, R. (2011). *Droit de la Sécurité Sociale*. Paris: Dalloz.

Ewald, F. (1986). *L'Etat Providence*. Paris: Grasset.

Hatzfeld, H. (1971). *Du Paupérisme à la Sécurité Sociale: Essai sur les Origines de la Sécurité Sociale en France, 1850-1940*. Paris: Colin.

Hutteau, G. (2001). *Sécurité Sociale et Politiques Sociales*, 3e édition. Paris: Colin.

Lallemand, L. (1910). *Histoire de la Charité, 21*. Paris: Picard.

Merrien, F. (1990). *L'édification des Etats de bien-être*. Thèse de doctorat. Univ. de Paris 1.

Na, B. K. (1983). Rapports entre sécurité sociale et aide sociale en droit positif français. Thèse de doctorat. Univ. Paris 1.

Palier, B. (2002). *Gouverner la Sécurité Sociale*. Paris: PUF.

Palier, B. , & Martin, C. (2008). *Reforming the Bismarckian Welfare Systems*. Oxford, UK: Blackwell.

Rosanvallon, P. (2001). *L'Etat en France*, Paris éd. Paris: Seuil.

Thévenet, A. , Hardy, J. -P. , & Lhuillier, J. -M. (2015). *L'aide Sociale Aujourd'hui*. Issy-les-Moulineaux: ESF.

02

사회보장제도의 기본구조

1. 기본구조: 개괄

프랑스 사회보호체계(*système de protection sociale*)는 크게 사회보험 원리에 기초하는 사회보장(*sécurité sociale*)과 실업보험(*assurance chômage*), 그리고 공공부조의 원리에 기초하는 사회부조(*aide sociale*)와 사회서비스(*action sociale*)로 구성된다. 연대의 원리에 기초하여 개인 및 가족의 생활 안정을 보장한다는 점에서는 양자가 동일하지만 사회(보장)적 권리의 성격은 각각 이질적이다. 전자는 사법(*droit privé*) 영역에 속하며 객관적 권리(*droit objectif*)의 성격이 지배적인 반면, 후자의 경우 공법(*droit public*)에 속하는 주관적 권리(*droit subjectif*)의 성격이 지배적이다. 다만 사회서비스는 대상자의 완전한 권리의 성격보다는 국가와 도(*département*)와 같은 공공단체가 행하는 비권리적 급여 또는 서비스로서의 성격이 지배적이다.

조직도 양자가 별개다. 사회보장은 공공적 이해관계에 종사하는 민간단체의 법적 성격을 지닌 공단(*caisses*)이 일선 기관으로 있고 이들을 총괄하는 공단인 전국공단이 있으며 이들은 국가의 재정적·행정적 감독(*tutelle*)을 받는다. 사회부조는 국가에 속하는 행정영역이며 핵심기관은 도의 도보건사회국(DDASS)이다. 사회서비스는 법적 성격이 모호한 면이 있으며 주된 행위자는 코뮌 사회복지센터(CCAS)이다. 그러나 사회서비스는 사회보장에서도 제공되며, 주된 행위자는 사회보장공단〔가족수당공단(CAF)〕, 질병보험기초공단(CPAM) 그리고 연금 및 산재보험 지역공단(CARSAT)이다.

무엇보다도 사회보장제도(*régimes de sécurité sociale*)는 단일제도가 아닌 모자이크식 제도(*mosaïque des régimes*)로 구성되어 있다. 이들 중에서 일반 레짐(Régime Général)은 가장 대표적인 제도이며 4개 전국공단(CNAMTS, CNAVTS, CNAF, ACOSS)과 8개의 노령보험 지역공단(CRAV), 그리고 일선공단(CAM, CAF)으로 구성되어 있다.

실업보험은 법적 제도인 사회보장과는 달리 노사 간의 단체협약 방식에 기초하여 만들어졌다.

2. 사회보호체계: 모자이크식 제도

프랑스 사회보장은 크게 4가지 차원에서 조직되어 있다고 볼 수 있다.

사회보장은 질병, 출산, 장애, 사망, 산업재해와 직업병 그리고 노령과 가족(부양) 등의 위험에 대해 기본적 급여를 제공한다.

사회보장은 직업활동에 따라 상이한 부류의 피보험자 집단으로 구성된 복수의 다양한 레짐(Régimes)으로 구성되어 있다. 이 중에서 주된 레짐은 다음과 같다.

- 일반레짐(Régime Général): 임금근로자와 봉급생활자 집단, 학생, 일정한 어떤 급여의 수혜자와 단순체류자에 관한 레짐이다.
- 특수레짐(Régimes Spéciaux): 임금근로자, 봉급생활자 집단이지만

일반레짐에 속하지 않는 인구 집단에 관한 레짐(예컨대 공무원 집단, 국영철도 회사 종사자, 국영 전력회사 종사자, 국영 가스회사 종사자를 위한 제도)이 여기에 해당된다.

- 비임금·비농업 종사자레짐(Régimes des Non Salariés Non Agricoles): 분리된 레짐으로서 공예인(artisans), 자영상인(commerçants) 또는 자영산업인(industriels)과 자유업 종사자에게 노령보험급여, 그리고 이제는 공동 경영의 대상이 되는 질병급여를 제공한다.

- 농업 종사자레짐(Régime Agricole): 자영농부(exploitants agricoles), 임금농부 집단(salariés agricoles)에게 사회보호를 제공하며 4개 사회보장제도 중에서 정부의 사회복지부(Ministère Chargé de la Sécurité Sociale)에서 관장하지 않는 유일한 제도이다(농림부에서 관장).

이상의 사회보장 기초레짐(Régimes de Base) 외에 사회보장이 제공하는 급여를 보충하여 더욱 높은 수준의 추가적 급여를 제공하는 보충레짐(Régimes Complémentaires)이 있다. 이 중 어떤 것은 가입이 의무화되어 있고〔일반레짐 가입자 중 임금근로자와 봉급생활자 집단에 제공되는 보충레짐(Régime Complémentaire) 급여가 여기에 해당〕, 어떤 것은 임의적 가입제도이다〔질병보험의 보충급여(mutuels) 공제조합, 개인보험(assurances privées)이 여기에 속함〕.

실업보험은 상공업고용 전국연합(UNEDIC)이 운영한다.

마지막으로 사회부조(aide sociale)는 국가와 도(département)가 관여하면서 극빈층 인구 집단을 보호한다.

3. 국가와 사회보호체계와의 관계

사회보호와 국가와의 관계는 어떤 것인가? 한마디로 사회보호는 국가(*Etat*)에 종속된 분야라 할 수 있다.

첫째, 국가는 법을 제정하고 공포하는 핵심적 행위자로 정의되며 사회보호에서 다양한 수준의 영향력을 행사한다. 그뿐만 아니라 국가는 사회보장 일반레짐의 급여 수준과 보험료 수준을 결정하는 역할을 맡는다. (상이한) 부문별로 국가역할을 살펴보면 다음과 같이 정의할 수 있다.

- 1945년 10월 4일 〈사회보장조직에 관한 법령〉에 따르면, 사회보장제도의 운영을 맡은 (행정) 이사회는 노사동수의 협의체로 구성된다. 1996년 공포된 〈사회보장재정법〉은 사회보장의 주된 재원인 노사 공동부담의 보험료와 사회보장지출에 관한 사항을 국회 의결사항으로 규정하고 차기년도 〈사회보장재정법〉을 국가가 의결토록 하였다.
- 보충레짐의 경우 노사 협의체가 수입과 지출 총액을 정한다. 그러나 보충레짐 중에서 국가가 의무화한 제도〔예를 들면 임금근로자와 봉급생활자 집단에 대한 실업보험(*assurance chômage*)과 일반레짐의 보충연금제도(*retraites complémentaires*)〕가 있고 어떤 것은 임의적 가입제도〔공제조합(*mutuelles*) 간에 질병보험과 노령보험 부문에서 존재하는 다양한 보충적 성격의 제도, 예를 들어 민간보험(*sociétés d'assurance*), 재해예견제도(*institutions de prévoyance*)〕이다.
- 사회부조는 조건이 갖추어지면 자동으로 제공되는 법정급여를 말한다. 이 급여들은 주로 도 수준에서 제공되고 재원도 대부분 도에서 조달된다. 국가도 사회부조 재원의 일부를 부담한다. 예를 들면 활동연대수당(RSA),[1] 성인장애수당(AAH)의 예산은 국가가 부담한다.
- 사회서비스는 공공기관이나 사회보호기관 조합(*associations*) 또는 재

단(*fondations*)에서 제공되는 임의적 성격의 서비스로서 빈곤층을 돕는 데 목적이 있다. 사회서비스의 모든 것은 제공하는 기관의 의사에 달려 있다고 할 수 있다.

4. 사회보장제도[2]

사회보장제도는 직업 연대(*solidarité professionelle*)의 원리에 기초하여 만들어 4개 제도군으로 구성되어 있으며, 프랑스 사회보장의 역사적 산물이다. 2차 세계대전 이후 프랑스 사회보장체계는 모든 생산활동인구를 포괄하는 단일제도로 설계되었다. 그러나 결과적으로 1945년 〈사회보장조직에 관한 법령〉에 의해 창설된 사회보장체계는 상이한 4개의 레짐으로 분화되었고 이들은 일반레짐, 농업 종사자레짐, 비임금·비농업 종사자레짐 그리고 봉급생활자 집단과 공무원 집단의 특수레짐이며, 현재까지도 유지되고 있다.

이 4개 레짐은 사회적, 직업적 구분의 논리가 매우 강하게 작용하며 매우 배타적이고 폐쇄적인 관계를 유지해 왔다. 그러나 시간이 흐름에 따라 상호 간 접근의 움직임도 감지되고 있다. 구체적으로 급여 수준이나 형태가 일반레짐에 수렴하는 추세이며, 보상(상이한 여러 보충연금제도 간 재정적 연대의 메커니즘)이나 후원(일반레짐이 특수레짐을 대상으로 가입자 보험료의 일부를 상환하는 것)의 방법으로 일반레짐과의 관계가 증가하고 있다.

---

1) 활동연대수당은 1988년 제정된 최저통합수당(RMI)의 후속 형태의 급여이다.
2) 이 부분은 Nézosi, 2016, ch. 2를 요약 정리했다.

1) 일반레짐

사회보장 일반레짐은 민간 부문의 임금근로자와 봉급생활자가 가입되어 있는 제도이다. 이 레짐은 가입자 집단의 규모가 4개 레짐 중에서 가장 크다. 다시 말해서 질병, 가족부양, 퇴직, 산업재해와 직업병 등의 사회적 위험에 대한 비용을 부담하는 가입자 집단의 규모가 다른 레짐보다 크다는 것이다. 1960년대부터 시작된 사회보장 일반화 전략에 따라 민간 부분 이외의 기입 대상자 집단, 예컨대 학생, 실업자, 성직자, 기타 국가와 계약관계에 있는 노동자 집단이 일반레짐에 포함되어 결과적으로 일반레짐은 다른 레짐에 포함되기 어려운 인구 집단을 가입자로 받아들이는 제도가 되었다.

사회보장행정과 재정에 관한 1967년 8월 21일 법령에 기초하여 일반레짐은 상부에 자율적 전국공단(Caisse Nationale)을 정점으로 하는 5개 부문으로 나뉘어 있다. 이 중 3개 부문은 1개 혹은 복수의 사회적 위험에 대한 보상을 실시한다.

가족 부문은 가족수당 전국공단(CNAF)이 관할한다. 이 기관은 가족의 일상생활뿐만 아니라 영아의 출산과 입양, 주거비용, 경제적 취약계층에 대한 기초생활의 보장, 장애인 집단의 보호 등에 소요되는 비용을 부담한다.

질병, 산업재해와 직업병은 임금근로자 질병보험 전국공단(CNAMTS)이 관할한다. 이 공단은 두 가지 종류의 사회적 위험에 대한 비용을 부담하는데 첫째로 질병, 출산, 장애, 사망 등의 사회적 위험이며, 둘째로 다양한 형태의 산업재해와 직업병에 대한 비용이다.

노령 부문은 노령보험 전국공단(CNAV)이 관할하고 있다. 이 공단은 기초 퇴직연금(*pension de retraites de base*) 지급을 담당하고 있다.

기타의 2개 기관은 공통적이고 총괄적인 업무를 관장한다. 모든 종류의 사회보장 보험료 갹출 업무를 담당하는 사회보장조직 중앙기구(ACOSS)가 있다. 이 기관은 위에서 언급한 3개 사회보장 부문에 할당된 재원을 갹출하는 업무를 수행한다. 다시 말해서 고용주가 납부하는 노사 공동부담의 보험료 수납을 담당하고 있다.

사회보장 일반레짐 고용주연합(FERGSS)은 사회보장 전국공단연합(UCANSS)이 관할한다. 이 기관은 노사 간의 대화, 부동산의 운영이나 지속 가능한 개발정책 등과 같은 인적 자원의 운영 등 공통 관심사에 관한 업무를 담당한다.

2) 농업 종사자레짐

농업 종사자레짐은 두 부류의 인구 집단을 보호한다. 임금농부 집단과 자영농부 집단이다. 이 레짐은 여러 단계를 거쳐 완성되었는데, 1952년 퇴직, 1962년 질병, 출산, 장애 그리고 1966년 직업병과 산업재해보상이 보호범위 안에 포함되었다. 이 레짐은 농업협동조합(MSA)이 이끌어 가는데, 이 단체는 보험료 갹출, 기부금 수납 등의 업무를 수행한다. 위험 부문별로 분리 경영을 하는 일반레짐의 경우와는 다르게 이 레짐은 단일 창구에서 질병보험급여, 산업재해와 직업병급여, 퇴직연금급여, 가족수당급여가 이루어진다.

3) 비임금 · 비농업 종사자레짐

이 레짐은 자영업 종사자 집단, 다시 말해서 공예인 집단, 상인 집단, 공인 집단, 변호사 등 자유업 종사자 집단(*professions libérales*)이 직업별 연대에 기초하여 조직한 공제조합 형태로 구성되어 있다. 이들 직업별 레짐은 1945년 이후 사회보장 일반레짐 외곽에 설립되기 시작하였다.

1948년 1월 17일 법에 의해 3개의 퇴직연금제도가 설립되었는데 전국 상공업 자율조직(ORGANIC), 전국 공예인 노령보험 자율공단(CANCAVA),

자유업 종사자 노령보험 전국공단(CNAVPL)이 바로 그것이다. 1954년 후자, 즉 자유업 종사자 노령보험 전국공단에서 분리되어 프랑스 변호인 전국공단(CNBF)이 창설되었다. 1966년에는 자유업 종사자 집단의 퇴직공단인 비임금근로자 질병 및 출산보험 전국공단(CANAM)이 창설되었다.

2005년 12월에는 운영의 단순화와 서비스 질 개선을 위하여 ORGANIC, CANCAVA, CANAM이 하나의 제도로 통합되었다. 통합되어 만들어진 새로운 제도가 자영업자 사회레짐(RSI)이다. 자유업 종사자 노령보험제도인 CNAVPL과 변호사의 노령보험인 CNBF는 통합되지 않은 채 여전히 그들만의 노령보험제도를 유지하고 있다.

4) 특수레짐

특수레짐은 사회보장제도 중에서 네 번째 그룹을 형성하고 있다. 이 레짐은 특정 직업에 한정된 직업 연대를 기초로 기능한다. 예컨대 선원, 군인, 성직자 등이다. 사회보장 일반레짐 설립 이전부터 이 레짐들은 유지되고 있었고 비교적 높은 수준의 보호를 제공하고 있다. 조직 안에는 공무원레짐(행정공무원 집단과 군인들), 기업 및 공사 종사자레짐 그리고 기타 레짐 등 3개의 특수레짐이 군으로 구성되어 있다. 기타 레짐들은 가입자 수가 적은 것이 특징인데 가입자는 직업에 기초하여 레짐을 만들거나(법무사와 피고용 공증인레짐, 광부레짐, 성직자레짐 등) 기업 단위로 레짐을 만들었다(파리 오페라 종사자레짐, 파리 상공회의소레짐, 보르도 항만 종사자 자율레짐 등).

특수레짐의 조직과 기능은 각각 큰 차이가 난다. 그러나 이 레짐은 각각의 사회적 위험(질병, 가족 부담, 퇴직, 산업재해)에 대해 기업에서 맡거나 레짐 내부에서 처리하거나, 그때그때 공단을 구성하거나 혹은 일반레짐에서 담당하는 방식으로 분리하여 운영되고 있다.

그러나 1945년부터 두 가지 현상이 감지되고 있다. 첫째, 이들 숫자가 현격히 감소하였다. 1945년 사회보장제도 성립 당시에는 100개 이상이었던 것이 현재에는 15개로 감소하였다. 둘째, 이들의 운용과 급여 제공이 일반레짐 수준에 점점 더 근접하고 있다. 특히, 퇴직연금과 질병보험 부문에서 이러한 현상이 두드러지게 나타나고 있다.

경제적, 사회적 그리고 기술의 발전은 경제 부문에 현격한 변화를 초래하였다. 2차 세계대전 이후 봉급생활자 집단은 전례 없는 도약을 거듭하여 자영업 종사자 집단, 농업 종사자 집단의 인구수를 월등히 앞질렀다. 기타 몇몇 산업 부문, 예를 들면 광업, 해양업은 급격히 축소되어 경제활동인구의 유입이 차단되거나 감소하였고 이에 따라 이들이 속한 레짐의 재원도 급격히 감소하였다. 보험료 납부자 규모와 수혜자 규모 사이에 균형이 깨짐에 따라 짧은 시간 내에 이들 제도의 지속 여부가 문제되기 시작했다.

(1) 공공행정 종사자레짐

이 레짐의 가입자에는 국가공무원 집단(일반공무원과 군인), 사회복지 및 보건 서비스 관련 업무에 종사하는 공무원과 지방공무원 집단이 있다. 이 레짐들은 몇몇 사회적 위험 부문에서 재원의 한계에 이른 것도 있다(질병, 노령 부문).

질병급여 부문을 보면 국가공무원 집단의 경우에는 공제조합 조직이 운영하고, 군인의 경우에는 국가 특수공단에서[군인 사회보장 전국공단(CNMSS)], 지방공무원 집단과 보건복지직 공무원 집단의 경우에는 사회보장 일반레짐에서 각각 운영하고 있다.

가족수당의 경우에는 2005년부터 가족수당공단에서 국가 재정으로 지불된다.

노령 및 장애연금은 다음 세 가지 경로로 지불된다. 공무원의 경우 국가가 직접 지불하고 재원은 전액 국가예산에 포함된다. 특별기금에 의한 지불의 경우, 국가의 여러 산업공사(*etablissements industriels de l'Etat*)에 소속된 노동자의 연금은 산업공사 노동자 특별연금기금(FSPOEIE)에서 지급하고, 상공업 분야 공사에 소속된 노동자의 연금은 상공업공사(EPIC)가 담당하며, 연금기금의 운용은 저축신탁공단(CDC)이 맡는다.

지방공무원 및 사회복지 및 보건서비스 분야 공무원의 연금은 국립 행정공단(Etablissement Public National à Caractère Administratif)의 개입에 의해 지방공무원 퇴직연금 전국공단(CNRACL)이 지급하며, 기금은 역시 저축신탁공단이 운영한다.

(2) 공사 및 공단 종사자레짐

이 레짐은 이미 1945년 이전부터 사회보호제도를 가지고 있던 공공기업 또는 공단의 레짐을 말한다. 입법자는 마치 이들 기관이 자기 회원에게 급여를 직접 제공하던 것과 유사하게 이들의 사회보장제도를 설계하였다. 이 집단을 구성하는 3개의 큰 집단이 있는데 전기, 가스 산업〔프랑스 전기공사(EDF), 프랑스 가스공사(GDF Suez, RTE, ERDF) 등〕, 대중교통을 담당하는 회사〔국립철도공사(SNCF), 파리교통공사(RATP)〕, 그리고 기타의 공단들이다. 이들은 모두 공무원 집단을 위한 사회보장 특수레짐의 경우와 마찬가지로 사회적 위험 부문별 분리 운영을 하고 있다.

진료에 대한 보상 등 현물급여는 전기, 가스 산업 질병보험공단(CAMIEG)이 운영하며, 상병수당 지급 등 현금급여는 고용주가 직접 제공하고, 퇴직, 장애연금, 산업재해 및 직업병, 가장의 사망 등은 전국 전기, 가스 산업 퇴직공단(CNIEG)이 담당한다.

SNCF와 RATP의 경우에도 전기, 가스 공사의 경우와 유사한 분리 운영 방식이 적용되고 있다. 국립 철도공사 재해예견 및 퇴직공단(CPRPSNCF), 파리교통공사의 사회보험 상호조정공단(CCAS), 그리고 파리교통공사 재해예견 및 퇴직공단(CRPRATP) 등이 그것이다.

각종 현금급여와 산업재해보상 현금급여는 철도공사나 파리교통공사가 직접 운영한다. 가족수당의 경우도 철도공사나 파리교통공사가 직접 지불한다. CPRPSNCF와 CRPRATP 등의 자율공단은 퇴직 및 장애에 대한 연금 및 현금급여를 제공하며, 질병, 출산, 사망보험의 현물급여에 대한 보상은 SNCF의 경우 CPRPSNCF가, RATP의 경우 CCAS가 각각 담당한다.

(3) 기타 레짐

어떤 경우, 회원에게 사회보호 전반에 대한 급여와 서비스를 제공한다. 예를 들면 국립선원공사(ENIM)는 회원에게 전체의 사회보호급여와 서비스를 제공한다. 부분적인 보호만 실시하는 다른 레짐의 경우도 있다. 예를 들면 파리 오페라 근무자의 레짐과 코메디 프랑세즈 근무자의 레짐은 노령에 대한 급여만 실시하고 보르도 항만 근무자 자율공단과 파리 상공회의소 근무자의 레짐은 질병 부문의 급여만을 제공한다.

5. 현행 제도의 행정

프랑스 사회보호체계는 크게 두 개 또는 세 개의 하부체계로 구성되어 있다. 첫째는 사회보장 기초레짐과 보충레짐이다. 사회보장 기초레짐은 질병, 출산, 노령, 장애, 사망, 가족 부양, 산업재해와 직업병 등 다양한 사회적 위험에 대한 급여를 실시하는 것으로 다양한 사회보험과 가족수당을 포괄한다. 사회보장 법전에 기초하여 법정급여가 제공되는 제도이다. 보충레짐은 보충연금제도와 실업보험을 말한다. 이들 보충레짐은 사회보장 기초레짐의 경우와 마찬가지로 가입이 의무화되어 있으며, (사회보장) 법에 의해 조직, 운영되는 사회보장제도와는 달리 단체협약(*convention collective*)에 의하여 성립된 제도이고 사회보장제도와 마찬가지로 제도 가입과 보험료 납부가 의무적이다.

둘째는 사회부조와 사회복지서비스이다. 이것은 사회보장제도와는 달리 독립된 제도라기보다는 국가행정 또는 지방행정의 일부를 구성하는 개념으로 이해하는 편이 옳다. 사회부조급여와 사회복지서비스는 사회보장급여의 보상수준이 미흡하거나 보상이 지급되지 않는 경우에 보충적이고 보완적으로 개입한다. 여기서 보충적이라 함은 부족한 급여 수준을 보충해 준다는 의미이고, 보완적이라 함은 사회보장급여의 공백을 메우는 급여 또는 서비스라는 의미이다.

사회복지서비스는 임의적 (*facultatif*) 사회부조급여 또는 서비스의 의미로 쓰이며, 이것들의 제공 주체인 국가나 공공단체가 스스로를 의무화하여 제공하는 급여 또는 서비스이지만 수급자의 완전한 권리와는 거리가 멀다. 다시 말해서 사회복지서비스는 사회보장과 사회부조의 급여나 서비스가 제공되지 않은 대상자에게 국가 또는 지방 공공단체가 제공하는 임의적 성격의 급여 또는 서비스를 말한다.

본 장에서는 현행 제도 중에서 주로 사회보장제도와 사회부조 및 사회복지서비스제도를 중심으로 살펴보기로 한다.

프랑스 사회보장제도는 현재 국민 전체를 의무가입 방식으로 흡수하고 있다. 이 제도는 가입 대상자 차원에서 일원화되지 못하고 직업적 연대 혹은 직종 연대성에 기초한 4개의 레짐으로 세분되어 있다. 일반레짐, 농업종사자레짐, 자영업자레짐, 특수레짐이 그것이다.

프랑스 사회보장제도는 19세기부터 내려오는 공제조합의 전통을 이어받아 기본단위이자 행정의 말단 조직이라 할 수 있는 공단이 가입자에 의하여 직접 운영됨을 원칙으로 하고 있다. 이러한 원칙은 1945년 〈사회보장조직에 관한 법령〉에도 잘 나타나 있다. 이 법령에 의해 창설된 기초공단 내부에는 피보험자의 대표로 구성되는 이사회가 설치되었다. 이사회는 공단 운영과 재정적 균형을 유지하는 역할을 담당하였다. 일찍이 국가참사원 (Conseil d'Etat) 은 사회보험공단의 법적인 성격을 "공공서비스 임무를 띠는 사법에 의한 법인체"로 정의한 바 있다(Saint-Jours, 1980: 372). 현행 레짐 중 농업 종사자레짐과 자영업자레짐은 레짐 그 자체가 (행정적) 자율성 원칙에 기초하고 있다. 그러나 1960년대 이후 공단에 대한 국가의 행정적 개입의 폭이 확대·강화되고 있다.

사회보장 일반레짐의 질병보험 기초공단(Caisse Primaire d'Assurance Maladie), 가족수당공단(Caisse d'Allocation Familiale), 지역공단(Caisses Régionales)의 법적 지위는 사법에 의한 법인체로서 공공서비스 기능을 수행한다(CSS 40조).

1967년 8월 21일의 법령은 사회보장 일반레짐 행정 개혁에 관한 것으로 이 법령에 의하여 사회보장제도의 자율성이 후퇴하고 사회보장에 대한 국가 개입이 점차 확대되기 시작하였다. 1981년 사회당 피에르 모로와 내각이 추진한 사회보장 개혁에 따라 행정 이사회 임원선출이 한때 가입자에 의한 직접선거로 회귀한 예가 있지만, 사회보장행정에 있어서 (사회적) 민주주의의 축소와 국가개입의 확대는 특히 1990년 이후 하나의 대세가 되었다.

첫째, 1996년에 공포된 바 있는 〈사회보장재정법〉은 사회보장제도에 대한 국가개입의 대표적인 예라 할 수 있다. 둘째, 1980년대 말부터 증가한 사회보장 비갹출급여와 보편의료보장제도(CMU) 실시에 따른 사회보장재정의 조세화 정책은 노사가 분담하던 보험료 중에서 특히 고용주 부담 부분을 축소함으로써 기업의 사회보장에 대한 보험료 부담을 경감하는 데 목적이 있었다. 결과적으로 1945년 〈사회보장조직에 대한 법령〉에 정의된 사회보장제도의 자율성과 비교했을 때 현재는 사회보장에 대한 국가개입이 증대되었고 제도의 행정적, 재정적 자율성이 현격하게 축소되었다.

4개의 직업별 사회보장 기초레짐 중에서 일반레짐은 가장 크고 대표적인 제도이다. 일반레짐 이외에 공무원 및 공단, 공사에서 근무하는 사람을 위한 특수레짐, 농업 종사자레짐, 비임금·비농업 종사자레짐이 존재하며 이들의 행정구조에 대해서 간략하게나마 설명하고자 한다. 이들 4개 직업별 레짐 외에 보충레짐이 있는데 이들은 사회보장급여 수준을 보충하여 좀 더 충실한 급여를 제공하는 데 목적을 둔 제도이다. 임금근로자 집단을 위한 보충연금제도로서는 간부퇴직제도 일반단체(AGIRC)와 일반노동자 집단의 보충연금제도인 보충연금제도단체(ARRCO)가 있다. 이들은 단체협약 방식으로 성립된 제도이지만 사회보장 기초레짐의 경우와 마찬가지로 제도 가입과 보험료 납부가 대상자의 의무로 되어 있다.

1) 사회보장제도의 거버넌스[3)][4)]

(1) 사회보장행정의 원초적 형태: 사회적 파트너에 의한 사회보장제도 운영

원래 프랑스 사회보장은 사회적 파트너, 다시 말해서 노사에 의한 자율적 운영을 기본원칙으로 하고 있었다. 직업 연대 위에 축조된 사회보험제도, 사회보호 지출에 대한 유일한 재원 조달의 출처로서의 임금과 사회보험료 등을 종합해 볼 때 사회보호체계의 기본원칙은 이해 당사자에게 사회보호체계 운영을 일임하는 것이다. 이러한 운영방식은 1945년 사회보장제도가 시작될 무렵 사회적 민주주의(démocratie sociale)라는 이름으로 선포된 바 있다.[5)]

자율적 운영의 원칙은 사회보장공단 이사회 임원구성에 잘 나타나 있다. 일반레짐의 경우 엄격하게 노사동수로 구성된 협의체가 1967~1983년 기간 동안 사회보장공단 이사회를 구성하고 있었다. 반면 1945~1967년 그리고 1983~1996년 기간 동안 행정 이사회 임원구성에 있어서 임금근로자

---

3) 거버넌스(gouvernance)는 현대적 의미의 행정, 또는 행정의 원칙을 지칭하는 의미로, 네조지는 "정책 행위자 간의 상이한 역할, 지위 간의 상호작용, 교체 등이 규범화된 체계"로 거버넌스를 정의한다(Nézosi, 2016: 82).

4) 이 부분은 Nézosi, 2016, ch. 5와 Montalembert, 2016, notice 3을 중심으로 작성했다.

5) 1945년 프랑스 사회보장 창시자라 할 수 있는 라로크(P. Laroque)가 선언한 사회보장의 3대 원칙은 첫째, 보호 범위(사회적 위험의 범위, 보호 대상자 범위)의 보편성, 둘째, 제도의 단일성, 셋째, 운영방식으로서의 사회적 민주주의 등 3개 원칙으로 구성되어 있다.

대표의 수는 고용주를 대표하는 임원 수보다 많았다. 노동자야말로 사회보장의 중심 세력이기 때문이다. 1996년부터 이사회 구성은 노사동수로 하되 국가가 임명하는 사회보장 전문가가 이사회 임원으로 참여하게 되었다. 이들은 투표권을 행사하는 임원으로 이사회에 참석한다.

이사회 임원은 노동자와 고용주 단체에서 임명토록 되어 있다. 1945∼1967년 기간 동안에는 선거에 의한 임원구성이 시행되다가 그 후 이 원칙이 포기되기에 이르렀는데 이유인즉 공단 운영에 대한 (피보험자의) 무관심이 원인이었다. 농업협동조합(MSA), 비임금·비농업종사자레짐, 특수레짐의 이사회 임원은 여전히 피보험자가 선출하도록 되어 있다.

1945년 사회적 민주주의의 틀 안에서 사회적 파트너는 사회보장재정상의 수지균형 유지 등 사회보장제도 전반의 운영을 책임지고 있었다. 그러나 이러한 제도 운영 책임은 제대로 이행되지 않았다. 심지어 이와 같은 약속 불이행 문제는 보건직 전문가가 참여한 의료협약에서조차 제대로 지켜지지 않았다. 따라서 국가는 노사협의체 대신 사회보장재정에 대한 여러 인기 없는 결정을 자주 내리게 된 것이다.

이러한 것들은 1970년대부터 사회보장 구출계획이란 이름으로 꼬리를 물고 나타나기 시작하였으며, 계획마다 계획의 공식 명칭에 주무 장관의 이름이 부쳐졌다. 이러한 노력의 외곽에서는 사회보장공단 이사회에서 사회적 파트너가 제한된, 극히 주변적인 사안에 대한 결정을 내리고 있다. 사회보장 일반레짐 전국공단의 행정 이사회는 정부의 자문기관으로서 역할을 수행하며 공단에 관한 중요 결정사항이 있을 때 국가의 자문에 응한다.

(2) 확대되는 국가의 역할

사회보장 분야에서 국가가 맡은 역할은 공공서비스로서 사회보장이 가지는 성격과 관계가 깊다. 국가가 사회적 위험에 대한 경영 독점권을 사회보장제도에 위임하면서 위임한 사안에 대해 감독권을 행사하는 것이다. 그러나 이러한 고전적 형태의 행정감독 이외에 최근 10년 동안 국가역할은 (사회보장) 구조 개혁 조치로 인하여 더욱 강조되고 있다. '사회보장 최후 보증자'로서의 역할은 유럽연합 경제·금융 수준 통일의 테두리 안에서 사회적 부채를 책임지고 떠맡는 것이다. 이런 점에서 국가 개입의 중요성은 어렵지 않게 이해된다.

사회적 파트너가 누구에게나 관계되는 규범체계를 만들 수 있는 합법적 권한을 가졌다고 볼 수는 없다. 프랑스에서는 노동조합이 (임금) 노동자와의 관계에서 대표성의 위기로 인해 난관에 봉착해 있다. 사회보징 재원조달 방법으로서 목적세화(fiscalisation)는 모인 재정 총액의 운영 참여권을 둘러싸고 몇 개 노조로부터 문제제기의 대상으로 부각되고 있기도 하다(이에 대해서는 이 책의 "5장 정부재정과 사회보장재정" 부분에서 재론할 것이다).

국가는 사회보장 규칙의 제정권한을 가지고 있다. 이것은 사회보장조직과 급여제도에 관한 규칙을 만듦을 의미한다. 사회보장조직 내에서 행정이사회와 공단의 사무직 간의 권력 안배는 조직 활성화를 목적으로 국가가 내린 결정은 후자, 즉 사무직에게 더 많은 권한을 부여함을 주요 내용으로 하고 있다. 또한 사회보장 전국공단장은 국무회의에서 직접 임명한다.

이러한 내용의 사회보장 국가 개입주의는 1996년 〈사회보장재정법〉을 통하여 의회가 정의하는 재정 틀 속에서 진행된다.

1996년 4월 24일 발표된 "쥐페 법령"은 〈사회보장조직에 관한 법령〉으로서 그 내용을 살펴보면 전국공단과 국가가 4년 기한의 (사회보장) 목표 및 운영에 대한 협약(COG)을 체결토록 규정하고 있다. 이 COG 협약은 전국공단이 각각 달성해야만 하는 목표치와 이 목표치 달성을 위한 수단에 관한 것이다. 이들 협약은 운영에 관한 다년 계약(CPG)을 통하여 각각의 사회보장 기초조직에 영향을 미치게 된다.

이 협약은 우선 사회보장공단으로 하여금 운영 실적 성취목표와 그 결과를 표시해 주로 지표를 통하여 공단이 목표달성에 관심을 가지도록 유도한다. 또한 이 법령은 일반레짐의 모든 전국공단 옆에 감시위원회6)를 설치하도록 규정하였다. 감시위원회의 역할은 COG 이행 실적을 점검하고 이를 매년 의회에 보고하는 것이지만, 이 위원회 역할은 크게 발전할 것 같지 않다. 매년 의회가 자체적으로 〈사회보장재정법〉의 이행 여부를 감독하기 때문이다.

재정 기금은 행정공단(*établissements publics administratifs*)의 형태로 설립되며 국가를 대표하는 임원과 적은 수의 노사 대표로 구성되는 행정 이사회가 운영을 책임진다. 이와 같이 사회보장 기금 운용에 있어 노사 협의체 역할의 후퇴와 국가역할의 강화는 사회보장정책의 현재 상태를 잘 대변하고 있다.

그 밖에도 1993년 설립된 노령연대기금(FSV)은 비갹출노령연금에 소요되는 재원 마련에 목적을 둔 것이며, 1999년 설립된 연금유보기금(Fonds de Reserve pour la Retraite: FRR), 1996년 설립된 사회부채 상환공단(Caisse d'Amortissement de la Dette Sociale: CADES) 등이 있다.

국가의 중심 역할은 특히 질병보험의 운영 현황과 지출 변화를 확인하는 것이다. 질병보험지출의 통제는 경제정책의 중요한 분야가 되고 있다. 의료서비스에서 통원치료 비용은 국가가 마련해 놓은 재정 범위 안에서 사회보장제도가 내부에서 통제한다. 1971년부터 보건 분야 전문인과 질병보험공단과의 관계는 사회보장이 비용을 지불하는 의료행위에 대한 보상을 결정짓는 국가협약을 통하여 규제를 받고 있다. 질병보험의 세 주요 공단(일반레짐, 농업 종사자레짐, 비임금 · 비농업 종사자레짐)의 상호조정을 강화할 목적으로 질병보험공단 전국연합(UNCAM)이 세 질병보험 전국공단을 묶고, 일반레짐 질병보험 전국공단장이 모임을 주도하는 내용의 2004년 8월

---

6) 감시위원회는 복수의 국회의원, 지방자치단체에서 파견한 공무원, 피보험자 대표로 구성된다.

13일 법에 의해 전국연합이 설립되었다. 질병보험공단 전국연합은 보건지출에 대한 보상의 개념정의를 하고 이 연합체장은 보건 분야 인사와 협상을 벌일 책임을 진다는 등의 내용을 내규로 정할 권한을 지닌다.

입원 분야(*secteur hospitalier*)는 사회보장이 재원 조달을 담당함에도 불구하고 원칙적으로 국가의 지배를 받는다. 입원에 관한 국가 수준 공공업무가 보건 담당 정부부서 의료공급 총괄국(DGOS, 과거의 병원국에 해당)에 의해서 운영된다면, 입원 관련 정책의 계획과 실천은 전국 26개 지역병원청(ARH)[7]이 맡는다(1996년 4월 24일 입원 개혁에 대한 쥐페 계획 이후).

국가의 보건 서비스와 사회보장공단에서 행하는 보건 서비스 간에 지역[8] 수준의 상호조정을 증진하고 보건 서비스 제공을 맡는 다양한 조직(예를 들면 도시지역의 의사, 병원 조직망과 의료사회적 서비스 조직) 간의 서비스 질적 수렴을 모색하기 위한 목적으로, 지역보건청(ARS)이 2009년 7월 21일 법에 의해 설립되었다. 이 조직은 지역병원청 업무, 국가의 보건 서비스 그리고 사회보장공단 연합의 보건 및 사회복지서비스 제공 업무를 통폐합하여 만든 조직이다. 이 조직은 전국공단(Etablissements Publics Nationaux)의 법적 지위를 가지며 국가와 공단의 장을 위해 일하는 조직으로서, 국무회의에서 직접 임명하는 이 조직의 장(*directeur général*)은 보건복지 분야 지사(*préfets*)라 할 수 있다.[9]

지역 보건 프로젝트에 요약되어 있는 욕구에 대한 정의 그리고 재산 정도에 따라 차별화된 수당 배분정책을 통하여 지역보건청은 도시지역 의료, 보건시설, 사회복지시설 및 사회의료시설 등 제반 서비스 자원의 재구조화를

---

7) 이 조직은 국가와 질병보험공단 간의 공공 이해관계 연합형태로 구성되었다.
8) 지역(*région*)은 국가와 도 사이의 지방행정 단위로 2007년 사회부조 행정 개혁 이전부터 보건과 병원 관련 국가정책의 중심이었다.
9) 행정의 지방분산(*déconcentration*) 개념으로서 이는 다시 말해 지역 단위에서 존재하는 (행해지는) 국가의 보건복지서비스 행정의 개념으로 이해할 수 있다.

통한 보건의료 서비스 공급을 조절하는 역할을 수행한다. ARS 활동 간의 상호조정은 보건 관계 장관이 주관하는 운영자문 국가위원회가 담당한다. 장관은 이 사무소에 훈령 전달의 방법으로 상호조정을 모색한다. 이와 같은 보건체계에 대한 지역 거버넌스 개혁을 통하여 국가역할은 더욱 강화되었다.

19세기 말 직업적 기반에서 시작되어 노사 협의체에 의해 운영되는 제도로 출범한 프랑스의 현대적 사회보호체계는 1880년대 조직된 독일 사회보험체계로부터 중요한 영향을 받았다. 1945년 사회보장제도 출범 당시에도 새로운 형태의 사회보장제도가 국가에 의해 만들어졌다기보다는 이미 만들어진 것을 국가가 추후 승인하는 형태로 시작되어 오늘에 이르렀다. 그러나 1945년 시작된 사회보장 일반화 정책, 재정 일부의 조세화, 연대주의 최저급여의 설립 등 새로운 정책의 도입과 실천으로 인하여 단순히 노사의 보험료에 의해 운영되던 과거의 사회보험체계와는 거리가 멀어졌고 결과적으로 프랑스 사회보장의 특성이 점차 모호하게 변화되었다. 이는 1946년 영국에서 출범한 바 있는 사회보호의 보편주의적 체계, 다시 말해서 베버리지 사회보장체계로의 접근을 의미한다.

현재의 프랑스 사회보호체계는 (사회) 보험 논리와 연대 논리 사이에 균형이 잘 잡힌 상태다. 따라서 이 두 논리를 엄격히 구분하고 비갹출급여를 엄격히 격리하는 것은 출범 당시 연대의 논리에서 출발한 제도에서 더욱 멀어지는 것으로 풀이할 수 있다. 현재 프랑스 사회보장체계는 자율과 국유화, 조세화와 특별 조세화, 그리고 연대와 부조의 논리 위에 축조된 것으로 이해가 가능하다. 이 균형은 특히 매년 전개되는 〈사회보장재정법〉 토론의 장에서 계속 만들어지고 있다.

복잡하고 분열된 사회보장체계를 하나의 통합된 체계로 만드는 일은 사회보장에 대한 적극적 행위자의 참여를 의미한다. 1996년 이후 국회, 노조, 기업주, 보건 전문인 각자는 사회보장 운영을 둘러싼 이해관계의 대립현상을 경험하고 있다.

2) 사회보장 일반레짐의 행정구조

일반레짐은 도 수준의 일선 공단(예를 들면 질병보험 기초공단와 가족수당공단)과 지역(région) 수준의 공단, 그리고 전국 수준의 공단으로 구성된다. 사회보장 일반레짐은 비농업 부문 임금근로자 집단을 위한 제도이며 다음 4가지 사회적 위험에 대한 보험료 갹출 및 급여 제공이 시행된다.

- 질병, 출산, 장애, 사망
- 산업재해와 직업병
- 가족
- 노령과 독신(홀아비 또는 과부)

일반레짐의 전달체계는 대략 지방행정 단위인 도와 지역(région)에 분포되어 있는 일선 공단 혹은 지방 단위 공단과 4개 전국공단(질병보험 전국공단, 노령보험 전국공단, 가족수당 전국공단 그리고 사회보장조직 중앙기구)으로 구성되어 있다. 사회보험료 통합징수기관은 전국에 22개가 분포되어 있으

〈표 2-1〉 사회보장 일반레짐 공단의 조직도

(지리적 구역에 기초함, 2014년 기준)

부문, 구조	전국적 구조	지역 수준의 구조	도 수준의 구조
가족	가족수당 전국공단		102 가족수당공단
질병, 산업재해 및 직업병	질병보험 전국공단	16 연금 및 산재보험 지역공단	101 질병보험 기초공단, 1 사회보장 공동공단*
노령	노령보험 전국공단		
갹출	사회보장조직 중앙사무소	22 사회보험료 통합징수기관	

주: * 사회보장 공동공단은 로제르(Lozère) 지방에만 존재하는 유일한 사회보장조직임. 종전에 여러 일선 기관(예를 들면 가족수당공단, 질병보험 기초공단, 사회보장료 통합징수기관)이 나누어 맡았던 사회보장 공공서비스의 일선 업무를 사회보장예산위원회(CCSS)라는 단일 조직이 총괄적으로 수행하게 됨. 이러한 조직은 비도시 지역 주민의 사회보장급여와 서비스에 대한 접근권을 향상시키는 효과를 지니며 이와 같은 목적으로 설립된 것임.

며, 전국공단인 사회보장조직 중앙기구의 지방조직으로서 지역 단위에 분포된 다양한 형태의 일반레짐 공단과 유기적인 관계 속에서 운영된다.

사회보장 일반레짐의 행정구조를 도, 지역, 그리고 전국 단위로 구분하여 살펴보기로 한다.

(1) 도 수준

① 질병보험 기초공단

전국에 101개 질병보험 기초공단이 있다. 도에 1개꼴로 분포되어 있으며 프랑스 전역에 1개의 사회보장예산위원회(CCSS)[10]가 존재한다. 질병보험 기초공단의 주요 업무라 할 수 있는 질병보험 업무는 둘이다. 첫째, 대상자를 사회보장에 가입시키는 업무(*immatriculation*)와 둘째, 다양한 형태의 급여(질병, 출산, 장애, 사망, 산업재해 및 직업병급여)를 제공하는 업무이다.

② 가족수당공단

전국에 102개의 가족수당공단이 있다. 이들은 대개 질병보험 기초공단과 같은 지역에 위치한다.

가족수당공단은 가족을 대상으로 다양한 형태의 수당을 제공하는 업무를 맡는다. 가족수당공단의 역할은 점차 확대되어 현재는 가족수당 지급 업무 외에도 주택부조(Aide au Logement), 성인장애수당, 빈곤 실업자 집단을 위한 활동연대수당, 아동 취학수당 제공 등의 다양한 업무를 담당한다.

---

10) 로제르(Lozère) 지방에 유일하게 존재하는 사회보장 통합 일선 공단이다. 사회보장 공공 서비스를 주민 가까이서 제공함으로써 사용자에게 최상의 서비스를 제공하고자 하는 목적으로 문을 열었다. CCSS는 사회보장 일반레짐의 일선 조직(질병보험 기초공단, 가족수당공단, 사회보험료 통합징수기관)을 합쳐놓은 형태로 질병보험, 가족, 사회보험료 갹출 서비스를 유지, 발전시키려는 목적을 가지고 있다.

③ 사회보험료 통합징수기관

전국에 22개가 있다. 질병보험 및 가족수당 보험료 갹출 업무를 담당하는 조직이다. 일드프랑스(Ils-de-France) 지역은 그 안에 있는 7개 도 구역 안에 1개의 갹출 연합이 있어서 사회보험료 갹출 업무를 담당하고 있다.

(2) 지역 수준

① 연금 및 산재보험 지역공단

전국에 16개가 있다. 질병, 산업재해와 직업병, 은퇴보험에 관한 행정 실무를 담당한다. 다만 일드프랑스와 알자스, 모젤 지역의 지역공단(Caisses Régionales)이 수행하는 업무 영역은 질병보험, 산업재해와 직업병으로 제한되어 있다. 질병보험에 관한 보건, 사회복지서비스 활동은 2개 영역으로 나뉘는데 첫째, 기초공단에 부여되는 보건 및 사회복지서비스 업무와 질병보험 재정부조(Aide Financière)가 있으며 후자의 경우 재정은 질병보험 기초공단이 제공한다. 둘째, 대여, 보조금, 보건투자 등의 명목으로 시행되는 재정참여 사업이다.

질병보험 사업과 관련해서 지역공단은 입원(hospitalisation)에 관한 업무(예컨대 수가 수준의 결정, 지역 단위 계획의 수립 등)를 지역사회복지국(DRASS), 지역보건청과 협력하에 추진한다.

② 질병보험공단 지역연합

질병보험공단 지역연합(URCAM)은 1996년 4월 24일 법령에 의해 설립된 조직이다. 이 기관은 지역 수준의 사회적 위험에 대한 운영정책의 추진, 지역 내 질병보험 기초공단 간의 연대 노력 강화, 지역 내 보건 및 의료정책의 조화와 조정, 보건의료 전문 집단 대표와의 대화와 협상, 지역 내 병원 지출의 통제, 전국 목표와의 절충, 실천 업무, 그리고 기초공단의 질병예방

노력 점검 및 질병예방 교육, 보건 교육 실시 등의 업무를 수행한다.

③ 질병보험 기초공단 운영연합
질병보험 기초공단 운영연합(UGECAM)은 지역 내 사회보장 일반레짐 안의 보건, 위생, 사회의료기관 간 연합체이다. 11)

(3) 전국 수준

① 질병보험 전국공단
이 기관은 질병보험 업무운영 전반을 관장하고 다른 사회보장 전국공단과의 교류를 증진하며 보건 및 사회복지서비스에 관한 국가 및 지방행정과 교류한다. 또한 질병보험 지역공단(CRAM), 질병보험 기초공단(CPAM)을 감독하며 상호교류 증진을 추진한다.

② 노령보험 전국공단
1967년 사회보장조직 개편 이전에는 알자스, 모젤의 3개 지역을 제외한 전국 대상자에게 노령보험급여와 사회복지서비스를 직접 제공하였다. 나머지 3개 지역의 유사 업무는 스트라스부르 노령보험 지역공단(CRAV de Strasbourg)이 담당하고 있었다. 그러나 현재 노령보험 전국공단이 급여와 서비스를 직접 제공하는 지역은 파리 지역뿐이고 나머지는 16개 연금 및 산재보험 지역공단이 노령보험급여와 사회복지서비스 제공 업무를 담당하고 있다. 참고로 이 기관은 종전의 질병보험 지역공단의 변형으로서 노령보험급여 제공 업무를 함께 수행하는 지역 수준의 일반레짐 조직으로 이해하면 된다.

---

11) 자세한 내용은 Huteau, 2001: 42를 참조하라.

③ 가족수당 전국공단

이 조직은 가족부양 위험 부문의 운영을 총괄하며, 특히 가족 관련 사회복지
서비스와 가족복지서비스를 직접 제공하거나 혹은 하부조직인 가족수당공
단을 통하여 제공한다. 그 외에 이 조직이 수행하는 업무로서는 가족 관련
법안에 대한 의견을 정리하여 의회에 제출하는 일, 이 분야의 정책 건의서를
작성하여 정부와 의회에 제출하는 일 등이다. 또한 이 조직은 가족 부문 사
회보장망의 상급 기관으로서 일선 기관에 대한 감독 등의 권한을 행사한다.

④ 사회보장조직 중앙기구

다른 전국공단의 경우와는 달리 이 조직은 특정 위험에 대한 운영을 맡은 조
직이라기보다는 전국 차원의 보험료 갹출에 관한 총괄적 업무를 담당하는
기관이다. 1968년에 설립되었으며(1968년 7월 31일 법) 1990년 11월 28일
법에 의해서 전국공단의 법적 지위를 획득하였다. 앞에서 언급한 위험 부문
별 전국공단과 22개 사회보험료 통합징수기관에 대하여 특권을 행사하고
일반레짐의 공동공단으로서의 역할을 담당하고 있다.

3) 농업 종사자레짐의 행정구조

서비스 창구 단일화 원칙에 따라 중앙 수준에 존재하는 농업공제조합 중앙
공단(CCMSA)이 81개 도공단(MSA)을 총괄하고 있다. 이 공단들은 모든
종류의 사회적 위험 운영을 책임진다. 자영농부의 질병보험제도(AMEXA)
의 경우, 대상자는 MSA나 여타의 보험사에 선택적으로 보험 가입이 가능
하다.

4) 비임금 · 비농업 종사자레짐의 행정구조

(1) 질병보험제도

여러 조직으로 구성된 질병보험제도인 비임금근로자 질병 및 출산보험 전국공단은 재정의 단일화와 수입과 지출 간의 균형을 유지하는 역할을 담당한다. 전국에 31개 지역조합이 존재하며 이 조합에서는 피보험자 접수, 행정 절차의 추진, 대상자의 보험료 수준 결정 등의 행정업무와 보건복지서비스 제공, 질병 예방사업, 의료기관 감독 등의 업무를 수행한다.

(2) 노령보험제도

노령보험은 3개의 노령보험제도로 분리되어 있다.

첫째, 전국 상공업 자율조직인 상인 노령보험제도는 26개의 도 단위 공단과 5개의 직업별 공단으로 구성된다(예컨대 제빵사 노령보험 전국공단 등).

둘째, 전국 공예인 노령보험 자율공단인 공예인 노령보험제도는 도 수준에 30개의 공단이 있으며 2개의 직업별 전국공단으로 구성되어 있다.

셋째, 자유업 종사자 노령보험제도는 13개 직업별 공단으로 구성되어 있다. 예를 들면 수의사 은퇴 및 재해예견 자율공단(CARPV)이 있다. 이들은 자유업 종사자 노령보험 전국공단의 조직 아래 있으면서 공단 간 극히 제한된 재정적 보상이 이루어지고 있다. 그 외에도 프랑스 변호인공단이 변호사의 노령연금 업무를 담당하고 있다.

5) 사회부조와 사회복지서비스의 행정구조[12]

1983년 사회당 정부의 지방 분권화 조치에 의해 도는 사회부조의 중심역할을 하게 되었다. 대부분의 사회부조 예산도 도로 이관되었다. 사회부조 행

---

12) 이 부분은 Hardy et al., 2015, ch. 2를 요약 정리했다.

정의 중심은 도의 도보건사회국이었다. 사르코지(Nicolas Sarkozy) 대통령 재임(2007~2013년) 동안 사회부조 행정구조에 중요한 변화가 일기 시작하였다. 2007년 공공정책에 대한 포괄적 개혁(RGPP)의 방향은 지방행정 인력 감축 및 국가와 지역 수준의 사회복지 행정 조직의 개편에 있었다.

그러나 사르코지 7년 집권 이후 들어선 에로(Jean-Marc Ayrault) 정부는 RGPP를 공공서비스 현대화계획(MAP)으로 대체하였다. 이 정책은 RGPP와는 달리 사회복지와 의료 분야에서 지방자치단체 전체와 서비스 담당 기관의 연합을 포괄하는 것을 내용으로 하고 있다. 여기서는 우선 2007년부터 진행된 개혁, 즉 RGPP의 내용을 살펴본 다음, 이 개혁 이전부터 시행되어 온 사회부조 및 사회복지서비스 행정의 구조를 국가 수준과 국가 외부서비스(Services Déconcentrés de l'Etat)[13]로 나누어 설명하기로 한다.

(1) 공공정책에 대한 포괄적 개혁의 내용

전체적으로 2007년 행정 개혁의 방향은 사회복지를 포함한 지방행정 전반에서 도 수준의 인력과 사업을 대폭 축소하는 대신 국가역할을 강화하는 것이었다. 이 목적의 달성을 위하여 지역 단위의 국가 외부서비스 역할과 내용을 강화하고 다양화하는 방향으로 변화가 추진되었다. 이 계획에서 사회부조와 사회복지서비스의 핵심기관은 지역보건청(ARS)과 지역 청소년·스포츠 및 사회연대국(DRJSCS)이다.

① 지역보건청
2009년 7월 21일 법에 의해 전국에 26개 지역보건청을 지역 단위에 설치하였다(2010년 4월 1일부터 가동). 이 기관은 세계보건기구가 정의한 보건[14]

---

13) 이 명칭은 1992년부터 사용된 것으로 '국가 외부서비스'(Services Extérieurs de l'Etat)를 대체했다.

14) 세계보건기구는 보건을 "신체적, 정신적, 사회적으로 완전한 복지의 상태로서 질병 또는

에 관한 종합적인 사업을 전개한다. 특히, 기존의 지역사회복지국이 맡았던 병원, 사회복지시설 관계 업무와 보편의료보장제도(CMU, 2000년 시행) 도입으로 새로 추가된 업무, 특히 질병보험 공단(CPAM와 CNAMTS)과의 연계 사업이 추가되었다.

② 지역 청소년 · 스포츠 및 사회연대국
이 기관은 지역 수준의 청소년 · 스포츠 서비스국(DRJS)이 담당하던 업무와 지역사회복지국 업무를 통합하여 운영하는 부서이다.

(2) RGPP 개혁 이후 사회부조와 사회복지서비스 행정의 구조 변화

1983년 지방화 정책에도 불구하고 사회복지 행정에서 국가의 역할은 여전히 중요하다. RGPP 개혁은 이 분야에서 국가역할을 한층 더 강화하였다.

① 국가의 사회복지 중앙 행정
국가의 사회부조 및 사회복지서비스 담당 부서는 사회연대 총괄국(DGCS)이다. 여기에는 사회정책 및 의료정책과, 여성권리 및 남녀평등과, 정책지원과 등 3개의 과가 있는데 사회부조와 사회복지서비스는 사회정책 및 의료정책과의 소관이다. 이 과는 사회통합 및 빈곤과의 투쟁반, 아동 및 가족관계 정책반, 장애인 및 노인자활 관련 정책반 등 3개의 부서가 있어 대상자별, 업무별로 분류되어 업무를 추진한다.

허약이 없는 상태를 뛰어넘는 것"이라고 정의한다. 이는 보건을 결정짓는 주요한 핵심적 요소, 즉 사회보호, 사회부조와 사회복지서비스를 포괄하는 생활, 노동 등의 조건이 통합된 광범위한 개념이다(Hardy et al., 2015: 99).

② 자립을 위한 전국연대공단

자립을 위한 전국연대공단(CNSA)이 맡은 역할에 대해서는 〈사회복지서비스 및 가족법〉(CASF) 14조 10-1항이 규정하고 있다. 즉, 장애인, 노인 자활 관련 재택서비스와 시설서비스에 관한 재정적 지원, 질병보험지출 국가목표(ONDAM) 달성 관련 목표치를 균형에 맞추어 전국에 배정, 노인 보상 기준이 되는 지표(장애 등급) 개발, 외국과의 협력 등이다.

6) 국가 외부서비스

지역과 도 차원의 국가 외부서비스는 여러 차례 개혁이 있었다. 2007년도 개혁은 도보건사회국에 집중되어 있던 사회부조, 사회복지서비스 업무 일부를 지역 수준으로 이관하는 것이 변화된 내용이라 할 수 있다.

도사회연대국(DDCS)은 도 수준의 사회복지 및 사회복지서비스 행정을 담당한다. 특히, 사회적 배제의 예방 및 투쟁, 무주택자 겨울나기 지원, 빈민의 주거, 사회통합서비스 등을 지원하며, 빈곤층을 위한 주택정책, 도시정책의 일환으로 사회복지서비스 제공, 차별 시정, 기회균등 정책, 장애인 사회통합 정책 등을 맡는다.

7) 2007년 개혁 이전부터 유지된 지방자치단체의 업무 및 서비스 내용

도는 사회부조와 사회복지서비스의 중심이다. 앞에서 언급한 도보건사회국은 국가 외부서비스지만 도의회(Conseil Départemental)와의 협력체제 속에서 지역 내 욕구를 해결해 나간다. 도 이하 수준에는 코뮌 사회복지센터(CCAS)가 있으며 다양한 활동과 서비스를 제공하고 있다. 지역은 주로 보건, 병원 관련 업무와 시설에 관한 업무를 보고 있으나 사회복지 분야에서 맡아온 역할은 그리 많지 않은 편이다.

(1) 지역 수준

지역 수준에서는 사회복지시설, 보건시설 및 병원 등에 대한 예산 지원 및 정책의 추진을 맡고 있다.

(2) 도 수준

1982년 3월 2일 법에 의해 도사회복지서비스는 도보건사회국 소관이 되었다.

(3) 코뮌 수준

코뮌 단위 사회복지서비스는 코뮌 사회복지센터에서 담당한다. 코뮌은 프랑스 지방행정에 있어서 기본단위이며 사회부조, 사회복지서비스 일선 기관으로서 한결같은 역할을 수행해 왔다. 프랑스의 대부분 사회복지시설은 코뮌 소속으로 되어 있고 코뮌 사회복지센터나 새로 도입된 인터코뮌 사회복지센터(CIAS)가 중심이 된다. 코뮌은 지역 내 사회부조와 사회복지서비스를 제공을 담당하는 중심 역할을 한다.

■ 참고문헌

해외 문헌

Hardy, J. -P., Lhuiller. J. -M., & Thévenet, A. (2015). *L'Aide Sociale Aujourd'hui.* Issy-les-Moulineaux: ESF.

Huteau, G. (2001). *Sécurité Sociale et Politiques Sociales*, 3e édition. Paris: A. Colin.

Montalembert, M. (2016). *La Protection Sociale en France.* La Documentation Française.

Nézosi, G. (2016). *La Protection Sociale.* Paris: La Documentation Française.

Saint-Jours, Y. (1980). *Le Droit de la Sécurité Sociale.* Paris: LGDJ.

03

경제여건과 소득분배구조

프랑스의 고용과 소득분배에 대한 제도나 정책을 살펴보면 한국이나 미국 또는 일본의 고용과 소득재분배 방식이 다소 다르다는 것을 발견할 수 있다. 산업화의 역사가 오래된 서구 선진국의 경제와 사회정책은 대부분 대륙계와 영미계로 나뉘어 각각의 방식으로 추진되어 왔기 때문이다. 대륙계는 프랑스와 독일을 중심으로 한 서유럽 국가이며, 영미계는 그 단어에서 알 수 있듯 영국과 미국이 그 중심이고 이외에 영연방에 속한 국가로 이루어진다. 그런데 미국은 영국의 식민통치 시절을 거치면서 영국으로부터 직접적 영향을 받았고, 일본은 영국과 미국으로부터 정치, 경제, 사회, 문화 전반에 걸쳐서 영향을 받았으며, 이러한 미국과 일본의 영향권에 있던 한국은 결국 영미계의 범주에 있게 된 것이다. 따라서 미국과 일본 또는 영국의 고용과 소득분배 등에 익숙한 한국에게 대륙계의 대표 격인 프랑스의 고용과 소득분배 정책이 다소 이질적으로 보이는 것은 당연하다고 할 수 있다. 이러한 현상은 고용과 소득분배뿐 아니라 경제와 사회 전반에 걸쳐 유사하게 나타난다.

고용과 소득분배에 관해 대륙계와 영미계의 특징은 다음과 같다. 대륙계 국가의 경우, 영미계 국가보다 일반적으로 실업률이 다소 높게 나타나는 경향이 있다. 그리고 근로자 해고가 상대적으로 어렵고 실업자에게 지급하는 실업급여 등 복지수준이 상대적으로 더 높은 편이다. 실업자에게 일자리를 알선해 주는 방식에도 다소 차이가 있는데 영미계는 실업자에게 고용정보를 제공하는 공공기관의 취업지원 담당자가 실업자를 취업시키려고 경쟁적인 노력을 하고 그 성과에 따라 성과급이 지급되는 시장친화적 방식으로 점점 더 나아가고 있으며 최근에는 대륙계 국가도 이러한 방식으로 점점 전환해가는 경향이 있다.

프랑스를 비롯한 대륙계 국가는 소득재분배 기능, 즉 사회보장제도나 조세제도를 통해 시장에서 발생한 소득불평등도를 감소시키는 재분배 기능도 강한 경향이 있다. 이처럼 프랑스의 고용과 소득분배에 대한 논의에 앞서 이상과 같은 관점을 갖고 접근한다면 프랑스의 고용과 소득분배에 대한 특징 파악이 더 용이할 뿐만 아니라 한국이 취할 시사점도 더 부각될 것으로 본다.

1. 고용

1) 실업률과 고용률

프랑스의 실업률은 2015년에 10.36%를 기록하였다. 이는 스페인의 22.06%나 이탈리아의 11.89%보다는 낮은 수준이지만 3%대의 실업률을 기록한 한국과 일본, 4%대의 노르웨이와 독일, 그리고 5%대의 영국과 미국보다는 상당히 높은 수준이다. 프랑스는 2009년부터 2015년까지 실업률이 계속 상승하는 추세를 보였다. 이러한 추세를 보이는 국가로는 네덜란드, 이탈리아, 스페인뿐이고 나머지 국가는 대부분 2009년부터 실업률이

<표 3-1> 주요 선진국의 실업률

		2006	2007	2008	2009	2010	2011	2012	2013	2014	2015
프랑스	전체	8.45	7.66	7.06	8.74	8.87	8.81	9.40	9.91	10.30	10.36
	15~24세	21.35	18.85	18.30	22.98	22.57	21.98	23.63	24.07	24.23	24.68
호주	전체	4.79	4.38	4.23	5.56	5.21	5.08	5.22	5.66	6.07	6.06
	15~24세	10.02	9.36	8.80	11.45	11.54	11.36	11.72	12.21	13.31	13.13
벨기에	전체	8.25	7.46	6.97	7.91	8.29	7.14	7.54	8.43	8.52	8.48
	15~24세	20.48	18.88	17.82	21.90	22.40	18.68	19.68	23.68	23.30	22.10
캐나다	전체	6.33	6.05	6.14	8.35	8.06	7.53	7.29	7.08	6.91	6.91
	15~24세	11.64	11.20	11.62	15.30	14.91	14.27	14.41	13.72	13.45	13.18
덴마크	전체	3.90	3.80	3.43	6.01	7.46	7.57	7.52	7.00	6.59	6.17
	15~24세	7.72	7.50	8.03	11.85	13.97	14.22	14.15	13.03	12.63	10.85
핀란드	전체	7.71	6.85	6.36	8.24	8.39	7.77	7.68	8.19	8.66	9.37
	15~24세	18.43	16.45	16.18	21.00	21.13	19.75	18.77	19.55	20.35	22.02
독일	전체	10.25	8.66	7.53	7.74	6.97	5.83	5.38	5.23	4.98	4.62
	15~24세	13.75	11.93	10.57	11.25	9.82	8.53	8.05	7.80	7.75	7.25
아일랜드	전체	4.41	4.67	6.40	12.01	13.85	14.62	14.67	13.05	11.26	9.40
	15~24세	8.55	9.05	13.30	24.02	27.63	29.05	30.38	26.75	23.93	20.88
이탈리아	전체	6.78	6.08	6.72	7.75	8.36	8.35	10.65	12.15	12.68	11.89
	15~24세	21.75	20.38	21.23	25.32	27.88	29.07	35.30	40.00	42.67	40.33
일본	전체	4.14	3.84	3.99	5.07	5.05	4.58	4.35	4.03	3.59	3.38
	15~24세	7.99	7.72	7.28	9.17	9.32	8.19	8.13	6.81	6.20	5.58
한국	전체	3.47	3.25	3.17	3.65	3.73	3.41	3.23	3.13	3.54	3.64
	15~24세	9.95	8.79	9.27	9.84	9.77	9.61	8.99	9.34	10.03	10.52
네덜란드	전체	3.91	3.18	2.75	3.41	4.45	4.98	5.82	7.24	7.42	6.87
	15~24세	6.55	5.97	5.30	6.60	8.72	10.00	11.72	13.20	12.75	11.25
노르웨이	전체	3.40	2.50	2.55	3.10	3.52	3.21	3.12	3.42	3.48	4.30
	15~24세	8.72	7.42	7.50	9.18	9.25	8.68	8.45	9.13	7.85	9.88
스페인	전체	8.45	8.23	11.24	17.86	19.86	21.39	24.79	26.09	24.44	22.06
	15~24세	17.90	18.10	24.48	37.75	41.50	46.23	52.88	55.48	53.20	48.35
스웨덴	전체	7.07	6.16	6.23	8.35	8.61	7.80	7.98	8.05	7.96	7.43
	15~24세	21.52	19.32	20.15	24.90	24.77	22.75	23.60	23.52	22.88	20.32
영국	전체	5.35	5.26	5.61	7.54	7.79	8.04	7.89	7.53	6.11	5.30
	15~24세	13.88	14.25	14.97	19.10	19.88	21.25	21.20	20.65	16.95	14.63
미국	전체	4.62	4.62	5.78	9.27	9.62	8.95	8.07	7.38	6.17	5.29
	15~24세	10.50	10.53	12.82	17.57	18.42	17.28	16.18	15.52	13.37	11.60

자료: OECD(2016. 10. 1a). Unemployment rate. 2016.10.7. 인출; OECD(2016. 10. 1b). Youth unemployment rate. 2016.10.7. 인출.

상승했지만 2012년을 전후해서 실업률이 다시 낮아지는 추세를 보이고 있다. 이처럼 많은 선진국의 실업률이 2009년부터 상승하는 이유는 2008년 세계금융위기의 여파 때문인 것으로 파악되는데, 다른 비교 대상 선진국과는 달리 프랑스와 이탈리아 그리고 스페인은 이러한 위기를 잘 극복하는 데 어려움이 있었던 것으로 추정된다.

프랑스의 15세에서 24세까지의 청년실업률은 2015년에 24.68%로 스페인의 48.35%, 이탈리아의 40.33%보다는 낮으나 일본의 5.58%나 독일의 7.25%와는 큰 격차를 보였다. 프랑스의 청년실업률과 비슷한 수준을 보이는 국가는 벨기에, 핀란드, 아일랜드, 스웨덴 등이다. 이처럼 프랑스의 실업률 통계를 보면 프랑스는 만성 실업 문제가 있다고 진단되며 그 심각성이 서구 선진국 중 상당히 심각한 편에 속하는 것으로 판단된다.

실업률 통계가 현실을 잘 설명하지 못한다는 결점을 보완하기 위해 고용률을 활용하여 프랑스의 고용상태를 파악하고자 한다. 〈표 3-2〉에서 보는 바와 같이 프랑스의 고용률은 2014년에 63.80%를 기록하여 스페인과 이탈리아뿐만 아니라 벨기에와 아일랜드보다 다소 양호한 상태임을 보여주었다. 2014년에는 15세에서 24세까지의 청년고용률도 스페인과 이탈리아뿐만 아니라 벨기에와 한국보다 높았으며 아일랜드와는 거의 같은 수준으로 나타났다.

이처럼 프랑스 고용률과 실업률을 다른 선진국과 비교했을 때, 고용률이 실업률보다 더 양호한 상태로 나타나는 이유는 다음과 같이 설명할 수 있다. 즉, 고용률과 실업률의 산출 과정에서 고용률은 15세 이상 인구 중 경제활동인구와 비경제활동인구를 모두 합한 생산가능인구 가운데 취업자가 차지하는 비율을 말한다. 반면 실업률은 경제활동인구 가운데 실업자가 차지하는 비율을 말한다. 따라서 고용률과 실업률 산출 차이는 비경제활동인구의 포함 여부이다. 프랑스의 고용률이 실업률보다 다소 양호하게 나타나는 이유는 비경제활동인구로 분류되는 구직단념자 등의 수가 상대적으

<표 3-2> 주요 선진국의 고용률

		2006	2007	2008	2009	2010	2011	2012	2013	2014
프랑스	전체	63.73	64.35	64.92	64.08	64.00	63.90	64.03	64.05	63.80
	15~24세	29.98	31.18	31.43	30.48	30.13	29.60	28.55	28.38	28.00
호주	전체	72.12	72.80	73.20	72.05	72.37	72.66	72.35	71.98	71.58
	15~24세	63.70	64.13	64.51	61.18	60.52	60.39	59.59	58.65	57.72
벨기에	전체	61.00	62.02	62.40	61.60	62.02	61.92	61.83	61.80	61.90
	15~24세	27.57	27.48	27.40	25.35	25.23	26.00	25.25	23.63	23.20
캐나다	전체	72.76	73.50	73.53	71.38	71.47	71.84	72.05	72.44	72.31
	15~24세	58.52	59.48	59.53	55.32	54.88	55.32	54.33	55.08	55.55
덴마크	전체	77.38	77.00	77.85	75.38	73.35	73.15	72.58	72.55	72.80
	15~24세	64.55	65.33	66.40	62.52	58.05	57.55	55.00	53.67	53.75
핀란드	전체	69.35	70.30	71.05	68.72	68.15	69.03	69.38	68.88	68.72
	15~24세	42.10	44.60	44.70	39.60	38.80	40.38	41.80	41.52	41.35
독일	전체	67.15	68.97	70.10	70.33	71.25	72.70	73.00	73.50	73.78
	15~24세	43.52	45.42	46.65	45.98	46.25	47.92	46.60	46.88	46.05
아일랜드	전체	68.67	69.15	67.35	61.92	59.65	58.88	58.85	60.50	61.73
	15~24세	50.25	51.00	46.20	36.85	31.52	29.48	28.20	29.02	28.43
이탈리아	전체	58.33	58.58	58.65	57.35	56.75	56.80	56.63	55.52	55.70
	15~24세	25.30	24.55	24.23	21.55	20.25	19.20	18.45	16.27	15.57
일본	전체	70.09	70.91	71.08	70.46	70.65	71.10	70.59	71.72	72.71
	15~24세	41.28	41.29	41.04	39.28	38.46	38.85	38.48	39.72	40.34
한국	전체	63.82	63.91	63.80	62.94	63.31	63.85	64.22	64.44	65.35
	15~24세	27.19	25.66	23.81	22.89	22.99	23.05	24.24	24.15	25.77
네덜란드	전체	74.35	75.97	77.17	76.97	74.67	74.17	74.35	73.58	73.13
	15~24세	66.17	68.42	69.30	67.95	63.02	61.27	61.13	60.08	58.80
노르웨이	전체	75.38	76.83	77.95	76.42	75.30	75.30	75.75	75.42	75.22
	15~24세	52.42	54.45	57.33	52.58	51.45	50.83	52.20	51.80	50.15
스페인	전체	65.03	65.80	64.47	59.95	58.85	58.02	55.75	54.83	56.00
	15~24세	39.55	39.23	36.02	28.02	24.98	22.00	18.40	16.82	16.70
스웨덴	전체	73.13	74.17	74.33	72.20	72.15	73.58	73.78	74.40	74.85
	15~24세	40.27	42.15	42.15	38.25	38.83	40.90	40.17	41.67	42.75
영국	전체	71.60	71.45	71.50	69.88	69.38	69.30	69.95	70.53	71.90
	15~24세	53.65	52.63	52.05	47.88	46.83	45.80	46.20	46.25	48.00
미국	전체	72.00	71.78	70.89	67.63	66.69	66.65	67.14	67.36	68.15
	15~24세	54.24	53.13	51.23	46.85	45.00	45.45	45.98	46.49	47.64

자료: OECD(2016. 10. 1c). Employment rate. 2016.10.7. 인출; OECD(2016. 10. 1d). Employment rate by age group. 2016.10.7. 인출.

로 적기 때문이다.

이처럼 실업자가 구직을 단념하는 비율이 상대적으로 낮은 이유는 프랑스의 실업급여 지급액과 지급 기간과 상관이 있을 것으로 추정된다. 즉, 실업급여 지급액이 상대적으로 높고 장기간 지급되는 국가에서는 실업자가 구직을 계속해야 그 혜택이 유지되므로 쉽게 구직을 단념하지 않고 비경제활동인구가 되지 않는 경향이 있다는 것이다. 이와 같은 프랑스 경우와 다르게 한국의 경우는 OECD 회원국 가운데 실업률은 제일 낮은 수준이지만 고용률은 오히려 낮은 쪽에 속한다. 이는 한국에 비경제활동인구로 분류되는 구직단념자 집단이 상대적으로 크며 실업급여가 구직을 계속하는 데 큰 동력이 되지 않음을 간접적으로 말해 준다고 할 수 있다. 이처럼 프랑스는 상대적으로 관대한 실업급여 시스템을 구축한 것으로 보이지만, 그럼에도 프랑스의 고용률은 선진국 중에서 비교적 낮고 실업률은 비교적 높게 나타나고 있다.

2) 노동 개혁과 성장

경제 부문에서 프랑스는 주요 선진국보다 높은 실업률이 문제가 되고 있다고 하였다. 이번에는 프랑스의 1인당 GDP와 경제성장률을 살펴보자. 〈표 3-3〉과 〈표 3-4〉에서 보는 바와 같이 프랑스의 1인당 GDP는 높지 않은 편이며 경제성장률도 비교적 낮은 편으로 나타난다. 2015년 프랑스의 1인당 GDP는 약 4만 달러로 서유럽에서 이탈리아와 스페인을 제외하면 가장 낮은 편이다. 그리고 경제성장률(〈표 3-4〉 참조)도 2015년에 1.22%로 2013년의 0.64%나 2014년의 0.63%보다는 다소 높으나 역시 다른 비교 대상의 선진국보다는 낮은 편에 속한다.

이상에서 보면 프랑스의 상황은 심각한 실업 문제와 더딘 경제성장으로 1인당 국민소득도 상대적으로 점점 낮아지는 어려움에 빠져 있다고 요약된다. 따라서 프랑스는 10%가 넘는 만성적 실업률을 타개하고 경제성장을 촉진하기 위해 노동 개혁을 추진하였다. 그 핵심내용은 근로시간을 연장하고 근로자의 해고요건을 완화하는 것이었으나 많은 반대에 부딪혀 왔다. 하지만 이 법안은 격렬한 반대에도 2016년 5월에 하원을 통과하였다.

프랑스의 실업률이 높은 이유로 그동안 가장 많이 지적된 것은 관대한 실업급여와 저임금근로에 대한 유인이 없어 저임금근로자의 경우 취업 대신 실업을 택한다는 것이었다. 그런데 이와 같은 프랑스의 높은 실업률 문제를 해결하고자 이번에 도입한 정책은 실업급여나 저임금근로에 대한 유인에 관한 것이 아니고 경제적 해고조건의 완화로 평생고용에 대한 기업의 부담을 경감함으로써 신규고용을 할 수 있게 하여 실업률을 감소시키고자 했다.

〈표 3-3〉 주요 선진국의 1인당 GDP

(단위: US 달러)

	2003	2005	2007	2009	2011	2013	2015
프랑스	28,113	30,398	34,061	34,825	37,353	39,184	39,813
호주	32,003	35,305	39,156	41,066	43,702	46,826	45,821
벨기에	31,062	33,057	36,592	37,652	41,118	43,359	44,281
캐나다	32,221	36,213	39,418	38,746	41,565	44,281	44,310
덴마크	31,272	34,083	38,681	39,613	43,319	45,697	46,574
핀란드	28,816	32,065	37,505	37,534	40,251	40,951	40,990
독일	29,717	32,632	37,356	37,767	42,942	45,086	47,221
아일랜드	35,964	40,503	46,779	41,899	45,442	47,765	65,123
이탈리아	28,413	29,540	33,512	33,866	35,464	35,468	36,072
일본	27,960	30,446	33,319	31,861	34,332	36,620	37,372
한국	21,389	24,220	27,872	28,393	31,327	32,664	34,549
네덜란드	33,745	37,313	43,669	44,398	46,389	48,107	48,326
노르웨이	38,995	48,360	56,859	56,164	62,738	66,812	61,255
스페인	25,332	27,863	32,797	32,793	32,535	32,861	34,521
스웨덴	32,065	34,332	40,561	39,657	43,709	45,067	46,702
스위스	36,178	38,916	47,170	49,706	54,551	59,344	61,042
영국	32,559	35,892	38,683	37,197	36,774	39,229	41,477
미국	39,606	44,237	47,987	46,930	49,710	52,689	56,066

자료: OECD(2016. 10. 1e). GDP. 2016.10.7. 인출.

프랑스에서 근로자를 해고하는 것이 얼마나 어려운지를 나타내는 지표가 있다. OECD는 각 회원국의 〈고용보호법〉(*Employment Protection Legislation*)을 토대로 근로자 해고를 위한 절차와 비용 등을 측정하여 근로자를 해고하는 것이 얼마나 용이한가 또는 어려운가를 나타내는 고용보호지표를 개발하였다. 이 지표를 통해 OECD 회원국이 얼마나 근로자를 해고하기 쉬운 여건을 갖추고 있는지 순위를 매기고 있다. 〈표 3-5〉는 OECD 고용보호지표를 이용하여 근로자 해고가 쉬운 국가부터 어려운 국가로 그 순위를 나열한 것이다. 가장 해고가 쉬운 국가는 미국으로 나타났고 다음이 캐나다 순이고 반대로 가장 해고가 어려운 국가는 네덜란드 그리고 다음이 프랑스 순이었다.

괄호 안의 숫자는 각국의 근로자 고용보호 지표값이다. 독일과 스웨덴

〈표 3-4〉 주요 선진국의 경제성장률

	2003	2004	2005	2006	2007	2008	2009	2010	2011	2012	2013	2014	2015
프랑스	0.82	2.79	1.61	2.38	2.36	0.20	-2.94	1.97	2.08	0.18	0.64	0.63	1.22
호주	3.01	3.93	3.23	2.70	4.55	2.46	1.82	2.36	2.58	3.62	2.04	2.62	2.48
벨기에	0.77	3.63	2.10	2.50	3.39	0.75	-2.28	2.70	1.80	0.16	0.00	1.30	1.37
캐나다	1.80	3.09	3.20	2.62	2.06	1.00	-2.95	3.08	3.14	1.75	2.22	2.47	1.18
덴마크	0.39	2.64	2.44	3.80	0.82	-0.72	-5.09	1.63	1.15	-0.07	-0.24	1.26	1.18
핀란드	1.99	3.93	2.78	4.06	5.19	0.72	-8.27	2.99	2.57	-1.43	-0.76	-0.70	0.55
독일	-0.73	0.70	0.88	3.88	3.38	0.81	-5.57	3.94	3.72	0.62	0.41	1.58	1.45
아일랜드	3.85	4.44	6.36	6.32	5.53	-2.21	-5.66	0.38	2.59	0.14	1.44	5.21	7.83
이탈리아	0.24	1.37	1.15	2.10	1.33	-1.07	-5.51	1.65	0.72	-2.87	-1.75	-0.27	0.64
일본	1.69	2.36	1.30	1.69	2.19	-1.04	-5.53	4.71	-0.45	1.74	1.36	-0.03	0.56
한국	2.93	4.90	3.92	5.18	5.46	2.83	0.71	6.50	3.68	2.29	2.90	3.34	2.61
네덜란드	0.37	1.77	2.25	3.61	3.70	1.70	-3.77	1.32	1.67	-1.06	-0.41	1.01	1.99
노르웨이	0.92	3.96	2.63	2.40	2.93	0.38	-1.62	0.60	0.97	2.75	1.00	2.22	1.60
스페인	3.19	3.17	3.72	4.17	3.77	1.12	-3.57	0.01	-1.00	-2.62	-1.67	1.36	3.21
스웨덴	2.52	3.79	2.81	4.95	3.54	-0.73	-5.11	5.69	2.74	0.05	1.23	2.38	3.83
영국	3.34	2.49	3.00	2.66	2.59	-0.47	-4.19	1.54	1.97	1.18	2.16	2.85	2.33
미국	2.81	3.79	3.35	2.67	1.78	-0.29	-2.78	2.53	1.60	2.22	1.49	2.43	2.43

자료: OECD(2016. 10. 1f). Economic outlook No. 99: June, 2016. 2017.10.7. 인출.

<표 3-5> OECD 주요국의 해고 용이도 비교

순위	국가	순위	국가	순위	국가
1	미국(0.5)	6	호주(1.6)	11	스웨덴(2.5)
2	캐나다(0.9)	7	스페인(2.0)	11	독일(2.5)
3	영국(1.2)	8	덴마크(2.1)	13	이탈리아(2.6)
4	뉴질랜드(1.4)	9	벨기에(2.1)	13	**프랑스(2.6)**
5	아일랜드(1.5)	10	노르웨이(2.2)	15	네덜란드(2.8)

주: 괄호 안 숫자는 OECD의 고용보호 지표값.
자료: OECD(2016. 10. 8a). OECD indicators of employment protection. 2016.10.17. 인출.

의 경우 현재 경제상태가 양호한, 즉 프랑스보다 실업률은 낮고 고용률은 높으며 경제성장률도 더 높고 1인당 GDP도 더 높은 상태인데, 독일과 스웨덴의 해고 용이도의 지표값은 2.5로서 프랑스의 2.6과 별 차이가 없다는 점에 주목할 필요가 있다. 즉, 해고 용이도를 완화함으로써 경제가 더 활력적이려면 실직된 근로자가 다시 취업하려는 의지를 얼마나 강하게 가질지를 파악해야 한다. 그런데 이러한 재취업 의지는 해당 국가의 노동시장의 유연성과 실업급여 등 실업자를 위한 복지제도가 얼마나 시장친화적으로 만들어져 있는가와 밀접한 연관이 있다고 판단된다. 이러한 측면에서 볼 때 과연 이번 개혁이 프랑스에 적합한지 의문이 드는 것이 사실이다.

그리고 이번 개혁안에 실업급여에 대한 개선책은 보이지 않는다. 프랑스 실업급여의 경우 재취업 촉진기능이 미흡하다는 지적이 있어 왔다. 즉, 실업급여 수준을 봤을 때 현재 최대 2년간 급여를 지급하고 50세 이상은 3년간 지급하며 장기실업급여는 활동연대수당(Revenu de Solidarité Active: RSA)[1] 수준으로 지원하는데, 장기실업급여 수급자가 취업하려는 노력을 하도록 강제하는 장치가 없음이 문제다. OECD도 프랑스 정부에게 실업급여 수급자에 대한 엄격한 구직활동 의무를 부과할 것을 촉구한 바 있다. 아울러 실업급여를 통해 재취업과 연계를 강화하기 위한 제도정비도 촉구하

---

1) 우리나라의 국민기초생활 보장급여에 해당한다.

였는바 실업자가 실직 기간을 단축하려는 의지를 갖도록 함으로써 장기실업을 축소하는 방향으로 설계되어야 한다는 것이다. 이를 위해 실업급여수급 중 조기 재취업 촉진을 위해 실직 기간이 길수록 급여를 감축하는 제도설계가 필요하다고 건의한 바 있다.

2. 소득분배

1) 현황

한 국가의 소득불평등 상태를 분석할 때, 보통 '가처분소득으로 계산한 지니(Gini) 계수'(이후 '가처분소득 지니계수'로 표기)가 0.3 정도면 소득이 무난하게 분배된 상태라고 본다. 하지만 이 지니계수가 가처분소득을 통해 계산된 값인지 아니면 시장소득으로 계산된 값인지를 모를 때는 해당 국가의 소득분배 상태를 판단하기 어렵다. 따라서 한 국가의 지니계수를 이야기할 때는 어떤 소득으로 계산된 지니값인지 알아야 정확한 분배 상태를 확인할 수 있으며 또한 외국의 소득불평등도와 비교가 가능하다.

〈표 3-6〉은 프랑스의 가처분소득 지니계수를 주요 선진국의 가처분소득 지니계수와 비교한 것이다. 먼저, 맨 앞에 있는 프랑스 지니계수는 프랑스의 통계청에 해당하는 INSEE가 발표한 자료이고, 두 번째 줄의 프랑스 지니계수는 OECD가 발표한 자료이다. 이 밖에 비교 대상 국가의 지니계수도 모두 OECD가 발표한 자료이므로 서로 비교가 가능하다.

프랑스 INSEE의 가처분소득 지니계수는 1990년대에 0.27대였으나 2000년대 들어와서 0.28대로 약간 상승하였다가 2009년부터 더욱 상승하는 추세를 보였다. 그러니까 전반적으로 시간이 흐름에 따라 소득불평등도가 완만하고 미세하게 증가해 왔다는 것이다. 이러한 추세는 OECD의 프랑스 지니계수에서도 유사하게 나타난다. 그리고 프랑스는 2009년부터 소득불평등도가 높아지기 시작하다가 2013년에는 약간 낮아진 것으로 나타났다.

프랑스의 지니계수는 스웨덴의 지니계수보다 높은 편이지만 독일의 지니계수와 비교하면 2010년부터 2012년까지의 기간을 제외했을 때 비슷하게 나타났다. 그리고 한국의 지니계수보다는 약간 낮은 편이고 일본과 영국 그리고 특히 미국의 지니계수에 비하면 프랑스의 지니계수는 아주 낮은 편이라고 할 수 있다. 즉, 프랑스는 영미계의 국가보다는 소득불평등도가 낮지만 스웨덴보다는 더 높은 편이고 독일과는 비슷한 소득불평등도를 유

〈표 3-6〉 주요 선진국의 가처분소득 지니계수

연도	INSEE	OECD						
	프랑스[1]	프랑스[2]	독일[2]	영국[2]	일본[2]	스웨덴[2]	미국[2]	한국[2]
2013	0.291	0.294	0.292	0.358		0.281	0.396	0.302
2012	0.305	0.308	0.289	0.351	0.330	0.274	0.389	0.307
2011	0.306	0.309	0.293	0.354		0.273	0.389	0.311
2010	0.303	0.303	0.286	0.341		0.269	0.380	0.310
2009	0.290	0.293	0.288	0.345	0.336	0.269	0.379	0.314
2008	0.289	0.293	0.287	0.342		0.259	0.378	0.314
2007	0.289	0.292	0.295	0.341			0.376	0.312
2006	0.291	0.293	0.290	0.339	0.329		0.384	0.306
2005	0.286	0.288	0.297	0.335			0.380	
2004	0.281	0.283				0.234		
2003	0.280	0.282						
2002	0.281							
2001	0.286							
2000	0.286							
1999	0.284							
1998	0.276							
1997	0.279							
1996	0.279							

자료: 1) INSEE(2016. 10. 8). Enquête revenus fiscaux et sociaux(ERFS). 2016.10.9. 인출.
    2) OECD(2016. 10. 8b). OECD income distribution and poverty. 2016.10.17. 인출.

〈표 3-7〉 가처분소득 백분위 비율로 본 프랑스 소득불평등도 변화

	2004	2005	2006	2007	2008	2009	2010	2011	2012	2013
P90 / P10	-	3.4	-	-	3.4	3.5	3.6	3.6	3.6	3.5
P90 / P50	-	1.9	-	-	1.9	1.9	1.9	1.9	1.9	1.9
P50 / P10	-	1.8	-	-	1.8	1.8	1.9	1.9	1.9	1.9

자료: OECD(2016. 10. 8b). OECD income distribution and poverty. 2016.10.17. 인출.

지하고 있다고 할 수 있다.

〈표 3-6〉에서 프랑스는 2009년부터 지니계수가 높아지기 시작하다가 2013년에는 약간 낮아졌다고 했는데 이에 대해 백분위 비율로 좀더 세밀하게 살펴보면 〈표 3-7〉과 같다. 여기서 먼저 P90 / P10은 백분위에서 상위소득에 해당하는 90번째 분위에 있는 소득을 10번째 분위에 있는 소득으로 나눈 비율을 의미한다. 이 비율도 2009년부터 약간씩 높아지다가 2013년에 다시 약간 낮아지는 추세로, 앞에서 본 지니계수의 변화와 같다.

반면 P90 / P50을 보면 2009년부터 2013년까지 변화가 없다. 즉, 이는 중위소득인 P50부터 상위소득인 P90 간에는 소득격차가 벌어지지 않았다는 것이다. 하위소득 간의 변화를 보기 위해 P50 / P10을 보면 약간의 비율 상승이 있었음을 알 수 있다. 즉, 2009년부터 2013년 사이에 하위소득이 하락하였거나 아니면 상위소득, 특히 P90에서부터 P100 사이의 소득이 상승하였거나 아니면 두 경우가 모두 발생하였기 때문이라고 추정된다.

이러한 소득불평등 변화의 이유를 좀더 구체적으로 분석하기 위해 이번에는 분위별 1인당 평균 가처분소득을 살펴보자. 〈표 3-8〉은 2009년부터 2013년까지 10분위의 분위별 평균 가처분소득을 나타낸다. 이 표에는 분위별 평균 가처분소득이 있고 그 밑으로 숫자가 2개씩 있다. 위의 숫자는 동일한 분위의 전년도 대비 소득 증감을 나타낸다. 즉, 이 표에서 2011년 1분위 소득은 8, 270유로이고 2010년은 8, 360유로이므로 2011년 1분위 소득은 전년보다 1. 08% 감소했다는 의미이다. 각 평균 가처분소득 밑에 두 번째로

⟨표 3-8⟩ 분위별 1인당 평균 가처분소득

(2009~2013년, 단위: 유로, %)

	2009	2010	2011	2012	2013
	8,480	8,360	8,270	7,880	8,180
1분위		-1.42	-1.08	-4.72	3.81
		-1.42	-2.48	-7.08	-3.54
	12,640	12,350	12,290	12,210	12,290
2분위		-2.29	-0.49	-0.65	0.66
		-2.29	-2.77	-3.40	-2.77
	15,110	14,810	14,770	14,710	14,760
3분위		-1.99	-0.27	-0.41	0.34
		-1.99	-2.25	-2.65	-2.32
	17,250	16,980	16,920	16,930	16,930
4분위		-1.57	-0.35	0.06	0.00
		-1.57	-1.91	-1.86	-1.86
	19,350	19,110	19,080	19,040	19,000
5분위		-1.24	-0.16	-0.21	-0.21
		-1.24	-1.40	-1.60	-1.81
	21,630	21,360	21,390	21,330	21,250
6분위		-1.25	0.14	-0.28	-0.38
		-1.25	-1.11	-1.39	-1.76
	24,280	24,010	24,110	24,000	23,870
7분위		-1.11	0.42	-0.46	-0.54
		-1.11	-0.70	-1.15	-1.69
	27,870	27,560	27,800	27,540	27,400
8분위		-1.11	0.87	-0.94	-0.51
		-1.11	-0.25	-1.18	-1.69
	33,690	33,280	33,820	33,340	33,060
9분위		-1.22	1.62	-1.42	-0.84
		-1.22	0.39	-1.04	-1.87
	57,050	60,350	60,690	59,690	55,910
10분위		5.78	0.56	-1.65	-6.33
		5.78	6.38	4.63	-2.00

자료: CCMSA; CNAF; CNAV; DGFIP; DGI; INSEE(2016. 10. 15). Enquêtes revenus fiscaux et sociaux rétropolées 2003 à 2014. 2016.10.17. 인출.

있는 숫자는 해당연도의 소득이 2009년보다 얼마나 증감했는가를 나타낸다. 2011년 1분위 가처분소득이 8,270유로이고 2009년은 8,480유로이므로 2011년 1분위 가처분소득은 2009년보다 2.48% 감소했음을 나타낸다.

2009년 대비 2010년의 분위별 가처분소득 증감률을 보면, 1분위에서 4분위까지의 소득감소율이 비교적 다른 상위 소득분위보다 크게 나타났고 10분위 소득의 증가율이 5.78%이었으므로 저소득계층의 소득은 전년도보다 상대적으로 많이 줄고 최고소득계층인 10분위 소득은 가장 많이 증가함으로써 2010년의 소득불평등도가 계속 악화한 것으로 나타났다.

2011년의 경우, 1분위에서 5분위까지의 가처분소득은 전년 대비 약간 감소를 보였는데, 6분위에서 10분위의 가처분소득은 모두 작은 폭으로 증가한 것으로 나타났다. 따라서 2011년도 소득불평등도가 악화된 것으로 나타났다.

2012년의 경우 모든 분위의 가처분소득이 전년 대비 감소를 보였는데, 특히 1분위 소득이 가장 높은 감소율을 보임으로써 역시 소득불평등도가 높아진 것으로 보인다. 그리고 2013년의 경우 1분위에서 4분위까지 모두 전년 대비 소득증가를 보이지만 나머지 분위인 5분위에서 10분위의 경우 모두 전년 대비 소득감소를 보임으로써 2013년 소득불평등도는 소폭 감소한 것으로 보인다.

〈표 3-8〉을 통해 이번에는 2009년을 기준으로 각 해당연도의 분위별 소득이 얼마나 증감했는가를 볼 때, 먼저 1분위의 경우 2012년에 2009년 대비 -7.08%로 가장 큰 감소율을 보였으며 2013년도에도 -3.54%로 결국 2009년도의 1분위 가처분소득 수준을 회복하지 못하였다. 이러한 추세는 2분위와 3분위 그리고 4분위에서도 유사하게 나타난다. 반면에 10분위의 경우 2010년에 이어 2011년과 2012년에도 계속 2009년 대비 가처분소득이 각각 6.38%, 4.63% 증가하였고 2013년에는 -2%로 감소하였으므로 2009년부터 증가한 프랑스의 소득불평등도가 2013년에 하락하는 추세로

나타난 것으로 파악된다.

　따라서 2009년부터 2013년 사이의 소득불평등 변화의 이유를 정리하면, 2009년부터 20012년까지 저소득층의 소득은 대체로 감소하였으나 10분위의 고소득층 소득은 상대적으로 높은 비율로 증가하였고 2013년에는 저소득층의 소득이 전년 대비 약간 증가하였으나 10분위 고소득층 소득이 감소했기 때문인 것으로 나타났다. 이와 같이 저소득층의 소득은 감소하고 고소득층의 소득은 증가하는 현상은 주로 경제위기 때 자주 나타나는 현상인데 2008년 세계금융위기로 프랑스에서 이러한 현상이 나타났다고 판단된다.

2) 정부의 재분배 효과

이번에는 프랑스의 소득불평등도, 즉 정부가 개입하기 이전 시장소득의 불평등도는 어느 정도이고 이를 정부가 개입하여 공적 이전소득이나 소득세 그리고 사회보장 분담금을 통해 얼마나 소득불평등도를 감소시키는가를 알아보도록 하겠다.

　〈표 3-9〉를 보면 2005년부터 2013년까지 시장소득, 총소득 그리고 가처분소득으로 계산된 프랑스의 지니계수가 각각 나타나 있다. 앞서 가처분소득 지니계수를 통해 2009년부터 2012년까지 지속적으로 소득불평등이 커져 왔다고 했는데 이러한 추세는 시장소득 지니계수에서도 동일하게 나타났다.

　〈표 3-9〉에서 시장소득, 총소득 그리고 가처분소득 지니계수가 모두 있는 해는 2012년과 2013년 두 해뿐이다. 따라서 이 두 해의 지니계수만을 놓고 볼 때 프랑스는 공적 이전소득의 소득불평등도 완화효과는 다음과 같다. 즉, 2012년과 2013년의 시장소득 지니계수가 각각 0.518과 0.504이었는데 총소득 지니계수는 0.341과 0.329로 많이 낮아졌다.

　참고로 시장소득과 총소득 그리고 가처분소득의 관계를 정리하면 다음과 같다. 〈그림 3-1〉에서 나타나는 바와 같이 OECD의 시장소득은 통계청의 경상소득에서 공적 이전소득을 제외한 소득이다. 그리고 OECD의 총소득은 OECD의 시장소득에 공적 이전소득을 합한 소득이므로 우리나라 통계청의 경상소득과 일치한다.

따라서 시장소득 지니계수와 총소득 지니계수의 값의 차이는 결국 공적 이전소득이므로 그만큼 소득불평등도가 감소한 것을 의미한다. 그리고 가처분소득으로 계산된 지니계수의 값이 총소득으로 계산된 지니계수의 값보다 줄어든 것은 사회보장 분담금과 소득세를 고소득자일수록 더 많이 그

〈그림 3-1〉 소득구분

통계청				OECD		
소득	비경상소득	경조소득, 폐품매각 대금 기타				
	경상소득	근로소득		시장소득	총소득	가처분소득 (= 총소득 - 사회보장 분담금 - 소득세)
		사업소득				
		재산소득				
		이전소득	사적			
			공적			
가계지출	비소비지출	사회보험		사회보장 분담금		
		조세		소득세		
				재산세, 토지세, 자동차세, 면허세 등		
		기타 비소비 지출				
	소비지출					

자료: 박찬용(2003).

〈표 3-9〉 프랑스 전 가구 소득불평도

	2005	2006	2007	2008	2009	2010	2011	2012	2013
시장소득 지니(A)	0.485	…	…	0.483	0.493	0.505	0.512	0.518	0.504
총소득 지니(B)	…	…	…	…	…	…	…	0.341	0.329
A-B								0.177	0.175
가처분소득 지니(C)	0.288	0.293	0.292	0.293	0.293	0.303	0.309	0.308	0.294
A-C	0.197			0.190	0.200	0.202	0.203	0.210	0.210

자료: OECD(2016. 10. 8b). OECD income distribution and poverty. 2016.10.17. 인출.

리고 저소득자일수록 더 적게 내는 재분배구조로 인해 소득불평등도가 감소한 것을 의미한다.

〈표 3-9〉에서 2012년과 2013년의 경우 시장소득 지니계수는 각각 0.518과 0.504이었고 총소득 지니계수는 각각 0.341과 0.329이었으므로 공적 이전소득으로 인해 감소한 지니값은 각각 0.177과 0.175이었다. 그리고 역시 2012년과 2013년의 가처분소득 지니계수는 각각 0.308, 0.294이었으므로 시장소득 지니계수와의 차이는 각각 0.210과 0.210이었다. 즉, 프랑스의 공적 이전소득과 사회보장 분담금 및 소득세가 지니계수를 0.210만큼 감소시켰다는 것이다.

이러한 프랑스의 공적 이전소득과 사회보장 분담금 및 소득세가 지니계수를 감소시키는 효과가 다른 나라와 비교해 볼 때 어느 정도 수준인지를 파악하기 위해 OECD 회원국의 시장소득 지니계수와 가처분소득 지니계수를 〈표 3-10〉~〈표 3-15〉를 통해 살펴보자.

주요 선진국의 시장소득 지니계수와 총소득 지니계수 그리고 가처분소

〈표 3-10〉 한국의 지니계수

	2006	2007	2008	2009	2010	2011	2012	2013	2014
시장소득 지니(A)	0.33	0.34	0.344	0.345	0.341	0.342	0.338	0.336	0.341
가처분소득 지니(B)	0.306	0.312	0.314	0.314	0.31	0.311	0.307	0.302	0.302
A - B	**0.024**	**0.028**	**0.03**	**0.031**	**0.031**	**0.031**	**0.031**	**0.034**	**0.039**

자료: OECD(2016. 10. 8b). OECD income distribution and poverty. 2016.10.17. 인출.

〈표 3-11〉 영국의 지니계수

	2005	2006	2007	2008	2009	2010	2011	2012	2013
시장소득 지니(A)	0.503	0.503	0.504	0.508	0.519	0.523	0.524	0.524	0.527
총소득 지니(B)	0.39	0.394	0.403	0.400	0.408	0.389	0.394	0.392	0.399
A - B	**0.113**	**0.109**	**0.101**	**0.108**	**0.111**	**0.134**	**0.130**	**0.132**	**0.128**
가처분소득 지니(C)	0.335	0.339	0.341	0.342	0.345	0.341	0.354	0.351	0.358
A - C	**0.168**	**0.164**	**0.163**	**0.166**	**0.174**	**0.182**	**0.170**	**0.173**	**0.169**

자료: OECD(2016. 10. 8b). OECD income distribution and poverty. 2016.10.17. 인출.

<표 3-12> 미국의 지니계수

	2005	2006	2007	2008	2009	2010	2011	2012	2013	2014
시장소득 지니(A)	0.486			0.486	0.499	0.499	0.508	0.506	0.513	0.508
총소득 지니(B)									0.437	0.433
A - B									**0.076**	**0.075**
가처분소득 지니(C)	0.380	0.384	0.376	0.378	0.379	0.380	0.389	0.389	0.396	0.394
A - C	**0.106**			**0.108**	**0.12**	**0.119**	**0.119**	**0.117**	**0.117**	**0.114**

자료: OECD(2016. 10. 8b). OECD income distribution and poverty. 2016.10.17. 인출.

<표 3-13> 일본의 지니계수

	2006	2007	2008	2009	2010	2011	2012	2013
시장소득 지니(A)	0.462	...	...	0.488	...	...	0.488	...
총소득 지니(B)	...	...	...	...	...	...	0.352	...
A - B							0.136	
가처분소득 지니(C)	0.329	...	...	0.336	...	...	0.330	...
A - C	**0.133**			**0.152**			**0.158**	

자료: OECD(2016. 10. 8b). OECD income distribution and poverty. 2016.10.17. 인출.

<표 3-14> 독일의 지니계수

	2005	2006	2007	2008	2009	2010	2011	2012	2013
시장소득 지니(A)				0.494	0.493	0.492	0.506	0.501	0.508
총소득 지니(B)				0.34			0.348	0.345	0.349
A - B				**0.154**			**0.158**	**0.156**	**0.159**
가처분소득 지니(C)	0.297	0.290	0.295	0.287	0.288	0.286	0.293	0.289	0.292
A - C				**0.207**	**0.205**	**0.206**	**0.213**	**0.212**	**0.216**

자료: OECD(2016. 10. 8b). OECD income distribution and poverty. 2016.10.17. 인출.

<표 3-15> 스웨덴의 지니계수

	2004	2005	2006	2007	2008	2009	2010	2011	2012	2013
시장소득 지니(A)	0.432				0.426	0.444	0.441	0.435	0.431	0.443
총소득 지니(B)								0.305	0.304	0.311
A - B								**0.130**	**0.127**	**0.132**
가처분소득 지니(C)	0.234				0.259	0.269	0.269	0.273	0.274	0.281
A - C	**0.198**				**0.167**	**0.175**	**0.172**	**0.162**	**0.157**	**0.162**

자료: OECD(2016. 10. 8b). OECD income distribution and poverty. 2016.10.17. 인출.

<표 3-16> 공적 이전소득과 사회보장 분담금 및
소득세의 불평등도 축소효과 국제비교

(2012년)

	프랑스	독일	영국	일본	스웨덴	미국*	한국
시장소득 지니 - 총소득 지니(A)	0.177	0.156	0.132	0.136	0.127	0.076	
시장소득 지니 - 가처분소득 지니(B)	0.210	0.212	0.173	0.158	0.157	0.117	0.031
B - A		0.033	0.056	0.041	0.022	0.030	0.041	

주: * 미국은 2013년 자료를 사용.
자료: OECD 자료를 토대로 재구성.

득 지니계수를 이용하여 공적 이전소득과 사회보장 분담금 그리고 소득세의 소득불평등도 축소효과를 분석한 결과를 2012년에 한해 <표 3-16>과 같이 국제비교를 하였다. 이 표에서 보는 바와 같이, 프랑스의 공적 이전소득이 지니계수를 0.177만큼 감소시킨 것으로 나타났는데 이는 비교 대상 국가 중에는 가장 높은 수준이다. 즉, 프랑스의 복지급여가 다른 비교 대상 선진국보다 소득불평등을 낮추는 기능이 더 강함을 알 수 있다.

이번에는 공적 이전소득뿐만 아니라 사회보장 분담금과 소득세가 지니계수를 감소시킨 수치를 살펴보았는데, 프랑스는 2012년에 0.210으로 나타났다. 이는 독일의 0.212보다는 약간 낮지만 다른 비교 대상 국가보다는 높은 수준이다. <표 3-16>에서 B - A는 사회보장 분담금과 소득세가 지니계수를 얼마나 낮추었는가를 나타내는 것이다. 프랑스의 경우 0.033으로 사회보장 분담금과 소득세의 소득불평등도 축소기능이 비교 대상 국가 중 중간 정도 되는 수준이다. 즉, 프랑스의 복지급여는 소득불평등 축소효과가 비교 대상 국가보다 강한 편이고 사회보장 분담금과 소득세의 소득불평등도 축소효과는 중간 정도라고 할 수 있다.

3) 빈곤

OECD 통계자료에 따르면 프랑스 빈곤수준은 선진국 중에서 상당히 낮은 편에 속하는 것으로 보인다. 〈표 3-17〉은 빈곤선을 각국 평균소득의 50%로 적용해서 가처분소득으로 계산한 것이다. 이 표에 의하면 프랑스 빈곤율은 시장소득과 가처분소득으로 계산된 빈곤율 모두 해당 기간 동안 상승하다가, 2013년에 약간 하락한 것으로 나타났다.

소득세와 사회보장 분담금 그리고 공적 이전소득 등을 전혀 고려하지 않은 상태에서, 즉 시장소득으로 계산된 프랑스의 빈곤율은 비교 대상 국가 중 가장 높은 것으로 나타났다. 그러나 가처분소득으로 계산된 프랑스 빈곤율의 경우 반대로 가장 낮게 나타났다. 따라서 프랑스 정부개입에 의해 빈곤율이 아주 큰 폭으로 감소함을 알 수 있다.

프랑스의 연령대별로 구분한 빈곤율을 보면 18~25세가 연령층 중 가장 높은 빈곤율을 기록하였고, 66~75세와 76세 이상의 연령층에서 가장 낮은 빈곤율을 보이고 있다. 이러한 추세는 한국을 제외한 나머지 비교 대상 국가에서도 정도의 차이는 있지만 유사하게 나타난다. 그러나 이들 국가와 비교할 때 프랑스의 빈곤 대처능력이 가장 효과적이라고 판단된다.

이상과 같이 프랑스의 빈곤 대처능력이 비교 대상 국가보다 양호한 이유는 2009년 6월 1일부터 시행된 활동연대수당이 하나의 이유라고 할 수 있다. 활동연대수당은 프랑스의 대표적 사회부조급여이다. 근로능력 유무와 상관없이 수급조건을 만족하면 수급 대상자가 될 수 있다. 하지만 자신의 경제적 상황을 개선하기 위해 일자리를 찾거나 직업프로그램에 참여해야 한다는 조건이 있다.

활동연대수당의 특징은 지금까지의 프랑스 사회부조급여의 근로유인효과 문제를 완화했다는 점이다. 즉, 사회부조급여를 받던 사람이 일을 시작하면 최저임금을 받게 되어 급여가 증가하는 효과가 나타나지 않는다는 문

<표 3-17> 프랑스 빈곤율

(빈곤선: 50%)

		2008	2009	2010	2011	2012	2013
빈곤율[1]	프랑스	**0.326**	**0.340**	**0.347**	**0.350**	**0.359**	**0.354**
	독일	0.321	0.321	0.323	0.330	0.319	0.328
	스웨덴	0.265	0.280	0.278	0.265	0.261	0.267
	영국	0.313	0.313	0.313	0.319	0.304	0.307
	일본		0.320			0.328	
	미국	0.270	0.274	0.284	0.284	0.283	0.276
	한국	0.168	0.172	0.173	0.173	0.165	0.169
빈곤율[2]	프랑스	**0.072**	**0.075**	**0.079**	**0.080**	**0.085**	**0.080**
	독일	0.085	0.095	0.088	0.087	0.084	0.091
	스웨덴	0.084	0.087	0.091	0.097	0.090	0.088
	영국	0.109	0.099	0.100	0.104	0.105	0.104
	일본		0.160			0.161	
	미국	0.173	0.165	0.174	0.171	0.174	0.172
	한국	0.152	0.153	0.149	0.152	0.146	0.146
0~17세 인구 빈곤율[2]	프랑스	**0.093**	**0.100**	**0.110**	**0.108**	**0.120**	**0.113**
	독일	0.079	0.103	0.091	0.081	0.074	0.098
	스웨덴	0.070	0.075	0.082	0.094	0.083	0.085
	영국	0.136	0.121	0.105	0.102	0.104	0.099
	일본		0.157			0.163	
	미국	0.216	0.198	0.212	0.205	0.208	0.205
	한국	0.104	0.102	0.094	0.097		0.071[3]
18~25세 인구 빈곤율[2]	프랑스	**0.108**	**0.121**	**0.118**	**0.132**	**0.146**	**0.126**
	독일	0.142	0.139	0.122	0.127	0.125	0.132
	스웨덴	0.175	0.197	0.195	0.181	0.178	0.170
	영국	0.121	0.105	0.118	0.117	0.109	0.105
	일본		0.187			0.197	
	미국	0.202	0.206	0.221	0.215	0.216	0.192
	한국	0.118	0.127	0.098	0.105		0.090[3]
26~40세 인구 빈곤율[2]	프랑스	**0.068**	**0.070**	**0.071**	**0.078**	**0.084**	**0.079**
	독일	0.080	0.084	0.082	0.088	0.085	0.109
	스웨덴	0.087	0.099	0.102	0.106	0.099	0.104
	영국	0.093	0.089	0.088	0.083	0.082	0.083
	일본		0.127			0.129	

<표 3-17> 프랑스 빈곤율(계속)

(빈곤선: 50%)

		2008	2009	2010	2011	2012	2013
26~40세 인구 빈곤율[2]	미국	0.146	0.142	0.147	0.149	0.157	0.146
	한국	0.076	0.083	0.079	0.071		0.065[3]
41~50세 인구 빈곤율[2]	**프랑스**	**0.063**	**0.063**	**0.067**	**0.069**	**0.08**	**0.075**
	독일	0.055	0.062	0.054	0.057	0.056	0.057
	스웨덴	0.060	0.056	0.057	0.060	0.056	0.062
	영국	0.093	0.100	0.090	0.085	0.093	0.089
	일본		0.132			0.141	
	미국	0.129	0.127	0.134	0.129	0.130	0.123
	한국	0.105	0.096	0.094	0.089		0.067[3]
51~65세 인구 빈곤율[2]	**프랑스**	**0.055**	**0.060**	**0.060**	**0.061**	**0.064**	**0.063**
	독일	0.077	0.088	0.088	0.094	0.087	0.082
	스웨덴	0.047	0.050	0.055	0.067	0.061	0.063
	영국	0.128	0.114	0.119	0.112	0.114	0.118
	일본		0.151			0.144	
	미국	0.132	0.134	0.137	0.141	0.145	0.159
	한국	0.181	0.175	0.183	0.173		0.148[3]
66~75세 인구 빈곤율[2]	**프랑스**	**0.036**	**0.032**	**0.045**	**0.034**	**0.023**	**0.024**
	독일	0.081	0.092	0.085	0.073	0.081	0.075
	스웨덴	0.059	0.056	0.063	0.069	0.066	0.052
	영국	0.144	0.125	0.117	0.109	0.109	0.109
	일본		0.166			0.170	
	미국	0.189	0.164	0.164	0.155	0.152	0.167
	한국	0.438	0.455	0.449	0.456		0.427[3]
76세 이상 인구 빈곤율[2]	**프랑스**	**0.068**	**0.066**	**0.063**	**0.055**	**0.046**	**0.046**
	독일	0.130	0.141	0.133	0.110	0.108	0.096
	스웨덴	0.151	0.128	0.142	0.147	0.135	0.114
	영국	0.195	0.167	0.180	0.164	0.166	0.170
	일본		0.228			0.213	
	미국	0.263	0.230	0.243	0.237	0.236	0.264
	한국						0.602[3]

주: 1) 세금과 이전소득 이전.
　　2) 세금과 이전소득 이후.
　　3) 2014년 자료.
자료: OECD(2016. 10. 8b). OECD income distribution and poverty. 2016.10.17. 인출.

제가 있었다. 따라서 활동연대수당은 일을 하는 취약계층에게는 증가하는 급여를 보장하고 일을 하지 않는 취약계층에게는 최저소득만을 보장해주는 방식을 취하게 되었다.

프랑스 정부는 2013년 1월에 대대적인 빈곤감소계획을 발표하였다. 이 계획에 투여하는 예산은 2017년까지 매년 약 20억~25억 유로(2조 7,727억~3조 5,570억 원)이었다. 이 빈곤감소계획에서의 첫 번째는 빈곤층을 위한 활동연대수당을 5년 이내에 10% 인상하는 것이었으며 시행 첫해에 2%를 인상하였다. 이와 함께 장기 질환자를 위한 생계보조비도 7% 인상해 50만 명이 추가로 이 보조비를 수혜할 수 있게 되었다.

3. 맺음말

프랑스는 현재 만성적인 실업 문제로 어려움을 겪고 있는데 서구 선진국 중에 상당히 심각한 편에 속한다. 그리고 프랑스의 경제성장률도 낮은 수준을 지속하다 보니 1인당 GDP도 이제 선진국 중 높지 않은 그룹에 속하게 되었다. 이처럼 심각한 상황을 타개하기 위해 프랑스는 노동 개혁을 추진하였다. 근로자의 해고요건을 완화하는 것이 핵심인 이 개혁안은 2016년 5월에 하원을 통과하였다.

그동안 높은 실업률의 원인은 관대한 실업급여와 저임금근로에 대한 유인이 없어 저임금근로자가 취업 대신 실업을 선택한다는 것 때문이란 분석이 많았는데, 이번 개혁안의 핵심은 해고요건의 완화라는 지적이 있었다. 사실 해고요건이 프랑스와 비슷한 국가, 즉 스웨덴이나 독일의 경우 실업 문제가 그리 심각하지 않고 경제성장도 양호한 경우도 있어서 이번 근로유인 완화를 핵심으로 한 개혁안 결과가 주목된다.

프랑스의 소득불평등도는 영미계의 국가보다는 양호한 편이지만 스웨덴보다는 더 높고 독일과는 비슷한 수준이다. 그런데 정부의 개입으로 이루어지는 소득재분배 결과를 보면 프랑스는 다른 비교 대상 선진국보다 소득불평등을 낮추는 기능이 더 강함을 알 수 있다. 특히, 프랑스의 복지급여가 소득불평등을 축소하는 효과가 강한 편이고 사회보장 분담금과 소득세의 소득불평등도 축소효과는 중간 정도로 나타났다. 이러한 결과는 빈곤을 축소하는 기능에서도 동일하게 나타났는데 프랑스의 빈곤 대처능력이 비교 대상 국가보다 양호한 이유는 프랑스의 대표적 사회부조급여인 활동연대수당이 하나의 이유라고 할 수 있다.

■ 참고문헌

국내 문헌

박찬용 (2003). "한국의 이전소득과 직접세의 소득불평등도 축소효과 분석". 〈공공경제〉, 8권 1호, 61~94.

_____ (2012). "프랑스 자활제도의 최근동향과 정책적 함의". 〈한국사회정책〉, 19권 1호, 233~272.

기타 자료

CCMSA; CNAF; CNAV; DGFIP; DGI; INSEE (2016. 10. 15). Enquêtes revenus fiscaux et sociaux rétropolées 2003 à 2014. http://www.insee.fr/fr/themes/tableau.asp?ref_id=NATnon04249, Télécharger au format Excel (Série longue depuis 2003, 24 Ko). 2016. 10. 17. 인출.

CEDEF (2016. 10. 15). http://www.economie.gouv.fr/cedef/economie-sociale-et-solidaire. 2016. 10. 20. 인출.

INSEE (2016. 10. 8). Enquête revenus fiscaux et sociaux (ERFS). http://www.insee.fr/fr/themes/series-longues.asp?indicateur=gini-niveaux-vie. 2016. 10. 9. 인출.

OECD(2016. 10. 1a). Unemployment rate. https://data.oecd.org/unemp/unemploy-ment-rate.htm#indicator-chart. 2016. 10. 7. 인출.

_____(2016. 10. 1b). Youth unemployment rate. https://data.oecd.org/unemp/youth-unemployment-rate.htm. 2016. 10. 7. 인출.

_____(2016. 10. 1c). Employment rate. https://data.oecd.org/emp/employment-rate.htm. 2016. 10. 7. 인출.

_____(2016. 10. 1d). Employment rate by age group. https://data.oecd.org/emp/employment-rate-by-age-group.htm#indicator-chart. 2016. 10. 7. 인출.

_____(2016. 10. 1e). GDP. https://data.oecd.org/gdp/gross-domestic-product-gdp.htm. 2016. 10. 7. 인출.

_____(2016. 10. 1f). Economic outlook No. 99: June, 2016. https://stats.oecd.org/index.aspx?queryid=51396. 2016. 10. 7. 인출.

_____(2016. 10. 8a). OECD indicators of employment protection. http://www.oecd.org/els/emp/oecdindicatorsofemploymentprotection.htm. 2016. 10. 17. 인출.

_____(2016. 10. 8b). OECD income distribution and poverty. http://stats.oecd.org/index.aspx?queryid=66670. 2016. 10. 17. 인출.

04

인구구조의 변화와 전망

1. 최근의 인구변동 추이[1]

1) 인구동향 개관

프랑스 통계청(INSEE)[2]에 따르면 프랑스의 2016년 1월 1일 현재 인구는 6,662만 명으로 전년보다 24만 7천 명이 증가하였다. 이러한 증가는 출생자 수에서 사망자 수를 뺀 자연인구 증가(20만 명)에 기인한 것이며, 외국에서 프랑스로 유입된 이민자에서 해외로 이민을 간 사람을 뺀 순이민인구 증가 (4만 7천 명)는 상대적으로 미비하다. 자연인구 증가는 1950년과 1970년까지 30만과 40만 명 사이였으나, 이후 급격한 감소와 증가와 감소를 반복하

---

1) 이하의 내용은 프랑스 통계청이 발행하는 "INSEE(2016). Tableaux de l'économie fran-
   çaise 2016"의 인구통계 주요 분석결과와 통계청 홈페이지에서 제공되는 최신 인구자료를
   중심으로 작성하였다. 홈페이지는 주소는 다음과 같다. http://www.insee.fr/fr/public-
   ations-et-services/default.asp?page=dossiers_web/population/population_intro.htm.
2) 2016년 9월 16일에 인출한 자료이다.

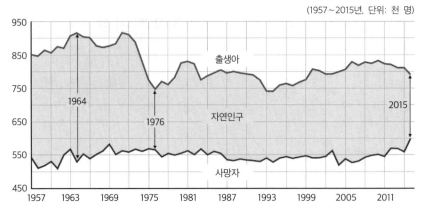

(1957~2015년, 단위: 천 명)

자료: Bellamy & Beaumel(2016). Bilan démographique 2015. p.2.

며 매년 20만 명 정도의 수준이 유지되고 있다(〈그림 4-1〉 참조).

반면 이주인구는 더욱 불안정한 변화를 보이고 있다. 특히, 1962년에 가장 두드러진 변화를 보였는데 이는 알제리에서 귀환한 사람들로 인한 것이다. 이러한 인구의 이주는 1970년 이후에는 1950년과 1960년대에 비해 더욱 약화되었다.

최근의 다소 감소된 출생아 수와 급격한 사망자 증가로 인해, 2015년도의 자연인구는 베이비붐 시대가 끝난 뒤 출생자 수가 급격하게 감소했던 1976년 이후 가장 적은 수를 보이고 있다. 그럼에도 프랑스는 2015년 1월 기준으로 유럽에서 가장 많은 인구를 가진 독일(8,120만) 다음으로 두 번째로 인구가 많은 나라이며, 이는 6,480만의 인구를 가진 영국보다 많은 수이다(Bellamy & Beaumel, 2016).

평균수명 연장과 베이비붐 세대의 고령층 진입과 함께, 프랑스 인구의 고령화는 계속되고 있다. 2016년 1월 현재 65세 이상 연령층은 전체인구의 18.8%를 차지하고 있으며 이는 지난 20년간 3.7% 증가한 것이다. 그리고 2016년 1월 현재 전체인구 열 명 중 한 명을 차지하고 있는 75세 이상의 고령층은 동기간 동안 총 2.8% 증가하였다. 고령층과는 반대로, 20세 이하의 젊은 연령층은 1996년 26.3%에서 2016년 24.6%로 1.7%p 감소하였다. 전체인구의 절반 정도를 차지하는 20세에서 59세 사이의 연령층은 지난 20년간 3.2%가 감소하였다.

2) 출산 동향

2차 세계대전 이후 베이비붐과 함께 프랑스의 인구는 지속적인 속도로 증가하였다. 베이비붐은 독일보다 일찍 시작되었을 뿐 아니라 더욱 긴 기간 동안 유지되었다. 그러나 1960년 중반에 베이비붐은 끝이 났고 출산율은 감소했다. 1990년대 중반의 출산율은 여성 한 명당 1.7명으로 떨어졌다. 이후 프랑스의 출산율은 1990년대 말부터 다시 증가하기 시작했고 2000년대 초반부터는 다른 유럽국가보다 높고 안정적인 출산율을 유지해 왔다. 2008년의 경제위기로 인해 유럽국가 대부분의 출산율이 감소했지만 프랑스는 예외였다(Masson, 2015). 2013년에는 합계출산율이 1.99명으로, 1.96명의 아일랜드, 1.89명의 스웨덴, 1.83명의 영국보다 높아 유럽에서 가장 높은 출산율을 보였다. 특히, 2014년 프랑스의 합계출산율(*indicateur conjoncturel de fécondité*)은 여성 한 명당 2.0명으로, 인구대체 수준인 2.1명에 근접하였다.

그러나 2015년 프랑스의 합계출산율은 여성 한 명당 1.96명으로 다소 감소하였다. 〈표 4-1〉에서 연령별 합계출산율을 보면 이러한 감소가 35세 미만 여성의 출산율 감소에 의한 것임을 알 수 있다. 1970년대 말부터 30세 미만 여성의 출산율이 감소하는 반면, 30세 이상 여성의 출산율은 증가하는 경향을 보인다. 상대적으로 젊은 30대 미만 연령층의 출산율 감소는 여성의 평균 출산연령 증가를 동반하는데 1995년 28.9세에서 2015년 30.4세로 증가하였다. 그러나 이러한 출산 지연이 반드시 한 여성이 생애 동안 가

〈표 4-1〉 프랑스 연령별 합계출산율 및 모성 평균연령

(1995~2015년)

| | 연령별 출산율(여성 100당 출생아 수) | | | | | 합계출산율 (여성 100명당) | 모성 평균연령 | 전체출생아 중 혼외출생아 비율(%) |
	15~ 24세	25~ 29세	30~ 34세	35~ 39세	40~ 50세			
1995	3.3	13.2	10.0	4.0	0.4	173.0	28.9	38.6
2000	3.3	13.4	11.7	5.0	0.5	189.3	29.3	43.6
2005	3.2	12.8	12.3	5.7	0.6	193.8	29.6	48.4
2010	3.3	12.9	13.3	6.4	0.7	202.9	29.9	54.9
2011	3.1	12.7	13.1	6.4	0.8	201.0	30.0	55.8
2012	3.1	12.5	13.1	6.6	0.8	200.8	30.1	56.7
2013(p)	3.0	12.4	13.0	6.7	0.8	198.9	30.2	57.2
2014(p) 마요트 포함*	2.9	12.3	13.1	7.0	0.8	200.2	30.3	58.5
2015(p) 마요트 포함	2.7	11.9	12.9	7.0	0.8	196.1	30.4	59.6

주: (p) 2015년 말 잠정적 결과.
  * 프랑스의 합계출산율은 2014년부터 마요트(Mayotte)를 포함함.
자료: Bellamy & Beaumel(2016). Bilan démographique 2015. p.2.; http://www.insee.fr/fr/themes/
   detail.asp?ref_id=bilan-demo&reg_id=0&page=donnees-detaillees/bilan-demo/pop_age3c.htm;
   http://www.insee.fr/fr/themes/tableau.asp?reg_id=0&ref_id=NATnon02231; 2016.9.16. 인출.

지게 되는 최종 자녀 수를 감소시키는 것은 아니다. 실제로, 1946년과 1960년 사이에 태어난 여성은 생애 동안 평균 2.1명의 자녀를 가졌지만 출산연령은 1977년부터 지속적으로 증가해 왔다.

2015년에 총 80만 명의 아이가 프랑스에서 태어났다. 이는 2014년보다 2.3% 줄어든 숫자이다. 이러한 출생아 수의 감소는 2014년 말부터 시작되어 2015년 내내 감소 추세가 이어졌다. 1980년대 이후로는 매년 80만 명 정도의 아이가 태어나 전반적으로 안정적인 상태를 유지하고 있다. 1994년 가장 낮은 출생아 수였던 74만 1천 명에 이르렀고 가장 많은 출생아 수는 2010년의 83만 3천 명이었다. 2015년의 출생아 수 감소는 가임여성 인구의 감소와 전해보다 낮아진 합계출산율에 기인한 것이다. 1995년 이후 가임연령대인 20~40세의 여성인구는 지속적으로 줄어들어 1995년에는 930만 명이었던 반면, 2000년엔 900만 명, 2015년에는 850만 명으로 줄어들었다.

한편, 전체출생아 중 혼외출생아 비율은 지속적으로 높아져 2015년 59.6%에 이르렀다. 1970년대까지 혼외출생아의 비중은 10% 이하의 수준을 유지하다가 이후 지속적으로 증가하여 1990년에는 30%, 1997년에는 41%가 되었다. 2007년 이후에는 혼외출생아가 전체출생아의 절반 이상을 차지하게 되었다. 현재의 추세가 지속된다면 2018년에는 10명 중 6명의 출생아가 혼외출생아일 것이다(Mazuy et al., 2015).

3) 사망 동향

2016년 1월 프랑스 인구의 18.8%를 차지한 65세 이상 고령자는 지난 10년간 2.4%, 30년간 3.7% 증가한 것이다. 프랑스 인구의 고령화 추세는 앞으로 지속될 것으로 예측되는데 평균수명의 연장이 주요요인 중 하나이다. 2015년 프랑스의 조사망률(인구 1천 명당 사망자 수)은 9.0으로 1995년의 9.1과는 큰 차이를 보이지 않는다. 만약 연령별 조사망률이 다르지 않다면 65세 이상 인구의 증가는 총사망자 수의 증가를 가져온다. 그럼에도 지난 몇 년간 사망자 수 증가세는 완화되었다가 종종 증가하는 경향을 보이고 있다. 2015년은 이례적으로 총 60만 명이 사망하였는데 이는 2차 세계대전 이후 가장 높은 수치였다. 이러한 사망률의 증가는 노인에게 합병증을 유발하는 유행성 감기 바이러스와 한파 등의 역학 및 기상학적 상황에 기인했다. 프랑스의 1세 이하 영아의 사망률은 1950년과 2000년 사이에 급격하게 감소(51.95에서 4.5로 감소)한 이후 지난 15년간 안정적인 상태를 유지(2015년 현재 3.7)하고 있다.

2015년 사망률 수준에서 프랑스 여성은 평균적으로 85세, 남성의 경우 78.9세까지 살 것으로 기대된다(〈그림 4-2〉 참조). 장기간에 걸쳐 프랑스의 기대수명은 증가해 왔지만 성별에 따른 차이를 보인다. 지난 20년간 여성의 기대수명은 3.1세가 증가한 반면 남성은 5.1세 증가하였다. 1946년 기대수

〈그림 4-2〉 기대수명과 영아사망률 변화추이

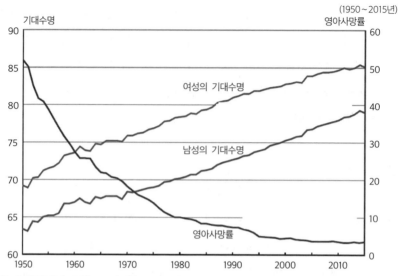

(1950~2015년)

자료: INSEE(2016). Tableaux de l'économie française 2016. p.35.

명의 남녀격차는 5년 이상이었고 그 이후 30년간 이 격차는 지속적으로 증가하여 1976년과 1995년 사이에는 8년 이상이 되었다. 최근, 남성 기대수명 증가가 여성보다 경미하게 높아져 최근 남녀격차는 다소 감소 추세에 있다.

4) 국제이동 동향

프랑스 인구동태의 변화에서 이민은 중요한 부분을 차지하고 있다. 실제로 1991년 1, 400만 명의 프랑스인이 이민자인 조부모나 부모를 가졌거나 아니면 자신이 이민자인 것으로 나타났고 이는 전체인구의 25%를 차지했다 (Tribalat, 1991). 2014년 1월 1일 전체인구 6, 580만 명의 8. 9% (590만 명) 가 외국국적으로 태어나 프랑스에 살고 있는 이민자였다. 3) 2006년과 2014년

---

3) 이들의 61%는 외국 국적이며, 39%는 프랑스 국적을 취득한 것으로 나타났다. 이민인구

〈표 4-2〉 2014년 프랑스 인구에서 이민자 비율

(단위: 백만 명)

인구 구성	전체인구 수	구분
프랑스 태생	58.2	
프랑스 국적자	57.6	1
외국 국적자	0.6	2
외국 태생	7.6	
외국 국적자	3.6	3
프랑스 국적자	4.0	
이중 국적으로 프랑스 국적자	1.7	4
프랑스 국적 취득자	2.3	5
프랑스 전체인구	65.8	
외국 국적자	4.2(2 + 3)	
이민자*	5.9(3 + 5)	

주: 마요트를 제외한 프랑스 인구 전체를 대상으로 함.
  * 이민자는 출생 시 외국국적으로 외국에서 태어난 사람으로, 프랑스 국적을 취득한 사람(230만 명)과 그렇지 않은 경우(360만 명)를 포함한 인구.
자료: INSEE. Estimations de population(http://www.insee.fr/fr/themes/document.asp?ref_id=if38; 2016.10.4. 인출)

사이 프랑스 인구는 총 260만이 증가하며 매년 0.5%의 성장률을 보였다. 이러한 증가는 이 기간 동안 자연인구가 220만 명 증가한 것이 주요요인이며 순이민인구는 40만 명이었다. 2006년과 2014년 사이 증가한 이민인구는 총 70만 명이다. 이 기간 동안 총 160만 명의 이민자가 프랑스에 유입되었고 그중 50만 명이 떠났으며 40만 명이 프랑스에서 사망하였다. 전체 프랑스 인구에서 이민인구가 차지하는 비율은 2006년 초 8.1%에서 2014년 8.9%로 높아졌다.

이민자의 출신국가는 점점 다양해지고 있다. EU 역외권의 유럽과 마그레브 국가(알제리, 모로코, 튀니지 등 프랑스의 구 식민지)를 제외한 제3국가 출신의 유입이 최근에 증가하고 있다. 그럼에도 2012년 전체 이민자의

는 태어났을 때의 국적을 기준으로 정의되기 때문에 이들이 프랑스 국적을 취득하는 것이 이민인구 변동에 영향을 미치지 않는다.

30% 가량이 마그레브 국가 출신이며, 포르투갈 10.5%, 이탈리아 5.1%, 스페인이 4.3%로 뒤를 잇고 있다. 또한 이민자의 51.2%가 여성이며 절반 이상이 25세와 45세 사이의 경제활동연령대(54.4%)이다.

5) 결혼 동향

혼외출생아 증가 추세에서 알 수 있듯 프랑스에서 결혼은 가구 형성의 가장 보편적 형태는 아니다. 프랑스 가구 형성은 이성 간의 결혼뿐 아니라 2013년의 동성 간 결혼 합법화로 인한 동성결혼 그리고 동거제도인 시민연대계약(PACS) 등을 아우른다. 2015년 이성 간의 혼인 건수는 23만 1천 건, 동성 간은 8천 건으로 총 23만 9천 쌍이 혼인을 한 것으로 나타난다(〈표 4-3〉 참조). 이는 2차 세계대전 이후 가장 적은 수의 이성 간 혼인 건수를 기록한 것이기도 하다.

이성 간의 결혼은 2000년 이후(2002년 제외) 지속적으로 감소하고 있다. 프랑스에서 결혼이 감소하는 것은 다음의 두 가지 요인과 관련이 있다. 첫째, 결혼 평균연령이 증가하였고 첫 아이 출산이 지연되었기 때문이다. 둘째, 현 세대의 사람들이 이전 세대의 사람들보다 결혼을 적게 하기 때문이다.

실제로 1990년 첫 번째 결혼의 평균연령은 남성 27.6세, 여성 25.6세였던 반면 2014년 각각 32.6세와 30.9세로 증가하였다. 여성의 첫 아이 출산연령은 1990년 26세에서 2010년 28.1세로 증가하였다. 또한 1930년에 태어난 여성의 93%가 그들의 50세에 이미 결혼한 것으로 나타났으나 1960년에 태어난 경우는 82%에 불과했다. 남성도 이와 마찬가지로 1930년대 태어난 경우는 50세가 되었을 때 그들의 86%가 결혼을 한 반면, 1960년에 태어난 남성은 77%만이 그들의 50세에 결혼을 한 것으로 나타났다. 이러한 결혼의 감소에는 2007년 이후 결혼을 한 연령대의 95%를 차지하는 20세에서 59세 인구 감소도 한몫했다.

〈동성 간 결혼허용법〉이 공표된 2013년, 전체혼인의 3.1%가 동성 간 결혼이었으나 이는 2014년 4.4%에서 2015년 3.3%로 줄어들었다. 2013년 동성 간 결혼의 41%가 여성 간의 결혼이었다. 2015년 이 비율은 48%로 증가하였다. 동성 간 결혼연령은 감소했다. 2013년 동성 간 결혼한 남성은 평균 50세였으나 2015년 45세로 줄어들었다. 이와 마찬가지로 여성은 2013년 43세였던 반면 2015년에는 40세였다. 시민연대계약은 1999년 만들어졌지만 결혼하거나 사실혼(union libre) 관계의 커플보다 그 수가 상대적으로 적다. 동성 간의 시민연대계약을 포함한 전체 시민연대계약 수는 1999년 6,151건으로 시작되어 2010년 205,561건으로 가장 높은 수를 기록한 뒤 감소하였고 최근에 다시 증가하기 시작하여 2014년 167,400건에 이르렀다.

〈표 4-3〉 혼인 건수 변화

(1970~2015년)

	결혼(천 명)	결혼률(천 명당)	혼인 이전 배우자의 혼인상태		초혼 평균연령	
			미혼남자	미혼여자[1]	남자	여자
프랑스 본토						
1970	393.7	7.8	92.1	92.5	24.7	22.6
1980	334.4	6.2	87.5	88.5	25.1	23.0
1990	287.1	5.1	83.2	84.1	27.6	25.6
2000	297.9	5.0	81.5	82.4	30.2	28.0
2010	245.3	3.9	79.4	80.7	31.8	30.0
2013	233.1	3.6	79.9	80.8	32.4	30.6
2014	235.3	3.7	80.1	80.8	32.6	30.9
2015	234.0	3.6				
프랑스						
2000	305.2	5.0	81.4	82.5	30.2	28.1
2010	251.7	3.9	79.4	80.8	31.8	30.0
2013	238.6	3.6	79.9	80.9	32.4	30.6
2014	241.3	3.6	80.2	81.0	32.6	30.9
2015	239.0	3.6				

주: 1) 2014년 결혼한 신부의 81%는 초혼이었음.
자료: INSEE(2016). Tableaux de l'économie française 2016. p.29.

2014년, 123,537쌍이 이혼을 하였다. 마쥐와 연구진(Mazuy et al., 2015)의 분석에 의하면 2010년과 2013년의 연령별 이혼율은 남성의 경우 40세에 가장 높으며 여성은 25세 전후로 가장 높은 것으로 나타났다.

2. 장래인구 전망

1) 초고령사회로의 진입

프랑스 통계청에서 시행한 인구 전망 중 가장 최근 버전인 2010년의 장래인 구 추계[4]에 따르면, 프랑스 본토의 인구가 2060년 1월 1일에는 7,360만 명이 될 것으로 예측된다(Blanpain & Chardon, 2010a; INSEE, 2016). 인구 추계는 2007년까지 관측된 인구 변동요인 경향을 바탕으로 최저 및 최고치를 가정한 값과 이들의 중간값을 각각으로 하여 총 세 가지 시나리오가 작성된다. 그중 중간값의 시나리오는 다음의 3가지 경향이 유지되는 것을 전제로 한다. 여성 한 명당 출산율은 2015년 이후 1.95명으로 유지되며, 순이민인 구는 2007년부터 매년 10만 명, 그리고 여성의 평균 기대수명은 2060년대 91.1세, 남성은 86세에 도달할 것이라는 전제에서 산출된 것이다.

중간값의 시나리오에 따르면 지속적인 인구의 고령화로 2020년경 65세 이상 인구가 전체인구의 20.4%를 차지하여 초고령사회로 진입할 것으로 예측된다. 특히, 베이비붐 세대의 연령 증가로 인해 2035년까지 65세 이상의 연령층은 크게 증가할 것이다. 2035년 이후에도 65세 이상 연령층의 증가는

---

4) 현재 수준에서 관측되는 출산율, 사망률, 국제이동 등의 인구학적 경향이 유지된다는 경우를 가정하여 산정한다. 블랑팽과 샤르동(Blanpain & Chardon, 2010a)의 추정은 이 세 가지 요인의 예측치 중 출산율의 변동이 2060년의 인구수에 가장 핵심적 요인이 될 것임을 보여준다.

지속되겠지만 상대적으로 약화된 수준의 증가세를 보일 것이다. 이로써 프랑스 본토에 거주하는 인구의 평균연령은 2060년엔 45세에 달할 것이며, 이는 2016년 현재 41. 2세보다 4살가량 증가한 값이다(〈그림 4-3〉 참조).

　연령별 인구구조를 보면(중간값 시나리오 기준), 2060년 인구 3명 중 1명이 60세 이상인 반면 20세 미만의 인구는 감소하여 전체인구에서 차지하는 비율이 22%가 될 것이다. 마지막으로 20세에서 59세 사이의 연령층은

〈그림 4-3〉 프랑스 인구의 평균연령 전망

(중간값 시나리오)

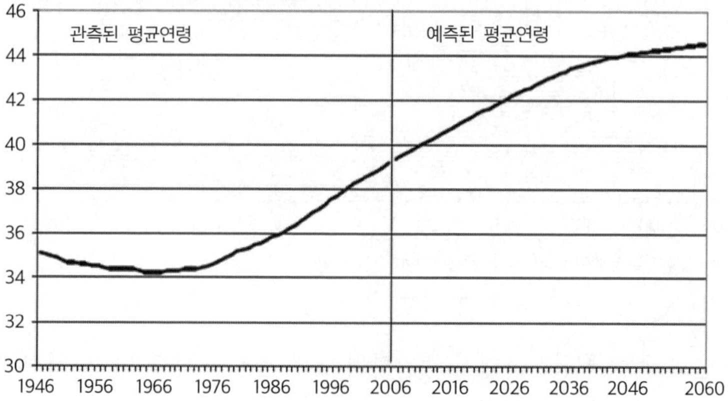

자료: Blanpain & Chardon(2010b). Projections de population 2007-2060 pour la France métro-politaine: Méthode et princaux resultats. p.98.

〈표 4-4〉 장래인구의 연령별 비중

(중간값 시나리오, 단위: %)

	총인구(십만 명)	20세 미만	20~59세	60~74세	75세 이상
2020	660	23.9	49.6	17.0	9.4
2025	673	23.5	48.4	17.2	10.9
2030	685	23.0	47.5	17.1	12.3
2035	697	22.6	46.7	17.1	13.6
2040	707	22.4	46.6	16.3	14.7
2050	723	22.3	45.9	15.9	16.0
2060	736	22.1	45.8	15.9	16.2

자료: INSEE(2016). Tableaux de l'économie française 2016. p.27.

〈그림 4-4〉 프랑스 인구 피라미드

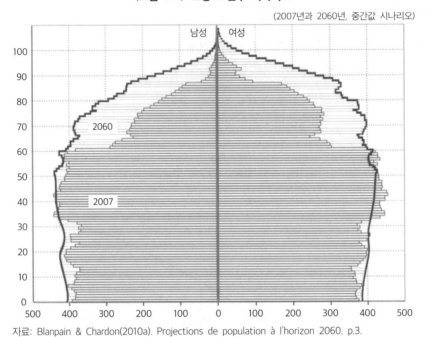

(2007년과 2060년, 중간값 시나리오)

자료: Blanpain & Chardon(2010a). Projections de population à l'horizon 2060. p.3.

2035년까지 줄어들다가 다시 증가하여 2060년에는 3,370만 명 정도에 도
달하여 전체인구의 46%를 차지한다. 또한 20세에서 64세 사이의 연령층
은 2060년 전체인구의 51%가 될 것으로 예상된다.

2차 세계대전으로 인한 인구 감소, 베이비붐 세대로 인한 인구 증가 등
과거에 있었던 인구학적 충격의 흔적이 사라져 2060년의 인구 피라미드는
2007년과 2016년의 피라미드와는 달리 연령별 인구분포가 아주 균형적인
모습을 보인다(〈그림 4-4〉 참조). 여성은 80세 연령층까지 각 연령대에서
약 40만 명의 수준을 유지하고 있으며 그 이상의 고령에서는 연령별 사망
위험이 증가함에 따라 피라미드 형태를 보여주고 있다. 남성의 경우에는
이보다 빠른 70대에서 피라미드 형태의 분포를 보여주고 있다.

2) 고령층의 경제활동참여 증가

2000~2010년까지 프랑스 본토의 경제활동인구는 지속적으로 증가(10년 간 210만 명 증가)하여 2010년에는 총 2,836만 명이었다. 2010년의 장래 경제활동인구 추계[5]에 따르면(Filatriau, 2011), 2025년까지 경제활동인구는 현저한 증가 추세를 보인 뒤 정체의 시기를 거쳤다. 이후 2010년 전후의 높은 출산율(2008년부터 2012년까지 프랑스 본토의 합계출산율은 2.0 이상) 시기에 태어난 세대가 고용시장에 진입하는 2035년경에 경제활동인구는 다소 경미한 증가를 보일 것으로 예측된다. 출산율의 증가 또는 감소가 전체 경제활동인구수에 미치는 영향은 2030년 이후에 나타나는 반면, 순이민인구는 즉각적으로 경제활동인구에 영향을 미친다. 2030년까지 경제활동인구에서 50대 이상 중·고령층의 비율 증가의 원인은 이들 연령대의 경제활동 증가뿐 아니라 이들이 1946년에서 1974년 사이에 태어난 베이비붐 세대로 인구규모가 큰 코호트이기 때문이다.

장래 경제활동인구 추계표인 〈표 4-5〉을 보면(중간값 시나리오 기반), 프랑스 본토의 경제활동인구는 2025년까지 170만 명이 증가하여 총 3천만 명에 이를 것으로 전망되는데 이는 매년 평균 11만 명이 증가한 것이다. 이후 2030년에 총 3,014만에 이르고 2035년부터는 더욱 적은 수준의 증가를 보이며(매년 4만 5천 명), 2060년에 총 3,123만 명에 달할 것으로 전망된다. 이는 향후 50년간 총 287만 명이 증가하는 것이다.

15~69세 연령층의 경제활동참가율은 2010년엔 66.6%였고 이는 지속적으로 증가하여 2030년에 68.7%, 그리고 2060년에는 69.7%에 달할 것이다. 이러한 증가 추세는 15~69세 연령층에서 65~69세가 차지하는 비

---

5) 가장 최신 버전인 2010년의 장래 경제활동인구 추계는 2010년의 장래인구 추계, 2010년의 공적연금 개혁의 영향 그리고 추계 시점 당시의 노동시장 상황을 기준으로 산출된 것이다.

<표 4-5> 장래경제활동 인구 추계

(중간값 시나리오, 단위: 천 명, %)

	관측치			예측치				
	1995	2005	2010	2015	2020	2030	2040	2050
경제활동인구수(천 명)	25,392	27,381	28,364	28,940	29,568	30,143	30,427	31,238
여성 비율	45.4	47.0	47.7	48.0	48.1	47.7	47.3	46.9
15~24세 비율	11.4	10.6	10.4	10.0	9.9	10.2	10.1	10.1
25~54세 비율	80.9	79.1	77.2	75.6	73.3	71.2	72.2	72.0
55세 이상 비율	7.7	10.3	12.4	14.4	16.8	18.6	17.7	17.9
15~69세의 경제활동참가율	63.6	65.8	66.6	66.3	67.7	68.7	69.4	69.7
60세 이상 비경제활동 인구 / 경제활동인구	2.3	2.3	2.1	2.0	1.9	1.7	1.6	1.5

자료: Filatriau(2011). Projections à l'horizon 2060. p.2.

율이 증가하고 있기 때문이다. 고령층의 증가는 노인 부양비율(60세 이상 비경제활동인구 / 경제활동인구)이 2010년 2.1에서 2060년 1.5로 경제활동 인구의 노인 부양에 대한 부담이 증가할 것이라는 전망에서도 확인된다. 즉, 2010년에는 2.1명의 경제활동인구가 1명의 경제활동을 하지 않는 노인을 부양한 반면 2060년에는 1.5명이 부양하게 되는 것이다. 한편, 전체 경제활동인구의 평균연령은 지속적으로 높아질 것으로 전망되는데 이는 55세 이상의 중·고령자의 경제활동참여는 증가하는 반면, 54세 미만 인구의 경제활동참여가 감소할 것으로 예측되기 때문이다.

장래 경제활동인구를 전망하는 데 있어 경제활동인구의 노동시장 참여행태 변화는 중요한 요인이다. 프랑스는 인구고령화에 대응하기 위해 지난 20년간 연금제도 개혁(예를 들어 1993, 2003, 2010, 2014년의 개혁)을 통해 연금 납입기간을 늘리고 퇴직연령을 연장하고 연금수급액 계산방식을 수정함으로써 고령자의 은퇴행위에 영향을 미쳐왔다(Filatriau, 2011; Blanchet, 2014). 세부 연령별 및 성별 경제활동참가율 추계(〈그림 4-5〉참조)는 60~64세 연령층의 경제활동참여가 1975년부터 2010년까지 지속적으로 감소한 반면, 2010년 초반부터 증가함을 보여준다. 이 연령대 여성의 경제활동참

〈그림 4-5〉 경제활동참가율 관측치 및 예측치

(중간값 시나리오)

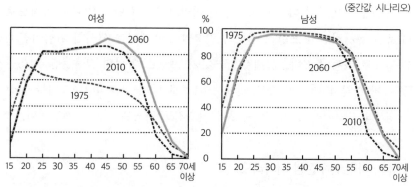

자료: Filatriau(2011). Projections à l'horizon 2060. p.2.

가율은 2015년부터 1975년에 관측된 28%를 초과하며, 2025년부터는 40%
이상의 수준에 도달한 뒤 이 상태를 유지할 것으로 전망된다. 남성의 경우
경제활동참가율은 2010년 이후 지속적으로 증가하여 2060년에 1970년대
관측된 수준(46%)에 도달하게 된다.

이러한 증가 추세에 대해 필라트리오(Filatriau, 2011)는 이들 연령층의
경제활동 행태가 연금 개혁에 가장 영향을 많이 받기 때문이라고 해석한
다. 55~59세 연령층의 경우 남성과 여성 모두 증가하여, 여성의 경우
2010년 61%에서 2060년 77%에 도달하며 남성은 69%에서 80%가 될 것
이다. 경제활동참여가 상대적으로 저조했던 65~69세 여성과 남성의 참여
율 모두 2010년에서 2060년까지 각각 13%, 18%에 이를 것이다.

경제활동이 가장 활발한 연령대인 25~54세의 변화양상에서 두드러진
특징은 여성고용 참여 패턴이다. 오늘날 프랑스는 높은 출산율뿐 아니라
어린아이를 둔 어머니의 높은 고용률로 인해 일과 가정의 양립이 잘 되고
있는 나라로 평가받는다(Adema & Thévenon, 2008; Fagnani, 2012). 그러
나 프랑스도 1960년대까지 영국과 독일처럼 25~49세 여성의 대부분이 출
산과 양육 등 가족적인 이유로 일을 그만둔 뒤 40대 후반에 다시 노동시장

으로 진입하는 M자형 고용형태를 가지고 있었다(Maruani, 2011). 하지만 1970년대 후반부터 어린아이가 있는 어머니가 경력단절 없이 지속적으로 고용을 유지하면서 프랑스 여성의 연령별 고용패턴은 서서히 뒤집어진 U자형으로 바뀌어 갔다. 실제로 25~49세 프랑스 여성의 고용률은 1975년 59%에서 약 40년 뒤인 2012년에는 84%로 증가하게 되었다. 이들 여성 연령층의 지속적인 고용패턴은 2060년까지도 지속될 것으로 전망된다.

3) 상 · 하한 인구전망 시나리오

지금까지 살펴본 장래 경제활동인구 추계는 장래 인구추계 시나리오의 중간값을 기준으로 둔 것이다. 하지만 출산율, 국제이동 그리고 사망률이 예상한 것과 달리 더욱 낙관적이거나, 반대로 더욱 비관적으로 흘러간다면 프랑스의 경제활동인구는 어떻게 달라지는가? 실제로 2015년의 출산율은 1.96이었고 순이민인구는 2007년부터 급격하게 줄어들어 2010년 4만 3천 명, 2015년에는 6만 1천 명이었다. 인구 변동요인의 최저치를 기준으로 추정한 하한 시나리오와 최고치를 기준으로 둔 상한 시나리오를 살펴보는 것이 불확실한 인구전망을 보완할 방법이 될 것이다.

  필라트리오(Filatriau, 2011)는 출산율의 두 가지 변동사항과 순이민의 변동사항을 고려하여 장래 경제활동인구 추계의 대안 시나리오를 보여주고 있다. 우선 출산율 변동을 보면(〈그림 4-6〉 참조), 2015년부터 합계출산율을 '낮은 출산율'인 1.8로 추정하는 경우 2040년 이후 경제활동인구수 증가는 중간값의 시나리오보다 두드러지게 줄어든다. 반대로 2015년의 합계출산율을 '높은 출산율'인 2.1로 추정한 경우 경제활동인구수는 2030년경부터 훨씬 두드러진 속도로 증가한다. 2060년경에 이르러서는 이들 출산율의 변동가능성에 따라 총 150만의 경제활동인구가 많거나 적어질 것으로 전망된다.

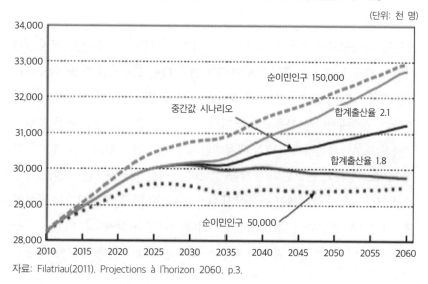

〈그림 4-6〉 인구 변동요인 추정값 상하한에 따른 장래경제활동인구 전망

(단위: 천 명)

자료: Filatriau(2011). Projections à l'horizon 2060. p.3.

　출산율과 달리 이민자 변동은 더욱 단기간에 영향을 미친다. 연간 15만 명의 '많은 순이민' 유입의 경우에는 2040년에는 경제활동인구수가 1백만 명 더 증가하며 2060년에는 총 170만의 인구가 더 증가하는 효과가 있을 것이다. 반대로 매년 5만 명의 '적은 순이민' 유입으로는 2040년에 경제활동인구수가 총 1백만 명이 감소하고 2060년경에는 총 170만 명이 감소하는 결과를 가져올 것으로 전망된다. 결국 4가지의 인구 변동사항에 따라 많게는 ± 320만 명의 격차를 보일 것이다. 이러한 출산과 이민에 대한 변동 시나리오 속에서도 2060년경 노인 부양비율은 중간값의 시나리오와 별 차이를 보이지 않는다. 이는 현재의 프랑스 인구전망에서 다른 인구학적 경향이 통계적 불확실성을 가지고 있는 것과는 달리 노인부양 부담의 증가가 프랑스가 당면한 가장 명확한 인구 문제임을 보여준다.

3. 프랑스의 인구 문제와 정책대응

오늘날 유럽인구의 가장 두드러진 인구학적 특징은 고령화이다. 프랑스가 직면한 인구 문제가 인구의 고령화라는 점은 다른 유럽국가와 동일하지만, 저출산과 노인인구 증가가 주된 원인인 다른 유럽국가와 달리 프랑스는 저출산의 문제에서만은 자유로운 국가이다. 이것은 프랑스가 19세기 말부터 이어진 프로이센전쟁과 1, 2차 세계대전으로 인해 인구 감소의 두려움을 갖게 되어 고령화와 관련된 대응책을 일찍이 실시한 것과 관련이 있다. 이는 주로 가족정책의 측면에서 이루어진 대응으로 출산율을 증가시키는 것이었다. 그러므로 고령화에 대한 현재의 여러 정책대응을 살펴보기 이전에 인구정책으로서 가족정책의 효과와 최근의 정책 방향을 정리해 보고자 한다.

1) 인구정책으로서의 가족정책: 출산장려와 일 · 가정 양립

인구 문제, 특히 출산율은 최근 1백 년 이상 동안 프랑스 정치인의 주관심사였다(Salles & Letablier, 2013). 이러한 관심은 출산율이 유럽에서 상대적으로 높은 상태를 유지하고 있는 오늘날까지도 이어지고 있다. 2007년부터 2012년까지 프랑스 대통령이었던 니콜라 사르코지가 재임 기간 중 한 다음의 연설은 프랑스에 있어 인구가 어떠한 의미를 가지고 있는지를 가늠하게 한다.

> 사람만이 재산이다. 이 유일한 재산의 원천은 가족이며 이전에도 그랬고 앞으로도 언제나 가족일 것이다. 지난 몇 세기 동안 프랑스가 부와 활력을 이룬 것은 우리의 거대한 사회를 구성하는 첫 번째 단위인 가족 덕분이다. 프랑스가 강한 이유는 무엇보다도 인구수가 많기 때문이다〔라보르(Lavaur)에서의 니콜라 사르코지 연설, 2012년 2월 7일〕.

프랑스는 2차 세계대전 이전부터 인구대체 수준보다 낮은 출산율로 인해 인구학적 정체기를 겪었다. 이러한 인구정체는 고령화에 대한 우려로 이어졌는데, 이는 낮은 출산율이 낮은 사망률보다 연령별 인구구조에서 고령층 비율을 증가시키는 중요한 결정요인이기 때문이다(Bonneuil, 2010). 프랑스의 대표적인 인구학자이며 경제학자인 소비(Alfred Sauvy)는 인구고령화에 대응하기 위해 출산율을 높여야 하며, 이를 위한 출산장려정책 시행을 주장했다. 그를 포함한 인구학자 및 경제학자 연구진이 주장한 출산장려운동은 1939년 채택된 〈가족법〉(Code de la Famille)을 통해 출산을 장려하는 새로운 가족정책이 도입되는 데 기여하였다.

이러한 배경으로 인해 출산장려주의는 프랑스 가족정책을 실행하는 데 중요한 동기가 되었고 프랑스의 인구정책은 가족정책과 밀접하게 연결되었다(Salles & Letablier, 2013). 또한 출산율이 회복된 오늘날에도 가족정책이 다자녀가구에 관대한 지원시스템을 가지고 있어 출산장려주의 성격을 유지하고 있음을 알 수 있다.6) 그뿐만 아니라 출산장려주의자에 의한 가족정책은 부과방식의 프랑스 연금제도가 출산율을 촉진하도록 하는 시스템을 가지고 있는 것과도 연관이 있다(Thévenon, 2014).

그렇다면 오늘날 프랑스의 안정적인 출산율은 출산을 장려하는 가족정책 덕분인가? 아이를 갖는다는 결정과 출산으로까지의 행위는 대개 장기적 계획 아래 이루어지기에 출산율에 대한 가족정책 효과는 측정하는 데 어려움이 있다. 그뿐만 아니라 한 정책의 효과 측정은 그 정책이 실현성, 지속성, 안정성을 갖추었을 때 비로소 가능하기에 장기적인 시간이 필요하며 여러 가족정책 간의 상호효과를 측정하는 것 또한 필요하다. 가장 근본적인 어려움은 정책 간에 경계를 짓는 것이 어렵기 때문이다.

이러한 측정 방법의 어려움으로 인해 프랑스에서 출산율에 대한 가족정

---

6) 프랑스 가족정책에 대한 역사는 2부의 "10장 가족수당제도"에서 자세히 설명하고 있다.

책의 직접적 효과를 연구한 종합평가서는 찾기 어렵다. 그럼에도 측정이 가능한 특정 가족정책의 효과성을 분석한 연구들을 토대로 가족정책의 출산율에 대한 효과를 도출해 낼 수 있다. 예를 들어, 금전 및 세금우대를 통한 경제적 지원의 출산율 증가에 대한 효과(Ekert, 1986; Laroque & Salanié, 2008), 셋째 아동을 1인으로 고려하기 시작한 가족지수의 출산율에 대한 효과(Landais, 2003), 그리고 부모교육수당(Allocation Parentale d'Education: APE)의 출산율에 대한 효과(Piketty, 2005; Moschion, 2010) 등이 있다. 하지만 출산장려를 주목적으로 도입된 정책이 출산율 증가에 제한적 효과를 보인 반면, 출산장려가 일차적 목적이 아니라 여성의 고용시장 참여를 돕기 위해 도입된 일과 가정의 양립 지원정책이 오히려 출산율 증가에 더욱 확실한 효과가 있는 것으로 나타났다(Thévenon, 2014). 이에 마송(Masson, 2015)은 유럽국가의 출산율 수준은 여성의 일과 가정의 양립이 가능할 수 있도록 아이 돌봄 지원을 가장 많이 제공하는 나라에서 높다고 지적했다.

직접적인 효과분석 외에도 마송(Masson, 2015)은 2008년 경제위기 이후의 EU국가의 출산율을 비교분석하여 가족과 관련된 공공지출이 높은 나라에서 출산율이 높음을 보였다. 특히, 2008년 경제위기 이후 이러한 특성은 유럽에서 더욱 두드러지게 나타났다. 프랑스는 2006년부터 인구대체 수준에 가까운 출산율을 유지하고 있으며 이는 경제위기 이후 다른 유럽국가의 출산율이 떨어진 것(특히, 남부유럽의 출산율 저하가 두드러지는데 스페인의 합계출산율은 2008년 1.45에서 2013년 1.25로 하락했고 포르투갈은 2010년 1.39에서 2013년 1.21, 그리스는 2010년 1.51에서 2013년 1.29로 하락했다)과는 상당히 다른 모습이다. 그래서 오늘날 프랑스는 유럽에서 출산율이 제일 높은 국가 중 하나가 되었다. 실제로 프랑스는 경제위기 이전에도 GDP의 3% 이상을 가족과 관련한 재정지출로 소비하고 있었고 이는 경제위기 이후에도 변화 없이 유지되었다. 이는 2013년 4.4%의 영국, 4%의 아일랜드, 3.7%가량의 스웨덴 다음으로 유럽연합에서 높은 수치였다.

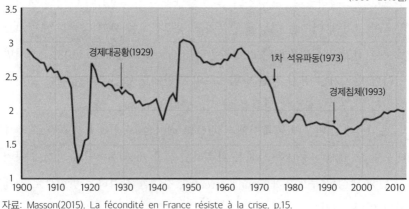

〈그림 4-7〉 프랑스 합계출산율 변화추이

(1900~2010년)

경제대공황(1929)

1차 석유파동(1973)

경제침체(1993)

자료: Masson(2015). La fécondité en France résiste à la crise. p.15.

오늘날 프랑스의 가족정책은 일·가정 양립을 지원하는 방향으로 가고 있다. 1980년이 될 때까지 가족정책은 아동과 관련된 직접비용을 경감하기 위해 수당 지급을 중심으로 시행되었다. 이것은 아동이 있는 가구와 아동이 없는 가구 간의 수평적 재분배를 위한 것이었다. 프랑스 여성의 임금고용은 1960년대 이후 지속적으로 증가하기 시작하였고 이 시기에 여성의 고용은 출산율의 저해 요인으로 여겨졌다. 그러므로 수당 지급은 여성이 더욱더 많은 아이를 가질 수 있도록 장려하는 것이 목적이었다.

그럼에도 여성의 임금근로는 증가하였고, 이는 일과 가정의 양립 지원에 대한 요구로 이어졌다. 가족정책은 이러한 새로운 시대상황을 받아들여 가족수당을 일·가정 양립에 대한 지원으로 재조정하였다. 특히, 1985년 부모교육수당의 도입은 3살 이하의 아동이 있는 어머니가 경제활동을 지속할 것인지 혹은 아이를 키울 것인지를 '선택'할 수 있도록 하였다. 이 제도는 어머니의 고용 지속 또는 고용 중단에 대해 어떠한 불이익도 없는 중립적 태도를 취함으로서 어머니에게 선택의 자유를 주었다(처음에는 3명의 아이였으나 1994년 2명으로 확대). 동시에 부모에 대한 지원으로서 아이를 돌봐주는 보육서비스(개인 또는 공동형식의 시설)를 확대하고 다양화하는 방향으로 재조정하였다. 프랑스의 높은 출산율은 가족정책이 여성의 출산과 양육이 고용에 미치는 영향을 일·가정 양립정책을 통해 약화하는 방향으로 전환하였기에 가능했다고 평가된다(Salles & Letablier, 2013). 하지만 이러한 일·가정 양립 지원 방향으로의 전환에도 출산장려를 위한 조치는 여전히 가족수당제도에 영향을 미치고 있다(Letablier, 2008).

2000년대 초반부터 가족정책은 제한된 예산 안에서 증가한 아동의 수에 대응할 수 있게 아동보육 시설을 확충하고 질을 개선하며 일과 가정의 양립을 위해 남성의 부모휴가(Congé Parental) 참여를 장려하는 방향으로 전개되고 있다. 2008년의 경제위기 이후에는 가족과 관련된 정부지출의 증가를 억제하기 위한 개혁이 이루어지고 있다. 2012년에는 가족수당 금액을 동결하고 가족지수(quotient familial)에 연결된 세제 감면과 영아보육수당 (Prestation d'Accueil du Jeune Enfant: PAJE) 금액의 상한선을 낮추었으며 2015년에는 가족수당을 소득수준에 따라 조정하도록 하였다. 하지만 이러한 개혁은 소득이 낮은 가족에 대한 가족보조수당액(supplements familiaux)을 올리고 2018년까지 아동보육 시설에 총 27만 5천 명의 아이를 더 수용할 수 있도록 시설을 확충하는 것 또한 동반하고 있다. 추가되는 아동보육시설의 수용인원 중 10%가 빈곤선 기준 이하의 가정에서 자라는 아이에게 할당된다는 것은 특기할 만하다(Masson, 2015).

2) 인구고령화에 대한 정책대응

노년부양비는 생산연령인구 대비 은퇴연령인구의 비율을 나타낸다. 생산연령인구가 감소하고 은퇴연령인구가 증가하면 노년부양비가 증가한다. 이것이 인구고령화가 발생하는 가장 주요한 문제 중의 하나이다. 특히, 오랜 기간 유지된 인구대체 수준 이하의 출산율이 장기간의 인구정체기를 가져올 것으로 예상되는 나라에서 연금 및 각종 사회보장제도의 급여 수혜자인 은퇴연령인구의 증가는 가장 해결이 시급한 인구 문제다. 경제적 관점에서 가장 이상적인 인구학적 대응은 부양비율을 최소화하기 위해 경제활동인구에서 생산연령인구를 최대화하는 것이 될 것이다. 앞에서 살펴본 프랑스 출산장려정책이 출산율을 증가시켜 전체인구에서 노인비율을 줄이고자 한 것은 이러한 맥락과 상통한다.

생산연령인구 전망의 변화는 프랑스의 인구학적 노력이 헛되지 않았음을 보여주고 있다. 프랑스의 1995년 장래인구전망(합계출산율 1.8과 연평균 순이민인구 5만 명 기준)은 20~59세의 생산연령인구가 2006년부터 감소하기 시작하여 2010년경부터 두드러지게 감소한다고 예측하였다. 인구대체수준 가까이 회복된 출산율과 적은 숫자지만 어느 정도 상쇄의 효과를 가지고 있는 이민인구 유입 덕분에 비록 감소의 폭은 작지만 프랑스의 생산연령인구가 2006년 이후부터 감소할 것이라는 점이 이 시기 장래 인구구조 전망의 주요 특징이었다. 하지만 예측과 달리 2000년대 중반 이후 지속된 높은 출산율로 인해 2010년의 인구추계에서 생산연령인구의 감소 전망은 완전히 사라지게 되었고 생산연령인구는 2060년까지 2010년경의 생산연령인구 수준을 유지할 것으로 전망된다(〈표 4-5〉 참조). 그러므로 현재 프랑스 인구의 고령화는 인구 피라미드의 아래층, 즉 생산연령인구 감소가 아닌 피라미드 위층에 위치한 고연령대의 기대수명 연장으로 인한 은퇴연령인구 증가에 의한 것이다(Blanchet, 2014).

이에 대해 늘어난 기대수명에 맞추어 은퇴연령을 조정하면 은퇴인구 증가와 관련된 문제를 해결할 수 있을 것이라 생각하기 쉽지만 하나의 정책을 개혁하는 것만으로는 이 문제를 해결하기에 충분하지 않다. 기대수명 연장 외에도 규모가 큰 베이비붐 세대가 은퇴연령에 동시에 진입하게 되는 규모효과가 노년부양비 증가의 중요한 원인이기 때문이다. 많은 인구수를 특징으로 하는 베이비붐 세대(1945~1975년생)는 경제활동인구로 활동하는 동안에는 프랑스의 인구가 고령화되는 과정을 억제하는 데 기여했지만, 2006년 1세대 베이비부머(1946년생)가 60살이 되어 은퇴연령인구에 진입하면서 현재에는 고령화를 증가시키는 주요 원인이 되고 있다(Blanchet, 2014).

이러한 고령화에 대응하기 위해 인구 증가속도를 조절하는 직접적 인구정책뿐 아니라 프랑스의 사회보장제도 역시 변화하고 있다. 프랑스 사회보장 지출에서 고령층이 차지하는 비율은 인구고령화 현상과 함께 증가하고 있다. 프랑스의 GDP 대비 사회보장 지출은 1979년 23%에서 2011년 31%로 증가하였다. 이 중 60세 이상 고령인구에게 지출되는 비용은 지난 30년간 11%에서 17% 증가한 반면, 25세 미만은 8%의 비중을 유지하였다(France Stratégie, 2016).[7]

이러한 사회보장 지출 증가 속도를 늦추기 위한 사회보장제도 개혁이 시행되고 있다. 1993년부터 최근 2014년까지 진행된 연금제도 개혁은 퇴직연령을 늦추며 이러한 인구학적 도전에 대응하고자 하였다. 퇴직연금자문위원회(Conseil d'Orientation des Retraites: COR)의 보고서(2015)에 의하면 이들 연금 개혁은 실질적으로 베이비붐 세대를 포함한 1980년생까지의 퇴직연령을 2.8세 늦추는 효과가 있는 것으로 나타났다(〈표 4-6〉 참조). 이러한 조치들은 1980년대 말의 연금제도와 비교하여 은퇴자격에 대한 기준을 재조정한 것으로 보험료 납입기간의 연장, 최대연금 수급액을 받기 위한 조건의 강화, 연금수급 개시 이후 불리해지는 물가연동제 등을 특징으로 한다. 연금 개혁은 2017년 프랑스 대선에서 주요 여야 후보 간의 큰 쟁점이 될 것으로 예상되었으며 추가적인 연금제도의 수정은 불가피해 보인다.

인구의 고령화와 함께 장기 요양보호가 필요한 노인인구의 증가 또한 주요한 쟁점이다. 장기요양이 필요한 노인은 일종의 장애와 유사하게 일상생

---

7) 25세 미만 연령층의 공공교육에 대한 비용을 포함했을 경우이다. 이를 제외하면 25세 미만에 대한 사회보장 지출은 1979년 4%에서 3.6%로 감소하였다.

〈표 4-6〉 1993년 이후 연금제도 개혁이 평균 은퇴연령에 미치는 영향

(단위: 년)

		출생 코호트			
		1950	1960	1970	1980[1]
평균은퇴 연령 격차		0	2.1	2.6	2.8
연금제도 개혁별	1993 연금 개혁	0.2	0.2	0.3	0.4
	2003 연금 개혁	-0.2	0.5	0.6	0.6
	2010 연금 개혁	0	1.5	1.5	1.5
	2012 정부령	0	-0.1	0	0
	2014 연금 개혁	0	0	0.2	0.3
요인별	보험기간의 증가	0.3	0.7	1.2	1.3
	장기경력자의 조기퇴직	-0.4	-0.1	-0.1	0
	연금수급 개시 연령 상향조정	0	0.9	0.8	0.7
	연금액 삭감(decote) 해제 연령의 증가	0	0.6	0.7	0.8

주: 1) 1980년에 태어난 세대의 경우, 1993년 이후 진행된 연금 개혁의 누적효과로 은퇴평균연령이 2.8세
　　증가된 것으로 나타남.
자료: Conseil d'Orientation Rretraites(2015). Les comportements et les âges de départ à la re-
　　traite. p.10. 2016.10.12. 인출.

활을 혼자서 할 능력이 없어 타인의 도움이 지속적으로 필요한 사람으로
정의된다. 요양의 필요 정도는 노인의 건강상태와는 직접적으로 연결되지
않고 노인이 직면하고 있는 활동의 제약정도와 기능적 한계 등에 의해 결
정된다. 프랑스의 노인장기요양보험에 해당하는 개인별 자립성 수당제도
(Allocation Personnalisée d'Autonomie: APA)는 60세 이상 노인 중 자립등
급(GIR) 수준 척도에 따라 자립등급이 1~4까지인 경우를 장기요양보호노
인으로 규정하여 수당을 지급하고 있다.

　2012년 1월 현재 프랑스 본토에 장기요양이 필요한 노인은 117만 명으
로 이는 전체 60세 이상 인구의 7.8%에 해당하는 수치이다. 장기요양인
구 추계의 중간값 시나리오에 따르면(Aude et al., 2013), 장기요양인구는
2045년에 200만 명으로 증가하여 2060년에는 226만 명에 달할 것으로 예
측된다. 특히, 전체 노인인구에서 장기요양인구의 비율은 60대의 경우
2% 미만인 반면 77~79세는 6.7%, 80~84세는 14.3%, 85세 이상의 고

령은 36%로 연령이 증가함에 따라 장기요양인구의 비중이 확실하게 증가함을 알 수 있다.

이것은 베이비붐 세대가 인구규모가 크고 늘어난 기대수명으로 인해 이들의 연령이 증가함에 따라 장기요양과 관련된 사회보장 지출이 증가할 수밖에 없음을 의미한다. 실제로 2011년 공공지출에서 노인의 장기요양에 대한 지출은 2011년 280억 유로로 GDP의 1.4%에 해당하는 수치였고 이는 장기요양 인구가 증가함에 따라 급속한 증가속도를 보여 2040년에는 500억 유로 그리고 2060년에는 800억 유로에 육박할 것으로 전망된다(Renoux et al., 2014). 그러므로 베이비붐 세대의 은퇴로 인한 재정압박 외에도 건강과 관련된 지출증가가 오늘날 프랑스가 직면한 주요도전 중 하나임은 틀림없다.

장기요양에 대한 수요를 충족하면서 재정적 한계를 극복하기 위해 재원의 다양화(민감보험 또는 가족의 비공식 간병 등)에 대한 논의가 활발히 진행되고 있다(Touzé, 2014). 또한 2015년 12월에 채택된 〈고령화 사회 적응에 관한 법〉은 가정에서 장기요양을 받기를 희망하는 노인의 욕구를 충족시키며 가족과 친구 등 비공식 부양자에 대한 지원을 강화하고 간병수당제도의 효율화를 예고하고 있어 프랑스 정부의 고령화에 대한 사회인식과 노인의 삶의 질을 개선하려는 의지를 보여주고 있다.

■ 참고문헌

해외 문헌

Adema, W. , & Thévenon, O. (2008). Les politiques de conciliation du travail et de la vie familiale en France au regard des pays de l'OCDE: A partir de la synthèse des études "Bébés et employeurs". *Recherches et Prévisions*, *93*, 51~72.

Blanchet, D. (2014). Démographie et soutenabilité du système de retraite: Les réformes ont-elles tout résolu?. *Informations Sociales*, *183*(3), 126~135.

Bonneuil, N. (2010). Demographic change in Europe: Consequences on family, health, and pension policies. *Panorama*, *special issue "Ageing and Politics"*, 119~138.

Chesnais, J. -C. (1990). *La démographie*, *Que sais-je?*, 7e édition. Paris: Presses Universitaires de France.

Ekert, O. (1986). Effets et limites des aides financières aux familles: Une expérience et un modèle. *Population*, *41*(2), 327~348.

Fagnani, J. (2012). Recent reforms in childcare and family policies in France and Germany: What was at stake?. *Children and Youth Services Review*, *34*(3), 509~516.

Landais, C. (2003). Le quotient familial a-t-il stimulé la natalité française?. *Economie Publique*, 13, 3~31.

Letablier, M. -T. (2008). Why has France high fertility?: The impact of policies supporting parents. *The Japanese Journal of Social Security Policy*, *7*(2), 41~56.

Maruani, M. (2011). *Travail et Emploi des Femmes*, 4e édition. Paris: La découverte.

Mazuy, M. , Barbieri, M. , Breton, D. , & d'Albis, H. (2015). L'évolution démographique récente de la France et ses tendances depuis 70 ans. *Population*, 70(3), 417~486.

Moschion, J. (2010). Reconciling work and family life: The effect of the French paid parental leave. *Annals of Economics and Statistics*, *99/100*, 217~246.

Piketty, T. (2005). L'impact de l'allocation parentale d'éducation sur l'activité féminine et la fécondité, 1982-2002. In Lefèvre, C. , & Filhon, A. (Eds.). *Histoires de Familles, Histoires Familiales* (79~109). Paris: Institut national d'études démographiques.

Salles, A. , & Letablier, M. -T. (2013). La raison démographique dans les réformes de politiques familiales en France et en Allemagne. *Politiques Sociales et Familiales*, *112*, 73~88.

Thévenon, O. (2014). Evaluer l'impact des politiques familiales sur la fécondité. *Informations Sociales*, *183*, 50~62.

Touzé, V. (2014). La dépendance: Quels besoins, quel financement?. In Montel, O. (Ed.). *Les Cahiers Français*, *381* (57~62). Paris: La documentation Française.

Tribalat, M. (1991). Combien sont les français d'origine étrangère?. *Economie et Statistique*, *242*(1), 17~29.

Virginie de Luca Barrusse (2015). *La Population de la France*. Paris: La découverte.

기타 자료

Aude, L., Froment, O., Marbot, C., & Roy, D. (2013). Projection des populations âgées dépendantes. Ministère des Solidarité et de la Santé, DREES, n° 43.

Bellamy, V., & Beaumel, C. (2016). Bilan démographique 2015. INSEE Première, n° 1581.

Blanpain, N., & Chardon, O. (2010a). Projection de population à l'horizon 2060. INSEE Première, n° 1320.

_____(2010b). Projections de population 2007-2060 pour la France métropolitaine: Méthode et princaux resultats. Document de travail n° F1008, Paris, INSEE.

Filatriau, O. (2011). Projection à l'horizon 2060, INSEE Première, n° 1345.

INSEE (2016). Tableaux de l'économie française 2016. Paris, INSEE.

Laroque, G., & Salanié, B. (2008). Does fertility respond to financial incentives?, IZA discussion paper n° 3575, IZA.

Masson, L. (2015). La fécondité en France résiste à la crise. France, portrait social, édition 2015. Paris: INSEE Références, 11~23.

Renoux, A., Roussel, R., & Zaidman, C. (2014). Le compte de la dépendance en 2011 et à l'horizon 2060. Ministère des Solidarité et de la Santé, DREES, n° 50.

Conseil d'Orientation des Retraites (2015). Les comportements et les âges de départ à la retraite. Réunion du Conseil du 27 mai 2015, n° 1. http://www.corretraites. fr/article450. html. 2016. 10. 12. 인출.

France Stratégie(2016). 2017/2027-Jeunesse, vieillissement : Quelles politiques? (Note d'analyse). http://www. strategie. gouv. fr/publications/20172027-jeunesse-vieillissement-politiques. 2016. 9. 29. 인출.

http://www. insee. fr/fr/publications-et-services/default. asp?page=dossiers_web/population/population_intro. htm.

http://www. insee. fr/fr/themes/detail. asp?ref_id=bilan-demo&reg_id=0&page=donnees-detaillees/bilan-demo/pop_age3c. htm.

http://www. insee. fr/fr/themes/tableau. asp?reg_id=0&ref_id=NATnon02231. 2016. 9. 16. 인출.

INSEE. Estimations de population(http://www. insee. fr/fr/themes/document. asp?ref_id=if38). 2016. 10. 4. 인출.

05

정부재정과 사회보장재정

1. 정부재정의 현황 및 특징[1]

1) 정부재정의 특징

프랑스는 재정을 위한 예산을 매년 법률에 근거해 결정하는 예산법률주의를 채택하고 있다. 프랑스의 예산은 정부가 매년 의회에 제출하는 '재정법안'(*projet de loi de finances*)에 대해 의회가 심의·의결한 〈재정법〉(*Loi de Finance*)에 따라 결정되어 집행된다. 대통령제적 성격이 강한 이원집정부제 아래의 프랑스는 행정부가 의회보다 재정 관련 권한이 더 강하지만 재정적자가 악화되면서 의회의 공공재정에 대한 통제를 강화할 필요가 대두되었다. 2001년 8월 의회는 〈재정법에 관한 조직법〉(*Loi Organique no. 2001-692 du 1er août 2001 relative aux Lois de Finances*)을 제정하여 예산에 대한 의회의 권한을 강화하였다(김은경, 2012). 2006년부터 시행되고 있

---

1) 이하는 김은경, 2012에서 발췌하여 수정·보완하였다.

는 〈재정법에 관한 조직법〉의 목적은 재정적자의 지속적인 누적 문제를 완화하기 위해 예산 통제 및 재정사업 관리를 강화하는 것이다. 〈재정법에 관한 조직법〉은 성과주의, 예산계획 및 예산체계 개편, 다년도 지출한도 설정 등으로 공공재정의 성과를 관리하고 예산에 대한 의회의 통제를 보장하고 있다(김은경, 2012).

예산은 매년 헌법 제47조 및 〈재정법에 관한 조직법〉에 근거한 절차에 따라 작성되어 〈재정법〉이라는 형식을 갖는다. 따라서 〈재정법〉은 일반 법률에 비해 매우 구체적인 내용을 가지며, 국가의 재원과 부담이라는 원칙부터 과세표준, 세율, 징수방법 등 세무행정, 재정 운영에 대한 감독 사항 등을 세세하게 규정한다. 〈재정법〉은 법률의 형식을 취하지만 행정 행위를 규정하고 수입과 지출을 기술하는 회계의 총합이다. 〈재정법〉의 내용은 재정에 관한 규정에만 한정되며 일반 법률로는 예산을 변경할 수 없다(김은경, 2012). 〈재정법〉과 〈재정법에 관한 조직법〉은 보통법이지만 특별투표로 채택되며, 예산의 확정 또는 확정예산의 수정, 결산 등과 관련하여 〈재정법〉에는 〈초기재정법〉(*Loi de Finances Initiale*), 〈수정재정법〉(*Loi de Finances Rectificatives*), 〈결산법〉(*Loi de Règlement*) 및 연간성과 보고서 등이 있다.

〈초기재정법〉은 해당 연도의 기본예산을 결정하는 법으로, 국가의 전체 재원 및 부담을 예측하면서 균형재정의 수준을 정하고 그를 위한 재원조달 방안을 규정한다. 〈수정재정법〉은 당해 연도의 〈초기재정법〉에서 정해진 예산의 변경을 위해 연중 비정기적으로 정부가 의회에 제출하고 의회가 의결하는 추가 경정예산이다(김은경, 2012). 〈수정재정법〉만이 〈재정법〉의 조항을 변경할 수 있다. 결산을 목적으로 하는 〈결산법〉과 운용보고서는 의회에 의한 사후적 통제를 위한 것이다. 〈결산법〉의 의결 시 같이 제출되는 연간성과보고서(Rapport Annuel de Performances)는 예산 및 사업목표의 실행 및 집행을 감독하는 수단이 된다. 이 보고서는 사업별 지출 및 성과,

고용 등을 기술하고 있어 의회가 정부예산의 적절성을 평가할 수 있는 기초 보고서의 역할을 한다.

프랑스는 2008년 EU의 "안정과 성장에 관한 협약"(Pacte de Stabilité et de Croissance)에서 합의된 재정건전성 제고를 위해 다년간 재정계획을 법제화하였다.[2] 〈공공재정계획법〉(Loi de Programmation des Finances Publiques)의 목표는 재정의 장기적 건전성을 확보하기 위해 공공재정의 다년간 재정계획의 방향 및 균형을 설정하는 것이다. 2009~2012년, 2011~2014년, 2012~2017년, 2014~2019년 등 4개의 〈공공재정계획법〉이 채택되어 중기재정예산을 편성하였다.[3] 재정건전성 제고를 위해 지출 부문별 한도가 구체적 수치로 미리 정해지며, 해당 회계연도의 〈재정법〉은 〈공공재정계획법〉에서 정한 지출한도를 따라야 한다(김은경, 2012).

또한 프랑스는 〈공공재정계획법〉하에서의 중기예산을 작성하지만 기본적으로는 1년 단위의 예산편성 원칙을 유지하면서, 3년간의 국가 및 공공정책의 총지출한도를 결정하는 3년도 예산(budget triennal)을 시행하고 있다. 국가는 3년간 정해진 지출한도 내에서 재정을 운영할 수 있고 해당 3년 내에 예산을 수정할 수 있다. 이 예산은 중앙정부의 일반회계, 지방정부 교부금을 비롯하여 EU 분담금과 관련된 지출은 포함하지만 부속회계 및 특별회계는 제외된다. 예산방향설정 전문위원회와 국무회의가 지출한도를 결정하며 이러한 지출한도 내에서 해당 기간 동안 계획된 예산을 집행한다(김은경, 2012). 각 부처 장관들은 합의를 통해 예산 관련 안건들을 처

---

2) "안정과 성장에 관한 협약"은 유로존 회원국 간 예산정책의 협력과 과도한 예산적자를 예방하기 위해 도입되어, 재정적자는 GDP 대비 3%를 초과할 수 없으며 정부부채비율은 GDP의 60% 이하를 유지하는 것을 준칙으로 포함하고 있다.
3) 중기재정예산은 향후 4개년 회계연도의 일반정부 재정지표의 전망(목표) 및 근거(거시경제 및 재정여건)를 제시하고 목표의 달성수단을 수입, 지출, 구조 개혁 등으로 나누어 예산효과와 함께 설명한다(김은경, 2012).

리하며 합의가 도출되지 못할 경우에는 수상이 재량권을 가진다. 다년간 계획은 의회의 심의나 의결을 거치지 않지만 중기재정예산과 함께 매년 정부예산 편성의 기초가 된다.

2) 재정규모

프랑스의 GDP 대비 재정지출규모는 1980년대부터 50% 내외에서 변동해 왔으며 2015년 기준 57.0%이다. GDP 대비 재정수입규모는 1993년 48.3%에서 2015년 53.5%로 증가했지만 수입보다 지출이 더 커서 재정적자가 불가피하다. 사회보장행정은 공공행정의 총지출을 주도해 왔다(〈표 5-1〉 참조). [4] 국가의 총지출은 1978년 737억 유로에서 2015년 4,633억 유로로 6.3배 증가한 반면, 총수입은 1978년 725억 유로에서 2015년 3,922억 유로로 5.4배 증가에 그치고 있다.

중앙행정조직, 지방공공행정이나 사회보장행정의 경우 총수입의 증가보다 총지출의 증가가 더 크지만, 국가보다는 총수입과 총지출의 차이가 상대적으로 크지 않다(김은경, 2013). 사회보장행정의 지출과 수입은 복지제도의 확충으로 지속 증가되어, 지출은 1978년 653억 유로에서 2015년

---

4) 프랑스의 공공행정은 중앙공공행정(Administration Publique Centrale), 지방공공행정 (Administrations Publiques Locales)과 사회보장행정(Administrations de Sécurité Sociale) 등으로 구분된다(김은경, 2012). 중앙공공행정은 국가 및 다양한 중앙행정조직 (Organismes Divers d'Administration Centrale: ODAC)으로 구성된다. 국가는 행정부, 입법부, 사법부 등을 통합한 단일한 회계단위이다. 중앙행정조직은 국가 및 사회적 권한을 가진 국가공공기관, 사회정책을 재정적으로 지원하는 기관, 공권력을 가지는 사법상 기관, 유럽연합, 국립과학연구센터, 프랑스 기상청, 주거지원기금, 국립보건의학연구소, 오페라, 코메디 프랑세즈, 루브르박물관 등 국립박물관까지 포함한다. 지방공공행정에는 지방자치단체 및 지방공공기관이 포함된다. 사회보장행정에는 사회보험체제(Régimes d'Assurance Sociale)와 사회보험 산하기관(Organismes Dépandant des Assurances Sociales: ODASS)이 포함된다(김은경, 2012).

5,785억 유로로 8.9배 증가하고 수입은 동 기간 649억 유로에서 5,738억 유로로 8.8배 증가했다. 총지출과 총수입의 규모로 보면 1978년에는 국가 재정이 사회보장재정보다 컸지만 2015년에는 그 반대가 되었다.

프랑스의 GDP 대비 총조세(*prélèvements obligatoires*)는 1978년 37.6%에서 2015년 44.7%로 상승하였다(〈표 5-2〉 참조).[5] 중앙공공행정의 경

〈표 5-1〉 공공행정 부문별 지출과 수입

(단위: 10억 유로)

	중앙행정기관				지방공공행정		사회보장행정	
	국가		중앙행정조직					
	총지출	총수입	총지출	총수입	총지출	총수입	총지출	총수입
1978	73.7	72.5	11.5	11.5	26.9	22.5	65.3	64.9
1988	211.4	192.5	28.0	28.6	80.5	75.0	194.2	193.4
1998	301.3	263.7	43.1	43.6	126.2	129.0	311.8	311.4
2008	397.4	333.9	64.6	59.4	222.4	213.0	475.1	488.6
2015	463.3	392.0	86.1	85.0	249.2	249.9	578.5	573.8

자료: INSEE.

〈표 5-2〉 공공행정의 총조세부담률

(단위: GDP 대비 %)

	중앙공공행정			중앙행정조직	지방공공행정	사회보장행정			EU기구	총합
	국가									
	조세	사회적기여금	소계			세금	사회보험료	소계		
1978	17.5	0.2	17.7	0.2	3.1	0.5	15.3	15.8	0.7	37.6
1988	17.8	0.3	18.0	0.3	4.4	0.6	17.4	18.0	1.1	41.9
1998	16.5	0.4	16.9	0.3	5.5	5.1	15.1	20.1	0.6	44.1
2008	13.2	0.4	13.6	0.5	5.7	6.9	15.2	22.1	0.3	43.2
2015	13.1	0.4	13.5	0.8	6.1	7.8	16.4	24.2	0.1	44.7

자료: INSEE.

---

5) 의무적인 징수를 의미하는 *prélèvements obligatoires*(영어로는 *total tax burden*)는 일반정부(공공행정)와 유럽기구(*institutions européennes*)가 징수한 조세와 사회보험료를 포함한다(김은경, 2012).

우 총조세부담률이 2015년에는 1978년보다 감소하였으나 지방공공행정과 사회보장행정의 총조세부담률은 증가하였다. 특히, 1978년에는 중앙공공행정의 총조세부담률이 사회보장행정의 총조세부담률보다 높았으나 2015년에는 상황이 역전되었다. 사회보장행정에서는 사회보험료의 부담률이 매우 높아 중앙공공행정의 조세부담률보다 더 높다.

3) 재정건전성

재정건전성을 평가하는 주요지표는 공공부채와 재정수지이다. 프랑스는 국가부채와 재정적자를 개선하기 위하여 다양한 제도를 도입했지만 정부지출의 증가를 억제하지 못했다. 전체 공공행정의 공공부채는 1978년 740억 유로, GDP 대비 21.2%에서 2015년 2조 970억 유로, GDP 대비 96.2%로 급증하였다(〈표 5-3〉 참조). 특히, 2008년 글로벌 금융위기 극복을 위한 재정지출의 확대가 공공부채 급증의 중요한 원인이 되었다.

지방공공행정의 GDP 대비 부채는 1978년 6.8%에서 2015년 9.0%로 미미하게 증가하였고 사회보장행정의 공공부채는 동 기간 GDP 대비 1.0%에서 10.1%가 되었다. 사회보장행정은 증가 배수는 가장 높으나 사회보험료로 충당되는 부분이 크기 때문에 전체 공공행정의 부채를 주도한 것은 국가

〈표 5-3〉 공공부채 규모(마스트리히트조약 기준)

(단위: 10억 유로, GDP 대비 %)

	중앙행정기관		지방행정	사회보장행정	전체공공행정
	국가	중앙행정조직			
1978	44.3(12.7)	2.3(0.7)	23.9(6.8)	3.5(1.0)	74.0(21.2)
1990	264.6(25.0)	11.0(1.0)	90.9(8.6)	8.4(0.8)	374.9(35.4)
2000	676.3(45.5)	42.6(2.9)	106.8(7.2)	45.5(3.1)	871.2(58.7)
2010	1,262.4(63.2)	31.0(1.6)	164.1(8.2)	175.2(8.8)	1,632.7(81.7)
2015	1,661.7(76.2)	18.9(0.9)	196.5(9.0)	220.3(10.1)	2,097.4(96.2)

자료: INSEE.

<표 5-4> 공공행정 부문별 GDP 대비 적자 추이

(단위: %)

	중앙행정기관		지방행정	사회보장행정	전체공공행정
	국가	중앙행정조직			
1978	-0.4	0.0	-1.3	-0.1	-1.8
1990	-2.0	0.2	-0.5	-0.1	-2.4
2000	-2.2	0.0	0.1	0.8	-1.3
2010	-6.1	0.5	-0.1	-1.2	-6.8
2015	-3.3	-0.1	-0.2*	-0.2	-3.5

주: * 2014년 기준.
자료: INSEE.

였다. 그러나 국가나 지방자치단체가 사회보장제도를 지원하는 재정지출을 하고 있기 때문에 사회보장제도가 전체공공행정의 부채 증가에 기여하고 있다고 볼 수 있다.

〈표 5-4〉의 공공행정 부문별 GDP 대비 재정적자를 보면 전체 공공행정은 1978년 -1.7%에서 2015년 -3.5%로 악화되었지만, 2008년 글로벌 금융위기로 인한 2010년 -6.8%보다는 적자 상황이 많이 개선되었다. 지방공공행정이나 사회보장행정의 경우, GDP 대비 재정적자는 국가보다 양호한 편이며 국가의 GDP 대비 재정적자의 비율은 1978년 -0.4%에서 2015년 -3.3%로 악화되었다.

4) 재정지출구조

공공행정의 재정지출구조는 공공행정 단위별로 담당하는 기능과 시기별 핵심정책에 따라 달라진다. 1995년부터 2014년까지 재정지출구조의 추이를 보면 일반 공공서비스, 국방, 경제사업, 교육의 지출비중은 감소한 반면 환경보호, 주거 및 도시개발, 보건, 여가, 문화 및 종교, 사회보장 등에 대한 지출비중은 증가하였다(〈표 5-5〉 참조). 특히, 총지출 대비 사회

<표 5-5> 공공행정의 기능별 지출

(단위: 10억 유로, %)

	1995		2000		2005		2010		2014	
	액수	비중	액수	비중	액수	비중	액수	비중	액수	비중
일반 공공서비스	100.3	15.1	114.9	15.1	131.2	14.0	135.6	12.0	142.1	11.6
국방	30.4	4.6	28.7	3.8	31.8	3.4	37.2	3.3	36.3	3.0
치안 및 공공질서	18.1	2.7	20.1	2.6	26.6	2.8	33.6	3.0	34.5	2.8
경제사업	70.6	10.6	69.0	9.1	81.5	8.7	101.5	9.0	108.3	8.8
환경보호	7.2	1.1	10.3	1.4	15.3	1.6	19.8	1.8	21.1	1.7
주거 및 도시개발	10.5	1.6	15.3	2.0	18.8	2.0	28.0	2.5	30.8	2.5
보건	86.4	13.0	103	13.6	135.3	14.4	158.8	14.1	175.4	14.3
여가, 문화 및 종교	10.2	1.5	13.9	1.8	22.2	2.4	28.6	2.5	31.1	2.5
교육	70.1	10.6	82.8	10.9	97.4	10.4	112.6	10.0	118.3	9.6
사회보장	259.9	39.2	301.4	39.7	376.7	40.2	472.3	41.9	528.7	43.1
총지출	663.7	100.0	759.4	100.0	937	100.0	1,128.0	100.0	1,226.7	100.0

자료: INSEE.

<표 5-6> 공공행정 부문별 · 기능별 지출

(2014년 기준, 단위: 10억 유로, %)

	국가	중앙행정조직	지방	사회보장
총지출	463.3(100.0)	84.8(100.0)	251.5(100.0)	575.3(100.0)
일반 공공서비스	155.6(33.6)	10.0(11.8)	48.0(19.1)	6.5(1.1)
국방	38.0(8.2)	0.2(0.2)	-	-
치안 및 공공질서	27.2(5.9)	0.2(0.2)	7.4(2.9)	-
경제사업	41.7(9.0)	38.4(45.3)	46.2(18.3)	-
환경보호	2.6(0.6)	0.8(0.9)	18.8(7.5)	-
주거와 도시개발	8.6(1.9)	1.8(2.1)	21.7(8.6)	-
보건	4.1(0.9)	4.3(5.1)	1.8(0.7)	168.3(29.3)
여가, 문화와 종교	5.5(1.2)	3.3(3.9)	24.8(9.9)	-
교육	77.2(16.6)	18.0(21.2)	36.4(14.5)	-
사회보장	102.8(22.1)	7.8(9.3)	46.5(18.5)	400.6(69.6)

자료: INSEE.

보장지출의 비중은 1995년 39.2%에서 2014년 43.1%로 증가하였으며 보건도 1995년 13.0%에서 2014년 14.3%로 증가하여 보건복지에 대한 재정지출의 비중이 절반을 상회하고 있다.

〈표 5-6〉의 2014년 기준 공공행정의 부문별·기능별 지출을 보면 국가는 일반 공공서비스에 가장 많은 지출을 하였고 그다음으로 사회보장과 교육에 재원을 투입하였다. 중앙행정조직의 경우 지출의 45.3%를 경제사업에 배분하고 있으며 지방공공행정은 총지출의 18.5%만을 사회보장에 지출하고 있고 경제사업과 교육에도 비슷한 수준의 지출을 하고 있다. 사회보장행정은 행정의 목적에 맞게 사회보장에 지출의 69.6%, 보건에 29.3%를 지출하고 있다.

2. 사회보장재정[6]

1) 사회보장행정과 〈사회보장재정법〉

프랑스의 사회보장은 일반행정과 독립된 사회보장행정을 통해 실현된다. 사회보장행정은 사회보험체제와 사회보험 산하기관(ODASS)으로 구성된다. 사회보험체제는 의무적인 사회적 기여금을 기본재원으로 질병, 장애, 산업재해 및 직업병, 노령, 생존, 모성, 가족, 고용, 실업, 주거, 빈곤 등 다양한 위험요소를 포괄한다.

---

6) 이하는 김은경, 2013의 일부분을 발췌하여 수정·보완하여 작성되었다. 프랑스에서는 사회보호(protection sociale)가 사회보장이나 사회보장행정보다 더 광범위한 영역이다. 사회보호는 국가, 지방자치단체 등 다른 공공행정기관의 사회적 지출과 상호공제체제 등과 같은 민간기관을 포함한다. 여기서는 사회보호와 사회보장을 특별히 구분하지 않고 비슷한 의미로 혼용하여 사용한다.

사회보험체제의 하부영역에는 사회보장기금(CSS), 사회보장 의무기관인 상공업고용 전국연합(UNEDIC) 등이 있다. 사회보장행정의 일반레짐(Régime Général)은 질병보험 전국공단(CNAM), 가족수당 전국공단(CNAF), 노령보험 전국공단(CNAV), 사회보장조직 중앙기구(ACOSS) 등을 포함한다. 특별기금(*fonds spéciaux*)에는 산재공동기금(FCAT), 석면근로자배상기금(FIVA), 노인할당사회서비스(SASV), 노령연대기금(FSV), 사회보장기관보상기금(FOREC) 등이 포함된다. 공기업과 공공기관, 농업근로자 등의 특별체제, 농업사회공제와 농업경영인체제, 노령보험과 질병위험요소의 공동관리를 위한 장인, 상공업자와 전문자영업체제 등도 있다.

사회보험 산하기관은 공공보건시스템에 참여하는 공공병원 및 공공병원 서비스에 참여하는 비영리 민간병원 등 주로 공공의 재정지원을 받는 병원과 사회보장기관에 편입된 사업을 포괄한다(김은경, 2013).

프랑스의 사회보장예산은 일반예산과 마찬가지로 법률주의를 채택하고 있다. 사회보장의 재원인 사회보험 기여금과 급여의 지급은 〈사회보장재정법〉(*Loi du Financement de la Sécurité Sociale*)에 따라 매년 의회에서 결정된다. 〈사회보장재정법〉은 1996년 헌법 개정을 통해 〈재정법〉과는 별도의 법으로 도입되었고, 현행 〈사회보장재정법〉은 2005년 〈사회보장재정법에 대한 조직법〉(*Loi Organique du 2 août 2005 Relative aux Lois de Financement de la Sécurité Sociale*)에 근거하고 있다. 정부는 매년 사회보장재정법안(*projet de loi de financement de la sécurité sociale*)을 발의하고 의회의 심의 및 의결을 거쳐 〈사회보장재정법〉이 공포된다.

〈사회보장재정법〉은 사회보장 의무체제와 일반체제의 항목별 수입 전망, 지출목적 및 재원조달에 기여하는 다양한 기금을 규정하고, 체제와 기금의 균형표(*tableaux d'équilibre*)를 포함한다(김은경, 2012).[7] 〈사회보장

---

7) 2005년 〈사회보장재정법에 대한 조직법〉에 따라 도입된 균형표는 일반체제, 기초의무체

재정법〉은 질병보험지출 국가목표(ONDAM)와 부채 경감목표를 결정하며 기관별 예산도 결정하지만 기초의무체제에 계상되지 않은 사회보험 기여금의 감면 및 면제 조치를 신설하거나 변경할 수 없다(고경환 외, 2012). 의회는 지출총량을 증가시킬 수 없으며 지출목표에 포함된 하나 또는 다수의 하위목표의 총량만 늘릴 수 있다(김은경, 2013).

2) 사회보장재정 개요[8]

프랑스의 사회보장시스템은 공공 부문의 비중이 압도적이며 민간 부문은 미약하다. 지급된 사회적 급여를 기준으로 만들어진 〈표 5-7〉을 보면 공공 부문의 비중은 1990년 89.2%에서 2014년 기준 90.9%로 증가하였다.

〈표 5-7〉 사회보장을 위한 다양한 체제 및 기관별 비중

(지급된 사회적 급여의 총액 대비 %)

	1990	2000	2010	2014
공공 부문	89.2	89.1	90.8	90.9
사회보험체제	62.6	62.4	63.2	63.2
사회보험 산하기관	9.9	10.1	9.7	9.6
중앙공공행정	14.4	14.5	13.4	13.3
지방공공행정	2.3	2.2	4.5	4.7
민간 부문	10.8	10.9	9.2	9.1
비영리가계서비스기관	2.7	3.1	3.2	3.3
상호공제체제	3.4	4.1	4.1	4.0
기타 금융 · 비금융회사	4.7	3.7	1.9	1.8
총계	100.0	100.0	100.0	100.0

자료: Direction de la Recherche, des Etudes, de l'Evaluation et des Statistiques(2016).

제, 재원조달 협력기관 등 분야별 재정상황을 명확하게 보여준다.
8) 사회보장행정의 구체적인 재정규모나 재정수지 등은 "1. 정부재정의 현황 및 특징"에서 공공행정의 일환으로 이미 기술되었으므로 여기서는 이는 생략하고 구체적인 항목별 지출을 검토한다.

2014년 기준 부문별 비중을 보면 공공 부문 가운데 사회보험의 비중
(63. 2%)이 압도적으로 높고 중앙공공행정(13. 3%), 사회보험 산하기관,
지방공공행정의 순이다. 중앙공공행정의 비중은 작아지고 있는 반면 지방
공공행정의 비중은 높아지는 추세를 보이고 있다. 민간 부문의 경우에는
상호공제체제의 비중이 높은 편이다.

부문별 현황을 보면 사회보호는 사회적 급여로 가장 많이 지출되며 재
원은 기여금의 비중이 가장 높다. 9) 사회적 급여의 형태는 현물보다 현금

〈표 5-8〉 **부문별 개요**

(2014년 기준, 단위: 10억 유로)

	공공 부문				민간 부문			합계
	사회보험체제	사회보험산하기관	중앙공공행정	지방공공행정	ISBLSM	상호공제체제	기타금융·비금융회사	
용도	664.5	73.1	94.1	44.1	22.8	41.6	13.1	736.5
사회적 급여	436.2	66.5	91.6	32.4	22.8	27.6	12.7	689.8
현금	330.3	0.7	74.4	13.4	0.3	6.3	12.5	438.2
현물	105.9	65.7	17.2	19.0	22.5	21.3	0.1	251.7
기타 용도	26.2	6.4	0.0	0.0	0.0	14.1	0.0	46.7
지급된 이전	202.1	0.2	2.5	11.7	0.0	0.0	0.4	-
재원	658.7	71.6	94.1	44.1	22.8	41.1	13.1	728.6
실질적 기여금	358.5	0.0	7.8	0.0	0.0	30.3	0.2	396.8
고용주 기여금	244.3	0.0	2.0	0.0	0.0	0.0	0.0	246.3
근로자 기여금	85.3	0.0	5.8	0.0	0.0	0.0	0.2	91.3
자영업자 기여금	25.4	0.0	0.0	0.0	0.0	0.0	0.0	25.4
기타 실질적 기여금	3.5	0.0	0.0	0.0	0.0	30.3	0.0	33.8
전가된 기여금	0.2	0.7	40.7	0.8	0.0	0.0	12.7	55.2
사회보장세	167.4	0.0	9.1	6.5	0.0	0.0	0.0	183.1
공공기여금	10.9	1.8	31.1	30.3	0.0	0.0	0.0	74.2
기타 재원	5.5	1.5	0.0	1.2	0.5	10.8	0.0	19.4
수령받은 이전	116.2	67.6	5.3	5.3	22.3	0.0	0.1	-
수지	-5.8	-1.5	0.0	0.0	0.0	-0.6	0.0	-7.9

자료: Direction de la Recherche, des Etudes, de l'Evaluation et des Statistiques(2016).

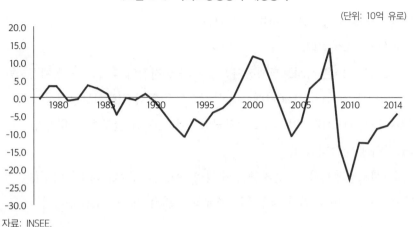

〈그림 5-1〉 사회보장행정의 재정능력

(단위: 10억 유로)

자료: INSEE.

〈표 5-9〉 사회보험체제의 주요 지출과 수입

(단위: 10억 유로)

지출	2007	2008	2009	2010	2011	2012	2013	2014	2015
급여 및 기타 이전	421.7	433.3	457.0	473.5	486.9	502.7	516.3	528.4	532.4
현물 사회적 이전 외 사회적 급여	259.8	270.2	286.7	297.3	306.6	317.9	327.7	334.0	340.1
재화와 상품서비스 현물 사회적 이전	84.9	87.9	89.4	92.5	94.9	97.3	99.3	102.2	104.2
보조금	0.0	0.0	0.0	0.0	0.0	0.0			
공공행정간 경상이전	62.0	63.9	69.8	72.0	73.5	75.3	76.9	79.3	75.5
기타 경상이전	9.5	9.9	10.3	11.0	11.1	11.6	12.0	12.1	12.4
자본 이전	5.5	1.3	0.8	0.8	0.7	0.5	0.4	0.7	0.1
기타									
총지출	444.3	456.4	477.5	494.3	509.2	526.1	538.8	550.6	554.2
수입	2007	2008	2009	2010	2011	2012	2013	2014	2015
조세와 사회적 기여금	423.7	441.3	442.6	450.3	476.9	493.3	508.1	522.6	528.8
생산과 수입에 대한 조세	37.6	42.3	44.3	44.0	50.3	53.5	56.4	59.4	57.3
소득과 자산에 대한 조세	90.0	95.3	91.7	93.4	99.2	105.2	106.4	108.2	112.9
자본에 대한 조세	0.0	0.0	0.0	0.0	1.7	0.0			
조세수입의 이전	0.2	0.3	-0.2	-0.2	-0.2	-0.2	-0.3	-0.2	-0.3
순사회적 기여금	298.9	307.4	310.0	316.3	329.5	338.9	349.4	358.8	362.4
환급 불가능한 순 조세와 기여금	2.6	3.5	-3.2	-3.2	-3.6	-4.0	-3.9	-3.6	-3.5
총수입	450.4	471.7	463.8	472.7	498.7	515.9	531.1	544.8	551.2

자료: Direction de la Recherche, des Etudes, de l'Evaluation et des Statistiques(2016).

이 3배 이상 많아 급여지출을 축소하기가 현실적으로 어려울 것으로 예상된다. 사회보장행정은 적자를 보이는 반면 중앙과 지방의 공공행정은 수지결산이 일치한다.

〈그림 5-1〉은 사회보장행정의 총수입과 총지출의 격차를 통한 재정능력을 나타낸 것이다. 1990년대부터 본격적으로 악화된 사회보장행정의 적자 추이는 2000년대 초반 다소 회복되었으나 2008년 글로벌 금융위기 이후 급격하게 악화되었다.

사회보험체제의 주요 지출과 수입을 보면 총지출의 대부분이 급여 및 기타 이전이며 수입의 경우에는 조세와 사회적 기여금이 대부분이다(〈표 5-9〉 참조).

3) 사회적 급여

사회적 급여는 프랑스 가계의 소득보전에서 핵심적인 역할을 하고 있다. 〈그림 5-2〉에서 보이듯이 처분가능소득에서 차지하는 사회적 급여(현금)의 비중은 1949년 13.8%에서 2015년 35.3%로 증가하였다. 결국 사회적 급여를 축소하면 이는 곧 가계의 소득 감소로 이어져 가계의 빈곤율이나 소비수준에 부정적 영향을 줄 수 있다.

사회적 급여가 공공행정지출에서 차지하는 비중도 지속적으로 증가하여 공공행정지출 내 사회적 급여의 비중은 1990년 45.4%에서 2014년 51.1%로 확대되었다(〈표 5-10〉 참조). 공공행정이 지불하는 GDP 대비 사회적 급여의 비중은 1990년 22.5%에서 2014년 29.3%로 증가하였다. 사회적 급여를 제외한 공공행정의 지출이 GDP 대비 1990년 27.1%에서 2014년 28.0%로 미미한 수준의 증가를 한 것을 고려하면 공공행정의 지출확대를

---

9) 재원에 대해서는 3에서 자세하게 다룬다.

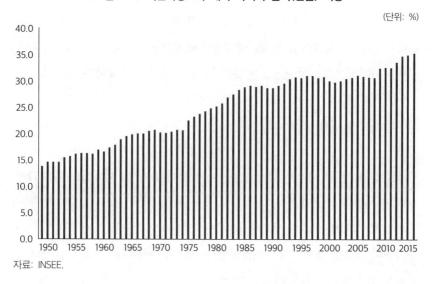

〈그림 5-2〉 처분가능소득 대비 사회적 급여(현금) 비중

(단위: %)

자료: INSEE.

〈표 5-10〉 공공행정지출 내 사회적 급여의 비중

	1990	1995	2000	2005	2010	2014
공공행정이 지불한 사회적 급여(GDP 대비 %)	22.5	25.1	24.2	25.8	28.1	29.3
공공행정의 기타 지출(GDP 대비 %)	27.1	29.1	27.0	27.1	28.4	28.0
공공행정지출 내 사회적 급여의 비중(%)	45.4	46.3	47.2	48.8	49.7	51.1

자료: Direction de la Recherche, des Etudes, de l'Evaluation et des Statistiques(2016).

〈표 5-11〉 공공행정별 사회적 급여액

(2014년 기준, 10억 유로, %)

	사회보장행정	중앙공공행정	지방공공행정	전체공공행정
사회적 급여	503	92	32	627
기타지출	72	404	220	600
총지출	575	495	253	1,227
지출 대비 사회적 급여 비중	87	19	13	51

자료: Direction de la Recherche, des Etudes, de l'Evaluation et des Statistiques(2016).

주도한 것이 사회적 급여와 같은 복지지출임을 알 수 있다.

〈표 5-11〉에서 공공행정단위별로 보면 2014년 사회보장행정의 경우 5,030억 유로, 지출의 87%를, 중앙공공행정은 920억 유로, 지출의 19%, 지방공공행정은 320억 유로, 지출의 13%가 사회적 급여이다.

4) 위험요소별 급여

사회보호가 포괄하는 위험요소별 급여의 추이를 보면 전반적으로는 과거보다 증가율이 감소되었다.

산재 및 직업병에 대한 사회적 급여는 작업환경의 안전성 확대를 반영하여 증가율이 감소한 것으로 보이며, 질병, 노령, 주거에 대한 사회적 급여의 증가율도 감소했다. 빈곤-사회적 배제에 대한 급여 증가율은 1981~2007년 사이에 급증했지만 금융위기 이후 2009년부터 증가율이 급감하였고, 고용에 대한 급여의 증가율은 2007~2009년에 급증한 후 2009년 이후 증가율이 낮아졌지만 그래도 다른 위험요소보다 증가율이 높은 편에 속한다.

〈표 5-12〉 위험요소별 급여의 증가율

(단위: %)

	1981~2007년	2007~2009년	2009~2014년
질병	3.1	2.4	1.5
장애	3.1	2.9	3.6
산재 및 직업병	-1.6	-1.3	-1.6
노령	3.5	4.0	2.4
생존	1.2	0.8	1.1
가족	1.5	1.7	0.6
고용	1.0	7.7	2.5
주거	4.1	3.8	1.2
빈곤-사회적 배제	10.7	8.6	0.8
합계	2.8	3.4	1.9

자료: Direction de la Sécurité Sociale(2016).

〈그림 5-3〉 위험요소별 급여

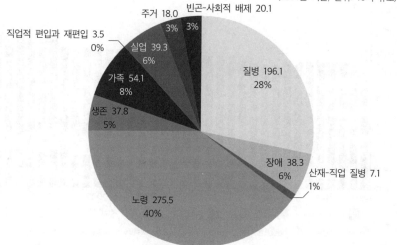

(2014년 기준, 단위: 10억 유로)

빈곤-사회적 배제 20.1
3%

주거 18.0
3%

직업적 편입과 재편입 3.5
0%

실업 39.3
6%

가족 54.1
8%

생존 37.8
5%

질병 196.1
28%

장애 38.3
6%

산재-직업 질병 7.1
1%

노령 275.5
40%

자료: Direction de la Sécurité Sociale(2016).

〈그림 5-3〉은 2014년 기준 위험요소별 사회적 급여의 지출을 보여준다. 가장 많은 급여가 지출된 위험요소는 노령으로 2,755억 유로, 전체 급여의 40%를 차지하고 있으며, 질병에 대해서는 전체 급여의 28%가 지불되었다.

3. 사회복지재원조달

1) 개요

프랑스 사회보호시스템의 재원은 사회적 기여금(Cotisations Sociales), 사회보장세(Impôts et Taxes Affectés), 국가의 공공기여금(Contributions Publiques de l'Etat) 등 3개의 범주로 구성된다(김은경, 2013). 〈그림 5-4〉를 보

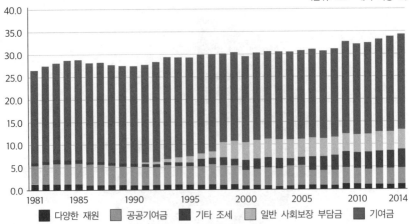

〈그림 5-4〉 사회보호를 위한 다양한 재원의 추이

(단위: GDP 대비 비중 %)

자료: Direction de la Recherche, des Etudes, de l'Evaluation et des Statistiques(2016).

면 사회적 기여금은 가장 큰 비중을 차지하는 복지재원이지만 비중은 지속적으로 감소하고 있고, 일반 사회보장 부담금(Contribution Sociale Général-alisée) 과 기타 조세 등 조세의 비중이 지속적으로 증가하고 있다. 이는 사회보호재원을 국가적 연대에 속하는 급여와 보험에 속하는 급여의 재원조달로 구분할 필요가 있기 때문이다(http://www.vie-publique.gouv.fr). 반면 공공기여금은 일정한 비중을 지속적으로 유지하고 있다.

과세 대상별로 사회보장재원을 보면 임금소득의 비중은 1981년 71.6%에서 2014년 62.9%로 감소했지만 여전히 가장 중요한 과세 대상이다(〈그림 5-5〉 참조). GDP는 임금소득에 이어 두 번째로 중요한 과세 대상이 되고 있다. 자영업소득의 비중은 1981년 4.9%에서 2014년 5.8%, 재산소득은 0.6%에서 3.5%로 각각 증가하였지만 여전히 중요성은 매우 작다. 대체소득의 비중도 높지 않다.

2014년 기준 사회보호재원의 구성을 보면(〈그림 5-6〉 참조) 고용주와 가입자 기여금이 각각 34%, 16%로 가장 높다. 고용주는 대부분 임금근로

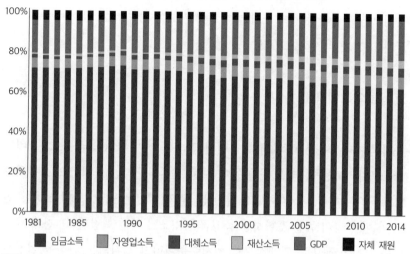

〈그림 5-5〉 과세 대상에 따른 사회보호재원의 분배

■ 임금소득 ■ 자영업소득 ■ 대체소득 ■ 재산소득 ■ GDP ■ 자체 재원

자료: Direction de la Recherche, des Etudes, de l'Evaluation et des Statistiques(2016).

〈그림 5-6〉 사회보호재원의 구성

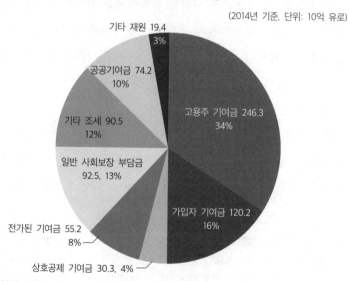

(2014년 기준, 단위: 10억 유로)

기타 재원 19.4
3%

공공기여금 74.2
10%

기타 조세 90.5
12%

일반 사회보장 부담금
92.5, 13%

전가된 기여금 55.2
8%

상호공제 기여금 30.3, 4%

고용주 기여금 246.3
34%

가입자 기여금 120.2
16%

주: 전가된 기여금은 고용주가 근로자, 퇴직 근로자와 권리를 가지는 사람에게 직접 제공하는 사회적
급여의 보상부분이며, 필요한 경우에는 근로자의 사회적 기여금을 축소한 부분임.
자료: Direction de la Recherche, des Etudes, de l'Evaluation et des Statistiques(2016).

자인 가입자의 기여금보다 2배 이상 높은 부담을 지고 있다. 조세는 일반 사회보장 부담금과 기타 조세를 합하여 25%를 부담하고 있으며 공공기여금이 10%를 차지하고 있다.

2) 사회적 기여금

사회적 기여금은 사회적 급여에 대한 권리를 얻기 위해 임금근로자, 비임금근로자, 고용주, 피고용자 등이 지불하는 의무적인 불입금으로 사회보험료를 의미한다.[10] 사회보장 일반레짐의 기여금은 월급, 보너스, 팁, 현금 및 현물 급여 등을 포함하는 총임금을 기초로 하여 책정된다. 전체 보험료는 최저임금 또는 관례적으로 최저수준이라고 생각되는 하한을 설정하며, 보험료는 매년 1월 1일 시행령에 의해 상한이 결정되어 적용된다(김은경, 2013). 예를 들어 민간 부문의 임금에서는 노령 및 사망 관련 기여금의 비중이 높고, 실업보험과 사회보장세 외에는 간부급의 보험료율이 대체로 더 높은 편이다. 보험료율의 적용은 노령연금과 주거지원 전국기금에 대한 고용주 보험료를 위해서는 사회보장 상한보다 낮은 보수부터이며, 질병보험, 모성, 장애, 사망, 배우자 사망과 가족수당과 산재 보험료를 위해서는 전체 보수를 고려한다(김은경, 2013).

총월급에 해당하는 급여총액(*salaire brut*)은 고용주 보험료를 공제한 액수이다. 순급여는 급여총액에서 근로자 보험료를 뺀 것이다. 고용주는 기여금을 사회보험료 통합징수기관(Union de Recouvrement des Cotisations

---

10) 사회보장에는 위험요소에 조응하여 5가지 보험료가 있다. 질병-모성-장애-사망 보험, 노령보험, 배우자 사망보험, 산업재해보험 및 자립연대 부담금(Contribution Solidarité Autonomie) 등이다(고경환 외, 2012). 자립연대 부담금은 2004년 7월 1일부터 실행되고 있으며 질병보험의 고용주 부담 기여금을 내야 하는 민간 혹은 공공 고용주가 0.3%의 세율로 납부한다.

de Sécurité Sociale et d'Allocations Familiales: URSSAF), 보충연금제도단체 (Association des Régimes de Retraite Complémentaire: ARRCO), 간부퇴직 제도 일반단체(Association Générale des Institutions de Retraite des Cadres: AGIRC) 또는 OPCA(Organismes Paritaires Collecteurs Agréés) 등에 납부 해야 한다. 11) 한편 고용주 부담의 기여금은 노동비용을 낮추고 고용을 촉

〈표 5-13〉 사회보장에 대한 기여금요율 개요

(2016년 기준)

기여금	과세 대상	고용주	임금근로자	총계
일반 사회보장 부담금	4 PSS까지는 임금의 98.25%, 그 이상은 100%		7.50%	7.50%
사회부채 상환부담금	4 PSS까지는 임금의 98.25%, 그 이상은 100%		0.50%	0.50%
자립연대 부담금	총임금	0.30%		0.30%
의료보험	총임금	12.84%	0.75%	13.59%
(상한이 정해진) 노령연금	1 PSS까지	8.55%	6.90%	15.45%
(상한이 없는) 노령연금	총임금	1.55%	0.35%	2.30%
가족수당	총임금	5.25%		5.25%
산재	총임금	활동에 따라 상이		상이
주거지원	1 PSS까지	0.10%		0.10%
주거지원 전국기금(FNAL, 20명 초과기업)	1 PSS까지	0.40%		0.40%
FNAL(20명 초과기업)	1 PSS까지	0.50%		0.50%
실업 기여금	4 PSS까지	4%	2.40%	6.40%
임금보장기금	4 PSS까지	0.30%		0.30%

주: PSS(plafond de la Sécurité sociale)는 특정 기여금과 사회적 급여의 계산을 위한 것으로 매년 사 회보장행정이 임금 추이를 고려하여 결정함. 2016년 1월 1일부터 월 3,128유로로, 연 38,616유로가 PSS이며 임금을 지불하는 기간 단위(연, 월, 주, 시간 등)에 따라 상이.

자료: http://www.journaldunet.com/management/ressources-humaines/1110948-charges-sociales-en-2016-les-taux-et-les-assiettes-des-cotisations/.

---

11) AGIRC와 ARRCO는 근로자의 추가연금에 대한 재정지원을 위한 사회적 기여금을 징수 하는, 노사동수로 구성된 기관이다. 국가에 의해 설립된 OPCA는 민간기업 임금근로자 의 평생직업교육에 대한 재원조달을 위한 기업의 기여금을 모으는, 노사동수가 관리하는 연합기관이다.

<table>
<tr><th colspan="6" style="text-align:center">〈표 5-14〉 추가연금 기여금요율</th></tr>
</table>

지위	기여금	과세 대상	고용주	근로자	합계
비간부	AGFF 1 단계	PSS 1까지	1.20%	0.80%	2%
비간부	AGFF 2 단계	1~3 PSS	1.30%	0.90%	2.20%
비간부	ARRCO 1 단계	PSS 1까지	4.65%	3.10%	7.75%
비간부	ARRCO 2 단계	1~3 PSS	12.15%	8.10%	20.25%
간부	AGFF A 단계	PSS 1	1.20%	0.80%	2%
간부	AGFF B 단계	1~4 PSS	1.30%	0.90%	2.20%
간부	ARRCO 1 단계	PSS 1	3.10%	4.65%	7.75%
간부	AGIRC B 단계	1~4 PSS	12.75%	7.80%	20.55%
간부	AGIRC C 단계	4~8 PSS	7.80%	12.75%	20.55%
간부	사망보험	PSS 1까지	1.50%	-	1.50%
간부	APEC	4 PSS까지	0.036%	0.024%	0.06%
간부	CET	8 PSS까지	0.22%	0.13%	0.35%

주: 1) AGGF는 AGIRC와 ARRCO을 통합하는 재원조달기금의 금융관리협회(Association pour la Gestion Financière du Fonds de Financement de l'AGIRC et de l'ARRCO).
2) APEC는 간부고용을 위한 연합(Association Pour l'Emploi des Cadres)으로, 노사연합체의 민간기구로 간부와 기업의 기여금으로 재원이 조달되며 기구의 목적은 간부와 고등교육을 받은 청년의 고용에 관해 간부와 기업에게 서비스와 조언을 하는 것.
3) 시간저축계좌(Compte Epargne-Temps: CET)는 근로자가 사용하지 않은 유급휴가나 휴식을 쌓아놓는 계좌로 고용주에 의해 실행되며 이의 획득권리와 이용조건은 협약이나 합의에 의해 구체화됨.
자료: http://www.journaldunet.com/management/ressources-humaines/1110948-charges-sociales-en-2016-les-taux-et-les-assiettes-des-cotisations/.

<table>
<tr><th colspan="4" style="text-align:center">〈표 5-15〉 기타 기여금</th></tr>
</table>

기여금	기업	과세 대상	고용주
견습세	모든 기업	현물보수와 고용주 기여금을 제외한 총보수	0.68%, 0.44%
견습기여금	근로자 250명 미만	현물보수와 고용주 기여금을 제외한 총보수	0.18%
	근로자 250명 이상	현물보수와 고용주 기여금을 제외한 총보수	0.28%
건설 노력에 대한 참여	근로자 20명 이상	현물보수와 고용주 기여금을 제외한 총보수	0.45%
교통수단을 위한 지불금	근로자 10명 이상	총임금	다양

자료: http://www.journaldunet.com/management/ressources-humaines/1110948-charges-sociales-en-2016-les-taux-et-les-assiettes-des-cotisations/

진하기 위해 1990년대부터 점진적으로 감면되어 왔지만 그래도 여전히 비중이 높은 편이다(김은경, 2013). 고용주가 부담하는 사회보장 관련 기여금은 사회보장 부담금(charges sociales)이라 불린다. 비임금근로자도 사회적 기여금을 부담하며 계산방식은 혜택에 따라 과세 대상이 다르기 때문에 일반레짐의 계산과 다르다.

〈표 5-13〉은 2016년 기준 고용주와 임금근로자의 기여금요율이다. 고용주는 일반적으로 임금근로자보다 높은 기여금을 부담한다. 고용주는 의료보험의 기여금요율이 가장 높고 노령연금에 대한 기여율도 높다. 가족이나 주거 지원을 위해서는 고용주가 단독으로 기여금을 부담한다.

〈표 5-14〉는 AGRIC과 ARRCO에 납부하는 추가연금 관련 기여금요율이다. 간부와 비간부로 구분되고 과세 대상에 따라 기여금요율이 차등화되어 있다. 대체로는 고용주의 부담이 근로자의 부담보다 높다.

프랑스 기업은 근로자의 직업교육을 위한 기여금도 부담해야 한다. 〈표 5-15〉를 보면 직업교육과 관련하여 기업이 OPCA에 기여금을 지불해야 하며 10명 미만의 기업은 근로자 수에 따라 0.55%, 10명 이상은 근로자 수에 따라 1%를 지불해야 한다. 또한 10명 이상을 고용한 기업은 교통수단을 위한 지불금도 부담해야 하며 20명 이상을 고용한 기업은 근로자의 주거지원을 위해 현물보수와 고용주 기여금을 제외한 총보수의 0.45%를 기여금으로 부담해야 한다.

3) 사회보장세

(1) 개요

사회보장세(Prélèvements Sociaux)는 사회보호재원 조달을 위해 도입된 조세이다(김은경, 2013). 일반 사회보장 부담금(Contribution Sociale Génér-alisée: CSG), 사회부채 상환부담금(Contribution pour le Remboursement de

la Dette Sociale: CRDS), 4.5% 사회적 조세(Prélèvement Social de 4.5%),
0.3%의 사회적 조세에 대한 추가 기여금(Contribution Additionnelle au Pré-
lèvement Social)과 2%의 연대공제(Prélèvement de Solidarité) 등이 프랑스
에 거주하는 사람의 특정 소득에 부과된다.

비스마르크식 사회보험시스템의 한계를 극복하기 위해서는 조세에 의해
재원이 조달되는 사회보장제도의 확충이 필요하다(김은경, 2013). 프랑스
정부는 1990년대부터 사회적 급여나 사회보험의 재원으로 활용하기 위해

〈표 5-16〉 총조세에서 사회보호의 재원조달 비중

	1990	1995	2000	2005	2010	2014
사회보장재원을 위한 조세(GDP 대비 %)	23.6	25.1	25.7	26.5	27.8	30.0
기타 조세(GDP 대비 %)	17.0	16.6	17.1	16.0	13.5	14.8
총조세에서 사회보장재원을 위한 조세의 비중(%)	58.1	60.1	60.0	62.4	67.4	66.9

자료: Direction de la Recherche, des Etudes, de l'Evaluation et des Statistiques(2016).

〈그림 5-7〉 사회보장세 구조

(2014년, 단위: 10억 유로)

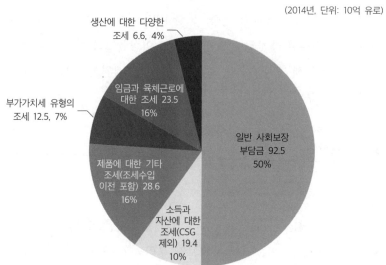

자료: Direction de la Recherche, des Etudes, de l'Evaluation et des Statistiques(2016).

사회보장세를 부과하였다. 지속적인 경기침체로 인해 복지제도의 확충이 불가피하면서 정부는 다양한 급여를 도입할 수밖에 없었고 이러한 과정에서 사회보장세의 비중은 계속 높아지고 있다. 프랑스는 일자리와 투자를 위해 고용주의 기여금 부담을 축소하면서도, 증대되는 사회복지지출을 충당하기 위해 사회보장재원으로서 조세를 지속적으로 확대하였다(고경환 외, 2012).

〈표 5-16〉을 보면 사회보장재원을 위한 조세는 GDP 대비 1990년 23.6% 에서 2014년 30.0%로 증가한 반면 기타 조세는 GDP 대비 1990년 17.0% 에서 2014년 14.8%로 감소하였다. 따라서 총조세에서 사회보장을 위한 조세비중은 1990년 58.1%에서 2014년 66.9%로 확대되었다.

〈그림 5-7〉의 사회보장세 구조를 보면 일반 사회보장 부담금이 50%를 차지하고 있고 제품에 대한 기타조세가 18%, 임금과 육체근로에 대한 조세가 13%, 부가가치세 유형의 조세가 12.5% 등을 차지하고 있다. 따라서 일반 사회보장 부담금은 사회보장세의 근간을 이루는 핵심 조세이다.

(2) 일반 사회보장 부담금

1991년 2월 1일에 효력을 가지기 시작한 일반 사회보장 부담금은 사회보장세의 주된 재원으로 조세수입은 질병보험, 노령연금기금, 자립연대 부담금, 사회적 부채의 상환 등에 할당된다.

과거의 사회보장 재원조달 시스템은 노동비용을 높이고 근로소득에만 부과되어 효율성과 형평성의 문제가 있었다. 또한 사회보장이 프랑스 거주자 모두에게 일반화되면서 각각의 근로자가 비용을 분담하기 때문에 정당성이 부족하다는 문제도 있었다(고경환 외, 2012). 반면 일반 사회보장 부담금은 근로자의 기여금 부담을 줄이고 사회적 급여의 보편화와 함께 일관된 재원 조달방식을 촉진하고 사회적 기여금이 아닌 전체 가계소득이 사회보장에 기여한다(http://www.vie-publique.gouv.fr). 일반 사회보장 부담금은 사회적 급여 및 가족급여를 제외한 대부분의 소득에 대해 원천징수가 된다.

① 경제활동과 대체수입에 대한 일반 사회보장 부담금

경제활동과 대체수입에 대한 일반 사회보장 부담금은 경제활동수입과 관련된 임금근로자, 비임금직업의 수입(산업과 상업, 비상업, 농업의 수익 등)에 부과되며, 대체수입은 퇴직연금, 장애연금, 실업수당과 조기퇴직수당, 질병보상, 모성 등과 관련된 소득이다(김은경, 2013). 경제활동에 대한 일반 사회보장 부담금의 세율은 7.5%이며, 직업적 비용에 대해서는 3%의 공제가 적용되고 고용주가 원천징수하여 URSSAF 담당기관에 불입된다. 대체소득에 대한 일반 사회보장 부담금 세율은 2007년 10월 11일 이후 조기퇴직한 근로자의 조기퇴직수당에 대해서는 7.5%, 기타 조기퇴직수당과 은퇴 및 장애연금에 대해서는 6.6%이다(김은경, 2013). 실업수당과 사회보장의 일일수당 및 기타 대체소득에 대해서는 6.2%의 세율이 적용된다. 그러나 대체소득자의 경우 소득총액이 일정한 한도를 넘지 않으면 지방세 감면을 받아 일반 사회보장 부담금을 면제받을 수 있다. 경제활동수입의 경우 5.1%, 은퇴수당, 조기은퇴와 장애 등의 소득에 대해서는 4.2%, 기타 대체소득(실업수당과 일일 수당)에 대해서는 3.8%를 공제받을 수 있다.

② 자산소득에 대한 일반 사회보장 부담금

자산소득에 대한 일반 사회보장 부담금의 세율은 8.2%이다. 자산 가운데 일반 사회보장 부담금의 과세 대상은 부동산 및 동산에 대한 소득, 종신연금 등이며 채무변제 공제 대상인 소득은 제외된다. 또한 경제활동소득에 대한 일반 사회보장 부담금을 부과받지 않은 산업, 상업, 농업 또는 비상업 소득, 소득신고의 결여 또는 지체로 인해 자동적으로 과세된 미결정 소득과 자동적으로 부과된 총액, 국제협정에 따라 과세부과가 프랑스에 할당된 기타 모든 소득 등에도 일반 사회보장 부담금이 부과된다(김은경, 2013).

일반 사회보장 부담금은 소득세 부과를 위해 선택된 순소득총액에 과세한다. 그러나 2008년 1월 1일 이래 징수된 동산소득의 과세 대상액은 총액이나 구입 혹은 수입의 보전을 위한 지출 공제 이전의 총액 중 하나가 선택될 수 있다. 일반 사회보장 부담금은 소득세와 동일한 규칙 및 방법에 따라 징수된다.

③ 투자수익과 잉여가치에 대한 일반 사회보장 부담금

일반 사회보장 부담금은 고정수입을 낳는 투자수익과 배당금에 대해 8.2%가 부과된다. 투자수익에 대한 일반 사회보장 부담금은 소득세 부과 대상이 되는 부동산수익과 특정한 동산에 대해서는 시세차익에 대한 소득세로 정액 부과되며 이들 자산의 양도사에는 비례세율이 적용되며 투자수익의 지불기관에 의해 원천징수된다. 누진적 소득세율이 적용되는 고정수입과 배당수입 등에 대한 일반 사회보장 부담금에 대해서는 해당 연도의 과세소득에 대해 5.1%의 공제를 적용할 수 있다.

(3) 사회부채 상환부담금

1996년 2월 1일 시행에 들어간 사회부채 상환부담금은 사회보장부채의 축소를 목적으로 한다. 프랑스에서 소득세를 납부하는 사람은 사회부채 상환부담금을 납세해야 하며 사회부채 상환부담금은 일반 사회보장 부담금보다 더 광범위한 소득에 대한 과세기반을 가진다(김은경, 2013). 사회부채 상환부담금은 경제활동소득, 대체소득, 자산소득과 투자소득 등 총소득에 0.5%의 세율로 일률적으로 부과되며 원천징수 대상이다. 일반 사회보장 부담금이 면제되는 가족급여나 주거수당과 같은 특정한 수입에도 사회부채 상환부담금이 부과된다.

사회부채 상환부담금의 징수방식은 일반 사회보장 부담금과 같으며 소득세에서 공제되지 않는다. 사회부채 상환부담금은 1996년에는 사회부채 상환공단(Caisse d'Amortissement de la Dette Sociale)의 재원을 위해 13년 동안 운용하는 것을 목표로 했지만 1998년 〈사회보장재정법〉에 따라 운용 기간이 18년으로 연장되었다가, 2004년에는 사회부채 상환부담금이 부채 가 소멸할 때까지 무기한으로 부과되는 것으로 결정되었다. 2005년 사회 부채 상환공단에 모든 새로운 이전 부채는 사회적 부채의 상각기간을 연장 시키지 않도록 그의 수입 증가를 동반해야 한다는 새로운 원칙이 도입되었 고, 2010년에 사회부채 상환공단이 2025년까지 연장되어 사회부채 상환부 담금도 2025년까지 연장되었다.

(4) 4.5% 사회적 공제, 0.3%의 사회적 조세에 대한 추가 기여금과 2% 연대공제
1998년부터 프랑스에서 납세의무를 가지는 거주자는 자산소득과 투자수익 에 대해 부과되는 2.2%의 사회보장세를 납세해야 하며 이는 노령연대기 금, 임금근로자 노령보험 전국공단과 퇴직유보기금에 귀속된다. 2004년 자산소득과 투자수익에 대해 0.3%의 추가적 기여금이 부과되어 이는 자 립연대 부담금과 연계된다(김은경, 2013).

또한 프랑스는 2008년 12월 1일 활동연대수당(Revenu de Solidarité Active) 을 일반화하여 사회통합정책을 개혁하여 2.2%의 사회보장세에 활동연대 수당을 위한 1.1% 세율의 추가적인 새로운 기여금을 제도화하였다(김은경, 2013). 이러한 3가지의 사회보장 부담금은 소득세에서 공제를 받을 수 없 다. 2011년 〈수정재정법〉에서 2.2% 사회적 공제는 3.4%로 인상되었고 2012년 7월 1일부터는 5.4%가 되었다.

2013년 올랑드 대통령은 〈사회보장재정법〉에서 사회적 공제율을 4.5% 로 인하하여 2013년 1월 1일부터 총 사회적 공제는 사회적 공제 4.5%, 연 대공제 2%(기존 1.1%의 추가적 기여금)와 추가 기여금 0.3% 등 6.8%가 되었다. 2% 연대공제는 크리스마스 수당을 존속시키기 위한 재원으로 간 주된다.

(5) 스톡옵션 처리 이득과 무상주 이득에 대한 근로자 기여금

스톡옵션 처리 이득과 무상주 이득에 대한 근로자 기여금(Contribution Salariale sur les Gains de Levée d'Options sur Titre et les Gains d'Actions Gratuites)은 수혜자의 의료보험 의무레짐을 위해 2007년 10월 16일부터 스톡옵션과 무상주로 인해 실현된 가계약 이행과 취득에 따른 이득에 부과된다(김은경, 2013). 세율은 8%지만 이득 총액이 사회보장 연간상한액의 절반 미만인 무상주에 대해서는 세율이 2.5%로 인하된다. 근로자 기여금은 자산소득에 대한 일반 사회보장 부담금과 동일한 조건으로 부과 및 징수되지만 소득세에서 공제할 수 없다. 2012년 8월 18일부터 실행된 양도에 대해서는 임금근로자의 기여율은 10%이다.

(6) 특별퇴직금 수익에 대한 기여금

2011년 〈사회보장재정법〉은 퇴직자의 특별퇴직금에 대한 기여금(Contribution des Bénéficiaires de Retraites Chapeaux)을 도입하였다. 동 기여금은 고용주 부담인 특별기여금에 속하며 세율은 고용주의 공제방식에 따라 달라진다. 수혜자에게 지불된 수익에는 32%, 보험자 기관, 상호공제기관 등에 불입된 수당에 대해서는 24%, 기업 내부적으로 관리되는 적립금에 대한 지급액의 일부분인 경우에는 48%이다. 기여금은 수익의 채무기관에 의해 원천징수되어 일반 사회보장 부담금 징수를 담당하는 기관에 다시 불입되며 소득세에서 공제되지 않는다(김은경, 2013).

(7) 법인세에 대한 사회적 기여금

2000년 1월 1일부터 종료된 사업에 대해 법인세 납세의무자는 정상세율(33.33%) 또는 감면세율(16.5% 또는 15%)로 과세표준에 따라 3.3%의 사회적 기여금을 납부한다. 매출액이 76만 3천 유로보다 적고, 지속적으로 한 명의 개인(자연인)이나 동일한 조건에 해당하는 하나의 회사에 의해

적어도 75%가 소유된 회사의 납세의무자는 법인세에 대한 사회적 기여금
(Contribution Sociale sur Impôt Sociétés)을 면제받는다(김은경, 2013). 이
기여금은 법인세 부과 시 공제되지 않으며 법인세에 준하여 징수된다.

(8) 법인의 연대를 위한 사회적 기여금

세금을 제외하고 적어도 매출액이 76만 유로에 해당하는, 경쟁적 부문에
서 경제활동을 하는 법인은 비임금근로자의 사회보호 재원조달을 목적으
로 하는 사회적 기여금을 부담해야 한다(김은경, 2013). 2005년 1월 1일부
터 연대를 위한 사회적 기여금에 추가적 기여금이 부과되어 매출액에 대해
0.16%의 세율이 적용되며[0.13%는 법인의 연대를 위한 사회적 기여금(Con-
tribution Sociale de Solidarité des Sociétés), 0.03%는 추가적 기여금], 자영
업자 사회레짐이 기여금을 관리한다.

4) 공공기여금

국가는 사회보호 재원조달에 직·간접적으로 참여하여 사회적 의무를 이
행한다(김은경, 2013). 사회보험체제에서 첫째, 국가는 공무원의 사회보
호를 위해 사회보장체제에 보험료를 납부한다. 공무원은 일반레짐에 가입
하거나 고유의 체제를 이용할 수 있다. 공무원의 퇴직연금은 사회보장체제
기금이 아니라 직접적으로 국가인 고용주에 의해 지불된다. 둘째, 공권력
을 행사하는 국가는 사회보장세 등을 부과하여 사회복지지출에 대한 재원
을 조달한다. 셋째, 국가는 재정으로 사회보호지출을 직접 지원하면서 필
요에 따라 특정한 사회적 급여를 도입하고 관리한다.
　국가가 책임지는 사회적 급여는 연대의 원리에 근거하며 3가지 유형으로
구분될 수 있다. 먼저 사회적 취약층에게 최소한의 수입을 위한 사회적 급
여로 편입을 위한 최저통합수당(Revenu Minimum d'Insertion), 활동연대수

<표 5-17> 사회보장에 대한 기타 재원의 액수와 비중

(2014년 기준, 단위: 10억 유로, %)

	공공기여금	금융상품	기타(자본계정재원 포함)	총재원 중 기타 재원이 차지하는 비중(이전 제외)
지방공공행정	30.3	0.0	1.2	81.2
중앙공공행정	31.1	0.0	0.0	35.1
사회보장행정	12.7	4.2	2.8	3.6
민간레짐	0.0	3.5	7.8	20.8

자료: Direction de la Recherche, des Etudes, de l'Evaluation et des Statistiques(2016).

당(Revenu de Solidarité Active), 성인장애수당, 한부모수당 등을 지급한다 (김은경, 2013). 다음으로 국가는 특별기금(핵심적으로 주거지원 전국기금) 을 만들어 특정 정책에 대해 재정을 지원한다(김은경, 2013). 마지막으로 보편의료보장제도(Couverture Maladie Universelle)와 같은 부가적 보호제 도를 도입하고 유지하기 위해 기금을 조성하거나 보조금을 직접 지원한다.

정부보조금은 연대를 위한 지출, 저임금근로자를 위한 고용주 기여금 면제, 보험료 납부 인원보다 퇴직자 수가 더 많은 특정 직종, SNCF, 국가 산업기관의 노동자연금 특별기금, 농업의 사회적 급여 부속예산, 해군상 이군인 국가기관 등에 대해 지원된다(고경환 외, 2012).

국가는 직접 스스로가 지불할 수 없거나 부담을 하는 것이 타당하지 않 다고 판단되는 사람을 위해 일정한 범주의 사회보험료도 책임진다(고경환 외, 2012). 국가는 일자리 창출이나 저임금근로자들을 위해 사회보험료를 면제해 주고 이로 인한 사회보험체제의 손실액은 조세로 충당해 준다.

<표 5-17>에 따르면 2014년 기준 중앙공공행정의 공공기여금(Contri- butions Publiques)은 311억 유로, 지방공공행정의 공공기여금은 303억 유 로에 달하며 지방행정의 경우 사회보장을 위한 총재원 중 공공기여금의 비 중이 5분의 1을 넘는다.

■ 참고문헌

국내 문헌

고경환 · 윤영진 · 강병구 · 김은경 · 김태은(2012). 〈복지정책의 지속가능성을 위한 재정정책: 스웨덴, 프랑스, 영국을 중심으로〉(연구보고서 2012-65). 서울: 한국보건사회연구원.

김은경(2012). 《프랑스의 재정》. 서울: 한국조세재정연구원.

_____ (2013). 《프랑스의 복지재원 조달시스템 연구》. 수원: 경기개발연구원.

기타 자료

Direction de la Recherche, des Etudes, de l'Evaluation et des Statistiques(2016). La protection sociale en France et en Europe en 2014, édition 2016. Paris.

Direction de la Sécurité Sociale(2016). Les chiffres clés de la sécurité sociale 2015. Paris.

Ministère des Finances et des Comptes Publics & Ministère des Affaires Sociales, de la Santé et des Droits des Femmes(2015). Loi de financement de la sécurité sociale 2015 en chiffres. Paris.

http://www.journaldunet.com/management/ressources-humaines/1110948-charges-sociales-en-2016-les-taux-et-les-assiettes-des-cotisations/.

http://www.vie-publique.gouv.fr.

INSEE. http://www.insee.fr.

06

최근 사회보장 개혁동향

1. 문제제기

대다수 서구 복지국가가 그러하듯 프랑스는 1970년대 오일쇼크와 1990년대 본격화된 저성장과 고실업 문제로 인해 강력하고 관대했던 사회보장제도를 지속적으로 개편해야 하는 상황에 처했다. 실제로 1990년대부터 현재에 이르기까지 거의 모든 정부가 사회보장제도의 문제점을 비판하고 개혁하겠다고 약속했으며 실제 관련된 개혁을 추진하였다. 하지만 그러한 정책들은 기대에 미치지 못하는 성과를 내고 좌초하였다. 이는 제3공화국 이후 프랑스 사회정책의 전통이자 자부심이었던 연대성의 원칙을 고수하려는 노력과 사회보장제도의 재정적 지속가능성을 강화하려는 노력을 조화시키는 데 심각한 어려움이 있었음을 말해준다.

1990년대 중반 미테랑 대통령의 14년 집권기간이 끝나고 프랑스 사회는 끊임없이 좌우로 정권을 교체하며 새로운 실험을 하였다. 그리고 이러한 실험은 사회보장제도와 관련된 개혁에서 재정적 지속가능성 및 효율성을 강조하는 정치적 경향과 프랑스 사회정책의 연대성을 고수하려는 정치적 경향

사이에서 갈팡질팡하였다. 사회정책의 이러한 행보는 지난 20여 년간의 각 정권이 추진했던 주요한 사회보장 관련 공약만 보아도 쉽게 이해할 수 있다. 1994년 프랑스 공공 부문을 매각하고 청년을 위한 최저임금제를 도입하고 비용절감을 위한 의료 개혁을 추진했던 우파정부의 알랭 쥐페(Alain Juppé), 이와는 정반대로 1997~1998년 〈노동시간 단축법〉(이른바 〈35시간법〉)과 〈반소외법〉(Loi Contre les Exclusions)을 제정하여 유럽연합 회원국 전체의 정책의제로 설정했던 좌파정부의 마르틴 오브리(Martine Aubry), 프랑스의 빈곤율을 임기 내에 3분의 1 수준으로 낮추겠다고 공언하고 2009년 근로빈곤층의 취업을 촉진하기 위해 활동연대수당(RSA)을 도입했던 우파정부의 니콜라 사르코지(Nicolas Sarkozy), 2012년 프랑스의 연대원칙과 경제성장의 균형을 찾겠다고 공언했지만 최악의 지지도로 임기를 마친, 그러나 의료 개혁과 관련해서는 소비자의 권리를 강화하는 다양한 개혁을 했던 좌파정부의 프랑수아 올랑드(François Hollande) 등이 있었다.

이처럼 20여 년간 좌우를 넘나드는 개혁의 반복은 사회보장제도를 바라보는 상반된 관점 간 대립의 역사라고 말해도 무방하다. 사회보장제도가 가진 세대 간 그리고 계층 간 재분배를 통한 사회적 연대의 구현을 강조하는 관점과 사회보장제도를 경제성장과 기업활동을 촉진하는 방향으로 개혁하기 위해 효율성을 강조하는 관점 사이의 대립이었던 셈이다. 그럼에도 현실 정치세력 중 누구도 양자 중 어느 하나를 선택하지 못한다. 사회보장제도가 다양한 경제·사회적 위험으로부터 시민을 보호하는 기능을 담당해야 한다는 점, 사회보장제도의 관리체계는 효율적으로 작동해야 한다는 점, 사회보장제도의 재정적 지속가능성을 높여야 한다는 점은 어느 하나도 부인할 수 없는 중요한 문제이기 때문이다. 이런 관점에서 보면 프랑스의 사회보장 개혁동향은 여전히 상반된 목표 사이에서 균형점을 찾는 과정에 있다고 말할 수 있다.

2017년 프랑스 사회는 다시 대대적인 사회보장 개혁을 준비 중이다. 이는 2017년 5월 대통령 선거에서 신진정치가인 에마뉘엘 마크롱(Emmanuel Macron)이 대통령으로 선출됨으로써 시작되었다. 물론 투표율이 낮았다는 점에서 그가 프랑스인의 압도적 지지를 얻었다고 말하기는 힘들다. 더욱이 당선 이후에도 그의 각종 개혁정책에 대한 좌우로부터의 비판은 거세다. 하지만 한 가지 주목할 부분이 있다. 대통령 선거에서의 득표율은 높지 않았지만 불과 한 달 뒤에 열린 총선에서 그가 이끄는 신생정당(En Marche)이 하원의 다수파가 되는 놀라운 사건이 발생하였다. 아울러 마크롱의 각종 개혁공약은 강한 힘을 얻었다. 특히, 그가 강조하는 사회보장 개혁정책은 과거 어느 때보다 강한 추동력을 갖게 되었다. 비록 대통령 당선 이후 마크롱에 대한 여론 지지도가 등락을 거듭하고 있지만 사회보장제도 개혁을 위한 정치적 여건은 기존 정부보다 상대적으로 양호하다고 말할 수 있다.

마크롱의 사회보장제도 개혁이 전통적 프랑스 사회보장제도의 종언이라고 표현할 정도로 대대적이며 근본적이라는 점은 주목할 만하다. 불과 1～2년 만에 그토록 많은, 그리고 대대적인 사회보장 개혁을 추진하는 것이 과연 가능한지 의문이 제기되는 정도이다. 20세기 프랑스 사회보장제도의 특징이라 할 수 있는 사회보험 중심체계를 조세의 하나인 일반 사회보장 부담금(CSG)에 기초한 보편주의체계로 개편하고, 직능 집단의 다양성 위에 세워진 수많은 레짐을 단일레짐(Régime Unique)으로 통합하고, 인구 집단의 다양한 욕구를 반영했던 최저소득보장제도(Minima Sociaux)를 2～3개의 제도로 통합하고, 다양한 사회주체가 참여하는 거버넌스에 국가의 영향력을 강화하는 등의 변화가 시작된 것이다.

물론 이러한 개혁의 성패를 판단하기는 이르다. 하지만 이러한 개혁은 지난 20년간의 개혁과정을 감안하면 그 필요성을 부인하기 힘든 측면이 있는 것도 사실이다. 따라서 여기서는 2000년대 이후 프랑스 사회보장제도의 주요한 개혁의제에 대한 논의를 기초로 2017년 현재 진행 중인 개혁동향을 설명하는 데 초점을 맞추고자 한다.

2. 마크롱 정부의 사회보장제도 개혁방향

1) 마크롱 정부 출현의 정치 · 경제적 배경

프랑스의 2017년 대선 과정에서 주요한 관심사 중 하나는 사회보장체계에 대한 개혁이었다. 지난 20년간 그리고 2010년 절정에 달했던 사회보장제도의 재정적자 문제에 큰 우려를 했던 프랑스 사회로서는 당연한 일이었다. 당시 대선의 또 다른 관심사는 유럽 각국에서 나타나던 극우정치세력의 약진이 프랑스에서도 재연될 것인가 하는 점이었다. 국민전선의 대통령 후보인 마린 르펜(Marine Le Pen)이 당선된다면 프랑스의 사회적 연대정신 그리고 그 제도적 구현체인 사회보장제도가 대폭 후퇴될 것이라는 우려가 있었다. 르펜의 반이민정서가 가득한 정치적 성향이 사회보장제도에서 많은 보수적 개혁을 이끌 것으로 우려되었던 것이다.

결과적으로 마크롱이 대통령으로 당선되었다. 1차 투표에서 네 후보자 간의 득표 결과는 큰 차이를 보이지 않았지만 결선투표에서 르펜의 당선을 저지하는 공동전선이 형성되어 이루어진 결과였다. 프랑스 국민이 좌파도 우파도 아닌 신진정치가와 그 세력을 선택한 이유는 지난 20년간 좌우 정권교체를 했음에도 기대했던 성과를 거두지 못했다는 실망감 또는 환멸과 무관하지 않아 보인다.

프랑스 사회당의 올랑드 대통령은 집권 중 유독 낮은 지지율을 경험하며 좌파정당의 집권 가능성을 무력화하였다. 그의 실정은 다양한 측면에서 언급할 수 있으나 그중에서도 가장 중요한 실정은 사회보장체계 개혁에 성공하지 못했다는 점일 것이다. 크게 보면 사회보장재정에 영향을 미치는 세 개의 사회보장제도, 즉 공적연금제도와 의료보험제도 그리고 실업보험제도의 개혁에 실패했다고 할 수 있다. 실업률이 여전히 높은 상황에서 실업자에게 지급되는 실업수당과 연금 그리고 의료비 지출을 절감하고 증가하는 지출을 감당할 수 있는 재원을 조달하는 해법은 프랑스 사회의 가장 큰 현안 중 하나였다.

한순간의 일화이긴 했지만 프랑스 대통령 선거를 위한 후보자의 경합이 한창이던 시점에 파리 시내에 나붙었던 한 포스터, 즉 버락 오바마를 프랑스 대통령 후보로 모셔오자는 청원을 알리는 포스터는 기존 정치권에 대한 국민의 불신을 잘 보여주기도 했다. 상대적으로 참신한 그리고 기존 사회당 정권하에서 주요한 경제 개혁에 성과를 거두었던 마크롱이 극적으로 당선될 수 있었던 배경이었던 셈이다.

2) 마크롱 정부의 사회보장 개혁공약

마크롱의 집권은 프랑스 사회보장체계에 어떤 영향을 미칠 것인가? 이 문제와 관련해 마크롱이 프랑스 사회보장체계를 비스마르크 모델에서 베버리지 모델로 바꿀 것이라는 평가, 레짐에 기초한 사회보험 중심체계를 조세에 기초한 스웨덴 모델로 바꿀 것이라는 평가 등 다양한 해석이 있었다. 하지만 이미 오랜 시간 나름의 전통을 구축한 프랑스 사회보장체계를 일거에 특정한 모델로 개편하기 힘들다는 점은 분명해 보인다. 달리 표현하면 새로운 프랑스 사회보장모델이 될 개연성이 크다.

(1) 사회보험 원리에서 연대의 원리로

마크롱의 사회보장 개혁공약이 프랑스 사회보장체계의 근간을 흔들 것이라고 주장하는 이유는 마크롱의 사회보장 개혁공약 중 현 경제활동인구가 부담하는 주요 사회보험(실업보험과 건강보험)의 보험료를 없애는 대신, 고용주는 지금처럼 보험료를 납부하고 퇴직자는 지금보다 일반 사회보장 부담금(CSG)을 1.5배 더 지불하는 방식이 핵심이기 때문이다.

이러한 조치는 기존 사회보험 중심형 사회보장체계의 근간을 흔드는 것으로 헌법위원회(Conseil Constitutionnel)의 결정과도 상치된다고 해석된다. 여기서 헌법위원회의 결정이란, 봉급생활자의 사회보험료 부담을 없애는 것이 부담의 형평성 원칙을 침해한다는 2014년의 판결을 의미한다. 이 판결은 기여(contribution)에 의존하는 사회보험제도가 봉급생활자의 보험료 부담을 없애고 일반 사회보장 부담금을 통해 재원을 부담하는 한편, 고용주에게는 임금의 일정 액수를 보험료로 지불하게 하는 방식을 허용할 수 없다고 판결한 것이기 때문이다. 이는 한편으로는 보편적 재원조달체계를 구축하는 동시에 여전히 고용주의 기여에 의존하는 혼합형 재원조달방식이라는 점에서 새로운, 그래서 낯선 시도라고 말할 수 있다.

  그렇다고 혼합형 재원조달을 통한 사회보장체계 개혁이 모두 불가능함을 의미하지는 않는다. 실업보험을 관장하는 상공업고용 전국연합(UNEDIC)을 국유화하고 재원을 조세로 조달하는 방향으로 기존 제도를 개편한다면 사실상 사회보험 가입자를 넘어 전체 시민을 대상으로 하는 보편주의 사회보장체계로의 이행이 가능하다. 이는 오히려 보험(assurance) 원리에서 연대(solidarité) 원리로 사회보장체계의 중심축이 이동함을 의미한다. 이러한 관점에서 보면 고용주가 부담하는 보험료는 일종의 조세부담의 형평성이라는 측면에서 크게 문제가 되지 않을 수도 있다.

(2) 실업보험제도의 개혁

마크롱의 사회보장 개혁공약 중 가장 대중적 설득력을 가진 것 중 하나는 특정한 노동자가 아니라 모든 시민이 실업보험의 보호 대상이 되어야 한다는 공약이다. 예를 들면, 자발적 실업자나 자영업자 등 실제로 실업으로 인한 소득단절의 위험을 가진 모든 시민이 실업보험의 보호 대상이 되어야 한다는 것이다. 그리고 이 문제를 해결하기 위해서는 가입과 기여를 전제로 하는 사회보험 방식을 넘어, 모든 시민이 자동적으로 보호받을 수 있는 체계로 개편해야 한다는 것이다. 이는 대부분의 서구 복지국가가 실업보험제도와 관련해서 인식하고 있는 문제점 중 하나라고 말할 수 있다.

이러한 배경에서 마크롱의 실업보험제도 개혁공약은 먼저 자발적 실업자에게 5년에 한 차례 실업수당 수급자격을 주고 이후 구직노력을 하지 않거나 제시된 일자리를 거부하는 경우에는 지급을 중단한다는 내용을 발표하였다. 그리고 봉급생활자 외에 자영업자에게도 실업수당 수급자격을 준다고 발표하였다. 한 가지 흥미로운 것은 이처럼 적용 대상이 확산된 실업보험의 재원 문제를, 단기계약직을 가장 많이 채용하는 기업에게 부담을 지우는 방식으로 재원을 충당하겠다는 점이다.

이러한 개혁에 대한 우려 또한 없지 않다. 가장 큰 우려는 실업수당의 재원을 기여가 아닌 조세 방식으로 조달하는 경우, 많은 실업자가 현재 수준의 실업수당을 받을 수 있는가 하는 점이다. 즉, 실업수당의 소득대체율이 하락할 위험성이 있다는 지적이다. 물론 마크롱은 상위소득자의 수당을 낮추는 방식으로 나머지 경제활동인구의 실업수당을 유지할 수 있다고 주장한다. 그럼에도 회의적인 시각은 적지 않다. 일부 상위소득자의 수당을 낮추는 방식으로 방대한 수의 실업자에게 지급되는 지출 부족분을 채우기 힘들 것이라는 이유에서이다. 그리고 결과적으로 실업자의 평균 실업수당 금액을 낮추는 방향으로 귀착될 수 있다는 지적도 있다.

퇴직연령을 넘어선 취업자의 실업보험 가입 및 실업수당 수령을 금지하는 방식으로 문제를 해결하자는 주장도 있지만 이 또한 적절한 해법이 되기 힘들다. 그렇다고 영국처럼 실직 전 임금수준과 무관하게 모든 사람에게 정액의 실업수당을 지급하는 방식이 사회적으로 수용 가능할지도 의문이다. 이것이 현재 실업보험제도 개혁을 둘러싼 현안이다.

(3) 공적연금제도의 개혁

프랑스 사회보장제도 개혁과 관련된 가장 핵심적 사안 중 하나는 공적연금제도의 개혁이라고 말해도 과언이 아니다. 그것은 세대 간 연대를 근간으로 하는 부과방식(pay-as-you-go system)을 채택한다는 점에서 다양한 집단의 사회적 합의를 도출해야 하는 힘겨운 개혁의지이기도 하다. 2010년 정점에 달했던 사회보장재정의 적자 문제는 현재의 근로연령세대에게 과도한 부담을 지우고 있으며 현재의 체계를 그대로 유지해서는 사회보장제도의 지속가능성을 담보하기 힘들다는 사회적 공감대가 형성되었다. 그에 따라 법정정년을 60세에서 62세로 연장하는 조치가 취해졌고 직능 집단별 또는 레짐 간의 형평성 문제를 해결하기 위한 조치가 취해졌다. 그것이 2010~2015년까지 프랑스 사회가 추진했던 개혁의 골자였다.

2010~2015년 사이 주요 연금 개혁은 다양한 측면에서 성과를 거둔 것으로 평가받는다. 첫째, 장기적으로 법정퇴직연령을 높임으로써 사실상 연금지급 기간을 줄이고 연금지급 총액을 줄임으로써 공적연금제도의 재정적자를 축소하는 성과를 거둘 수 있을 것이라는 점이다. 이는 실제 2010년 이후 공적연금제도의 재정적자가 현저하게 감소한 것을 통해서도 확인할 수 있으며 시뮬레이션을 통해 장기전망을 한 결과에서도 알 수 있다. 둘째, 성별 연금격차를 해소하는 성과를 기대할 수 있다는 점이다. 프랑스의 공적연금제도는 지난 20년간 성별격차를 해소하는 데 큰 성과를 거두었지만 성별격차는 여전히 존재한다. 그리고 이는 상당 부분 과거 연금제도에 가입한 세대에게서 발견된다. 이 문제와 관련해서 법정퇴직연령의 상향조정(2010년 개혁)과 장기근속자의 조기퇴직 조치(2012년 개편) 등이 상대적으로 연금가입기간이 짧은 여성에게 긍정적 영향을 미칠 것이라는 평가이다(Duc, Martin, & Tréguier, 2016).

하지만 이러한 개혁은 여전히 몇 가지 당면과제를 안고 있다. 다양한 그리고 상이한 규칙을 적용하는 레짐으로 구성된 공적연금체계가 노동 이동이 증가하는 노동시장 상황에 적합하지 않으며 이것이 연금의 불평등을 초래한다는 점이다. 따라서 공적연금제도는 다양한 레짐 간의 상이한 기준을 통일하는 조치가 필요하다. 그리고 더 나아가 다양한 레짐을 단일 레짐으로 통합하는 조치가 필요할 수도 있다.

마크롱의 공적연금제도 개혁은 바로 이 지점에서 출발한다고 말할 수 있다. 그가 대선 과정에서 제시했던 가장 대표적인 공약 중 하나는 1유로는 누구에게나 동일한 가치를 가져야 한다는 것이었다. 이는 보험료를 포인트로 바꾸어 적립하는 방식을 취하는 프랑스의 보충레짐, 즉 소득비례연금제도에서는 매우 중요한 의미가 있다. 즉, 마크롱 정부의 공적연금 개혁은 모든 보험료를 동일한 포인트로 바꾸어 적립한 만큼 가져가게 하는 방식을 취함으로써 보험료 부담과 관련된 형평성을 제고하겠다는 의미이다. 이는 고위직 연금레짐이나 특수레짐과 관련해 항상 제기되었던 형평성 문제를 해결하는 중요한 방법 중 하나인 셈이다.

하지만 이를 위해서는 국가가 기초레짐(Régime de Base) 외에도 각종 보충레짐을 국유화하거나 통합해야 하는 과제가 남는다. 이는 보충레짐이 연금수준의 격차를 확대하는 주요한 원인 중 하나라는 판단에 기초한다. 이러한 이유에서 마크롱 정부는 일차적으로 보충레짐에서 자영업자 사회레짐(RSI)을 일반레짐에 통합하고 궁극적으로는 일반레짐에서 일반근로자와 고위직을 대상으로 하는 별도의 레짐을 통합하는 단계적 방안을 제시했다.

물론 이러한 개혁방안에 대해 저항이 없을 수 없었다. 일차적으로 수많은 보충레짐의 운영기관이 그 이해당사자라고 말할 수 있다. 다양한 레짐이 통합되는 경우 다양한 조직의 중복기능을 중심으로 고용조정이 불가피하기 때문이다. 그리고 다양한 특성을 가진 자영업자, 즉 자유업자나 농민 그리고 소상인 등을 소득이 안정된 일반근로자를 관리하는 체계로 통합하는 데 따른 문제 또한 우려되는 대목 중 하나이다.

(4) 의료보장제도의 개혁

프랑스의 의료보장제도 개혁은 다른 사회보장제도 이상으로 정권교체에 따른 상반된 개혁을 반복한 측면이 있다. 의료보장제도의 재정효율화를 위해 의사의 진료행위에 대한 정보체계 구축을 시도했던 정부가 있었던 반면, 올랑드 정부처럼 환자의 자부담을 줄이고 다양한 소수자를 배려하는 정책을 강화하고 의료보장이 취약한 지역〔프랑스어 표현으로 '의료사막'(deserts médicaux)〕을 줄이고자 하는 정부가 있었다. 전체 사회지출에서 의료보장 지출이 차지하는 높은 비율을 감안하면, 그리고 동시에 보편적 의료보장제도를 구축하고도 일상에서 다양한 의료비용을 감당해야 했던 현실을 감안하면 모두 당연한 결과라고 말할 수 있다.

마크롱 정부는 의료보장제도 개혁과 관련해 몇 가지 주요한 개혁을 예고했다. 하나는 보건의료 부문을 공공행정체계를 통해 더욱 엄격하게 관리하겠다는 것이다. 이는 의료보장제도의 관리체계를 효율화함으로써 비용을 절감하겠다는 목적에 따른 것이다. 그리고 2022년까지 안경이나 치과 등의 치료에 대해서도 공제조합이나 보건의료 전문가 집단과 함께 100% 국가가 책임지겠다는 것이다. 그것이 피보험자나 보험기관 모두에게 이익이 된다는 논리이다. 그 밖에도 보험 가입 시 이전의 병력을 반영하는 시점을 치료 후 10년에서 5년으로 단축하는 조치, 즉 잊힐 권리(droit à l'oubli)를 보장하겠다고 했다.

마크롱 정부는 사회보장제도 중 소득보장제도와 관련해서는 국가주의적 접근을 강조하는 한편, 보건의료정책에서는 재정절감을 위한 노력과 관리강화 그리고 민간 부분의 역할 확대를 강조한다는 점에서 다소 상충되는 길을 걸어가는 듯하다. 프랑스에서 의사란 그리 선호되는 직업이 아니라 의료시설에서 일하는 인력은 크게 부족한 상황이다. 따라서 이들이 진입할 수 있는 길을 열어준다는 것이 마크롱의 핵심전략인 것으로 보인다.

물론 이러한 의료보장제도 개혁과 관련해 비판이 없을 수 없다. 진보진영에서는 이러한 의료 개혁이 예산절감을 목적으로 하는 잘못된 개악이라고 지적하고 있다. 마크롱 정부의 보건복지부 장관이 병원관리체계를 개편함으로써 거두고자 하는 궁극적 성과가 결국은 환자를 위한 의료서비스의 질 개선이 아니라 비용 절감이라고 비판받는다. 이는 아녜스 뷔쟁(Agnès Buzyn)이 2022년까지 환자 10명 중 7명이 아침에 입원했다 저녁에 퇴원하도록 하는 것이 목표라고 말했던 것을 통해서도 알 수 있다. 현재 환자 10명 중 5명이 당일 퇴원을 하는 상황에서 병상을 줄이는 조치가 가져올 파장에 대한 우려가 존재한다(Crépel & Ducatteau, 2017. 10. 24).

(5) 공공부조제도의 개혁

레짐별로 구축된 사회보장제도만큼이나 프랑스의 빈곤층 대상 공공부조제도도 매우 특이한 구조이다. 2017년 현재 약 10개의 최저소득보장제도가 존재한다는 점이 특징이다. 역사적으로 노인과 장애인 그리고 아동을 대상으로 하는 잔여적 소득보장제도로 시작해 1990년대 근로빈곤층을 대상으로 하는 다양한 소득보장제도가 더해지는 과정에서 현재와 같은 복잡한 체계가 형성되었다. 이 각각의 제도는 노인이나 장애인 등 특정한 인구집단을 대상으로 하는 최저소득보장제도라는 점에서 범주적 공공부조제도(categorical social assistance programs)라고도 말할 수 있다.

빈곤층 대상 최저소득보장제도는 생활능력이 취약한 노인이나 장애인 등에게 관대한 소득보장을 하는 대신, 근로능력이 있는 빈곤층에 대해서는 상대적으로 낮은 급여를 지급하는 방식을 택해 왔다. 이는 프랑스 정부가 매년 발표하는 최저소득보장제도의 선정기준(plafond)과 급여(montant)를 통해 확인할 수 있다. 2017년 기준으로 노인을 위한 최저소득보장제도(ASPA)의 월 최대급여액은 803.20유로이고, 장애인을 위한 최저소득보장제도(AAH)의 월 최대급여액은 810.89유로인데 비해, 근로빈곤층을 위한 최저소득보장제도(RSA)의 월 최대급여액은 536.78유로로, 실업부조에 해당

되는 최저소득보장제도(ASS)의 월 최대급여액은 494.88유로이다. 1)

지난 정부의 빈곤층 관련 복지제도 중 가장 큰 개혁 대상 역시 근로빈곤층을 대상으로 하는 제도였다. 그것은 1988년 12월 미셸 로카르(Michel Rocard) 정부가 최저통합수당(RMI)을 도입한 이후, 2009년 사르코지 대통령이 활동연대수당(RSA)으로 개편하기까지 수많은 제도개편이 있었다는 점을 통해서도 알 수 있다. 약 20년간 근로빈곤층 대상 최저소득보장제도는 거의 한결같이 그들의 취업을 촉진하는 효과가 없거나 오히려 부정적인 영향을 미친다는 비판을 받아왔다. 이들을 대상으로 하는 다양한 취업지원 프로그램을 도입했지만 그 또한 기대했던 성과를 거두지 못했다. 이 과정에서 근로빈곤층 지원정책은 보호(protection)에서 사회통합 또는 자립(insertion)으로 정책기조가 서서히 바뀌었다.

빈곤층 대상 공공부조제도와 관련해서 마크롱 정부 또한 몇 가지 개혁방안을 제시하였다. 그는 대선 과정에서 노령수당을 월 100유로 인상하겠다고 발표하였다. 노령수당을 단신가구에게는 월 803유로로, 부부에게는 1,247유로로 인상한다는 것이다. 마찬가지로 장애수당 또한 월 100유로 인상하여 811유로를 지급하겠다고 발표하였다. 이는 앞서 언급한 것처럼 노인과 장애인 대상 최저소득보장제도의 급여수준을 근로빈곤층 대상 제도보다 상대적으로 더 관대하게 설정해 왔던 흐름과도 맥을 같이 한다.

그 밖에도 마크롱 정부는 근로빈곤층을 대상으로 한 여러 최저소득보장제도를 통합하여 단일한 사회수당제도를 도입하겠다고 밝혔다. 2009년 도입된 활동연대수당(RSA)이 기존의 최저통합수당(RMI)과 한부모수당(API)을 통합하였다는 점을 감안하면, 잠정적으로 실업부조제도(ASS)나 기타 소득보장제도와 통합하겠다는 것으로 이해할 수 있다. 실제로 마크

---

1) 이 수치는 CNLE(Conseil National des Politiques de Lutte Contre la Pauvreté et l'Exclusion Sociale)의 홈페이지(https://www.cnle.gouv.fr/baremes-mensuels-des-minima.html, 2017. 10. 9 인출)를 참조했다.

롱 정부는 집권 이후 단일한 사회수당제도를 도입하겠다고 밝히기도 했다. 장기적으로 노인과 장애인 등 생활능력이 없는 집단을 대상으로 하는 제도와 근로빈곤층을 대상으로 하는 제도로 이원화된 영국 모델을 염두에 둔 것이기도 하다.

3. 사회보장제도 개혁의 핵심의제

현재 프랑스 사회에서 개별 사회보장제도 개혁과 관련된 의제는 이미 장기간의 개혁 과정을 거쳐 일정 수준의 공감대가 형성되어 있다고 말할 수 있다. 물론 사회보장제도를 보는 관점과 이해관계에 따라 이견이 있을 수 있지만 개별 사회보장제도를 어떠한 방향으로 개편해야 하는지에 대해서는 상당 수준의 합의가 도출되어 있다고 볼 수 있는 것이다. 하지만 사회보장제도 개혁의 근간을 이루는 핵심적 사안에 대해서는 지지와 반대가 뚜렷하게 표면화되는 양상을 보인다. 이는 크게 두 가지 주제로 요약할 수 있다. 첫째, 사회보장제도의 재원조달방안에 관한 개혁, 둘째, 사회보장제도 중 공적연금제도의 레짐 통합에 관한 개혁이 그것이다. 따라서 여기서는 이 두 가지 주제를 중심으로 프랑스 사회보장제도의 최근 개혁동향을 정리하고자 한다.

1) 사회보장재정의 안정화 전략

사회보장제도의 지출 규모를 기준으로 보면 공적연금제도와 의료보장제도의 개혁이 가장 중요한 문제라고 말할 수 있다. 2015년 기준 프랑스 사회보장 지출(7조 120억 유로)에서 노후소득보장 지출(3,197억 유로)이 차지하는 비중은 45.6%에 이르며, 의료보장 지출(2,450억 유로)이 차지하는 비중

<표 6-1> 기능별 사회보장지출 추이

(단위: 십억 유로)

	2006	2009	2012	2013	2014	2015
보건	33.9	33.1	32.6	32.6	32.6	32.8
질병	27.8	27.1	26.6	26.6	26.6	26.8
장애 · 산재	6.1	5.9	6.0	6.0	6.0	6.0
노령 · 유족	41.0	41.7	42.6	42.9	42.7	42.8
가족	8.1	7.8	7.4	7.4	7.3	7.3
고용	5.6	5.6	5.8	5.9	5.8	5.8
주택	2.5	2.5	2.4	2.5	2.4	2.4
빈곤 · 사회 배제	2.4	2.9	2.7	2.7	2.8	2.8
급여 전체	93.6	93.6	93.4	93.8	93.6	93.9
기타 지출	6.4	6.4	6.6	6.2	6.4	6.1
지출 전체	100.0	100.0	100.0	100.0	100.0	100.0

자료 : Drees(2017). Comptes de la protection sociale (base 2010).

은 34.9%에 이른다. 반면, 빈곤층 최저소득보장제도가 차지하는 비중은 3.0%에 불과하다(INSEE, 2017: 187).

재정 안정의 관점에서 보면 사회보장제도 개혁의 문제는 이 두 제도의 수지균형을 맞추는 문제가 핵심인 셈이다. 다시 말해, 지출을 절감하는 방안과 수입을 확대하는 방안의 균형점을 찾는 문제이다. 기존의 많은 정부는 수입과 지출의 균형을 조세 및 보험료 인상이나 기존 사회보장 지출의 절감을 통해 달성하려는 경향성을 보였다. 그리고 이러한 개혁은 대부분 기대했던 성과를 거두지 못하였다. 프랑스의 국민부담률이 이미 높은 상황에서 계속되는 사회보험료나 조세 인상이 정치적 저항에 직면했다는 점은 분명하다. 그리고 각종 사회보장제도의 지출을 효율화하는 문제 역시 거대한 관료조직으로 변모하는 프랑스 사회보장 관리체계의 저항에 직면하게 된다는 점도 분명하다. 많은 개혁이 중도에서 좌절하거나 왜곡되었던 이유라고 말할 수 있다.

이런 맥락에서 보면 프랑스 사회보장제도 개혁은 사회보장비용 부담과 관련된 형평성을 제고함으로써 더욱 안정적으로 재원을 확대하는 개혁과 사회보장 지출을 더욱 효율적으로 관리할 수 있도록 전달체계를 바꾸는 개혁을 동시에 추진하는 방안이 필요할 수 있다. 그러나 이러한 개혁은 국민의 정치적 지지가 공고하지 않은 정부로서는 감당하기 힘든 일이다. 이런 측면에서, 마크롱이 이끄는 신생정당이 하원에서 압도적 다수를 차지하고 있다는 점은 이러한 개혁을 추진하기에 상대적으로 유리한 출발점에 서 있음을 말해 준다.

참고로 마크롱 정부는 사회보장의 재정안정화를 위해 2018년 사회보장 재정법안(*projet de loi de financement de la sécurité sociale*)을 국회에 제출하였다. 2017년 10월 보건복지부 장관을 통해 국무회의에 제출하고 10월 말 하원에 제출하고 11월에는 상원에 제출하여 통과시킬 예정이다. 이 법안의 궁극적 목표는 2020년 사회보장재정의 수지균형을 정상화시키는 것이다. 그리고 하위목표는 다음과 같이 요약할 수 있다. 첫째, 경제활동인구의 사회보장세 부담을 낮춰 구매력를 제고하고, 둘째, 공적연금제도에서 발생하는 적자를 감소시키고, 셋째, 의료보장제도는 예방중심정책을 통해 지출증가세를 완화하며, 넷째, 확보된 재원으로 취약계층을 더욱 강력하게 보호하는 것이다.

구체적으로 이 법안에 담긴 내용을 보면 사회보장제도의 수입과 지출 전반에 대해 규정하고 있음을 알 수 있다. 그 주요내용만 간략하게 요약하면 다음과 같다. 첫째, 건강보험과 실업보험 관련 봉급생활자의 보험료 징수 중단, 둘째, 일반 사회보장 부담금(CSG) 인상, 셋째, 자영업자 사회레짐(RSI)의 통폐합, 넷째, 담배세 인상(10유로), 다섯째, 3~11세 아동에 대한 백신접종 의무화, 여섯째, 노인을 위한 최저소득보장제도(ASPA)의 인상, 일곱째, 매년 1월 1일 기초레짐의 연금 재평가 보고서 제출 시점의 단일화 및 고정, 여덟째, 한부모가정의 아동보육방식 선택에 따른 지원금 인상, 아홉째, 아동위탁수당과 가족지원금의 균형, 열째, 병원입원비 환자

부담금 인상, 열한째, 창업자 대상 사회보장세 경감(ACCRE) 조치의 확대, 열둘째, 건강보험의 원격진료 관리 등이다.

2) 사회보험료 폐지와 일반 사회보장 부담금의 인상

마크롱 정부가 추진하고 있는 최근의 사회보장 개혁 중 가장 전 세계의 주목을 받고 있는 것은 고용보험과 건강보험의 근로자 보험료 부담을 폐지하고 이를 조세로 징수하겠다는 방안이다. 이는 사회보험 중심형 사회보장체계를 조세에 기반을 둔 보편적 사회보장체계로 개혁하겠다는, 더욱 야심찬 계획이다.

　이와 관련해서 마크롱 정부가 발표한 정책 방향은 간명하다. 기존 사회보험 중심체계로 발생한 사각지대를 해소함으로써 보편적 사회보장체계를 구축하기 위해 보험료 방식에서 조세 방식으로 재원을 확보하겠다는 것이다. 이러한 조치를 통해 중산층 이하 서민의 구매력을 높이는 방향으로 개편하겠다는 것이다. 이는 재원조달 방식의 개혁이 중산층 이하 소득계층에게 불이익이 가지 않도록 설계한다는 의미이다. 구체적으로 보면 현재 보험료(소득의 3.15%)를 부담하지 않는 대신, 일반 사회보장 부담금(CSG)을 더 지출하게(소득의 1.7% 인상) 되지만, 후자의 지출 부담이 1.45%만큼 감소하게 된다. 이를 근거로 중산층 이하 소득계층은 재원조달 방식의 개혁을 통해 구매력이 높아지는 이익을 본다는 주장이다. 물론 이러한 개혁으로 손해를 보는 집단 또한 존재할 것이다.

　마크롱 정부 출범 초기 많은 언론은 이 개혁의 최대 피해자가 고소득 봉급생활자와 퇴직자, 그리고 공무원과 자영업자가 될 것이라고 비판하였다. 이후 개혁안을 구체화하는 과정에서 공무원 등에 대해서는 별도의 지원을 통해 부담을 덜어주는 방안이 마련되었다. 하지만 이 개혁이 일정 수준의 고소득 봉급생활자와 고소득 퇴직자에게 가처분소득이 감소하는 영향을 미칠 것은 분명하다.

여기서, 프랑스는 이미 1990년 〈재정법〉 개편을 시작으로 1991년 일반 사회보장 부담금 제도를 도입하였고 낮은 세율에서 출발하여 점진적으로 그 세율을 높이는 전략을 채택하였다는 점에 주목해야 한다.[2] 참고로 2015년 현재 일반 사회보장 부담금을 통한 수입이 전체 사회보장제도에서 차지하는 비율은 약 23%에 이르고 있다. 이는 증가하는 복지수요 중 사회보험제도로 감당하기 힘든 수요에 대해 별도의 재원으로 대처하는 방식이었다. 실제로 일반 사회보장 부담금으로 조성된 재원은 프랑스 사회보장제도에서 가장 큰 비중을 차지하는 노후소득보장과 의료보장 그리고 저출산 대책 등 세 개의 제도에 집중적으로 투입되고 있다. 이 세 정책은 부과방식으로 운영되는 프랑스 사회보장체계의 특성상 현 사회보험제도로 감당하는 데 어려움이 있었다. 빈곤노인에 대한 소득보장은 사회보험 재정에서 부담하기 어려우며 마찬가지로 저출산 문제에 대응하기 위한 각종 지출 또한 사회보험 재정에서 지출하기 적절하지 않다. 이는 사회보험료 수입이 감소하는 상황에서 불가피한 선택이었다고 말할 수 있다.

이처럼 사회보험료를 폐지하고 조세에 기반을 둔 보편주의적 사회보장 제도를 구축한다는 것은 제한된 집단 내에서의 저류(pooling) 기능을 전제로 하는 사회보험제도가 전체 근로연령층으로 적용을 확대한다는 것을 의미한다. 아울러 이는 기존의 사회보험제도와는 다른 성격의 제도가 형성될 것임을 의미한다. 이는 보는 관점에 따라 사회보장제도의 국유화로 표현되기도 한다.

---

[2] 일반 사회보장 부담금은 근로소득, 실업급여, 퇴직연금 및 장애연금, 재산소득 및 이자 소득, 그리고 게임 등으로 얻어지는 사행성소득 등에 대해 다른 세율을 적용하는 방식으로 운영된다.

3) 공적연금제도의 개혁과 레짐의 통폐합

프랑스의 사회보험제도, 특히 공적연금제도는 기초레짐과 소득비례형 보충레짐 그리고 사적연금제도인 추가레짐 등 세 가지 층위로 구성되어 있고 각각의 층위는 직종에 따른 다양한 레짐으로 구성되어 있다. 그리고 각 레짐은 보험료와 연금산정에 있어 조금씩 다른 규칙을 적용한다. 가장 큰 문제는 그로 인해 한 사람의 근로자가 다양한 레짐으로 이동하는 데 불편을 겪는다는 점이다. 실제로 프랑스 퇴직자는 약 3개의 연금을 받는다. 이는 2010~2015년 연금제도 개혁을 통해 많이 개선되었지만 가입자가 하나의 신청서를 내도 실제로 받는 연금은 다양한 연금레짐에서 지급하는 등의 복잡함은 여전히 남아 있다.

이는 사회보장제도에 대한 관리 측면에서도 많은 어려움을 유발한다. 서로 다른 규칙을 적용하는 레짐을 아우르는 수입이나 지출 그리고 평균 연금액 등을 산출하는 데 어려움이 따르기 때문이다. 그리고 학술적으로도 프랑스 사회보장제도의 수입과 지출 그리고 보장수준 등을 이해하는 데 많은 어려움이 따른다. 더 큰 문제는 이처럼 다양한 레짐이 연금급여의 불평등을 유발한다는 점이다. 최대 연금가입기간을 충족한 근로자라도 그가 어떠한 레짐에 가입했는가에 따라 적지 않은 차이를 보이기 때문이다. 각 직종의 특수성을 고려한 레짐이 불평등을 초래하는 것이다. 이러한 이유에서 오래전부터 레짐 간의 불평등을 해소하는 문제가 프랑스 정부의 중요한 개혁과제로 다루어져 왔다.

결국 이 문제를 해결하기 위해서는 다양한 연금레짐, 특히 보충레짐의 다양한 기구를 통합하는 조치가 필요하다. 이 문제와 관련해 마크롱 정부는 몇 가지 중요한 개혁정책을 발표하였다. 첫째, 지금까지 분리되어 운영되던 자영업자 사회레짐(RSI)을 2018년 일반레짐(Régime Général)에 통합한다는 것이다. 그리고 서로 다른 규칙을 표준화하는 방안을 마련한다는 것이다. 둘째, 1단계의 통합이 완성되면 일반레짐 내부에 존재하던 일반근로자 대상 레짐(ARRCO)과 고위직 근로자 대상 레짐(AGIRC)을 통합한다는 것이다. 이는 각종 특수연금을 제외하면, 프랑스 공적연금제도가 몇 개의 레짐으로 통합됨을 의미한다. 이처럼 공적연금제도의 다양한 레짐을 통합하여 단일화하는 경우 보험료 1유로를 다른 액면가의 포인트로 전환하는 데 따른 형평성 문제를 더욱 용이하게 해소할 수 있을 것이라 전망해 볼 수도 있다.

물론 이러한 레짐통합에 대해 이해당사자의 반발이 있는 것도 사실이다. 그 주된 이유는 임금근로자와 자영업자라는 상이한 특성을 가진 두 집단을 하나의 공적연금제도로 관리하는 데 따른 어려움이 발생할 수 있다는 점이다. 한 예로, 임금근로자는 상대적으로 안정된 소득을 바탕으로 보험료 징수 측면에서도 큰 변동이 없는 반면, 자영업자나 자유업자 등은 소득의 등락이 매우 크다는 특성이 있다. 따라서 보험료의 징수방식 등에서 차이가 발생하는 것이 불가피하다는 주장이다.

다른 측면에서는 사회보장제도의 관리와 관련해 직종별로 자율적인 관리체계를 강조해 왔던 프랑스 사회의 전통적 거버넌스가 국가의 강한 영향력 아래 무력화될 수 있다는 우려가 있다. 프랑스의 각종 기금, 즉 가족수당공단(CAF)이나 실업보험공단 등은 전통적으로 정부 외에도 다양한 사회적 파트너가 참여하여 합의를 도출하는 방식으로 운영되어 왔다. 하지만 국가의 재정이 투입되면서 그러한 민주적 합의의 전통이 약화되고 있다는 시각이다.

하지만 최근 공적연금제도의 다양한 레짐을 통합하는 법안이 국회를 통과하면서 이러한 개혁은 더욱 속도를 낼 수 있을 것으로 예상된다. 그것은 마크롱이 이끄는 신생정당이 국회에서 다수를 점하고 있기 때문이기도 하다.

4. 사회보장제도 개혁과 노동 개혁

마크롱 정부의 사회보장제도 개혁과 관련해서 또 한 가지 주목해야 할 점은 노동 개혁의 문제이다. 4차 산업혁명이 도래함에 따라 발생할 노동시장의 거대한 구조 변화와 그로 인한 대량실업의 위험에 비추어 보면 현재의 사회보장제도는 그 패러다임 자체를 바꾸는 일이 불가피하다. 이러한 문제의식은 마크롱 정부에게서만 발견되는 것이 아니다. 이미 2017년 전 세계적으로 직면한 환경 변화이며 독일을 비롯한 많은 국가 역시 고민하고 있는 문제이다. 이러한 맥락에서 마크롱은 "앞으로 보호받아야 하는 사람은 노동시장의 지위에 따른 노동자가 아니라 우리, 즉 취업자거나 실업자 그리고 봉급생활자거나 자영업자인 우리 모두이다"[3] 라고 강변하였다. 이는 사회보장제도 개혁이 왜 필요한가에 대한 마크롱 정부의 인식을 말해 준다.

　마크롱 대통령은 대선 과정에서 기업의 경쟁력을 높이기 위해 노동비용을 절감하는 한편, 사회보장제도를 개혁하여 전 시민을 대상으로 하는 보편적 보호체계를 구축하겠다는 주장을 해왔다. 이는 보는 관점에 따라 다르게 해석될 수 있다. 한편으로는 노동 개혁과 사회보장 강화가 스칸디나비아 복지모델의 강점을 차용한 것이라는 해석이 가능하다. 예를 들면, 단기고용계약을 남발하는 고용주에게 실업보험료를 추가로 부담시키는 강제 조치를 취하겠다는 것이다. 이는 노동시장에서 고용불안을 심화시키는 고용주의 책임을 분명히 한다는 의미가 있다. 이것이 실업보험과 관련된 보너스와 징벌(*bonus-malus*) 규정이다.

　다른 한편으로는 재정절감과 기업의 경쟁력 제고를 위해 노동자의 단결권을 침해할 소지가 있으며 궁극적으로는 사회보장제도의 보장성을 약화

---

3) 원문은 다음과 같다. "Ce n'est plus le travailleur en fonction de son statut qui doit être protégé mais chacun d'entre nous, que l'on soit en emploi ou au chômage, salarié ou indépendant."

할 것이라는 우려 또한 존재한다. 이러한 우려를 하는 배경에는 마크롱 정부가 노동 개혁의 핵심의제로 산별 협상체계를 개별 기업단위 협상체계로 개편하는 방안을 모색하고 있다는 판단이 자리한다. 협상력이 약한 노동자에게 불이익이 갈 수 있다는 우려가 작용하는 것이다(노대명, 2017).

노동 개혁과 사회보장 개혁을 연계하는 논리는 더욱 체계적인 분석이 전제되어야 한다. 노동자의 협상력을 약화시키는 방향에서의 개혁이 노동자가 아닌 개인을 보호하는 데 과연 더 큰 효과를 나타낼 것인지 단언하기는 힘들다. 그리고 산업구조 변화와 노동시장 구조 변화가 사회보험체계 개편을 불가피한 것으로 만들고 있는지에 대해서도 검토가 필요하다. 많은 국가가 사회보험 중심 사회보장체계를 운영하는 과정에서 사각지대 문제에 직면하고 있다. 이는 서구 복지국가나 후발 복지국가 모두에게 해당한다. 하지만 그것이 사회보험방식 자체가 산업구조 변화와 노동시장구조 변화에 적합하지 않기 때문인지, 사회보험제도를 운영하는 기술적 또는 정치적 제약에 따른 것인지는 분명하지 않다는 지적도 있을 수 있다. 그리고 국가가 사회보험에 대한 통합적 관리를 담당하는 것이 장기적으로 바람직한 것인지에 대해서도 이견이 있을 수 있다.

5. 맺음말

프랑스의 사회보장제도 개혁이 2017년을 기점으로 새로운 국면을 맞이했음은 분명해 보인다. 이는 마크롱 정부의 사회보장제도 개혁 방향이 바람직하다거나 실현 가능하다는 것을 의미하지는 않는다. 앞서 언급한 바와 같이 방대한 개혁 프로그램과 길게 늘어진 개혁 일정은 현재의 우호적인 정치적 여건과 달리 시행 과정에서 다양한 문제에 직면할 개연성도 부인하기 힘들기 때문이다. 그럼에도 이 개혁이 새로운 국면을 열었다고 판단하는 이유는 그것이 지난 20년간 추진되었던 다양한 사회보장 개혁의 성공과 실패의 경험에서 출발했기 때문이다. 아울러 이러한 개혁이 사회보장제도의 지속가능성을 높이기 위해 중단되기 힘든 개혁이기 때문이다.

그리고 또 한 가지 강조해야 할 점은 현재의 프랑스 사회보장제도 개혁이 이미 오래전부터 준비되었다는 점이다. 구체적으로 언급하면 다음과 같다. 첫째, 프랑스 사회보장제도는 오래전부터 기여에 따른 사회보험과 연대에 따른 사회수당이라는 두 개의 축을 근간으로 운영되어 왔다는 점이다. 이는 국가가 사회보험의 사각지대를 해소하는 각종 정책을 추진함에 있어 조세를 통한 사회수당(allocation sociale)이나 사회급여(prestations sociales)를 적극적으로 확대하는 전통이 있었음을 의미한다. 또한 조세방식으로 보편적 사회보장체계를 구축하는 데 필요한 제도적 경험이 축적되어 있음을 의미한다.

둘째, 1991년 도입된 일반 사회보장 부담금이 많은 정권을 지나면서도 근간을 유지하고 확대되어 왔다는 점이다. 이는 조세의 일정 부분을 사회보장세 형식으로 징수했던 경험이 상당 수준 축적되어 있고 그로 인해 그것을 확대하는 데 따른 저항감도 상대적으로 크지 않음을 의미한다. 이것이 최근 프랑스 정치권에서 사회보장제도 개혁과 관련된 법안 및 제안이 통과되는 이유를 말해 준다.

셋째, 프랑스 사회보장제도의 재정적자를 줄이기 위해 법정퇴직연령을 높이고 급여를 삭감하는 조치에 대한 공감대가 존재한다는 점이다. 앞서 언급한 바와 같이 2010년 공적연금제도의 개혁이 가능했던 이유는 사회보장제도의 만성적인 재정적자 문제를 해결하지 않고서는 그 지속가능성을 담보할 수 없다는 인식이 확산되어 있었기 때문이다.

넷째, 기존 프랑스 사회보장제도에서 레짐의 복잡한 체계를 개혁해야 할 필요성에 대한 공감대 역시 존재한다는 점이다. 이는 이미 마크롱 정부 출범 이전부터 주요한 공적연금레짐을 통합하는 조치가 취해지기 시작하였고 최근의 자영업자 사회레짐(RSI)을 통폐합하는 조치가 국회에서 통과된 이유일 것이다.

이처럼 장기간에 걸쳐 진행된 프랑스 사회보장제도 개혁, 특히 2017년부터 진행되고 있는 개혁은 보장 대상을 보편적으로 확대하는 한편, 복지레짐을 통합하여 재정적 효율성을 높이고 사회보장재원을 확대하는 포괄적이고 동시적인 개혁전략을 채택하고 있는 것으로 판단된다. 이는 지출절감과 복지확대라는 두 가지 과제를 조율함에 있어 어떠한 의제설정이 필요한지를 말해 준다. 향후 프랑스 사회보장제도 개혁의 결과가 기대되는 이유이다.

■ 참고문헌

국내 문헌

김종면 (2003). "프랑스 공공지출의 현안과 시사점". 〈재정포럼〉, 86호, 44~60.

나병균 (1997). "1980년 이후 서유럽 복지국가들의 신보수주의와 사회보장제도의 개혁: 프랑스, 독일, 영국의 예". 〈사회보장연구〉, 15권 1호, 207~246.

노대명 (2017). "프랑스 사회보장제도의 최근 개편동향: 마크롱 정부의 개편방향을 중심으로". 〈국제사회보장리뷰〉, 창간호, 41~57.

양승엽 (2011). "프랑스의 2010년 연금개혁의 원인과 사후 경과". 〈국제노동브리프〉, 9권 2호, 93~100.

정홍원 (2010). "2010년 프랑스 연금개혁의 내용과 시사점". 〈보건복지 Issue & Focus〉, 60호, 1~8.

해외 문헌

Palier, B. (2002). De la crise aux réformes de l'Etat-providence. *Revue Française de Sociologie*, 43(2), 243~275.

Conseil de l'Emploi, des Revenus et de la Cohésion Sociale (2006). *La France en transition 1993-2005*. Paris: La Documentation française.

Hirsch, M., & Wargon, E (2009). Revenu de solidarité active: Quelle philosophie?, Entretien avec Martin Hirsch et Emmmanuelle Wargon. *Etudes*, *1*(*410*), 33~41.

기타 자료

Bourgeois, A. et al. (2010). Les comptes de la protection sociale en 2008. DREES.
Comité National d'Evaluation du RSA(2011). Rapport final.
Comité d'Evaluation des Expérimentations(2009). Rapport final sur l'évolution des expérimentations RSA.
Duc, C., Martin, H., & Tréguier, J. (2016). The pension reforms from 2010 to 2015 in France: A detailed analysis of the impact for policyholders and for pension schemes. Les dossiers de la DREES, december 2016, n° 9.
Drees(2017). Comptes de la protection sociale (base 2010).
INSEE(2017). France portrait social, édition 2017.
Observatoire des Retraites(2017). La retraite en France.
Observatoire National de la Pauvreté et de l'Exclusion Sociale. Le rapport de ONPES 2007-2008.
Palier, B. (2008). France more liberalized than social democratized?. Paper for the conference "The Nordic Models: Solutions to Continental Europe's Problems?", Center for European Studies at Harvard.

Crépel, S., & Ducatteau, S. (2017. 10. 24). Assurance-maladie: Les coupes folles de Macron dans la santé. *L'Humanité*.

제 **2** 부   소득보장제도

07

공적연금제도*

1. 머리말

프랑스의 공적연금제도는 기초연금(Régimes de Base), 보충연금(Régimes Complémentaires Obligatoires), 민간 연금보험(Assurance Vieillesse, Surcomplémentaire)이라는 세 층위로 구성되어 있고 기초연금과 보충연금은 직능 집단별로 다섯 개의 레짐(Régimes)으로 구성되어 있다. 이렇듯 공적 연금제도의 구조가 복잡하고 각 레짐마다 운영원칙이 상이하여 쉽게 이해 하기 힘든 측면이 있다. 그리고 이러한 체계는 직능 집단 간, 일반근로자와 공무원 간 그리고 일반근로자와 고위직 간의 형평성 문제를 해결하는 데 걸 림돌로 작용하기도 한다. 실제 이 형평성 문제는 재정건전성 이상으로 중 요한 당면과제가 되고 있다.

이러한 문제는 최근 프랑스에서 2012년 4월 대통령 선거를 앞두고 복지

---

* 이 글은 2012년 《주요국의 사회보장제도: 프랑스》(한국보건사회연구원, 2012)에서 필자 가 작성한 "제2부 제2장 연금제도"를 수정 보완한 것이다.

정책과 관련한 치열한 정책토론이 진행되던 것과 무관하지 않다. 특히, 민간 부문의 고위직에게 적용되는 추가적인 연금제도(Retraite Chapeau)와 관련해서는 한목소리로 개혁의 필요성을 강조하고 있다. 물론 프랑스 사회보장제도가 안고 있는 제반 문제점을 어떠한 방식으로 개혁할 것인지에 대해서는 이견이 존재한다. 하지만 공적연금제도는 외형적 갈등에도 불구하고 1990년대까지 누적되었던 다양한 문제점을 해결해야 한다는 강력한 합의의 대상이 되고 있다.

우선 프랑스 사회보장제도를 설명할 때 자주 사용되는 레짐이 무엇을 지칭하는지 설명이 필요하다. 레짐이란 사회구성원의 직능형태별로 이들의 사회보장제도, 특히 노후소득보장제도에 적용되는 일련의 규칙 그리고 이와 더불어 보험료징수와 급여지급을 담당하는 조직을 지칭한다. 이는 직능집단별로 상이한 보험료징수 및 급여원칙이 적용되며 이를 프랑스 사회보장제도의 전통적 특징 중 하나인 거버넌스 원칙에 따라 관련 직능단체(또는 시민단체)가 관리함을 뜻한다. 프랑스의 연금제도는 지난 수년간 직능형태에 따라 복잡하게 구성된 시스템을 단순화하려고 시도하였다. 그리고 보험료징수 및 급여원칙에 있어서도 형평성을 담보하려는 시도를 해왔다. 그럼에도 이러한 다양성은 여전히 존재하고 있다.

2. 공적연금제도의 발전과정

1) 19세기 프랑스 연금제도의 형성과정

세대 간 연대의 한 형태로서의 프랑스 연금제도는 오랜 기원을 갖는다. 이 제도는 중세시대부터 존재했으며 구체제(*ancien régime*) 하에서도 약 6만 명이 왕으로부터 일종의 지대를 받았다. 이는 어부와 군인 그리고 왕실의 행정직, 사제 등을 대상으로 했다. 물론 전체 인구 중 극소수였으며 왕권을 수호하는 데 필요한 인력이 그 대상이었다. 이들에 대한 연금은 조세를 통해 조달되었다. 이 점에서 구체제의 보상제도를 현대의 연금제도와 비교하기에는 한계가 있다. 1848년 혁명 이후 공무원은 퇴직연금을 받았다. 나폴레옹 3세는 당시 60세를 퇴직연령으로 설정하고 공직을 담당하는 모든 인력을 대상으로 연금제도를 운영했다.

반면 민간 부문의 연금제도는 매우 취약한 상태로 남아 있었다. 민간 부문에서 최초로 연금을 받은 집단은 1850년 독자적인 기금을 설치하여 운영했던 철도노동자였다. 그리고 1894년이 되어서야 광부가 건강보험과 퇴직연금레짐을 보유하였다.

민간 부문의 연금제도 형성과정에 강력한 영향을 미쳤던 것은 세 가지 서로 다른 이념 혹은 문화였다. 하나는 종교와 도덕적 이데올로기가 깊게 각인되었던 가족주의(*paternalisme*)였다. 다시 말해, 국가와 고용주가 재정적으로 노동자를 위해 보장하는 보험제도였던 셈이다. 그리고 이러한 이데올로기는 1910년 〈노동자와 농민을 위한 퇴직연금제도에 관한 법〉의 제정에 영향을 미치게 된다. 다른 하나는 상호부조의 정신이었다. 상대적으로 노동조합 및 협동조합 운동이 발달했던 프랑스에서 공제조합은 연금제도의 발달과정에 큰 영향을 행사했다. 공제조합은 1852년의 시행령이 공제회사 설립을 허용함에 따라 시작되었다. 끝으로, 노동자에 의한 기금의 독립적 관리의 이념이 영향을 미쳤다. 이것은 주로 사회주의자가 옹호했다. 그리고 이 모든 이념은 1894년 고용주가 재정을 감당하고 국가가 강제하는 의무적 제도로 제정되기에 이르렀다.

2) 1910년의 〈노동자와 농민을 위한 퇴직연금제도에 관한 법〉

1910년 〈노동자와 농민을 위한 퇴직연금제도에 관한 법〉으로 강제적 연금제도를 제정하기에 이른다. 이 제도는 당시 전체 8백만 명의 봉급생활자 중 3백만 명을 대상으로 했다. 이 제도에는 각 개인 또는 기업이 연기금을 선택할 자유가 있었다. 이 법은 퇴직연령을 65세로 고정하였고 1912년에는 60세 퇴직도 가능하도록 부분 수정하였다. 당시 인구의 8%가량이 65세에 도달했다는 점을 감안할 때 이는 자연스러운 조치였다.

1차 세계대전으로 주요 연기금이 파산되었고 이에 따라 연금제도의 개혁이 불가피하였다. 더욱이 전쟁의 결과로 얻은 알자스모젤 (Alsace-Moselle) 지역은 이미 비스마르크 모델에 기초한 연금제도를 운영하고 있었다는 점에서 이를 처리하는 문제가 쟁점이 되었다. 결과적으로 프랑스는 강제적 연금제도를 전국화하는 방식을 선택하였다. 건강보험과 연금제도를 의무화하는 대신, 이 두 제도의 재정운영방식을 차별화하는 방향이었다. 그 결과 1928년에 제정되고 1930년에 일부가 수정된 법률에 따라 연금제도는 퇴직연령을 60세로 고정하였고 가입기간 30년 이후 연금을 수급할 수 있도록 결정되었다. 그리고 연금금액은 납입기간 평균임금의 40%로 인상되었다.

하지만 1930년대의 경제불안으로 인해 화폐가 평가절하됨에 따라 기금에 의존한 연금제도의 문제점이 드러나기 시작했다. 더불어 평균수명의 증가와 함께 소득대체율 등 연금급여 결정방식에서도 변화가 요구되기에 이르렀다. 그로 인해 1936~1939년 동안 각종 연금제도 관련 법안이 폭발적으로 제안되기도 하였다. 흥미로운 것은 재정조달방식이 저축방식 (*capitalisation*) 에서 부과방식 (*repartition*) 으로 바뀐 것은 비시 (Vichy) 정부 아래에서였다는 점이다.

3) 1945년 사회보장제도로의 편입

2차 세계대전 당시 일종의 망명정부라 할 수 있는 임시정부는 다양한 사회 정책강령을 작성하였으며 이는 이후 프랑스 제5공화국 사회보장제도(se-curité sociale)의 근간을 형성하였다. 연금제도 또한 이러한 환경의 영향을 받았다.

최근 스테판 에셀(Stephan Hessel)에 의해 다시 주목받은 당시의 정책강령은 연금제도와 관련해 적어도 한 가지 분명한 원칙을 제시하였다. 즉, "고령노동자가 인간답게 자신의 남은 삶을 끝낼 수 있게 하는 퇴직제도"를 마련한다는 것이다. 하지만 실제로 구체적 정책을 마련할 수 있는 전문가의 참여나 작업은 취약했던 것으로 보인다. 그로 인해 임시정부는 라로크(Pierre Laroque)에게 연금제도 개혁을 맡겼다. 라로크는 영국의 〈베버리지 보고서〉를 알고 그것을 높이 평가하였지만 이 보고서의 방식이 프랑스 사회보장제도의 모델이 될 수 있다고 생각하지는 않았던 듯하다. 이렇게 개혁된 제도는 평균수명을 고려하여 퇴직연령을 65세로 조정하고 연기본급여의 20%를 연금으로 받으려면 보험료를 30년간 납부해야 하는 것으로 규정하였다. 하지만 60~65세 사이에 추가로 일한 기간에 대해 4%의 추가급여를 보장함으로써 근로자가 가급적 더 오랜 시간 노동시장에 머무르게 하는 데 초점을 맞추었다.

이 시기에 형성된 프랑스 연금제도는 부과방식을 보편화하였지만 직능체계를 유지함으로써 연기금을 관리하는 수천 개의 레짐을 탄생시켰고 이들 간에 심각한 수준의 불평등이 이미 내재하고 있었음이 문제였다. 상대적으로 여유 있는 직군은 보험료를 인상하여 납입기간을 줄이고 높은 연금을 받을 수 있었고 공공 부문 역시 대량가입을 통해 유사한 결과를 얻을 수 있었다. 하지만 민간 부문의 나머지 또는 대다수 근로자는 낮은 보험료를 장기간 납입해야 했고 그러고도 낮은 연금으로 인해 생활고에 시달려야 했던 것이다. 따라서 프랑스는 비스마르크식 연금제도에 베버리지식 최소노령연금제도를 도입함으로써 문제를 완화하게 된다.

4) 1960년대 사회보장제도의 개혁

프랑스의 사회보장제도는 2차 세계대전 직후의 제도 정립단계를 지나면서 지속적으로 제도를 개편해야 한다는 압력에 봉착하였다. 그리고 이 문제는 다양한 직능별 보장체계를 하나의 일반사회보장체계로 재구성해야 하는 문제와도 맞물려 있었다. 하지만 이러한 시도는 해당 공무원조직의 파업에 의해 중단되었다.

하여 프랑스 사회보장제도는 1966년에 이르러서야 다양한 사회보험조직을 네 개의 조직으로 재구성하게 된다. 그리고 이는 연대기금(FNS)의 설립으로 이어졌다. 그것이 바로 질병보험 전국공단(CNAM), 노령보험 전국공단(CNAV), 가족수당 전국공단(CNAF), 산재(AT/MP) 보험기금이다. 이 기금은 기존의 직능별 레짐 간의 재원이전을 통해 연금과 관련해 형평성을 높였다는 특징이 있다.

하지만 이로 인해 역설적으로 취약한 재정을 감당하는 데 많은 문제에 직면하였다. 재정적자가 심해지는 경우 더 많은 재원을 확보하기 위해 보험료를 납부할 수 있는 가입자를 확대해야 한다. 하지만 더 이상 그럴 수 없다면 보험료를 인상하거나 보험료 납입기간을 연장하는 조치 등을 취해야 한다는 지속적인 압력에 직면하게 된 것이다. 실제로 1971년의 '불랭법안'(*projet de loi Boulin*)은 최대연금을 수급하기 위한 보험료 납입기간을 120분기에서 150분기로 대폭 상향 조정하기도 하였다.

5) 1990년대 이후의 제도 개혁

1990년대 프랑스 연금제도의 개혁은 1980년대 사회당 집권기 정책에 대한 우파적 대응이라 말할 수 있다. 1983년 미테랑(Francois Mitterrand) 대통령은 좌파연합을 통해 집권한 이후 퇴직연령을 60세로 하향 조정하고 보험료 최대 납입기간을 150분기로 고정한 상황에서 평균연봉의 50%를 연금으로 수급할 수 있게 하였다. 하지만 당시는 2차 석유파동 이후 실업률이 급증하는 국면으로 진입하던 시기였다. 달리 표현하면 보험료를 확보함으로써 재정안정을 기하는 데 많은 어려움이 있었던 시기였던 셈이다.

1993년 총선에서 사회당이 참패하면서 이른바 우파의 지속적인 연금제도 개혁이 시작되었다. 동거정권하에서 총리로 임명되었던 발라뒤르(Edouard Balladur)는 당시 예산처 장관이었던 현 사르코지(Nikolas Sarkozy) 대통령에게 연금제도 개혁을 지시했다. 그리고 국회에서 다수파를 형성하고 있던 우파진영은 신속하게 법안을 심사하여 통과시켰다.

이 법안은 주로 민간 부문 근로자를 위한 연금제도 개혁에 초점을 맞추었다. 첫째, 1994년부터 2004년까지 보험료 납입기간을 150분기에서 160분기로 조정, 둘째, 보험료 부족분에 대한 공제시스템(*decote*) 설치, 셋째, 연금급여 결정에 활용되는 취업기간을 가장 급여가 높은 10년을 기준으로 하던 것에서 25년으로 단계적으로 확대, 넷째, 급여연동형에서 물가연동형으로의 연금급여 산정방식 변경, 다섯째, 최소노령수당 등의 제도에 대한 재원 마련을 목적으로 하는 노령연대기금(FSV)의 설치가 그 골자였다. 중요한 것은 이러한 연금 개혁으로 실제 연금생활자 10명 중 8명은 연금이 상당 수준 삭감되는 결과에 직면했으며 봉급생활자의 퇴직시점 또한 평균적으로 남성은 9개월 반, 여성은 5개월 늦어지는 결과를 야기했다는 점이다. 하지만 노동시장 진입이 늦어지는 만큼 이러한 조치에도 실제 보험료 납입기간은 예상했던 수준으로 증가하지 않았으며 재정 확보에도 크게 기여하지 못했다.

남은 문제는 공공 부문 연금제도의 개혁이었으며 이는 1995년 총리로 임명되었던 쥐페(Alain Juppé)가 맡았다. 당시 그는 매우 강한 어조로 공공 부문의 비효율성과 상대적으로 관대한 연금제도를 비판했다. 그는 공공 부문 근로자의 퇴직연령을 상향조정하는 방안을 제안했다. 쥐페의 정당은 의회에서 다수당을 차지하여 국회에서의 통과에는 어려움이 없었다. 하지만 대중적으로 심각한 저항에 봉착하였고 1995년의 공공 부문 파업이 장기화됨에 따라 개혁은 중단되었다. 결국 이는 쥐페의 사임으로 이어졌다.

좌파 정치세력은 불과 수년 만에 그리고 요행으로 권력을 되찾았다. 1997년 좌파정부는 노동시장과 사회보장제도 전반에 큰 영향을 미치는 주요한 개혁을 추진하였다. 전자가 노동시간 단축이었으며 후자는 〈반소외법〉이었다.

하지만 연금제도와 관련해 좌파정부가 취했던 중요한 조치는 연금유보기금(Fonds de Reserve pour les Retraites: FRR)을 설치한 것이었다. 이 기금은 부동산소득에 대한 과세, 노령보험기금의 잉여분, 우파정권이 추진했던 민영화에 따른 수입 등 다양한 재원을 활용하도록 규정했다. 그리고 이 기금은 1999년 〈사회보장재정법〉(Loi de Financement de la Securité Sociale)에 의해 명문화되었다. 하지만 이러한 재원은 결코 기금에 투입되지 않았다. 그리고 2002년 우파의 재집권과 더불어 이 기금은 사실상 추가적 기금확보를 중단하게 되었다.

여기서, 이 기금이 2020년을 목표시점으로 보험료와 연금급여 사이의 재정불균형을 해소하기 위해 기금을 조성하는 것을 골자로 하였으며 당장 사용할 수 없었다는 점에 주목해야 한다. 즉, 이 기금은 사회보장, 특히 연금재정의 적자를 상쇄하는 데 목적을 두었으며 단기적인 재정적자를 대상으로 한 것이 아니었음을 의미한다. 이는 이미 심각한 재정적자에 시달리던 정부 입장에서는 끊임없이 사용하려는 욕구의 대상이기도 했다. 이 점에서 2008년 노동조합은 서면으로 대통령에게 기금의 조기사용을 자제하도록 요청하기도 하였다. 하지만 기금설치 시점에 예상했던 2020년의 문제가 조기에 도래했다는 논리에 따라 2010년, 연금유보기금(FRR)으로 하여금 10년 앞당겨 지출하도록 강제하게 된다.

6) 2003년 이후의 연금제도 개혁

2003년 우파정부는 재집권 직후 다시 연금제도 개혁에 착수하였고 이는 당시 노동복지부 장관이었던 총리 피용(Francois Fillon)이 주도하였다. 그는 주로 공공 부문 연금제도의 개혁에 무게를 두었다. 흔히 〈피용법〉(*Loi Fillon*)으로 불리는 이 조치는 보험료 납입부족분에 대한 공제제도와 보험료 납입기간의 연장에 초점을 맞추고 있다. 이 조치에 따라 연간 1반기씩 보험료 납입기간이 연장되었고, 2008년에는 기존의 37년과 2분의 1에서 40년으로 늘어났다. 그리고 납입기간이 부족한 경우 퇴직연령 이후에도 납입할 수 있도록 추가적인 조치를 취했다. 이러한 조치는 퇴직과 고용의 공존을 가능하게 하는 결과를 가져왔다. 그리고 개인 및 집단단위에서 새로운 저축상품이 만들어지게 되었다.

사르코지 대통령의 집권 아래에서는 공공 부문의 개혁이 프랑스 철도노조(SNCF)와 파리교통공사(RATP), 전기-가스공사(IEG) 등 특수레짐에 맞추어졌다. 이는 지나치게 관대했던 조건을 민간 부문의 조건에 가깝게 하향조정하는 것을 의미했다. 이미 1993년 민간 부문의 연금제도 개혁을 담당했던, 그리고 1995년 실패를 경험했던 사르코지가 2007년 대선공약으로 제안한 것이기도 했다. 보험료 납입기간을 40년으로 늘리고 2009년 7월 1일부터 연금산정방식에 인플레이션을 반영하며 납입기간이 부족한 경우 그만큼을 공제하는 방식을 적용하는 것이 그 골자였다.

7) 2010년의 연금제도 개혁

2010년은 프랑스 연금제도 개혁을 둘러싼 갈등이 매우 요란했던 해였다. 사르코지 대통령은 특수연금제도의 재정적자가 2008년 금융위기로 인해 더 높아질 것이라 발표했으며 이를 기점으로 연금제도에 대한 개혁에 박차를 가했다. 당시의 개혁은 노동연대부 장관이었던 외르트(Eric Woerth)가 주도하였다. 이 정부에 따르면, 특수연금의 적자는 1945~1950년 베이비 붐 시기에 태어난 세대의 퇴직이 절정에 달함에 따라 2010년에는 320억 유로에 이르게 된다. 그리고 2020년에 이르면 재정적자는 더 큰 폭으로 증가한다. 2006년 100명의 연금을 182명의 근로자가 납부해야 한다면 2010년에는 170명이, 2030년에는 150명이, 2050년에는 121명이 부담해야 한다.

흥미로운 점은 퇴직연금자문위원회(COR)가 작성했던 일련의 추정치와 그에 따른 조치가 매우 불확실 또는 불안정했다는 점이다. 반복되는 추정치 변경과 그에 따른 대책의 수정은 2010년 6월 프랑스 8대 노조가 모두 참여하는 대대적인 파업과 시위로 이어졌다. 위원회가 2010년 5월 16일에는 경제활동기간의 점진적 증가만으로도 인구학적 변화(고령화)에 따른 충격을 흡수할 수 있다고 말했다가 불과 한 달 뒤인 6월 16일에는 퇴직연령을 60세에서 62세로 조정해야 한다고 주장함으로써 신뢰를 상실했기 때문이다. 하지만 이는 1990년대 지속적으로 제기되었던 연금 개혁과 관련해 중요한 변화를 가져왔다.

2010년 연금 개혁을 위한 갈등은 크게 두 가지 연금제도 개혁방향 간의 대립을 시사한다. 하나는 노동시간을 연장함으로써 보험료 납입금을 늘리는 전략이고 다른 하나는 자본소득에 대한 과세 등을 통해 연금재정의 기반을 강화하는 전략이다. 전자가 2003년 이후 우파 정치세력의 핵심전략이었다면 후자는 사회당의 전략이었다.

2010년 프랑스 연금제도의 개혁은 1990년대 이후 미온적으로 방치했던 연금제도의 문제점이 누적됨에 따라 불가피했다는 지적이 많다. 물론 이는 1990년대 중반 이후 우파정권의 집권이 본격화되면서 다소 과장된 측면도 있다. 또한 보는 관점에 따라 프랑스 연금제도가 개악된 것으로 해석될 수 있음을 의미한다. 하지만 부과방식으로 운영되는 공적연금제도의 지속가능성을 위해서는 수입과 지출의 균형을 강화함으로써 재정적자와 그에 따른 부채의 증가를 억제해야 했다는 점은 분명한 사실이다.

2010년 연금제도 개혁조치는 같은 해 4월 퇴직연금자문위원회(COR)[1]가 작성한 보고서의 주장을 기본논리로 삼았다. 이 보고서는 현 공적연금제도의 수입과 지출 그리고 고령화 추세 등을 감안하면 연금제도의 재정적 지속가능성이 심각하게 위협받고 있다는 점을 강조하는 데 초점을 맞추고 있다. 그리고 이를 개편하기 위한 조치를 제시하였는데, 그 핵심주장은 당시 노동복지부 장관이었던 외르트의 연금 개혁 법안에 거의 그대로 담겨 있다.

〈외르트법〉(Loi Woerth)으로 불리는 공적연금 개혁안은 2010년 6월 16일 발표되고 9월 7일 국회(하원)에 제출되었으며 동년 12월 9일 헌법위원회에 의해 공표되었다. 이 개혁법안의 초안은 두 가지 핵심적인 조치를 담았다. 하나는 공식퇴직연령을 60세에서 62세로 6년간에 걸쳐 단계적으로 상향 조정하는 것이었다. 이는 연간 4개월씩 점진적으로 연령을 조정하는 조치를 말한다. 다른 하나는 보험료 납입기간이 충족되지 않은 경우, 공제를 적용하지 않고 공식퇴직연령을 65세에서 67로 상향 조정하는 것이었다. 노동조합들의 주장에 따르면, 이 조치는 퇴직기간 1년을 위해 2.64년간 보험료를 납입하던 이전에 비해 3.14년을 납입하도록 규정한 셈이었다.

---

1) 퇴직연금자문위원회(Conseil d'Orientation des Retraites)는 2000년 5월 10일 시행령에 따라 총리실 산하의 독립기구로 설치되었다. 이 조직은 연금제도와 관련된 연구 및 이해당사자 간의 협의를 담당하며 2003년 8월 21일의 법률을 통해 연금제도 개혁과 관련된 역할을 담당하게 되었다.

그 밖에도 몇 가지 조치를 포함했다. 이를 열거하면 첫째, 장기근속과 관련해 43년 반(2분의 1) 동안 보험료를 납부함으로써 연금수급조건의 강화라는 기조를 유지하였다. 본래의 규정이 42년이었다는 점을 감안하면 1년 반이라는 기간이 늘어난 것이다. 14세부터 보험료를 납부했던 사람은 58세가 되어야 연금을 수급할 수 있게 되었다. 둘째, 장애와 관련해 직업 능력을 20% 이상 상실했다는 것을 입증하는 의사의 진단서가 있어야 60세부터 퇴직할 수 있었다. 셋째, 공공기관 종사자의 보험료율을 7.85%에서 10.55%로 상향 조정하였다. 이는 민간 부문과 달리 장기간 변화하지 않았던 공공부문의 연금제도를 변화하는 조치였다. 넷째, 공무원의 퇴직(개시) 연령을 6년간 매년 4개월씩 상향 조정함으로써 2년 높이는 조치가 있었다. 다섯째, 2020년까지 사용하지 않기로 규정되었던 퇴직유보기금을 사용하도록 조치를 취했다. 여섯째, 공무원의 연금레짐에 대한 국가의 재정지원을 동결하였다. 일곱째, 보험료 납입기간을 2020년까지 41년에서 41년 반으로 연장하였다. 이는 외르트의 법안이 제정된 이후에 추가된 조항이다. 여덟째, 동산 및 부동산의 양도 그리고 주식배당 및 이자소득에 대한 세율을 1포인트 상향 조정했다. 아홉째, 스톡옵션과 보충연금에 대한 세율을 상향 조정했다. 열째, 2015년 이후 실업률이 일정 수준 이상 감소하는 경우 실업보험의 보험료 중 일부를 연금보험의 보험료로 이전하는 조치가 포함되었다.

2010년 공적연금 개혁을 둘러싼 프랑스 국내 및 국외의 반응은 매우 상반되었다. 먼저 프랑스 정부는 이 연금 개혁이 연금재정의 적자를 상당 부분 감소하여 연금재정 균형에 기여할 것이라 주장하였다. 하지만 이러한 조치가 장기간에 걸쳐 단계적으로 이루어지도록 설계되었다는 점에서 단기간에 효과가 나타나기 힘들다는 점은 분명하다. 정부 차원에서도 보험료 납부기간을 연장하는 데 초점을 맞춘 개혁의 효과가 제한적이라는 점은 잘 알고 있었다. 이어 사회당과 8대 노조는 이 조치가 봉급생활자에게 매우 가혹하다고 비판하였다. 프랑스의 주요 경제잡지 중 하나인 〈알테르나티브 에코노

미크〉는 2010년 개혁이 프랑스 봉급생활자로 하여금 유럽에서 가장 오랜 기간 동안 보험료를 납부한 뒤에야 퇴직할 수 있다는 점에서 매우 가혹한 개혁이라고 진단하기도 하였다(*Alternatives Economiques*, 2010. 7). 끝으로 〈이코노미스트〉(*Economist*)를 비롯한 외국은 프랑스의 공적연금제도가 다른 OECD 국가나 유럽 국가와 비교했을 때 지나치게 관대했음을 감안하면 2010년의 연금 개혁 조치는 여전히 상대적으로 불충분하다는 반응이었다.

2010년 프랑스 연금제도 개혁은 프랑스 공적연금제도에서 매우 중요했지만 많은 당면과제를 안고 있었고 이는 2015년의 개혁으로 이어졌다.

3. 프랑스 연금제도의 기본구조

2012년 2월 현재 프랑스에는 약 6백 개의 기초연금레짐과 약 6천 개에 달하는 보충연금레짐이 존재한다. 기초레짐은 국가에 의해 모든 근로자에게 강제로 적용되는 제도이며 보충레짐은 기초레짐에 덧붙여 추가적으로 연금을 보장하는 데 필요한 제도이다. 주목해야 할 점은 보충연금레짐은 각 기관이 독자적으로 기금을 축적하며 기관별로 상이한 규정을 적용하는 경우가 많아 공통점을 찾기가 어렵다는 점이다. 보충연금레짐은 1972년 12월 29일의 법에 의해 의무적인 연금제도로 제도화되었으며 적용 대상은 일반레짐에 속해 있는 임금근로자와 농업 부문 임금근로자레짐에 속해 있는 근로자이다. 이는 공무원에게는 적용되지 않는다.

1) 프랑스 공적연금제도의 특징

프랑스 공적연금제도는 부과방식의 운영체계와 관리체계의 복잡성이 특징이다. 이 문제와 관련해 페노(Pascal Penaud)는 다음 네 가지 기준에 따라 프랑스 공적연금제도의 특징을 정리하고 있다(Penaud et al., 2011).

첫째, 연금제도가 기금방식인지, 부과방식인지 그리고 강제적인지의 기준이다. 연금제도는 운영시스템과 관련해 기금방식과 부과방식으로 구분할 수 있는데 프랑스 연금제도는 부과(*répartition*) 방식으로 운영된다. 주로 현재 경제활동인구의 소득에 부과되는 보험료를 재원으로 현 연금수급자에게 연금을 지급하는, 즉 세대 간 연대방식의 운영을 의미한다.

둘째, 누가 연금서비스를 보장하는가 하는 점이다. 프랑스의 공적연금제도는 기본적으로 국가가 보장한다. 기초연금레짐과 추가연금레짐에 대한 재정관리를 국가가 제도적으로 규정하고 있다는 점에서 그러하다. 물론 기금관리는 각 직능단체를 중심으로 거버넌스를 통해 관리되는 경향이 있지만 이 경우에도 국가의 관리를 받는다는 점을 감안해야 한다.

셋째, 연금수급이 가능한 퇴직연령의 결정방식은 무엇인지의 기준이다. 연금지급방식은 확정급여(*régime à prestations définies*) 방식과 확정보험료(*cotisations définies*) 방식으로 구분할 수 있다. 전자가 납부한 보험료의 수준과 기간에 따라 연금급여가 결정되는 방식이라면 후자는 퇴직 시점의 재정여건에 따라 연금급여가 결정되는 방식이다. 물론 이 두 방식 사이의 절대적 구분은 어렵다. 하지만 전자는 재정여건과 관련 없이 현재 가입자가 재정을 책임지는 방식이라면 후자는 현 연금수령자가 연금급여 증감에 따른 부담을 지는 방식이라고 볼 수 있다.

넷째, 연금급여의 계산방식은 어떠한가 하는 점이다. 프랑스 사회보장제도에서 상한(*plafond*)의 개념은 보험료와 급여 계산에 적용되는 소득의 상한(구간)을 지칭한다. 2011년 상한은 2,946유로로 고정되어 있다. 이는 보험료율이 과세 대상 소득의 0~2,946유로 사이의 소득에 대해 적용됨을 의미한다. 이는 공적연금제도(특히, 기초연금레짐)에 동일하게 적용된다.

2) 프랑스 공적연금제도의 기본구조

일반적으로 한 국가의 공적연금제도는 적용 대상과 운영방식에 따른 층위로 구성된다. 이러한 기준에 따라 보면, 프랑스의 연금제도는 크게 기초레짐(Régimes de Base), 소득비례형 보충레짐(Régimes Complémentaires Obligatoires), 민간 또는 추가레짐(Assurance Vieillesse, Surcomplémentaire) 등 셋으로 구성된다. 위의 세 가지 층위 중 기초레짐과 소득비례형 보충레짐은 제도를 통해 강제되는 공적연금제도이고 민간 또는 추가레짐은 각 개인이 선택하고 시장을 통해 작동하는 제도이다.

〈그림 7-1〉은 프랑스 연금제도의 세 층위를 가입자 취업특성에 따라 구분한 것이다. 프랑스의 공적연금제도가 층위와 직능별로 수많은 레짐으로 구성되어 있음을 보여준다. 이 그림에서 일반레짐(Régime Général), 자영업자 및 자유업자레짐(Régime des Indépendants), 농업 종사자레짐(Régime Agricole)은 운영원칙이 거의 유사하다는 점에서 동일한 규칙에 의해 운영되며 나머지 둘 연금레짐(Régime des Pensions)과 특수레짐(Régimes Spéciaux)은 중앙정부와 지방정부 그리고 특수직 공무원이나 공공 부문 종사자를 대상으로 하는 별도의 규칙에 따라 운영된다. 그리고 이처럼 다양한 층위로 구성된 각 레짐을 관리하는 조직은 더욱 복잡하게 분포한다.

공적연금제도 중 특수레짐은 특히 많은 비판을 받아왔는데, 그중에서도 국회의원을 대상으로 하는 특수연금레짐은 지나치게 관대하게 설계되었다는 비난을 받았다. 이러한 비판은 특수레짐을 일반레짐으로 병합하는 조치와 관련해 국회가 만장일치로 거부함에 따라 사회적 여론이 악화되는 과정에서 본격적으로 표출되었다.

2010년 현재 전직 국회의원(하원의원) 한 사람이 받는 월 연금급여는 2,700유로이며 상원의원은 4,442유로를 받는다. 문제는 국회의원이 보충레짐과 관련된 보험료를 선출 직후 초기 5년간 두 배를 납부하고 다음 5년

〈그림 7-1〉 프랑스 공적연금제도의 기본구조

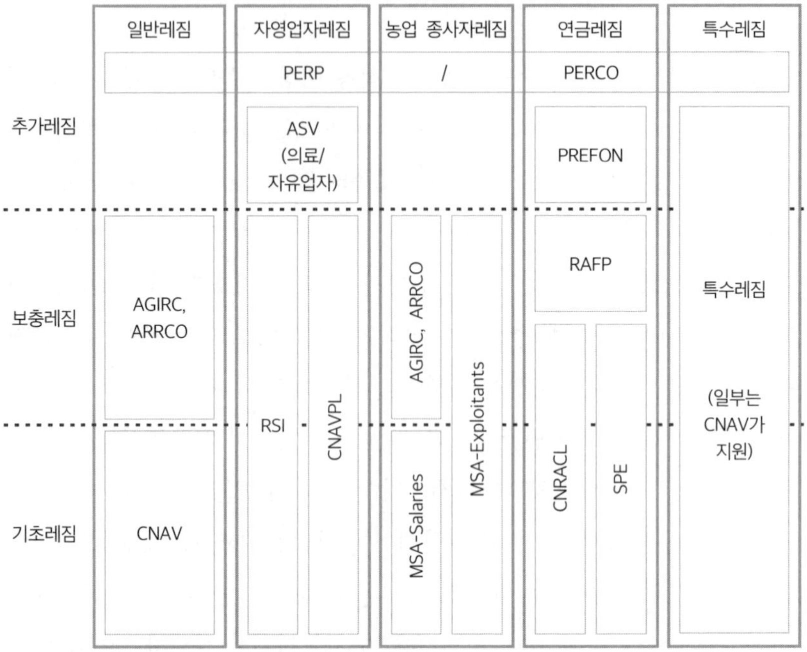

	일반레짐	자영업자레짐	농업 종사자레짐	연금레짐	특수레짐
		PERP	/	PERCO	
추가레짐		ASV (의료/ 자유업자)		PREFON	
보충레짐	AGIRC, ARRCO	RSI / CNAVPL	AGIRC, ARRCO / MSA-Exploitants	RAFP / CNRACL / SPE	특수레짐 (일부는 CNAV가 지원)
기초레짐	CNAV		MSA-Salaries		

주: 그림에서 언급된 프랑스 공적연금 관리기관의 명칭은 아래와 같이 옮길 수 있음.
 1) AGIRC: Association Generale des Institutions de Retraite des Cadres, 고위직 연금기관협회
 2) ARRCO: Association des Regimes de Retraite Complementaire des Salaries, 임금노동자 보충연금레짐협회
 3) ASV: Allocation Supplementaire du Minimum Vieillesse, 노령보충수당
 4) CNAVPL: Caisse Nationale d'Assurance Vieillesse des Proféssions Liberales, 자유업자 노령보험전국기금
 5) CNAV 또는 CNAVTS: Caisse Nationale d'Assurance Vieillesse des Travailleurs Salaries, 임금노동자 노령보험 전국기금
 6) CNRACL: Caisse Nationale de Retraite des Agents des Collectivites Locales, 지방공무원 연금전국기금
 7) FSV: Fonds de solidarite vieillesse, 노령연대기금
 8) MSA-Exploitants: Mutualite Sociale Agricole des Agriculteurs, 농민사회공제조합
 9) MSA-Salaries: Mutualite Sociale des Salaries, 농민사회공제조합
 10) PERCO: Plan d'Epargne Retraite Collectif, (기업 단위) 집합연금 기금계획
 11) PERP: Plan d'Epargne Retraite Populaire, (개인 단위) 서민연금 기금계획
 12) PREFON: Prévoyance de la Fonction Publique, 공무원 연금기구
 13) RAFP: Retraite Additionnelle de la Fonction Publique, 공무원 추가연금
 14) RSI: Regime Social des Independants, 자영업자 사회레짐
 15) SPE: 중앙공무원 연금관리국
자료: Penaud et al., 2011.

간은 1.5배를 납부한다는 점이다. 이는 25년간 보험료를 납부하면 최고 연금급여를 받을 수 있다는 점에서 일반 근로자의 보험료 납입기간과 비교해 봤을 때 지나치게 유리한 것으로 간주된다. 전직 대통령의 연금급여는 보험료 납입기간과 무관하게 연간 6만 3천 유로로 책정되어 있다.

3) 프랑스의 연금관리 조직

프랑스 연금기금과 규칙을 관리하는 조직은 크게 다섯 형태로 구분할 수 있다.

첫째, 일반레짐이다. 이 조직은 상업과 산업 부문에서의 임금근로자를 대상으로 하며 1946년 10월 7일 법에 의해 사회보장 지역기금 및 노령보험 전국공단(CNAV)에 위탁해 운영하고 있다.

둘째, 농업 종사자레짐이다. 농업에 종사하는 임금근로자 및 자영농을 대상으로 하며 운영과 관리는 애당초 농업공제조합 중앙공단(CCMSA)이 맡았으나 1962년 이후 일반레짐에 통합되어 관리된다.

셋째, 봉급생활자도, 농업 종사자도 아닌 근로자를 대상으로 하는 레짐이다. 이는 2006년 이후 자영업자 사회레짐(RSI)과 자유업 종사자 노령보험 전국공단(CNAVPL)에 의해 관리된다.

넷째, 중앙정부 및 지방정부의 공무원 및 종사자를 대상으로 하는 레짐이다. 이는 중앙공무원 연금관리국(SPE)과 지방공무원 연금기금(CNRACL)에 의해 관리된다.

다섯째, 전기와 가스공사, 철도공사, 일드프랑스 운수공사, 광부 등 특수한 직능 집단 종사자를 대상으로 하는 특수레짐이다. 이는 1990년대 이후 개혁의 대상으로 지속적으로 간주되었으며 2005년 현재 약 124개의 특수레짐이 있는 것으로 파악되었다.

4) 레짐에 따른 연금보험료 및 연금급여 계산방식

프랑스 공적연금제도에서 보험료 및 연금급여 계산방식은 크게 두 가지로 구분할 수 있다.

먼저 보험료 계산방식을 설명하면 다음과 같다. 기초연금레짐에는 분기 단위 계산방식이 적용된다. 기초연금레짐 가입자가 법이 정한 최대연금급여를 수급하기 위해서는 각 제도가 정한 보험료를 일정 기간 납부해야 한다. 여기서 기본단위는 분기이다. 보험료는 사회보장 상한선으로 정해진 일정 소득(2017년 기준으로 월 3,269유로)을 대상으로 적용되며 보험료율은 대상 소득의 15.45%(고용주 8.55%, 피고용자 6.9%)이다. 이는 보험가입자의 소득이 3,269유로에 미치지 못하는 경우에는 해당 소득을 대상으로 보험료율이 적용된다는 것을 의미한다. 그리고 사회보장 상한선 이상의 소득에 대해서는 고용주에게 1.90%, 피고용자에게 0.4%가 보험료율로 적용된다.

다른 하나는 보충연금레짐에 적용되는 포인트 방식이다. 이는 납입한 보험료의 누적분을 포인트로 환산하여 후에 연금급여로 지급하는 방식을 지칭한다. 물론 이 경우에는 소득구간에 따라 상이한 보험료율이 적용된다. 소득구간(tranche)별 보험료율을 보면 임금근로자 레짐(ARRCO)에서는 소득이 사회보장 상한선을 기준으로 1 미만인 가입자(Tranche 1)에게는 7.75%(고용주 4.65%, 피고용자 3.1%)의 보험료율을 적용하고 소득이 1~3 사이에 있는 가입자(Tranche 2)에게는 20.25%(고용주 12.15%, 피고용자 8.1%)의 보험료율을 적용한다. 한편, 임원 등 고위직을 대상으로 하는 레짐(AGIRC)에서는 소득이 A 구간(Tranche A)인 경우에는 7.75%(고용주 4.65%, 피고용자 3.1%)의 보험료율을 적용하고 B 구간(Tranche B)인 경우에는 20.55%(고용주 12.75%, 피고용자 7.8%)의 보험료율을 적용한다. 이 보험료율은 2010년과 2013년의 연금 개혁으로 고위직에 대한 보험료율 적용체계가 다소 변화한 결과이다. 보충연금레짐에 적용되는 포인트

방식을 좀더 설명하면, 매년 납입하는 보험료 총액을 일정 금액가치를 갖는 포인트로 나눈 뒤 그해 취득한 포인트를 이전에 취득한 포인트에 더하는 방식이다.[2]

연금급여 계산방식을 설명하기에 앞서, 연금급여를 수급하는 데 필요한 조건에 대해 설명할 필요가 있다. 연금급여 수급을 위해서는 네 가지 조건을 충족시켜야 한다.

첫째, 공식퇴직연령이 되어야 한다. 이는 보험가입자가 연금을 수급하려면 그가 가입한 연금레짐이 정한 공식기준연령이 되어야 함을 의미한다. 2017년 현재 연금급여 수급연령은 1951년 1월 1일 이후 출생자에 대해서는 62세이며 그 이전 출생자에게는 기존의 60세 기준이 적용된다.

둘째, 일정한 보험료 납입기간 기준을 충족시켜야 한다. 프랑스는 분기를 기본단위로 납입기간을 계산하는데 이는 출생연도에 따라 160분기에서 172분기로 차등 적용된다.

셋째, 소득대체율(*taux de liquidation*)이 정해져야 한다. 현재 일반레짐의 소득대체율은 50%이다.

넷째, 참고소득(*revenu de référence*)이 정해져야 한다. 이는 퇴직연금급여 총액을 정하는 과정에서 참조하게 될 소득을 의미한다. 일반레짐에서는 가장 소득이 높은 25년간의 연평균소득을 참고소득으로 활용한다. 하지만 이 경우에도 이 소득은 사회보장 상한선 미만이어야 한다.[3]

다음 산식은 프랑스에서 연금급여를 산출하는 방식을 보여준다. 여기서 연금급여 수준에 영향을 미치는 것은 참조소득과 보험료 납입기간이다. 만일 참조소득이 낮거나 고용단절 등으로 보험료 납입기간이 적은 경우에는

---

2) 위의 보험료율에 대해서는 CLEISS 홈페이지(http://www.cleiss.fr/docs/regimes/regime_francea2.html, 2017. 4. 5 인출)를 참조하라.

3) 위의 연금액 산정과 관련해서도 CLEISS 홈페이지(http://www.cleiss.fr/docs/regimes/regime_francea3.html, 2017. 4. 5 인출)를 참조하라.

최대 연금급여를 수급하지 못하기 때문이다.

연금급여(1952년 출생자 기준) =

참조소득(*salaire de base*) × 소득대체율 × 〔보험료 납부기간 / 164(분기)〕

4. 공적연금제도의 현황과 문제점

1) 연금제도의 수급자 현황

프랑스 공적연금제도는 기초레짐과 보충레짐을 근간으로 운영되며 인구고
령화와 평균수명의 증가 등으로 인해 연금수급자 규모는 지속적으로 증가
하는 추세를 보이고 있다. 〈표 7-1〉은 전체 공적연금제도를 통해 연금을

〈표 7-1〉 레짐유형에 따른 공적연금 수급자 추이

(단위: 천 명, 개)

연도	전체 레짐(기초 + 보충)			기초레짐 수급자	프랑스 거주자		퇴직자당 평균연금개수	
	전체	남성	여성		전체레짐	기초레짐	전체레짐	기초레짐
2004	12,960	6,380	6,580	12,760	12,066	11,943	2.33	1.40
2005	13,260	6,530	6,730	13,070	12,346	12,225	2.34	1.40
2006	13,640	6,720	6,920	13,460	12,706	12,592	2.35	1.40
2007	14,020	6,900	7,130	13,860	13,076	12,969	2.36	1.39
2008	14,418	7,097	7,321	14,270	13,412	13,326	2.38	1.40
2009	14,740	7,210	7,530	14,590	13,706	13,616	2.39	1.39
2010	15,080	7,330	7,750	14,920	14,024	13,931	2.39	1.39
2011	15,291	7,387	7,904	15,101	14,149	14,039	2.41	1.40
2012	15,349	7,440	7,909	15,245	13,602	13,563	2.42	1.38
2013	15,629	7,548	8,081	15,520	14,517	14,465	2.42	1.38
2014	15,828	7,623	8,205	15,725	14,718	14,672	2.44	1.38
2015	15,980	7,680	8,301	15,874	14,873	14,824	2.45	1.39

자료: DREES(2017). Les retraités et les retraites: 21.

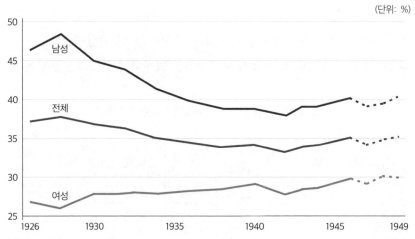

〈그림 7-2〉여러 개의 레짐을 가진 공적연금 수급자 추이

(단위: %)

자료: DREES(2017). Les retraités et les retraites: 25.

〈표 7-2〉 공적연금제도의 레짐별 가입자 현황

(2009년 기준, 단위: 명)

직업 분류		부과형 퇴직연금(강제)		저축연금
		기초레짐	보충레짐	추가레짐
임금근로자				
농업 종사자	피고용자	MSA	ARRCO	AGIRC	기업 퇴직연금 (Perco, Pere)
	고위직			
민간 부문 피고용자	고위직	CNAV		
	피고용자			
	조종사		CRPNPAC	
공공 부문·준공공 부문 피고용자	비공무원		IRCANTEC	Prefon Corem CRH
	공·군무원	SPE	RAFP	
	지자체공무원	CNRACL		
	준공무원		특수레짐	
농업 종사자		MSA	RCO	민간 보험레짐 (Loi Madelin)
수공업자·상인·기술자		RSI	RSI-AVA	
자유업		CNAVPL	RSI-AVIC	
변호사		CNBF	CNBF	
종교인		CAVIMAC	ARRCO	

자료: Observatoire des Retraites(2009).

받는 퇴직자 수 추이를 보여주고 있다.

전체 연금수급 퇴직자는 2004년 1,296만 명에서 2015년 1,598만 명으로 약 300만 명 증가한 것으로 나타났다. 성별로 보면 남성수급자보다 여성수급자 규모가 다소 많은 것을 알 수 있다. 그중에서 기초레짐을 받는 수

〈표 7-3〉 공적연금제도의 레짐별 연금수급자 현황

(2015년 12월 기준)

연금기금레짐별	전체 퇴직자	공적연금 수급 퇴직자	기타 공적연금 수급 퇴직자	최소 노령수당 수급자	장애연금 수급자
전체	17,071	15,980	4,414	554	777
프랑스거주자	15,476	14,873	3,823	554	-
일반레짐(CNAV)	13,907	13,076	2,789	428	632
농업인- 근로자(MSA)	2,516	1,927	745	15	26
임금근로자(ARRCO)	12,369	11,093	2,981	0	-
고위직 근로자(AGIRC)	2,941	2,405	627	0	-
중앙공무원(SPE)	1,741	1,509	302	0	23
군인 등(SPE)	503	364	141	0	14
지방공무원(CNRACL)	1,141	1,013	161	0	37
공기업근로자(FSPOEIE)	95	63	34	0	-
정부 · 지방정부 종사자(IRCANTEC)	1,959	1,712	291	0	-
농업인-비근로자(MSA)	1,484	1,381	435	28	12
농업인-비근로자 - 보충레짐(MSA)	718	694	104	0	-
자영업자 - 상인(RSI)	1,162	951	280	6	13
자영업자 - 수공업자(RSI)	919	686	251	3	18
자영업자 - 보충레짐(RSI)	1,255	938	317	0	-
자유업자(CNAVPL)	326	279	47	0	-
전기가스업근로자(CNIEG)	164	128	40	0	2
철도근로자(SNCF)	263	176	90	0	-
버스조합근로자(RATP)	43	33	11	0	-
종교인(CRPCEN)	70	62	9	0	1
원호대상자(CAVIMAC)	47	47	1	5	0
어업근로자(ENIM)	-	69	-	1	-
광업근로자(CANSSM)	-	150	-	0	-
최소노동수당관리기구(ASPA)	-	-	-	68	-

자료: DREES(2017). Les retraités et les retraites: 9.

급자는 2004년 1,276만 명에서 2015년 1,587만 명으로 증가하였다. 그리고 퇴직자가 받는 평균연금개수는 2015년 현재 2.45개이며 기초레짐에서는 1.39개를 받는 것으로 나타나고 있다. 이처럼 연금 개수가 여러 개인 이유는 직장 이동 과정에서 상이한 레짐에 가입하는 경우가 존재하기 때문이다. 이는 지속적으로 증가하고 있는 노동 이동 과정에서 레짐으로 구성된 복잡한 체계를 단순화할 필요가 있다는 지적이 계속 제기되는 이유이기도 하다. 물론 프랑스 공적연금제도가 지속적으로 레짐 간의 통폐합을 계속함에 따라 한 사람이 여러 개의 연금레짐에 가입된 비율은 꾸준히 감소하여 왔다. 하지만 여전히 35% 수준을 유지하고 있는 것으로 나타나고 있다.

프랑스 공적연금제도를 연금가입자 및 수급자의 직업별로 기초레짐과 보충레짐 그리고 추가레짐으로 구분하여 배치하면 〈표 7-2〉와 같다. 이는 이어지는 〈표 7-3〉의 연금수급자 현황표를 이해하기 쉽도록 배치한 것이다.

〈표 7-3〉은 2015년 12월 현재 프랑스 공적연금제도의 층위별 그리고 레짐별 연금수급자 규모를 보여 준다. 전체 기초연금 수급자 중 가장 큰 비중을 차지하는 것은 역시 임금노동자 기초연금레짐(CNAV) 수급자로 나타나고 있다. 그리고 보충연금레짐에서도 임금근로자 대상 보충연금레짐(ARRCO) 수급자가 가장 큰 비중을 차지하고 있다. 다른 제도들은 기초연금 수급자와 보충연금 수급자가 명확하게 구분되어 있지 않다.

2) 공적연금제도의 연금액

2004~2015년 공적연금 수급자의 평균 연금급여액 변화를 보면 단순 연평균 증가율은 2.32%이며 물가상승률을 반영해 보정한 연평균 증가율은 1.53%로 나타나고 있다. 점진적으로 평균 연금액이 증가해 왔음을 알 수 있다. 2015년 현재 월평균 총연금액은 1,601유로이며 남성 1,906유로, 여성 1,340유로로 나타나고 있다. 이를 성비로 보면 남녀 간 연금격차는

<표 7-4> 공적연금제도의 월평균 연금액 추이

(단위: 유로)

연도	총연금액				공적연금액*			연간 증가율	인플레이션 보정증가율
	전체	남성	여성	성비	전체	남성	여성		
2004	1,257	1,547	1,000	0.65	1,127	1,535	767	-	-
2005	1,295	1,593	1,031	0.65	1,163	1,581	794	3.2	1.7
2006	1,334	1,638	1,064	0.65	1,202	1,625	827	3.4	1.8
2007	1,373	1,682	1,100	0.65	1,240	1,667	861	3.1	0.5
2008	1,420	1,726	1,148	0.67	1,282	1,711	901	3.4	2.4
2009	1,444	1,756	1,171	0.67	1,304	1,740	922	1.7	0.8
2010	1,472	1,787	1,199	0.67	1,329	1,770	945	1.9	0.1
2011	1,520	1,859	1,231	0.66	1,377	1,843	981	3.7	1.2
2012	1,544	1,856	1,279	0.69	1,393	1,837	1,015	1.1	-0.2
2013	1,578	1,884	1,314	0.70	1,424	1,864	1,045	2.2	1.5
2014	1,591	1,898	1,328	0.70	1,439	1,878	1,061	1.1	1.0
2015	1,601	1,906	1,340	0.70	1,449	1,885	1,075	0.7	6.0

주: * 기타연금 제외, 아동증액 포함.
자료: DREES(2017). Les retraités et les retraites: 52.

2004년 0. 65에서 2015년 0. 70으로 다소 완화된 것을 알 수 있다.

공적연금제도 중 기타 연금(Régime Dérivé)과 아동증액(Majoration pour Enfatns)을 제외한 월평균 연금액을 레짐별로 비교한 것이 <표 7-5>이다. 특수지역 레짐의 연금액과 나머지 민간 부문 근로자 대상 레짐의 연금액 격차가 매우 큰 것을 알 수 있다. 이는 상대적으로 고용이 안정된 공공 부문에서 장기간 근속이 가능하며, 이로 인해 수급하는 연금액수 또한 크다는 점과 관련이 있다.

기초레짐과 보충레짐으로부터 받는 월평균 총연금액의 분포를 보면 프랑스 공적연금제도가 안고 있는 문제점이 잘 드러난다. <그림 7-3>은 성별로 월평균 연금액의 분포를 보여 주는데 그에 따른 세 가지 특징을 지적할 수 있다.

첫째, 월평균 900유로 미만의 연금을 받고 있는 집단의 비중이 매우 크다는 점이다. 이는 연금수급 노인 중 상당수가 빈곤위험에 노출되어 추가적 소득보장이 필요하다는 점을 말해준다. 둘째, 상대적으로 높은 연금을 받는 집단이 많아 연금수급자 간의 불평등 문제가 제기될 개연성이 있다는 점이다. 셋째, 연금제도와 관련해 남성과 여성 간의 격차가 매우 크다는 점이다.

참고로 〈그림 7-3〉에서 여성 연금수급자는 월평균 900유로로 수급자 비중

〈표 7-5〉 공적연금레짐별 월평균 연금액

(단위: 유로, %)

연금기금 레짐별	월평균 연금액	증가율			연금 성비(%)
		2014~2015	2010~2015	2005~2015	
전체	1,334	7	47	109	61.0
일반레짐(CNAV)	601	7	40	82	73.8
농업인-근로자(MSA)	190	-2	11	31	79.5
임금근로자(ARRCO)	316	3	25	105	61.0
고위직 근로자(AGIRC)	699	-14	-91	-152	41.3
중앙공무원(SPE)	2,024	1	18	31	85.4
군인 등(SPE)	1,675	1	11	5	76.7
지방공무원(CNRACL)	1,282	1	13	11	89.3
공기업근로자(FSPOEIE)	1,790	0			75.3
정부 · 지방정부 종사자(IRCANTEC)	114	27	167	306	60.2
농업인-비근로자(MSA)	366	-5	7	47	74.3
농업인-비근로자-보충레짐(MSA)	75	0			44.0
자영업자-상인(RSI)	273	-17	-50	-92	62.3
자영업자-수공업자(RSI)	348	-5	0	47	58.0
자영업자-보충레짐(RSI)	132	1	60	101	51.1
자유업자(CNAVPL)	375	-5			
전기가스업근로자(CNIEG)	2,523	9	44	74	71.7
철도근로자(SNCF)	1,983	6	56	125	84.3
버스조합근로자(RATP)	2,275	9	64	110	84.8
종교인(CRPCEN)	944	-6	-27		64.8
원호대상자(CAVIMAC)	293	-2	9		90.6
어업근로자(ENIM)	961	-4			
광업근로자(CANSSM)	573	2			

자료: DREES(2017). Les retraités et les retraites: 54.

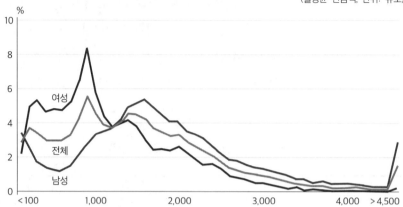

〈그림 7-3〉 프랑스 퇴직자의 평균 공적연금액(기초레짐 + 보충레짐) 분포

(월평균 연금액, 단위: 유로)

자료: DREES(2017). Les retraités et les retraites: 64.

이 가장 높은 반면, 남성 연금수급자는 월평균 1,600유로 수급자 비중이 가장 높게 나타나고 있다.

3) 공적연금제도의 재정수지

프랑스 공적연금제도가 재정적자와 부채 문제에 직면한 것은 이미 새로운 일이 아니다. 〈그림 7-4〉는 1998~2015년 공적연금제도의 재정수지가 어떻게 진행되어 왔는지 잘 보여주고 있다. 2004년까지 프랑스 공적연금 제도는 소폭의 흑자구조를 유지할 수 있었다. 하지만 2005년을 기점으로 공적연금제도의 재정적자가 빠른 속도로 커지기 시작하였으며 2010년에 는 -8.9%의 적자상태에 빠졌음을 알 수 있다. 이는 2010년 공적연금제도 개혁에 착수하게 된 배경이 되었다. 이후 공적연금제도의 재정수지는 퇴 직연령을 늦추는 등의 지속적인 개혁을 통해 그 규모를 줄일 수 있었다. 2015년 재정적자는 -0.3%로 크게 개선된 모습을 보이고 있다.

그렇다면 구체적으로 프랑스 공적연금제도의 수입과 지출은 어떠한 양

〈그림 7-4〉 프랑스 공적연금제도의 재정수지 추이

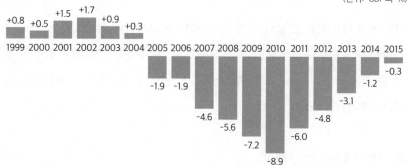

(단위: GDP의 %)

자료: Commission des Comptes de la Sécurité Sociale, Juin 2016.

〈표 7-6〉 프랑스 공적연금 중 일반레짐의 재정수지

(단위: 백만 유로)

		2014	2015	2015 / 2014(%)
수입	사회갹출금	74,179	76,315	29
	국가갹출금	925	1,048	132
	조세	12,624	14,534	151
	조직간 이전	5,671	5,656	-0.3
	노령연대기금	22,316	22,436	5
	기타 상품	1,205	1,491	238
	전체 수입	116,921	121,479	39
지출	법정급여	108,121	110,640	23
	기타 급여	271	276	16
	급여 IEG	1,615	1,626	7
	이전	5,248	6,569	252
	기타 관리비용	673	636	-5.5
	준비금	789	727	-7.9
	기타 비용	1,359	1,319	-2.9
	전체 지출	118,076	121,793	31
잔고		-1,156	-314	

자료: INSEE(2017). Références édition 2017, revenus, salaires: 67에서 재인용.

상을 보이고 있는지 간략하게 설명이 필요하다. 〈표 7-6〉은 2014년과 2015년 수입과 지출의 상세한 내역을 보여 준다. 이 표는 전체 수입에서 가입자가 부담하는 보험료가 가장 큰 재원을 차지하며 저소득층 노인 등을 지원하는 노령연대기금과 조세가 다음으로 큰 재원을 차지하고 있음을 보여 준다. 그리고 지출을 보면 법정급여가 가장 큰 비중을 차지하는 것으로 나타나고 있다.

4) 공적연금제도의 성과

프랑스 연금제도는 퇴직자 간의 불평등 문제에 직면해 있다. 상원의 한 보고서(Sénat, 2010)에 따르면 2007년 현재 퇴직자의 10%는 월 913유로에 미치지 못하는 연금급여로 생활하는 반면, 10%는 2,885유로 이상의 급여로 생활한다. 전체 연금레짐 가입자가 받는 평균 연금급여는 2008년 현재 월 1,122유로 수준이다. 이 금액은 기초노령수당 등 부차적 소득을 제외한 금액이다. 이 보험료는 2003년 이래 연평균 2.4% 증가한 금액으로 같은 기간의 연평균 인플레이션보다 약 0.6포인트 높은 수준으로 책정된 것이다. 하지만 이는 연금급여액 산정을 관대하게 변경한 결과라기보다는 상대적으로 좋은 직장에서 높은 보험료를 납부했던 새로운 퇴직자가 유입됨에 따라 연금보험료가 단계적으로 증가했기 때문이다.

그렇다면 연금생활자의 생활수준은 전체 인구의 생활수준과 비교할 때 어떠한지 살펴볼 필요가 있다. 여기서는 65세 인구의 생활수준을 대리지표로 활용한 분석결과를 살펴볼 것이다. 그에 따르면 국가에 따라 연금생활자의 생활수준은 적지 않은 차이를 보인다. 그중에서도 프랑스의 지표는 0.95로 비교 대상 국가 중 가장 높은 수준을 나타내고 있다. 이는 전체 인구가 1의 수준으로 생활하고 있다면 65세 이상 인구는 그보다 다소 낮은 0.95의 수준으로 생활하고 있음을 의미한다. 이는 65세 이상 인구 중 약

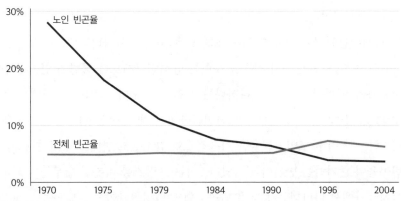

〈그림 7-5〉 1970년 이후 프랑스 빈곤율 및 노인빈곤율 추이

출처: Observatoire des Retraites(2009).

〈표 7-7〉 프랑스의 노인빈곤율 추이

(1996~2013년)

연도	전체 퇴직자	여성 퇴직자	남성 퇴직자	18세 미만	전체 인구
1996	9.6	10.0	9.1	18.9	14.5
1997	9.2	9.7	8.7	18.5	14.2
1998	9.3	10.4	8.0	18.1	13.8
1999	9.4	10.3	8.3	17.9	13.5
2000	9.8	10.6	8.8	18.4	13.6
2001	9.6	10.2	8.7	18.4	13.4
2002	9.7	10.8	8.4	16.7	12.9
2003	8.8	9.7	7.8	17.7	13.0
2004	8.5	9.7	7.0	16.7	12.6
2005	9.1	10.3	7.7	17.6	13.1
2006	9.5	10.6	8.2	17.7	13.1
2007	9.8	10.8	8.6	17.9	13.4
2008	9.9	11.4	8.1	17.3	13.0
2009	9.9	11.0	8.6	17.7	13.5
2010	10.0	10.9	9.1	19.3	14.0
2011	9.3	10.1	8.3	19.5	14.3
2012	8.4	9.1	7.6	19.6	13.9
2013	8.6	9.1	7.8	18.8	13.6

자료 : INSEE & DGI. Enquêtes revenus fiscaux rétropolées de 1996 à 2004; INSEE, DGFIP, CNAF, CNAV, & CCMSA. Enquêtes revenus fiscaux et sociaux de 2005 à 2013.

76%가 주택소유자이고 임대소득 등 기타 재산소득을 보유하고 있다는 점을 고려한 것이다. 만일 이를 제외하고 연금급여만을 고려한다면 그 수준은 경제활동인구와 비교했을 때 크게 낮은 수준으로 나타난다.

1970년 이후 프랑스의 빈곤율 추이는 공적연금제도를 통한 노인빈곤 감소효과가 얼마나 극적으로 나타나는지 잘 보여준다. 〈그림 7-5〉에서 볼 수 있듯, 1990년대 초반까지 노인빈곤율이 전체 빈곤율보다 높은 상태였다. 하지만 이후 노인빈곤율은 지속적으로 감소했고 반대로 근로연령층의 빈곤율이 증가하는 반전이 나타났다. 이는 프랑스를 비롯한 대부분의 서구 복지국가에서 나타나는 문제로 빈곤정책의 핵심현안이 근로빈곤층 지원정책인 이유를 말해 준다.

1996~2013년 프랑스의 노인빈곤율과 아동청년빈곤율 그리고 전체 빈곤율을 비교해 보면 공적연금제도의 빈곤감소효과와 그 비용을 부담하는 현 근로연령층의 구매력을 제고하는 정책에 관한 관심이 종합적으로 고려되는 이유를 알 수 있다. 〈표 7-7〉을 보면 퇴직자 전체의 빈곤율이 1996년 9.6%에서 2013년 8.6%로 감소한 것과 마찬가지로 18세 미만 아동청년 빈곤율이나 전체 빈곤율 또한 감소했거나 유사한 수준을 유지하고 있음을 알 수 있다. 하지만 문제는 시장소득 기준 빈곤율이 지속적으로 증가해 왔다는 점이다. 이는 근로빈곤층의 구매력 하락을 보전하기 위해 추가적으로 많은 노력이 필요하다는 점을 말해준다.

5) 공적연금제도의 문제점

(1) 공적연금제도의 구조적 문제: 만성화된 재정적자

프랑스 공적연금제도와 관련해 다양한 문제가 지적되고 있지만, 사실 문제의 본질은 저출산과 인구고령화의 장기적 충격 그리고 낮은 경제성장률에 있다고 말해도 과언이 아니다. 그리고 이는 단기간에 정책효과를 기대하기

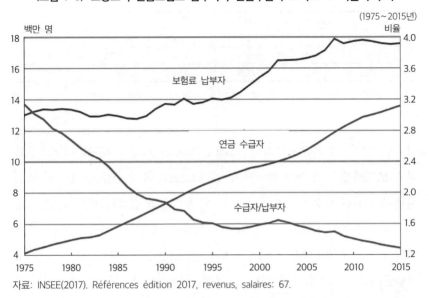

자료: INSEE(2017). Références édition 2017, revenus, salaires: 67.

힘들다는 특성이 있다. 특히, 연금보험료를 납부하여 연금재정을 감당해야 할 현재의 근로연령층 규모가 정체 상태를 지나 감소가 예상되는 반면, 연금을 받고 있는 노인인구는 빠른 속도로 증가하고 있다는 점이 핵심문제인 셈이다. 이 문제와 관련해 〈그림 7-6〉은 프랑스 공적연금제도가 안고 있는 구조적 문제점이 무엇인지 잘 보여준다.

프랑스 공적연금급여가 GDP에서 차지하는 비중은 2016년 현재 OECD 국가 중 가장 높은 수준으로 나타나고 있다. 이 점에서 프랑스 연금제도에 관한 개혁이 필요하다는 지적이 꾸준히 제기되어 왔다. 하지만 이 문제에 관한 신중론 또한 주목할 필요가 있다. 즉, 연금급여 계산방식과 관련해 민간연금급여의 비중이 높은 영국이나 스페인 등의 국가가 저평가되어 있음을 감안해야 한다는 점에서 신중한 해석이 필요하다는 의견이다.

그럼에도 프랑스에서 공적연금제도를 둘러싼 논쟁의 핵심은 빠른 속도로 증가하고 있는 재정적자 문제이다. 이는 재정안정을 위해 프랑스 정부가

<표 7-8> 프랑스 공적연금제도의 재정적자 전망

기간	2015	2020	2030	2040	2050
GDP의 %	-1.82	-1.86	-2.46	-2.76	-2.63
십억 유로	-39.4	-45.0	-70.3	-92.3	-102.6
COR(2007)	-15.1	-24.8	-47.1	-63.4	-68.8

출처: COR(2010). Un signe "moins" corréspond à un besoin de financement.

설립한 '퇴직연금자문위원회'(Conseil d'Orientation des Retraites: COR)의 최근 보고서를 통해 쉽게 확인할 수 있다. 〈표 7-8〉은 2010년 발표된 보고서에서 추정한 재정전망 추정치이다. 이에 따르면 공적연금제도는 2015년 GDP의 1.82%(약 394억 유로)의 재정적자가 예상되며 2030년에는 GDP의 2.46%, 2050년에는 2.63%에 이를 것으로 추정된다. 이는 2007년 퇴직연금자문위원회의 추정치를 크게 상회하는 것이다. 이러한 추정치 수정은 2008년 미국발 금융위기로 인해 야기된 세계적 차원의 경제위기가 재정여건을 더욱 악화시킨 데 따른 것이다. 그리고 베이비붐 세대의 퇴직이 본격화됨에 따라 연금재정이 더욱 악화될 개연성 또한 지적되어 왔다. 이는 프랑스의 퇴직연령이 유럽에서 상대적으로 낮다는 점과도 관련이 있다.

결국, 2012년 현재 프랑스 연금 개혁 논의는 이 새로운 추정치를 근거로 진행되고 있으며 개혁의 논점은 재정적자와 그에 따른 부채를 축소하기 위한 세 가지 방안에 맞추어지고 있다. 첫째, 퇴직연령을 상향 조정하는 방안이다. 이는 2010년 개혁을 통해 일정 수준 해결되었다. 둘째, 출산율을 높여 고령화 충격을 완화하는 방안이다. 이는 유럽 복지국가 중 프랑스가 상대적으로 가족정책 등을 통해 출산장려정책에서 성공적 결과를 거두어 왔다는 점을 감안하면 일정 부분 그 성과를 인정할 수 있는 부분이다. 셋째, 노인의 경제활동을 촉진하는 것이다. 하지만 이는 현 정부의 다양한 정책시도에도 불구하고 별다른 성과를 거두지 못하는 것으로 나타나고 있다.

(2) 공적연금에서의 형평성 문제

재정적자 문제 외에 프랑스 연금제도가 안고 있는 문제점으로 노동시장 내 지위에 따른 형평성 문제와 세대 간 형평성 문제를 지적할 수 있다.

먼저, 노동시장에서 어떤 일자리에서 일했는가에 따라 노후소득의 정도에 큰 차이가 발생한다는 점이다. 연금생활자가 가입한 연금레짐별 평균 급여를 비교해 보면 일반레짐에 가입한 임금근로자가 받는 월평균 연금은 공무원과 특수레짐 가입자의 월평균 연금보다 매우 낮은 수준이며, 반대로 비임금근로자의 월평균 연금보다는 높은 수준이다. 이는 각 개인이 어떤 연금레짐에 가입해 있는가에 따라 그리고 어떤 방식으로 보험료를 납입하고 포인트를 산정했는가에 따라 연금급여에서 매우 큰 격차를 나타냄을 말해 준다. 프랑스 공적연금제도에서 각 개인이 기여한 연금보험료가 레짐에 따라 다른 포인트로 전환되는 것이 문제라고 지적받았던 이유이기도 하다.

2016년 현재 레짐별로 평균소득자가 최장 가입기간을 채운 경우, 받을 수 있는 연금액은 다음과 같은 격차를 보인다.

- 일반레짐의 근로자: 월 1,760유로
- 국가공무원 : 월 2,510유로
- 군인: 월 2,290유로
- 농업 근로자: 월 1,710유로
- 특수레짐의 근로자: 월 2,420유로
- 지방공무원: 월 1,830유로
- 상인: 월 1,060유로
- 자유업자: 월 2,610유로

이어 세대 간 형평성의 문제가 존재한다. 특히, 이는 성별 연금격차 문제와 관련이 있다. 물론 이 문제와 관련해서 많은 개선이 이루어졌던 것은

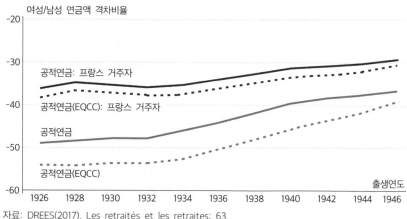

〈그림 7-7〉 공적연금액의 성별 격차의 추이

여성/남성 연금액 격차비율

공적연금: 프랑스 거주자

공적연금(EQCC): 프랑스 거주자

공적연금

공적연금(EQCC)

출생연도

자료: DREES(2017). Les retraités et les retraites: 63.

사실이다. 프랑스의 연금급여를 성별 격차라는 단일지표로 비교해 보면 격차가 빠르게 줄어드는 추세를 확인할 수 있다. 또한 이는 세대에 따른 성별 연금격차와 무관하지 않다. 출생연도별로 보면, 1920~1930년대 출생 연금수급자의 성별 연금액 격차는 이후 출생자보다 상대적으로 큰 것으로 나타나며, 이후 출생자로 갈수록 그 격차가 줄어듦을 알 수 있다. 이는 분명 점진적으로 성별 격차가 감소하게 될 것임을 말해준다.

5. 최근의 공적연금제도 개혁동향

2017년 마크롱 정부의 집권과 함께 프랑스의 공적연금제도는 매우 근본적이고 대대적인 개혁을 준비하고 있다. 물론 그 결과는 좀더 시간을 두고 지켜봐야 할 것이다. 하지만 프랑스 공적연금제도가 대대적인 개혁이 불가피한 상황에 직면했다는 점은 분명해 보인다. 지금까지 주로 지적되었던 원인은 다음 몇 가지로 정리할 수 있다. 첫째, 인구고령화로 인한 공적연금제도의 재정적자, 둘째, 공적연금제도 내부의 격차와 불평등, 셋째, 지나치게 복잡한 연금관리체계 등이 그것이다. 물론 그 저변에 흐르는 더 심각한 문제는 노인을 부양해야 하는 근로연령층이 직면한 고용과 소득 그리고 미래에 대한 불안일 것이다. 즉, 현재와 같은 사회보장체계, 특히 공적연금체계로는 미래를 담보하기 힘들겠다는 인식이 그것이다.

2017년 마크롱 정부가 추진하고 있는 공적연금제도 개혁의 핵심은 복잡한 레짐체계를 통합하여 단순화시키는 데 초점을 맞추고 있다. 2010년 이후의 제반 개혁이 연금재정의 안정성을 높이기 위해 공식퇴직연령을 높이고 보험료를 인상하는 방식으로 재정적자 규모를 줄이는 데 힘써 왔고 그것이 일정한 성과를 거두었듯 소득비례연금제도인 보충레짐의 복잡한 체계를 재구성하는 데 초점을 맞추고 있는 것이다.

현재까지 발표된 계획에 비추어보면 공적연금제도는 다음 몇 가지 측면에서 거대한 변화를 맞이할 것으로 판단된다.

첫째, 각 레짐마다 실제 납입한 보험료를 포인트로 전환하는 과정에서 나타났던 혼란을 근본적으로 해소하는 조치가 취해지게 될 것이다. 실제로 마크롱 대통령은 대선운동 과정에서 수차례에 걸쳐 "1유로는 같은 권리를 가져야 한다"고 주장해 왔다. 이것이 연금가입자의 권리를 보호하는 가장 일차적인 해결과제라는 것이다. 동일한 보험료를 납부하더라도 각자가 가입한 레짐과 지위에 따라 다른 보험료를 받는다는 점은 오랜 기간 중요한 문제점으로 지적되어 왔다. 따라서 이러한 공약은 많은 사람의 지지를 받기도 했다. 이 문제를 해결하기 위해서는 다양한 예외를 만들어 왔던 수많은 레짐체계를 통합 개편하는 일이 불가피하다.

둘째, 레짐별로 분산된 공적연금체계가 통합과정을 거쳐 단일체계(Liquidation Unique des Régimes Alignés: LULA)로 구축될 것이다. 공적연금제도 중 격차와 차별의 상징처럼 보였던 다양한 형태의 예외적 레짐이 일반레짐으로 통합되는 정책이 추진되고 있다. 2018년부터는 자영업자 대상 연금제도인 RSI가 일반연금과 통합될 예정이다. 그리고 2019년에는 일반 근로자와 고위직 대상 보충연금제도인 ARRCO와 AGIRC가 통합될 예정이다. [4] 이는 프랑스 공적연금체계가 기초레짐인 CNAV와 AGIRC, ARRCO를 통합한 단일한 보충레짐을 근간으로 운영될 것임을 말해주고 있다. 물론 이러한 개혁에 엄청난 진통이 동반될 것은 자명하다. 일차적으로는 현재 연금제도하에서 보험료징수와 연금지급 업무를 담당하는 약 35개의 조직이 통합되는 과정에서 많은 인력이 실업자가 될 것이라는 두려움이 존재한다. 이는 2018년 레짐을 통합하는 법안을 둘러싸고 이해당사자 사이에 큰 갈등이 불가피하다는 점을 말해준다. 상대적으로 소득이 안정된 임금근로자와 소득의 등락이 심한 자영업자를 대상으로 하는 연금체계를 달리 운영해야 한다는 논리의 본산이었던 프랑스에서 이러한 개혁이 가입자에게 얼마나 양질의 서비스를 제공할 수 있는지가 관건이 될 것이다.

6. 맺음말

프랑스 사회에서 인구노령화에 따른 사회보장재정의 악화 문제는 새삼스러운 일이 아니다. 하지만 베이비붐 세대의 퇴직이 본격화되면서 공적연금의 재정 문제는 더욱 심각해질 것으로 예상된다. 따라서 프랑스에서 공적연금제도 개혁은 오래전부터 중요한 당면과제였다. 이 점에서 보면 2010년의 연금제도 개혁은 피할 수 없는 조치였다고 보아도 무방하다.

이 공적연금제도의 개혁은 크게 두 가지 방향에 초점을 두고 진행되어 왔다. 하나는 공식퇴직연령을 늦추어 실제 보험료 납입기간을 연장하는 것

---

4) 이 통합은 사실상 2015년 10월 사회파트너(*partenaires sociaux*) 간에 합의에 이른 사항이었다.

이다. 그리고 다른 하나는 보험료 납입기간이 부족한 퇴직자에게 적은 연금을 지급하기보다 취업을 통해 추가적인 보험료 납입 등의 조치를 취하는 것이다. 이러한 조치는 공적연금제도의 재정수입을 확충하는 데 초점을 맞춘 것이다.

하지만 이러한 조치는 장기간의 저성장과 노동시장의 불안정성 증가로 인해 많은 어려움에 노출되어 있다. 한편으로는 연금가입자의 보험료 납입이 안정적으로 이루어지지 않을 개연성이 높고 다른 한편으로는 최대연금 급여액을 수급하기 힘든 고령인구의 취업 또한 용이하지 않기 때문이다. 현재 고실업 문제가 심각하고 이 문제를 해결하기 위해 저임금 일자리를 양산한 상황에서도 일자리 문제는 여전히 쉽게 풀리지 않고 있다.

이러한 문제 이상으로, 소득양극화가 심화되면서 프랑스 사회 내에서 그 어느 때보다 재분배 그리고 형평성을 요구하는 목소리가 강해지고 있다는 점이 중요하다. 그리고 2017년 현재 이러한 목소리는 프랑스 공적연금 체계의 오랜 당면과제였던 레짐 간 형평성 제고를 위한 개혁으로 이어지고 있다. 그리고 더 근본적으로는 기존의 사회보험료 중심의 재원조달방식을 새로운 방식으로 개편하는 논의가 진행되고 있다.

■ 참고문헌

국내 문헌

박제성 (2003). "프랑스 퇴직연금 개혁을 둘러싼 논쟁". 〈국제노동브리프〉, 1권 3호, 38~42.
손영우 (2010). "프랑스의 퇴직연금제도 개혁과 퇴직연령 연장". 〈국제노동브리프〉, 8권 9호, 13~21.
심창학 (1999). "복지국가위기 (론) 이후의 프랑스 사회복지의 변화: 복지체계를 중심으로". 〈동향과 전망〉, 통권 제40호, 149~179.

양승엽(2011). "프랑스의 2010년 연금개혁의 원인과 사후 경과". 〈국제노동브리프〉, 9권 2호, 93~100.

이정원(2008). "프랑스의 퇴직연금제도 개혁 동향". 〈국제노동브리프〉, 6권 7호, 97~102.

정홍원(2010). "2010년 프랑스 연금개혁의 내용과 시사점". 〈보건복지 Issue & Focus〉, 60호, 1~8.

해외 문헌

Penaud, P., Aballéa, P., Amghar, Y.-G., Bensussan, C., Bernay, A., Bourdais, J.-F., Dupays, S., Fillion, S., & Léost, H. (2011). *Politiques Sociales*. Paris: Presses de sciences Po & Dalloz.

Sauviat, C. (2003). "프랑스 연금제도 개혁: 그 특징과 주요 쟁점". 〈국제노동브리프〉, 1권 5호, 48~52.

기타 자료

Assemblée Nationale(2010). Projet de Loi portant réforme des retraites. Treisième législature session ordinaire de 2010-2011. Texte adopté le 27 octobre 2010, n° 551.

Aubert, P. (2010). La retraite supplémentaire facultative en France: Panorama statistique. Etudes et Recherche, mai 2010, n° 99.

Aubert, P., & Andrieux, V. C. (2010). La mortalité différentielle des retraités: Estimation à partir de l'échantillon interrégimes de retraités et applications. Etudes et Recherche, juillet 2010, n° 100.

Commission des Comptes de la Sécurité Sociale(2016). Juin 2016.

COR(2010). Retraites: Perspectives actualisés à moyen et long terme en vue du rendez-vous de 2010. Huitième rapport, adopté le 14 avril 2010.

_____(2010). Un signe "moins" corréspond à un besoin de financement.

_____(2015). Les retraités: Un état des lieux de leur situation en France. Treizième rapport, adopté le 16 décembre 2015.

DREES(2010). Les retraités et les retraites en 2009.

_____(2017). Les retraités et les retraites.

INSEE (2017). Références édition 2017, revenus, salaires.

INSEE & DGI. Enquêtes revenus fiscaux rétropolées de 1996 à 2004.

INSEE, DGFIP, CNAF, CNAV, & CCMSA. Enquêtes revenus fiscaux et sociaux de 2005 à 2013.

Marino, A. (2014). Vingt ans de réformes des retraites: Quelle contribution des règles d'indexation?. INSEE analyses, avril 2014, n° 17.

Ministère de l'Economie et de l'Industrie (2011). La soutenabilité des finances publiques après la crise: Quelle contribution de la réforme des retraites?. Lettre de Trésor-Eco, juillet 2011, n° 91.

Observatoire des Retraites (2009). Les chiffres de la retraite. Dossier spécial de l'Observatoire des Retraites, juin 2009, n° 5.

OECD (2011). Pensions at a glance 2011: Retirement-income systems in OECD and G20 countries.

Sénat (2010). Retraites 2010: Regler l'urgence, refonder l'avenir.

Alternatives Economiques (2010. 7). Retraites: Méfions-nous des apparences. juillet 2010, n° 293.

CLEISS. http://www.cleiss.fr/docs/regimes/regime_francea2.html. 2017. 4. 5 인출.

08

고용보험제도 및 고용정책*

1. 머리말

전체 사회구성원의 기본생활보장 못지않게 한 국가의 사회보장제도가 지향하는 목표 중 하나는 생산가능연령 인구의 고용보장이다. 고용보장을 위한 국가의 노동시장정책은 소득보장 위주의 소극적 노동시장정책과 노동시장 취약 집단의 노동시장 진입 혹은 재진입을 촉진하기 위한 적극적 노동시장정책으로 구분된다. 동시에 최근에 관심을 모으고 있는 것으로, 노동시장에 진입한 저임금근로자를 노동시장에 정착시키기 위한 여러 정책이 있을 수 있다. 여러 정책 및 제도 중 첫 번째 사례의 대표적인 것으로서는 실업보험을 들 수 있다.

한편, 본 글에서 의미하는 고용정책은 적극적 노동시장정책뿐만 아니라 일자리 창출을 위한 제반 정책을 포함하는 개념으로 이해하고자 한다. 저임

---

* 이 글은 2012년 《주요국의 사회보장제도: 프랑스》(한국보건사회연구원, 2012)에서 필자가 작성한 "제2부 제1장 고용보험 및 고용정책"을 수정 보완한 것이다.

금근로자의 노동시장 정착을 목표로 하는 정책으로는 취업 중 급여(*in-work benefits*)가 대표적이나 본 글에서는 최저임금제도에 초점을 맞출 것이다.

먼저, 프랑스의 실업보험제도는 드골 대통령의 제5공화국이 탄생한 해인 1958년 12월 31일 노사 대표의 실업보험체계를 구성하는 전국적 직업 간 협약을 통해 만들어졌다. 이 협약은 실업보험 운영을 위한 기구로서 상공업고용 전국연합(UNEDIC)과 상공업고용협회(ASSEDIC)의 설립도 담았다.

2000년대에 접어들며 프랑스 실업보험제도에 나타난 주요한 변화는 단순한 실업급여의 제공이 아니라 수급에 대한 반대급부로서 국가가 제공하는 적극적 노동시장 프로그램에의 참여 혹은 적절한 일자리 제의에 대한 순응을 들 수 있다. 프랑스 실업보험제도에서 이러한 조치가 본격적으로 실시된 것은 2001년 개혁을 통해서이다. 이 시기에 실업보험제도에 대한 정확한 이해를 위한 몇 가지 새로운 개념이 등장했는데, 개별화된 취업접근계획(PPAE)과 합리적 일자리 개념이 바로 그것이다.

한편, 프랑스의 고용정책은 표적화된 고용정책과 보편적 고용정책으로 구분될 수 있다. 표적화된 고용정책은 특정 집단의 일자리 창출 및 취업 지원을 꾀하는 임금보조하의 고용지원계약제도가 대표적이다. 보편적 고용정책은 일반 근로자의 노동비용 하락을 통한 일자리 창출 및 유지를 꾀하는 것으로 사회보장 분담금 감면제도가 이에 속한다. 특히, 사회보장 분담금 감면제도는 오래전부터 실시된 것으로 국제적인 관심사안 중 하나이다.

이상이 노동시장 취업 취약 집단의 노동시장 진입을 위한 정책 혹은 제도라면 최저임금제도는 저임금근로자의 노동시장 유지를 위한 제도라 할 수 있다. 프랑스에서 최저임금제도가 도입된 것은 1950년대이다. 당시의 명칭은 SMIG(생활보장을 위한 직업 간 최저임금)이었으나 1968년 현재의 SMIC(성장을 위한 직업 간 최저임금)로 변경되었다. 도입 직후 지금까지 프랑스의 최저임금은 중위소득 대비 평균 60~70%를 보이고 있는데, 이는 여타 국가와 비교했을 때 매우 높은 수준이다. 이는 최초 도입 시 너무 높게 설정한 데 기인하기도 하지만 최저임금제도를 저임금근로자의 기본생활보장을 위한 유용한 정책수단으로 간주하고 있음을 반영하는 것이기도 하다.

이상을 고려하면서 본 글은 우선 프랑스 실업보험에 초점을 두고자 한다. 먼저, 실업보험제도의 형성과 변화추이를 살펴본 후 기본구조 및 현황을 상술할 것이다. 이 장의 3과 4는 각각 프랑스 고용정책과 최저임금제도 및 임금구조를 다루면서 분야별 역사적 변천과정 및 대표적인 제도와 정책을 살펴보도록 한다. 이 장의 5에서는 분야별로 제기되고 있는 최근 쟁점과 과제를 정리할 것이다. 이를 바탕으로 결론에서는 지금까지의 논의를 정리하고 프랑스 사례에서 나타나는 시사점을 도출하고자 한다.

2. 실업보험

1) 제도의 형성과 변화

(1) 1950년대 말~1970년대 초: 실업보험의 도입 및 초기 변화

프랑스의 실업보험제도는 1958년 12월 31일의 직업 간 협약에 의해 탄생하였다. [1] 이전에도 실업보상을 목적으로 하는 제도가 있었으나 근로자의 자발적 노력하에 마련된 상호보험(19세기 말), 노조 관리하의 제도, 실업부조(1905년), 공공지원금을 통한 실업보상(1930년대)의 형태를 띠고 있었다. 이에 따라 실업자 중 극히 일부(4분의 1 정도)만이 저 수준의 급여를 받는다는 문제점이 1950년대 말까지 지속되었다. 따라서 실업자 수의 증대, 현대

---

1) 이의 정확한 명칭은 산업 및 무역 분야의 실업자를 위한 국가 차원의 직업 간 보상제도이다.

적인 고용정책 수립의 필요성에 부응하는 차원에서 만들어진 제도가 바로 실업보험이다. 당시 전국 고용주연합(CNPF)과 노조 대표단체(CGT-FO, CFTC, CGC) 간의 합의에 의해 도입된 실업보험제도는 다음 3가지 원칙에 바탕을 두었다.

- 실업(적어도 장기 실업) 위험의 예방
- 임금에 바탕을 둔 재원확보와 급여제공(즉, 임금을 기준으로 기여금을 결정하고 과거 취업기간의 임금에 비례하여 급여 산출)
- 근무경력이 없는(보험 미가입) 청년실업자나 장기 수급자인 고령실업 자를 대상으로 연대 원칙의 반영

즉, 엄밀한 의미에서의 실업보험 도입뿐만 아니라 실업보험제도의 사각 지대에 있는 사람을 위한 제도(연대)의 도입도 당시의 주고려대상임을 알 수 있다.

1958년 이후 실업보험제도는 점진적으로 확대되었고 개선되었다. 구체 적으로 계절적 근로자나 임시직 등과 같이 이전에는 수급 대상이 아니었던 직종이나 근로자뿐만 아니라 근무경력과 무관하게 직업훈련을 거친 청년 실업자까지 수혜범위를 확대했다(1967년). 이는 이전보다는 높았지만 그 렇게 위협할 정도는 아니었던 실업률, 상공업고용 전국연합의 재정 건전성 등에 바탕을 두고 있다. 직업훈련센터에 등록한 실업자를 적극적으로 지원 하기 위한 직업훈련수당 역시 1960년대 초에 도입되었다.

(2) 1970년대 중반~1990년대 말: 경제위기와 실업보험의 변화

1970년대에 접어들어 실업보험의 적용 대상은 더욱 확대되어 당시 전국 고 용주연합(CNPF)에 소속되어 있지 않았던 산업 근로자, 예컨대 농업 종사 자(1974년), 가내 근로자(1979년) 등도 포함되었다. 또한 1972년의 사회

파트너의 합의를 거쳐 '소득보장'(*garantie de ressources*, 영어로 *earning guar-antee*) 조치가 시행되었다. 이는 60세 이상의 고령구직자에게 과거 임금수준의 70%에 상응하는 급여를 지급하는 것을 주 내용으로 삼고 있다.

하지만 이상의 개선에도 1970년대의 프랑스 경제상황은 석유파동 등으로 인해 전반적으로 열악했다. 그뿐만 아니라 실업자 간 불평등 현상에 대한 문제가 많이 제기되었다. 예컨대, 장기근속 후의 실업자에게는 상대적으로 높은 수준의 급여가 주어지는 반면 청년실업자 및 수급자격이 상대적으로 약한 실업자는 무시되는 경향이 발견되었다. 또한 상공업고용 전국연합의 재정적 적자 문제 또한 관심의 대상으로 부상했다. 이에 1979년 1월 관련법은 기존의 실업급여를 다음 네 가지로 구분했다.

- 기초수당(Allocation de Base, 영어로 Basic Allowance): 실업자를 대상으로 지급되며 연령에 따라 지급기간이 가변적
- 특별수당(Allocation Spéciale, 영어로 Special Allowance): 단일감면수당으로, 경제적 이유로 해고를 당한 60세 미만의 실업자에게 12개월 동안 지급
- 소득보장금(Garantie de Ressources, 영어로 Earning Guarantee): 60세 이상의 실업자에게 지급
- 일시금수당: 노동시장 신규 진입을 꾀하는 청년견습생 실업자와 한부모 구직자에게 지급

이어서 1979년 3월에 체결된 사회 파트너 협약은 수급권 만료수당(Allo-cation de Fin de Droits)을 신설했는데 이는 기초수당이나 특별수당의 수급권이 만료된 실업자에게 지급되는 급여이다. 이렇게 볼 때 당시의 프랑스 실업급여는 기초수당(혹은 특별수당)과 수급권 만료수당의 두 가지가 핵심이며 집단의 성격에 따라 지급되는 부가적 급여가 있었음을 알 수 있다.

포괄적인 조치임에도 결과적으로 이들 조치는 부정적 결과를 초래했다는 의견이 지배적이다. 일시금수당이 있었지만 청년실업자의 대부분은 보험 수혜 대상에서 제외되었으며 장기 실업임에도 불구하고 수급기간에 따라 더 이상 급여를 받지 못하는 상황도 발생했다. 그뿐만 아니라 늘어나는 임시직이나 계약직 근로자의 수급 혜택이 매우 제한적일 수밖에 없는 상황도 발생했다. 2)

1980년대와 1990년대의 실업보험제도에서의 중요한 두 가지 변화를 언급하면 다음과 같다. 첫째, 1980년대 초 프랑스 실업보상제도는 중요한 변화를 겪었는데 실업보상이 기여금 납부기간과 연계되었고(1982년), 보험제도와 연대제도가 분리되었다는 점이다. 여기서 연대제도란 실업부조를 의미한다. 실업보험 수급자격이 만료된 장기 실업자가 주 적용 대상으로, 재원은 국가 관리하의 연대기금에서 충당되는 것이다. 3)

둘째, 1992년 실업보험 내적 변화로서는 기존의 핵심급여였던 기초수당과 수급권 만료수당이 폐지되는 대신 단일감면수당(Allocation Unique Degressive: AUD, 영어로 Diminishing Benefits)이 도입되었다. 단일감면수당은 수급 초기에는 완전비율(100%)로 지급되지만 일정기간이 지난 후에는 6개월 단위로 급여액이 감소하는 급여이다. 예컨대, 실업 직전 24개월 중 14개월 동안 가입한 50세 미만 실업자의 총수급기간은 30개월이다. 이 중 최초 9개월은 법정급여액 100%가 지급된다. 이후 21개월은 감소한 급여액이 지급되는데 감소비율은 6개월 기준 17%이다(1997년 기준). 이러한 조치는 상공업고용 전국연합의 재정적 위기 극복과 실업자의 재취업을 독려하기 위한 차원에서 만들어진 것이다.

---

2) 실업자 대비 수급자 비율이 1978년의 76%에서 1980년에는 60%로 극감했다.
3) 세부적으로는 장기 실업자, 실업보험 수급자격 만료자에게 지급되는 특별연대수당(ASS)과 정치적 망명자 등 특수 집단을 대상으로 하는 편입급여(AI)가 있다.

(3) 2000년대 초~최근: 근로 연계복지 혹은 활성화 개념의 도입

1990년대 중반 이후 유럽에서는 활성화(*activation*) 혹은 근로 연계복지 (*workfare*)에 대한 관심이 증폭되었다. [4] 노동시장 취업 취약 집단, 기존 비경제활동인구의 취업 가능성 제고를 통해 노동시장 진입을 용이하게 하려는 의지가 반영되어 있다.

실업급여 역시 기존의 단순한 소득보장 개념에서 탈피하여 수급과 취업 가능성 제고 프로그램 참여 간의 연계를 통해, 수급자의 의무를 강조함과 동시에 취업 가능성 제고 프로그램 제공에 대한 국가의 의무 역시 이에 못 지않게 강조되고 있다. 국가와 개인 간의 상호의무 중 어디에 더 무게를 두고 있는가에 대한 차이에도 불구하고 1990년대 중반 이후 나타나는 유럽의 복지 개혁은 이러한 정신을 반영하고 있으며 실업보험은 이의 중심에 위치하고 있다(심창학, 2015).

프랑스 실업보험에 이러한 모습이 반영된 것은 2001년 실업보험 개혁을 통해서이다. 2001년 이후의 개혁을 통해 나타난 프랑스 실업보험의 중요한 변화는 다음과 같다. 첫째, 급여 용어의 변화이다. 기존의 단일감면수당 용어가 없어지고 재취업지원수당(Allocation d'Aide au Retour à l'Emploi: ARE)이 이를 대체했다. [5] 급여가 단순한 소득보장이 아니라 수급자의 노동시장 참여를 적극적으로 유도하는 것을 목적으로 했음을 알 수 있다. 둘째, 개별화된 취업접근계획(PPAE)의 수립을 통해 급여와 취업가능성 제고 프로그램 간의 긴밀한 연계를 꾀하고 있다(Ministère des Affaires Sociales et de la Santé, 2013: 251). 이는 등록 구직자 모두에게 해당되는 것으로 15일 이내에 구직자는 전문상담가와의 협의하에 PPAE를 수립, 작성한 후 그 내용을 실행해야 한다. PPAE에 수록되는 내용은 다음과 같다.

---

4) 두 용어의 개념 차이 여부에 관해 이견이 있으나 본 글에서는 같은 의미로 보고자 한다.
5) 편의상 본 글에서는 이를 실업급여로 칭한다.

- 구직자가 원하는 일자리 성격, 특징, 지역, 임금
- 고려사항(즉, 구직자 훈련, 자격증, 근로활동 중 취득한 지식 및 능력, 개인 및 가족 상황, 지역 노동시장 상황 등)
- 취업가능성에 필요한 수급자의 의무사항, 고용지원센터의 조치(능력평가, 구직, 훈련, 동반지원 등)

한편, 수급자가 향후 PPAE에 명시된 사항을 이행하지 않을 경우, 최저 15일에서 최대 12개월까지 급여 제공이 중단된다.

셋째, 합리적 일자리 개념의 등장이다. 이는 급여와 취업 가능성 제고 프로그램 연계의 핵심일 뿐만 아니라 국가와 개인 간의 권리 및 의무의 상호존중의 접점이기도 하다. 왜냐하면 국가는 일정 기간 경과 후에도 실업상태인 수급자에게 합리적 일자리를 제공해야 하는 의무가 있으며 수급자는 이를 수용할 의무가 있기 때문이다. 한편, 정당한 이유 없이 수급자가 제안을 거부할 때 국가는 제재 조치를 취할 수 있는 반면 수급자 역시 국가가 제의한 일자리가 합리적이지 못한 것으로 판단된다면 이를 거부할 수 있다.

그럼 여기서 합리적 일자리란 무엇인가? 이는 3가지 요소의 고려하에 정의되는데, 실업자가 원하는 일자리의 성격 및 특징, 실업자가 선호하는 지리적 여건, 그리고 의중임금(기대임금)이 바로 그것이다. 그리고 세 가지 요소 중 의중임금과 선호하는 지리적 여건은 구체적으로 정의되는데, 기본적으로 고용지원센터 구직 등록기간에 따라 다르다는 점에 유의할 필요가 있다. 이의 구체적 내용은 〈표 8-1〉과 같다.

〈표 8-1〉에서처럼 합리적 일자리의 임금은 구직 등록기간이 길수록 낮아지는 경향이 있다. 한편, 선호하는 지리적 여건은 구직 등록기간이 3개월에서 6개월까지는 PPAE에 적시되어 있는 지역이 합리적 일자리로 간주되는 반면, 6개월을 초과하면 출퇴근 소요 시간이 최대 1시간 혹은 집과 직장과의 거리가 30㎞ 이내인 지역으로 한정하고 있다.

한편, 프랑스 실업보험제도에서 나타나는 활성화 조치는 구직자 면담 프로그램을 통해 좀더 구체화되었다. 이 프로그램은 2012년을 기준으로 많은 변화를 보이고 있다. 2006년부터 시행된 기존의 월례개별화 추수(追修) 제도(Suivi Mensuel Personnalisé: SMP)가 폐지되고 2012년부터는 구직자의 특성을 바탕으로 한 복수의 면담프로그램이 운영되고 있다. 이의 자세한 내용은 〈표 8-2〉와 같다.

〈표 8-2〉에 나타난 프로그램 중 위에서부터 4개 프로그램은 2012년부터 2014년 사이에 도입되었다. 이 중 구직에서 가장 큰 어려움을 겪고 있는

〈표 8-1〉 합리적 일자리 정의

구직 등록기간	임금	지리적 여건
3개월 후	실직 전 임금의 95%	개별화된 취업접근계획(PPAE)에 명시되어 있는 지역
6개월 후	실직 전 임금의 85%	출퇴근 시간: 최대 1시간 혹은 30km 이내
12개월 후	최저임금 혹은 단체협약 인정 최저소득 수준 이상	

자료: http://www.pole-emploi.fr/region/martinique/candidat/les-regles-de-votre-recherche-d-emploi--@/region/martinique/article.jspz?id=46689.

〈표 8-2〉 구직자 면담 프로그램 유형

(2015년 1월 기준. 단위: 명, %)

유형 구분	적용 대상	참여 구직자 규모(비율, %)	전문상담가 규모(비율, %)	참여 구직자 수 (전문상담가 대비)
추수동반	노동시장 접근 가능성이 높고 구직 자율성이 큰 구직자	935,237(35)	4,700(21)	199.0
지도동반		1,483,415(55)	12,693(58)	116.9
강화동반	구직을 위하여 강화된 상담이 필요한 구직자	283,697(10)	4,422(20)	64.2
포괄동반 (2014년 도입)	외적 어려움을 겪고 있는 구직자(사회 문제, 주거 문제 등)	5,018(0.2)	150(1)	33.5
청년집중동반 (2015년 도입)	외적 어려움과 무관한 청년 구직자	-	-	-
전체		2,707,367(100)	21,695(100)	123.3

자료: Cour des comptes, 2015: 46의 본문과 47의 Tableau 3을 바탕으로 재정리.

구직자 대상 프로그램은 포괄동반 프로그램이다. 한편, 2015년에 도입된 청년집중 프로그램은 사회 문제나 주거 등 구직 외적 문제는 없는 상태의 청년을 대상으로 하고 있다. 2015년 기준, 270만여 명에 달하는 구직자의 절반 정도는 지도동반 프로그램에 참여하고 있다. 반면 포괄동반 프로그램 참여자 수는 5천여 명으로 전체 구직자의 0.2%를 차지한다. 프로그램을 담당하는 전문상담가는 총 2만 1천여 명이다. 이의 프로그램 분포는 참여자 분포와 유사하게 지도동반 프로그램 종사자가 가장 많고 포괄동반 프로그램의 전문상담가 수가 가장 적다.

지금까지 본 바와 같이 2000년대 이후 최근까지 프랑스 실업보험은 패러다임의 변화를 보이고 있다. 즉, 단순한 소득보장을 위한 제도가 아니라 노동시장정책의 맥락에서 실업보험의 역할을 재고하는 경향이 강하게 드러난다.

2) 제도의 기본구조

(1) 프랑스식 노사공동 분담체제

프랑스 실업보험의 규정은 국가가 아닌 사회 파트너의 단체협약에 의해 마련된다. 이는 1958년 도입 때 등장해서 지금까지 그 틀을 유지하고 있다. 그렇다고 해서 국가 역할이 완전히 배제된 것은 아니다. 즉, 사회 파트너에 의해 체결된 직업 간 협약은 정부의 고용 관련 부처 장관의 동의를 받아야 하는데 장관은 동 협약을 거부할 수도 있다. [6]

사회 파트너는 실업보험제도를 관리하고 규제한다. 구체적으로 기여금과 급여에 대한 규정수립 시 기반이 되는 직업 간 협약을 체결한다. 이때

---

[6] 실제로 2001년 사회 파트너 협약의 일부 내용이 위법이라는 이유로 노동부 장관이 거부하는 사례가 있었다.

기여율과 급여율은 실업보험제도의 재정적 균형유지의 차원에서 결정되어야 한다. 이렇게 체결된 협약은 시행 전, 법률적 체계의 위법성과 국가 고용정책과의 부합 여부에 관한 조언을 구하기 위해 최고 고용위원회(Comité Supérieur de l'Emploi)에 제출된다. 이후 관련 부처 장관의 동의를 얻은 후 동 협약은 의무적으로 실행되어야 한다는 규정으로 전환된다. 이 과정에서 전국노사동수위원회의 역할이 중요하다. 이 위원회는 해당 협약의 해석을 담당하는 임무를 수행하는 위원회로서 노조 대표와 경영주 대표가 동수로 참여한다.

이와 같이 프랑스 실업보험제도는 일정 정도의 국가 역할에도 불구하고 기본적으로 노사 양자인 사회 파트너의 주도에 의해 운영된다.

(2) 관리 및 운영기구

프랑스 실업보험의 관리 및 운영기구는 도입된 지 50여 년이 지난 2008년부터 많은 변화를 겪었다. 먼저, 도입 후 최근까지의 실업보험제도의 관리 및 운영기구 변천을 정리하면 〈표 8-3〉와 같다.

〈표 8-3〉에서처럼 1958년의 실업보험 도입으로 전국 차원의 관리기관이 등장했는데 상공업고용 전국연합(UNEDIC)과 상공업고용협회(ASSEDIC)가 바로 그것이다. 이 두 기관은 프랑스 사회보장기관과는 독립된 별도의 민간 비영리기관이다. 먼저 상공업고용 전국연합은 1901년의 단체법에 근거하여 설립된 기구로서, 노사공동 분담체제의 전형적 사례이다. 즉, 5대 노조의 대표자 25명과 3개의 고용주 단체의 대표자 25명 등 총 50명으로 구성된 이사회(Conseil d'Administration)에서 주요사항을 결정한다. 구체적으로 상공업고용 전국연합은 전국 차원의 실업보험 담당기관으로서 사회 파트너의 직업 간 협약을 바탕으로 관련 규정을 대상자에게 일관성 있게 적용하고 피보험자인 실업자가 공평한 대우를 받도록 하는 책임을 수행한다. 그뿐만 아니라 1967년에 출범한 국립고용안정센터(ANPE)[7]와 노동

<표 8-3> 프랑스 실업보험의 관리 및 운영기구

	1958~2008년	2009~2010년	2011년 이후
관리	상공업고용 전국연합	상공업고용 전국연합	상공업고용 전국연합
기여금 징수	상공업고용협회	고용지원센터	사회보험료 통합징수기관
가입자 등록 및 급여 제공			고용지원센터
직업 알선	국립고용안정센터 (1967년 설립)		
공공직업훈련	국립성인직업훈련기관(AFPA, 1949년 설립)		

부 산하 고용·직업훈련대표부(DSEFP) 등 공공기관과 긴밀한 의견을 교환하고 있다. 실업보험제도의 운영방법, 정보 및 통계자료 축적을 위한 문건을 작성함과 동시에 지역에 산재해 있는 상공업고용협회를 지원, 감독하는 역할 또한 상공업고용 전국연합에게 맡겨진 임무였다.

한편, 전국적으로 30여 개의 사무소와 100여 개의 지점을 운영하는 상공업고용협회는 실업보험제도의 실질적 운영을 담당한다. 구체적으로 고용주의 가입을 지원하고 기여금의 징수 및 급여 제공의 임무를 띠고 있다. 양 기관은 2008년, 통폐합을 거쳐 고용지원센터(Pôle Emploi, 영어로 Employment Pole)라는 새로운 기관이 등장할 때까지 약 50여 년간 실업보험제도 운영의 핵심에 있었다. 2009년 이후에는 통폐합 기구인 고용지원센터가 실업급여와 관련한 제반 업무뿐 아니라 직업알선 업무까지 맡고 있다. 한편, 경과 조치 차원에서 2010년까지 맡았던 기여금 징수 업무는 2011년부터 사회보험료 통합징수기관(URSSAF)으로 이관되었다. 이외에도 직업훈련 기관인 국립성인직업훈련기관(AFPA)은 1949년 설립된 노동부 산하기관으로서 구직자의 교육, 취업 안내 및 인적 자원과 관련된 조언 업무를 맡는다.

---

7) 현재는 고용지원센터(Pôle Emploi)이다.

3) 제도의 현황

여기서는 프랑스 실업보험제도의 구체적 운영현황을 적용 대상과 수급률, 기여율, 급여로 나누어 살펴본다.

(1) 적용 대상과 수급률

프랑스 실업보험의 적용 대상은 근로계약상 고용주와의 관계에서 다음 세 가지 특징을 보이는 민간 영역의 모든 임금생활자이다. 첫째, 고용주의 지휘 혹은 통제가 용인되는 법적 종속관계, 둘째, 임금생활자의 근로 제공, 셋째, 고용주에 의한 임금 지불 등이다. 8) 따라서 자영업 종사자, 전문 직종 종사자 등은 실업보험 적용 제외 집단이다. 9) 한편, 기업의 책임자도 실업보험 적용 제외 집단이기 때문에 그들만을 대상으로 하는 임의보험제도에 가입할 수 있다. 10) 이렇게 볼 때, 프랑스 실업보험제도의 적용 대상자는 민간 영역의 임금생활자가 주를 이루고 있음을 알 수 있다. 한편, 민간 영역 임금생활자 수는 1,780만여 명이며 실업보험 가입자는 1,647만 명에 달하는 것으로 집계되었다(2015년 기준).

한편, 실업급여의 수급률 확인을 위해서는 두 가지 점을 고려할 필요가 있다. 첫째, 공식 실업률과 해당 국가 내에서 통용되는 실업기준이 상이한 국가가 있는데 프랑스가 이의 대표적 사례이다. 공식 실업률은 국가 비교를 위해 국제적으로 통용되는 수치로서 여타 국가와 마찬가지로 프랑스는 ILO

---

8) 국적과 관계없이 실업보험 적용하의 기업에 종사하는 파견근로자도 적용 대상에 포함된다.
9) 이들을 대상으로 하는 임의보험제도로서 소규모 회사의 장, 수공업자 등이 가입하는 기업 책임자 사회보증(GSC) 혹은 경영자영인 보호협회(APPI) 등이 있다.
10) 공공 영역 종사자 중에서 지방의 비정규직 종사자 등 일부 근로자는 실업보험에 가입이 가능하다. 하지만 대부분의 공공 영역 종사자는 취업과 동시에 자체 보험제도에 자동으로 가입된다.

의 실업기준을 따른다. 반면, 프랑스 통계청의 실업기준은 사뭇 다르다. 이에 의하면 프랑스의 실업상태는 A 범주부터 E 범주까지 총 5개 범주로 구분된다. 이 중 A 범주에 속하는 실업자는 완전 실업상태로서 이의 구체적 기준은 ILO의 실업기준보다 더 포괄적이다. 한편, B와 C 범주는 부분실업(혹은 부분고용) 상태의 실업자이다. D와 E 범주는 인턴 혹은 국가보조하의 근로계약상태인 실업자를 지칭한다. 비교 관점에서 ILO 공식 실업자 수는 프랑스 통계청의 실업자보다 적은 것으로 나타난다. 달리 말하면 프랑스 통계청은 실업상태를 좀더 광의적으로 해석하고 있다는 것이다.[11]

둘째, 대부분의 국가에서는 구직과 수급을 위해서는 고용지원센터에 구직등록이 의무적이며 프랑스 역시 예외가 아니다. 여기서 주목해야 할 부분은 구직등록 및 실업급여 제공이 A 범주 실업자에게만 국한된 것이 아니라는 점이다. 즉, 완전실업상태는 아님에도 불구하고 B~E 범주의 실업자도 이에 포함되어 있다. 이는 프랑스 실업보험제도의 수급률의 정확한 파악을 위해서는 분석 대상이 동일해야 함을 의미한다.

실업보험제도의 수급률(recipiency rate) 파악 방식은 두 가지로 구분된다. 첫째, 전체 실업자 수 대비 실업급여 수급자 수이다.[12] 이는 해당 국가 실업보험의 포괄성 정도를 파악하는 데 유용하다. 왜냐하면 해당 국가의 실업보험 규정에 따라 실업상태임에도 아예 적용 대상에서 배제되는 경우도 있기 때문이다. 둘째, 고용지원센터에 구직 신청을 한 사람, 즉 구직등록자 대비 실업급여 수급자이다. 이는 수급권과 관련된 실업보험의 수준을 가늠할 수 있는 유용한 지표이다. 통상, 수급률은 이 지표를 의미하는

---

11) 예컨대 2012년의 경우 ILO 기준에 의한 프랑스 실업자 수는 약 280만 명이다. 한편, 통계청에서 제시한 A 범주 실업자 수는 290만 명이며 여기에 B와 C의 범주까지 포함하는 경우 그 수는 410만 명에 달한다.

12) ILO의 기준에 의한 프랑스의 실업자 수는 약 285만여 명으로 공식 실업률은 10% 내외이다(2015년 기준).

〈표 8-4〉 범주별 프랑스 구직등록자 추이

(단위: 명)

범주	2014년 9월	2015년 9월	2016년 8월
A	3,432,500	3,547,800	3,556,800
A + B + C	5,128,200	5,422,700	5,518,200
D	278,100	279,800	325,200
E	394,600	408,800	432,400
합(A~E)	5,800,900	6,111,300	6,275,800

자료: http://www.pole-emploi.org/statistiques-analyses/.

〈표 8-5〉 프랑스 실업보험의 수급률

범주	2014년 9월	2015년 9월	2016년 8월
구직등록자(A)	5,128,200	5,422,700	5,518,200
실업급여 수혜자(B)	2,457,318	2,615,900	2,719,800
수급률(B / A, %)	47.9	48.2	49.3

자료: http://stmt.pole-emploi.org/publication_annees의 관련 내용을 바탕으로 재정리.

것으로 본 글 역시 이를 중심으로 살펴보기로 한다.

먼저 〈표 8-4〉를 통해 프랑스 구직등록자 현황을 살펴보기로 하자. 〈표 8-4〉처럼 프랑스의 구직등록자 수는 ILO 기준에 의한 실업자 수보다 훨씬 많다. ILO의 실업기준에 가장 근접한 것으로 평가되는 A 범주의 구직등록 자만 하더라도 공식실업자 수를 훨씬 상회함을 알 수 있다. 이에 부분 실업 상태인 B와 C 범주까지 포함하면 그 수는 550만 명에 달한다. 한편 2016년 도의 구직등록자 수는 전년도보다 증가했음에 주목할 필요가 있다. 프랑스 실업 문제의 심각성을 엿볼 수 있는 대목이다.

한편, 수급률 파악을 위해서는 실업급여 수혜자 수가 확인되어야 한다. 여기서 고려되어야 할 대목이 바로 비교 대상의 동질성이다. 이를 위해 본 글은 〈표 8-4〉의 구직등록자 중 A~C의 범주에 초점을 두기로 한다. 왜냐하면 실업급여의 주 적용 대상은 바로 이 범주의 구직등록자이기 때문이다. [13]

〈표 8-5〉처럼 프랑스 실업보험의 수급률은 50%에 근접하는 것으로 나

타난다. 달리 말하면 구직등록자 2명 중 1명이 실업급여의 수급자인 것이다. 이는 여타 국가와 마찬가지로 프랑스 실업보험도 다른 사회보험제도보다 더욱 엄격한 수급요건이 필요함을 의미한다. 14)

(2) 기여율

한편, 실업보험의 기여율은 사회 파트너 간의 합의에 의해 결정된다. 노사 양자 부담임에도 고용주 부담률이 2배 정도 된다. 이는 고용주가 실업에 대해 사회적 책임을 지는 중요한 역할을 수행함을 의미한다. 2016년 1월 기준, 실업보험 총기여율은 근로자 보수 총액의 6.40%이며 이 중 고용주 와 근로자의 부담률은 각각 4.00%, 2.40%이다(임금 상한액 12,872유로). 1993년도에 처음으로 6%를 초과했던 기여율(6.60%)은 이후 지속적인 하락을 보이다가 2003년부터 현재까지 비슷한 수준을 유지하고 있다.

한편, 상공업고용 전국연합은 〈표 8-6〉처럼 프랑스 실업보험 재정이

〈표 8-6〉 실업보험 재정 상황

	일자리 증가(%)	실업보험 신규가입자 / 총가입자(명)	실업급여 수급자 / 총수급자(명)	재정적자 / 총부채(유로)
2015	+ 1.1	+ 53,000 / 16,473,000	+ 101,000 / 2,519,600	4억 5천만 / 25억 8천만
2016(예측)	+ 1.4	+ 170,000 / 16,644,000	+ 15,000 / 2,534,400	4억 2천만 / 30억
2017(예측)	+ 1.5	+ 167,000 / 16,810,000	- 6,000 / 2,528,400	3억 6천만 / 33억 6천만

자료: http://www.unedic.org/print/8195.

13) 한편, B와 C 범주에 포함되는 구직등록자는 실업급여와 임금을 동시에 받을 수 있다. 이를 위해 기존에는 최대 근로시간 및 임금 상한요건이 있었으나 2014년 1월에 폐지되었다. 현재 직장이 실업 직전 직장과 달라야 하며 중복수급은 최대 15개월까지 가능하다.
14) 수급요건을 갖추지 못한 구직자를 위한 특별연대수당(ASS) 혹은 활동연대수당(RSA) 제도가 시행 중이다. 한편, 실업보험 수급률 국가 비교는 학자 혹은 국제기구에 따라 다르기 때문에 주의가 필요하다. 예컨대 유럽공동체 가구패널조사를 바탕으로 한 연구에 의하면 그리스의 수급률(13%)이 가장 낮고 네덜란드의 수급률이 53%로 가장 높다. 그 중간에 프랑스(43.5%), 독일(30%)이 위치하고 있다(2001년 기준, Howell & Rehm, 2009: 64).

2015년까지의 악화 추세에서 2016년부터는 약간 호전될 것으로 예측하고 있다. 〈표 8-6〉처럼 프랑스 실업보험은 매년 재정적자를 보이고 있는데 이는 일자리 증감과 직결된다. 왜냐하면 일자리 증감에 따라 실업보험 가입자와 수급자 추이가 역관계를 보이기 때문이다. 2016년 이후의 낙관적인 예측은 바로 일자리 증가 기대에 바탕을 둔다.

(3) 수급기간 및 급여 수준

① 수급을 위한 최소가입기간 및 수급기간

프랑스의 실업급여(본래 명칭은 재취업급여)를 수급하기 위한 최소 가입기간은 기준기간(reference period) 중 4개월이다. 다시 말해 실업보험 가입 근로자의 실직 전 가입기간이 4개월 미만인 경우에는 수급자격이 없다. 여기서 최소 가입기간 단위는 월, 일, 시간 중 구직자가 선택할 수 있다.[15]

한편, 프랑스 실업급여의 수급기간은 두 가지 고려요소에 달려 있는데 수급자의 연령과 가입기간이 바로 그것이다. 〈표 8-7〉은 현행 수급기간을 정리한 것이다.

〈표 8-7〉 실업보험 수급기간*

연령	기준기간	가입기간	수급기간
50세 미만	실직 전 28개월	4개월 미만	수급자격 없음
		4개월~2년	가입기간과 동일
		2년 이상	2년
50세 이상	실직 전 36개월	4개월 미만	수급자격 없음
		4개월~3년	가입기간과 동일
		3년 이상	3년

주: * 7일의 대기기간이 있음.
자료: http://www.unedic.org/.

---

15) '4개월 = 112일 = 610시간'이다.

<표 8-8> 프랑스 장기 실업자의 실업기간별 분포

(2015년 8월)

실업기간	1~2년	2~3년	3년 이상	합
규모(명)	1,090,560	525,840	790,800	2,400,000
비중(%)	45.44	21.91	32.65	100

자료: http://www.inegalites.fr/spip.php?page=article&id_article=2096을 바탕으로 재정리.

〈표 8-7〉처럼 최소 수급기간은 연령에 관계없이 4개월이다. 최대 수급기간은 연령에 따라 2년 혹은 3년이다. 16) 한편, 수급자가 62세를 초과하고 1년 이상 수급 경력이 있는 경우, 최대연금을 받을 수 있는 조건이 충족되거나 퇴직할 때까지 실업급여는 계속 지급될 수 있다. 17) 아울러, 수급기간 규정에서 나타나는 중요한 원칙은 가입기간과 같다는 것이다. 따라서 수급기간 산정을 위해서는 월 단위보다는 일 단위가 더 많이 사용된다. 18)

프랑스 구직자의 수급기간 확인을 위한 대안적 방법으로서 실업기간의 확인이 필요하다. 통계에 따르면, 구직등록자(실업범주 A, B, C) 중 45%에 달하는 240만여 명이 장기 실업자, 즉 실직한 지 1년 이상 되는 것으로 나타났다(2015년 8월). 19) 이는 2000년대 초의 130만여 명보다 100만 명 이상 늘어난 것이다. 더욱더 심각한 문제는 〈표 8-8〉과 같이 초장기 실업자, 즉 실직한 지 2년이 경과된 구직자 비중이 매우 높다는 점이다.

이상의 점을 고려할 때 프랑스 실업급여 수급기간이 1년 이상인 경우가 매우 높은 비중을 차지할 것으로 보인다.

---

16) 한편, 국가별 최대 수급기간을 살펴보면 네덜란드(38개월), 덴마크(24개월), 스페인(24개월), 포르투갈(18개월)의 순이며 독일은 룩셈부르크, 스위스와 함께 12개월이다. 반면, 영국(6개월)과 이탈리아(8개월)가 짧은 편에 속한다.

17) 단, 실업보험 가입기간이 최저 12년이고 100분기의 연금 기여금 납부 실적이 증명되어야 한다.

18) '2년 = 24개월 = 730일'이다.

19) 구체적으로 실업기간을 중심으로 3개월 미만은 21%, 3~6개월은 14%, 6~12개월은 20%를 차지하는 데 비해 1년 이상 장기 실업자가 차지하는 비중은 45%로 나타난다.

② 급여 수준

통상 프랑스 실업급여의 소득대체율은 57%로 알려져 있다. 하지만 이는 실직임금 분포가 가장 많은 구간에 적용되는 것임에 유의할 필요가 있다. 왜냐하면 〈표 8-9〉처럼 실업급여 산정방식이 수급자의 실직 전 총임금, 즉 세전 소득액에 따라 다르기 때문이다.

〈표 8-9〉는 실직 전 임금이 낮을수록 소득대체율이 높아지는 모습을 보인다. 예컨대 실직 전 임금이 1천 유로인 수급자의 실업급여는 월 750유로인 반면, 실직 전 임금이 2,500유로인 수급자는 세금까지 공제하면 임금의 56% 수준의 실업급여를 받게 된다.

한편, 여타국가와 마찬가지로 프랑스 역시 급여 하한액과 상한액 제도가 실시되고 있다. 2016년 기준으로 급여 하한액은 28.67유로(일 기준)이다. 한편, 아무리 소득이 높더라도 구직자가 받을 수 있는 급여 상한액은 241.22유로(일 기준)이다. 이는 국가 비교 관점에서 하한액과 상한액의 차이가 너무 크다는 점이 문제가 된다. 이는 실업보험의 소득 상한선이 너무 높게 정해져 있는 데 기인한다. 구체적으로 2016년 기준, 실업보험의 소득 상한선은 12,872유로인데 이는 사회보장 소득 상한선의 4배이다. 이는 급여산정 방식에서 나타나는 소득재분배의 성격과 배치되는 결과를 초래할 뿐만 아니라 인근 유럽 국가보다 급여 상한액이 턱없이 높은 모습을 나타

〈표 8-9〉 총임금별 실업급여 산정 양식

(2015년 7월)

세전소득(월 기준, 유로)	실업급여액
1,147 미만	임금(세전소득)의 75%
1,147~1,256	27.25(일일 급여 하한액 기준)
1,256~2,125	임금의 40.4% + 11.17유로(일 기준, 고정)
2,125~12,872*	임금의 57.4%

주: * 소득 상한선.
자료: http://www.unedic.org/.

<표 8-10> 프랑스 실업급여 수준 및 분포

(2014년, 단위: 천 명, 유로)

수급자 규모	평균수급액	최하위(1분위)	중위값	최상위(9분위)
2,101	973	366	918	1,496

자료: INSEE Références, 2016: 99의 관련 표에서 발췌.

낸다. [20] 이러한 모습은 〈표 8-10〉을 통해서도 그대로 나타난다.

〈표 8-10〉처럼 프랑스 평균 실업급여액은 973유로(월)이며 중위값은 918유로이다. 한편, 급여액이 가장 낮은 분위의 급여액은 366유로로서 이는 최상위 분위의 급여액인 1,496유로의 4분의 1에 미치지 못하는 수준이다. [21]

3. 고용정책

고용정책은 대상에 따라 두 가지로 구분된다. [22] 첫째는 표적화된 고용정책이다. 이는 국가 및 지방자치단체의 재정지원하에 구직자, 노동시장 진입 취약계층 등 특정 집단을 대상으로 실시하는 정책을 의미한다. 후술할 고용지원계약제도가 대표적 사례이다. 둘째, 보편적 고용정책이다. 이는 표적

---

20) 인근 국가의 급여 상한액을 살펴보면 프랑스처럼 높지 않음을 알 수 있다. 예컨대 포르투갈은 1,048유로, 이탈리아는 1,119유로, 스페인은 1,397유로, 벨기에는 1,422유로이며 비교적 높은 국가로서는 독일(2,215유로)을 들 수 있다(2014년 기준). 같은 시기의 프랑스 급여 상한액은 6,165유로이다.

21) 프랑스의 소득대체율은 여타 국가보다 그렇게 높지 않은 것으로 나타난다. 예컨대 덴마크는 90%를 보이고 있다. 이외에 네덜란드(75%), 스페인(70%), 독일(67%), 벨기에(65%), 포르투갈(65%) 등도 프랑스보다 높다.

22) 프랑스에서는 고용정책과 노동시장정책을 별도의 구분 없이 혼용하고 있다. 오히려 재정을 논할 때는 유럽연합 통계기구의 공식용어인 노동시장정책 용어를 사용한다. 본 글도 두 용어를 같은 의미로 사용할 것이다.

화된 고용정책과는 반대로 일반적인 고용촉진 및 유지를 목적으로 실시하는 정책을 말한다. 근로자, 지역, 일부 산업에 대한 노동비용의 감소 조치가 이에 해당한다. 대표적으로 사회보장 분담금 감면제도를 들 수 있다.

여기서는 우선 고용정책의 흐름을 역사적으로 개관한다. 이어서 프랑스 고용정책을 언급한 두 가지 유형으로 구분한 후 유형별 재정지출을 확인, 상호 비교할 것이다. 이는 프랑스 고용정책의 큰 흐름을 이해하는 데 도움이 될 것이다. 마지막 순서로 각 유형의 대표적 정책, 즉 고용지원계약제도 그리고 사회보장 분담금 감면제도의 구체적 내용을 살펴보고자 한다.

1) 고용정책의 역사적 흐름

프랑스에서 고용정책의 본격적인 등장은 1970년대부터이다. 이전의 고용정책은 주로 노동력 정책이라 할 수 있다. 즉, 늘어나는 노동시장의 요구 사항에 부합할 수 있는 노동력을 배양하는 데 그 목적을 두었다. 이 시기의 주요 정책으로는 조기퇴직제 도입(1963년)과 국립고용안정센터(ANPE, 1967년) 설립을 들 수 있다.

1970년대부터 1980년대까지 프랑스 고용정책은 특정 집단에 초점을 두었다. 예컨대, 청년 집단을 대상으로 하는 민간 영역 고용보조금 및 유인조치(1970년대), 비영리 부분의 고용창출 프로그램(1984년), 교육 및 직업훈련 프로그램(1980년대 말) 등을 들 수 있다. 장기 실업자를 대상으로 하는 프로그램 역시 이 시기에 많이 실시되었는데 교육 및 직업훈련 프로그램(1985년), 비영리 부분의 고용창출(1989년), 민간 영역 고용보조금 및 유인조치(1989년) 등이 바로 그것이다.

1990년대에 접어들어 프랑스 고용정책은 "고요한 혁명"이라 불릴 정도로 패러다임의 변화를 가져온다. 즉, 기존의 특정 집단 대상에서 더욱 일반적인 조치로의 전환을 모색하게 된다. 첫 번째 방법은 노동비용 감축을 통한 일자리 창출이었다. 대표적으로 1993년에 발표된 노동, 고용 및 직업훈련 5개년 계획을 들 수 있는데 이에 따르면 최저임금수준의 채용 시 고용주의 기여금을 감면해 주도록 했다. 이를 통해 저임금 일자리 창출을 유도했다.

두 번째 방법은 근로시간 단축 및 유연성 제고이다. 대표적인 것이 1998년과 2000년의 〈오브리법〉(*Loi Aubry*)이다. 기존의 39시간에서 35시간으로 주당 근로시간 단축을 명문화하고 있는 이 법은 2000년에는 20인 이상 사업장에서 2002년부터는 전 사업장을 대상으로 확대했다. 이 조치는 초기에는 의미 있는 일자리 창출효과를 낳았으나 이후 실효성에 의문이 제기되기도 했다.

세 번째 방법은 노동시장 유연화와 국가의 임금보조에 의한 일자리 창출 전략이다. 유럽의 여타 국가와 비교했을 때 비정규직 근로자 보호가 강한 편이지만 기간제, 특히 시간제 근로 일자리 창출에 대해서는 긍정적인 입장이며 이의 연장선에서 국가의 임금보조 일자리 창출에 역점을 두고 있다. 기존에는 민간 영역에 치중했으나 2000년대부터는 공공 분야에까지 영역을 확대했다. 고용지원계약제도로도 불리는 이 정책은 1990년대 중반에 그 기원을 두고 있으며 2005년 〈사회적 결속에 관한 법〉 등에서처럼 제도 자체를 단순화하는 방향으로 진행되고 있다. 이상의 정책 방향은 이후 고용지원계약제도의 단순화 조치 등을 통해 구체화되었다.

2) 고용정책 유형과 재정지출

(1) 고용정책 유형

앞서 언급한 바와 같이 프랑스 고용정책은 표적화된 고용정책과 보편적 고용정책의 두 유형으로 구분이 가능하다.[23] 먼저, 표적화된 고용정책은 구

---

23) 정식 명칭은 노동시장정책이다(DARES, 2014a 참고).

직자나 취업취약계층 등 특정 집단을 대상으로 한다. 재정지출의 관점에서
이는 다시 세 가지 형태로 나눌 수 있는데 첫째는 노동시장 서비스이다.
즉, 고용지원조직 운영비와 구직자 개별 동반지출비용이 이에 포함된다.
둘째, 적극적 고용정책이다. 구직자 직업훈련, 영역별(공공, 민간) 고용지
원계약, 장애가 있는 근로자 고용지원, 구직자 창업지원제도가 이에 포함
된다. 셋째, 실업과 관련된 소득 지원이다. 이는 OECD의 소극적 노동시
장 프로그램과 유사한 것으로 실업급여나 조기퇴직급여가 이의 대표적 사
례이다.

고용정책의 두 번째 유형은 보편적 고용정책이다. 이는 노동비용의 하
락을 통해 근로자, 지역 혹은 특정 산업 분야의 고용촉진 혹은 유지를 도모
하는 정책을 가리킨다. 재정지출 측면에서 이는 다시 네 가지 형태로 구분

〈표 8-11〉 프랑스 고용정책 개관

대구분	중구분	소구분
표적화된 고용정책	노동시장 서비스	고용지원조직 운영 구직자 개별동반
	적극적 고용정책	구직자 직업훈련 고용지원계약제도 장애근로자고용지원 구직자 창업지원제도
	소득지원	실업급여 조기퇴직급여
보편적 고용정책	사회보장 분담금 감면정책	저임금근로자 감면 조치 추가 노동시장 분담금 감면 "분담금 제로" 취업촉진 지원
	고용을 위한 재정지원	취업촉진장려금(PPE) 재취업보너스 …
	특정 지역 고용촉진 조치	농촌 재활력 지역 도시 재역동성 …
	특정 산업 분야 고용촉진 조치	대인 서비스, 가족 고용 농업 분야 요식업

되는데 사회보장 분담금 감면제도, 고용을 위한 재정지원, 특정 지역 고용 촉진 조치, 특정 산업 분야 고용촉진 조치가 바로 그것이다. 〈표 8-11〉은 이 내용을 정리한 것이다.

(2) 유형별 고용정책 재정지출

이를 바탕으로 프랑스 고용정책 재정지출 동향을 살펴보자. 2012년 기준, 총지출액은 86억 2,210만 유로로서 이는 GDP 대비 4.12%에 달한다. 한편 〈표 8-12〉는 지출 규모와 GDP 대비 지출비중 추이를 유형별로 구분한 것이다.

〈표 8-12〉를 살펴보면 흥미로운 모습이 나타난다. 우선, 특정 연도를 기준으로 할 때 프랑스 고용정책은 표적화된 고용정책에 상대적으로 많은 재정지출을 하고 있음이 드러난다. 즉, 특정 집단을 대상으로 하는 고용촉진 및 구직자 소득지원에 GDP 대비 매년 2.5%에 가까운 재정을 투입하고 있다. 이는 보편적 고용정책보다 많으면 2배에 가깝다. 둘째, 지출액 추이는 상반된 모습을 보이고 있음에 주목할 필요가 있다. 예컨대 2012년의 GDP 대비 지출비중을 2010년과 비교하면 보편적 고용정책은 75.7% 정도 늘어났다. 반면 표적화된 고용정책의 비중은 오히려 줄어든 것으로 나타난다(-7.3%). 이는 표적화된 고용정책에 대한 지출비중이 상대적으로

〈표 8-12〉 유형별 프랑스 고용정책 지출 추이

(단위: 억 유로, %)

		2000	2005	2010	2011	2012	추이(2010 / 2012년)
표적화된 고용정책	지출액	37.027	43.098	50.302	46.966	48.446	+ 30.8
	지출비중	2.49	2.43	2.52	2.28	2.32	- 7.3
보편적 고용정책	지출액	15.285	26.309	40.740	38.653	37.775	+ 147.1
	지출비중	1.03	1.48	2.04	1.88	1.81	+ 75.7

자료: http://dares.travail-emploi.gouv.fr/dares-etudes-et-statistiques/statistiques-de-a-a-z/article/les-depenses-en-faveur-de-l-emploi-et-du-marche-du-travail.

큰 것은 사실이나 그 차이는 점점 줄어들고 있으며 프랑스 고용정책의 큰 흐름은 특정 집단에 초점을 두는 표적화된 고용정책이 아니라 사회보장 분담금 감면제도를 비롯한 보편적 고용정책에 더 큰 무게를 두고 있다는 것을 의미한다.

3) 고용정책 사례

(1) 고용지원계약제도: 표적화된 고용정책

고용지원계약제도(Contrats Aidés)는 엄밀한 의미에서 근로계약의 하나지만 일반적인 근로계약과는 차이가 있다. 우선 주 적용 대상은 노동시장 취약 집단이다. 구체적으로 노동시장 참여에 어려움을 보이는 집단과 청년 집단을 의미한다. 그리고 채용에 대한 보상으로서 국가의 지원 형태가 채용 보조금, 사회보장 분담금의 감면, 훈련 보조 등 다양하다. 그리고 고용지원계약 영역은 공공 영역뿐만 아니라 민간 영역까지 포함하며 공공 영역에는 시민사회단체 등 제3섹터 영역까지 포함되어 있다.

고용지원계약의 형태가 많을 때는 13개까지 있었으나, 2005년 이후 통폐합 과정을 거쳐 현재는 4개 프로그램이 운영되고 있다. 현행 프로그램 구분의 기준은 다음과 같다(DARES, 2014b: 15). 첫째, 계약 성격이다. 계약기간(무기한 혹은 기간제), 주당 근로시간, 국가의 재정부담 정도가 이에 포함된다. 둘째, 고용지원 적용 대상자의 성격에 관한 것으로 성별, 연령, 훈련 수준, 고용지원센터 등록기간, 사회적 최저급여 수급 여부, 장애 여부 및 정도 등을 들 수 있다. 셋째, 고용주의 성격이다. 우선 상업 영역과 비상업 영역으로 구분될 수 있다. 상업 영역은 영리 추구가 목적인 민간 영역을 의미한다. 비상업 영역은 반드시 공공 영역(예: 지방자치단체)만을 의미하는 것은 아님에 유의할 필요가 있다. 민간 비영리 기관, 즉 제3섹터에서 활동하는 기구도 비상업 영역에 포함된다. 이외에도 취업기관 고용규모, 동반 및 훈련 활동 등도 고용주 성격에 속한다.

이상의 점을 고려하면서 현행 고용지원계약 프로그램의 구체적 내용을 살펴보면 〈표 8-13〉과 같다.

〈표 8-13〉에서처럼 프랑스 고용지원계약제도의 대표적 프로그램은 단일통합계약(CUI)이다. 2010년 1월부터 도입된 이 프로그램은 2005년에 제정된 〈사회적 결속에 관한 법〉으로 시행되던 기존의 고용지원계약 프로그램 전체24)를 대체한 것이다. 그뿐만 아니라 활동연대수당(RSA)의 수급자도 단일통합계약에 편입되었다. 단일통합계약은 영역에 따라 두 개로 구

〈표 8-13〉 **고용지원계약 프로그램 개관**

프로그램명	단일통합계약-고용주도계약	단일통합계약-고용동반계약	미래고용(상업 영역)	미래고용(비상업 영역)
고용주	상업 영역 모든 고용주	비상업 영역 고용주 (지자체, 제3섹터 등)	지역별 우선영역의 고용주	지자체, 공공병원, 제3섹터
적용 대상자	취업취약계층		16~25세 실업청년(장애: 30세)	
계약기간	무기 혹은 기간제(6~24개월)		무기 혹은 기간제(12~36개월)	
	갱신가능(최대 2~5년: 50세 이상, 사회적 최저급여 수급자, 장애)		갱신가능 (최대 3년)	
주당 근로시간	20~35시간		35시간	
		20시간 미만도 가능(협약에 준함)	반일제 근로도 가능(수급자 이동, 상황 등)	
국가의 재정부담	지자체 법령 공포	최저시급의 35%	시급 최저임금의 75%	
	최저임금의 47% (최대 35시간)	시급 최저임금의 95%까지(최대 35시간, 통합 작업장은 105%)	사회적 기업 일부: 47%	
여타 사회적, 조세상 특혜	보통법 규정과 중복적용 가능 (특히, 저임금근로자 보편감면 제도)	고용주 분담금, 소득세, 훈련세 등 감면	보통법 규정과 중복적용 가능 (특히, 저임금근로자 보편감면 제도)	고용주 분담금, 소득세, 훈련세 등 감면

자료: DARES, 2015: 6의 표.

---

24) 미래계약, 포용계약, 적극적 포용수당(RMA), 고용동반계약, 고용주도계약 등을 의미한다.

<표 8-14> 고용지원계약 프로그램 참여 동향

영역	프로그램명	2012년	2013년	추이(%)	2014년	추이(%)
상업	단일통합계약-고용주도계약	51,821	50,441	-2.7	48,503	-3.8
	미래고용	2	13,809	++	22,008	++
	… *					
	소계	56,912	68,201	19.8	74,529	9.3
비상업	단일통합계약-고용동반계약	352,866	315,907	-10.5	263,818	-16.5
	미래고용	1,276	63,503	++	66,465	4.7
	… *					
	소계	354,794	388,848	9.6	338,129	-13.0
총합		411,706	457,049	11.0	412,658	-9.7

주: * 기타 프로그램.
자료: DARES, 2015: 2의 관련 표에서 발췌.

분되는데 상업 영역의 단일통합계약-고용주도계약(CUI-CIE)와 비상업
영역의 단일통합계약-고용동반계약(CUI-CAE)이 바로 그것이다. 한편 미
래고용(Emploi d'Avenir)은 2012년 11월부터 시행된 제도로서 고등학교를
졸업한 16세 이상 25세 이하(장애인은 30세 이하)로 현재 고용상태가 아니
며 최근 12개월 중 6개월 이상 구직활동 중이고 노동시장 진입에 매우 큰
어려움이 있는 청년이 적용 대상이다. 프랑스의 대표적인 청년실업 대책
프로그램이라 할 수 있다.[25] 이 프로그램은 상업과 비상업 영역 등 모든
영역에서 실시된다.

이를 바탕으로 고용지원계약 프로그램의 참여 현황을 살펴보기로 하자.
먼저, 참여 규모를 살펴보자. <표 8-14>는 2012년 이후의 동향을 정리한
것이다. <표 8-14>에서처럼 2014년 기준, 고용지원계약에 서명한 사람은
약 41만 3천 명이다. 이는 2013년보다 9.7% 정도 줄어든 것이다. 하지만

25) 현행 청년 고용촉진 프로그램으로서는 청년보장제도, 최초고용사업장지원, 세대계약 등
이 있으며 2015년에 도입된 스타트계약 역시 이에 포함된다. 스타트계약은 고용주도계약
의 하나로서 30세 미만의 사람이 적용 대상이다. 한편 프랑스의 전반적인 고용조치에 대
해서는 Pôle Emploi, 2015를 참조하라.

<표 8-15> 고용지원계약의 특징

(2014년 기준)

항목	상업 영역			비상업 영역			전체
	고용주도계약	미래고용	전체	고용동반계약	미래고용	전체	
기간제(%)	30.2	28.5	29.7	97.3	93.1	96.2	79.3
무기계약(%)	69.8	71.5	70.3	2.7	6.9	3.8	20.7
주당 근로시간	32.5	34.0	32.9	23.4	33.8	26.0	27.8
국가 재정부담 비율(%)	32.2	35.5	33.2	78.6	75.2	77.7	66.4
평균 계약 지속기간(월)	8.9	31.4	15.7	11.6	22.7	14.4	14.7

자료: DARES, 2015: 5의 표 4에서 발췌.

이는 2013년도의 참여자가 많았다는 점도 고려되어야 한다. 영역별로 보면 비상업 영역의 규모가 압도적으로 많음을 알 수 있다. 구체적으로 전체 계약규모 중 80% 이상을 비상업 영역이 차지하고 있다. 이는 고용지원계약에 대한 공공기관의 역할이 매우 큼을 의미한다. 사회적 취약 집단의 일자리 제공에 대한 국가의 높은 관심이 나타나는 대목이다. 한편 미래고용 프로그램에서 나타나듯이 청년 고용을 위해서는 상업 영역의 역할 또한 강하다고 할 수 있다. 특히, 2012년에 도입된 미래고용 프로그램에 대한 관심은 매우 높은 것으로 나타난다.

국가의 재정지원을 통해 창출된 일자리의 모습은 어떠한가? <표 8-15>는 고용지원계약의 특징을 항목별로 정리한 것이다.

표의 항목 중 국가의 재정부담 비율은 프로그램별로 본래 상이하기 때문에 이를 비교하는 것은 적절치 못하다. 규정이 유사한 여타 항목을 중심으로 살펴보면 먼저 근로계약 형태에서 비상업 영역의 기간제계약 비율이 압도적으로 높음을 알 수 있다. 달리 말하면 비상업 영역을 통해 창출되는 일자리는 많지만 이의 대부분은 기간제라는 의미이다. 반면 상업 영역의 고용주도 계약 일자리의 약 70%는 무기계약이다. 그럼에도 불구하고 평균 계약 지속기간이 9개월에 불과한 점은 별도의 논의가 필요한 부분이다. 주당 근로시간 역시 비상업 영역에 해당하는 고용동반계약이 상대적으로 적다. 전반적으로는 상업 영역에서 창출되는 일자리의 질이 더 양호하다고 볼 수 있다.

한편, 미래고용 프로그램은 청년 고용을 위한 조치이다. 우선 단일통합계약보다는 평균 계약 지속기간이 매우 긴 것으로 나타난다. 특히, 상업 영역의 경우에는 31개월로서 프로그램 중 가장 긴 기간을 보이고 있다. 한편, 미래고용 역시 상업 영역의 무기계약 비율이 압도적으로 높다. 반면 비상업 영역을 통해 창출된 일자리 대부분은 기간제계약이 차지하고 있다. 이렇게 볼 때 청년실업 해소를 위해 지자체 등 공공기관이 수행하는 역할이 큼에 대해서는 누구나 공감할 것이다. 그럼에도 일자리의 질은 상업 영역보다 상대적으로 낮은 것으로 판단된다. 이렇게 볼 때 고용지원계약과 관련된 국가의 역할에 대해서는 양가적인 평가가 가능할 것이다. 26)

(2) 사회보장 분담금 감면제도: 보편적 고용정책

사회보장 분담금 감면제도는 집권 정당의 이념과 관계없이 지금까지 지속해서 사용되고 있으며 최근에는 사회보험 중심의 국가로부터 많은 관심의 대상이 되고 있다. 〈표 8-11〉에서처럼 이 정책은 보편적 고용정책의 하나이다. 왜냐하면 특정 집단이 아닌 일반 근로자를 대상으로 실시하기 때문이다. 그럼에도 표적화된 고용정책에서 이러한 조치가 전혀 없는 것도 아님에 유의할 필요가 있다. 대표적인 사례가 앞에서 살펴본 고용지원계약이다. 그리고 직업전문화계약 역시 45세 이상 구직자가 적용 대상인 경우에는 이 제도가 실시된다. 이러한 점을 염두에 두고 여기서는 보편적 고용정책과 직결되는 사회보장 분담금 감면제도에 초점을 두고자 한다.

---

26) 일자리 창출을 위한 국가의 역할은 비단 고용지원계약에 국한된 것이 아님을 인식하는 것이 중요하다. 왜냐하면 고용지원계약 외에도 일·학습 병행계약(인턴계약, 직업전문화계약)과 특정 지역 우선조치, 세대계약 등에도 국가의 재정지원이 이루어지기 때문이다. 이들 분야까지 합치면 수혜자는 총 150만 명에 달한다. 이를 위해 국가는 11억 6,700만 유로를 지출했으며 이는 GDP 대비 0.06% 수준이다(2011년 기준, DARES, 2014a 참고).

① 도입 및 변천

프랑스의 사회보장 분담금 감면정책이 처음 실시된 것은 1970년대 중반으로 매우 오래된 역사를 가지고 있다. 당시 바르(Barre) 정부는 25세 미만의 청년 집단의 채용촉진을 위해 이 정책을 도입하여 상당한 성과를 거두었다. 27) 이후, 1992년에는 시간제 고용 혹은 전일제 고용을 시간제 고용으로 전환하는 경우 고용주의 사회보장 분담금을 30% 낮추는 정책이 실시되었다. 당시 일자리 창출의 연장선에서 도입된 것이다.

한편, 1998년에 집권한 좌파정부는 신규채용을 무기계약으로 하는 경우 2년간 고용주 분담금에 면제 조치를 취한 바 있다. 1991년, 좌파정부는 10인 미만의 소기업에서 청년을 고용하는 경우 고용주뿐만 아니라 근로자의 분담금까지도 면제하는 법을 제정하기도 했다. 이어서 우파정부 시기인 2000년에는 근로시간을 단축하는 사업장에 대한 재정지원 차원에서 도입된 바 있다. 당시의 〈근로시간 단축법〉에 의하면 근로시간을 단축하는 사업장의 근로자에게는 최저임금을 보장함과 동시에 저임금, 중간임금에 대해서는 고용주 분담금을 경감하는 내용을 포함하고 있다.

프랑스 사회보장 분담금의 정책 변천사에서 분수령이 되었던 것은 제로 분담금 조치(Dispositifs "Zéro Charges")이다. 이는 2007년에 도입되어 2010년까지 실시된 제도이다. 그중에서도 2008년 12월에 발표, 2009년부터 2010년 6월까지 실시된 조치의 주요 내용은 다음과 같다(Cahuc & Carcillo, 2014: 6). 우선, 이 조치는 전일제 환산 고용규모가 10인 미만의 기업을 대상으로 하고 있다. 그리고 감면 대상의 고용주 분담금 중 근로자의 임금을 기준으로 최저임금수준까지는 100%, 그 이상인 경우에는 최저임금의 1.6배 수준까지 감면비율을 점진적으로 하락시키는 방식을 적용하

---

27) 당시 5년 동안 150만 명의 청년 집단 신규채용자 중 약 80만여 명이 이 정책의 효과인 것으로 파악되었다.

는 것이다. 이러한 조치는 당시 기업의 입장에서는 하나의 충격으로 받아들여졌다. 왜냐하면 이는 최저임금을 기준으로 할 때 12%의 노동비용 하락 효과를 가져왔기 때문이다.

한편 이 조치는 2010년에 폐지되고 대신 피용 감면조치 (*réduction Fillon*)가 도입되었다.[28] 그리고 지금 시행 중인 사회보장 분담금 감면제도는 바로 피용 감면조치에 바탕을 두고 있다.

② 제도 현황

앞의 내용을 바탕으로 사회보장 분담금 감면제도의 현황을 살펴보자.

첫째, 현행 제도는 모든 기업을 적용 대상으로 한다는 점에서 기존 제도와 확연히 구분된다. 구체적으로 실업보험 가입 사업체, 혼합 경제회사는 물론이거니와 국영기업과 우체국까지도 이에 포함된다. 따라서 이들 기업에 근무하는 근로자라면 고용형태에 관계없이 누구나 감면조치 혜택의 대상이 된다.

둘째, 감면 대상이 되는 사회보험은 사회보험료 통합징수기관(URSSAF)의 재정관리하에 운영되는 보험 분야에 한정된다.[29] 예컨대 건강, 노령, 가족 보험이 이에 속하며 경우에 따라서 산재 및 직업병 보험도 포함된다. 구체적으로 이들 사회보험의 고용주 분담금이 감면 대상인 것이다. 한편, 실업보험의 고용주 분담금은 이에 포함되지 않는다. 왜냐하면 사회보험료 통합징수기관은 실업보험의 재정 관리와는 무관하게 징수업무 대행기구에 지나지 않기 때문이다.

셋째, 감면 대상 임금수준은 최저임금의 1.6배까지로, 이는 2007년의 조치와 동일하다.[30]

---

28) 피용(F. Fillon)은 당시 우파 집권정당의 총리이다.
29) 이 조치를 'URSSAF 분담금 제로 조치'라 부르는 것도 이에 근거를 둔 것이다.
30) 2016년 기준 최저임금(세전)은 연 17,559.40유로이다.

<표 8-16> 분담금 감면 최대계수

기업의 고용규모	주거지원 전국기금	감면 최대비율(계수)		
		2015년	2016년	2017년
20인 미만	0.1%	0.2795	0.2802	0.2807
20인 이상	0.5%	0.2835	0.2842	0.2847

자료: https://www.service-public.fr/professionnels-entreprises/vosdroits/F24542

넷째, 감면 수준은 기업의 고용 규모와 근로자의 임금수준에 따라 다르다. 그리고 감면비율은 계수(*coefficient*)로 나타나는데 <표 8-16>은 기업의 고용 규모에 따른 법정 감면최대계수를 연도별로 정리한 것이다.

따라서 2016년을 기준으로 할 때 고용 규모가 20인 미만 기업에서 최저임금을 받는 근로자가 있다면 고용주는 임금의 28% 정도의 분담금 감면 혜택을 받을 수 있다. 한편, 다음은 현행 감면계수 산출방식(2016년)에 관한 것이다.

20인 미만 감면계수 = (0.2802 / 0.6) × [1.6 × (17,599유로* / 총연봉) - 1]
20인 이상 감면계수 = (0.2842 / 0.6) × [1.6 × (17,599유로* / 총연봉) - 1]
* 2016년 최저임금액(연봉)

이 산식에 따르면 최저임금에 가까울수록 감면계수는 0.2802(20인 미만 경우)에 가까우며 반대로 최저임금의 1.6배에 가까울수록 감면계수는 0에 가깝다. 최저임금의 감면비율(계수)이 가장 높은 반면, 최저임금의 1.6배에서는 0이 되는 방식을 취하고 있다. 즉, 임금수준이 높아질수록 감면계수(비율)는 낮아지는, 이른바 점진적 하락 방식을 취하고 있는 것이다.

한편, 2016년을 기준으로 할 때 최저임금의 1.6배에 해당하는 세전연봉은 28,094유로이다. 한편, 2013년의 프랑스 근로자의 평균 세전연봉은 35,112유로였다. 이는 근로자의 임금이 평균의 80% 이하인 경우, 사회보장 분담금 감면제도의 적용 대상에 포함됨을 의미한다. 일반적으로 평균임금이 중위임금보다 많은 점을 고려한다면 프랑스 근로자의 40%는 이 제도의 적용 대상자인 것으로 판단된다. 달리 말해 근로자 10명 중 4명의 사회보장 분담금은 감면을 받고 있다는 것이다. 왜 사회보장 분담금 감면제도가 보편적 고용정책의 대표적인 사례인지를 알 수 있는 대목이다.

4. 최저임금제도와 임금구조

앞서 살펴본 고용정책이 주로 사회적 한계 집단의 노동시장 진입을 위한 일자리 창출에 역점을 둔다면 최저임금제도는 근로자의 노동시장 정착을 위한 제도이다. 즉, 근로자 및 그 가족의 기본생활보장에 필요한 최소한의 임금에 대한 법적 제정을 통해 근로자의 노동시장 유지를 꾀하자는 것이 최저임금제도의 주요 취지 중 하나이다. 프랑스에서 최저임금제도가 도입된 것은 1950년으로, 뉴질랜드(1894년), 호주(1896년) 보다는 늦지만 유럽의 여타 국가보다는 빨리 도입되었다. 그뿐만 아니라 최저임금의 수준이 높은 것 또한 특징이다. 프랑스 최저임금제도 도입의 변천을 개관하면 다음과 같다.

1) 최저임금제도의 역사적 변천

(1) SMIG과 SMAG의 탄생: 1950~1970년

노동고등위원회(Institut Supérieur du Travail)에 따르면 최저임금제도의 기원은 1941년 공포된 노동헌장이다. 여기서 필수적인 최저임금 용어가 등장하며, 이는 보편성을 담보해야 한다고 주장하고 있다. 이에 따라 프랑스에서는 1950년 2월, 법 제정을 통해 최저임금제도가 도입되었는데 당시의 명칭은 SMIG(Salaire Minimum Interprofessionnel Garantie: 생활보장을 위한 직업 간 최저임금) 이었다. 당시 SMIG는 단체협약 고등위원회에 의해 결정되었는데 동 위원회는 SMIG 결정에 도움을 받기 위해 가구 평균 예산 항목을 측정했고 이를 바탕으로 각료 회의는 동년 8월 명령을 통해 64프랑(수도권은 78프랑)이라는 SMIG을 처음 발표했다.

1950년 당시 SMIG 수준은 20개로 구분되었다. 이는 지역별 특성에 바탕을 둔 것으로 수준이 가장 높은 파리(0% 지역)에서부터 -2.5% 지역, -4% 지역 등으로 세분되어 있었다. 즉, 다양성과 통일을 동시에 실현하자는 의도의 방증이었다. 이러한 조치는 1968년 폐지되었다.

한편, 당시 SMIG은 농업 분야에는 적용되지 않았다. 대신 농업 분야의 최저임금제도가 도입되었는데 이것이 바로 SMAG(Salaire Minimum Agricole Garantie)이다. 1950년 10월 등장한 SMAG의 수준은 SMIG보다는 낮은 수준이었다. 왜냐하면, 농촌 지역은 여타 지역보다 주거비용이 저렴하며 식료품 등 1차 농산물의 획득이 용이하기 때문이었다. 이후 SMAG은 SMIG과 합쳐지는 1968년 6월까지 명맥을 유지하면서 따로 공포되었다. [31]

(2) SMIG에서 SMIC으로: 1970년부터 현재까지

1970년, SMIG는 SMIC(Salaire Minimum Interprofessionnel de Croissance: 성장을 위한 직업 간 최저임금)으로 대체되었다. 기존의 SMIG는 물가인상만을 반영했는데 그 결과 생산성 증대를 반영하지 못하는 문제점이 지적되었으며 이의 연장선에서 근로자 평균 임금의 인상 정도에 못 미치는 결과를 초래했다. 이러한 문제점을 해결하기 위해 등장한 것이 바로 SMIC이다. 이렇게 볼 때 프랑스 SMIC에는 구매력 개념이 중요한 위치를 차지하고 있음을 알 수 있다. 즉, 단순한 물가인상뿐만 아니라 임금 상승을 동시에 고려하여 저임금근로자의 구매력을 보장하자는 취지에서 SMIC이 등장한 것이다.

---

31) 1968년은 농촌과 도시의 생활수준이 비슷한 시기라는 점이 고려되었다.

2) 최저임금제도의 운영

(1) 적용 대상

최저임금은 프랑스 본토 및 부속 영토 등 전 지역에 적용된다.

최저임금제도의 적용 대상은 임금의 형태와 관계없이 민간 분야에서 근로 중인 18세를 초과한 근로자이다. 공공 분야의 근로자 역시 사법 규정 내에서 적용을 받을 수 있다. 하지만 다음 몇 가지는 최저임금제도의 적용 예외 혹은 경감된 비율의 적용 대상자이다.

- 청년근로자: 17~18세의 근로자 중 활동 분야의 직업 경력이 6개월 미만인 사람에 대해서는 최저임금 10% 삭감, 동일 조건의 17세 미만 근로자에 대해서는 20% 삭감된 최저임금 적용
- 청년견습생: 전문화계약 혹은 견습계약제도하의 26세 미만 청년은 연령과 계약기간에 따라 최저임금 적용 비율이 다름
- 적용 제외 집단: 노동시간 통제가 불가능한 근로자(예: 탐험가, 대리인, 판매원 일부)

(2) 최저임금의 결정 기구 및 재산정

최저임금의 최종 결정주체는 정부이다. 정부는 노·사·정 3자로 구성된 단체교섭 전국위원회의 의견, 물가 상승 및 육체 근로자의 실질임금 상승 등을 고려하여 결정한다.

매년 1월 1일 최저임금이 발표되는데 연 증가분이 평균 시간당 임금에 포함되어 있는 구매력 증가분의 2분의 1 이상은 되어야 한다. 그리고 연중 소비자 물가의 급상승 시에는 동일 비율로 자동 재산정된다.

2016년 1월 기준 최저임금은 시간당 7.58유로, 주당 근로시간 35시간을 기준으로 할 때 월 1,143.72유로(이상 세후)이다. 한편, 2013년을 기준으로

할 때 월별 최저임금은 1,120.43유로인데 이는 근로자 평균 임금(2,212유로) 대비 50.6%, 중위 임금(1,772유로) 대비 63.2%로서 OECD 회원국 중 가장 높은 수준을 보이고 있다(이상 세후).

3) 프랑스의 임금구조

2013년 기준, 프랑스 근로자의 월평균 순임금(세후 임금)은 2,202유로이다. 임금이 가장 낮은 1분위(D1) 평균 임금은 1,200유로인 데 반해 가장 많은 임금을 받는 11분위(D99) 근로자의 월평균 임금은 8,061유로로서 약 6.7배의 차이가 난다. 2009년의 6.6배보다 그 차이가 약간 더 벌어진 것이다. 이는 순임금을 기준으로 한 것으로 총임금(세전 임금) 기준으로 한다면 그 차이는 13배 정도 된다. 누진적 성격의 강제공제제도(세금과 사회보장 분담금)가 임금 불평등을 약화하는 기제로 작동되고 있음을 보여주는 대목이다.

한편, 성별로는 남성(월평균 2,389유로)이 여성(평균 1,934유로)보다 약 1.24배 더 많이 받는 것으로 나타난다. 직위별로는 고위직(월 4,027유로), 중간 관리직(2,104유로), 육체 근로자(1,677유로), 사무직 근로자(1,596유로)의 순이다. 사무직 근로자보다 육체 근로자의 순임금이 더 높은 점이 흥미롭다고 할 수 있다(이상 2013년 기준, 세후 소득).[32]

5. 최근 쟁점과 과제

최근 프랑스 실업보험 및 고용정책의 변화는 최근의 복지국가 재편과 깊은 관련이 있다. 즉, 실업보험에서 나타나는 근로 연계복지 혹은 활성화 개념

---

32) 자세한 사항은 Chaput et al., 2015를 참조하라.

의 등장은 전통적인 복지국가가 노정하고 있었던 비경활 함정, 실업 함정 등의 문제 극복 차원에서 제시된 것이다. 그리고 임금보조하의 고용지원계약제도, 사회보장 분담금 감면제도는 일자리 창출을 통해 극심한 실업 문제의 해결을 위한 대안이다. 그리고 전통적으로 높은 수준의 최저임금은 저임금근로자의 노동시장 정착을 위한 고육지책이라 할 수 있다. 그럼에도 이상의 정책은 일정 정도의 성과 못지않게 기존 문제의 해결에 역부족이거나 새로운 문제를 낳고 있다는 지적이 많다.

첫째, 프랑스의 전통적인 공화주의적 이상과 신자유주의 간의 갈등이다. 공화주의에는 개인의 삶에 대한 국가의 보장의무가 내재되어 있다. 반면 개별화된 취업계획, 합리적 일자리에의 순응 개념은 개인의 의무를 상대적으로 많이 강조함과 동시에 신자유주의에 바탕을 두고 있다. 개인과 국가의 권리·의무의 상호존중과 관련된 제도의 개혁은 이념적 갈등을 드러낼 가능성이 매우 높다.

둘째, 취약성의 제도화에 대한 우려가 높다.[33] 이는 취약성이 일시적 현상이 아니라 고착된 사회현상, 구조적 문제로 귀결됨을 의미한다. 예컨대 임금보조하의 고용지원계약제도는 일정 부분 일자리 창출성과에도 불구하고 주변적 노동시장을 낳는 결과를 초래하고 있다. 특히, 노동시장 유연화의 미명하에 나타나는 시간제, 기간제 일자리는 노동시장 불안정과 직결되어 있다. 또한 사회보험재정의 조세화 현상이 프랑스 사회보장을 양분화하고 있다는 지적에 유념할 필요가 있다. 즉, 전통적인 사회보험은 노동시장의 중심에 있는 사람을 주요 적용 대상으로 하는 반면, 여기서 배제된 사람은 결국 조세 충당에 의해 이루어지는 사회보장 분담금 감면제도, 사회적 최저급여의 수혜자로 구분된다. 이렇게 볼 때 최근의 제도 개편은 사회통합보다는 노동시장 양분화, 사회보장 양분화를 가져오는 경향이 더 크

---

33) 취약성의 제도화는 Lefèvre, Dufour, & Boismenu, 2011의 표현이다.

다고 할 수 있다.

셋째, 최저임금수준이 여타 국가보다는 높음에도 불구하고 근로 빈민 문제 해결에는 여전히 역부족이다. 특히, 최저임금근로자가 유자녀인 경우 빈곤에서 벗어날 수 없음이 확인된다. 이는 그만큼 취약성이 증대되었다는 것과 높은 수준의 최저임금만으로는 빈곤 문제의 해결이 불가능하다는 것을 의미한다. 가족정책 등 여타 정책과의 공조의 필요성 인식, 부의 재분배에 대한 심각한 고려가 필요한 대목이다.

6. 맺음말

지금까지 프랑스의 실업보험, 사회적 한계 집단을 대상으로 하는 고용정책 그리고 최저임금제도를 살펴보았다. 각 분야에서 나타나는 최근 변화는 기존 문제의 해결이라는 명제하에 나타났으나 일정 부분 성과에도 불구하고 새로운 문제의 단초를 제공하고 있는 것이 사실이다.

한편, 한국은 사회안전망으로서의 실업보험의 역할 약화, 일자리 창출에 대한 국가의 소극적 개입, 저수준의 최저임금 문제가 있다. 이에 활성화 개념의 도입을 통해 실업보험이 단순한 소득보장의 수단이 아니라 사회안전망과 고용안전망 연계의 핵심제도가 될 수 있다는 인식의 변화, 고용지원계약제도 및 기업 규모에 따른 사회보험 노사양자 분담금의 전액 면제 혹은 고용주의 분담금 감면조치에서 나타나는 국가 역할, 높은 수준의 최저임금제도의 모습 등은 프랑스 사례에서 얻을 수 있는 중요한 교훈이 될 것이다.

■ 참고문헌

국내 문헌

어기구 · 심창학 · 손혜경 · 신범철 · 채준호 · 은수미(2010). 《주요 국가들의 경제위기
　　탈출과 고용전략》. 서울: 한국노총 중앙연구원.

심창학(2015). 《사회보호 활성화 레짐과 복지국가의 재편》. 서울: 오름.

한인상(2011). "최저임금제의 연혁과 주요 쟁점". 〈이슈와 논점〉, 273호. 2011년 7월
　　21일, 국회입법조사처.

황준욱(2003). 《미국 · 프랑스의 고용창출지원 프로그램 연구》. 서울: 한국노동연구원.

Eydoux, A. , · 황준욱(2004). 《프랑스 실업보험제도》. 서울: 한국노동연구원.

해외 문헌

Boutault, J. (1999). *L'assurance Chômage en France: Unedic-Assedic, Que sais-je?*.
　　Paris: Puf.

Cour des comptes(2015). *Pôle Emploi à l'Epreuve du Chômage de Masse*. Paris: Cour
　　des comptes.

De Montalembert, M. (2008). *La Protection Sociale en France*. Paris: La docu-
　　mentation Française.

Dupeyroux, J. -J. , Borgetto, M. , & Lafore, R. (2008). *Droit de la Sécurité Sociale*.
　　Paris: Dalloz.

Fahy, J. -M. (1997). *Le chômage en France, Que sais-je?*. Paris: Puf.

Howell, D. R. , & Rehm, M. (2009). Unemployment compensation and high
　　European unemployment: a reassessment with new benefit indicators.
　　Oxford Review of Economic Policy, 25(1), 60~93.

Join-Lambert, M. -T. , Bolot-Gittler, A. , & Daniel, C. (1994). *Politiques Sociales*.
　　Paris: Presses de la fondation nationale des sciences politiques & Dalloz.

Lefèvre, S. , Dufour, P. , & Boismenu, G. (2011). *La pauvreté: Quatre Modèles
　　Sociaux en Perspective*. Québec: Les Presses de l'Université de Montréal.

Ministère des Affaires Sociales et de la Santé(2013). *Guide Pratique: La Protection
　　Sociale des Salariés*. Paris: Ministère des Affaires Sociales et de la Santé.

OECD(2010). *OECD Employment Outlook*. Paris: OECD.

기타 자료

Cahuc, P. , & Carcillo, S. (2014). Alléger le coût du travail pour augmenter l'emploi: Les chefs de la réussite, 1~36. Paris: Institut Montaigne.

Chaput, H. , Pinel, C. , & Wilner, L. (2015). Salaires dans le secteur privé et les entreprises publiques. INSEE Première, n° 1565, 1~4.

DARES(2011). Les allocataires du régime d'assurance chômage en 2009. DARES Analyses, n° 030.

_____(2014a). Les dépenses en faveur de l'emploi et du marché du travail en 2011. DARES Analyses, n° 018.

_____(2014b). Les contrats aidés de 2005 à 2011. DARES Analyses. n° 011.

_____(2015). Les contrats uniques d'insertion et les emplois d'avenir en 2014. DARES Analyses. n° 064.

_____(2016). INSEE références-Fiches-Chômage. Paris: INSEE.

Lombardo, P. , Seguin, E. , & Tomasini, M. (2011). Les niveaux de vie en 2009. INSEE Première, n° 1365.

Ministère du Travail, des Relations Sociales, de la Famille, de la Solidarité et de la Ville(2009). Guide pratique du droit du travail. Paris: La documentation Française.

Pôle Emploi(2015). Les mesures pour l'emploi. Paris: Pôle Emploi.

UNEDIC(2011). Le Précis de l'allocation du chômage. Paris: UNEDIC.

http://dares. travail-emploi. gouv. fr/dares-etudes-et-statistiques/statistiques-de-a-a-z/article/les-depenses-en-faveur-de-l-emploi-et-du-marche-du-travail.

http://stmt. pole-emploi. org/publication_annees.

http://www. afpa. fr/.

http://www. emploi. gouv. fr/.

http://www. insee. fr/.

http://www. pole-emploi. fr/accueil/.

http://www. pole-emploi. fr/region/martinique/candidat/les-regles-de-votre-recher-che-d-emploi--@/region/martinique/article. jspz?id=46689.

http://www. pole-emploi. org/statistiques-analyses/.

http://www. service-public. fr/.

http://www. unedic. org/.

http://www. unedic. org/print/8195.

산재보험제도*

1. 머리말

산재보상 및 직업병 보험제도(이하 산재보험이라 칭함)는 산업사회의 고유한 문제로 지속되고 있는 업무상 재해와 직업병으로 인한 소득상실을 보전함과 동시에 충분한 요양서비스와 재활서비스를 제공하여 성공적인 직업복귀를 도모하는 제도이다. 또한 인센티브 시스템의 강화를 통한 산업 예방의 동기강화와 신속하고 경제적이면서도 효과적인 전달체계의 구축도 산재보험제도 실시의 또 다른 목적이기도 하다.

다른 사회보험과 비교하여 산재보상보험제도는 몇 가지 특징이 있다. 우선 사회보험제도 중 산재보험은 가장 먼저 도입되는 경향을 보인다. 이는 산재 및 직업병이 산업화로 인해 발생하는 주요 사회 문제임을 보여주는 대목이다.

---

* 이 글은 2012년 《주요국의 사회보장제도: 프랑스》(한국보건사회연구원, 2012)에서 필자가 작성한 "제 2부 제 3장 재해보험"을 수정 보완한 것이다.

둘째, 산재보험제도는 사회보험제도 중 노령보험과 함께 현재 가장 많이 실시되는 제도 중 하나이다.

셋째, 산재보험은 대부분의 국가에서 보험가입자와 급여수급자가 일치하지 않는다는 점에서 다른 사회보험과 구분된다. 즉, 산재보험급여의 수급대상은 산업재해를 당한 개별 노동자임에도 불구하고 보험가입자로 보험료를 부담하는 사람은 그를 고용한 사업주라는 것이다. 이는 역사적으로 산재보험이 산업재해에 대한 고용주 책임을 사회보험화한 것이기 때문이다.

넷째, 산재보험제도의 운영 원칙과 관련하여 무과실 책임주의를 견지하고 있다. 즉, 고용주의 과실이나 고의 여부와 관계없이 근로자의 재해 사실만 입증되면 산재보험급여를 받을 수 있다. 이러한 무과실 책임주의는 이전의 과실 책임주의를 대체한 것으로서 산재보험에 대한 집합적 책임 혹은 사회의 책임 이행정신이 표현된 것으로 볼 수 있다.

다섯째, 산재보험은 다른 사회보험제도와 비교했을 때 전체 사회보장체계와의 관계에 있어서 국가별로 매우 다양한 형태를 보인다. 예컨대, 운영형태와 관련하여 크게 세 가지 유형으로의 구분이 가능하다. 먼저 '공적 사회보험형'으로서 이는 국가가 중앙의 공공기금을 조성하여 산재보험 프로그램을 운영하거나 한국과 같이 근로복지공단과 같은 준공공기관이 운영하는 형태이다. 두 번째 유형은 '강제 민간보험형'이다. 국가가 다양한 형태의 민간보험이나 준민간보험을 이용하여 산재보험을 운영하는 것이다. 미국의 상당수 주정부와 핀란드, 덴마크, 싱가포르 등이 이에 속한다. 세 번째 유형은 '혼합형'으로서 국가에 의한 공적 산재보험과 민간보험이 공존하면서 고용주의 선택권을 인정한다.

여섯째, 산재보험과 전체 사회보험체계와의 관련성이다. 먼저 '일반 사회보험 통합형'이 있다. 이는 사회보험체계 내에 운영되면서 질병, 사망, 노령 등의 일반 사회보험제도와 통합된 제도이다. 여기서는 업무상 재해와 비업무상 재해의 구분 없이 완전통합적인 접근을 선호한다. 둘째, '분리강제 산재보험형'이다. 이는 산재보험이 사회보험의 하나라는 점에서는 일반 사회보험 통합형과 동일하다. 반면 산재보험 고유의 체계, 즉 행정 체계, 수급요건, 급여의 종류 및 수준 등이 유지된다는 점이 다르다. 이 유형은 기본적으로 여타 사회적 위험과 비교해 볼 때 산재 및 직업병의 특수성에 대한 인정, 산재 근로자 욕구의 독특성에 대한 인정을 그 배경으로 한다.

일곱째, 최근 한국 산재보험의 이슈인 출퇴근 재해와 관련하여 세 가지 유형으로 구분이 가능하다. 먼저, '포괄형'으로 이는 동일 법령하에서 출퇴근 재해와 업무상 재해의 적용 대상, 급여수준의 구체적 내용까지 동일하게 적용한다. 반면 '분리형'은 출퇴근 재해를 업무상 재해와 분리된 독립된 사회보험제도로 간주한다. 따라서 적용법령뿐만 아니라 적용의 대상, 급여수준 등도 상이한 것이 이 유형의 특징이다. 세 번째 유형의 특징은 동일 법령하에 운영되고 있음에도 불구하고 운영의 구체적인 내용, 즉 기여율 산정, 급여 종류 및 수준에서 양자 간 차이가 발견된다. 본 글에서는 이를 '부분포괄형'으로 칭하고자 한다. 1)

이상의 특징 중 마지막 세 가지 점을 중심으로 프랑스 산재보험제도의 특징을 살펴보면 다음과 같다. 첫째, 프랑스 산재보험은 여타 사회보험과 마찬가지로 공단(Caisse)에 의해서 운영된다. 공단의 법적 성격은 공공단체(전국공단) 혹은 공적 업무를 담당하고 있는 민간기구(지역 및 기초공단)이다. 즉, 공단은 국가기구와는 별도로 조직된다는 점에서는 민간의 성격을 띠고 있으나 그 역할은 국가 업무 대행자(agent)의 성격을 띠고 있다. 따라서 일반적으로는 준공공기관의 성격을 띠고 있는 것으로 이해해야 한다. 이렇게 볼 때 프랑스는 위의 세 가지 유형 중 첫 번째 유형인 '공적 사회

---

1) 다섯째부터 일곱째까지의 특징은 기존 연구를 바탕으로 저자가 고안한 것이다(이인재 외, 2010; 양재성, 2013 참고).

보험형' 국가이다.

둘째, 프랑스의 산재보험 행정체계는 일반 사회보험에 통합되어 있으나 수급요건(업무상 재해 판단), 급여의 종류 및 수준, 산재 및 직업병 예방에 대한 별도의 법 및 제도를 지니고 있다. 이를 고려한다면 프랑스 산재보험은 '분리강제 산재보험형'에 포함된다.

셋째, 출퇴근 재해 보상과 관련하여 프랑스에서 이 제도가 도입된 것은 1946년이다. 유형별로는 '부분포괄형'에 속한다고 할 수 있다. 왜냐하면 〈사회보장법〉, 〈산업재해 및 직업병에 관한 법률〉이라는 동일법의 적용 아래 있음에도 출퇴근 재해는 급여 종류 및 수준에서 업무상 재해와 약간의 차이를 보이기 때문이다.

이러한 점을 고려하면서 본 글의 순서는 서론 및 개요(이 장의 1)에 이어 이 장의 2에서는 프랑스 산재보험제도의 역사적 전개과정을 고찰할 것이다. 3에서는 산재보험제도의 기본구조를 살펴볼 것이다. 여기서는 산재보험제도의 운영기관 및 위원회에 초점을 둘 것이다. 이 장의 4에서는 현행 산재보험제도의 구체적 내용에 관한 것으로 산재개념 및 인정범위, 적용 대상, 기여율 및 이의 산정방식, 급여의 종류 및 수준, 수급절차 및 기준 등의 구체적 내용을 고찰, 분석할 것이다. 특히, 2012년 법 개정 이후 나타난 기여율 및 산정방식의 변화에 주목하고자 한다. 이 장의 5는 출퇴근 재해에 관한 내용을 다룰 것이다. 이는 최근 한국 산재보험제도의 주요 현안임을 고려한 것이다. 6에서는 산재보험제도를 둘러싼 최근의 쟁점과 과제를 정리한다. 이상의 논의를 토대로 결론에서는 프랑스 산재보험제도의 특징 및 문제점을 정리한 후 한국에 줄 수 있는 시사점과 정책제언 등을 피력하고자 한다.

2. 제도의 형성과 변화

프랑스에서 산재보상보험제도가 도입된 때는 1898년이다. 당시 20여 년간의 토론을 거쳐 제정된 법은 직업적 위험개념의 도입, 과실 책임주의에서 무과실 책임주의로의 변화를 규정하면서 근대적 성격을 담고 있었다. 하지만 적용 대상 사업장의 제한성, 사업주의 임의 가입, 예방조치에 대한 무관심, 보상범위의 상한선 설정 등은 오늘날의 관점에서 볼 때 한계가 있었다.

도입 이후 프랑스 산재보험제도의 기본구조는 크게 변화하지 않았다. 예컨대 노동 불능기간 개념에 바탕을 둔 급여의 종류(요양급여, 휴업급여, 장해급여)와 유족급여 등은 19세기 말 도입된 후 지금도 실시 중이다. 기여율 산정방식의 변화에도 불구하고 기여금의 부담 주체가 고용주인 점 또한 변함없이 유지되고 있다.

120년에 가까운 역사에서 프랑스 산재보험의 변화는 적용 대상의 확대와 운영기구에 있다고 할 수 있다. 본 글에서는 이를 네 시기로 구분하여 살펴보고자 한다.[2]

1) 1898~1945년: 혼합형

1898년 당시 임의가입 성격의 산재보상보험은 1905년에 강제가입으로 변화하며 명실상부한 사회보험의 성격을 띠게 되었다. 그리고 1919년에는 일부 직업병 역시 산재보상보험이 보호해야 할 사회적 위험의 하나로 포함

---

2) 본 글에서는 프랑스 사회보장레짐 중 일반레짐(Régime Général)에 초점을 두고 있다. 일반레짐에서 건강, 노령, 산재 및 직업병 보험은 민간 분야의 봉급생활자가 적용 대상이며 가족부양보험은 전 국민을 적용 대상으로 한다. 프랑스에서는 일반레짐 외에도 농업종사자레짐, 자영업자레짐, 국가 공무원 및 군인레짐, 지자체 직원레짐, 특수레짐, 선원레짐, 외국 거주 프랑스인레짐, 학생레짐, 의회레짐 등이 있다.

되었다. 이 시기에 산재보상보험제도의 적용 대상은 꾸준히 확대되었다. 1898년 당시 산업 분야의 임금생활자에서 1938년에는 근로계약에 의해 체결된 모든 봉급생활자까지 적용범위가 확대되었다. 그리고 이 당시에 이미 4대 산재보상급여로 불리는 요양급여, 휴업급여, 장해급여, 유족급여가 도입되었다.

한편, 이 시기의 산재보상보험 운영기구는 혼합형의 성격을 띠었다. 즉, 중앙보험공단이라는 공공 성격의 기구 외에도 고용주 관리하의 보험회사, 공제조합, 민간 보험회사 등이 운영되고 있었다. 이들 기구 중 민간 보험회사의 역할이 가장 컸던 것으로 알려져 있다.[3] 이렇게 볼 때 이 시기의 프랑스 산재보상보험제도는 운영기구 측면에서 볼 때 혼합형이었다고 할 수 있다.

2) 1946~1960년: 공적 사회보험형의 등장

이 시기의 프랑스 산재보상보험은 사회보장제도 개혁이라는 큰 틀에서 변화를 겪었다. 사회보장제도 운영을 위한 공적 성격의 사회보장공단(Caisse de la Sécurité Sociale)[4]이 설립되면서 산재보상과 관련된 모든 업무까지 맡게 되었다. 당시 사회보장공단은 중앙에 사회보장 전국공단, 지역(région, 광역)에 사회보장 지역공단, 도(département)에 사회보장 기초공단이 설립되었다.

이 중, 사회보장 지역공단은 기여율 책정 업무와 영구장해 관련 급여 제

---

3) 2차 세계대전 직전, 민간 보험회사가 지급한 급여가 전체 급여의 80%를 차지했다.

4) 개인적으로 caisse는 기금으로 번역하는 것이 맞는다고 본다. 이는 국제기구에서 fund로 번역되는 것과 같은 맥락이다. 하지만 본 글에서는 이를 공단으로 번역하고자 한다. 왜냐하면 공단이 우리나라에 익숙한 용어이기 때문이다. caisse와 공단 간에는 법적 성격 그리고 기능 등의 측면에서의 유사점이 있으나 동시에 설립의 기본정신과 이사회 구성에 있어서는 분명한 차이가 있음에 유의할 필요가 있다.

공업무를, 사회보장 기초공단은 사업장 가입 및 관리, 일시적 장해 관련 급여 제공 그리고 징수업무까지 담당했다(1946년 제정된 〈산재보험의 사회 보장으로의 통합을 위한 법〉). 이와 같이 사회보장공단의 설립과 법정임무 부여는 프랑스 산재보험이 기존의 혼합형에서 공적 사회보험형으로의 이행을 가져오는 중요한 계기가 되었다.

이 시기의 또 다른 중요한 변화 중의 하나는 출퇴근 재해가 사회적 위험의 하나로 포함된 것이다(1946년 관련법). 이로써 엄밀한 의미에서의 산재(이하 업무상 재해로 칭함), 출퇴근 재해, 직업병 등 세 가지가 프랑스 산재보상보험이 보호하는 사회적 위험으로 자리 잡았다.

3) 1960~2010년: 운영기구의 변화 및 산재보험의 재정 자율성 인정

이 시기의 산재보상보험제도 운영에 영향을 미쳤던 사회보장제도 운영기구의 변화는 아래와 같다.

첫째, 사회보험료 통합징수기관(URSSAF)의 설립이다. 1960년에 설립된 이 기구는 실업보험을 제외한 모든 사회보험 기여금의 징수 및 관리, 기여와 관련된 소송 처리 등의 업무를 맡게 되었다. 이에 따라 산재보상보험 기여금 징수업무 역시 기존의 사회보장 기초공단에서 URSSAF로 이관되었으며 사업장 가입 및 관리, 일시적 장애 관련 급여 제공업무만이 사회보장 기초공단의 주 업무로 남게 되었다.

둘째, 사회보장공단의 분화현상이다. 1967년의 관련법에 따라 중앙에 소재한 사회보장 전국공단이 사회적 위험에 따라 임금근로자 질병보험 전국공단(CNAMTS), 임금근로자 노령보험 전국공단(CNAVTS) 그리고 가족수당 전국공단(CNAF)으로 분리되었다. 이 중 건강과 산재 및 직업병의 사회적 위험을 관리하는 기구는 임금근로자 질병보험 전국공단이다. 지역과 도의 사회보장공단의 경우 관할 업무는 변함없이 명칭이 각각 질병보험 지역공단(CRAM), 질병보험 기초공단(CPAM)으로 바뀌었다.

셋째, 산재보험의 재정적 자율성 인정이다. 1994년 7월의 관련법은 산재보상보험이 임금근로자 질병보험 전국공단에 속함에도 재정적으로는 질병보험과 독립된 재정회계를 가능하게 했다. 달리 말하면 산재 및 직업병(AT/MP) 분야가 사회보장 분야별 재정회계의 하나가 된 것이다.

넷째, 적용 대상의 대폭확대이다. 임시직(1990년), 영유아 보육사 및 재가요양 보호사(1993년) 뿐만 아니라 RMI 등 사회통합 프로그램의 참여자(1992년) 까지 산재의 적용 대상으로 확대되었다.

4) 2010년부터 최근까지: 연금 및 산재보험 지역공단의 등장

2005년에 이어 2008년에는 제 2차 목표 및 운영에 대한 협약(이하 COG)이 체결되었다. 이는 임금근로자 질병보험 전국공단과 국가 간에 체결되었다. 제 1차 협약(2005년)이 산재보상보험재정과 사회보장재정 간의 균형을 명시하고 있는 반면, 제 2차 협약은 향후 4년간 산재 예방조치의 강화, 기여율 산정방식의 개선 등을 강조하고 있다. 이후의 개혁은 이 협약에 근거한 것이다.

2010년 7월, 질병보험 지역공단은 연금 및 산재보험 지역공단(CARSAT)으로 명칭이 변경되었다. 이는 동년 4월 제정된〈병원, 환자, 건강 및 영토에 관한 법〉(Loi no. 2009-879 Portant Réforme de l'Hôpital et Relative aux Patients, à la Santé et aux Territoires)에 의한 것으로 단순한 기구명칭뿐만 아니라 관할 업무의 변화도 발생했다. 예컨대, 질병보험 지역공단의 기존 업무 중 위생 및 의료사회정책과 관련된 업무(특히, 의료기관 관리)가 지역보건청(ARS)으로 이관되었다. 따라서 연금 및 산재보험 지역공단은 연금 관리, 사회 활동(사회서비스) 그리고 산재 및 직업병 업무만을 맡게 되었다.

2012년 기준, 산재 및 직업병과 관련되는 사회보장 운영기구로서 중앙

<표 9-1> 산재보상보험 운영 및 징수기구의 역사적 변천

	1946~1960년	1960~1967년	1967~2010년	2010년~현재
전국	**사회보장 전국공단***	사회보장 전국공단	임금근로자 질병보험 전국공단	임금근로자 질병보험 전국공단
			임금근로자 노령보험 전국공단	임금근로자 노령보험 전국공단
			가족수당 전국공단	가족수당 전국공단
지역	사회보장 지역공단	사회보장 지역공단	질병보험 지역공단	**연금 및 산재보험 지역공단**
도	**사회보장 기초공단**	**사회보장 기초공단**	질병보험 기초공단	질병보험 기초공단
	가족수당공단	가족수당공단	가족수당공단	가족수당공단
기여금 징수기구	**사회보장 기초공단**		사회보험료 통합징수기관	

주: * 진하게 표시되어 있는 부분은 산재 및 직업병 업무 관련 기구.

의 임금근로자 질병보험 전국공단, 16개 지역의 연금 및 산재보험 지역공단, 101개의 질병보험 기초공단이 있으며, 징수업무는 사회보험료 통합징수기관인 URSSAF에서 담당하고 있다. 〈표 9-1〉은 1946년 이후 최근까지 나타난 사회보험 운영 및 기여금 징수기구의 역사적 변천을 필자가 나름대로 정리한 것이다.

3. 제도의 기본구조

1) 노사 동등주의 원칙

기여금의 고용주 단독 부담, 업무상 재해의 고용주 책임을 강조하고 있음에도 프랑스 산재보상보험제도는 운영과 관련하여 노사 동등주의(*paritarisme*)를 지향하고 있다. 이러한 원칙은 산재 및 직업병 담당 사회보장 운영기구 조직에서 여실히 나타난다. 전국-지역-도 차원에 각각의 사회보장 운영기구에 최고 의결기구인 이사회(Conseil d'Administration)가 구성되어 있다.

이 중 전국 차원의 CNAMTS 이사회는 총 35명으로 구성되어 있는데 여기에 각각 13명의 사회보험 가입자 대표자와 고용주 대표자가 포함되어 있다. 그 뿐만 아니라 CNAMTS에서 산재 및 직업병 분야의 주요의사 결정기구인 산재 및 직업병 위원회(이하 CAT/MP) 역시 노사동수의 근로자와 고용주 대표가 참여하고 있다. 프랑스의 전통적인 자치주의에 바탕을 둔 이 정신은 위원의 선출방식에서 차이가 있을 뿐 사회보장 운영의 핵심에 자리 잡고 있다.

2) 운영기구 및 위원회

프랑스 산재보상보험은 위험예방, 재해근로자의 치료 그리고 기업의 기여율 책정 등 세 가지 주요임무를 수행한다. 이를 위해 전국적으로 세 가지 수준의 조직이 있다.

(1) 임금근로자 질병보험 전국공단: 정책 방향 제시 및 활동의 전국적 조정

임금근로자 질병보험 전국공단(CNAMTS)은 전국의 질병보험을 총괄하는 기구로서 공법인임과 동시에 행정적 성격을 띤 공공 단체(*établissement public*)이다. 재정 자율성을 지니고 있는 반면 중앙행정부처의 통제하에 있다. 최고 의사결정기구로서 이사회가 있으며 산하기관은 실무 담당 부서와 위원회로 구분된다.

먼저 이사회는 질병보험정책의 방향 제시 및 이의 평가와 관련된 권한을 지닌다. 질병보험에 영향을 줄 수 있는 법안 혹은 명령발의안의 자문 역시 이사회 임무 중 하나이다. 산재 및 직업병과 관련된 권한으로서는 산재 및 직업병 위험관리 및 3년 주기로 국가와 체결하는 목표 및 운영에 대한 협약(COG)과 관련되는 정책 방향 결정을 들 수 있다.

한편, 실무 담당 부서로서는 총무국(*direction générale*)과 위험영역별 5개 관리부서(*directions de gestion du risque*)가 있는데 이 중 직업적 위험과 관련된 업무는 산재 및 직업병 위험관리 부서에서 하고 있다. 구체적으로는 산재 및 직업병 위험 관련 기금관리, 재정균형 유지, 연금 및 산재보험 지역공단(CARSAT)의 활동 조정, 질병보험 기초공단(CPAM)과의 활동 조정을 통한 기여율 및 재해근로자 급여 규제, 산재 및 직업병의 전국통계 수집 및 발표 등을 들 수 있다.

실무 담당 부서 못지않게 중요한 역할을 하는 것이 위원회이다. 먼저 산재 및 직업병 위원회(CAT/MP)는 직업적 재해와 관련된 정책 방향을 결정한다. 노사동수로 구성된 이 위원회는 연 10회 이상의 정기모임을 개최하며 예방, 기여, 급여과 관련된 세미나도 개최한다.[5] 위원회의 권한으로서는 산재 및 직업병 영역의 재정균형, COG의 방향 결정 등을 들 수 있다. 산재 및 직업병 예방을 위한 국가기금 예산의 승인 역시 위원회 권한 중 하나이다.

한편 예방을 위한 별도의 위원회가 구성되어 있는데 전국 기술위원회(CTN)가 바로 그것이다. 산업별로 9개의 위원회가 있는데 각 위원회는 분야별 예방을 위한 우선순위를 정의한다. 위험예방을 위한 국가 차원의 권고안 마련 역시 이 위원회의 역할이다. 여타 위원회와 마찬가지로 노사 동등주의에 바탕을 둔다.

(2) 연금 및 산재보험 지역공단: 산재 예방활동 및 관할지역 사업장의 기여율 결정

사회보장 운영기구라는 공통점에도 불구하고 공공단체인 질병보험 전국공단과 달리 연금 및 산재보험 지역공단은 공적 서비스를 수행하는 사법상의 조직이다. 전국적으로 16곳에 설치되어 있으며[6] 연금, 산재 및 직업병

---

5) 1명의 위원장, 2명의 부위원장(수석, 차석) 외에 10명의 노사대표자로 구성된다. 구체적으로 5개의 대표 노조(CGT, CFDT, CGT-FO, CFTC, CFE-CGC) 대표자 각 1명과 고용주 대표로는 Medef, CGPME(중소기업), UPA(수공업)의 대표자로서 각각 3명, 1명, 1명이 활동 중이다.

6) 구체적으로 14개의 CARSAT와 2개의 CRAM(수도권과 알자스모젤 지역)이 있다.

의 예방 및 기여율 산정 그리고 사회서비스 분야의 업무를 맡는다. 이 중 산재 및 직업병과 관련된 업무를 살펴보면 다음과 같다.

첫째, 산재 예방개선 및 조정을 위해 관할지역에서 발생하는 산재 관련 통계자료를 수집하여 정리한다. 통계는 매년 질병보험 전국공단에 의해 수집되어 사회보장업무 담당 행정부처에 전달되기도 한다. 둘째, 취득한 자료를 바탕으로 산재 예방에 관한 문제를 연구한다. 연구결과는 질병보험 전국공단과 정부 관련 부처에 보고되며 요청이 있을 경우 위생, 안전 및 근로상황 위원회에 전달되기도 한다. 셋째, 위생 및 안전상황과 관련되어 필요하다고 간주되는 조사를 진행한다. 이 조사는 자문전문가 및 안전감독관이 수행한다. 넷째, 고용주에 대해서 예방과 관련된 모든 조치를 취하도록 요청하지만 중앙부처 권한 부분은 제외된다. 다섯째, 지역공단은 전국공단의 허가하에 예방 기술의 발전이나 수행이 목적인 제도와 서비스를 설립하고 관리할 수 있다. 여섯째, 가장 중요한 업무 중 하나로서 기여율 산정 업무를 들 수 있다. 매년 결정되는 기여율 산정을 위해 CAT/MP가 사전에 사회보장재정 균형상황에 부합하는 기여금 산정요소를 정한다. 기여금 산정뿐만 아니라 경우에 따라(예: 고용주의 의도적 또는 명백한 과실로 인해 산재가 발생한 경우) 관할지역 고용주에 대한 부가보험료를 산정하고 납부를 강제할 수 있다. 이렇게 볼 때 연금 및 산재보험 지역공단은 관할지역의 산재 예방 및 기여율 산정의 핵심에 있음을 알 수 있다.

(3) 질병보험 기초공단: 가입, 급여 및 서비스 제공

연금 및 산재보험 지역공단과 마찬가지로 공적 서비스를 수행하는 사법상의 조직인 질병보험 기초공단은 적용 대상자와의 접촉이 가장 빈번한 기구이다. 효과적 운영을 위해 일선 사무소의 설치 운영, 일선 지역 또는 기업에 직원 파견, 산재보험 관련 업무의 지방자치단체 공유 등이 가능하다.

한편, 산재 및 직업병과 관련된 업무를 살펴보면 다음과 같다. 첫째, 사

<표 9-2> 산재보험 운영기구 개관

(2016년)

기구명칭	소재	주요업무	개수	위원회
임금근로자 질병보험 전국공단	전국	정책 방향 제시 및 활동의 전국적 조정	1	· 산재 및 직업병위원회 · 전국기술위원회
연금 및 산재보험 지역공단	지역	산재 예방활동 및 관할지역 사업장의 기여율 결정	16	
질병보험 기초공단	도	가입 업무, 급여 및 서비스 제공	101	· 장애인권리 및 자율위원회
사회보험료 통합징수기관	지역	기여금 징수	22	

자료: http://www.ameli.fr/l-assurance-maladie/connaitre-l-assurance-maladie/missions-et-organis ation/la-securite-sociale/les-differentes-branches-du-regime-general.php의 내용을 바탕으로 재정리.

업장의 가입 및 등록업무를 맡는다. 둘째, 급여 및 서비스 제공의 실질적 업무를 담당한다. 구체적으로 재해근로자로부터 산재 발생신고를 받아 근로감독관에게 사고 발생에 대한 통지업무, 발생한 사고의 성격 및 정도 조사업무, 산재 여부의 판단업무, 적절한 급여의 확인 및 제공업무, 재해근로자의 관리 등의 업무를 맡는다.

한편, 질병보험 기초공단의 활동을 지원하는 대표적인 위원회로서 장애인권리 및 자율위원회(CDAPH)를 들 수 있다. 도청 관계자, 국가서비스 및 공공 단체 대표자, 도 소재 사회보장 운영기구의 대표자 등으로 구성된 위원회에는 장애인 및 가족의 대표자가 반드시 3분의 1 이상 포함되어야 한다. 주요활동으로서는 장애 정도 결정 및 재해근로자의 직업훈련에 관한 사항을 들 수 있다.

이상의 운영기구 외에 사회보험료 통합징수기관(URSSAF)이 산재 및 직업병을 비롯하여 사회보험 기여금 통합징수업무를 담당한다. 기존에는 도별로 총 88개였으나 조직구조 개편을 거쳐 2014년 1월 이후 지역별로 총 22개가 운영되고 있다. <표 9-2>는 이상의 내용을 정리한 것이다.

4. 제도의 현황

여기서는 프랑스 산재보상보험제도 현황을 적용 대상, 산재의 인정기준, 기여율, 급여의 종류 및 수준 등을 통해 살펴보기로 한다. 산재보상보험제도는 특히 산재의 인정기준과 기여율 산정의 측면에서 여타 사회보험에서는 찾아볼 수 없는 고유한 성격을 지니고 있다.

1) 산재보상 및 직업병 보험의 적용 대상과 현황

이미 본 바와 같이, 프랑스 산재보상보험제도는 도입된 지 110여 년간 많은 적용 대상의 확대를 거쳤다. 현행 〈사회보장법〉에 명시된 적용 대상은 당연 적용 대상자와 임의 적용 대상자로 구분될 수 있다(Dupeyroux, Borgetto, & Laforeet, 2015: 613~615).

(1) 당연 적용 대상자

① 임금근로자

연령, 국적, 성, 임금액, 계약 형태, 성격, 유효성과 관계없이 봉급생활자 또는 단일이나 복수의 고용주를 위해 근로하는 사람은 모두 산재보상보험제도의 당연 적용 대상자이다. 그뿐만 아니라 직위와 관계없이 근로조건이 종속 상태에 있는 사람도 산재보험 적용 대상이 된다. 이는 한 사업장 또는 단체의 책임자라도 근무조건이 부분 또는 전반적으로 종속 상태에 있는 것으로 인정되면 가입 대상임을 의미한다.

② 비정규직근로자

정규직근로자 외에 〈사회보장법〉은 관련 조항을 통해 추가 적용 대상을 명시하고 있다. 예컨대, 파견근로자를 비롯한 특수성격근로자에 대해 산재에 대한 보호를 명확히 규정한다. 그뿐만 아니라 통상적 재가근로자, 요양보호사 또는 장애인 보호근로자에 대해서도 국가참사원(Conseil d'Etat) 명령 조건에 한해 적용이 가능하다.[7]

③ 확대 적용 대상

〈사회보장법〉의 관련 조항은 별도로 14개 확대 적용 대상 집단을 규정하고 있다. 즉, 직업 활동이나 유사 직업 활동에 내재된 집단뿐만 아니라 기술학교 학생, 공장이나 실험실에서 활동 중인 중등교육 또는 전문교육 기관의 학생 등 직업적 성격을 가지고 있지 않은 집단도 포함된다. 또한 정규직 근로자가 아니어도 기능적 재적응이나 직업재교육 참여자, 활동연대수당 (RSA) 수급자 및 실업자 중 고용지원센터(Pôle Emploi)의 재정지원이나 규정으로 진행되는 기업창출 보조활동 또는 구직교육 수행 중 발생한 사고에 대해서도 보호가 이루어지도록 명시하고 있다.

(2) 임의 적용 대상자

당연 적용 대상자가 아닌 집단은 임의 가입이 가능하다. 임의 적용 대상자는 상공인, 경영자, 전문직, 개인영업 택시운전사, 비전문 운동선수, 중개인, 탐험가, 주부, 가족 종사자, 일용직근로자, 창업가, 자원봉사자 등이다. 단, 이들에게 현물급여는 제공되지만 현금급여는 제공되지 않는다.

(3) 가입 현황

한편, 산재보상보험제도의 가입 현황을 살펴보면 2012년 현재, 전국 200만여 개의 사업장에서 총 1,809만여 명의 근로자가 가입되어 있다. 단순 계산하면 이는 사업장당 평균 9명 정도의 가입근로자가 있음을 의미한다. 한편,

---

7) 프랑스의 국가참사원은 감사원과 행정재판소 역할을 수행하는 기관이다.

<표 9-3> 산업별 산재보험 가입 현황

산업 구분	가입자 규모		사업장 규모	
	수(명)	비중(%)	수(개)	비중(%)
야금	1,724,911	9.4	101,560	5.0
건설 및 공공사업	1,576,864	8.6	282,630	13.9
교통, 물, 가스, 전기, 출판, 커뮤니케이션	2,111,193	11.5	212,660	10.4
식품	2,318,803	12.7	324,381	15.9
화학, 고무, 플라스틱	427,016	2.3	8,755	0.4
목재, 가구, 종이판지, 섬유, 의류, 가죽, 돌	472,590	2.6	39,017	1.9
비식품 판매	2,250,853	12.3	461,379	22.6
서비스 I (은행, 보험, 행정 등)	4,190,532	22.9	307,530	15.0
서비스 II (보건, 사회서비스, 임시 근로 등)	3,223,439	17.6	300,807	14.8
합(사무직 제외)	18,296,201	100	2,038,719	100

자료: Eurogip, 2013: 7의 관련 표를 바탕으로 재정리.

9대 산업별 가입 규모는 〈표 9-3〉과 같다.

〈표 9-3〉에서처럼, 가입자 규모에서 가장 많은 비중을 차지하는 산업 분야는 은행, 보험업 등으로 구성되어 있는 서비스 I 분야로서 22.9%의 수치를 보이고 있다. 서비스 II(17.6%)와 식품(12.7%), 비식품 판매(12.3%) 분야가 그 뒤를 잇는다. 반면 화학, 고무, 플라스틱 산업의 가입 근로자는 42만여 명으로 그 비중은 2.3%에 불과하다. 한편, 사업장별로는 비식품 판매 분야가 가장 많으며(22.6%), 다음으로는 식품(15.9%), 서비스 I(15.0%), 서비스 II(14.8%)가 차지하고 있다. 반면 가장 적은 비중을 차지하는 산업은 가입근로자 수에서처럼 화학, 고무, 플라스틱 분야로서 그 비중은 0.4%에 불과하다.

한편, 사업장 비중이 근로자 비중보다 높게 나타나는 산업 분야에 주목할 필요가 있다. 예컨대, 건설 및 공공사업, 식품, 비식품 판매 산업 분야를 들 수 있다. 달리 말하면 이들 산업의 사업장은 상대적으로 작은 규모의 근로 종사자가 재직 중임을 의미하는 것으로 이러한 현상은 나중에 살펴보게 될 기여율 산정 시 매우 중요한 변수로 작용할 가능성이 크다.

2) 산재 인정

(1) 업무상 재해 및 직업병 인정

업무 중 발생한 모든 사고가 산재로 인정받는 것은 아니다. 현행 프랑스 산재보상제도는 세 가지 사회적 위험을 명시하고 있는데 업무상 재해, 출퇴근 재해 그리고 직업병이 바로 그것이다. 이와 관련된 급여를 받기 위해서는 수급권이 인정되어야 하며 이와 관련된 주요업무는 도별 질병보험 기초공단에서 맡는다.

세 가지 산재 위험군 중 업무상 재해 및 직업병 인정과 관련된 고려사항을 정리하면 다음과 같다.[8] 먼저, 무엇이 사고(*accident*)인가 하는 것이다. 이는 업무상 재해인정 여부를 결정하는 전 단계의 문제로 사고의 인정 여부에 의해 업무상 재해인정 여부 단계로 연결될 수 있다. 이에 대해서 〈사회보장법〉은 무엇이 사고인지에 대해서 정확한 개념규정을 내리지 않고 있다. 한편 일반적 차원에서 사고는 외부적 원인에 의해 발생한 것으로 인체에 손상을 입히는 갑작스럽고 폭력적인 행동으로 정의되며, 외부적 기원, 폭력, 갑작스러움 등의 세 가지 요소의 결합으로 이루어져 있다고 보고 있다. 세 가지 요소 중 일부는 파기원(Cour de Cassation: 사법재판의 최상급심 법원)에 의해 없어지기도 하여(예: 폭력 조건), 현재는 외부적 기원과 갑작스러움 등을 사고를 구성하는 요소로 보기도 한다.

다음으로 사고와 근로행위와의 연계 문제이다. 사실 이 문제는 업무상 재해인정 여부의 핵심이 되는 부분이기도 하다. 이에 대해서 크게 두 가지 관점이 존재한다. 하나는 협의의 해석으로 근로행위, 즉 근로행위에 의해 야기된 사고에 대해서만 연계를 인정하는 입장이다. 두 번째 해석은 광의적으

---

8) 이 부분은 심창학, 2003의 관련 내용에 최근 변화를 반영한 것이다. 한편 출퇴근 재해는 이 장의 5에서 살펴본다.

로 재해자가 어떤 업무상 활동을 수행하지 않았다면 발생할 수 없는 모든 사고까지 인정하는 견해다. 이에 대해 〈사회보장법〉은 실질적으로 근로와 연계되어 발생했거나 혹은 근로 중에 발생한 사고를 업무상 재해로 명시함으로써 앞의 두 가지 극단적인 시각을 배제하면서 중간 입장을 취하고 있다.

사고와 근로 연계에 있어서 두 번째 쟁점은 사고 발생 당시 고용주의 책임 혹은 권위의 존재 여부이다. 1898년 최초의 〈산재보험법〉은 고용주의 감독(책임) 하에 발생한 사고만 산재로 인정하는 것을 원칙으로 했다. 이후 1946년의 〈산재보상보험법〉에서는 사고 발생 당시 고용주의 책임 부분을 폐지하고 실질적으로는 포괄적으로 해석하면서 현재에 이르렀다.

이를 구체적으로 살펴보면, 먼저 시간적 그리고 공간적 차원에서 회사 내에서 발생한 사고에 대해서는 업무상 재해로 인정한다. 즉, 재해자가 근로시간과 근로장소에 있었던 경우 발생한 사고는 업무상 재해로 인정한다. 왜냐하면 어떤 상황이든지 간에 근로자는 고용주의 권위 혹은 감시하에 있었기 때문이다. 그뿐만 아니라 근로중단 중 근로장소에서 발생한 사고 혹은 법정 근로시간 전후에 발생한 사고도 인정된다. 그리고 공간적 차원에서 회사 내에 소재하지 않는 회사 식당에서 발생한 사고 역시 업무상 재해로 인정된다. 왜냐하면 형식적으로 회사 내에 소재하고 있지 않더라도 근로자가 정기적으로 이용하는 장소로서 실질적으로 회사 공간의 일부로 인정되기 때문이다.

한편, 회사 밖에서 발생한 사고에 대해서는 파기원에서 내린 판결이 중요하게 적용된다. 판결 내용을 보면 회사 밖에서 발생한 사고더라도 근로자가 고용주의 명령수행 중이었다면 업무상 재해로 간주해야 한다는 것이다. 반면 근로자가 개인적 목적으로 임무중단 중이었거나 고용과 무관한 임무수행 중에 발생한 사고는 인정하지 않는다. 이렇게 볼 때 회사 밖에서 발생한 사고가 근로와의 연계 부분에서 인정을 받으려면 근로자는 사고가 임무수행 중이거나(즉, 장소 이동, 방문 등), 정상적 임무공간 및 임무수행

시간 중 발생했음을 증명해야 하는 문제가 남는다.

마지막으로 직업병 인정에서 중요한 사항은 일반질병의 구분 문제이다. 서론에서 언급한 바와 같이 프랑스 산재보험은 전체 사회보험체계와의 관계에 있어서 분리강제 산재보험형에 속한다. 이는 업무상 재해와 비업무상 재해 간의 구분이 있다는 점 그리고 행정체계, 수급요건, 급여의 종류 및 수준 등에 있어서 산재보험 고유의 체계가 유지되고 있는 점을 특징으로 하고 있다. 따라서 직업병 유무에 대해서도 특정 질병이 법령에서 예시하고 있는 직업병 목록에 포함되어 있는 경우 직업병 치료가 이루어지는 것을 원칙으로 한다. 9)

(2) 산재 인정 절차

산재보상과 관련된 수급권이 인정되기 위해서는 이에 필요한 아래 절차를 밟아야 한다(Ministère du Travail, de l'Emploi, de la Formation Professionnelle et du Dialogue Social, 2012: 27~33).

첫째, 업무상 재해 혹은 출퇴근 재해의 경우 사고발생 24시간 이내에 해당 근로자는 고용주에게, 고용주는 다시 48시간 안에 질병보험 기초공단에 신고한다. 한편, 직업병은 해당 근로자가 근로중단 15일 이내에 질병보험 기초공단에 신고한다. 신고 시 주치의의 소견서와 병의 징후가 언급된 서류를 같이 제출한다.

둘째, 질병보험 기초공단은 서류 접수와 동시에 관할지역의 근로감독관에게 이 사실을 통지하고 인정 여부 심사절차에 들어간다. 서류 접수를 기준으로 30일 이내에 기초공단은 고용주와 근로자에게 심사결과를 통지한다. 만약 아무런 통지가 없는 경우 산재로 인정된 것으로 본다. 직업병의 경우, 질병보험 기초공단은 신고 발생시점을 기준으로 3개월 이내에 질병의 직업

---

9) 현행 〈사회보장법〉의 부록 〈표〉를 통해 총 114개의 직업병 목록이 제시되어 있다.

<표 9-4> 산재 발생신고 및 인정 현황

구분	2013년			2014년		
	신고 건수	인정 건수 (%, 전체 대비)	인정 비율(%)	신고 건수	인정 건수 (%, 전체 대비)	인정 비율(%)
업무상 재해	1,207,325	904,220(82.1)	74.9	1,204,631	895,573(82.7)	74.3
출퇴근 재해	177,897	129,688(11.8)	72.9	161,888	119,374(11.0)	73.7
직업병	110,388	68,120(6.2)	61.7	112,245	67,707(6.3)	60.3
합	1,495,610	1,102,028(100)	73.7	1,478,764	1,082,654(100)	73.2

자료: Direction des Risques Professionnels, 2014: 44와 2015: 53의 관련 표를 바탕으로 재정리.

적 성격 여부를 결정해야 한다. 이를 위해 질병보험 기초공단은 직업병 인정 지역위원회에 관련 서류를 이첩, 의견을 청취한 후 최종 결정을 내린다.

한편, <표 9-4>는 세 가지 산재 위험의 발생신고 건수 대비 인정 건수에 관한 것이다.

먼저 추이 비교에서 2014년도 산재의 신고 건수와 인정 건수는 전년도보다 줄어든 것으로 나타난다. 또한 인정 비율 역시 73.7%에서 73.2%로 소폭 하락했다. 이러한 경향은 업무상 재해에서도 공히 나타나는 현상이다. 한편, 2014년도의 출퇴근 재해의 신고 건수와 인정 건수는 2013년도보다 줄어들었으나 인정 비율은 약간 상승한 것으로 나타난다. 마지막으로 2014년도의 직업병 위험의 신고 건수는 2천 건 정도 늘어났으나 인정 건수는 오히려 줄어드는 모습을 보이고 있다. 이에 따라 직업병 위험의 인정비율 하락 정도는 세 가지 위험군 중 가장 크게 나타난다.

한편, 프랑스의 산재 발생신고 건수는 약 150만 건에 달하며 이 중 110만여 건 정도가 산재로 인정받고 있는 상황이다. 이 중 가장 많은 비중을 차지하는 위험은 업무상 재해로 전체 대비 82%를 차지하고 있다. 그럼에도 나중에 살펴보게 될 출퇴근 재해가 차지하는 비중 또한 적지 않음에 유의할 필요가 있을 것이다(11%). 한편, 직업병 재해인정 건수는 매년 약 7만 건으로 전체 대비 6%의 수치를 보이고 있다.

3) 기여율과 산정방식

단일비율의 기여금이 적용되는 여타 사회보험과 달리 산재보상보험 기여금은 차등요율이 적용된다. 즉, 사업장(혹은 기업)과 업종별 그리고 근로자의 위험노출 정도에 따라 다르게 결정된다. 본 글에서는 주요한 제도 변화가 발생한 2012년을 기준으로 이의 변화양상을 살펴보기로 한다. 이에 앞서 프랑스 산재보험의 기여율 산정과 관련된 용어를 설명하면 다음과 같다. 10)

(1) 주요 용어의 개념 정의

① 사업장과 기업

프랑스 산재보험의 기여율 산정의 구체적 내용을 알기 위해서는 두 가지 용어, 즉 사업장(*établissements*)과 기업(*entreprise*)에 대한 이해가 필요하다. 우선, 가입자 임금에 바탕을 두는 여타 사회보험과 달리 산재 및 직업병 기여율은 사업장별로 산정된다. 여기서 사업장은 동일한 감독하에 특정 장소에서 특별한 활동을 수행하는 사람의 집합을 의미한다. 한편, 기업은 법적으로 이러한 사업장이 포함된 사업체를 말한다. 따라서 기업은 고용규모에 따라 하나의 사업장 혹은 복수의 사업장을 포함할 수 있다.

여기서 중요한 점은 후술할 기여율 산정방식이 사업장을 가지고 있는 기업의 전체 고용규모에 따라 달라진다는 점이다. 그리고 정해진 산정방식은 장소나 직원의 수와 관계없이 모든 사업장에게 적용된다. 정리하면 기여율은 사업장별로 정해지는 반면, 이의 산정방식은 사업장이 속한 기업의 전체 고용규모에 의해 결정되는 것이다. 프랑스 산재보험 기여율 산정에서 사업장 못지않게 기업의 전체 고용규모가 중요한 이유가 바로 여기에 있다. 11)

---

10) 한편 프랑스 산재보험의 평균 기여율은 2014년에는 2.22%, 2015년의 경우 2.24%였다.

② 총요율과 순요율: 기여율

고용주의 단독 부담하에 납부되고 있는 기여금 수준은 두 가지 요율($taux$)에 의해 결정된다. 먼저, 총요율($taux\ brut$)은 산재급여 지출액을 보수 총액으로 나는 것이다(기준기간: 3년). 여기서 산재급여 지출액은 재해별 평균 비용에 3년간 발생한 재해 수를 곱한 것이다.

한편, 순요율($taux\ net$)은 실질요율이라고도 불리는데, 총요율에 모든 기업에 공통적으로 적용되는 네 가지 부가요율(M_1, M_2, M_3, M_4)을 포함한 것이다. 이의 구체적 산식은 다음과 같다.

순요율 = (총요율 + M_1) × (1 + M_2) + M_3 + M_4 [12]

  *M_1: 출퇴근 재해 급여비용 요율(2016년: 0.22%)

  M_2: 산재 위험관리비용 요율(2016년: 59%)

  M_3: 다른 레짐 이전, 석면피해 근로자 보호기금(2016년 기준: 0.57%)

  M_4: 취약 퇴직자를 위한 사회보장 노령보험 이전비용 요율(2016년: 0.01%)

  예) 2016년의 순요율 = (총요율 + 0.22%) × (1 + 59%) + 0.57% + 0.01%

이와 같이 고용주가 실질적으로 납부하는 기여금 요율은 총요율이 아니라 순요율이다. 한편 〈표 9-5〉는 2014년과 2015년의 프랑스 전체 기업의 평균 순요율 및 관련 요율을 정리한 것이다.

---

11) 단순화의 목적하에 2010년 관련법은 동일 업종에 여러 사업장을 소유하고 있는 기업이 원하는 경우 소속 사업장에 일률적으로 적용될 수 있는 '단일 기여율'($taux\ unique$) 제도를 선택할 수 있도록 규정하고 있다. 단, 이는 기업의 전체 고용규모가 19명을 넘어야 한다.
12) http://www.ameli.fr/employeurs/vos-cotisations/le-calcul-des-taux/les-differents-modes-de-tarification.php를 참고하라.

<table>
<tr><td colspan="7" align="center">〈표 9-5〉 프랑스 산재보험의 평균 순요율</td></tr>
</table>

연도	평균 총요율	M$_1$	M$_2$	M$_3$	M$_4$	평균 순요율
2014	0.94%	0.25%	0.51	0.64%	0.00%	2.44%
2015	0.93%	0.25%	0.55	0.61%	0.00%	2.44%

자료: Direction des Risques Professionnels, 2015: 16의 표.

③ 차등요율: 기여율 산정방식

앞에서 언급한 바와 같이 프랑스 산재보험 특징 중 하나는 차등요율 적용, 즉 사업장이 속한 기업의 전체 고용규모에 따라 기여율 산정방식이 다르다는 점이다. 구체적으로 세 가지 요율이 시행되는데 집단요율, 혼합요율, 개별요율이 바로 그것이다. 기업의 고용규모가 클수록 산하 사업장의 재해발생 정도가 기여율 산정에 영향을 크게 미칠 수 있다는 점이 이에 내재되어 있다. 한편, 차등요율의 적용과 관련되는 기업의 고용규모에서 2012년 1월부터 새로운 규정이 적용되고 있음에 유의할 필요가 있다. 〈표 9-6〉은 이의 변화양상을 나타낸 것이다.

〈표 9-6〉처럼, 집단요율이 적용되는 기업의 고용규모는 기존의 1~9명에서 1~19명으로 확대되었다. 한편, 개별요율은 기존에는 200명 이상의 근로자가 고용되어 있는 기업에 적용되었으나 2012년 1월부터는 150명 이상으로 그 범위가 늘어났다. 반면 혼합요율이 적용되는 기업은 기존의 10~199명에서 20~149명으로 변경되었다. 이러한 규정변화는 차등요율별 적용기업, 더 정확하게는 적용 사업장 규모의 변화를 가져올 것이 분명하다. 〈표 9-7〉은 새로운 규정이 적용된 시기를 중심으로 전후 양상을 비교한 것이다.

200만 개가 약간 넘는 사업장 중 집단요율의 적용을 받는 사업장이 차지하는 비중은 2010년의 84%에서 2013년에는 87.7%로 늘어났다. 종사 근로자의 비중 또한 6% 정도 늘어났다. 이러한 현상은 개별요율에서도 비슷하게 나타난다. 반면 혼합요율의 적용을 받는 사업장 비중은 2010년의 11%에서 2013년에는 6.6%로 4%p 이상 감소하였다. 한편 근로자가 차

<표 9-6> 고용규모에 따른 차등요율 적용 규정의 변화

구분	적용시기	요율 종류		
		집단요율	혼합요율	개별요율
고용규모	~2011년 12월까지	1~9명	10~199명	200명 이상
	2012년 1월~현재	1~19명	20~149명	150명 이상

자료: Direction des Risques Professionnels, 2015: 14의 그림.

<표 9-7> 차등요율별 적용 사업장과 근로자 비중의 추이

구분	2010년(비중, %)		2013년(비중, %)	
	사업장	근로자	사업장	근로자
집단요율	84.0	43.0	87.7	49.3
혼합요율	11.0	27.0	6.6	18.0
개별요율	5.0	30.0	5.6	32.7
합	100.0	100.0	100.0	100.0

자료: L'Assurance Maladie-Risques Professionnels, 2012: 17와 2014: 16의 관련 표에서 발췌, 재정리.

지하는 비중은 9% 정도 감소한 것으로 나타난다. 이러한 점을 고려하면서 차등요율의 구체적 내용을 살펴보자.

(2) 차등요율의 종류

① 개별요율(개별실적요율)

150인 이상의 사업장이 하나인 기업, 혹은 복수의 사업장을 가지고 있으면서 전체 고용규모가 200인 이상인 기업에 적용되는 방식이다. 이는 두 단계로 진행된다. 첫 번째는 총요율 계산단계로서 재해발생으로 인해 야기된 모든 비용이 사업장 기여율을 결정한다. 여기서 말하는 비용은 각 사업장에서 최근 3년(기준기간) 동안의 재해로 인한 비용(예: 휴업급여, 요양급여, 장해 및 사망급여) 등을 말한다. 따라서 종래에는 이의 결과와 보수총액을 통해 총요율이 정해졌다.

하지만 2010년 관련법은 이러한 방식에 중요한 변화를 가져왔다. 우선

(2015년)

일시장해		영구장해	
근로중단기간	평균 비용(유로)	장해 정도	평균 비용(유로)
4일 미만	270	10% 미만	2,106
4~15일	478	10~19%	47,475
16~45일	1,539	20~39%	92,204
46~90일	4,282	40% 이상 혹은 사망	418,744
91~150일	7,900		
150일 이상	27,702		

자료: L'Assurance Maladie-Risques Professionnels, 2015: 24의 표.

비용산정에 있어서 기준기간 중 새롭게 발생한 재해만 고려할 뿐 3년 전에 발생한 재해로 인해 야기된 비용은 포함하지 않는다. 이는 고용주의 산재 예방효과를 극대화하기 위한 조치이다. 그리고 평균 비용의 개념이 도입되었다. 이는 최근 3년간 발생한 업무상 재해로 인한 평균 지출비용을 유형에 따라 미리 정하는 것으로, 이 내역은 매년 법령으로 공포된다. 〈표 9-8〉은 이의 구체적 내용을 정리한 것이다.

〈표 9-8〉처럼 평균 비용은 우선 장해의 일시성 여부에 따라 구분되고 일시장해의 경우는 근로중단기간, 영구장해 경우는 장해정도에 바탕을 둔다. 이상의 평균 비용 개념을 도입한 것은 다음 두 가지 배경에 기인한 것이다. 첫째, 총요율 산정방식의 단순화를 위한 것이다. 둘째, 고용주로 하여금 산재 예방에 대한 관심을 제고시키기 위한 것이다. 즉, 산재 비용에 대한 예측 가능성은 결국 필요한 산재 예방조치 마련에 대한 고용주의 관심을 제고할 것으로 기대하고 있는 것이다.

이상의 과정을 거쳐 총요율이 결정되면[13] 앞의 순요율을 산정하는 산식을 거쳐 순요율이 도출된다. 150인 이상 고용규모를 지닌 기업의 사업

---

[13] 총요율은 '재해별 평균 비용 × 발생한 재해 수(3년 기준) ÷ 보수 총액(3년 기준)'으로 계산한다.

장 평균 순요율(개별요율)은 2014년 2.04%에서 2015년 2.08%로 약간 상승했다.

② 집단요율

이의 주요 적용 대상은 전체 고용규모가 20인 미만인 기업 혹은 사업장이다. 그리고 창업한 지 3년 미만인 기업 역시 집단요율이 적용된다. 개별요율이 연금 및 산재보험 지역공단에서 결정되는 것과 달리 집단요율은 전국공단의 산재 및 직업병 위원회를 통해 총요율이 정해지고 이를 바탕으로 부령은 순요율을 공포한다.

20인 미만 사업장을 대상으로 하고 있음에도 집단요율은 업종별로 정해진다는 점이 중요하다. 이는 동일 업종에 속하는 사업장에게는 산재 발생유무에 관계없이 동일 요율이 적용된다는 것을 의미한다. 실례로 2010년 12월에 관련 부령은 11개 산업 분야에 총 770여 개의 업종별 집단요율을 공포했다. 이에 따르면 섬유제품 가공업종의 집단요율은 22.10%로 높은 편에 속한다. 반면 행정 및 사무실 활동업종은 1.20%로 가장 낮은 편에 속한다.

한편 2013년부터 업종을 단순화하는 조치가 실시되었다. 그 결과 2016년에는 11개의 산업 분야에 명시되어 있는 총업종 수가 약 250여 개로 감소되었다. 업종별 집단요율을 살펴보면 2010년의 양상과 유사하게 섬유제품 가공업종이 가장 높은 103.8%을 보이고 있다. 한편 행정 및 사무실 업종의 순요율은 1.0%로 가장 낮은 편에 속한다. 이들 사업장의 평균 순요율(집단요율)은 2014년에는 2.16%, 2015년에는 2.14%이다.

③ 혼합요율

20인 이상 149인 이하의 근로자를 고용하고 있는 사업장 혹은 기업에 적용된다. 혼합이라는 용어의 의미대로 여기서는 두 가지 산정방식, 즉 집단요

〈표 9-9〉 혼합요율 적용기업의 요율별 비중 산정방식

(현행)

고용규모	개별요율 적용비중(A)	집단요율 적용비중(B)
20명에서 149명까지	(E - 19) / 131	1 - [(E - 19) / 131]

주: E = 고용 근로자 수.
　예컨대, 고용규모가 78명인 기업의 각 요율의 적용 비중은 다음과 같음.
　개별요율의 적용비중(A): (78 - 19) / 131 = 0.450
　집단요율의 적용비중(B): 1 - [(78 - 19) / 131 = 0.550
자료: https://www.legifrance.gouv.fr/affichCodeArticle.do?idArticle=LEGIARTI000022446523&cidT
　　　exte=LEGITEXT000006073189&dateTexte=20160929.

율과 개별요율이 혼합적으로 적용된다. 집단요율과 개별요율의 산식은 앞서 언급한 바와 동일하다. 다음으로 중요한 것은 해당 기업의 집단요율과 개별요율의 적용 비중을 정하는 것이다. 여기서 비중을 결정하는 기준은 기업의 전체 고용규모이다. 〈표 9-9〉는 이와 관련한 현행 규정을 나타낸 것이다.

　이상의 과정을 거쳐 도출되는 혼합요율은 두 요율을 합친 것이다. 즉, (개별요율 × A) + (집단요율 × B)인 것이다. 2015년 기준, 적용기업의 평균 혼합요율은 2.79%인데 이는 2014년의 2.77%보다는 약간 상승한 것이다.

4) 급여의 종류 및 수준

프랑스 산재보상보험제도가 제공하는 급여 종류는 업무상 재해, 출퇴근 재해 그리고 업무상 질병(직업병)에 관계없이 유사하다. 그럼에도 직업병 재해의 경우 업무상 질병의 종류에 따라 특별수당이 부가적으로 지급된다는 점과 출퇴근 재해의 보충급여는 대기기간을 충족시켜야 한다는 점이 차이가 있다. 이러한 점을 고려하면서 급여의 종류 및 수준을 살펴보면 다음과 같다.

(1) 요양급여(현물급여)

산재발생으로 인한 부상의 치료 및 회복, 업무상 질병치료에 필요한 의료서비스 제공을 지칭한다. 범위는 무상 의료서비스 제공, 치료비의 전액 부담(민간의료기관은 상한선 있음)뿐만 아니라 보장구 비용부담, 재활과 관련된 기능 재교육, 직업 재교육 무상제공 등을 포함한다. 특징 중 하나는 의료기관 및 의료진 선택과 관련된 재해근로자의 권리를 존중하고 있다는 점이다. 즉, 재해근로자는 치료 및 입원을 위한 의료기관을 자유롭게 선택할 수 있다. 뿐만 아니라 진료의사나 보조의료진에 대한 재해근로자의 선택권 또한 보장되어 있다.

(2) 휴업급여

현금급여로서 산재로 인한 근로능력의 일시적 상실의 경우 과거 임금에 기초하여 지급된다.

급여는 대기기간 없이 근로중단 첫날부터 지급되며, 수급기간은 한시적 근로능력의 상실이 다른 상황(즉, 완전회복, 영구상실 혹은 사망)으로 바뀔 때까지 무기한 지급된다. 또한 훈련기간 중에도 수급이 가능하다.

급여산정의 기초는 기초일일임금이며,[14] 지급기간에 따라 비율이 다르고 상한선이 적용된다. 구체적으로 1일부터 28일째까지는 기초일일임금의 60%(급여상한선 193.23유로), 29일째부터는 80%(급여상한선 257.652.67유로)이다(이상 2016년 1월 기준). 3개월 주기로 기초일일임금은 재산정된다.[15] 한편, 여타 사회 급여와 달리 휴업급여는 과세 대상급여로서 사회부채 상환부담금(CRDS, 0.5%), 일반 사회보장 부담금(CSG, 6.2%)뿐만 아니라 2010년부터는 소득세의 명목으로 일정 비율 공제되고 있다.

---

14) 산재발생 직전 월 임금의 30분의 1에서 30.42분의 1로 변경되었다(2010년 11월).

15) 업무상 재해로 인정받지 못하는 경우에는 질병보험이 제공하는 상병수당이 제공된다. 이 경우, 3일의 대기기간이 있으며 급여수준은 기초일일임금의 50%이다.

(3) 장해급여

산재로 인해 영구장해 판정이 난 경우 지급되는 급여로서 법정 명칭은 영구장해급여(IPP)이다. 여기서 중요한 것은 장해정도이다. 이는 신체적 손상과 근로능력 상실에 대한 총체적 심사를 진행하고, 질병보험 기초공단의 의료 위원회의 심사를 통해 결정하며 이때 장해정도 예시 표가 판단기준의 하나로 활용된다. 장해정도는 급여수준뿐만 아니라 수급자가 받을 수 있는 급여의 종류에도 영향을 미치는데, 구체적인 급여 종류는 다음과 같다.

첫째, 일시불 형태의 급여이다. 이는 〈표 9-10〉처럼, 장해정도(근로능력 결손정도)가 10% 미만인 경우에 지급된다.

둘째, 연금 형태의 급여이다. 이는 장해정도가 10% 이상일 때 적용되며 지급시기는 장해정도가 10~50%인 경우는 분기별, 50% 이상인 경우는 월별이다. 수급기간은 수급자가 사망할 때까지 무기한 지급된다.

급여산정에는 수급자의 최근 12개월의 총임금과 장해정도가 고려된다. 특히, 장해정도는 50%를 기준으로 그 이하인 경우에는 장해정도의 2분의 1이, 50%를 넘는 경우에는 초과부분의 1.5배를 산입하여 연금비율이 결정된다. 이를 근거로 총임금에 연금비율을 곱하면 연 준장해급여액이 산출된다. 구체적 사례는 다음과 같다.

〈표 9-10〉 장해정도에 따른 급여수준(일시금)

장해정도	급여수준(유로)		장해정도	급여수준(유로)	
	2011년	2016년		2011년	2016년
1	396.71	411.12	6	2230.05	2414.71
2	644.79	668.20	7	2825.58	2928.25
3	942.22	976.44	8	3371.09	3493.59
4	1487.12	1541.13	9	3965.95	4110.06
5	1883.88	1952.33			

자료: http://www.service-public.fr/.

사례 1) 최근 12개월의 총임금이 1만 8천 유로이며 장해정도는 30%인
　　　　수급자
　　　　연금비율: 30 ÷ 2 = 15
　　　　장해급여액(년) : 1만 8천 유로 × 15 = 2,700유로
사례 2) 최근 12개월의 총임금이 1만 8천 유로이며 장해정도는 75%인
　　　　수급자
　　　　연금비율: (50 ÷ 2) + (25 × 1.5) = 25 + 37.5 = 62.5%
　　　　장해급여액(년) : 1만 8천 유로 × 62.5 = 11,250유로

(4) 유족급여

수급자가 사망하는 경우 유가족에게 지급되는 급여이다.

첫째, 미망인 유족급여는 사망한 재해근로자의 배우자, 동거인, 시민연대계약(PACS)의 파트너에게 지급된다. 급여수준은 사망 재해근로자 임금의 40%이며, 미망인의 연령이 55세 이상이거나 근로 무능력 정도가 50% 이상인 경우에는 20% 추가된다.

둘째, 자녀 유족급여는 사망한 재해근로자의 자녀 연령이 20세가 될 때까지 지급된다. 급여수준은 자녀 수가 2인 이하인 경우에는 자녀 1명당 사망 근로자 임금의 25%, 3인 이상일 때에는 20%가 지급된다.

이상의 급여 외에도 프랑스 산재보상보험제도는 장례비 지원, 사망일시금과 석면 등으로 인한 업무상 질병인 경우에는 특별수당, 장해정도가 80% 이상인 중증 장해근로자의 일상생활 유지를 지원하는 간병급여제도(PCRTP) 그리고 고용주 재정 부담하에 한시적으로 지급되는 보충급여제도가 시행 중이다.

5. 출퇴근 재해

여기서는 프랑스 산재보험의 한 영역인 출퇴근 재해를 살펴보고자 한다. 앞에서 언급한 바와 같이 출퇴근 재해가 산재에 포함된 때는 1946년이다. 여타 산재와 마찬가지로 〈사회보장법〉, 〈산업재해 및 직업병에 관한 법〉에 같이 명시되어 있으며 출퇴근 재해와 관련된 별도의 법은 존재하지 않는다. 적용 대상 및 운영방식에서 나타나는 기본적인 틀은 여타 재해와 유사하다. 단, 급여 종류 및 수준에서 출퇴근 재해는 약간 다른 모습을 보이고 있다. 이러한 점을 고려하면서 프랑스 출퇴근 재해를 살펴보자.

1) 출퇴근 재해의 인정

프랑스 산재보험에서 나타나는 출퇴근 재해는 출퇴근 동안 근로자에게 발생한 재해로 두 가지 경우를 포함한다. 통상적 거주지와 근로현장 사이에 발생한 재해가 첫 번째 경우이며 두 번째 경우는 근로현장과 통상적 식사장소 사이에 발생한 재해이다.

출퇴근 재해의 쟁점사항은 다음과 같다. 첫째, 거주지에 관한 것으로 주된 거주시설로서의 주거주지뿐만 아니라 부거주지도 포함한다. 부거주지는 안정적 성격을 특징으로 하는데, 이는 빈번하면서도 정기적인 거주 목적의 시설임이 인정되어야 한다. 또한 가정적 동기에서 근로자가 방문하는 여타 장소 역시 거주지의 인정범위에 포함된다.

둘째, 식사장소와 관련하여서도 포괄적으로 해석하여 엄격한 의미에서 일상적으로 자주 찾아가는 장소로 한정하지 않는다. 정기적 출입 장소가 아니더라도 회사식당 또는 간이식당 등도 이에 포함된다. 그러나 카페 겸 레스토랑(*cafe-restaurant*)인 퀵 레스토랑의 경우 근로자의 빈번함이 결정적인 기준이다. 또한 충분한 영양섭취 여부와 근로시간 중에 방문했는지도 중요하게 작용한다.

셋째, 근로현장에 관한 것으로 엄격한 공간적 개념은 사업장 내 또는 사업장 경계를 의미한다. 그러나 범위를 벗어난 지점이더라도 사고 발생지점이 통상적 경로(규칙적인 합승)인 경우에는 출퇴근 재해로 인정된다. 이는 정기 합승(car-pool)의 경우 외에 개인적 이유로 이동 경로가 중단, 우회, 과도한 진전, 지체된 경우에는 출퇴근 재해로 인정받지 못함을 의미한다. 또한 근로행위와 무관하거나 일상생활의 본질적인 필요16)와 무관한 경로인 경우에도 출퇴근 재해인정 범위를 벗어난다.

한편, 실질적으로 출퇴근 재해의 인정 여부에서 중요하게 간주되는 것은 파기원의 판례다. 중요한 사례 몇 가지만 소개하면 출퇴근 이동중단에 의한 사고임에도 이러한 중단이 일상생활의 본질적인 필요에 의해 이루어진 경우에는 출퇴근 재해로 인정한다. 또한 출장임무 수행을 위한 경로를 산재로 인정한 판례도 있다. 또한 통상 경로가 아니더라도 운전사 등 순회성격이 강한 직업 종사자에게 발생한 사고도 파기원은 산재로 인정하고 있다. 출퇴근 경로의 정기적 성격의 확인, 일상생활의 본질적 필요, 출퇴근 목적과 근로수행 간의 직접적 관계 등에 관한 개념 및 이에 대한 법원 판례가 많은 변화를 보여주고 있음에도 출퇴근 재해의 인정 여부는 쟁점 중 하나로 남아있다.

2) 급여 및 고용 보호

출퇴근 재해급여 중 휴업급여 및 요양급여를 비롯한 사회보장급여는 업무상 재해급여와 동일하다. 중요한 차이는 〈표 9-11〉처럼 보충급여에서의 대기기간과 고용 보호에 있다.

먼저 고용보호에 있어서 출퇴근 재해는 노동법이 적용되는 업무상 재해

---

16) 이의 구체적 판례에 대해서는 김상호·심창학, 2009: 101의 〈표 4-18〉을 참조하라.

<표 9-11> 업무상 재해와 출퇴근 재해의 비교

구분	업무상 재해	출퇴근 재해
사회보장급여와 보충급여	휴업급여와 보충급여(대기기간 없음)	휴업급여(대기기간 없음), 보충급여(7일 대기기간, 근무연수조건 충족)
사회보장 기여금	기여율 산정에 영향	총요율 산정에 영향 없음, 순요율 산정에 영향 미침

고용	• 근로중단기간 중 해고 불가
	  (예외: 중대한 과실 혹은 산재와 무관
	  한 이유로 계약 유지가 불가능한 경우)
	• 근로 중간 종결 시 부서 재배치 의무화
	• 재배치 불가 이유로 인한 해고 시 특별
	  해고수당 지급
		• 일반법* 적용(비업무상 질병 혹은 사고
		  규정)
		• 계약 중단 기간 중 고용 보호 없음
		• 건강상 이유로 인한 해고 금지
		• 재배치 시 일반법 적용
		• 재배치 불가로 인한 해고 시 해고수당 지급

주: * 특수 혹은 특별규정의 대상이 아닌 모든 상황에 적용되는 법적 규정의 집합.
자료: Ministère du Travail, de l'Emploi, de la Formation Professionnelle et du Dialogue Social, 2012: 25의 Tableau Récapitulatif.

와는 달리 일반법 적용하에 있다. 따라서 출퇴근 재해라 하더라도 비업무상 질병 혹은 사고와 관련된 규정을 따른다. 그뿐만 아니라 치유 후의 부서 재배치와 관련된 사항도 일반법 적용하에 있다.

급여 측면에서 출퇴근 재해의 사회보장급여는 업무상 재해와 동일하다. 이전에는 출퇴근 재해발생과 관련된 휴업급여의 수급은 3일의 대기기간을 충족시켜야 했으나 이 조항 역시 폐지되었다. 반면 보충급여에서 대기기간 충족 규정은 업무상 재해와 다른 점이다. 여기서 보충급여는 근무한 지 1년이 지난 근로자의 재해발생 시 사회보장급여와는 별도로 고용주 부담하에 추가적으로 지급되는 한시성 급여를 말한다.[17] 수급기간은 <표 9-12>와

---

17) 보충급여의 수급요건은 다음과 같다.
  • 1년 이상 사업장 근무(재가근로자, 계절성근로자, 임시직근로자는 제외)
  • 사회보장급여(휴업급여) 수급자
  • 48시간 이내 재해발생 신고
  • 필요한 경우 의료 방문검사 의무 준수
  • 요양지역 한정: 프랑스, 유럽연합 회원국(28개국) 혹은 여타 유럽경제지역 협정회원국(3개국)

<표 9-12> 근무기간별 보충급여 수급기간

(2016년)

근무 연수	수급 기간(90%*)	수급 기간(66.66%*)
1년 이상	30일	30일
6년 이상	40일	40일
11년 이상	50일	50일
16년 이상	60일	60일
21년 이상	70일	70일
26년 이상	80일	80일
31년 이상	90일	90일

주: * 총봉급(세전 소득) 대비.
자료: https://www.service-public.fr/particuliers/vosdroits/F175.

같으며 이는 업무상 재해와 출퇴근 재해에 똑같이 적용된다.

<표 9-12>처럼 보충급여는 근무기간에 따라 수급기간이 다르다. 그리고 급여수준은 수급기간에 따라 두 개로 구분된다. 예컨대 근무기간이 1년 이상 6년 미만인 경우 수급기간은 총 60일로서 처음 30일은 총봉급의 90%, 나머지 30일은 총봉급의 60.66%의 보충급여가 지급된다. 수급기간이 가장 긴 경우는 근무 경력이 31년 이상으로 총 180일이다. 이처럼 수급기간과 수준은 동일함에도 불구하고 출퇴근 재해는 업무상 재해와는 달리 7일의 대기기간이 있다는 점에 주목할 필요가 있다.

마지막으로 출퇴근 재해는 업무상 재해와 달리 기여율 산정에 직접적 영향을 미치지는 않는다. 단지 순요율 산정에 포함될 뿐이다.[18] 하지만 이 경우도 기준은 전체 사업장이기 때문에 개별 사업장 요율에 미치는 직접적 영향은 없다고 할 수 있다.

이렇게 볼 때, 사회보장급여에서 출퇴근 재해와 업무상 재해 간의 차이는 없다. 가장 큰 차이가 발견되는 곳은 고용보호 부분이며 보충급여의 대기기간 유무 역시 양자 간 차이가 발견되는 대목이다.

---

18) 순요율 산정방식의 M_1을 의미한다.

6. 최근 현황 및 쟁점

최근 몇 년간 프랑스 산재보상보험제도는 개혁의 핵심에 있다. 이는 기존 제도에 대한 문제점에 기인한 것으로 복잡한 기여율 산정방식이 첫 번째 문제점이며, 산재 예방에 대한 상대적 관심 결여가 두 번째 문제점이다. 국가와 질병보험 전국공단 사이에 체결된 제1차 목표 및 운영에 대한 협약 (2005~2008년)이 재정 문제에 초점을 맞추었다면 제2차 협약(2009~2012 년)이 초점을 두고 있는 분야는 바로 기여율 산정방식의 단순화 및 산재 예방조치의 강화이다.

개별요율과 혼합요율에서의 재해 평균비용 개념, 단일 기여율 제도의 도입은 바로 기여율 산정방식의 단순화 맥락에서 이해될 수 있다. 산재 예방조치의 강화 역시 관심 분야 중 하나이다. 우선, 기여율 산정과 관련하여 기준기간 중에 발생한 신규 재해만이 비용산정의 대상이 되고 있다는 점을 지적할 수 있다. 그리고 현재 지역공단은 기업을 대상으로 최고(催告)의 방법으로 예방과 관련된 모든 조치를 취하도록 요구할 수 있다. 그리고 주어진 기간 내에 제대로 이행되지 않을 경우에는 기여금 할증의 조치를 취할 수 있다.

현재 실시 중인 전국 단위의 업종별 예방협약, 지역 단위의 기업별 예방협약 등은 해당 기업이 예방조치의 마련에 투자를 하는 경우 필요 경비의 일정 비율을 질병보험 전국공단 혹은 지역공단이 재정을 부담하도록 하고 있다. 재해 평균 비용 개념 역시 고용주로 하여금 비용에 대한 예측 가능을 통해 결국 예방조치에 대한 관심을 유발하기 위한 조치이다. 한편, 제3차 협약(2014~2017년)은 기존의 두 가지 협약 그중에서도 제2차 협약의 연장선에서 체결되었다.

7. 맺음말

지금까지 본 글은 프랑스 산재보상보험제도에 대해 살펴보았다. 약 120년의 역사를 지니고 있는 프랑스 산재보험제도에서 중요한 점은 산재 및 직업병으로 인한 손실 발생에 대한 보장의 의지가 제도의 구체적 내용에 반영되어 있다는 점이다. 보편주의 원칙에 바탕을 둔 적용 대상, 출퇴근 재해 개념의 조기 개입, 업무상 질병에 대한 특별수당제도의 도입, 무기한 제공되는 휴업급여, 재해근로자의 사망 시 지급되는 유족급여의 다양성 등이 바로 그것이다. 뿐만 아니라 재해근로자의 재취업에 필요한 직업 재기능 교육, 훈련교육 등의 무상제공 역시 산재가 개인적 위험이 아니라 사회 전체가 책임져야 할 사회적 위험이라는 인식에서 비롯된 것이다.

현재 한국의 산재보상보험제도는 여전히 특정 근로자를 법의 적용 대상에서 제외하고 있다. 대표적인 집단이 가구 내 고용활동, 즉 가족 종사자이다. 최근의 경기 침체로 인해 자영업자가 급증하고 있으며, 가족 종사자역시 같이 늘고 있다. 이 점을 고려할 때 프랑스처럼 임의가입의 형태로라도 길을 열어놓아야 할 것이다.

한국의 개별 실적요율제도에서는 기준기간(최근 3년)이 있음에도 불구하고 실질적으로는 과거에 발생한 모든 재해가 보험급여비용에 포함되어 있으며 이는 결국 높은 보험료율로 연결된다. 즉, 고용주의 산재 예방 투자를 유인할 수 있는 충분한 경제적 인센티브가 되지 못하고 있는 것이다.

출퇴근 재해의 인정범위 또한 매우 제한적이다. 첫째, 프랑스와 달리 우리나라는 출퇴근 재해를 산재 유형의 하나가 아니라 업무상 재해의 하나로 보고 있다. 다시 말하면 우리나라의 산재는 업무상 재해와 직업병의 두 가지로 구분되어 있다. 둘째, 출퇴근 재해가 업무상 재해(사고)로 인정받으려면 사업주가 제공한 혹은 제공한 것으로 볼 수 있는 교통수단의 이용 중에 발생한 사고임과 동시에 해당 교통수단의 관리 또는 이용권이 근로자의 전속권 권한에 속하지 아니해야 한다는 두 가지 요건을 모두 충족시켜야 한다 (현행 〈산재보상보험법〉 시행령, 제29조). 이는 대중교통수단 혹은 근로자 소유의 교통수단 이용 중 발생한 사고는 출퇴근 재해의 인정범위 밖에 있음을 의미한다.

이상의 우리나라 상황을 고려할 때 프랑스 사례는 보편주의 원칙의 실행, 보험료 산정에 있어서의 경제적 인센티브 조치의 도입, 출퇴근 재해의 중요성 인식 등의 측면에서 중요한 시사점을 제공하고 있다.

■ 참고문헌

국내 문헌

이인재·류진석·권문일·김진구(2010). 《사회보장론》. 파주: 나남.

해외 문헌

Aubourg, G., & Quist, V. (2005). *Guide Juridique et Pratique des Accidents du Travail et Maladies Professionnelles*. Paris: Editions de Vecchi.

De Montalembert, M. (2008). *La Protection Sociale en France*. Paris: La Documentation Française.

Dupeyroux, J.-J., Borgetto, M., & Laforeet, R. (2015). *Droit de la Sécurité Sociale*. Paris: Dalloz.

기타 자료

김상호·심창학(2009). 국내외 산재보험제도 운영의 국제비교. 서울: 고용노동부.

박찬임(2002). 산재보험제도의 국제비교연구. 세종: 한국노동연구원.

심창학(2003). 프랑스 산재보험제도 연구. 세종: 한국노동연구원.

양재성(2013). 출퇴근 재해 도입의 재정부담 설정에 관한 연구: 재정부담 주체 및 요율을 중심으로. 근로복지공단 발간자료. 서울: 근로복지공단 산재보험연구센터.

산업재해보상보험법, 시행령.
고용보험 및 산업재해보상보험의 보험료징수 등에 관한 법률, 한국

Code de la Sécurité Sociale.

Code du Travail.

Convention d'objectifs et de gestion pour la branche AT/MP (2005-2008; 2009-2012; 2014-2017).

Direction de la Sécurité Sociale (2011). Les chiffres clés de la sécurité sociale. Paris, Ministère du Travail, de l'Emploi et de la Santé.

Direction des Risques Professionnels (2012). Rapport de gestion, Bilan financier et sinistralité. Paris: CNAMTS.

_____ (2014). Rapport de gestion 2013 de l'assurance maladie. Risques Professionnels. Paris: CNAMTS.

_____ (2015). Rapport de gestion 2014 de l'assurance maladie. Risques Professionnels. Paris: CNAMTS.

Eurogip (2013). Point statistique AT-MP. France. Données 2012.

Ministère des Affaires Sociales et de la Santé et al. (2013). Guide pratique: La protection sociale des salariés. Paris: Ministère des Affaires Sociales et de la Santé.

Ministère du Travail, de l'Emploi, de la Formation Professionnelle et du Dialogue Social (2012). Bilans Rapports. Conditions de travail. Bilan 2012.

Pôle Documentation de l'Irdes-Mari-Odile Safon (2011). La prise en charge des accidents du travail et l'organisation de la médecine du travail en France. Irdes.

http://www.emploi.gouv.fr/.

http://www.insee.fr/.

http://www.law.go.kr/main.html.

http://www.legifrance.gouv.fr/.

http://www.risquesprofessionnels.ameli.fr/.

http://www.service-public.fr/.

가족수당제도*

1. 프랑스 가족정책의 범주와 목적

프랑스는 가족을 위한 공공 지출이 GDP의 3. 61% (2011년) 를 차지하고 있어 OECD 국가 중 가족에 대한 공공 부문의 투자가 상당히 높게 이루어지고 있는 국가이다. 프랑스 가족정책에서 상당히 높은 비중을 차지하고 있는 것은 현금성 지원에 해당하는 가족수당이다. 가족 부문에 대한 공공 지출이 프랑스 GDP에서 차지하는 비중을 세부적으로 볼 때 가족수당 등 현금 지원의 비중이 1. 57%로 상당 수준 높다(OECD, 2016).

프랑스의 법령 및 행정정보국(Direction de l'Information Légal et Administrative: DILA) 은 자녀를 출산·양육·교육할 때 부모가 갖는 부담을 절감해 주려는 목적으로 국가, 지방 및 사회보장기구가 추진하는 정책을 가족정책이라 본다(Direction de l'Information Légal et Administrative, 2016). 이

---

* 이 글은 2012년 《주요국의 사회보장제도: 프랑스》(한국보건사회연구원, 2012) 에서 필자가 작성한 "제 2부 제 4장 가족수당"을 수정 보완한 것이다.

〈그림 10-1〉 프랑스 가족정책의 범주

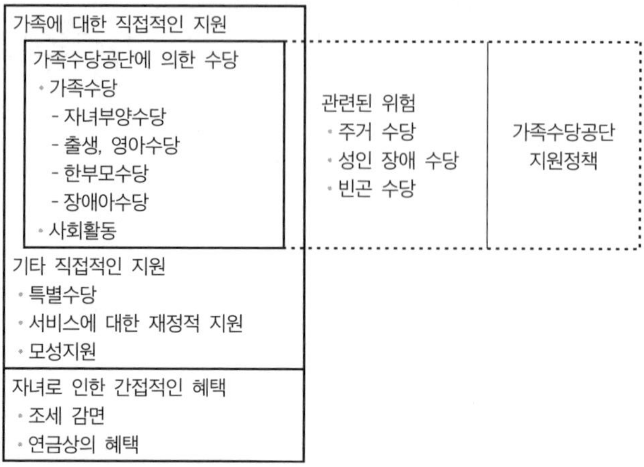

자료: Commaille, Strobel, & Villac(2002): 신윤정·이지혜(2012)에서 재인용.

러한 정의 아래서 가족정책은 가족수당처럼 부모에게 직접 지급하는 금전적 수당이 포함되며, 유치원(*crèches*)이나 보육서비스를 제공하는 복지기관에게 공적 지원을 함으로써 부모가 이러한 기관을 이용할 수 있도록 돕는 지원도 포함된다.

프랑스 학계와 협회는 가족정책을 더욱더 광의로 정의한다. 이러한 광의의 정의에서도 현금수당정책은 프랑스 가족정책에서 중심으로 자리 잡고 있다. 코마이유와 연구진(Commaille, Strobel, & Villac, 2002)은 가족정책을 가족에 대한 직접적 지원과 자녀양육으로 인한 간접적 혜택으로 구분하고 이 두 영역이 모두 가족정책의 범주 안에 포함된다고 보았다. 가족에 대한 직접적인 지원에는 가족수당 전국공단이 지원하는 정책과 가족수당 전국공단 이외의 기관에서 지원하는 정책이 모두 포함된다. 가족수당 전국공단은 가족수당 지급 및 가족과 관련한 제반 사회적 활동을 지원한다. 가족수당에는 가족 부양에 따른 위험을 보상해 주는 수당과 가족생활과 관련한 사회적 위험을 보상해 주는 수당을 포함한다. 가족 부양과 관련한 수당은 자녀 부양에 대한 수당, 임신·출산 및 영아 양육을 위한 수당,

한부모 지원수당, 장애아 자녀에 대한 수당이 포함된다. 가족생활과 관련한 사회적 위험을 보상해 주는 수당에는 주거수당, 성인장애수당, 빈곤자 지원수당 등이 포함된다. 가족수당공단이 수행하는 사회활동정책에는 보육시설 지원, 상담, 교육, 연구, 조사사업이 있다. 가족수당공단 이외의 기관에서 수행하는 가족에 대한 직접적 지원은 특수한 수당, 서비스에 대한 재정적 지원, 모성 지원이 포함된다. 자녀로 인한 간접적 혜택에는 자녀 부양과 관련한 소득세상의 혜택, 연금 수령액에서의 혜택이 포함된다.

2010년도에 프랑스 가족고등심의회(Haut Conseil de la Famille: HCF)는 더욱 구체적으로 국가가 가족을 돕는 영역에 포함되는 정책을 발표하였다. 동 심의회가 유형화한 가족정책은 다음과 같다. 첫째, 가족 및 모성에 대한 지원으로서 가족수당, 보육서비스 지원, 모성 및 모자보건에 대한 지원이다. 둘째, 세제상의 지원으로서 가족계수에 따른 소득세 계산 및 기타 세제상의 지출이다. 셋째, 기타 광범위한 지원으로서 아동과 청소년을 위한 정책, 학생을 위한 사회보장정책, 가족 구성원에 따라 액수를 달리하는 수당정책(예를 들면 활동연대수당 등), 주거수당, 은퇴한 부모에 대한 지원, 가족부서 운영비 지원 등이다. 이러한 가족정책에 대한 정의도 역시 광의적인 것으로 자녀 출산 및 양육과 관련하여 지급하는 수당 지원뿐만 아니라 서비스 지원 그리고 자녀로 인한 조세 감면혜택과 같은 간접적 지원이 포함된다. 그리고 가족을 지원하는 기능을 가진 전반적인 사회정책도 가족정책의 범주로 간주하고 있다. 이러한 정책을 모두 합하여 가족고등심의회는 프랑스가 가족정책에 GDP의 약 6%를 지출하고 있다고 보고하였다.

가족정책의 범주를 가족고등심의회와는 다르게 더욱 협소한 의미로 보는 OECD는 프랑스가 2011년에 GDP의 약 4%를 가족정책에 지출하고 있다고 보고하였다(OECD, 2016). 이 중에서 1.5%를 수당정책, 1.75%를 보육서비스, 0.75%를 조세 감면에 지출한 것으로 나타났다. 광범위한 가족정책의 정의뿐만 아니라 협소한 정의를 사용한 가족정책의 정의를 따르더라도 프랑스가 GDP의 상당한 부분을 가족정책에 지출함을 알 수 있다.

프랑스 가족정책이 지향하는 전통적인 목적은 다음의 두 가지로 요약될 수 있다. 첫째, 출산을 돕는 정책을 통하여 세대의 갱신을 지속한다. 둘째, 출산 및 자녀교육에 의해 야기된 비용을 지원하여 가족의 생활을 일정 수준으로 유지할 수 있도록 한다. 최근 들어 대두된 가족의 변화에 직면하여 프랑스의 가족정책은 새로운 목적도 포함한다. 예를 들면 여성의 경제활동이 증가함에 따라 가족생활과 직장생활 간의 유기적 연계를 지지하여 어린 자녀를 가진 부모가 자녀를 양육함과 동시에 지속적으로 일할 수 있도록 한다는 것이다. 또한 가족형태의 다양화에 대응하여 부모역할을 지지하며 가족관계 및 자녀교육에 어려움이 있는 가족에게 도움을 제공한다는 것을 들 수 있다. 실로 프랑스 가족정책은 가족의 변화에 실질적으로 응답함으로써 새롭게 대두되는 가족과 사회의 욕구에 대응하는 목적을 지닌다고 해석할 수 있다.

이러한 전반적인 가족정책의 목적 아래서 가족수당은 자녀가 있는 가정과 없는 가정 간의 수평적 형평성을 보장하기 위하여 수당 지원을 통해 자녀에 대한 지출에도 자녀가 있는 가정과 없는 가정 간의 동등한 소득수준을 유지하도록 하여 자녀양육에 의해 야기되는 가족 간의 생활수준의 격차를 최소화하는 데 그 목적을 두고 있다. 가족수당의 급여액은 인플레이션에 맞추어 주기적으로 인상하여 수당을 지급받는 가족이 구매력을 상실하지 않도록 하고 있다.

프랑스의 가족수당제도는 수평적 형평성 이외에도 소득수준이 높은 가정과 낮은 가정 간의 수직적 형평성을 지향하려는 목적도 있다. 가족수당의 지급은 특별한 조건하에서 이루어지는데 이러한 조건 중에서 가장 대표적인 것이 가족의 소득수준이다. 소득 조건하에서 지급되는 수당이라 함은 소득의 특정한 한계 이상에 해당되는 사람은 수당을 받을 권리가 없고 소득의 일정한 한계 이하에 해당되는 사람에게만 수당이 지급됨을 말한다.

가족수당의 수직적인 형평성을 지향하려는 이러한 목적은 그동안 가족의 소득수준과 무관하게 두 자녀 이상을 양육하면 일정한 액수를 지급하던 가족수당의 급여액을 2015년 7월부터 가족의 소득수준에 따라 차이가 나도록 지급하면서 더욱 강화되었다. 다음에서는 이러한 프랑스 가족수당제도의 역사적 발달과정과 최근의 개혁에 관해서 더욱 자세하게 논의한다.

2. 가족수당의 역사적 발달과정[1])

프랑스는 현재의 모습으로서 가족수당제도가 자리 잡기 이전부터 가톨릭교회를 중심으로 모성에 대한 칭송과 가족을 지원해 온 역사적 전통을 가지고 있다. 2차 세계대전 이후 현대적인 모습을 갖추게 된 프랑스의 가족수당제도는 여성의 경제활동 참여 증가, 사회적 불평등의 확산, 이민자 유입, 최근의 경제불황 등 다양한 사회적 문제에 직면하면서 수차례의 개혁을 거쳐 오늘날의 모습에 이르게 되었다.

프랑스 가족수당의 기원은 가톨릭교회가 중심이 되어 가족에 대한 지원을 제공한 것에서 찾아볼 수 있다. 현대적 모습으로서의 가족수당제도는 20세기 이후 고용주가 가족을 가진 생계부양자 남성 근로자에게 특별수당을 지급하는 것에서 시작되었다고 할 수 있다. 19세기 말부터 20세기 초반에 소수의 고용주는 가족의 생계부양을 책임지는 남성 근로자가 가족 부양에 대한 의무가 없는 독신자와 동등한 수준의 소득을 가질 수 있도록 특권을 부여하는 것이 필요하다고 보았다. 이러한 목적으로 고용주는 가족의 부양을 책임지고 있는 남성 근로자에게 임금 외에 추가적으로 특별수당을 지급하였다. 이러한 특별수당은 가족의 생활수준을 향상함과 더불어 임금

---

1) 이하의 주요 내용은 De Montalembert, 2004의 주요내용을 참고하여 작성하였다.

이 상승하는 것을 막는 역할을 하였다.

이후 고용주가 부담하는 특별수당 지급 의무에 대한 위험에 상호 대처하기 위하여 몇 개의 기업으로 구성된 보상공단이 단계적으로 창립되었다. 1932년에는 고용주가 가족이 있는 근로자에게 특별수당을 지급하는 것이 법적으로 의무화되었다.

고용주가 지불하던 특별수당은 1930년에 〈가족법〉이 창설되고 1945년에 〈사회보장법〉이 제정됨으로써 철폐되었다. 동시에 자녀 수에 따라 산정되고 지급되는 가족수당의 개념이 도입되어 고용주가 지급하던 특별수당은 가족보조금으로 대체되었다. 이때의 가족수당은 프랑스에 거주하고 있는 모든 가족을 대상으로 직업활동을 하는 가장에게 가족 부양비의 일부를 보상해 주기 위한 목적으로 지급되었다는 특징이 있다.

가족수당이 도입된 초기, 가족수당의 목적은 최소 3명 이상의 자녀가 있는 다자녀 가족과 미혼자 혹은 자녀가 없거나 자녀가 한 명뿐인 가족 간의 생활수준이 차이가 없도록 수평적인 재분배를 강화하는 것이었다. 가족수당의 재정적 원천은 고용주가 노동자의 임금 혹은 전체 수입에 비례하여 지급하였던 고용주 부담 사회보험료에 기초하였다. 가족수당 급여는 기본적으로 자녀 수와 자녀 출생 순위에 따라 차등적으로 지급되었다.

1967년 '홀벌이수당'(Allocation de Salaire Unique)을 개혁하면서 일정 소득수준 이하의 가족에게만 수당을 지급하겠다는 개념이 도입되었다. 이후 여섯 차례의 계획 작업을 거쳐 소득수준을 고려하여 수당을 지급하는 개념을 수정하였으며 이에 따라 1972년 1월 3일에 '자녀양육수당'(Allocation de Frais de Garde)을 마련하였다. 동 시기에 창설되어 소득수준에 따라 지급하던 수당에는 고아수당(Allocation d'Orphelin)과 장애수당(Allocation des Hadicapés)이 포함된다. 이후 소득수준을 고려하여 지급하는 수당으로 1974년에 도입된 개학수당(Allocation de Rentrée Scolaire)과 1978년에 마련된 한부모수당(Allocation de Parent Isolé)이 있다. 소득수준을 고려하여 지급하는 수당과 함께 장애인, 한부모, 버려진 가족 등 취약 계층을 위한 선별적인 가족수당도 마련된 셈이다.

1977년 7월 12일에 당시까지 마련된 수당을 정리하고 단순화하는 작업이 이루어졌다. 이러한 일환으로써 홀벌이수당, 가정주부수당, 자녀양육수당 등을 포함한 5가지 수당을 대체하는 수당으로서 가족보조금(Complément Familial)을 마련하였다. 같은 해에 주거지원 등 다양한 수당제도 역시 도입되었다.

1984년 12월에 새롭고 중요한 두 가지 개혁이 이루어졌다. 하나는 새로운 수당을 신설하는 것이었고 다른 하나는 수당체계를 단순화하는 것이었다. 새로운 수당으로서 고아수당을 자녀부양비수당으로 변경하여 전 배우자로부터 자녀에 대한 양육비를 지불받지 못하는 한부모에게 지급하였다. 가족수당 전국공단은 한부모가 받지 못하는 부양비를 미리 지급해 주는 방식으로써 자녀부양비수당을 지급하였다. 수당체계를 단순화하기 위하여 기존의 임신수당, 출산수당, 가족보조금을 영아수당으로 대체하여 3세 미만의 자녀를 양육하는 가정에게 지급하였다. 이와 더불어 직장생활과 가정생활의 양립을 지원하는 목적을 가진 수당으로서 부모교육수당(Allocation Parentale d'Education)과 (보육사) 집에서 아동을 보육하는 것에 대한 수당(Allocation de Garde d'Enfant à Domicile)이 마련되었다.

한편 이제까지 보편적으로 지원하던 가족수당에 대해 1997년 조스팽(Lionel Jospin) 정권은 소득 조건하에서 지급하는 것으로 결정하였다. 가족수당을 지급함에 있어 소득 상한선을 부과하여 상대적으로 소득이 높은 일부 사람에게 가족수당을 지급하지 않는다는 결정은 자녀를 가진 모든 가족에게 수당을 지급한다는 수평적인 재분배의 목적에 위배된다는 비판을 받았다. 이러한 비판 아래 소득 조건하에 가족수당을 지급한다는 결정은 1998년에 철폐되었다. 수직적 형평성 강화를 위하여 1999년에 프랑스 소득세제의 체계인 '가족계수'(Quotient Familial)에서 소득세 면세점을 낮추어 적용하기 시작하였다.

2001년 자녀간호수당(Allocation de Présence Parentale)이 마련되어 심한 질병이 있거나 사고를 당했거나 장애가 있는 자녀를 돌보기 위하여 근로시간을 줄이거나 직업활동을 멈추는 것이 가능하게 되었다. 초기에 동 수당은 4개월 기간 동안 12회 지급하는 것으로 출발하였으나 이후 확대되어 3년 기간 동안 310일 동안 지급되는 것으로 변경되었다. 2002년도에 마련된 아버지휴가(Congé de Paternité)는 아버지가 자녀를 출생하거나 입양할 경우 최대 11일까지 휴가를 사용할 수 있도록 하였다(쌍생아 출생 시 총 18일 휴가). 제도를 시행한 첫해에는 아버지의 약 60%가 아버지휴가를 사용한 것으로 나타났다.

취업여성의 일과 가정생활 양립을 위한 영아보육 지원정책으로서 영아보육수당(Prestation d'Accueil du Jeune Enfant)이 2004년 1월 1일에 마련되었다. 동 수당은 그때까지 영아보육을 지원하던 영아수당(Allocation pour Jeune Enfant), 입양수당(Allocation d'Adoption), 부모교육수당(Allocation Parentale d'Education), 가정에 있는 자녀 양육을 위한 수당(Allocation de Garde d'un Enfant à Domicil), 인증받은 보육사를 고용하는 가족에 대한 지원(Aide à la Famile pour l'Emploi d'une Assistante Agréée)의 다섯 가지 수당정책을 대체하는 것이었다.

영아보육수당 아래서의 수당은 임신 및 출산을 지원하는 수당과 영아자녀보육을 지원하는 두 가지 체계로 구성되어 있다. 임신 및 출산을 지원하는 수당은 출산·입양장려금(Prime à la Naissance ou à l'Adoption)과 기초수당(Allocation de Base)이다. 영아자녀보육을 위한 수당은 직업활동의 자유로운 선택에 대한 보조금(Complément de Libre Choix d'Activité)과 자녀보육방식의 자유로운 선택에 대한 보조금(Complément de Libre Choix du Mode de Garde)의 두 가지로 구성되어 있다. 직업활동의 자유로운 선택에 대한 보조금은 부부간에 자녀양육을 위한 휴직을 더욱 많이 공유할 수 있도록 2015년 1월 1일부터 자녀교육을 분담하는 것에 대한 수당(Prestation Partagée d'Education de l'Enfant)이라는 명칭으로 제도가 변경되었다. 직업 활동의 자유로운 선택에 대한 보조금에서는 첫째자녀 출생 시 휴직 급여가 지급되는 기간이 어머니 혹은 아버지휴가가 끝난 직후 6개월간이었으나, 자녀교육을 분담하는 것에 대한 수당에서는 첫째자녀 연령이 1세가 될 때까지 부부 각각이 6개월간 지급받을 수 있게 하여 부부간에 육아휴직을 함께 사용할 수 있는 여지가 더 확대되었다.

프랑스 가족정책은 가족수당이 보편적인 특성을 가지고 있어 둘째 이상 의 자녀를 가지고 있는 경우 모두 같은 액수의 가족수당을 지급받을 권리 가 있음을 기초로 삼는다. 이러한 수평적 재분배를 위한 논리는 수직적 형 평성에 대한 논리와 결합되어 지속되었다. 그러나 소득이 높은 다자녀 가 정에 대해 가족수당을 지원하는 것은 이후 계속적인 논쟁의 대상이 되었으 며, 특히 최근 유럽 경제의 불황이 심각해지고 가족수당공단의 적자 문제 가 지속되자 더욱 큰 이슈로 제기되었다.

프랑스 가족수당의 보편적인 특성은 2015년 〈사회보장재정법〉의 변경 에 따라 제한을 받게 되었다. 가족수당의 개혁은 모든 가족이 가족수당을 받을 자격은 있지만, 수급받는 수당액은 가족의 소득수준에 따라 달라야 한다는 점을 강조한다. 가족수당제도의 개혁에 따라 2015년 7월부터 가족 수당액수는 월 순소득이 6천 유로가 넘는 가족에게는 절반으로 감소하였으 며, 월 순소득이 8천 유로가 넘는 가족에게는 4분의 1로 감소하였다. 가족 수당의 개혁이 지향하는 목적은 상대적으로 빈곤한 사람에게 우선 더 많은 수당을 지급하고 상대적으로 부유한 사람에게 더 적은 액수의 수당을 지급 함으로써 사회적 정의를 실현함에 있다. 하지만 더욱 실질적인 목적은 사 회보장의 가족 분야가 가지고 있는 재정적 적자에 직면하여 공공 지출을 절감하고자 하는 데 있었다.

가족수당의 개혁에 대해 가족주의자는 다음과 같은 비판을 제기했다.

첫째, 소득수준에 따라 서로 다른 액수의 수당을 지급하는 것은 행정적으로 가족수당공단의 운영에 상당한 복잡성을 가져올 수 있다. 이제까지 가족수당공단은 두 자녀 이상을 가지고 있는 가족에게 모두 같은 액수의 수당을 지급하는, 매우 간단한 계산방식에 따라 운영을 수행해 왔다.

둘째, 소득수준에 따라 서로 다른 액수의 수당을 지급하는 것은 소득신고에 기만행위를 유도하는 부작용을 가져올 위험성도 있다. 소득수준에 따라 가족수당액수에 격차를 두는 것은 프랑스 사회정책 모델 자체를 부인하는 더욱 큰 위험을 가져올 수 있다. 보편적인 수당이 가지고 있는 힘은 모든 사람에게 혜택을 부여하면서 모두를 사회보장체계 안에 흡수하는 데 있다. 상대적으로 부유한 사람이 받는 수당액수를 감면하는 것은 조세 등으로 프랑스 사회보장재정에 기여한 사람에게 정당한 대가를 지불하지 않고 사회보장체계를 통해 받을 수 있는 혜택의 기회를 빼앗는 위험을 가져온다는 것이다.

2015년도 7월 〈사회보장재정법〉의 개혁에 따라 변화되어 2016년 현재 지급되고 있는 가족수당의 구체적 내용은 다음에서 논의한다. 앞서 제시한 가족수당의 구체적 지원내용과 급여조건을 보다 상세하게 파악해 본다.

3. 가족수당 급여의 특성[2]

프랑스 가족정책에서 중심에 해당하는 가족수당은 자녀를 양육하는 사람에 대해 금전적으로 지원하는 재정지원정책으로서, 프랑스 법령 및 행정정보국은 프랑스 가족수당 전국공단이 지원하는 수당정책 중 자녀양육과

---

2) 이하의 내용은 프랑스 가족수당공단(2016)의 홈페이지에 게재된 내용(http://www.caf. fr)과 가족수당공단의 "2016년도 가족수당 가이드"(Guide des Prestations de la Caf)를 참고하여 작성하였다.

관련되어 지급하는 수당인 다음의 7가지로 가족수당을 정의하고 있다 (DILA, 2016).

① 가족수당(Allocations Familiales: AF)

② 가족보조금(Complément Familial: CF)

③ 영아보육수당(Prestation d'Accueil du Jeune Enfant: PAJE)

- 출산·입양장려금(Prime à la Naissance ou à l'Adoption)

- 기초수당(Allocation de Base)

- 자녀보육방식의 자유로운 선택에 대한 보조금(Complément de libre Choix du Mode de Garde: CMG)

- 자녀교육을 분담하는 것에 대한 수당(Prestation Partagée d'éducation de l'enfant: PREPARE)

④ 장애아동교육수당(Allocation d'Education de l'Enfant Handicapé: AEEH)

⑤ 가족지원수당(Allocation de Soutien Familial: ASF)

⑥ 개학수당(Allocation de Rentrée Scolaire: ARS)

⑦ 자녀간호수당(Allocation Journalière de Présence Parentale: AJPP)

가족수당 전국공단이 지원하는, 사회적 최소 수준을 유지하게 도와주는 기타 수당〔활동연대수당(Revenu de Solidarité Active: RSA), 성인장애수당(Allocation aux Adultes Handicapés: AAH), 가족주거수당(Allocation de Logement Familiale: ALF)〕은 반드시 가족을 지원하는 것을 목적으로 하지는 않지만 자녀를 양육하고 있는 것을 수당 지급조건으로 하고 있다. 이에 법령 및 행정정보국(2016)은 가족수당에 대한 폭넓은 범주의 정의를 적용하여 동 수당들도 가족 지원의 성격을 가지고 있다고 본다. 여기서는 법령 및 행정정보국의 정의에 따라 프랑스 가족수당 전국공단이 지원하는 수당정책 중 자녀양육과 관련되어 지급하는 7가지 수당의 내용을 자세히 검토한다.

1) 가족수당

20세 미만의 2명 이상의 자녀를 양육하는 가족은 가족의 상황이나 소득수준과 무관하게 가족수당을 받을 수 있는 자격이 주어진다. 하지만 가족수당의 급여는 양육하고 있는 자녀 수와 소득수준에 따라 서로 다른 급여액이 지급된다.

자녀가 14세 이상이 될 때 기본적으로 지급되는 가족수당 급여액에 추가 급여액이 부가되어 지급된다. 14세 이상 추가 급여액 역시 소득수준에 따라 차등적으로 지급된다.

2016년도 가족수당의 소득기준과 가족수당 월 급여액은 다음의 〈표 10-1〉~〈표 10-2〉와 같다.

〈표 10-1〉 가족수당의 소득기준

(2016년, 단위: 유로)

양육 자녀 수	2014년도 연소득		
	1층	2층	3층
2명	67,408 이하	67,408~89,847	89,847 이상
3명	73,025 이하	73,025~95,464	95,464 이상
추가 자녀 1명당	5,617 추가	5,617 추가	5,617 추가

자료: 프랑스 가족수당공단(2016, http://www.caf.fr/; 2016.8.9. 인출).

〈표 10-2〉 가족수당의 월 급여액

(2016년, 단위: 유로)

양육 자녀 수	2014년도 연소득		
	1층	2층	3층
2명	129.47	64.74	32.37
3명	295.35	147.68	73.84
추가 자녀 1명당	165.88 추가	82.95 추가	41.48 추가
14세 이상 자녀에 대한 추가 지원	64.74	32.37	16.18

자료: 프랑스 가족수당공단(2016, http://www.caf.fr/; 2016.8.9. 인출).

2) 가족보조금

3세 이상 21세 미만의 자녀를 3명 이상 양육하는 경우 가족보조금을 받을
수 있다.

가족보조금은 일정 소득수준 이하의 가족에게만 지급된다. 급여액은 소
득수준, 맞벌이, 홑벌이, 한부모 여부에 따라 월 219. 13유로 혹은 월
168, 52유로가 지급된다.

2016년도 가족보조금의 소득기준과 월 급여액은 다음의 〈표 10-3〉과
같다.

〈표 10-3〉 가족보조금의 소득기준과 월 급여액

(2016년, 단위: 유로)

양육 자녀 수	2014년도 연소득			
	1층		2층	
	홑벌이 부부	한부모 혹은 맞벌이 부부	홑벌이 부부	한부모 혹은 맞벌이 부부
3명	18,856 이하	23,066 이하	18,857~37,705	23,067~46,125
4명	21,999 이하	26,209 이하	22,000~43,989	26,210~52,409
5명	25,142 이하	29,352 이하	25,143~50,273	29,353~58,693
6명	28,285 이하	32,495 이하	28,286~56,557	32,496~64,977
추가 자녀 1명당	3,143 추가	3,143 추가	3,143~6,284 추가	3,143~6,284 추가
월 급여액	219.13		168.52	

자료: 프랑스 가족수당공단(2016, http://www.caf.fr/; 2016.8.9. 인출).

3) 영아보육수당

자녀를 출산하거나 입양할 때 영아보육수당을 받을 수 있다. 영아보육수당
은 출산·입양장려금, 기초수당, 자녀보육방식의 자유로운 선택에 대한
보조금, 자녀교육을 분담하는 것에 대한 수당의 네 가지로 구성되어 있다.
구체적인 내용은 다음과 같다.

(1) 출산 · 입양장려금

출산 혹은 입양으로 자녀를 갖게 되었을 때 지급되는 일시불의 수당이다. 동 장려금은 일정한 소득수준 이하의 가족에게만 지급되며 소득기준은 양육하고 있는 자녀 수에 따라 다르다. 2016년도에 출산·입양장려금을 받을 수 있는 소득기준은 다음 표와 같다.

자녀를 출산하는 경우 923.08유로를 일시불로 지급받는다. 여러 자녀를 출산하는 경우 출산하는 자녀 수에 비례한 급여액을 지급받는다(예를 들어 쌍생아를 출산하는 경우 일시불 1,846.16유로). 자녀를 입양하는 경우 일시불로 1,846.15유로를 지급받는다.

〈표 10-4〉 출산 · 입양장려금의 소득기준

(2016년, 단위: 유로)

양육 자녀 수	2014년도 연소득	
	홑벌이 부부	한부모 혹은 맞벌이 부부
1명	35,872 이하	45,575 이하
2명	42,341 이하	52,044 이하
3명	48,810 이하	58,513 이하
추가 자녀 1명당	6,469 추가	6,469 추가

자료: 프랑스 가족수당공단(2016, http://www.caf.fr/; 2016.8.9. 인출).

(2) 기초수당

3세 미만의 자녀를 양육하거나 20세 미만의 아동을 입양할 경우 일정 소득수준 이하의 가족에게 지급되는 수당이다. 3세 미만 자녀의 경우 3세 생일이 되기 이전까지 매달 지급되며, 20세 이하의 아동을 입양하는 경우 20세 생일이 되기 이전까지 12개월간 지급된다. 수급액수는 소득수준, 자녀수, 맞벌이 여부, 한부모 여부에 따라 월 184.62유로 혹은 월 92.31유로가 지급된다.

<표 10-5> 기초수당의 소득기준과 월 급여액

(2016년, 단위: 유로)

양육 자녀 수	2014년도 연소득			
	월 급여액 184.62유로		월 급여액 92.31유로	
	홑벌이 부부	한부모 혹은 맞벌이 부부	홑벌이 부부	한부모 혹은 맞벌이 부부
1명	30,027 이하	38,148 이하	35,872 이하	45,575 이하
2명	35,442 이하	43,563 이하	42,341 이하	52,044 이하
3명	40,857 이하	48,978 이하	48,810 이하	58,513 이하
추가 자녀 1명당	5,415 추가	5,415 추가	6,469 추가	6,469 추가

주: 2014년 4월 1일 이후에 출생 혹은 입양한 아동.
자료: 프랑스 가족수당공단(2016년, http://www.caf.fr/; 2016.8.9. 인출).

(3) 자녀 보육방식의 자유로운 선택에 대한 보조금

직업을 가지고 있는 부모가 6세 미만 자녀의 양육을 위해 보육사(assistante maternelle)를 고용할 때 지원받는 수당이다. 지급받을 수 있는 수당은 양육하고 있는 자녀 수 및 소득수준에 따라 다르다. 최소한 전체 보육사 이용비의 15%를 부모 본인 부담으로 지불해야 한다. 부모는 보육사를 직접 고용할 수도 있고 협회나 회사 혹은 소규모 보육시설에 고용된 보육사를 이용할 수 있는데 이에 따라 보조받을 수 있는 급여액은 달라진다.

부모가 보육사를 직접 고용하는 경우, 보육사는 모성보호서비스국으로부터 인가를 받은 보육사여야 하고 급여는 돌보는 자녀 1명당 하루에 48.35유로를 넘어서는 안 된다. 협회나 회사에 고용된 보육사를 이용하는 경우, 한 달에 최소 16시간을 이용해야 한다. 소규모 보육시설에 고용된 보육사를 이용하는 경우도 역시 한 달에 최소 16시간을 이용해야 하며 돌보는 자녀 1명당 1시간에 11유로를 넘어서는 안 된다. 동 보조금의 소득기준과 급여액은 <표 10-7>~<표 10-8>과 같다.

급여액은 자녀 보육환경에 따라 다르게 지급된다. 근로시간을 50%로 줄여서 일하면서 '자녀교육을 분담하는 것에 대한 수당'의 절반에 해당하는 급여를 지급받을 때 보육사를 고용하는 경우 역시 표에 제시된 급여의 절

〈표 10-6〉 자녀 보육방식의 자유로운 선택에 대한 보조금의 소득기준

(2016년, 단위: 유로)

양육 자녀 수	2014년도 연소득		
	1층	2층	3층
1명	20,509 이하	20.509~45,575	45,575 이상
2명	23,420 이하	23,420~52,044	52,044 이상
3명	26,331 이하	26,331~58,513	58,513 이상
추가 자녀 1명당	2,911 추가	6,469 추가	6,469 추가

자료: 프랑스 가족수당공단(2016, http://www.caf.fr/; 2016.8.9. 인출).

〈표 10-7〉 자녀 보육방식의 자유로운 선택에 대한 보조금의 월 급여액

(2016년, 단위: 유로)

보육사 유형	자녀 연령	1층	2층	3층
부모 직접 고용	3세 미만	461.40	290.94	174.55
	3~6세	230.70	145.49	87.28
협회 및 회사 보육사	3세 미만	698.20	581.84	465.49
	3~6세	349.10	290.92	232.75
소규모 보육시설 보육사	3세 미만	843.69	727.29	610.93
	3~6세	421.85	363.65	305.47

자료: 프랑스 가족수당공단(2016, http://www.caf.fr/; 2016.8.9. 인출).

반에 해당하는 급여액만 지급받을 수 있다. 자녀를 밤 10시부터 아침 6시까지 보육사에게 맡기는 경우 표에 제시된 급여액에서 10% 가산된 급여를 받을 수 있다. 부모가 장애가 있어서 성인장애수당을 지급받는 경우 표에 제시된 급여액에서 30% 가산된 급여를 받을 수 있다.

(4) 자녀교육을 분담하는 것에 대한 수당

출산 혹은 입양으로 인하여 새로운 자녀를 갖게 되어 자녀양육을 위해 직장생활을 잠시 그만두거나 근무시간을 줄여서 일하는 경우 받을 수 있는 급여이다. 자녀를 출산하는 경우 자녀 연령은 3세 미만이어야 하며 아동을 양육하는 경우 자녀 연령은 20세 미만이어야 한다. 동 급여를 받기 위해서는 근로를 전혀 하지 않거나 근로시간을 줄여서 일해야 한다. 또한 과거 일

정 기간 동안 사회보장 분담금을 지불한 기록이 있어야 한다. 첫째자녀의 경우 과거 2년 동안, 두 자녀를 가지고 있는 경우 과거 4년 동안, 두 자녀 이상을 가지고 있는 경우 과거 5년 동안 8회의 분기별 사회보장 분담금을 지불한 기록이 있어야 한다.

월 급여액은 근로시간에 따라 달라진다. 근로를 전혀 하지 않는 경우 월 급여 390.92유로를 받을 수 있으며 근로시간을 줄여서 일하는 경우 전체 근로시간의 50% 혹은 그 이하로 일할 때 월 급여 252.71유로를 받는다. 전체 근로시간의 50% 이상~80% 이하로 일하는 경우 월 급여 145.78유로를 받는다.

급여를 지급받는 기간은 자녀 수에 따라 다르다. 첫째자녀의 경우 부부 각각은 자녀가 1세가 될 때까지 6개월 동안 급여를 지급받을 수 있다. 부모 혼자 자녀를 양육하는 경우 자녀가 1세가 될 때까지 급여를 받을 수 있다. 두 자녀를 가지고 있는 경우 부부 각각은 막내자녀 연령이 3세 미만이 될 때까지 최대 24개월 동안 급여를 지급받을 수 있다. 부모 혼자 자녀를 양육하는 경우 자녀가 3세가 될 때까지 급여를 받을 수 있다. 세 자녀 이상을 가지고 있는 경우 부모 각각은 자녀 연령 6세가 될 때까지 최대 48개월 동안 급여를 지급받을 수 있다. 부모 혼자 자녀를 양육하는 경우 자녀가 6세가 될 때까지 급여를 받을 수 있다. 부부가 동시에 급여를 지급받는 경우 두 사람이 지급받는 급여의 합은 한 사람이 받을 수 있는 최대 급여액인 390.92유로를 넘을 수 없다.

4) 자녀간호수당

20세 미만의 자녀를 양육하고 있으며 자녀가 질병 혹은 심각한 장애를 가지고 있거나 사고를 당하여 부모가 자녀를 옆에서 돌보아야 하는 경우 받을 수 있는 수당이다. 동 수당을 받기 위해서는 자녀를 돌보기 위해 직업활동을 그만두어야 한다. 근로자의 경우, 고용주에게 자녀돌봄휴가를 요청해야 한다. 사회보험급여를 받고 있는 실업자 역시 자녀간호수당을 받을 수 있으며 동 수당을 받는 기간 동안 실업급여는 중단된다. 사회보험급여를 받지 않고 있는 실업자는 자녀간호수당을 받을 수 없다. 동 급여를 받기 위해서는 자녀의 보호를 위해 부모가 옆에 있어야 하며 자녀 치료를 위해 보호가 필요한 기간을 명시하는 의료 진단서를 제출해야 한다.

급여는 자녀돌봄휴가에 해당하는 기간(1개월당 최대 22일)에 맞추어 월 단위로 지급된다. 하루당 급여액은 부부의 경우 일 43.01유로, 혼자서 자녀를 양육하는 경우 일 51.11유로를 받는다. 부모는 동 급여를 6개월 단위로 갱신하면서 지급받을 수 있으며 최대 3년 동안 받을 수 있다.

5) 장애아동교육수당

20세 미만의 자녀를 양육하고 있으며 자녀의 장애율이 적어도 80% 이상인 경우 받을 수 있는 수당이다. 장애율이 50~79%인 경우라도 특수학교에 다니고 있거나 집에서 특수교육을 받고 있는 경우 동 수당을 받을 수 있다.

기본적인 급여액은 월 130.12유로이다. 장애아동을 돌보기 위해 부모가 근로시간을 줄이거나 그만둔 경우, 장애아동을 돌보기 위해 제3자를 고용한 경우, 자녀의 장애심각성에 따라 급여액은 월 97.59~1,104.18유로로 다양하게 받을 수 있다.

6) 가족지원수당

부모 중 일방이 혼자서 20세 미만의 자녀를 양육하거나 20세 미만의 아동을 받아들여서 양육하는 경우 받을 수 있는 수당이다. 동 수당을 받을 수 있는 조건은 다음과 같다. 첫째, 다른 일방의 부모는 사망했거나 자녀가 있다는 사실을 모르는 상황이어야 한다. 둘째, 다른 부모 일방이 지불해야 하는 양육비가 정해져 있지 않거나 월 104.75유로 이하로 받고 있거나 혹은 양육비를 지불할 수 있는 능력이 없어야 한다. 셋째, 부모 일방이 지불해야 하는 양육비는 정해져 있으나 지불하지 않고 있거나 일부분만 지불하는 경우이다. 월 급여액은 자녀를 혼자서 양육하는 경우 월 104.75유로이며 아동을 받아들여서 양육하고 있는 경우에는 월 139.58유로이다.

7) 개학수당

6~18세 미만의 학교에 재학 중인 자녀를 양육하고 있으며 일정 소득수준 이하의 가족에게 지급되는 수당이다. 수당은 1년에 1회 학교가 개학하기 전인 8월 말에 지급된다. 수당액은 자녀의 연령이 높을수록 더 많은 액수를 지급하도록 하고 있다. 개학수당을 받을 수 있는 소득기준과 급여액은 〈표 10-8〉~〈표 10-9〉와 같다.

〈표 10-8〉 개학수당의 소득기준

(2016년, 단위: 유로)

양육 자녀 수	2014년도 연소득
1명	24,404 이하
2명	30,036 이하
3명	35,668 이하
추가 자녀 1명당	5,632 추가

자료: 프랑스 가족수당공단(2016, http://www.caf.fr/; 2016.8.9. 인출).

〈표 10-9〉 개학수당의 급여액

(2016년, 단위: 유로)

자녀 연령	2014년도 급여액
6~10세	363.00
11~14세	383.03
15~18세	396.29

자료: 프랑스 가족수당공단(2016, http://www.caf.fr/; 2016.8.9. 인출).

4. 가족수당의 행정체계 현황

1) 가족수당 담당 기구

프랑스 사회보장기구 중에서 가족과 관련한 사회보장업무를 수행하는 기구
는 가족수당 전국공단(Caisse Nationale des Allocations Familiales: CNAF)
이다. 가족수당 전국공단은 행정적인 성격을 가진 사법 기구로서 가족수당
의 지급과 관련한 업무를 수행한다. 지역 사회에 위치한 101개의 가족수당
공단(Caisse d'Allocations Familiales: CAF)의 조직망으로 구성되어 있다.
가족수당 지역공단은 가족과 관련한 실질적인 업무를 수행하는 기구라고
볼 수 있다.

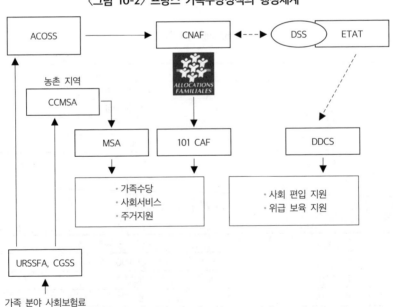

〈그림 10-2〉 프랑스 가족수당정책의 행정체계

자료: Direction de la Sécurité Social(2012).

프랑스 가족수당정책의 행정체계는 다음 그림을 통해 도식화될 수 있다 (Direction de la Sécurité Social, 2012). 사회보험료 통합징수기관(URSSAF) 과 일반사회보장공단(CGSS)은 사회보험료를 징수하여 마련된 재원을 사회보장조직 중앙기구(ACOSS)와 농업공제조합 중앙공단(CCMSA)에 전달한다. ACOSS는 이러한 재원을 가족수당 전국공단에 전달하며 가족수당 전국공단은 중앙정부의 국가사회보장국(DSS, ETAT)과 공단 운영에 관한 "목표 및 운영에 대한 협약"(Convention d'Objective et de Gestion: COG)을 맺는다. 가족수당 전국공단은 지역에 있는 농업협동조합(MSA)에 재원을 전달한다. 지역에 위치한 가족수당 지역공단과 농업협동조합은 가족에 가족수당을 지급하는 업무를 담당한다.

가족수당 전국공단의 운영은 사회적 파트너와 가족협회 대표자에게 맡겨져 있고 자치적인 방식으로 이루어진다. 국가는 가족수당의 합법화 등 가족수당과 관련하여 결정을 내리는 데 가장 중요한 역할을 담당한다. 국가는 가족수당 전국공단을 보호하고 1997년부터 가족수당 전국공단의 지출을 감독하는 역할을 수행하고 있다. 국가와 가족수당 전국공단은 "목적 및 운영에 대한 협약"을 4년 만에 한 번씩 체결하는데 이러한 계약을 통해 가족수당 전국공단의 목적과 방식을 천명하고 있다.

2) 가족수당의 재정 현황

프랑스 가족수당 전국공단의 2014년도 재정 현황은 〈표 10-10〉과 같다. 2014년도 가족수당공단의 수입은 약 577억 유로로, 2013년도 559억 유로에서 3.1% 증가하였다. 이러한 총수입의 대부분이 사회보험료 및 조세이며 전체 수입에서 약 98%를 차지한다. 사회보험료 및 조세에서 가장 높은 비중을 차지하는 것은 고용주가 지불하는 사회보험료로서 2014년 현재 약 356억 유로로 전체 수입의 61.8%를 차지한다. 두 번째로 높은 비중을 차지하는 것이 일반 국민이 지불하는 사회보장세로서 2014년 현재 약 109억 유로로 전체 수입의 약 18.8%를 차지한다. 세 번째로 높은 비중을 차지하는 수입 원천은 기타 조세 수입으로 2014년 92억 유로로 전체 수입의 약 16.0%를 차지한다.

프랑스 가족수당 전국공단의 2014년도 총지출액은 약 562억 유로로 2013년도와 비교하여 2.2% 증가하였다. 지출 중에서 가장 높은 비중을 차지하는 것은 가족에 대한 직접적 지원으로 전체 지출의 약 93%를 차지한다. 가족에 대한 직접적 지원에서 대부분을 차지하는 것이 가족지원, 영아지원, 주거지원을 포함한 가족에 대한 직접적 지원이다. 2014년 현재

〈표 10-10〉 프랑스 가족수당 전국공단의 수입과 지출 현황

(2013~2014년, 단위: 백만 유로, %)

구분		2013년	2014년	2014년도 증가분
지출	수당 및 사회적 활동	54,970.9(92.9)	56,154.0(93.0)	2.2
	가족에 대한 직접적 지원	45,498.9(76.9)	46,581.9(77.2)	2.4
	가족 지원(영아 및 주거지원 제외)	20,822.9(35.2)	21,485.9(35.6)	3.2
	영아 지원(육아휴직수당 포함)	15,744.3(26.6)	15,906.0(26.3)	1.0
	주거지원	8,931.7(15.1)	9,190.1(15.2)	2.9
	가족의 노후 생활에 대한 지원	9,472.0(16.0)	9,572.1(15.9)	1.1
	공단 운영비	2,634.2(4.5)	2,864.8(4.7)	8.8
	기타 지출	1,568.0(2.6)	1,348.1(2.2)	-14.0
	계(A)	59,173.1(100.0)	60,366.9(100.0)	2.0
수입	사회보험료 및 조세	54,862.2(98.1)	56,537.5(98.0)	3.1
	고용주가 지불하는 사회보험료	35,771.7(63.9)	35,625.3(61.8)	0.4
	국가 및 사회보장기구가 지불하는 보험료	867.0(1.5)	824.7(1.4)	4.9
	일반 사회보장 부담금	9,812.6(17.5)	10,869.4(18.8)	10.8
	기타 조세 수입	8,410.8(15.0)	9,218.1(16.0)	9.6
	공공 이체 및 기여금	18.9(0.0)	19.0(0.0)	0.3
	기타	1,059.3(1.9)	1,123.2(1.9)	6.0
	계(B)	55,940.5(100.0)	57,679.7(100.0)	3.1
지출(A) - 수입(B)		-3,232.7	-2,687.2	-16

자료: 프랑스 가족수당 전국공단(2016).

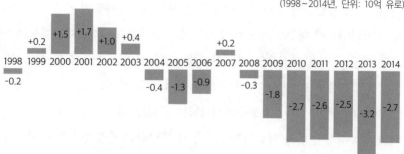

〈그림 10-3〉 프랑스 가족수당 전국공단의 적자액

(1998~2014년, 단위: 10억 유로)

1998 1999 2000 2001 2002 2003 2004 2005 2006 2007 2008 2009 2010 2011 2012 2013 2014
-0.2 +0.2 +1.5 +1.7 +1.0 +0.4 -0.4 -1.3 -0.9 +0.2 -0.3 -1.8 -2.7 -2.6 -2.5 -3.2 -2.7

자료: Direction de la Sécurité Social(2016).

약 466억 유로를 지출하였으며 이러한 규모는 전체 지출에서 약 77.2%를 차지한다. 가족의 노후 생활에 대한 지원은 전체 지출에서 약 15.9%를 차지한다.

2014년도 가족수당 전국공단의 수입과 지출을 비교해 보면 지출이 수입 보다 약 27억 유로 높아 적자가 발생한 것으로 나타났다. 이러한 적자 규모 는 2013년도의 약 32억 유로보다는 감소한 것이지만 2010년 이래 가족수 당 전국공단의 적자 규모는 지속적으로 약 25~30억 유로를 유지하고 있는 것으로 나타나고 있다(〈그림 10-3〉 참조).

3) 가족수당 재정구조의 특징

가족수당 재정수입의 가장 많은 부분을 차지하는 사회보장제도 납입금은 본질적으로 고용주가 지불하는 것으로 최고 한도액이 철폐된 봉급을 기준 으로 부과된다. 사회보장제도 납입금이 가족수당 재정에서 차지하는 비중 은 1990년대만 하더라도 약 90%에 달하였으나 최근 들어 그 비중은 점차 줄어들고 있다.

이러한 변화의 가장 큰 이유는 점차 보편적으로 되어가는 가족정책의 논리에 따라 재정원천의 성격도 이러한 논리에 적합하게 변해가고 있기 때문이다. 과거 프랑스에서 가족수당제도는 자녀를 가진 홑벌이 가족에게 고용주가 자녀양육에 대한 보상으로서 지불하는 형태를 가졌다. 이러한 경향이 점차 전체 국민을 대상으로 자녀가 있는 가정과 없는 가정 간의 수평적인 형평성을 지향하고, 자녀가 있는 가정 간의 소득 격차를 줄여나가는 방향으로 변화하게 되었다. 고용주가 지불하는 사회보장제도 납입금과 가족정책의 합목적성이 점차 약화되자 고용주가 부담하는 재정적인 부분 역시 감소한 것이다.

일반 사회보장 부담금은 고용주가 지불하는 사회보장제도 납입금만으로는 가족수당제도를 운영하는 데 재정적으로 한계에 달하자 1991년도에 창설된 제도이다. 일반 사회보장 부담금은 일정 소득수준 이상의 사람으로서 가정의 대부분의 재정을 책임지는 사람을 대상으로 징수된다. 일반 사회보장 부담금이 가족 분야 재정에서 차지하는 비중은 2011년도에 25%를 정점으로 하여 점차 감소하여 2014년도에는 18.8%로 감소하였다. 이러한 일반 사회보장 부담금의 감소는 사회보장재정 적자에 적지 않은 영향을 가져왔다.

기타 할당된 조세는 담배, 술, 자동차 보험료, 기타 보험계약에 부과된 특별조세를 말한다. 기타 할당된 조세가 가족수당 재정에서 차지하는 비중은 빠르게 증가하여 2005년도에 0.6%에서 2006년도 6.6%, 2014년도에 16%를 차지하게 되었다. 기타 할당된 조세가 가족수당 재정에서 차지하는 비중이 증가하게 된 이유는 특별 조세로부터 얻는 조세 수입의 증가에 따른 것이라고 할 수 있다. 또한 고용주의 부담을 완화하기 위해 소득이 낮은 사람에 대한 면세 혜택을 부과하면서 이에 따른 사회보장제도 분담금의 손실 부분을 보전하기 위해 기타 할당된 조세 등 다른 재정수입을 의무화하였기 때문이다.

최근 가족수당 재정적자에 직면하여 다양한 재정적 지원의 방안이 모색되고 있다. 우선적으로 수당 지불방식을 변경하여 2015년 7월부터 가족수당의 급여액이 소득수준에 따라 차등적으로 지급되게 되었다. 두 자녀 이상을 가진 모든 가족이 가족수당의 수급 대상자라는 정책의 보편적 특성은 지속되고 있지만 가족이 받는 가족수당 급여액은 소득수준에 따라 차등적으로 조정되었다.

그러나 가족수당 재정의 부담을 절감하려는 목적으로 도입된 가족수당 개혁이 오히려 행정 비용을 초래하는 부작용도 낳았다. 일괄적으로 두 자녀 이상의 가정에게 동일한 액수를 지급하던 간단한 방식에서 소득수준에 따라 차등적인 액수의 수당을 지급함에 따라 소득신고의 기만을 막고 실수 없이 수당을 지급하려는 추가적인 행정 노력이 필요하게 되었다. 실제로 소득신고의 기만을 막기 위한 조치에 지출한 비용은 2014년도에 995만 유로로 이는 가족 분야가 지출한 전체 수당의 약 15%에 해당하는 금액이다. 소득수준에 따라 차등적으로 수당을 지급하는 데 실수가 없도록 하는 행정 비용은 연간 14억 유로에 달하는 것으로 나타났다.

기업이 부담하는 사회보장제도 분담금의 감소에 직면하여 다른 재정원천을 찾기 위한 노력도 수행되고 있다. 기업 분담금 외에 조세를 부과할 수 있는 부가가치가 있는 다른 영역을 찾고 있으며 이 밖에 일반 사회보장 부담금의 확대, 특별 소비세 추가 등 소비 영역에 대한 과세, 환경부담금 부과 등이 고려되고 있다.

5. 맺음말

프랑스의 가족수당은 가족정책에서뿐만 아니라 전반적인 사회정책에서 상당히 중요한 위치를 차지한다. 프랑스에서 높은 출산율과 함께 여성 고용률도 높게 유지되는 이유 중 하나는 가족에 대한 재정적 지원수준이 높다는 데 있다. 이러한 프랑스의 가족수당제도는 가족을 중시하는 전통적인 가톨릭 문화에 기반을 두며 현대적인 형태의 사회보장제도가 도입됨에 따라 사회보장적인 성격을 가지고 추진되었다. 프랑스 가족수당제도는 가족을 중시한다는 전통을 중심으로 하여 사회발전에 따라 프랑스가 직면한 다양한 사회 문제를 해결하는 양상으로 진보하였다는 특징이 있다. 경제발전에 따라 소득수준의 차이가 심화되자 가족수당제도를 통하여 소득계층 간의 수직적 형평성을 강화하려는 목적으로 추진되었으며 여성의 취업활동이 활발해지자 직장 여성의 자녀양육을 지원하고 일과 가정생활을 병행할 수 있도록 지원하는 데 중점을 두었다.

최근 전 세계적인 경제 위기가 도래함에 따라 가족 분야의 재정이 적자를 안게 되자 보편적으로 두 명 이상의 자녀를 가진 가족에게 동일한 액수의 급여를 지급하던 가족수당을 소득계층에 따라 차등적으로 지원하는 개혁을 단행하였다. 이는 가족수당의 지급 대상을 두 자녀 이상을 가진 가족으로 지속적으로 유지함으로써 가족에 대한 국가지원의 중요성을 존속함과 동시에 재정적인 압박이라는 현실적인 문제를 함께 고려하려는 노력의 일환으로 간주된다. 또한 첫째자녀를 위한 육아휴직 급여기간을 1년으로 하여 부부가 6개월씩 공유하도록 제도를 변경함으로써 육아활동에 대한 남성의 참여를 지지하려는 노력도 함께 이루어지고 있다.

프랑스의 가족수당제도는 계속적으로 나타나는 사회적 변화에 적극적으로 대응하는 방향으로 발전하고 있으며 이러한 발전 속에서도 가족을 중시하는 전통은 여전히 유지되고 있음을 관찰할 수 있다. 가족에 대한 중요성을 최우선으로 하는 프랑스의 가족수당정책이 프랑스가 높은 출산율을 유지하고 있는 가장 큰 이유 중의 하나라고 판단된다.

■ 참고문헌

국내 문헌

신윤정·이지혜(2012). 〈국가 사회 정책으로서 통합적인 저출산 정책 추진 방안〉(연구보고서 2012-47-2). 서울: 한국보건사회연구원.

해외 문헌

Commaille, J., Strobel, P., & Villac, M. (2002). *La Politique de la Famille*, Collection Repères. Paris: La Découverte.

De Montalembert, M. (2004). *La Protection Social en France*, Les notice de la Documentation Française. Paris: La Documentation Française.

기타 자료

프랑스 가족수당 전국공단(2016). Guide des Prestations de la Caf(2016년도 가족수당 가이드).

_____(2016). Rapport d'activité 2014. Sécurité sociale.

Direction de la Sécurité Social(2012). La cahier de Daphné: La branch famille.

_____(2016). Les chiffres clés de la sécurité social 2016.

Haut Conseil de la Famille(2010). Ruptures et discontinuité de la vie familiale.

프랑스 가족수당공단(2016). http://www.caf.fr/. 2016. 8. 9. 인출.

Direction de l'Information Légale et Administrative(2016). http://www.vie-publique.fr/decouverte-institutions/protection-sociale/rub1850/. 2016. 8. 1. 인출.

OECD(2016). Family database. http://www.oecd.org/els/family/database.htm. 2016. 8. 1. 인출.

11

공공부조제도*

1. 머리말

프랑스 공공부조제도는 역사적으로 노인이나 장애인 등 취약계층을 보호하는 방식에서 근로빈곤층으로 지원 대상을 확대하는 방식으로 발전해 왔다. 이는 다른 유럽국가의 공공부조제도 발전과정과 크게 다르지 않다. 하지만 한 가지 중요한 차이점이 있다. 프랑스 공공부조제도 중 현금급여 제도인 최저소득보장제도(Minima Sociaux)가 인구 집단별로 여러 급여제도로 구성되어 있다는 점이다. 다른 유럽국가의 최저소득보장제도가 보통 2개의 제도로 구성되어 있는 것과 비교하면 매우 독특한 형태라고 말할 수 있다.

이는 빈곤층을 구성하는 인구 집단의 상이한 욕구수준을 반영한다는 측면도 있지만 급여제도가 여러 개로 나뉘어 있어 성과관리 측면에서 비효율

---

* 이 글은 2012년 《주요국의 사회보장제도: 프랑스》(한국보건사회연구원, 2012)에서 필자가 작성한 "제2부 제5장 공공부조"를 수정 보완한 것이다.

적이라는 지적을 받아 왔다. 따라서 프랑스 정부는 최근 십여 년간 이들 급여를 크게 몇 가지로 통합하려는 시도를 해왔다. 특히, 근로빈곤층 대상 급여제도를 통합하려는 시도가 계속되었다. 이는 프랑스 공공부조제도가 큰 변화의 한복판에 있음을 말해준다.

2016년 4월 현재 프랑스의 공공부조제도는 다양한 형태의 현금급여와 현물급여로 구성되어 있다. 그중 현금급여제도인 최저소득보장제도는 인구 집단별로 구분된 10개의 급여제도로 구성되어 있다. 하지만 최저소득보장제도를 공공부조제도와 동일시할 수는 없다. 자산조사를 통해 빈곤층 및 저소득층에게 지급되는 다른 욕구별 급여제도, 즉 현금급여인 주거급여제도(Aides au Logement)와 현물급여제도인 보충적 보편의료보장제도(Couverture Maladie Universelle Complémentaire: CMU-C) 그리고 근로장려금(Prime d'Activité: PA)은 최저소득보장제도로 분류되지 않기 때문이다. 따라서 최저소득보장제도와 기타 욕구별 급여제도를 통칭하여 사회급여제도(Prestation Sociales)라고 부르고 있다.

결국 프랑스의 최저소득보장제도는 한국의 생계급여제도와 유사하다고 해석할 수 있다. 프랑스 공공부조제도는 10여 개의 최저소득보장제도 외에도 자산조사를 통해 빈곤층 등 특정 집단에게 제공되는 다른 욕구별 급여 그리고 근로유인을 위한 장려금 등을 아우른다. 그러나 이들 욕구별 급여제도 중 일부는 보편적 지원제도에 통합되어 분리하여 설명하기 힘들다는 기술적 문제가 있다. 주거급여는 가족수당정책에, 의료급여는 보편의료보장제도에 통합되어 있기 때문이다. 이것이 프랑스 최저소득보장제도를 공공부조제도와 동일시해서는 곤란한 이유이다.

지출과 재정관리 측면에서 프랑스의 공공부조제도의 특징 중 하나는 모든 급여가 정부(중앙정부 및 지방정부) 예산의 형태로만 지출되는 것은 아니라는 점이다. 이는 프랑스 사회보장제도가 1990년대 후반 이후 걸어왔던 재원구조의 복합성 전략에 따라 공공부조제도에도 다양한 재원이 투입되어 왔음을 의미한다. 실제로 일부 급여는 가족수당공단(CAF)을 통해, 다른 급여는 실업보험기금을 통해 지급된다. 이 점에서 프랑스 공공부조제도는 "공공부조제도＝정부예산사업"이라는 도식에서 벗어난 경우라고 말할 수 있다.

프랑스 공공부조제도는 대부분의 서구 복지국가가 그러하듯 제도 자체만으로 빈곤위험을 해소하는 기능을 하기보다는 다양한 보편적 지원프로그램과 선별적 지원프로그램이 결합하여 역할을 하고 있다. 프랑스 사회보장정책 중 공적연금과 보편의료보장 그리고 가족정책은 가장 핵심적 정책 영역이며 그에 따른 다양한 프로그램이 작동하여 하나의 전체를 만들어내고 있다. 그리고 프랑스 공공부조제도 또한 이러한 각 제도와의 관련 아래 상호보완적인 관계를 맺는다. 이는 각국의 공공부조제도가 전체 사회보장제도의 발전, 특히 주요 정책영역별 사회보장제도의 발전정도에 따라 상이한 형태를 갖추는 이유이기도 하다.

문제는 1990년대 이후 프랑스 사회보장제도 전체가 큰 변화를 경험하는 상황에서 공공부조제도의 변화 또한 불가피했다는 점이다. 현재 더욱 근본적인 복지 개혁을 위해, 즉 근로빈곤층 문제를 해결하기 위해 정책적 노력을 기울이며 정책성과를 제고하기 위해 지속적인 정책실험과 개혁을 시도하고 있다. 1988년 폭넓은 공감대를 전제로 추진되었던 최저통합수당(Revenu Minimum d'Insertion : RMI)이 성과부진으로 많은 비판을 받고 활동통합수당(Revenu Minimum d'Activité : RMA) 등을 통해 수정되었다가 2009년 활동연대수당(Revenu de Solidarite Active : RSA)의 도입을 통해 완전히 개편되었음이 이를 말해준다. 그리고 2017년 현재 마크롱 정부가 추진하고 있는 복지 개혁은 공공부조제도에도 더 큰 변화를 예고하고 있다.

2. 제도의 발전과정

1) 몇 가지 용어 설명

프랑스 사회보장제도, 특히 공공부조제도와 관련된 각종 용어는 기존 영어권 용어와는 차이가 커 이를 옮기는 필자에 따라 한국어로 다르게 표현하는 경우가 많다. 따라서 여기서는 이후 사용될 주요한 개념에 대한 용어를 규정하고자 한다. 다만 가급적 폐지가 예정된 급여는 배제하고 현재 작동하고 있는 급여를 중심으로 설명할 것이다.

각종 급여개념에 대한 설명에 앞서, 프랑스 공공부조제도 중 가장 중심적 현금급여제도인 최저소득보장제도 개념에 대해 설명할 필요가 있다. 프

<표 11-1> 프랑스 공공부조제도의 주요 급여

구분		급여명칭
최저소득 보장	생계급여 성격	활동연대수당: Revenu de Solidarité Active(RSA)
		특별연대수당: Allocation de Solidarité Spécifique(ASS)
		임시대기수당: Allocation Temporaire d'Attente(ATA) 망명신청수당: Allocation pour Demandeur d'Asile(ADA)
		성인장애수당: Allocation aux Adultes Handicapés(AAH)
		장애보충수당: Allocation Supplémentaire d'Invalidité(ASI)
		미망인수당: Allocation de Veuvage(AV)
		노령연대수당: Allocations Solidarité aux Personnes Agées(ASPA)
		연대수당: Revenu de Solidarité(RSO)
	기타	청년지원기금 : Fonds d'Aide aux Jeunes(FAJ)
		연금대체수당: Allocation Equivalent Retraite de Remplacement(AER-R) 연대대체수당: Allocation Transitoire de Solidaritée de Remplacement(ATS-R)
	주거급여	주거지원(주거수당): Aides au Logement(AL)
현물급여		보충적 보편의료보장제도: Couverture Maladie Universelle Complémentaire(CMU-C)
근로인센티브		근로장려금: Prime d'Activité(PA)
기타 사회수당		가족수당: Allocations Familiales(AF)

랑스 통계청의 공식적 정의에 따르면, 최저소득보장제도는 "배제와 빈곤 상황에 처한 가구와 개인에게 '최소한의 소득'(*revenu minimal*)을 보장하는 것을 목적으로 하는 제도"이다. 비기여형 급여이며, 수혜자가 처한 위험과 관련한 자산조사를 전제로 하여 지급된다. 바로 이 점에서 공공부조제도로 규정될 수 있다.

가장 대표적인 위험은 실업과 장애 그리고 노령화에 따른 빈곤이다. 물론 최저소득보장제도는 좁은 의미에서 10개의 생계급여를 지칭한다고 해석할 수 있다. 이는 프랑스의 보건복지 관련 정부연구기관인 DREES가 2016년 발간한 공식문건에 10개로 명시되고 있다는 점을 준용한 것이다. 하지만 실제로 현재 운영되지 않는 연금대체수당(AER-R)이나 최저소득보장제도라고 규정하기 힘든 청년지원기금(FAJ) 등을 제외하면 8개가 실질적인 최저소득보장제도라고 말할 수 있다.

공식 문건에서 규정하고 있는 최저소득보장제도 각각의 명칭과 그 한국어 번역은 〈표 11-1〉과 같이 옮기고자 한다. 참고로 각 급여의 명칭은 원어를 직역하는 방식을 택하였음을 밝혀 둔다.

2) 제도 발전단계에 대한 해석

프랑스 공공부조제도의 발전과 관련해 하나의 상징적인 사건을 거론하기는 힘들다. 프랑스의 제도는 20세기를 통해 다양한 경제·사회적 변화를 계기로 새롭게 추가되는 형태로 발전해 왔기 때문이다. 또한 전체적으로 조합주의 복지체제의 특징이라 할 수 있는 사회보험제도를 부분적으로 보완하는 단계에서부터 점차 지원 대상과 보장영역을 확대하는 방식으로 발전해 왔다고 말할 수 있다(Borgetto, 2004). 이 점에 대해서는 프랑스 연구자 사이에 광범위한 인식의 일치가 존재한다고 판단된다.

여기서는 레타르(Létard, 2005)의 최저소득보장제도에 대한 상원보고서에서 제시한 네 가지 발전단계를 통해 프랑스 공공부조제도의 발전과정을 설명하고자 한다.

첫 번째 단계는 2차 세계대전 직후 사회보장시스템 구축시점에 사회보험제도의 수혜를 받을 수 없거나 사회보험제도의 미성숙으로 인해 각종 사회보장급여가 최저소득에 미달되어 빈곤에 처한 비경제활동인구(주로 퇴직자와 장애인)를 대상으로 최저소득보장을 하던 단계이다. 1970년 퇴직자의 30%가량이 빈곤층이었다는 점을 감안하면 이 제도가 사회보험제도의 미성숙을 보완하는 성격이 강했음을 알 수 있다.

두 번째 단계는 1975년을 기점으로 프랑스의 전통적 가족정책의 맥락에서 빈곤에 노출된 가족을 대상으로 최저소득보장을 강화하는 단계이다. 이는 비경제활동인구에 국한하지 않고 가족적 유대를 강화하기 위한 전략의 일환으로 취업자를 포함하여 최저소득을 보장하는 방식이었다. 1975년의 한부모수당(API)과 1980년의 미망인수당(AV)은 이러한 맥락에서 제도화되었다. 하지만 초기 이들에 대한 지원은 1~3년이라는 제한된 기간 동안만 지원하는 방식이었다.

세 번째 단계는 1980년대 중반 이후 프랑스에서 실업 문제가 심각해지면서 노동시장에서 배제된 계층을 대상으로 최저소득보장제도가 강화되던 단계이다. 이 시기에 제도화된 가장 대표적인 급여는 크게 세 가지이다. 실업부조에 해당되는 특별연대수당(ASS)은 1984년 도입되었고 장기실업자 증가에 따른 재취업지원수당(ARE)은 2001년, 연금을 수급하지 못하고 노동시장에 머물러 있는, 사실상의 퇴직자를 대상으로 하는 연금대체수당(AER-R)은 2002년에 도입되었다.

네 번째 단계는 기존 공공부조제도가 흡수하지 못하는 광범위한 사각지대를 해소하기 위한 '보편적' 지원제도를 도입한 단계이다. 즉, 1988년의 최저통합수당(RMI)의 도입을 의미한다. 하지만 여기서 말하는 보편적이라는 표현은 빈곤층 전체에 대한 수평적 보편성을 지칭하는 것이지 전 소득계층을 포괄하는 수직적 보편성을 지칭하지 않는다. 이는 그 이전까지 특정한 인구 집단을 대상으로 강화했던 정책이 보호하지 못했던 집단, 주로 근로빈곤층을 대상으로 했다.

3) 2007년 이후의 제도 발전과정

위에 언급했던 네 단계의 발전과정 중 마지막 단계는 여전히 진행단계에 있다. 이는 최저통합수당의 문제점을 해결하기 위한 다양한 정책대안이 아직 신뢰할 만한 해결방안을 찾지 못했음을 의미한다. 참고로 최저통합수당 수급자는 1988년 도입 이후 매우 빠른 속도로 증가해 왔고 주로 근로빈곤층의 유입에 따른 것이었다.[1] 그리고 이 제도의 효과성 문제와 관련해 끊임없이 비판이 제기되어 왔다. 그리고 이는 이 제도를 개편하고 활동연대수당(RSA)를 도입하게 된 배경이 되었다.

프랑스 사회에서 근로빈곤층을 대상으로 하는 최저소득보장제도에 대해서는 다양한 의견이 공존한다. 주로 근로빈곤층의 최저소득을 보장하고 취업을 촉진하기 위해 지금까지 추진했던 취업지원사업(일종의 자활사업)의 성과와 관련된다. 혹자는 노동시장에서 새로운 일자리를 제대로 창출하지 못하는 상황에서 이 제도가 매우 중요한 성과를 거두었음을 강조한다. 그리고 다른 이들은 복지의존성을 심화시키고 있다고 비판한다.

이는 근로빈곤층의 빈곤화 문제와 관련된 일종의 책임론의 문제와 관련이 있다. 이와 관련해 프랑스의 빈곤 문제 전문가인 포강(Serge Paugam)

---

[1] 한국에서는 최저통합수당제도와 관련해 근로빈곤층 중심의 제도인가, 아닌가에 관한 논란이 있었다. 이는 프랑스 공식보고서나 담당 관료의 답변에서도 동일하게 제기되었다. 그리고 이러한 논란은 이 제도가 기존 공공부조제도의 빈틈을 메우기 위해 보편적으로 설계되었다는 원론적 주장에 기인했다. 하지만 내용적으로 RMI는 실직 및 근로빈곤층에 초점을 맞춘 제도에 해당하는 것처럼 보인다.

은 2008년 있었던 한 인터뷰에서 매우 분명한 입장을 표명한 바 있다. 프랑스에서 최저통합수당을 도입하던 시점에는 근로빈곤 문제가 심화되는 원인이 주로 경제·사회구조에 있다는 공감대가 존재했으며 따라서 이 문제를 해결하는 방향은 일종의 사회적 부채감에 기인했던 측면이 있었다는 것이다. 하지만 활동연대수당(RSA)의 도입 시점에서는 이들의 빈곤 문제가 주로 그들의 나태함에 기인한다는 개인책임론에 초점을 두는 경향이 있었고, 현시점에서는 이와 관련해서 상반된 인식이 대립하는 경향이 있다는 입장이었다. 2)

많은 연구자는 근로빈곤의 문제가 과연 개인의 책임인지, 그리고 정부의 제한된 정책적 개입을 통해 해결할 수 있는 문제인지에 관해 진지한 의문을 제기하였다. 그리고 현재의 정책 방향이 근로빈곤층에 대한 지원 문제를 지나치게 도덕적 선택의 문제로 왜곡하는 경향이 있다는 비판을 제기하였다. 하지만 문제는 근로빈곤층 수급자의 증가에 대해 사회적으로 비판적 여론이 끊임없이 제기되어 왔다는 점이다. 더욱이 사회적으로 이들 중 상당수가 외국인이라는 인식 또한 부정적으로 작용한 측면이 있다.

결국, 근로능력이 있는 빈곤층 수급자를 다시 노동시장으로 통합해야 한다는 주장이 강해지면서 2007년 활동연대수당이 도입되기에 이른다. 이는 물론 과거 10년간 우파정권의 집권에 따른 고유한 대응방식으로 해석할 수도 있지만 이미 그 이전 사회당 정권하에서도 취업촉진장려금(PPE) 등 근로빈곤층 수급자의 취업을 촉진하기 위한 각종 조치가 도입되었다는 점을 감안하면 장기간에 걸쳐 진행된 변화라고 해석하는 것이 타당하다. 달리 표현하면, 프랑스 복지국가가 지속적인 재정적자와 사회보장 부채 문제에 노출되면서 점점 더 많은 사람이 근로빈곤층에 대한 지원이 더욱 효과적으로 추진되어야 한다는 요구를 표명한 결과일 것이다.

---

2) 포강의 인터뷰는 참고문헌에 언급된 자료에 출처를 명시하였다.

즉, 설사 현재 활동연대수당이라는 현재의 조치에 많은 한계가 있더라도 근로빈곤층의 취업을 촉진하기 위한 각종 정책과 개혁은 지속적으로 강화될 것임을 시사한다.

3. 제도의 기본구조

1) 제도의 기본구조

프랑스 공공부조제도는 급여의 다양성과 기타 급여의 중층성으로 인해 정리하는 데 많은 어려움이 있다. 하지만 다른 유럽 복지국가의 공공부조제도를 설명하는 틀에 맞추어 보면 이해가 한층 용이하다. 〈그림 11-1〉은 프랑스 공공부조제도를 욕구별 보장과 인구사회학적 집단별 보장이라는 두 가지 기준을 중심으로 도식화한 것이다.

먼저 프랑스 공공부조제도는 각종 사회보험제도와 보편적 사회서비스제도에 기반을 둔다는 점에서 이러한 사회보장제도가 구축되지 않은 국가의 공공부조제도와는 수평적으로 비교하기 힘들다는 점을 지적해야 한다. 〈그림 11-1〉의 하단에서 언급하고 있는 가족수당이나 사회서비스(돌봄서비스 및 교육서비스)는 다른 어떤 제도 이상으로 복지국가를 지탱하는 중요한 기반 중 하나이다. 그리고 앞서 언급한 바와 같이 프랑스 공공부조제도가 사각지대를 해소하는 데 초점을 맞추어 발전해 왔음을 감안하면, 이러한 상관관계를 전제하지 않고 사회부조급여만으로 수급 대상과 급여수준의 적정성을 논하는 것은 많은 한계를 갖는다.

이어 프랑스 공공부조제도는 빈곤층의 다양한 욕구를 충족하는 복잡한 제도로 구성되어 있다는 점을 지적해야 한다. 〈그림 11-1〉은 최저소득보장제도가 주로 생계급여의 성격을 갖는 것과 비교해 주거급여나 의료급여

〈그림 11-1〉 프랑스 공공부조제도의 기본구조

(2017년 현재)

구분	공공부조제도(Minima Sociaux)			
	근로연령 집단	노인	장애인	미망인, 외국인
근로유인	PA, EI			
소득보장	RSA, ASS, AER-R, ATA, FAJ	ASPA	AAH, ASI	AV, RSO
주거보장	ALF, ALS, APL			
의료보장	CMU-C, Aide Médicale d'Etat			

+

보편적 사회보장제도(Allocation Familiale + Services sociaux)

등 욕구별 급여에 대응하는 제도가 존재하고 있음을 말해준다. 그것은 중앙정부가 아닌 다른 사회보장기관에 의해 관리되고 있다.

또한 빈곤층 대상 의료보장은 전 국민을 대상으로 하는 기초 보편의료보장제도(CMU Base)와 별도로, 빈곤층의 의료비 자부담을 덜어주는 보충적 보편의료보장제도(CMU Complémentaire)가 존재하고 있다는 점을 언급해야 할 것이다. 아울러 주거급여는 가족수당공단(CAF)이 관리하고 있다.

이처럼 최저소득보장제도 외에 욕구별 급여에 주목해야 하는 이유는 이후 분석에서 언급하듯 가족수당과 주거급여가 빈곤완화 또는 빈곤층의 지출절감에 미치는 영향이 매우 강력하기 때문이다. 더욱이 현물급여의 성격을 가진 의료보장제도를 통한 지출절감 효과를 고려할 경우, 빈곤층의 가처분소득에 가장 큰 영향을 미치고 있는 것은 욕구별 급여라고 말해도 무방하다.

최저소득보장제도의 8개 급여는 주로 소득보장 또는 생계급여 욕구를 충족하는 데 초점을 맞춘다. 그것은 다른 욕구별 급여와 달리 〈그림 11-1〉에 나타나 있는 바와 같이 인구사회학적 집단별로 다양한 제도로 구성되어 있다. 크게 네 범주의 집단을 대상으로 하는데 첫째, 노인, 둘째, 장애인, 셋째, 근로빈곤층, 넷째, 기타 집단이다.

이처럼 프랑스 공공부조제도가 인구 집단과 욕구에 따라 중층적으로 구성된 점은 장점과 단점이라는 두 가지 측면에서 설명이 필요하다. 먼저 서로 특성이 다른 빈곤층의 욕구를 충족하는 데 있어 다양한 욕구별 급여제도의 조합은 나름대로 합리성을 갖는다는 장점이 있다. 그러나 그럼에도 이러한 복잡한 제도구성은 정부 차원에서 예산관리 및 정책효과성 검증에서 많은 어려움을 안겨준다는 단점이 있다. 이는 지난 1990년대 이후 공공부조제도 개편과정에서 신설된 다양한 근로빈곤층 관련 급여 및 지원제도가 활동연대수당으로 통합된 이유이기도 하다.

2) 공공부조제도 중 최저소득보장제도의 주요 급여

프랑스의 공공부조제도, 특히 최저소득보장제도는 2000년 이후 빠른 속도로 급여통합과 급여신설이라는 양상을 보였다. 따라서 여기서는 다양한 급여 중 〈그림 11-1〉에 나타난 것 외에도, 즉 다시 말해 2012년 3월 현재 여전히 시행되고 있는 제도 외에도 프랑스 공공부조제도의 발전과정에서 중요한 제도를 포함하여 설명하고자 한다.

생계급여의 성격을 갖는 최저소득보장제도의 주요 내용은 다음과 같이 정리할 수 있다. 여기서는 2012년 3월 현재 존재하고는 있지만 향후 폐지가 예상된 급여는 통합되는 급여의 범주에 포함하여 설명하였다. 다음 활동연대수당의 하위범주로 설명된 최저통합수당과 한부모수당의 경우이다.

(1) 활동연대수당

2009년 6월 1일부터 프랑스에서 시작되었고 2011년 1월 1일 이후 부속 영토에서도 실시되었다. 이 급여는 기존의 최저통합수당(RMI), 한부모수당(API) 그리고 기타 취업지원수당을 대체하였다.

특징은 근로빈곤층으로 하여금 근로소득과 함께 수급할 수 있도록 설계되었다는 점이다. 달리 표현하면, 과거에는 전혀 지원받을 수 없었던 취업

빈곤층이 근로소득이 있더라도 일정 금액을 수급하게 된 것이다.

이 급여제도는 2010년 9월 1일 이후 25세 미만 집단에게까지 확대 적용되었다. 다만 이 경우, 최근 3년간 전일제 기준으로 2년 이상 경제활동에 참여했음을 입증해야 한다. 활동연대수당은 성격 측면에서 크게 두 가지 급여로 분류할 수 있다. 활동연대수당-기본급여(RSA-Socle)는 다른 급여를 누적하여 받을 수 없어 급여상한액(montant)이 수급 가능한 최대급여액이다. 이 경우에는 가구 내 경제활동인구가 없다는 것을 전제로 한다. 활동연대수당-활동급여(RSA-Activité)는 가구 내 경제활동인구가 있는 경우, 즉 근로소득을 전제하며 근로소득에 대한 공제를 통해 급여를 함께 받을 가능성이 있다. 하지만 현실적으로는 활동연대수당의 급여만을 받는 집단, 급여와 근로소득공제를 함께 받는 집단, 그리고 근로소득공제만을 받는 집단 등 세 집단이 존재한다.

① 최저통합수당과 한부모수당

최저통합수당(RMI)은 1988년 시작되었으며, 최소 25세 이상이거나 한 아이(출생 전 태아도 포함) 이상을 부양하는 모든 집단을 대상으로 최소한의 급여를 보장하도록 설계된 제도이다. 이 제도는 도입 당시 광범위한 사회적 합의에 기초하고 있었고 이는 이후 도입된 활동연대수당과 비교할 때 빈곤책임에 대한 인식에 있어 중요한 차이점이 되었다. 즉, 빈곤 문제를 주로 사회적 책임의 관점에서 바라보았음을 의미한다. 그러나 프랑스 사회가 지난 10년간 우파정부의 영향력하에 있었다는 점을 감안하면, 빈곤에 대한 당사자의 책임을 중시하는 경향이 확대된 배경을 쉽게 이해할 수 있다. 이러한 맥락에서 최저통합수당은 활동연대수당으로 대체되기에 이르렀다. 하지만 최저통합수당 급여가 더 큰 경우, 일부 수급자는 그대로 기존 수당을 받는 것도 허용하고 있다.

한부모수당(API)은 1976년에 제도화되었으며 최소 1명 이상의 아동이나 출생이 예정된 태아를 가진 한부모가구를 대상으로 한다. 그리고 가장 어린 아동이 3살 이상이 되면 수당은 최대 1년간 지급된다. 이는 이른바 "단기 한부모수당"으로 불린다. 그 이외의 경우, 이 수당은 3년간 지급되며, 이를 "장기 한부모수당"이라 부른다. 이 수당은 앞서 언급한 것처럼 활동연대수당(RSA)에 의해 대체되었다. 그러나 급여금액이 활동연대수당보다 높은 경우 상여금을 받는 일부 수급자는 계속 수급할 수 있다.

② 특별연대수당

특별연대수당(ASS)은 1984년 제도화되었으며 실업보험 가입에 따른 실업급여 수급기간이 만료된 실업자를 대상으로 한다. 이는 이 수당이 실업부조에 해당한다는 점을 말해준다. 실업자가 이 수당을 받으려면 지난 10년 중 5년 이상을 임금근로자로 종사했음을 입증해야 한다.

③ 청년지원기금

청년지원기금(FAJ)은 18~25세 청년층의 사회통합 및 취업촉진을 목적으로 설립된 지방정부의 복지지원제도이다. 이 제도는 재정지원 및 취업지원 등 사회서비스 제공을 축으로 하여 구성되어 있다. 이 제도는 주로 저소득 청년을 대상으로 하며 주거와 취업 그리고 교통 등 명확한 욕구를 보장하는 방식으로 운영된다. 하지만 이는 운영주체가 중앙정부가 아니라는 점에서 선정기준과 지원수준 등이 지방정부별로 상이하다는 특징이 있다. 즉, 다른 최저소득보장제도와는 다른 성격을 갖는다. 또한 청년 1명당 연간 1천 유로를 넘지 않는 선에서 지원하도록 되어 있다.

④ 연금대체수당

연금대체수당(AER-R)은 2002년에 제도화되었으며 60세 이전에 노령보험료를 160분기 이상 납부한 구직자에 대해 대체 또는 보충수당의 성격을 갖는 실업급여이다. 이 수당은 2011년 1월 1일 폐지되었으나 그 시점까지 이 수당을 받던 사람은 이후에도 지속적으로 수당을 받는다. 따라서 최저소득 보장제도 내에 포함된다.

⑤ 임시대기수당

임시대기수당(ATA)은 2005년 신설되어 2006년 11월 16일 이후 수급자부터는 통합수당을 대체하고 있다. 이 수당은 망명신청자에 관한 규정이 개편된 것 외에도 새로운 범주의 집단을 지원하고 있는데 보조적 보장 대상이나 일시적 보장 대상 또는 매춘피해자이다. 망명신청자를 제외하면 통합수당의 기존 수급자 또한 이 수당을 수급할 수 있다.

⑥ 성인장애수당

성인장애수당(AAH)은 1975년 제도화되었으며 노령수당을 신청하거나 산재수당을 신청할 수 없는 성인장애인을 대상으로 하고 있다. 이 수당을 받으려면 장애율이 최소 80% 이상이어야 하며, 장애인권리 및 자율위원회(CDAPH)가 장애로 인해 근로할 수 없다고 인정하는 경우에는 장애율이 50% 이상이어야 한다. 아울러, 현 정부는 5년 계획으로 성인장애수당을 약 25%가량 인상하는 조치를 취하였다.

⑦ 장애보충수당

장애보충수당(ASI)은 1957년 제도화되었다. 사회보장 레짐에 따라 영구장애를 가진 장애인에게 지급되는 장애연금 수급자를 대상으로 한다. 이 수당은 최소노령수당(Allocation du Minimum Vieillesse: AMV)의 급여수준에 준하는 소득을 보장하는 데 그 목적이 있다. 그리고 이 수당은 수급자가 노령연대수당(Allocation de Solidarité aux Personnes Agées: ASPA)을 수급할 수 있는 연령에 도달하는 시점까지 지급된다. 2009년 1월 1일까지 이 수당은 최소노령수당의 급여수준을 보장하였으며 그 이후 최소노령수당이 재평가됨에 따라 장애보충수당도 그 수준에 밑돌게 되었다.

⑧ 미망인수당

미망인수당(AV)은 1980년 제도화되었으며 사회보험 가입자가 사망하는 경우 그 배우자에게 지급된다. 이 수당은 최대 2년간 지급되는 임시수당의 성격을 갖는다. 그리고 수급권자는 55세 미만이어야 한다. 미망인수당 수급자는 점차 전환연금(*pension de réversion*)을 수급함에 따라 이 수당을 받지 않는 경우가 많다. 이는 2007년 7월 1일까지 전환연금을 수급할 수 있는 연령이 51세로 낮아졌기 때문이다. 이러한 조치로 인해 전환연금 수급자의 평균연령은 55세에서 52세로 낮아졌다. 전환연금의 수급연령을 하향 조정하고 최종적으로 연령기준을 폐지하는 일정에 맞추어 미망인수당은 2011년 소멸되도록 예정되어 있었던 것이다. 하지만 2009년 〈사회보장재정법〉은 전환연금 수급연령기준을 복원하였고 시행령을 통해 신규수급자에게는 55세로 기준을 고정하였다. 2010년 공적연금제도 개혁은 이와 관련한 조치를 담고 있으며 새로운 연령기준 외에도 생존 배우자의 자산기준을 추가하였다.

⑨ 최소노령수당

최소노령수당(Allocations du Minimum Vieillesse: AMV)은 노령보충수당(Allocations Supplémentaire Vieillesse: ASV)과 노령연대수당(Allocation de Solidarité aux Personnes Agées: ASPA)으로 구성되어 있다. 먼저 노령보충수당은 1956년 제도화되었으며, 65세 이상의 노인을 대상으로 한다. 단, 노동이 어려운 경우 60세부터 적용 가능하다. 이 수당은 수급자에게 최소노령수당에 준하는 소득을 보장하는 것을 목적으로 하고 있다. 하지만 이 수당은 현재 폐지된 상황이다. 한편, 노령연대수당은 2007년 1월 13일부터 시행되었으며 최소노령수당의 첫 단계와 노령보충수당을 대체하며 신규수급자부터 적용되고 있다.

⑩ 연대수당

연대수당(RSO)은 2001년 12월 제도화되었으며, 부속 영토의 지역이 대상이다. 따라서 프랑스에서 공식적으로 최저소득보장제도를 언급할 때 포함되지만 실제 내부적으로 운영하는 제도는 아니다. 이 수당은 최저통합수당을 수급한 지 2년 이상이 된 사람 중 노동시장을 떠날 것이 확실시되는 55세 이상의 사람에게 지급된다.

3) 공공부조제도 중 기타 급여제도

앞서 언급한 10개의 최저소득보장제도 외에도 특정한 욕구에 대응하는 급여제도로 주거지원제도(또는 주거급여제도)와 의료급여제도, 그리고 근로빈곤층 대상 근로인센티브제도인 근로장려금제도가 존재한다.

① 주거지원제도

주거지원제도(Aides au Logement)는 각 신청자의 가족상황과 직업상황 그리고 소득 및 재산 등에 따라 지원여부가 결정된다. 특히, 가족주거수당과 사회주거수당이 이러한 경우이다.

먼저 가족주서수당(Allocation de Logement Familiale: ALF)은 피부양자가 있는 가족 및 개인에게 제공되며 월세보조 및 주택대출금 상환을 보조하는 데 목적이 있다. 이 수당은 크게 세 가지 조건을 충족해야 받을 수 있다. 첫째는 주택조건으로, 세입자이거나 주택대출 상환부담을 지고 있거나 시설에서 생활하는 경우 받을 수 있다. 둘째는 가구여건으로, 가족수당 수급자, 21세 미만의 가족수당 및 장애수당 미수급자를 부양하는 가구, 65세 이상의 가족을 부양하는 가구, 부양해줄 사람이 없는 임신부 등이 이 수당을 받을 수 있다. 셋째로 소득자산이 법률이 정한 기준선 미만이어야 한다.

이어 사회주거수당(Allocation de Logement Sociale: ALS)은 주거비(주로 월세) 부담이나 주택대출 상환에 따른 부담을 덜어주는 것을 목적으로 한다. 이 수당은 주거여건과 일정한 가구특성을 전제로 하며 주로 청년과 학생, 무자녀가구 그리고 노인과 장애인이 지원 대상이다. 하지만 이 수당은 엄밀한 의미에서는 가구여건이나 국적 등과 무관하게 지원된다. 소득 및 자산기준이 적용되며 가구규모, 주거상태 및 거주지역 등과 더불어 주거수당 금액을 산출하는 데 영향을 미친다. 이 점에서 저소득층을 대상으로 하는 제도로 이해할 수 있다.

끝으로 차등적 주거수당(Aide Personnalisée au Logement: APL)은 자산기준을 충족시키는 신청자를 대상으로 하지만 국가와 협약을 맺은 주택에 거주하는 사람을 대상으로 한다는 특징이 있다. 이 지원은 앞서 언급한 가족주거수당과 사회주거수당을 받지 못하는 저소득층에게 제공된다. 지원 대상은 정부와 협약을 맺은 임대주택(HLM)과 같이 특정한 형태의 주택에 거주하는 세입자 또는 정부로부터 대출을 받은 주택에 거주하는 세입자 등이다.

② 보편의료보장

보편의료보장(Couverture Maladie Universelle: CMU)은 1999년 7월 27일 법을 통해 제도화되었고 2000년 1월 1일부터 시행되었다. 이 의료보장제도는 크게 두 가지 형태의 보호장치로 구성되어 있다. 하나는 기초 보편의료보장제도(CMU de Base)이고, 다른 하나는 보충적 보편의료보장제도(CMU Complémentaire)이다. 전자는 전체 인구를 대상으로 적용되는 제도이고 후자는 의료비 자부담이 힘든 계층을 대상으로 추가의료비를 지원하는 제도이다. 이 점에서 후자는 주로 저소득층이나 특수계층을 대상으로 지원한다는 특성이 있다. 기초 보편의료보장제도가 환급하는 의료비 이상의 자부담을 해결하기 위해 대다수 계층은 일종의 의료공제조합을 활용한다. 하지만 보충적 보편의료보장제도는 공적제도이며 사회보장예산을 활용한다는 점에서 근본적인 차이가 있다.

그 밖에도 의료부조제도(Aide Médicale de l'Etat: AME)가 존재하는데, 이 제도는 보편의료보장제도에 가입하기에는 프랑스 거주의 안정성과 주기성을 갖추지 못한 집단, 즉 주로 외국인을 대상으로 한다. 하지만 이 제도는 자산기준을 적용한다는 점에서 전체 외국인을 대상으로 하지는 않는다.

③ 근로장려금

근로장려금(Prime d'Activité: PA)은 2016년 1월 1일 기존의 활동연대수당-활동급여(RSA-Activité)와 취업촉진장려금(Prime Pour l'Emploi)을 통합하여 새롭게 만들어진 근로인센티브 지원제도이다. 이 장려금은 18세 이상의 취업자 및 취업 · 견습 중인 학생, 그리고 비임금근로자 중 최저임금 수준으로 생활하는 집단을 대상으로 구매력을 높이고 재취업이나 고용유지를 촉진하려는 목적으로 도입되었다. 따라서 선정기준은 임금근로자나 자영업자, 취업 · 견습 중인 학생이면서 최소한 3개월 이상 약 890유로의 최저임금을 받는 사람을 대상으로 지원하도록 규정되어 있다. 2016년 약 230만 가구(약 380만 명)가 수급하였으며, 그중 18~24세의 청년층이 약 40만 명을 차지하고 있다. 이 장려금은 가족수당공단에서 지급하도록 규정되어 있다.

4) 최저소득보장제도의 선정기준과 급여상한액

프랑스 공공부조제도에서 대부분의 최저소득보장제도(생계급여)는 선정기준 이하의 가구(또는 개인)와 최대급여액 사이의 차액만큼을 급여로 지급하는 보충급여 방식(allocation différentielle)을 취한다.[3] 참고로 2016년 주요 생계급여제도의 선정을 위한 소득기준(수급기준소득)과 최대급여액

<표 11-2> 공공부조제도의 선정기준과 최대급여액

(2016년 4월 기준, 단위: 유로)

	단신가구		부부가구(2인)	
	급여총액	소득기준	급여총액	소득기준
ATA	348.58	524.68	348.58	787.02
ADA	206.83	524.68	310.25	787.02
ASS	494.88	1,138.90	494.88	1,789.70
RSA	524.68	524.68	787.02	787.02
AV	602.66	753.32	-	-
RSA-Socle	673.75	673.75	-	-
ASI	685.82	702.71	685.82	1,230.84
ASPA	800.80	800.80	800.80	1,243.24
AAH	808.46	808.46	808.46	1,616.92
AER-R	1,068.54	1,684.33	1,068.54	2,423.37

자료: DREES(2016). Minima Sociaux et Prestations Sociales en 2016.

은 <표 11-2>에 정리되어 있다. 하지만 선정에 가구 및 개인소득을 모두 그대로 반영하는 것은 아니다. 일종의 공제방식을 적용하는 경우가 많기 때문이다. 이는 경제활동을 장려하기 위해 근로소득의 일정 부분을 소득 산정 시 공제하여 급여금액을 높여주는 방식을 지칭한다. 이상의 설명은 다른 나라 공공부조제도의 선정 및 급여방식과 큰 차이가 없다.

프랑스 공공부조제도에서 가장 특징이라 할 수 있는 최저소득보장제도의 선정기준과 최대급여액의 관계는 다음 두 가지 유형으로 구분할 수 있다. 즉, 선정기준과 최대급여액이 동일한 경우와 그렇지 않은 경우이다 (CERC, 1997). 첫 번째 유형(선정기준과 최대급여액이 동일한 경우)은 노령이나 장애 그리고 자녀부양 등의 이유로 근로소득 등 기타소득이 부족한 취약계층의 최저소득을 보장하는 데 목적이 있다. 이는 기타 소득이 없다

---

3) 물론 최대급여액은 이들이 실제로 받는 평균 급여액보다는 매우 높은 수준임을 유념해야 한다. 실제 평균 급여액은 최대급여액의 절반에도 미치는 못하는 경우가 대부분이다.

는 것을 전제로 한다는 점에서 선정기준과 최대급여액을 동일하게 맞추어, 최저소득을 보장하는 데 초점을 두기 때문이다. 활동연대수당(RSA), 성인장애수당(AAH), 노령연대수당(ASPA) 등이 그 경우이다.

두 번째 유형(선정기준과 최대급여액이 다른 경우, 대부분 선정기준이 높은 경우)은 해당 가구 및 개인에게 다른 소득이 있음을 전제로 하여 이를 부분적으로 보충하는 데 목적이 있다. 해당 급여와 다른 소득(근로소득 및 재산소득 등)의 중첩을 전제로 한다는 점에서 상대적으로 낮은 급여를 주로 제공한다. 이러한 특성을 가진 급여는 실업부조(ASS), 장애보충수당(ASI), 미망인수당(AV) 등이다.

관대한 선정기준을 적용하는 급여가 주로 노인과 장애인 대상 급여라는 점에 주목할 필요가 있다. 이는 서구 복지국가의 발전과정에서 노인 등 자립적 생활능력이 부족한 집단에 대한 관대한 급여라는 합의가 작용한 측면이 있다. 달리 표현하면, 상대적으로 근로빈곤층에 대해서는 엄격한 기준이 적용되어 왔음을 의미한다. 하지만 최근 활동연대수당(RSA)이 도입된 현상, 즉 근로빈곤층 문제가 심화되고 연금생활자와 현 경제활동인구의 빈곤 문제가 역전되는 양상이 나타나면서 근로빈곤층에 대한 추가적 자원투입이 중요한 관심사가 되고 있다는 점에도 주목해야 한다. 여기에는 복지정치의 메커니즘 등 다양한 원인이 작용하고 있지만 그럼에도 지금까지 저조했던 근로빈곤층에 대한 소득보장수준을 현실화하는 대신 추가적 지출을 주로 취업촉진에 초점을 두고 진행하는 경향이 있음을 말해준다.

그 밖에도 주거급여와 의료급여에 대해 간략하게 언급할 필요가 있다. 주거급여는 가구규모와 소득수준 그리고 지역이라는 조건에 따라 상이한 급여산정 방식을 적용하고 있다. 주거급여나 의료급여 모두 최저소득보장제도 급여의 수급자 대부분이 선정기준을 충족한다는 점에서 그 대상자가 되고 있다. 특히, 의료급여는 보충적 보편의료보장제도를 통해 빈곤층을 집중적으로 보호하는 기능을 수행하고 있다. 하지만 이 욕구별 급여는 급여의 특성에 따라 그 밖의 취약계층을 보호하고 있다는 점에서 보호 대상이 더욱 광범위하다.

4. 빈곤실태와 공공부조제도의 현황

1) 빈곤실태와 추이

프랑스의 공공부조제도는 빈곤율의 증감 및 빈곤층의 구성 변화와 밀접한 관련이 있다. 그것은 전체 빈곤율의 변화 외에도 어떤 집단의 빈곤이 심화되고 있는가에 대한 판단과 사회여론에 따라 정책 방향이 바뀔 수 있음을 의미한다. 장기실업자의 빈곤율이 증가하거나 이민자의 빈곤율이 증가하는 등의 변화가 나타나는 경우, 이 문제를 해결하기 위한 정책을 강화해야

〈그림 11-2〉 프랑스의 상대빈곤율 추이

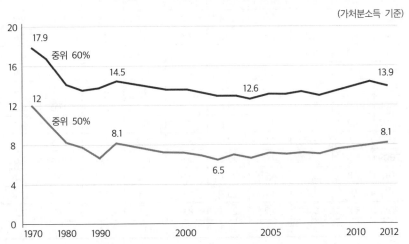

자료: INSEE & DGI. Enquêtes revenus fiscaux 1970 à 1990; INSEE & DGI. Enquêtes revenus fiscaux et sociaux rétropolées 1996 à 2004; INSEE, DGFIP, & CNAF. Niveaux de vie: Pauvreté. TEF, édition 2015: 65.

하는데 이때 사회여론의 영향을 받지 않을 수 없다.

이런 측면에서 보면 〈그림 11-2〉의 빈곤율 추이만으로는 많은 정책적 시사점을 발견하기 힘들다. 전체 빈곤율의 변화만을 보여주고 있기 때문이다. 그럼에도 한 가지 분명한 것은 1990년대 이후 프랑스 빈곤율이 소폭의 등락을 거듭하고 있으며 별다른 개선의 조짐을 보이지 못하고 있다는 점이다. 그중에서도 2009년의 빈곤율은 2008년 미국발 금융위기의 충격이 일정 수준 영향을 미쳤음을 말해준다. 그리고 2012년까지의 빈곤율은 가처분소득 중위값의 50% 기준으로는 계속 증가했고 중위값의 60% 기준으로

〈표 11-3〉 개인의 취업특성별 빈곤율 추이

(단위: %)

연도	전체	15세 이상 인구	경제활동 인구	실업자	15세 이상 비경활	학생	퇴직자	기타 비경활	15세 미만
1996	8.1	7.3	5.1	22.4	8.2	14.0	4.2	13.4	9.5
1997	7.8	6.9	4.7	22.8	8.2	13.0	4.0	14.8	9.2
1998	7.5	6.5	4.3	22.7	7.8	11.7	3.9	14.7	9.1
1999	7.2	6.0	4.3	21.9	7.8	11.6	3.9	15.0	8.7
2000	7.2	5.8	4.2	22.6	8.0	11.3	4.1	15.9	9.1
2001	6.9	5.5	3.9	21.4	7.7	10.5	3.9	15.5	8.7
2002	6.5	5.3	3.8	21.3	7.4	9.7	3.7	13.9	7.5
2003	7.0	5.5	3.7	23.4	7.9	11.7	3.3	15.1	8.8
2004	6.6	5.5	3.9	21.5	7.4	9.9	3.2	15.3	7.9
2005	7.2	5.8	4.0	23.1	7.9	11.7	3.3	16.8	9.4
2006	7.0	5.5	3.9	22.8	7.9	11.2	3.5	17.0	9.0
2007	7.2	5.6	4.0	25.1	8.1	10.9	4.0	17.5	9.2
2008	7.1	5.6	4.0	24.9	8.0	10.2	4.1	17.6	9.1
2009	7.5	5.9	4.0	23.0	8.4	11.9	3.8	19.4	9.5
2010	7.8	5.8	4.0	23.7	8.9	12.2	4.2	20.2	10.6
2011	7.9	6.3	4.2	26.3	8.5	12.1	3.6	20.3	10.8
2012	8.1	6.4	4.2	25.9	8.6	12.5	3.2	22.1	11.3
2013	8.0	6.2	4.1	24.9	8.7	13.1	3.1	22.2	11.1

자료: INSEE & DGI. Enquêtes revenus fiscaux et sociaux rétropolées 1996 à 2004; INSEE, DGFIP, CNAF, CNAV, & CCMSA. Enquêtes revenus fiscaux et sociaux; INSEE, DGFIP, & CNAF. Niveaux de vie: Pauvreté. TEF, édition 2015: 67.

는 2012년에 소폭 감소했다. 이는 1996년 이후 가장 높은 수준이다.

전체 빈곤율 이상으로 중요한 고려사항은 개인의 취업특성 및 가구유형에 따른 빈곤율이다. 이는 피부양자가 몇 명이고 가구 내 취업자가 있는지에 따라 빈곤율이 큰 차이를 보이기 때문이다. 두 개의 〈표 11-3〉, 〈표 11-4〉는 이 점과 관련해서 분명한 특성을 보여준다. 하나는 실업자와 비경제활동인구에게서 개인빈곤율이 매우 높게 나타나고 있다는 점이다. 그중에서도 학생이나 퇴직자가 아닌 근로연령층 미취업자의 빈곤율이 지속적으로 증가한 것을 알 수 있다. 퇴직자의 빈곤율이 매우 낮은 수준이라는 점

〈표 11-4〉 가구특성별 빈곤율 추이

(단위: %)

연도	전체	단신 가구	한부모 가구	무자녀 부부가구	1자녀 부부가구	2자녀 부부가구	3자녀 부부가구	기타 가구
1996	8.1	8.5	16	3.6	5.5	6.9	15.2	6.2
1997	7.8	8.5	15.5	3.7	5.8	6.1	14.3	6.9
1998	7.5	9.3	14.7	3.3	5.4	5.8	13.4	6.5
1999	7.2	9.1	15.5	3.3	5.1	5.5	11.8	6.7
2000	7.2	9.2	15.9	3.2	5.2	5.9	11.7	5.9
2001	6.9	8.8	14.7	3.2	4.9	5.5	11.2	6.4
2002	6.5	10.0	13.9	3.1	4.7	4.9	8.2	8.1
2003	7.0	9.9	14.2	2.5	5.1	4.9	11.7	10.3
2004	6.6	10.1	12.8	2.8	4.7	4.9	10.1	9.4
2005	7.2	9.5	18.3	3.1	4.8	4.6	11.3	10.5
2006	7.0	9.4	18.0	2.5	4.6	4.6	10.2	13.6
2007	7.2	9.5	18.5	2.9	4.8	4.9	9.5	12.6
2008	7.1	9.7	17.5	3.2	4.6	4.3	10.3	12.1
2009	7.5	9.5	19.4	3.3	4.1	4.9	11.3	12.7
2010	7.8	9.8	20.2	3.2	4.5	4.7	11.8	14.8
2011	7.9	10.0	20.3	3.1	5.4	5.0	11.7	12.6
2012	8.1	9.8	20.5	3.1	4.3	5.4	13.1	13.8
2013	8.0	9.3	19.9	3.1	4.6	5.7	12.5	12.0

자료: INSEE& DGI. Enquêtes revenus fiscaux et sociaux rétropolées 1996 à 2004; INSEE, DGFIP, CNAF, CNAV, & CCMSA. Enquêtes revenus fiscaux et sociaux; INSEE, DGFIP, & CNAF. Niveaux de vie: Pauvreté. TEF, édition 2015: 69.

도 주목해야 한다. 한부모가구와 세 자녀 이상을 부양하는 부부가구 그리고 기타 가구의 빈곤율이 높게 나타나고 있다는 점도 눈여겨봐야 한다. 이는 프랑스 사회에서 노인빈곤 문제보다 실업자와 미취업자, 그리고 한부모가구의 빈곤 문제가 심각하게 다루어지는 이유를 말해준다.

2) 공공부조제도의 수급자 규모

프랑스의 공공부조제도 중 생계급여에 해당되는 급여의 수급자 규모는 1990년 이후 전체 인구의 5% 수준을 유지하고 있다. 〈표 11-5〉에서 제시된 1990년 공공부조제도 수급자 규모는 전체 프랑스 인구의 5.03%에 해당하는 규모이고 이는 1995년 5.52%까지 증가했다. 2009년까지는 수급자 규모가 등락을 거듭하다가, 2010~2014년 수급자 규모는 지속적으로 증가하여 2014년 전체 인구의 6.4%까지 증가했다. 이는 프랑스 공공부조제도, 특히 소득보장을 담당하는 생계급여가 최근에 와서 매우 가파르게 확장되고 있음을 보여준다.

〈표 11-5〉를 보면, 1990년대 이후 가장 빠르게 수급자가 증가한 급여는 근로빈곤층을 대상으로 하는 생계급여라는 점을 알 수 있다. 1990년대 최저통합수당(RMI) 수급자가 빠른 속도로 증가하였고 이것이 한부모수당(API)과 합쳐져 활동연대수당(RSA)이 된 이후에는 수급자 규모가 계속 증가하여 전체 수급자 증가를 주도해 왔다. 이어 다음으로 빠르게 증가한 급여제도는 실업부조에 해당하는 특별연대수당(ASS)이다. 그리고 세 번째로 빠르게 증가하는 제도는 성인장애수당(AAH)이다. 〈표 11-5〉에 나타난 바와 같이 성인장애수당 수급자는 1990년 52만 명에서 2000년 71만 명, 2010년 91만 명, 2014년 104만 명으로 빠르게 증가하였다. 성인장애수당의 수급자 규모변화는 최소노령수당 수급자 규모의 감소세와 반대된다.

〈표 11-5〉에서 나타나지 않은 활동연대수당(RSA) 수급자의 규모와 추

<표 11-5> 공공부조제도 수급자 규모 추이

(단위: 천 명)

	1990	1995	2000	2005	2010	2014
RSA Socle	-	-	-	-	1,373.7	1,898.6
RMI	422.1	840.8	1,096.9	1,289.5	140.2	-
API	131.0	148.0	170.2	206.1	30.2	-
AI/ATA	123.6	17.3	32.2	34.6	43.0	53.8
ASS	336.1	485.8	447.0	401.6	355.4	471.7
AAH	519.0	593.5	710.9	801.0	915.0	1,040.5
ASI	131.7	103.4	104.4	112.6	87.7	79.5
ASV/ASPA	1182.9	908.8	765.9	609.4	576.3	554.1
AER-R	-	-		41.5	49.4	11.1
AV	16.0	16.2	15.0	6.8	6.4	7.5
전체	2,862.4	3,113.8	3,342.5	3,503.1	3,577.3	4,116.8

자료: CDC, CNAF, CNAMTS, CNAV, DREES, FSV, MSA. Pôle emploi; INSEE(2017). Beneficiaires de Minima Sociaux.

이에 대해서는 2011년 말에 발표된 보고서를 통해 다음과 같이 설명할 수 있다. 2011년 6월 현재 약 190만 명의 수급자가 있으며 그중 120만 명은 기존 최저통합수당이나 한부모수당처럼 정해진 급여를 받고 있고 나머지 20만 명이 경제활동을 통해 급여와 근로소득을 함께 유지하고 있으며 약 50만 명은 근로소득공제를 받고 있다(Ministère de Solidarité, 2011b).

2011년 이후 활동연대수당의 수급자 수는 매년 10만 명 이상 규모가 증가해 왔다. 2014년 현재 근로빈곤층을 대상으로 하는 활동연대수당 수급자는 대략 190만 명에 이르는 것으로 추정된다. 여기서 실업부조에 해당하는 특별연대수당 수급자를 더하면 237만 명에 이른다.

3) 제도의 효과

프랑스 공공부조제도가 전체 사회보장제도에서 빈곤층의 빈곤완화에 어떠한 영향을 미쳤는지 살펴볼 필요가 있다. 〈그림 11-3〉은 2013년 현재 프

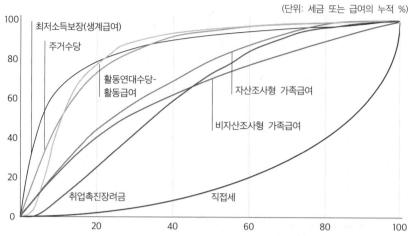

〈그림 11-3〉 시장소득 10분위별 조세 및 이전소득의 재분배

(단위: 세금 또는 급여의 누적 %)

자료: DREES(2017). Minima sociaux et prestations sociales en 2016. 12쪽의 Graphique 1.

랑스의 공공부조제도가 소득분위별로 어느 집단에 집중적으로 자원을 배분하고 있는지 보여주고 있다. 이는 2017년에 발표된 자료라는 점에서 가장 최근의 수치이다. 그림의 가장 하단에 위치한 선은 원천징수 되는 조세를 나타내는 것으로 소득수준에 따라 누진적으로 부과되며 상위 10%에 대해서는 그 누진율이 높은 것을 알 수 있다. 반면, 최상단 좌측의 선은 사회부조제도 중 최저소득보장제도의 현금급여를 나타내는데 하위 20%의 소득계층에게 총지출의 80%가량이 지출되는 것을 보여주고 있다. 마찬가지로 근로빈곤층을 대상으로 하는 활동연대수당이나 주거급여 또한 총지출의 약 80%가량을 하위 20%의 소득계층에게 지출하는 것으로 나타나고 있다. 이는 공공부조제도 중 현금급여를 지급하는 최저소득보장제도가 빈곤층에 표적화된 제도로 운영되고 있음을 말해준다. 반면 가족수당과 근로장려금은 총지출의 80%가량을 하위 50~60% 소득계층에게 지출하는 것으로 나타나고 있다. 이 제도들은 빈곤층에게 상대적으로 많은 지출을 할당하고 있지만 포괄하는 표적 집단이 더욱 광범위하게 분포하는 것을 알 수 있다. 이는 주요한 비기여형 복지제도라도 그 목적에 따라 소득을 재분배하는 표적 집단이 차별화되어 있음을 말해 준다.

〈표 11-6〉은 2013년 현재 소득분위별로 근로소득과 기타소득 그리고 재산소득, 각종 사회급여 등이 가처분소득에서 차지하는 비중을 보여주고 있다. 여기서는 하위소득 1~3분위계층과 최상위 10분위계층을 중심으로 수치를 제시하였다.

이 표를 보면 하위소득 1분위계층의 가처분소득에서 가장 큰 소득원은 최저소득보장 등 각종 사회급여로 45.8%를 차지하며 근로소득이 33.5%, 사회보험급여(실업급여와 연금)가 25.1%를 차지하는 것으로 나타나고 있

〈표 11-6〉 소득계층별 가처분소득의 구성별 비중

(2013년 기준, 단위: %)

	하위 1분위	2분위	3분위	상위 10분위	전체
근로소득	33.5	46.6	55.3	76.4	70.2
봉급	29.4	43.7	52.9	62.6	64.3
사업소득	4.1	2.8	2.5	13.9	5.9
기타소득	25.1	34.7	35.7	24.9	30.5
실업급여	9.0	7.6	5.4	1.2	3.0
연금	16.1	27.1	30.4	23.7	27.5
재산소득	3.5	3.4	3.9	25.9	10.9
직접세	-7.8	-7.5	-8.6	-27.9	-17.4
비기여형사회급여	45.8	22.8	13.6	0.6	5.8
취업촉진장려금	0.7	0.5	0.6	-	0.2
가족수당	12.5	7.2	5.4	0.4	2.4
보편가족수당	8.0	4.6	3.6	0.4	1.6
자산조사형가족수당	4.5	2.6	1.9	-	0.8
주거급여	15.7	7.9	3.9	-	1.5
최저소득보장	15.7	6.2	3.4	0.2	1.5
활동연대수당	1.2	1.0	0.3	-	0.1
가처분소득	**100.0**	**100.0**	**100.0**	**100.0**	**100.0**
유로	12,620	18,710	22,180	86,930	35,950
균등화 평균소득	7,920	12,250	14,690	56,500	23,290

자료: DREES(2017). Minima sociaux et prestations sociales en 2016: 25.

<표 11-7> 사회보장제도의 빈곤감소 효과

(단위: %p, 유로)

		빈곤율		빈곤갭		빈곤선	
		%	감소율	%	감소율	유로	감소액
초기소득		21.9	-	36.9	-	1,085	-
직접세		20.7	-1.2	37.3	0.4	954	-131
사회수당	취업촉진장려금	20.6	-0.1	37.1	-0.2	958	4
	가족수당	18.3	-2.3	32.4	-4.7	989	31
	가족수당(보편)	19.1	-1.5	33.6	-3.5	978	20
	가족수당(자산조사)	18.3	-0.8	32.4	-1.2	989	11
	주거수당	16.0	-2.3	26.8	-5.6	995	6
	생계급여	14.4	-1.6	20.3	-6.5	1,000	5
	RSA-활동급여	14.0	-0.4	19.8	-0.5	1,000	0
	사회수당 소계	14.0	-6.7	19.8	-17.5	1,000	46
가처분소득		14.0	-7.9	19.8	-17.1	1,000	-85

자료: DREES(2017). Minima sociaux et prestations sociales en 2016: 15.

다. 여기서 직접세로 약 7.8%가 감소한다. 사회급여 중 단일제도로는 생계급여에 해당되는 최저소득보장급여와 주거급여가 각각 15.7%로 가장 큰 비중을 차지하고 있다. 빈곤층의 전체 가처분소득에서 근로소득을 제외하면 연금소득이 가장 큰 비중을 차지하고 주거급여, 생계급여, 가족수당 순으로 비중이 높다는 점에 주목해야 한다. 이는 빈곤층 소득보장이 다양한 사회보장제도 간의 역할분담을 통해 이루어지고 있음을 의미한다.

구체적으로 사회수당이 저소득가구의 빈곤에 얼마나 영향을 미치는지 살펴보면 다음과 같다. <표 11-7>은 2013년 소득을 기준으로 사회수당을 구성하는 주요 급여, 즉 취업촉진장려금(PPE), 가족수당, 주거수당, 생계급여, 활동연대수당-활동급여(RSA-Activité)이 빈곤율과 빈곤갭에 어느 정도의 영향을 미치는지 보여 준다. 사회수당 총액은 전체 빈곤율을 약 6.7%p 감소시키는 것으로 나타나며 그중에서 빈곤감소에 가장 큰 영향을 미치는 급여는 가족수당과 주거수당으로 각각 2.3%p씩 빈곤율을 감소시키고 있다. 그에 비해 최저소득보장제도, 즉 주요 생계급여가 미치는 영향은 약 1.6%p로 나타나고 있다. 이는 생계급여보다 다른 복지급여가 빈곤 감소에 더 큰 영향을 미치고 있음을 보인다. 취업촉진장려금이 빈곤감소에 미치는 영향은 미미한 것으로 나타나고 있다. 반면에 빈곤갭의 감소효과는 생계급여가 가장 크고 주거급여, 가족수당 순이다.

4) 빈곤위험과 배제에 대한 프랑스인의 인식

앞서 언급한 바와 같이 프랑스의 빈곤율은 2000년대 이후에도 많이 증가하지 않았으며 그것은 조세와 사회보험 그리고 사회급여 등을 통한 소득재분배가 매우 강력한 역할을 했기 때문이다. 그렇다면 프랑스인이 인식하는 지난 수년간의 빈곤위험과 향후 예상되는 빈곤위험은 어떠한가?

〈그림 11-4〉는 이 문제와 관련해 프랑스인이 이미 오래전부터 빈곤이나 사회적 배제의 위험이 지속적으로 증가하고 있다고 인식해 왔음을 보여준다. 이는 통계적으로 나타난 빈곤율이나 소득재분배 상황과는 다소 상이한

〈그림 11-4〉 빈곤과 배제에 대한 시민들의 인식 변화

자료: DREES(2017). Minima sociaux et prestations sociales en 2016.

결과라고 말할 수 있다. 그리고 향후의 빈곤이나 사회적 배제의 위험에 대해서도 부정적인 인식을 하고 있음을 보여준다. 물론 2010년 이후 부정적인 응답이 등락을 반복하는 양상을 보였지만 조사가 시작된 2004년과 비교하면 전체적으로 프랑스 시민이 느끼는 빈곤과 배제의 위험은 증가해 온 것으로 나타났다.

5. 최근 쟁점과 과제

1) 재정위기와 빈곤감소

최근 프랑스 사회는 빈곤과 소득불평등 문제를 해결하는 데 큰 관심을 보이고 있다. 가깝게는 2008년 미국발 금융위기로 인해 프랑스의 소득불평등과 빈곤 문제가 심화되었고 이는 주로 근로빈곤층 문제의 악화로 이어졌다. 여기서 주목해야 할 점은 1990년대 후반을 기점으로 노인빈곤층에서 근로빈곤층 문제로 정책적 관심의 초점이 변화하였다는 점이다. 이는 공적연금제도의 성숙으로 인해 노인빈곤율이 상당 수준 감소하고 고실업으로 인해 근로연령인구 빈곤율이 빠르게 증가한 점과 관련이 있다.

하지만 근로빈곤층 중심으로의 정책적 초점 변화는 정책개입에 따른 효과성 평가를 둘러싸고 끊임없는 논쟁을 야기했다. 노인이나 장애인 대상 빈곤정책이 이들의 빈곤탈출보다 보장성 강화에 초점을 두었다면 근로연령인구 대상 빈곤정책은 차츰 효과성 평가에 초점을 두었기 때문이다.

이러한 상황에서 사르코지 전 대통령은 2007년 대통령 선거에서 임기 내에 프랑스 빈곤율을 약 3분의 1가량 낮추겠다는 공약을 발표하기도 하였다. 그리고 성인장애수당(AAH)의 인상이나 활동연대수당(RSA)의 제도화를 통해 이러한 공약을 실천하고자 하였다. 하지만 이 약속은 큰 성과를 거두지 못하였다. 사실, 정책공약의 성과를 객관적으로 측정하기가 매우 힘들었다는 점이 문제였다. 빈곤율의 변화와 인구 집단별 빈곤율 변화를 추정하여 빈곤 문제 실태를 진단하기는 용이하지만 이러한 변화가 외부 경제 환경의 변화에 의한 것인지, 정책효과인지 판별하기는 힘들기 때문이다. 또한 정치권이 공약으로 제시했던 정책목표를 달성했음을 주장하기 위해 정책성과를 과장하려는 유혹 또한 피하기 어렵다.

한 예로 2011년 10월 연대부(Ministere de Solidarite)는 국회보고서를 통해 2006~2009년 사이 다양한 빈곤선을 활용한 수치를 발표하였다(Ministère de Solidarité, 2011a). 일반적으로 활용하는 가처분소득 중위값의 60%를 빈곤선으로 적용하면 2009년 빈곤율(13.6%)은 2006년(13.1%) 보다 약 0.5%p 증가한 것으로 나타나게 된다. 이 수치 외에도 2006년 기준이라는 표현으로 다양한 수치를 생산하고 이를 기준으로 빈곤율이 감소하였다고 주장하였다. 하지만 이 주장은 실제로는 이 목표가 달성되지 못하였으며 임기 중 달성하기 힘들 것이라는 비관적 전망을 담은 연구보고서를 통해 부정되었다. 빈곤과 사회적 배제 극복을 위한 정책평의회(CNLE)와 빈곤과 사회적 배제 극복을 위한 전망센터(ONPES)는 같은 해 12월 언론 보도를 통해 정부가 제시했던 약속은 지키기 힘들 것이고 일련의 추가적 조치가 필요하다고 주장하였다(CNLE & ONPES, 2011).

보고서가 노골적으로 통계분석 방법의 문제를 지적하지 않았지만 이는 보도자료를 통해 명확하게 알 수 있었다.[4] 그리고 이러한 단서는 이미 수년 전에 출판된 다른 글을 통해 이미 예고된 것이기도 했다. 로렌 데이터(Lorraine Data)라는 필명의 저자는 〈거대한 사기〉(Le Grand Trucage)라는

---

4) 그 내용은 2006년 빈곤선으로 측정된 값을 그대로 유지하여 이후 연도의 빈곤율을 측정하는 방식을 함께 제시함으로써 빈곤율이 자연 감소하도록 유도하는 방식이었다. 이는 일종의 절대빈곤의 감소 정도를 측정하는 방식이며 대부분의 경우 빈곤율 감소가 이미 예상된다. 관련된 내용은 일간지 〈르몽드〉(Le Monde)의 2011년 12월 5일 기사를 참조하라.

저술을 통해 이미 2007년 10월부터 수년간 빈곤율을 낮추기 위한 지표 조작이 있었으며 이것이 활동연대수당을 제도화하는 데 크게 기여했던 이르쉬(Martin Hirsch)의 작품이라고 폭로하였다(Data, 2009).

이러한 에피소드는 사실 통계생산을 둘러싼 정치적 외압의 문제를 넘어 가장 본질적 쟁점을 말해준다. 정부의 빈곤정책이 실제 빈곤에 미치는 효과를 어떻게 측정할 수 있는가 하는 점이다. 이미 1990년대 후반 미국에서 진행되었던 논쟁이 말해주는 것처럼 빈곤율 감소는 정책효과와 경기효과라는 두 가지를 명확하게 판별하기 용이하지 않다.

2) 활동연대수당 정책실험의 평가

1988년 도입된 최저통합수당(RMI)은 많은 정책적 함의에도 부정수급과 복지의존성을 둘러싼 많은 비판을 야기하였다. 2003년에는 자립지원의 효과를 높이기 위해 분권화를 통해 지방정부의 역할을 강화했고 2005년에는 근로능력 수급자를 대상으로 시장과 비시장 부문에서 취업을 촉진하는 새로운 조치를 취하였고 2006년에는 수급자의 권리와 의무를 모두 규정하는 새로운 법률을 제정하기에 이르렀다. 이처럼 빈곤층에 대한 소득보장과 취업촉진 간의 균형을 유지하려는 시도는 계속되었으며 이는 사르코지 정부의 활동연대수당(RSA) 도입으로 나타났다.

활동연대수당이란 기존의 최저통합수당과 한부모수당 등 근로빈곤층 대상 급여와 근로인센티브 등을 통합한 것으로, 근로소득이 증가해도 급여감소율을 조정함으로써 일정 정도 소득증가를 허용하여 경제활동에 대한 유인을 강화한 것이 정책의 핵심이다. 쉽게 표현하면 일정 소득기준에 도달하는 순간까지 근로소득이 1유로 증가하면 활동연대수당의 급여는 38센트가 감소한다. 여기서 탈수급을 결정짓는 소득기준은 1인가구의 경우 최저임금 수준이다.

활동연대수당은 당시 프랑스 정부가 빈곤감소를 위한 대표적 정책으로 제시했던 것이며 법 제정 당시인 2008년에는 정책효과를 평가하기 위해 정부와 민간의 다양한 전문가로 구성된 평가위원회를 구성하였다. 이 위원회는 2009년과 2010년 그리고 2011년 12월 세 차례에 걸쳐 평가보고서를 발간하였다. 하지만 2011년 최종 보고서가 나오기 이전의 보고서는 사실상 평가보고서로의 의미를 갖지 못하였으며 제3차 평가보고서는 대선을 몇 개월 앞둔 상황에서야 발간되었다.

이 보고서의 분석결과는 매우 흥미롭다. 특히, 행정데이터에서 추출한 표본을 토대로 한 일련의 설문조사를 통해 복지수급자의 탈수급(엄밀하게는 비수급) 비율을 추정하고 있다. 그 결과 탈수급률은 약 49%로 추정된다. 물론 수급자 및 수급가구 특성에 따라 그 비율은 큰 차이를 보인다 (Ministère de Solidarité, 2011b). 이러한 분석결과를 그대로 믿는다면 이 제도의 탈수급 및 예산절감 효과는 향후 매우 고무적일 것이다.

하지만 실제 그러한 효과가 나타날 것인지는 의문의 여지가 있다. 이러한 우려를 제기하는 이유는 활동연대수당의 세 가지 유형(① 생계급여 수급, ② 생계급여 + 소득공제 수급, ③ 소득공제 수급) 간의 이동이 매우 제한적이기 때문이다. 활동연대수당을 제도화하던 시점에 전문가들은 전체 수급자 약 190만 명 중 약 150만 명이 복지급여 없이 근로소득공제만을 받게 될 것이라고 추정하였다. 하지만 2011년 6월 현재 그 규모는 약 50만 명에 그치고 있다.

그리고 2012년 대선에서 사르코지 후보는 다시 활동연대수당의 개혁을 공약하였고 사회당 후보였던 프랑수아 올랑드 또한 근로능력이 있는 사회급여 수급자에게 근로조건을 부과하고 이행과 관련한 점검을 강화하겠다고 공약하였다. 이는 활동연대수당이 수년간의 정책실험 이후 성과가 없거나 매우 낮다는 평가가 지배적이었음을 반증한다. 사실 활동연대수당 수급자는 이 제도의 프로그램 간 칸막이를 넘어 이동하는 것을 꺼리고 있어, 이를 강제하는 조치가 필요하다는 인식이 확산되고 있었던 것이다.

활동연대수당은 재정적 인센티브를 강화함으로써 근로빈곤층의 탈빈곤을 촉진한다는, 그다지 새로울 것 없는 개혁이었다. 그리고 이 점에서 많은 연구자가 비판적 태도를 보이기도 하였다(Dorival, 2011). 이러한 비판의 이유는 간단했다. 근로빈곤층이 일하지 않는 이유는 다층적이고 이들은 때로 금전적 손실을 감수하고서라도 일을 하지만 때로는 금전적 이득에도 일을 하지 않는다(Méda, 2008). 이 점에서 활동연대수당의 일차원적 접근 방식으로 문제를 해결하는 것은 불가능할 것이라는 냉혹한 진단이었다. 포강은 활동연대수당은 과거 최저통합수당이 지향했던 다층적 접근방식과 비교해도 그다지 개선된 점이 없다고 비판하였다(Paugam, 2008).

2012년 프랑수아 올랑드가 대통령으로 당선되면서 공공부조제도 전반에 걸쳐 각종 규제와 조건을 강화하는 조치가 취해지기에 이르렀다. 가장 주된 개혁은 오랜 준비과정을 거쳐 2016년 1월에 시행된 근로장려금제도이다. 이것은 사르코지 정부가 도입했던 활동연대수당-활동급여와 그 이전부터 운영되어 왔던 프랑스판 EITC인 취업촉진장려금이 근로빈곤층의 취업촉진에 별다른 성과가 없었다는 점이 확인되자 이를 통합하여 새로운 형태의 제도로 구축한 것이다. 근로빈곤층 복지급여 수급자의 취업을 촉진하기 위한 강력하고 단순한 제도를 도입하겠다는 의지에 따른 것이었다.

그리고 연이어 근로빈곤층을 대상으로 하는 주요한 지원제도를 개편하겠다는 계획을 발표하였다. 그 요지는 활동연대수당의 급여산정을 위한 소득파악의 주기를 분기별 특정 월에서 분기의 모든 월로 강화하고, 활동연대수당과 근로장려금의 수급 대상에서 자영업자와 농민을 포함하던 특별조항을 삭제하여 범위를 좁히고, 장애수당과 실업부조의 중복수급을 폐지하며 사회부조 수급자 대상 정보의 전산화를 강화하는 것을 골자로 했다(CAF, 2017).

하지만 이러한 개편은 2017년 5월의 대통령 선거로 인해 또 다른 국면으로 진입했다. 그것은 신예 정치세력인 마크롱이 대통령으로 당선되고 그가 이끄는 신생정당이 하원에서 다수를 점유함에 따라 그가 주장하는 복지 개혁이 전면에 나서게 될 것을 의미한다. 하지만 새로운 정부하에서도 근로 빈곤층 지원제도의 성과를 제고하기 위한 개혁은 계속될 것으로 예상된다.

6. 맺음말

프랑스의 사회보장제도는 상반된 관점에 따라 전혀 다른 모습으로 평가되고 있다. 한편에서는 사회보장제도는 매우 비효율적이며 형평성을 결여하고 있어 효율성을 높이고 빈곤층의 취업 및 재취업을 촉진하는 방향에서의 개혁이 필요하다는 평가가 존재하고, 다른 한편에서는 지난 10년간 사회보장제도가 점차 연대성을 상실하는 방향으로 개혁되고 있다는 비판적 평가가 존재한다. 이 두 가지 상반된 인식은 정치경합의 결과에 따라 향후 사회보장제도가 다른 모습으로 개혁될 수도 있음을 시사한다.

프랑스 공공부조제도는 이러한 경합에서 중요한 쟁점 중 하나이다. 하지만 정작 1990년대 중반 이후 좌우 정권 교체에도 변화하지 않는 개혁과제 또한 존재한다. 그것은 공공부조제도의 효율성과 효과성을 높여야 한다는 점이다. 많은 국가의 공공부조제도는 부정수급과 실업함정 또는 빈곤함정 등의 전형적 문제에 직면하고 있다. 프랑스 공공부조제도 또한 이와 크게 다르지 않다. 최근 대선 과정에서 부정수급, 복지수급자의 실업함정 및 복지함정 문제 해결에 이견을 보이는 것으로 해석할 수도 있지만 실상 지난 수십 년간 대부분의 정부가 풀어야 할 개혁과제였던 셈이다.

그럼에도 1990년대 후반 이후의 복지 개혁은 다양한 원인으로 인해 기대했던 성과를 거두지 못하였다. 그리고 최근 그 원인을 해결하기 위한 다양한 대안이 모색되고 있다. 이 점과 관련해서 최근 활동연대수당의 실험 과정에서 제기된 몇 가지 원인에 주목할 필요가 있다. 예를 들면, ① 정보 부족, ② 지나치게 복잡한 행정절차, ③ 자산조사 및 면접과정에서 지나치게 사생활을 침해하는 질문, ④ 급여수급에 따른 낙인효과, ⑤ 새로운 급여수급을 신청하는 경우 기존 급여를 상실할 것에 대한 두려움 등이다(Dorival, 2011).

그중에서도 현재 프랑스 공공부조제도가 직면한 문제는 복잡한 행정절차와 낙인효과 그리고 제도 개혁 과정에서 수급자가 느끼는 기존 급여박탈에 대한 두려움이라고 말할 수 있다. 또한 2016년과 2017년의 공공부조제도 개혁은 이러한 방향으로 추진된 것이라고 말할 수 있다. 그럼에도 이 개혁이 큰 성과를 거둔 것인지에 대해서는 아직 속단하기 이른 상황이다. 더욱이 이러한 상황에서 새로운 정권이 출현하여 더 큰 규모의 복지 개혁을 예고하고 있다. 이는 프랑스 공공부조제도가 여전히 근로빈곤층의 취업을 촉진하고 복지급여에 대한 관리체계를 혁신하는 문제가 계속 논의될 것임을 말해준다.

■ 참고문헌

국내 문헌

노대명·황덕순·유진영·이은혜·원 일(2007). 《근로빈곤층에 대한 국제비교 연구: 실태와 정책을 중심으로》. 서울: 한국보건사회연구원.

심창학(2007). "프랑스 사회적 미니멈(Minima sociaux)의 구조 및 급여 체계: 유럽 공공 부조 제도의 한 연구". 〈한국사회복지학〉, 59권 3호, 75~97.

해외 문헌

Borgetto, M. (2004). Les enjeux actuels de l'accès aux droits: Sens, portée, impact des politiques d'insertion. *Informations Sociales*, *120*(décembre), 6~19.

Data, L. (2009). *Le grand truquage: Comment le gouvernement manipule les statistiques.* Paris: Decouverte.

Dorival, C. (2011). Premiers pas hésitants pour le RSA. *Alternatives Economiques, 1*(2), 36.

Horusitzky, P., Julienne, K., & Lelievre, M. (2005). Un panorama des minima sociaux en europe. *Solidarité et Santé, 3,* 67.

Penaud, P. (2011). *Politiques sociales.* Paris: Presses de Sciences Po et Dalloz.

Paugam, S. (2008). *Repenser la Solidarité: L'apport des sciences sociales.* Paris: PUF.

기타 자료

CAF(2017). La Réforme des minima sociaux: De solidarité, de justice, de simplification. Dossier repères, janvier 2017.

Cahuc, P., Cette, G., & Zylberberg, A. (2008). Salaire minimum et bas revenus: Comment concilier justice sociale et efficacité économique?. La Documentation française.

CDC, CNAF, CNAMTS, CNAV, DREES, FSV, MSA. Pôle emploi.

CERC(1997). Minima sociaux entre protection et insertion. Rapport remis au premier ministre et a l'assemblee nationale et du Senat le 8 octobre 1997.

CNLE & ONPES(2011). Communique de Presse. le 5 décembre 2011.

DREES(2016). Minima sociaux et prestations sociales: Ménages aux revenus modestes et redistribution. Edition 2016.

_____(2017), Minima sociaux et prestations sociales en 2016.

INSEE(2017). Beneficiaires de Minima Sociaux.

INSEE, & DGI. Enquêtes revenus fiscaux 1970 à 1990.

_____. Enquêtes revenus fiscaux et sociaux rétropolées 1996 à 2004.

INSEE, DGFIP, & CNAF. Niveaux de vie: Pauvreté. TEF, édition 2015.

INSEE, DGFIP, CNAF, CNAV, & CCMSA. Enquêtes revenus fiscaux et sociaux.

Létard, V. (2005). Minima sociaux: Mieux concilier équitéet reprise d'activité. Rapport d'information de Senat, n° 334 (2004-2005), le 11 mai 2005.

Ministère de Solidarité (2011a). Suivi de l'objectif de baisse d'un tiers de la pauvreté en cinq ans. Rapport au parlement, octobre 2011.

_____(2011b). Comité national d'évaluation du RSA. Rapport final, décembre 2011.

Perigord, Arnaud (2011). Les allocataires de minima sociaux en 2009. Etudes et Résultats, n° 756, mars 2011.

Le Monde (2011. 12. 5). L'efficacité de la lutte contre la pauvreté en France mise en cause.

Delalande, N. (2008). Pauvreté et solidarité : Entretien avec Serge Paugam. http://www.laviedesidees.fr/Pauvrete-et-solidarite-entretien.html.

Duvoux, N. (2008). RSA : Les impensés d'une réforme. Présentation dans le dossier Réformer les minima sociaux, La vie des idées, le 21 mai 2008. http://www.laviedes idees.fr/Reformer-les-minima-sociaux, 1495. html.

Méda, D. (2008). Le revenu de solidarité active en question. Présentation dans le dossier Réformer les minima sociaux, La vie des idées, le 24 avirl 2008. http://www.laviedes idees.fr/Reformer-les-minima-sociaux, 1495. html.

Vie publique (2011). Minima sociaux : Du minimum vieillesse au revenu de solidarité active. http://www.vie-publique.fr/chronologie/chronos-themati-ques/minima-sociaux-du-minimum-vieillesse-au-revenu-solidarite-active.html.

12

보건의료제도*

1. 머리말

2000년 초 세계보건기구(WHO)는 세계 각국의 전반적인 국민건강 수준, 국내 계층 간 의료혜택의 형평성, 환자 만족도와 의료체계 효율성 간 연관성, 소득수준과 의료서비스 단계의 비교, 국내총생산(GDP) 대비 1인당 의료 비용분담 등과 같은 평가기준을 바탕으로 각국의 의료체계를 비교한 적이 있다. 당시 우리나라는 191개국 중 58위를 기록하였고, 프랑스가 가장 높은 성적을 받았다.

프랑스 보건의료제도의 특징은 사회보험에 기반을 둔 의료보장체계를 가지고 있으면서 동시에 취약계층에 대한 무료 의료혜택 보장[보편의료보장제도(CMU)]이 잘 확립되어 있다는 것과 자유로운 환자의 공급자 선택과 의사의 영업활동이 보장되고 있다는 점 그리고 공공병원, 민간비영리병

---

* 이 글은 2012년 《주요국의 사회보장제도: 프랑스》(한국보건사회연구원, 2012)에서 필자가 작성한 "제3부 제1장 의료제도"를 수정 보완한 것이다.

원, 민간영리병원이 서로 공존하며 의료서비스 전달체계를 구성하고 있다는 점 등일 것이다.

우리나라는 프랑스보다 민간병원 비중이 훨씬 높고 공공의료체계 기능이 취약하며 의료보장 수준이 낮다. 프랑스가 시도했던 정책을 세밀히 살펴보면 우리에게 주는 시사점이 많을 것이라 생각한다. 본 장에서는 프랑스 보건의료제도, 특히 의료전달체계의 형성과정을 중심으로 살펴보고 의료비 지출과 의료자원을 효율적으로 관리·운영하기 위해 사용된 정책을 중심으로 보건의료제도를 살펴보고자 한다.

2. 제도의 형성과 변화

1) 프랑스 보건의료제도 기본체계의 확립

프랑스 병원의 기원은 다른 유럽국가와 동일하게 종교적 전통에서 유래한다. 프랑스어로 병원은 하나님의 집 (maison de Dieu 또는 hôtel-Dieu) 이라는 말로 번역되는데 처음에는 가톨릭 순례자의 숙박시설이었던 것이 가난하고 병든 자를 보살피는 장소로 발전하면서 지금의 병원이 되었다. 651년 생랑드리 (Saint-Landry) 주교가 파리에 지은 파리병원 (Hôtel-Dieu de Paris) 이 이러한 중세시대의 대표적 병원이다. 따라서 병원의 운영은 중세시대가 끝날 때까지 교회에서 관리하였다.

그러나 프랑스 혁명 (1789년) 이후 혁명세력은 교회의 시설을 국유화하고 구시대 (ancien régime) 와 결별하는 조치를 취했다. 각 지방도시의 시장 (préfet) 이 관할 병원과 관련한 중요 행정사항을 결정하고 (1801년), 기부에 의존했던 병원재정을 일당 진료비 (prix de journée, 영어로 per diem system) 를 환자에게 책정하여 재정에 충당하였다 (1805년). 또한 치료비가 없는 환자라도 병원에서 치료를 거부할 수 없도록 하는 법령을 공포하는 등 병원과 관련한 제도를 정비(1851년)해 나갔다(Conseil Economique et Social, 2005).

프랑스 보건의료제도의 기본체계가 완성된 것은 2차 세계대전이 끝나고 나서부터이다. 먼저 1941년 공공의료서비스 공급을 담당하는 공공병원(*hôpital public*)을 정비하였다. 읍면 단위 소재 병원은 일반병원(Centre Hospitaliers Généraux: CH), 지역 단위 병원은 지역병원(Centre Hospitaliers Régionaux: CHR)으로 분류하였고 국가가 운영하는 특수병원인 국립안과병원(Hôpital des Quinze-Vingt à Paris), 국립재활전문병원(Hôpital Saint-Maurice à Charenton), 청각장애병원(Institut National des Jeunes Sourds de Bordeaux) 등을 세웠다. 또한 1958년 드브레 개혁(*réforme Debré*)에 의해 대학병원(Centre Hospitaliers Universitaire: CHU)이 도입되면서 의과대학 내 병원을 세워 연구와 치료행위를 병행하도록 하였다. 1)

민간병원은 병원 개방원칙(*cliniques ouvertes*)에 따라 행정당국의 허가를 받고 자유로이 의료시설을 설립할 수 있도록 하였다. 〈공중보건에 관한 법령〉(*Code de la Santé Public L. 734-3*, 1959년 4월 24일)에 의하면 공공법인 또는 국가기관에 의해 운영되는 시설이 아닌 입원시설을 갖춘 치료기관을 민간의료시설로 간주한다는 네거티브(*negative*) 방식으로 민간병원을 정의하고 있다.

둘째, 1945년 10월 법령을 통해 전 국민 사회보장제도(Securité Social)가 도입되면서 재원조달체계가 확립되었다. 사회보험 중 하나인 질병보험은 일반 임금근로자를 주 대상으로 하는 일반레짐(Régime Générale), 특수산업에 대한 특수레짐(Régimes Spéciaux), 농업근로자와 농업경영자를 대

---

1) 현재 프랑스 보건체육부는 국립병원을 지역대학병원(Centre Hospitalier Régional et Universitaire: CHR/CHU), 일반병원(Centre Hospitalier: CH), 전문병원〔Centre Hospitalier Spécialisé (Psychiatrie)〕, 읍내병원(Hôpital Local), 기타병원(Autres Etablissements)으로 나누고 있다.

상으로 하는 농업 종사자레짐(Régimes Agricole), 그리고 상공업 자영업자, 수공업자, 자유업자 등 자영업자 계층을 대상으로 하는 자영업자레짐(Régime Autonomes)으로 구성된다. 1945년 10월 4일 일반레짐이 먼저 공포되고 이후 특수레짐(1946년 5월 22일), 농업 종사자레짐(1961년), 자영업자레짐(1966년)이 수립되었다.

2) 공공의료서비스 개념도입 및 보건계획 수립

프랑스 보건의료제도에서 가장 획기적인 변화 중 하나는 1970년 공공의료서비스병원(Service Public Hospitalier: SPH)이라는 개념의 도입이다. 이는 의료서비스 접근에 있어서 소득수준이나 거주지 등에 따른 차별성을 없애고 24시간 접근 가능하며 환자가 필요로 하는 필수 의료서비스(예방서비스, 질환치료, 응급의료서비스 등)를 보장해 주는 병원을 따로 구분하여 부른 것이다. 공공의료서비스는 국립병원뿐만 아니라 이를 제공할 의향을 제출한 민간비영리병원[2]에 의해서도 제공되도록 하였다.

또한 1970년 지역별로 심한 편차를 보이던 병상 수와 치료 분야를 체계적으로 관리하고자 국가보건계획(*planification sanitaire*)을 세우고 보건지도(*carte sanitaire*)를 도입하였다. 이에 따라 신규병원을 설립할 때 의료자원, 즉 의료장비와 병상 수 등이 지역 간 균형 있게 공급될 수 있는 토대를 만들었다. 의료자원 수요를 파악하여 만일 공급이 수요보다 낮으면 보건지도를 통해 의료자원이 균형 있게 공급될 수 있도록 하였다. 또한 환자가 어떤 치료를 받느냐에 따라 병원을 단기(20일 미만), 중기, 장기(80일 이상) 치료병원으로 구분하여 관리하기 시작하였다. 단기병원은 내과·외과·산부

---

2) 민간비영리병원이면서 공공의료서비스를 제공하는 병원을 "PSPH"(Participation au Service Public Hospitalier)라 불렀다.

인과 치료환자와 첨단기술치료를 요하는 환자를, 중기병원은 재활치료환
자나 정신과치료환자를, 그리고 장기병원은 장기요양을 필요로 하는 환자
를 대상으로 한다. 각 병원에는 한 개 또는 그 이상의 병원이 함께 있을 수
있다.

3) 총액예산제 도입 및 응급의료시스템 구축

1980년 이후 의료비 지출이 급증하면서 의료비 지출 통제가 새로운 사회적
이슈로 등장하였다. 의료비 지출을 통제하기 위해 신규병상에 대한 허가를
금하는 등 공급 측면에서의 규제와 함께 1983년에는 공공병원과 민간비영
리병원에 대한 총액예산제(Dotation Global)를 도입하였다. 근본 취지는 일
당 진료비제도에서 발생하는 과잉진료 문제를 해결하자는 것이었다. 1986
년에는 응급의료 관련 법규를 제정하여 응급의료서비스제도(Service d'Aide
Médicale Urgente: SAMU)를 도입하였다. 응급의료는 콜센터(CRRA, 국번
없이 15번)와 연계하여 서비스를 제공하고 있다.

4) 지방의료시스템 강화

정부는 1991년 법안에서 1970년 도입된 보건지도와 더불어 국가보건계획을
수행하기 위해 지역보건의료 정비계획(Schema Régional de l'Organisation
Sanitaire: SROS)을 발표했다. 이 정비계획은 지역별 인구 구성변화, 의료
기술의 변화, 기존 의료서비스의 질적·양적인 수요 분석을 통해 지역 내 의
료의 수요변화를 추정하도록 하였다. 이 정비계획에 따라 공공병원과 민간
병원의 구분 없이 병상 수, 의료장비, 병원 신설 및 증축 등을 규제하고 기준
에 합당할 경우에 허가를 하였다. 이 정비계획은 매 5년마다 재검토된다.
 당시 총리였던 알랭 쥐페(Alain Juppé)의 이름을 따서 '쥐페법안'이라고도

〈표 12-1〉 의료비 지불방식

(2004년 포괄수가제 도입 이전까지)

	공공병원, PSPH	민간영리병원
예산결정	총액예산	연간지출 전국목표
지불과정	연간예산목표량을 지역별 할당 후, 지방보건의료정비계획에서 제공하는 우선순위 등을 고려하여, 지역병원청과 각 병원이 계약	의료수가 협상
지불방식	월 단위 지급, 총액예산제	행위별 수가제
지불주체	공공의료 지불공단 (Caisse Pivot)	민간의료 지불공단(Caisse Centralisatrice des Paiements)

부르는 1996년 법안에서는 지역병원청(Agences Régionales de l'Hospitalisation: ARH)을 설립하여 이제까지는 각 지역의 도지사(*préfet*)와 지역질병보험기금에서 담당해 왔던 보건계획의 수립, 자원배분의 역할을 지역병원청에서 담당하도록 하였다. 또한 1996년 법안에서는 질병보험지출 국가목표(Objectif National des Dépenses de l'Assurance Maladie: ONDAM)가 포함된 〈사회보장재정법〉(*Loi de Financement de la Sécurité Sociale*)을 매년 국회에서 결의하도록 하면서 의료비 지출 통제를 강화하였다.

당시 의료비 지불방식은 〈표 12-1〉에서와 같이 공공병원과 민간비영리병원 중 공공의료서비스에 참여하는 병원(PSPH)은 총액예산제를 채택하여 예산액을 할당하되 지역보건의료 정비계획에서 제공하는 우선순위 등을 고려하여, 지역병원청과 병원 측이 계약하고 월 단위로 지급하도록 하였다. 민간영리병원의 경우, 1992년 질병보험기금, 민간영리병원 대표, 정부가 참여하여 연간지출 국가목표(Objectif Quanifié National: OQN)을 결정한 후,[3] 국가평균수가, 지역평균수가, 각 지역 내에서 수가 폭 등을 정하였다. 이 후 각 병원의 수가는 지역병원청과 각 병원과의 협상 후 계약에 따라 결정된다.

---

3) 2000년 이후 정부와 민간영리병원 대표 간의 양자협상으로 전환하였다.

5) 포괄수가제 도입

병원 지불체계는 2004년 이전까지는 공공병원과 PSPH의 경우 지역병원청에서 배분하는 총액예산제 아래 있었고, 민간영리병원과 PSPH가 아닌 경우에는 행위별 수가제 아래에 있었다. 그러나 2004년 병원현대화계획 2007(Plan de Modernisation Hopital 2007)이 추진되면서, 지불방식을 총액예산제에서 프랑스식 포괄수가제인 T2A(Tarification à l'Activité)로 전환하였다.

우선 내과·외과·산부인과(Médecine, Chirurgie ou Obstétrique: MCO)에서부터 점진적으로 실시하여 2008년까지 MCO 부문은 100% T2A제도로 전환하였다. T2A는 의사의 진료보수가 환자 수와 질병의 중증 정도에 영향을 받기 때문에 병원 간 환자유치를 둘러싼 경쟁이 심화되었다.

6) 지방보건행정체제와 병원조직 개편

프랑스는 1950년부터 2005년까지 GDP 대비 의료지출비중이 2.5%에서 8.8%로 상승하여 3.3배 이상 증가하였는데 이는 인구의 고령화, 만성질환 증가, 의료기술의 발전, 의료수요의 변화에 의한 영향 때문으로 분석되고 있다. 이에 대응하여 의료비 지출비용을 최소화하면서, 의료서비스의 질을 높일 수 있는 방안으로 〈병원, 환자, 건강 및 영토에 관한 법〉(Loi no. 2009-879 Portant Réforme de l'Hôpital et Relative aux Patients, à la Santé et aux Territoires: HPST)을 입법하였다. 지역행정보건체제와 병원조직의 개편이 중심이 된 〈HPST법〉을 요약하면 다음과 같다.

(1) 지역보건청의 창설

지역보건청(Agences Régionales de Santé: ARS)은 7개 지역보건행정 관련 기관을 통폐합하여 창설하였다.[4] 이를 통해 지역보건행정 관련 기구의 의사결정이 분산되어 있어 발생했던 행정비효율을 최소화하고 지역 내 보건의료활동의 계획, 조직, 조정, 통제를 강화하였다.

(2) 공공병원조직의 효율화 추구

공공병원의 경우 2005년 병원집행부(Conseil Exéutif) 제도를 도입하였으나 의사결정기구로서의 역할을 제대로 이행하지 못한다는 지적이 있었다 (Larcher, 2008). 이는 병원집행부를 의사와 병원행정인력으로 절반씩 동등하게 구성하면서 의사결정기구가 협의체의 성격을 띠게 된 것이 원인이었다.

이를 정비하기 위해 각 진료과의 대표, 인턴대표 등으로 구성된 의료위원회(Commission Médicale d'Etablissement: CME)의 대표를 부병원장(*vice-directeur*)으로 하여 병원장 밑에 두고, 병원행정의 책임을 맡고 있는 병원장 (*directeur*)의 권한과 책임을 강화하였다. 또한 민간병원과의 소득격차 등으로 발생하는 공공병원 임상의의 인력유출을 막기 위해, 의료행위(*activité*) 에 기반을 둔 보수지불방식을 채택할 수 있도록 하는 등 병원 내부조직의 효율화를 이루기 위한 조치를 새로 도입하였다.

---

4) 지역병원청(ARH), 질병보험 지역공단(Caisse Régionale d'Assurance Maladie: CRAM), 질병보험공단 지역연합(Unions Régionales des Caisses d'Assurance Maladie: URCAM), DRASS(Direction Régional des Affaires Sanitaire et Sociales), DDASS(Direction Départmentale et des Affaires Sanitaires et Sociales), GRSP(Groupement Régional de Sante Public), MRS(Mission Régional de Sante) 등 7개 기관을 의미한다.

3. 제도의 기본구조

1) 주요 보건의료 유관기관의 역할과 기능

(1) 보건사회부

보건사회부(Ministère des Affaires Sociales et de la Santé)[5] 내 보건의료 관련 부서로 첫째, 보건정책을 담당하는 보건국(Direction Générale de la Santé: DGS), 둘째, 병원 등의 보건의료자원 관리와 의료시스템을 총괄하는 의료공급 총괄국(Direction Générale de l'Offre de Soins: DGOS), 셋째, 재원조달 문제, 질병보험공단 감독을 주 임무로 하는 사회보장국(Direction de la Sécurité Sociale: DSS), 사회연대 총괄국(Direction Générale de la Cohésion Sociale: DGCS) 등 4개 국으로 구성되어 있다. 보건사회부의 주 업무는 정권이 바뀜에 따라 약간의 변동이 있으며 2014년부터는 보건부 고유 업무 이외에 사회정책 및 여성정책업무를 통합하고 있다(Chevreul et al., 2010).

① 병원, 응급의료, 정신건강, 장애인보건 등의 각 부문별 그리고 지역별 보건의료 예산을 배분한다.
② 의대 정원(*numerus clausus*)을 결정하고 병상 수, 의료장비 등 의료자원의 공급 수준을 결정한다.
③ T2A 체제하에서 공공 및 민간병원의 의료수가(*lump sum tariff*)를 결정한다.
④ 질병보험공단과 의사조합 간에 서명한 협약을 승인한다.
⑤ 의료수가, 의약품 가격을 결정한다.

---

[5] 2010년 11월 25일 정부개편으로 전통적인 보건부의 기능에 노동, 고용 문제를 담당하는 부처를 합병하여 명칭도 노동고용보건부(Ministère du Travail, de l'Empoli et de la Santé)로 변경하였다. 그러나 2012년부터 고용부가 분리되었다.

⑥ 병원의 안전기준(*safety standards*)을 마련한다.

⑦ 전국 보건프로그램 사업의 우선순위를 결정한다.

보건사회부에는 여러 산하기관을 두는데 대표적으로 ① 프랑스 바이오 의약품청(Agence de la Biomédecine), ② 프랑스 의약품관리청(Agence Nationale de Sécurité du Médicament et des Produits de Santé: ANSM), ③ 프랑스 혈액관리청(Etablissement Français du Sang), ④ 프랑스 질병관리 본부(INVS), ⑤ 보건교육개발원(Institut National de Prévention et d'Education pour la Santé: INPES), ⑥ 응급의료대응청(Etablissement de Préparation et de Réponse aux Urgences Sanitaires: EPRUS), ⑦ 프랑스 식품 안전, 환경보건 및 노동안전청(Agence Nationale de Sécurité Sanitaire de l'Alimentation, de l'Environnement et du Travail: ANSES), ⑧ 방사선 및 핵

〈그림 12-1〉 프랑스 보건의료 분야 주요기관 개요

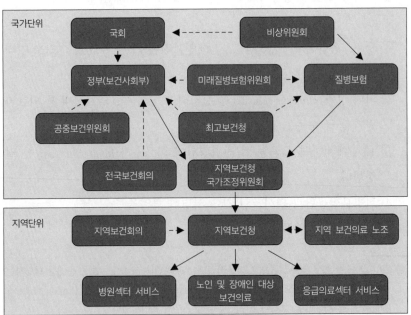

안전연구소(Institut de Radioprotection et de Sécurité Nucléaire: IRSN), ⑨ 병원의료정보청(Agence Technique de l'Information sur l'Hospitalisation), ⑩ 국립 의료사회기관 성과지원청(Agence Nationale d'Appui à la Performance des Etablissements de Santé et Médico-Sociaux: ANAP), ⑪ 국립의료 질평가청(Agence Nationale de l'Evaluation de la Qualité des Etablissements et Services Sociaux et Médico-Sociaux), ⑫ 국립암연구소(Institut National du Cancer: INCa) 등이다. 2015년 보건의료 개혁법안(*Projet de Loi de Santé 2015*)에서는 INVS, INPES, EPRUS 등 세 기관을 통합하는 안이 제출되었다.

(2) 국회

국회는 1996년부터 매년 〈사회보장재정법〉을 의결하며 보건의료제도 운영의 주된 감독기관으로서의 역할뿐만 아니라 질병보험재정을 결정하는 역할을 수행한다. 〈사회보장재정법〉은 차년도의 의료보험 지출목표액 설정, 의료보험을 포함한 사회보장정책에 대한 정부제출 보고서, 새로운 규제 등을 포함한다.

2004년 〈의료보험 개혁법〉에서는 비상위원회(Comité d'Alert)를 설립하여 질병보험지출이 예상치를 넘어설 때 국회와 질병보험공단 그리고 정부에 통보하도록 하였다. 이때 사회보장국에 본인부담금을 높인다든지, 수가인상을 연기한다든지 등의 방법을 통하여 지출액을 줄이는 정책을 도입하도록 요구한다.

(3) 최고보건청

최고보건청(Haute Autorité de Santé: HAS)은 1996년 설립된 전국보건의료 인증평가원(Agence Nationale d'Accréditation et d'Evaluation en Santé: ANAES)을 대체한 기관으로 2005년 1월 세워졌다. 재정적으로 자립한 공

적기관으로 인원은 약 350명이며 의사, 보건의료전문가, 경제학자 등으로 구성되어 있다. 주요임무는 크게 3가지로 요약할 수 있다.

첫째, 질병보험상환을 위한 의약품, 의료기기, 진료행위, 신의료기술 등의 평가업무이다. 예를 들면 최고보건청 내의 투명성위원회(Commission de la Transparence)는 의약품 치료가치를 평가하여 보험 상환등급을 결정한다.

둘째, 의료지침서를 작성하여 의사나 환자뿐만 아니라 감독권을 가진 공공기관에 배포한다. 의료지침서는 특정 질환치료를 위한 치료절차, 환자 모니터링, 경제성 평가 등 다양한 내용을 포함한다.

셋째, 의료기관 평가를 담당한다. 의료기관 평가의 목적은 의료기관에 대한 질적 관리와 병원 간 경쟁촉진 또는 병원교육을 위한 것으로 수가나 예산에 직접적인 영향을 미치는 것은 아니다.

(4) 지역보건청

보건부의 기능을 지역단위에서 수행하는 주체는 〈HPST법〉에 의해서 2010년 4월 설립된 지역보건청이다. 지역보건청은 전국 26개 지역에 설치되어 있으며 각 지역별로 약 300~350명, 총 9천여 명이 근무하고 있다. 지역보건청의 역할은 크게 공공보건과 의료공급 규제 두 가지로 요약할 수 있다. 공공보건활동으로는 암예방 캠페인과 같은 건강예방, 건강증진, 그리고 공중위생 감시업무가 주가 된다. 의료공급 규제로는 외래나 입원, 장기요양 부문의 의료기관 설립이나 병상규모 확장 신청 시 허가를 하고 있으며 전국에 걸쳐 최적의 의료공급이 이루어지도록 수급상황을 고려하며 공급 규제를 한다. 지역보건회의(Conférence Régionale de la Santé et de l'Autonomie: CRSA)는 보건의료 종사자 대표, 보건의료기관 대표, 환자 대표 등으로 구성된 협의체로, 지역보건청에 보건정책 우선순위와 정책 방향 등을 건의한다.

(5) 질병보험공단 전국연합

2004년 8월 13일 〈건강보험법〉 개혁에 근거하여 질병보험공단 전국연합 (Union Nationale des Caisses d'Assurance Maladie: UNCAM) 을 설립하였다. 질병보험공단 전국연합에서는 의사나 약사 등 보건의료단체와 협약 (*convention*) 을 체결하고 국회에서 의결하는 〈사회보장재정법〉의 주요내용에 관한 의견을 제시하는 등 건강보험자의 이익을 대변하는 역할을 담당한다. 주요 의사결정 사항은 일반레짐의 주보험자인 임금근로자 질병보험 전국공단(CNAMTS), 농업 종사자레짐의 보험자인 농업공제조합 중앙공단(CCMSA), 자영업자레짐의 보험자인 비임금근로자 질병 및 출산보험 전국공단(CANAM) 으로 구성되는 이사회에서 결정된다.

2) 의료서비스 공급

프랑스의 의료서비스 공급업체는 공공병원, 민간비영리병원 그리고 민간영리병원으로 나뉜다.

공공병원은 다시 지역병원(Centre Hospitaliers Régionaux: CHR), 일반병원〔Centre hospiraliers (Généraux): CH(G)〕, 읍내병원(Hôpitaux Locaux: HL), 정신과 전문병원(Centres Hospitaliers Spécialisées en Psychiatrie: CHS) 으로 분류된다. 지역병원은 전국 31곳이 있으며, 공공병원 활동의 약 30%을 점유한다(병상 수 기준). 지역병원은 교육전문기관과의 협약을 통해서 연구와 강의를 담당한다. 현재 대단위 도시를 중심으로 29개 병원에서 대학교육을 병행하고 있다. 일반병원은 전국에 828개 병원, 공공병원 병상수의 60%를 차지할 정도로 가장 대중적인 병원이며 이 중 정신과치료 전문병원이 90개이다. 읍내병원은 일반적으로 시골에 위치하고 있으며 단기 약 처방 등 동네병원 역할을 한다.

민간병원은 영리병원과 비영리법인으로 나뉜다. 민간영리병원은 클리

<표 12-2> 의료서비스 공급업체 및 재원조달

구분	의료서비스 공급업체		
병원분류	공공병원	민간병원	
	지역 대학병원(CHR), 일반병원(CH), 정신과 전문병원(CHS), 읍내병원(HL), 기타 병원	구(舊)총액예산제하의 병원	민간영리병원
		급성기 병원, 암센터(CLCC), 정신병원, 재활치료병원, 장기치료병원, 재택병원 등, 투석병원, 방사능 치료병원	
재원조달	급성기병상(내과, 외과, 산부인과) 포괄수가제(ODMCO)		
	연간보충금(DAC)		
	공공이익을 위한 분야와 설비투자 지원(MIGAC)		
	재활치료, 장기요양치료 등 기타 치료 분야 질병보험지출 국가목표액(ONDAM), 연간자원 배정액(DAF)	연간지출전국목표, 재활치료, 장기 요양치료 등	

닉을 중심으로 발달하였으나 투자자에 의한 자금조달이 늘어나면서 체인점 형태의 클리닉도 증가하고 있다. 즉, 이들은 법인으로서 영리활동을 추구할 수 있다. 민간비영리병원은 일반적으로 비영리단체(associations)나 공제조합에 의해서 운영된다.[6]

정부는 의료자원의 균형 있는 공급을 위해 지역보건의료 정비계획에 따라 5년마다 지역별 안배를 하고 병원자원과 활동을 평가하며 지역별로 예산을 배분하여 왔다. 현재 내과·외과·산부인과 분야에서는 포괄수가제를 적용하고 있으나 나머지 분야에서는 기존의 방식대로 지역별 예산분배를 하고 있다.

---

[6] 2009년 〈HPST법〉에 의해 공공의료서비스에 참여하는 병원의 범위를 넓혀 민간비영리병원(Etablissements de Santé Privés d'Intérêt Collectif: ESPIC)라는 새로운 형태를 도입하였다. ESPIC에는 기존의 공공서비스 참여병원(PSPH) 이외에 재택병원, 투석병원 등이 포함된다.

3) 질병보험지출 국가목표 배분구조

1996년 이후 매년 질병보험지출 국가목표액을 결정하여 의료비 지출을 통제하고 있다. 2004년부터는 비상위원회를 세워서 질병보험지출액이 목표액을 초과할 때 질병보험당국에 재정 구제방안을 수립하도록 제도화하였다.

2015년에는 목표액을 1,823억 유로로 설정하고, 병원(768억 유로, 42.1%), 외래(829억 유로, 45.5%), 노인전문병원 등 사회복지시설(178억 유로, 9.8%)에 각각 분배하기로 하였다. 병원지출목표액(768억 유로) 중 포괄수가제 적용을 받는 급성기병상 포괄수가제(Objectifdes Dépenses en Médecine-Chirurgie-Obstétrique: ODMCO)은 505억 유로, 교육과 연구 등 공공이익을 위한 분야와 설비투자 지원(Missions d'Intérêt Général et de l'Aide à la Contractualisation: MIGAC)에 62억 유로를 목표로 하였다.

〈그림 12-2〉 질병보험지출 목표액과 실제 지출액

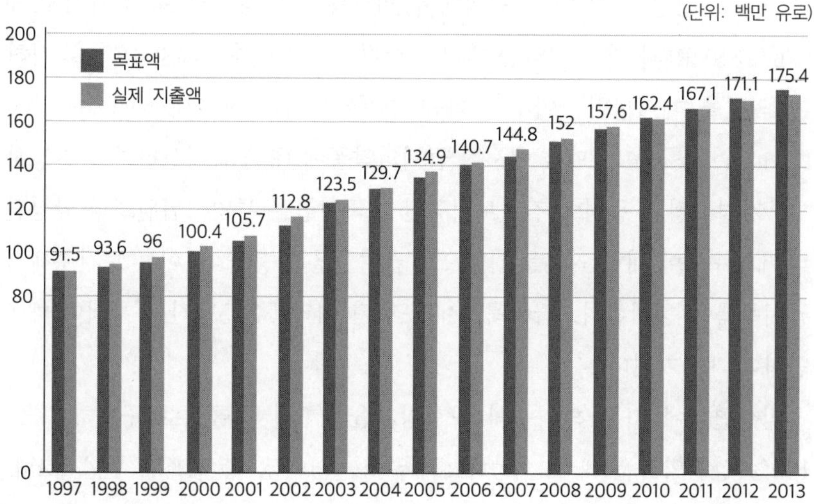

(단위: 백만 유로)

자료: Chevreul et al.(2010).

〈표 12-3〉 2015년 ONDAM

(단위: 백만 유로)

	목표액(〈LFSS 2015〉)	비중
외래	82,952	45.5%
의약품, 의료기기 등 의료용품	28,717	15.7%
비의료용품	54,235	29.7%
의료기관	76,835	42.1%
T2A 병원	57,021	31.3%
내과 외과 산부인과	50,518	27.7%
공공이익을 위한 분야와 설비투자지원	6,298	3.5%
의료기관 관련 기타 비용	19,814	10.9%
사회복지시설	17,882	9.8%
지역중재기금	3,053	1.7%
기타 비용	1,599	0.9%
총 ONDAM	182,332	100.0%

자료: www.sante.gouv.fr.

4) 의약품 공급

모든 의약품은 품목허가를 받은 후 시판할 수 있다. 보험등재 의약품의 경우 최고보건청의 투명성위원회에서 의약품의 임상편익(Service Medical Rendu: SMR)과 기존 의약품 대비 임상편익의 개선수준(ASMR)을 평가하여 의견을 제시한다. 이후 의약품 경제위원회(Comité Economique des Produits de Santé: CEPS)에서는 급여의약품에 대한 급여상한가를 결정하고, 가격결정과 동시에 질병보험공단 전국연합은 투명성위원회의 임상편익 개선수준에 대한 의견을 기준으로 급여율을 결정한다. 이후 보건부에서 급여목록에 등재한다. 급여목록에 포함된 의약품은 5년간 등록되며 매 5년마다 재평가된다.

임상편익에 따른 의약품의 보험상환율은 5개 등급으로 구분하여 ① 100% 상환의약품(대체불가능하고 매우 비싼 의약품, 즉 항암제, 간염치료제, 에이즈치료제, 성장호르몬 등), ② 65% 상환의약품〔높은 임상편익(SMR Important)〕, ③ 30% 상환의약품〔중간 임상편익(SMR Modéré)〕, ④ 15% 상환의약품〔낮은 임상편익(SMR Faible)〕,7) ⑤ 보험상환 제외〔불충분한 임상편익(SMR Insuffisant)〕로 상환하고 있다. 연도별 투명성위원회의 의견개진 개수는 〈표 12-4〉와 같다. 기존의약품 대비 임상편익의 개선수준은 ①

〈그림 12-3〉 의약품 시판허가 및 보험 등재 프로세스

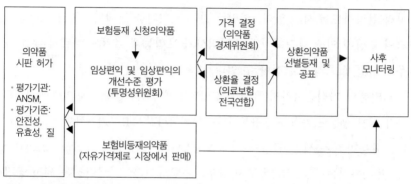

자료: 보건사회부(2015). Rapport sur la réforme des modalités d'évaluation des médicaments에서 내용 참고 및 작성.

〈표 12-4〉 연도별 투명성위원회의 의견개진 개수

	2010	2011	2012	2013	2014
높은 임상편익(SMR)	275	241	248	200	235
중간 임상편익	33	22	24	17	34
낮은 임상편익	15	11	21	6	12
불충분한 임상편익	17	19	31	15	23
총 SMR 의견개진 수	325	241	248	200	235
ASMR I	2	1	0	1	2
ASMR II	2	0	6	2	9
ASMR III	10	2	10	12	11
ASMR IV	20	20	22	18	19
ASMR V	281	209	201	167	186
총 ASMR 의견개진 수	315	232	239	200	227

주: SMR의 경우 적응증을 기준으로 의견개진이 이루어지기 때문에 복수의 적응증이 있는 경우 ASMR 의견개진 수보다 클 수 있음.
자료: 보건사회부(2015). Rapport sur la réforme des modalités d'évaluation des médicaments. p. 14.

ASMR Ⅰ(대폭적인 개선), ②ASMR Ⅱ(유효성과 부작용 감소에서의 중요한 개선), ③ASMR Ⅲ(유효성과 부작용 감소에서의 중간 정도 개선), ④ASMR Ⅳ(유효성과 부작용 감소에서의 작은 개선), ⑤ASMR Ⅴ(개선 없음) 등 5개 등급으로 구분하였다.

〈사회보장법〉(*Article L. 162-16-4 du Code de la Sécuritée Sociale*)에 의하면 의약품 가격은 ASMR, 같은 질환적응에 있는 의약품 가격, 예상판매량에 따라 결정하도록 하고 있다. 의약품 가격은 의약품 경제위원회와 제약회사 간의 협상에 의해 결정되지만 제약회사가 보험등재 절차를 따르지 않을 경우 자유롭게 가격을 결정할 수 있다.

의약품의 가격은 4가지 요소〔① CEPS와 제약회사 간 협상에 의해서 결정된 가격(세전 공장도 가격)+② 유통마진+③ 약국마진+④ 부가가치세〕로 구성된다. 유통마진은 세전 공장도 가격의 22.90유로까지는 10.3%, 22.90~150유로까지는 6%, 150유로 이상부터는 2%이다. 약국마진은 세전 공장도 가격이 22.90유로까지는 26.1%, 22.90~150유로까지는 10%, 150유로부터는 6%이다.

4. 제도의 현황

1) 의료서비스 공급체계 현황

(1) 외래
입원을 요하지 않는 외래진료(*soins de ville* 또는 *ambulatoir*)는 개원의(*médecin de ville*, 즉 일반의, 전문의, 치과의사, 물리치료사 등 포함)가 주로 제공

---

7) 15% 상환의약품은 2010년 〈사회보장재정법〉에 처음 도입되었다. 2006~2008년에는 유효성이 입증되지 않았으나 널리 사용되는 의약품에 대해 일시적으로 15% 상환 적용한 바 있다.

<표 12-5> 일반의 진료비 및 환불료(주치의가 있는 경우)

(단위: 유로)

진료과목의	진료비	보험환불정산 기본금액	환불료	환불액
일반의(Secteur 1)	23	23	70%	15.10
일반의(Secteur 2)	자유	23	70%	15.10
비협약 일반의	자유	없음	0%	없음
전문의(Secteur 1)	25	25	70%	16.50
전문의(Secteur 2)	자유	23	70%	15.10

자료: https://www.service-public.fr/particuliers/vosdroits/F1069.

하지만 병원근무 의사에 의해 제공되기도 한다. 외래환자는 의사를 자유롭게 선택할 수 있으나 2004년 도입된 〈건강보험 개혁법〉에서 주치의 제도를 도입함에 따라 지금은 약 85%의 프랑스인이 주치의를 가지고 있다. 전체 의사 중 약 44.7%가 개업의로 활동하며 단독 또는 그룹으로 일을 하기도 한다.

진료비는 개원의조합과 보험공단 간의 협약을 통해서 결정되는데 이러한 협약을 체결한 의사는 Secteur 1 의사와 Secteur 2 의사로 구분된다. Secteur 1 의사는 진료비도 보험공단과의 협정을 통해서 정하는 반면, Secteur 2 의사는 진료비를 자신이 자유롭게 결정하여 청구할 수 있다. 그러나 Secteur 1 의사는 의사가 지불해야 하는 각종 사회분담금(Cotisation Sociale)에서 할인을 받는다. 이외에 비협약의는 가격을 자유롭게 책정할 수 있으나 보험환불을 받지 못한다. 〈표 12-5〉는 2016년 일반의 개업의와 전문의 개업의의 진료비와 환불료를 보여준다. 2017년 5월 1일부터는 일반의 진료비가 23유로에서 25유로로 인상될 계획이다.

(2) 병원

프랑스 병원은 공공병원, 민간비영리병원, 민간영리병원으로 나누어진다. 프랑스에는 총 3,111개의 의료기관이 있으며, 병상수로는 총 410,921개의 병상과 72,563개의 임시병상이 있다. 임시병상이란 간단한 외과수술

<표 12-6> 병원설립 형태별 병원 수 및 병상 수

	병원 수	병상 수	임시병상 수
공공병원	1,416	256,229	41,657
CHR, CHU	182	73,585	9,939
CH	973	146,403	16,703
정신병원	97	25,667	14,609
기타 공공병원	164	10,574	406
민간비영리병원	683	57,176	13,393
암 전문병원	21	2,813	953
기타 민간비영리병원	662	54,363	12,440
민간영리병원	1,012	97,516	17,486
전체	3,111	410,921	72,563

자료: DREES, 2014.

<표 12-7> 설립형태별 외과 분야 입원환자 점유 비중

(단위: 일, %)

	입원일 수	공공병원	민간비영리	민간영리
외과 종합	5,511	37.0	8.6	54.4
정형외과 외상치료	1,514	37.3	6.7	56.0
안과	933	25.0	7.6	67.4
소화계	764	44.1	10.3	45.6
산부인과계	483	40.0	13.8	46.2
신장계	484	36.5	9.3	54.2
이비인후과 및 위장계	378	32.3	7.9	59.9
심장계	326	40.9	8.8	50.3
다학제 외과시술	176	51.8	7.8	40.4
피부계	179	24.4	7.7	67.9
신경계	157	48.4	6.3	45.2
순혈관계	65	48.5	11.3	40.1
내분비	36	55.9	14.4	29.7

자료: DREES, 2014.

<표 12-8> 설립형태별 내과 분야 점유 비중

(단위: 천 일, %)

	입원일수	공공병원	민간비영리	민간영리
내과 종합	10,467	65.6	8.0	26.4
소화계	2,484	40.5	8.3	51.2
심장계	900	72.8	8.1	19.2
호흡기계	832	81.4	7.4	11.2
신경계	794	88.8	6.0	5.2
비뇨기과	639	63.3	7.3	29.5
이비인후과 및 위장계	545	41.5	5.3	53.2
순환계 카테테르법 진단 및 중재	474	52.0	7.8	40.2
내분비	368	84.9	7.7	7.4
독물, 중독, 알코올	360	90.8	4.1	5.1
류머티즘	347	79.9	7.2	12.9
정신병	286	89.1	8.2	2.7

자료: DREES, 2014.

등을 위해 사용되는 병상을 말한다.

의료기관 설립형태별로 보면 공공병원(총 1,416개), 민간영리병원(총 1,012개), 민간비영리병원(ESPIC, 총 683개) 순으로 병원 수가 많다. 병상 수 기준으로는 공공병원 60%, 민간영리병원 25%, 민간비영리병원 15%로 구성되어 있다. 공공병원은 지역병원 182개, 읍면단위소재 일반병원 973개, 정신병원 97개, 기타 공공병원 164개가 각각 운영 중이다.

설립형태별 입원환자의 점유 비중을 보면 프랑스 민간영리병원은 외과와 단기치료 분야에서 특히 높은 비중을 차지하고 있다. 전체 외과 입원환자 중 민간영리병원 입원환자 비중을 보면, 피부계통은 67.9%, 안과계통 수술은 67.4%, 이비인후과 및 위장계통은 59.9%, 정형외과계통은 56.0%를 점유하며 외과 전체로는 54.4%를 차지하고 있다(<표 12-7> 참조). 전체 내과 입원환자 중 민간영리병원 입원환자 비중은 26.4% 수준이다. 대표적인 프랑스 민간영리병원으로 170여 개의 클리닉을 보유하고 전체 민간병원의 16%를 차지하는 General de Santé를 들 수 있다.

보건의료제도 403

2) 의료인력

OECD의 국제비교 통계(OECD Health Data 2015)에 의하면 프랑스의 의사 수는 인구 1천 명당 약 3.3명 수준으로 우리나라(2명)보다 많으며 OECD 평균(3.3명)과 동일하다.

2016년 프랑스 보건통계국(DREES)에서 발표한 의사 수는 223,571명이다. 의사인력의 정체는 보건통계국 통계에서 볼 수 있다. 이와 같은 현상은 특히 의사와 약사인력에서 두드러지는데 이는 1990년 이후 입학정원 제한 강화에 따른 것으로 해석된다(Billaut et al., 2006). 2016년 프랑스 의사 총 223,571명 중 전문의는 121,272명, 일반의는 102,299명이었다. 종사 분야별로 보면 공공병원 종사자 62,366명, 공동개업의 52,860명, 개인개업의 44,822명 등이었다.

〈그림 12-4〉 유럽 주요국 의사 수 변화추이

(2000~2013년, 2,000 = 100)

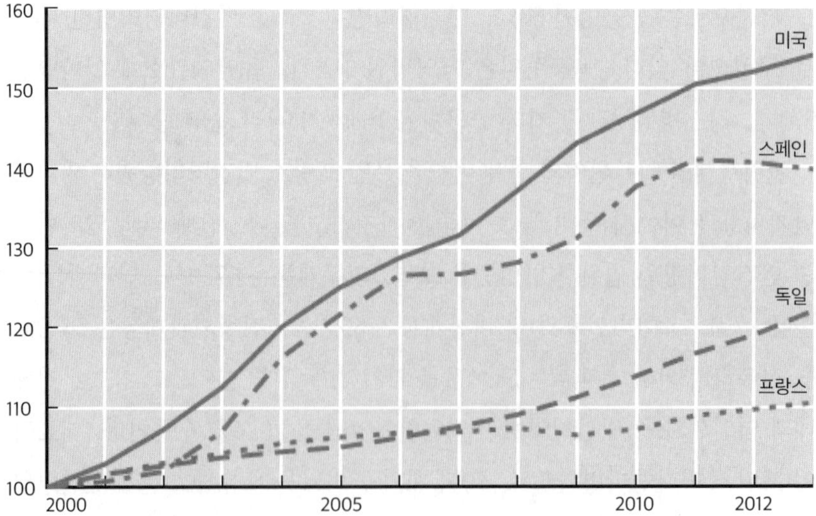

자료: OECD, 2015.

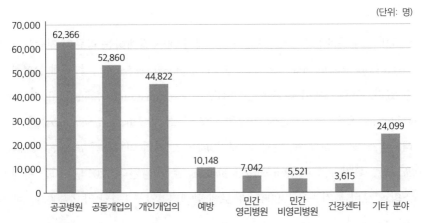

〈그림 12-5〉 종사 분야별 의사 수 분포

(단위: 명)

자료: 보건통계국(2016), www.data.drees.sante.gouv.fr.

〈표 12-9〉 프랑스 의료인력

(단위: 명)

	2009	2010	2011	2012	2013	2014	2015	2016
의사	213,821	212,044	213,442	216,762	218,296	220,474	222,150	223,571
전문의	109,596	108,695	110,180	114,866	116,493	118,150	119,665	121,272
일반의	104,225	103,349	103,262	101,896	101,803	102,324	102,485	102,299
치과의사	41,936	41,767	41,800	40,599	40,833	41,223	41,495	41,788
약사	74,441	75,407	73,276	72,811	73,670	73,789	74,345	74,489
산파	19,630	20,018	18,835	19535	20,235	20,991	21,632	22,312
물리치료사	68,717	70807	72811	75,117	77,730	80706	83619	86,459
간호사	507,338	528,206	547,676	567,363	595394	616,573	638,248	660,611
발음교정사	18,970	19,753	20,513	21,210	21,891	22,,733	23,521	24,466
시력교정의	3,150	3311	3,479	3,654	3,,825	4,016	4,,185	4,409
정신운동훈련자	7,320	7,667	7,990	8,383	8,889	9,514	10,252	11,074
족전무치료사	11,187	11,450	11,745	12,083	12,428	12,848	13,250	13,652
작업치료사	6,951	7,353	7,695	8,079	8,539	9,122	9,691	10,417
보청기사	2,251	2,375	2,461	2,,624	2,767	2,919	3,090	3,264
안경사	19,887	21,049	23,666	24,999	27,326	29,057	32,245	34,370
ERM조정사	27,999	28,657	29,343	30,191	31,230	32,304	33,464	34,498
영양사	6,254	6,750	7,279	7,869	8,522	9,252	9,972	10,796
심리학자	29,466	32,848	36,470	41,338	45,619	49,906	53,913	57,854

자료: 보건통계국(2016), www.data.drees.sante.gouv.fr.

3) 의료비 지출

의료비 지출통계는 프랑스 보건사회부에서 매년 집계하는 의료비 지출보고서 [La Dépense de Santé (Résultat des Comptes de la Santé)]를 통해 살펴볼 수 있다. 프랑스에서 의료비는 CSBM (Consommation de Soins et de Biens Médicaux)으로 집계하는데 이에는 병원의료서비스(*soins hospitaliers*)와 외래서비스(*soins de ville*), 의약품(*médicaments*), 기타 의료용품(*autre biens médicaux*), 환자 이동비(*transports de malades*)로 구성된다. 2014년 기준 프랑스의 의료비 총지출은 1,906억 유로에 달했다. 인구 1명당 약 2,900유로에 해당한다.

의료비는 2000년대 초반 연간 5~6%씩 증가하였으나, 이후 정책적 노력으로 의료비가 크게 감소하여 2007년에는 4%, 2008, 2009년에는 3.1%, 이후 5년 동안은 3% 이내로 성장률이 감소하였다. 이에 따라 2014년 기준 국민총생산에서 의료비가 차지하는 비중은 8.9% 수준에 머물렀다.

〈그림 12-6〉 의료비 구성 요소별 비중

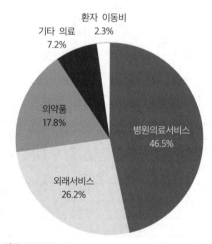

자료: DREES, Comptes nationaux de la santé.

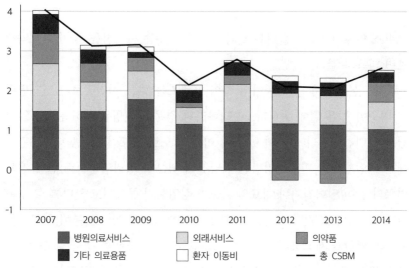

〈그림 12-7〉 의료비 성장률 분해

자료: DREES, Comptes nationaux de la santé.

〈표 12-10〉 총 의료비 지출 추이

(단위: 백만 유로)

	2009	2010	2011	2012	2013	2014	2015
입원치료	78,342	80,322	82,463	84,570	86,687	89,079	90,790
공공 부문	60,211	61,701	63,294	64,952	66,779	68,635	70,126
민간 부문	18,131	18,621	19,169	19,619	19,908	20,444	20,664
외래진료	43,149	43,866	45,721	47,044	48,283	49,396	50,546
의사 진료	18,356	18,157	18,908	19,015	19,298	19,728	20,142
보조의료 종사자 요양	10,341	10,850	11,521	12,322	13,105	13,768	14,353
치과진료	9,654	9,987	10,280	10,480	10,595	10,584	10,709
임상병리검사	4,195	4,255	4,390	4,332	4,337	4,312	4,312
물리치료	320	328	332	353	364	388	392
기타	282	288	290	543	584	616	637
의약품	33,611	33,720	34,217	33,864	33,253	34,147	33,963
기타 의료용품	11,166	11,825	12,488	13,047	13,559	14,123	14,677
환자이동	3,568	3,745	3,852	4,074	4,288	4,413	4,591
의료비 소계	169,836	173,477	178,741	182,600	186,071	191,158	194,567

자료: DREES, 2016.

5. 맺음말

프랑스 의료시스템을 살펴본 결과 우리에게 주는 시사점을 몇 가지 요약해 보면 다음과 같다.

첫째, 본문에서 살펴본 바와 같이 프랑스는 다른 선진국보다 민간병원의 비중이 높은 편에 속한다. 우리나라의 경우 영리병원은 허용하지 않고 있으나 민간병원의 비중이 90%에 이를 정도로 압도적으로 높다. 프랑스에는 법인형태의 민간영리병원이 발전해 왔으나 영리법인으로 인해 전체 의료의 질이 떨어지거나 의료의 과도한 상업화가 문제되고 있다고 할 수는 없다. 그러나 2009년 프랑스 국회를 통과한 〈HPST법〉을 통해 공공의료 부문의 역할을 제고하기 위해 많은 노력을 기울이고 있는 것을 알 수 있다. 〈HPST법〉에서는 기존의 공공의료서비스 제공병원을 국립병원과 공공의료서비스 참여 비영리병원으로 한정하였던 것을 민간영리병원을 포함한 모든 병원으로 확대하였다. 민간병원의 발전과 별도로 공공기능의 역할과 책임이 결코 낮은 것이 아님을 이를 통해 볼 수 있다.

둘째, 프랑스는 의료비 지출과 의료자원관리를 지역보건행정기관이 주가 되어 담당하고 있는 것이 특징이다. 지역보건청은 지역보건계획에 따라 병원의 설립과 설비투자를 통제하거나 질환별 수요전망을 하여 미리 공급부족분을 파악하고 정책에 반영한다. 중앙정부는 연간 의료비지출 목표액을 결정하고 각 지역별로 할당하되, 지역보건청과 병원이 계약하여 의료비를 지출한다. 우리나라에서도 의료비 지출과 의료자원관리를 위한 전문성과 중장기적 시각을 갖춘 독립적 조직 또는 체계를 검토해 볼 필요가 있다.

■ 참고문헌

국내 문헌

김대중(2012). 《주요국의 사회보장제도: 프랑스》, 제3부 제1장 의료제도. 서울: 한
국보건사회연구원.

해외 문헌

Carine, M. (2008). Hospital ownership, reimbursement system and mortality
rates. *Health Eocnomics*, *14*(*11*), 1151~1168.

Chevreul, K., Durand-Zaleski, I., Bahrami, S., & Hernández-Quevedo,
C. (2010). *France Health System Review*. Copenhagen: European Observatory
on Health Systems and Policies.

Rochaix, L., & Hartmann, L. (2005). Public-private mix for health in France. In
Maynard, A. (Ed.). *Public-private mix for health in France: Plus Ça Change, Plus
C'est la Même Chose?* (141~160). Cornwall and Padstow: Radcliffe Publishing.

기타 자료

보건사회부(2015). Rapport sur la réforme des modalités d'évaluation des médic-
aments.

Billaut, A., Breuil-Genier, P., Collet, M., & Sicart, D. (2006). Les évolutions
démographiques des professions de santé. INSEE.

CNAMTS(2008). Pharmaceutical pricing and reimbursement information. France.

Conseil Economique et Social(2005). L'hopital public en France: Bilan et perspective.

DREES(2009). Les établisssements de santé: Un panorama pour l'année 2007.

_____(2010). Comptes nationaux de la santé 2010.

_____(2014). La statistique annuelle des établissements(SAE), 2014.

_____(2016). Les depenses de sante en 2015: Resultats des comptes de la sante.

Larcher, G. (2008). Rapport de la commission de concertation sur les missions de
l'hôpital.

OECD (2015). Health data.

Sicart, D. (2011). Les professions de santé au 1er janvier 2011. DREES.

보건통계국(2016). www. data. drees. sante. gouv. fr.

https://www. service-public. fr/particuliers/vosdroits/F1069.

www. sante. gouv. fr.

의료보장제도*

1. 머리말

프랑스 의료보장제도는 동종업종 내의 종사자끼리 상호 부조할 목적으로
설립한 공제조합(*mutuelle*)에서 출발하였기 때문에 직업군을 중심으로 발
전하였다. 프랑스는 가입자의 직업범주에 따라 민간 부문 피용자 중심의 일
반레짐(Régime Générale), 비농업 자영업자 중심의 자영업자레짐(Régime
Autonomes), 농업 부문 종사자 대상의 농업 종사자레짐(Régime Agricole)
과 같이 다보험체계로 이루어져 있고 보험자도 각각 상이하다. 그러나 전
국민의 87%가 일반레짐에 가입하고 있기 때문에 단일보험체계와 매우 유
사한 구조이다. 본 장에서는 주로 일반레짐하의 의료보장제도를 중심으로
논의를 전개하고 세부적인 사항에서 필요 시 다른 하부제도에 대한 설명을
첨가하도록 하겠다.

---

* 이 글은 2012년 《주요국의 사회보장제도: 프랑스》(한국보건사회연구원, 2012)에서 필자
가 작성한 "제3부 제2장 의료보장"을 수정 보완한 것이다.

질병보험을 관리·운영하는 기구는 임금근로자 질병보험 전국공단(Caisse Nationale d'Assurance Maladie des Travailleurs Salariés: CNAMTS) 이다. 프랑스 사회보장제도의 특징은 보험자와 분리된 사회보험 통합징수기관을 두고 있다는 것이다. 사회보험료 통합징수기관(Union de Recouvrement des Cotisations de Sécurité Sociale et d'Allocations Familiales: URSSAF) 은 공적 독립법인으로 전국에 106개소가 설치되어 있으며, 질병보험, 가족수당, 노령수당 등 사회보장 부문의 모든 보험료와 조세까지 총괄 징수하고 있다. 징수된 보험료와 조세는 사회보장조직 중앙기구(Agence Centrale des Organismes de Sécurité Sociale: ACOSS) 로 보내지고 여기서 징수한 보험료를 총합하여 질병보험, 가족수당, 노령연금의 각 운영단위로 각각의 보험자 기관에 배분한다. 이 중 질병보험의 지급은 프랑스 영내 101개 도(*départemetal*) 단위 질병보험 기초공단(Caisses Primaires d'Assurance Maladie: CPAM) 을 통해 질병보험 급여를 지급한다. 연금 및 산재보험은 14개 지역(*régional*) 단위 연금 및 산재보험 지역공단(Caisse d'Assurance Retraite et de la Santé au Travail: CARSAT) [1] 에서 급여를 지급한다.

1945년 프랑스 사회보장제도의 골자가 만들어진 이후 프랑스 의료보험 제도는 다양한 도전에 적응하며 현재의 모습까지 이르렀다. 특히, 1970년 중반 이후 무엇보다 큰 도전과제는 늘어난 지출과 부족한 수입 사이에서 발생하는 질병보험 재정적자의 문제를 어떻게 해결할 것이냐의 문제였다. 이를 해결할 방법으로 첫째, 재원을 증가해 수입을 늘리는 방법, 둘째, 의료자원의 이용제한이나 보장성 축소를 통해 지출을 줄이는 방법, 셋째, 기존 의료시스템을 효율화하여 낭비요소를 줄이는 방법이 있을 것이다. 본

---

1) 2009년 7월 1일 〈HPST법〉이 통과되면서 과거의 질병보험 지역공단(Caisses Régionales d'Assurance Maladie: CRAM) 은 해체되고, 노령산재보험공단(CAT) 과 지역보건청(ARS) 을 창설하여 그 역할을 분리하였다. 연금 및 산재보험 지역공단(CARSAT) 은 일반레짐의 산재보험과 노령보험의 지역본부 역할을 담당한다.

장에서는 프랑스 의료보장제도를 들여다봄으로써 프랑스가 답을 찾아가는 과정을 살펴보고 우리나라 의료제도에 주는 시사점을 도출하고자 한다.

2. 제도의 형성과 변화

1) 프랑스 의료보험제도의 탄생과 발전

프랑스 의료보험제도는 산업혁명 전후 다양한 공제조합이 결성되면서 시작되었다. 그러나 〈표 13-1〉에서와 같이, 2차 세계대전 이전의 프랑스 의료보험제도는 비농업 부문의 자영업자 집단이나 농업 부문의 자영업자는 가입조합이 없는 등 편협한 형태로 조직되어 있었고 여러 형태의 행정기구가 분절되어 운영되었으며 특정 사회적 위험에 대한 특정 개인 혹은 특정 직업 집단 보호가 목적으로 조직되었다(심창학, 1997). 이러한 문제점을 인식하고 조합의 통합 및 단일화와 전 국민을 대상으로 하는 사회보장체계를 구축하고자 1945년 10월 사회보장조직에 관한 대통령령(Ordonnance

〈표 13-1〉 2차 세계대전 이전 프랑스 의료보험의 조합체계

사회 및 기업 집단	시행보험	가입조합	행정업무 및 담당기구
산업, 상업 부문의 일반 봉급생활자	의료, 출산, 노령, 폐질, 사망	보통조합	공제조합기구, 가족기관, 고용주기구, 노동자기구, 도 단위기구 중 가입자 자유선택
산업, 상업 부문의 회사간부	노령, 사망, 폐질	민간주도의 특별조합	공제조합기구, 보험회사, 고용주 관리기구 중에서 자유선택
공무원, 공공기관, 특수직 종사자	노령, 의료	특수조합	공제조합기구
농업 부문 봉급생활자	노령, 의료	농업조합	농촌사회 공제조합기구
농업 부문 자경업자	없음	없음	없음
자영업 종사자(비농업 부문)	없음	없음	없음

자료: 심창학(1997).

du 4 octobre 1945 portant organisation de la Sécurité Sociale)을 공포하고
1946년 9월 사회보장 일반화에 관한 법률을 발표하였다.

1945년 확립된 프랑스 의료보장제도(Assurance Maladie)는 독일식 비스
마르크(Bismarck) 제도와 영국식 베버리지(Beveridge) 제도의 혼합형이라
고 할 수 있다. 비스마르크제도는 노동자와 고용자의 사회적 기여금이 주
된 재원이 되어 국가기관으로부터 일정 정도 독립된 조직을 통해 운영되는
것이 원칙이다. 또 그 목적도 사회적 기여금을 갹출한 노동자의 복지를 향
상시키고자 하는 데 있다. 2009년 프랑스는 사회보장지출의 70.1%를 노
동자와 고용주의 사회적 기여금(Cotisations Sociales)에서 조달하고 있기
때문에 비스마르크 방식의 사회보장제도를 채택하고 있다고 할 수 있다(프
랑스 재무부, 2011). 그러나 프랑스는 영국의 윌리엄 베버리지(William
Beveridge)가 1942년 발표한 선언문에서 이념으로 하는 전 국민에 대한 복
지서비스 제공과 국가에 의한 사회정책 운영을 또한 목표로 하고 있다. 이
는 1945년 10월 대통령령 제 1조에서 확인할 수 있다.

소득능력을 약화 또는 소멸시킬 모든 종류의 위험으로부터 근로자와 그 가족
보호 및 출산부담, 가족부양 부담 대비를 목적으로 사회보장조직을 구성한
다. 이 조직은 사회보험, 퇴직근로자수당, 산재보험, 가족수당, (…) 등에
관한 지급업무를 담당하게 될 것이다.

1946년 사회보장 일반화에 관한 법률을 통해 전 국민을 대상으로 하는
일반레짐을 도입하였으나 각종 이익단체의 반대에 부딪혀 1961년 농업 종
사자레짐 의료보험 부문 창설, 1966년 자영업자레짐 의료보험 부문 창설
등 다원주의 형태로 발전하였다.

2) 1967년 사회보장 개혁

1967년 개혁 이전에는 의료보장체계가 사회보장 전국공단(Caisse Nationale de Sécurité Sociale)을 통해 총괄적으로 관리·운영되었으나, 이를 임금근로자 질병보험 전국공단, 임금근로자 노령보험공단, 가족수당 전국공단의 3원체제로 구분하여 각 공단이 재정안정화의 책임을 지게 하였다. 그리고 보험료 통합징수를 위한 기관인 사회보장조직 중앙기구를 별도로 설립하여 효율성을 기하기 위해 노력하였다.

1945년 프랑스 사회보장제도가 공포된 이후 1970년까지 프랑스는 높은 경제성장과 완전고용에 가까운 고용률 덕택으로 비스마르크제도와 베버리지목표가 서로 모순 없이 조화를 이루며 시행되었으나 1970년 중반부터 경기침체로 사회보장기금의 수익이 줄어들자 기금적자가 늘어나기 시작하였다. 오일쇼크 이후 실업자 수의 증가는 사회보장수입의 감소를 가져온 반면, 의료기술의 발전, 인구구조의 변화 등은 지출 증가를 초래하며 적자폭이 커진 것이다.

사회보장재정의 적자 문제를 해결하기 위해 정부는 1990년 11월 특별소득세인 일반 사회보장 부담금(Contribution Sociale Généralisée: CSG)을 새로 도입하는 등 적극적으로 개입하기 시작하였다. 프랑스의 복지체제가 기여제에 의한 재원충당 방식, 가입자에 의한 자치관리원칙에 바탕을 둔 비스마르크모델에서 베버리지모델로 더 가까워지는 모습을 보이기 시작한 시점이다.

3) 2000년 보편의료보장제도 도입

경기침체로 실업률이 증가하고, 사회보장제도의 혜택을 받지 못하는 사람이 늘어나면서 사회보장제도가 양극화를 조장한다는 비판이 일게 되었다.

즉, 노동활동에 참여할 기회조차 없는 사람은 최소한의 공적 부조 이외에 사회보장제도 혜택을 정상적으로 누릴 수 없기 때문에 일부 계층을 위한 사회보장제도로 변질되었다는 비판이었다.

1999년에 수행한 한 연구결과에서 150만 명에 달하는 사람이 경제적 문제로 의료혜택을 전혀 받지 못하고 있다는 사실이 밝혀짐에 따라, 당시 사회부장관이었던 마틴 오브리(Martine Aubry) 장관은 보편의료보장제도 (Couverture Maladie Universelle: CMU)를 발의하여 국회에서 의결하고 2000년 1월부터 시행하였다. 보편의료보장제도는 프랑스에 합법적으로 거주하고 있는 사람으로 월 소득이 일정수준 미만이며 의료보험에 가입되지 않았을 경우, 일정한 절차를 거쳐 의료보험혜택을 부여하는 제도이다. 현재는 약 480만 명 정도가 혜택을 받고 있다.

4) 2004년 건강보험 개혁

2004년 의료보험 적자액이 110억 유로에 달하는 등 재정적자 규모가 커지자 이에 대한 대책으로 주치의(médicin traitant) 제도를 도입하여 의료공급체계 개선에 나섰다. 2004년 이전에는 환자가 일반의나 전문의를 가리지 않고 의사를 선택해 외래진료를 받았고, 개원의뿐만 아니라 병원의사나 보건소의사도 외래 서비스를 제공함에 따라 의료이용이 낭비되고 비효율적이라는 지적이 있었다(정현진 등, 2007).

2004년 주치의제도 도입 이후 16세 이상 건강보험 가입자 4,800만 명 중 2006년까지 3,773만 명(79%)이 주치의를 선택하여 매우 빠른 속도로 주치의제도가 정착되었다. 이와 같은 성공적인 정착은 주치의를 지정하지 않고 진료를 받을 경우 진료비의 70% 대신 30%만 환불하도록 하는 등 다양한 인센티브를 제공하였기 때문이다.

주치의 제도의 도입과 동시에, 이 제도가 성공적으로 성공할 수 있도록 개

인 의료기록제(Dossier Médical Personnel)와 새로운 보건카드(Carte Vitale
II) 제도 등도 도입하였다(최기춘·김경하, 2006).

3. 제도의 기본구조

1) 프랑스 의료보험 운영 개요

프랑스의 의료보험 가입은 의무이며 직업군에 따라 일반레짐, 농업 종사자
레짐, 자영업자레짐, 특수레짐에 가입한다. 민간 부문 피용자를 대상으로
하는 일반레짐은 전체 인구의 약 87%가 가입되어 있다. 농업 종사자레짐,
자영업자레짐 등은 직업에 따라 독자적 제도를 운영하기 때문에 각자 보험
자를 두고 있고 세부적 급여내용에서도 차이가 있다.

　자치운영을 원칙으로 하나 의회와 정부는 의료보험제도 운영을 감독할
뿐만 아니라 질병보험재정의 규모를 결정한다. 프랑스 〈사회보장법〉 총칙
은 당해 연도의 사회보장예산을 국회에서 〈사회보장재정법〉(*Lois de Fi-
nancement de la Sécurité Sociale*)으로 결정하도록 규정하고 있다. 〈사회보장

<표 13-2> 프랑스 사회보험체계와 하위제도 적용 대상

제도 종류	사회적 위험	적용 대상자	적용인구 / 총인구 비율
일반레짐	건강 및 산재, 노령, 가족수당	민간 부문 피용자, 학생	87.09%
농업 종사자레짐	건강 및 산재, 노령, 가족수당(일반레짐)	농업 부문 종사자	5.91%
자영업자레짐	건강 및 산재, 노령, 가족수당(일반레짐)	비농업 장여업자, 전문직 등 자유업 종사자, 수공업자	5.13%
특수레짐	건강 및 산재, 노령, 가족수당(일반레짐)	군인, 지하철 종사자, 가스공사직원, 국회, 재외국민 등 13개 특수레짐	4.20%

자료: WHO(2009).

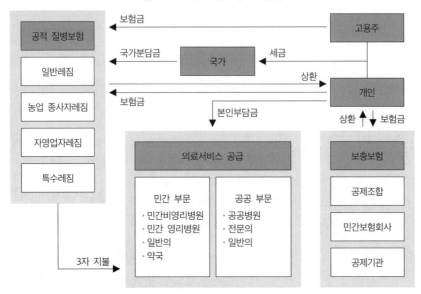

〈그림 13-1〉 의료보험 제도 기본구조

자료: 김대중(2012) 재인용.

법〉에 따라 다음해의 질병보험지출 국가목표(Objective National des Dé-penses d'Assurance Maladie: ONDAM)를 국회에서 결정한다. 예산이 결정되면 보건부는 병원 부문을 포함한 부문별로 예산을 배분하고 동시에 지역별로 보건의료 지출예산의 배분도 결정한다. 질병보험의 재정 상태와 변화 추이를 지속적으로 점검하여 질병보험재정이 질병보험지출 목표를 초과할 것으로 예상되면 질병보험 비상위원회(Comité d'Alert)는 정부와 국회에 상황을 보고한다(최기춘·김경하, 2006).

〈그림 13-1〉에서와 같이 프랑스 의료보험은 고용주와 피고용인의 보험금, 국가의 부담금, 그리고 개인의 본인부담금(ticket moderateur) 등으로 재원이 조달된다. 본인부담금은 다시 공제조합이나 민간보험회사, 또는 민간공제기관에서 제공하는 보충보험에 가입함으로써 부담을 줄일 수 있다. 보험자는 의료서비스 공급업체에게 서비스에 대한 대가를 지불한다.

2) 공적 질병보험 운영

공적 질병보험의 운영을 일반레짐을 중심으로 더 살펴보면 아래와 같다. 〈그림 13-2〉는 일반레짐의 조직운영도로, 일반레짐 내에 있는 질병보험, 산재보험, 노령보험, 가족수당을 관리·운영하는 기관을 표시하고 있다. 질병보험의 보험자는 임금근로자 질병보험 전국공단으로 도 수준에 101개 질병보험 기초공단을 두고 질병보험 급여 및 서비스를 제공하고 있다. 연금 및 산재보험 지역공단은 이전의 질병보험 지역공단을 해체하고 2010년 7월 1일 설립된 조직으로 노령보험과 산재보험의 급여서비스 제공업무를 담당하고 있다.

일반레짐 내에는 보편의료보장제도가 예산에 포함되어 있다. 보편의료보장제도는 2000년에 도입된 제도로 프랑스에 거주하는 취약계층을 위한 사회보험이며 보편의료보장제도의 도입으로 프랑스는 사실상 전 국민 의료보장을 달성하게 되었다.

〈그림 13-2〉 일반레짐 운영조직도

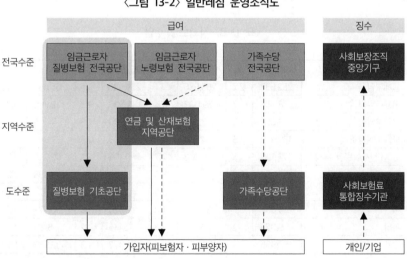

자료: 김대중(2012)에서 재인용.

3) 의료보험 재원조달 및 지출현황

프랑스의 사회보장수입은 2015년 기준 4,638억 유로로 이 중 보험료에 의한 수입(*cotisations effectives*) 55%, 일반 사회보장 부담금(CSG) 16%, 세금 및 기타 갹출금(*IT et auture contributions sociales*) 13% 등으로 구성되어 있다.

〈그림 13-3〉 사회보장 수입

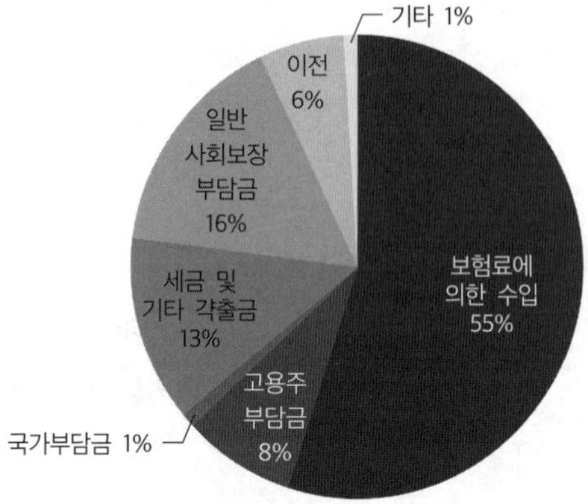

자료: 프랑스 보건사회부(2016). 사회보장재정 통계(Les comptes de la sécurité sociale): 33.

〈표 13-3〉 사회보장 수입

(단위: 백만 유로)

	2014	%	2015	%	2016(p)	%	2017(p)	%
실제부담금	252,637	2.7	255,536	1.1	259,396	1.5	265,692	2.4
고용주부담금	38,856	1.7	39,003	0.4	39,500	1.3	39,760	0.7
국가부담금	3,097	-7.2	3,474	12.2	4,080	17.5	4,199	2.9
사회기여금조세	132,962	3.5	134,756	1.3	135,913	0.9	137,842	1.4
일반 사회보장 부담금	74,190	1.3	76,203	2.7	80,109	5.1	80,799	0.9
기타 사회기여금	9,968	13.7	12,457	25.0	5,997	++	6,368	6.2
조세	48,804	5.9	46,096	-5.5	49,807	8.0	50,674	1.7
이전	30,305	3.7	30,618	1.0	30,120	-1.6	30,279	0.5
기타	5,029	-1.2	4,913	-2.3	5,415	10.2	5,211	-3.8
전체	462,886	2.9	468,300	1.2	474,423	1.3	482,982	1.8

자료: 프랑스 보건사회부(2016). 사회보장재정 통계(Les comptes de la sécurité sociale): 33.

프랑스의 사회보장 지출은 2015년 기준 4, 750억 유로에 달하였다. 이 중 의료보험에 대한 지출이 1, 970억 유로로 전체 사회보장지출의 38%를 점유하였다. 노령보험이 2, 234억 유로로 44%, 가족수당이 543억 유로로 11%, 산재보험이 133억 유로로 3%를 점유하였다. 다음으로는 사회보장 수입 중 의료보험과 관련한 수입을 중심으로 살펴보고자 한다.

〈그림 13-4〉 프랑스 사회보장 지출

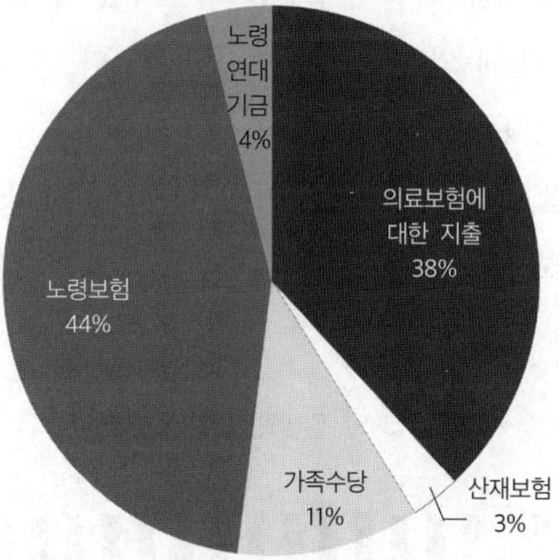

자료: 프랑스 보건사회부(2016). 사회보장재정 통계(Les comptes de la sécurité sociale): 69.

〈표 13-4〉 프랑스 사회보장 지출

(단위: 백만 유로)

	2014	%	2015	%	2016(p)	%	2017(p)	%
질병	193,172	2.2	197,089	2.0	201,076	2.0	208,764	3.8
산재	13,074	2.1	13,304	1.8	13,438	1.0	13,551	0.8
가족	59,016	1.5	54,302	-8.0	49,656	-8.6	50,025	0.7
노령	219,916	1.9	223,472	1.6	227,075	1.6	230,650	1.6
노령연대기금	20,618	4.8	20,521	-0.5	20,316	-1.0	20,595	1.4
기초레짐과 노령연대기금 간 이전	-33,013		-33,654		-33,542		-33,889	
전체 기초레짐	472,784	2.1	475,033	0.5	478,018	0.6	489,696	2.4

자료: 프랑스 보건사회부(2016). 사회보장재정 통계(Les comptes de la sécurité sociale): 69.

(1) 의료보험

보험재정은 고용자와 피고용자의 임금소득을 기준으로 납부하는 보험료와 임금소득을 제외한 기타 소득에 부과하는 조세적 성격의 일반 사회보장 부담금(CSG), 사회보장목적세(ITAF) 등이 질병보험의 재원으로 충당되고 있다. 프랑스는 사회보험에 의해 보건의료재원을 조달하는 대표적 국가지만 1998년 사회보장제도의 재원기반을 확충하기 위한 노력으로 총소득에 근거한 일반 사회보장 부담금이 도입되면서, 실제로 사회보험재원의 구성 중 고용주와 피고용자에 의한 보험료는 감소하고 사회보장목적세(CSG + 담배세, 주류세 등 간접세)의 비중이 많이 증가하였다. 〈그림 13-5〉는 일반 레짐 수입구조의 변화 모습이다.

일반레짐에는 질병보험과 관련된 부분, 노령보험과 관련된 부분, 가족 수당과 관련된 부분, 산재보험과 관련된 부분 등이 포함되어 있다. 이 중

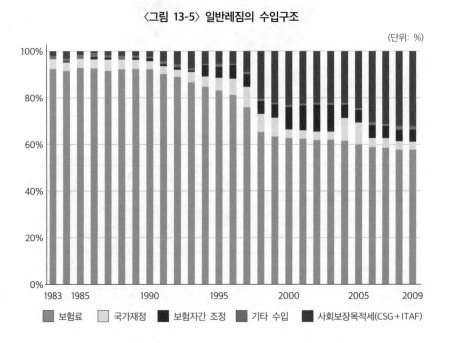

〈그림 13-5〉 일반레짐의 수입구조

질병보험과 관련된 부분(*branche maladie*)만 따로 떼어서 보면 2015년 기준 질병보험 수입은 1,674억 유로로 이 중 보험료의 비중은 46.3%, 일반사회 보장 부담금을 포함한 준조세가 약 49.6%를 차지하고 있다(〈표 13-5〉 참조). 〈표 13-6〉은 일반레짐의 질병보험지출을 보여주는 표로 2015년 질병보험지출은 1,590억 유로 수준을 기록하였다.

〈표 13-5〉 질병보험 수입구조: 일반레짐-질병보험

(단위: 백만 유로, %)

구분	2014	2015	비중
1. 보험료, 소득세 및 부가가치세	155,260	160,527	95.9%
보험료	76,067	77,567	46.3%
국가책임 보험료	949	1,157	0.7%
일반 사회보장 부담금	55,433	57,051	34.1%
2. 목적세(ITAF) 및 기타 부담금	24,235	26,024	15.5%
기타	-1,424	-1,271	-0.8%
3. 이전	3,409	3,704	2.2%
4. 기타 수입	3,116	3,211	1.9%
총계(1 + 2 + 3 + 4)	161,786	167,442	100.0%

자료: 프랑스 보건사회부(2016). 사회보장재정 통계(Les comptes de la sécurité sociale): 149.

〈표 13-6〉 질병보험 지출구조: 일반레짐-질병보험

(단위: 백만 유로, %)

	2014	2015	비중
1. ONDAM 내 질병 및 출산급여 지출	144,425	147,967	93.0%
질병 지출	140,577	143,841	90.4%
출산 지출	3,270	3,599	2.3%
재외동포 지출	578	527	0.3%
2. ONDAM 외 급여지출(사회복지시설, 장애인, 사망급여 등)	10,783	11,129	7.0%
3. 이전	7,230	8,440	5.3%
4. 기관 운영비	5,789	5,570	3.5%
5. 기타	80	92	0.1%
총계(1 + 2 + 3)	168,307	159,096	100%

자료: 프랑스 보건사회부(2016). 사회보장재정 통계(Les comptes de la sécurité sociale): 149.

4. 제도의 현황

1) 보건의료비 지출 및 재원조달 현황

OECD 통계에 의하면 프랑스의 보건의료비 지출은 PPP 기준으로 2009년 국민 1인당 연 3,978달러에서 2013년 4,124달러로 증가하였다. 미국이나

〈표 13-7〉 국민 1인당 의료비 지출

(PPP 기준, 단위: 달러)

	2005	2007	2009	2013	
				1인당 의료비	GDP대비
프랑스	3,306	3,679	3,978	4,124	10.9%
독일	3,364	3,724	4,218	4,819	11.0%
한국	1,291	1,651	1,879	2,275	6.9%
영국	2,735	3,051	3,487	3,235	8.5%
미국	6,700	7,437	7,960	8,713	16.4%

자료: OECD(각 연도). Health data.

〈그림 13-6〉 국민 1인당 의료비 지출

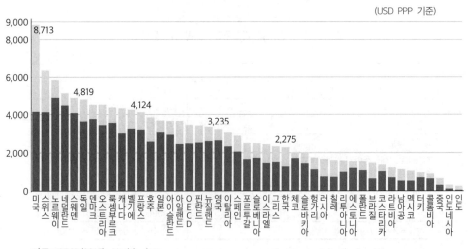

(USD PPP 기준)

자료: OECD(2015). Health data.

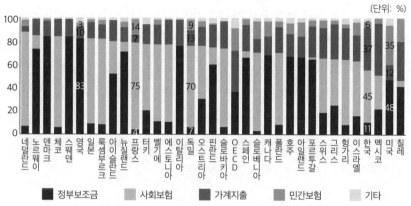

〈그림 13-7〉 주요국가의 의료비 지출 재원조달 현황

(단위: %)

자료: OECD(2011). Health data.

독일보다는 낮지만 영국, 한국, 일본보다는 높은 수치이다. GDP 대비로
는 11.8%에 달하는 것으로 나타났다.

OECD 건강 데이터(Health Data, 2015)에 의하면 프랑스의 경우 의료
비 지출을 위한 재원조달은 정부보조금과 사회보험이 각각 4%, 75%이
고, 민간재원은 민간보험 14%, 가계지출 7%로 추정된다. 프랑스는 전
국민을 대상으로 질병보험제도를 시행하지만 의료비 통제수단으로 본인
부담금을 부과하는 정책을 시행하는데, 본인부담금을 보장해주는 보충형
민간보험의 규모가 커졌다.

2) 의료보험 보험료와 조세 부과체계

사회보장 관련 보험료 요율 및 관련 조세(분담금 및 목적세)의 세율은 의회
가 〈사회보장재정법〉에 따라 매년 결정한다. 의료보험의 재정수입원은 건
강·출산·장애·사망보험, 일반 사회보장 부담금, 사회부채 상환부담
금, 사회보장목적세 등이 있다.

(1) 사회보험금

1998년 이전까지는 근로자의 임금에 대한 보험료율이 5%대 중반을 유지하였으나, 1998년부터 일반 사회보장 부담금이 질병보험재정에 할당이 되면서 질병보험의 보험료율이 근로자 임금의 0.75%로 줄어들었다. 여기서 근로자의 임금이란 노동의 대가로 근로자에게 지급된 모든 소득, 즉 임금, 상여금, 특별수당 등을 모두 포함하며 보험료 산정기초로서 소득 상한은 없다. 〈표 13-8〉은 일반레짐에서의 근로자 임금에 대한 보험료와 분담금 부과체계이다.

〈표 13-8〉 일반레짐에서 임금소득에 대한 보험료와 분담금

(단위: %)

		고용자분담금	근로자분담금	합계
질병보험		12.80%	0.75%	13.55%
노령보험	상한소득 이하	8.4%	6.75%	15.15%
	상한소득 초과분	1.6%	0.1%	1.7%
가족수당		5.40%	-	5.40%
산재보험*		2.43%	-	2.43%
일반 사회보장 부담금		-	7.5%	7.5%
사회부채 상환세		-	0.50%	0.50%

주: * 10인 이하 작업장 기준
자료: http://www.securite-sociale.fr/Les-sources-de-financement-de-la-Securite-sociale(2016).

(2) 일반 사회보장 부담금

사회보장재원 마련을 위해 1991년에 도입되었고 질병보험재정 수입원으로 활용되기 시작한 것은 1998년부터이다. 부담금의 세원은 임금소득에 7.5%를 곱하여 산출하며 5.29%는 질병보험재정에 할당하고 있다. 임금소득 이외에 토지임대소득, 동산 투자소득, 부동산 투자소득 및 이들의 양도소득 등에 세율 8.2%(5.95%는 질병보험에 할당), 도박이익에 12%(4.35%는 질병보험에 할당), 연금에 6.6%(4.35%는 질병보험에 할당), 수당에 대해서는 6.2%(3.95%는 질병보험에 할당) 세율을 적용하여 부과하고 있다. 소득세

면세 대상인 저소득층에 대해서는 사회보장 부담금으로 3. 8%를 책정하였다. 사회보장 부담금은 일반적으로 소득세에서 공제 대상이 된다.

제약회사의 경우에도 매출액의 1. 6%를 세금을 통해서 부담하도록 〈사회보장재정법〉에서 정하고 있다. 매출액이 76만 유로가 넘는 제약회사의 경우 기업 이윤의 0. 13% 세금을 부담하며, 2013년에는 이를 통해 5, 500만 유로를 거두어들였다.

(3) 사회부채 상환부담금

사회부채 상환부담금(Contribution pour le Remboursement de la Dette Sociale: CRDS)은 1996년 1월 법규명령(*ordonnance*) 제 96-50호로 제정되어 시행된 제도로 사회보장재정 건전화를 위해 도입한 일종의 조세이다. 임금소득 외에 자산수입, 투자운용수입, 귀금속 판매수입 등 거의 모든 수입에 동일하게 0. 5%를 부과한다. 담당기관은 사회부채 상환공단(Caisse d'Amortissement de la Dette Sociale: CADES)이다.

(4) 사회보장목적세

사회보장재원을 위한 목적세의 기원은 1967년 자동차보험 보험료에 사회보장보험료가 덧붙여지면서부터였다. 이는 자동차 보유와 함께 교통사고의 위험성이 높아지며 따라서 의료비가 높아지는 점을 고려하여 도입되었다. 이후 1983년에 주류세, 담배소비세, 의약품광고세 등에도 일정율의 세금이 부과되었다. 전체 담배소비세 중 임금근로자 질병보험 전국공단으로 할당되는 비율은 2005년 31. 55%로, 금액은 30. 2억 유로였다. 반면에 주류세는 3. 7억 유로에 머물렀다.

3) 의료보험 지불체계

(1) 외래서비스 지불체계

개원의는 Secteur 1 소속 의사(파리의 경우 전체 일반의의 55%, 전체 전문의의 27%)와 Secteur 2 소속 의사(파리의 경우 전체 일반의의 39%, 전체 전문의의 71%)로 나누어지며, Secteur 1 의사는 의사단체 대표자와 보험공단 사이의 전국협약에서 정해진 표준협약 요금을 준수하도록 되어 있고 Secteur 2 의사는 협약요금보다 높은 비용을 받을 수 있으나 대신 질병보험, 노령연금, 세금 등에 대한 혜택은 받을 수 없다(이용갑 외, 2005). 많은 경우, Secteur 2 의사는 협약요금보다 50% 이상 높은 가격을 책정하는 것으로 알려져 있다. 외래진료의 경우, Secteur 1 및 2, 그리고 병원소속 의사의 진료(private practice) 모두 행위별 수가제(fee-for-service)로 진료비가 지불된다.

(2) 입원서비스 지불체계

2004년 병원 개혁 이전에는 공공병원과 공공서비스를 제공하는 비영리병원의 경우 프랑스 의회에서 매년 그다음 해의 질병보험지출 목표를 의결하도록 하였다. 예산의결이 되면 설정된 예산은 각 지역의 보건의료 행정기관[당시는 지역병원청]에 배분되며 이 기관은 개별 병원과의 협상하에 다음 해의 총액예산을 결정하고, 결정된 예산액은 월별로 보험공단을 통해 병원에 지급한다. 민간영리병원의 경우에도 연간지출 국가목표(Objectif Quantifié National: OQN)에 의해 지불액이 결정된다. 지역별 지출목표에 따라 보건의료 행정기관이 개별 민간영리병원과 협상하에 병원별 고정요금을 결정하였다. 각 병원이 제공목표량을 초과하여 서비스를 제공할 경우, 초과량에 대한 요금의 상당 부분은 삭감되어 지급되고 요금률도 저하된다 (Sandier et al., 2004).

전술한 바와 같이 프랑스의 공공병원(공공서비스를 제공하는 비영리병원 포함)과 민간영리병원은 각기 다른 지불체계를 적용받고 있었으나 2004년 이후에 포괄수가제(Tarification à l'Activité: T2A)로 통일되었다. T2A는 환자 치료활동을 799개 질병군(Groupes Homogènes de Malades: GHM)으로 분류하고 각 치료활동 내에서의 평균 치료비용을 계산하여 상환하는 제도이다. 적용 대상 치료행위는 급성기 진료〔내과·외과·산부인과(Médecine, Chirurgie ou Obstétrique: MCO)〕와 급성기병상 입원환자에게 사용된 GHM 등록 의약품, 재택입원 등에 한정하며, 재활치료(Soins de Suite et de Réadaptation), 정신과치료(Psychiatrie), 장기요양치료(Long Séjour) 등의 기타 치료행위는 제외된다. 이 지불체계는 공공병원에의 도입 초기인 2004년에는 급성기 진료의 약 10%에 적용되었으나 2008년 1월부터는 대부분의 진료영역에 적용되고 있다. 민간영리병원에는 2005년부터 적용되기 시작했다.

현재는 공공병원(공공의료서비스를 제공하는 민간비영리병원 포함)과 민간영리병원의 GHM 수가가 상이하게 적용되고 있으나 2018년까지 모든 형태 병원의 지불체계를 단일화하기로 목표를 잡았다. 새로운 포괄수가제 지불방식인 T2A의 낮은 수가 책정에 일부 공급자로부터 불만이 표출되었으며 서비스 활동량 기반 요금책정에 따른 서비스양의 증가 가능성에 대한 우려가 제기되고 있기도 하였다(Garrigues, 2009).

4) 민간보험

프랑스는 보험급여비로 지불되는 의료비용 전액을 지불하지 않으며 나머지는 환자에 의해 지불된다. 〈표 13-9〉에서와 같이 보험급여비는 서비스 유형, 질환 종류, 처방약의 효능과 같이 보험급여 항목에 따라 상이하다. 2011년 기준, 환자가 직접 지불한 본인부담금은 전체 의료비 재원의 약

8%에 해당하였다.

이러한 법정급여의 일부를 보충적으로 보장하는 민간보험을 보충형 민간보험이라 하며 전 국민의 약 94%가 보충형 민간보험에 가입되어 있다. 위에서 살펴본 바와 같이 취약계층에 대해서는 보충적 보편의료보장제도 (CMU-C)가 보충형 보험의 역할을 한다. 보충형 민간보험자는 공제조합 (Mutuelle), 공제기관(Institution de Prévoyance), 민간영리보험회사의 3가지 유형이며, 보충형 민간보험이 제공하는 보장수준은 고용상태 혹은 소득수준에 따라 다양하다. 상호부조조합은 지역요율 산정방식, 공제기관은 단체보험 방식, 그리고 민간영리보험회사의 경우 개인 연령과 건강수준에 따라 보험료율이 책정된다.

프랑스의 민간의료 보험은 공적 질병보험을 보충해주는 제도로서 공적

〈표 13-9〉 보험 급여 항목과 급여비

	유형	급여비(%)
진료비	의료인 진료비(외과, 내과, 산부인과, 치과)	70
	의료보조인 진료비(물리치료사, 발음교정사, 시력교정의, 족전문의)	60
검사료	생물학적 검사	60
	해부 및 세포병리 검사	70
	혈청검사(에이즈바이러스 검사, C형 간염 등)	100
의약품	상당한 개선효과 입증 의약품(Vignette Blanche)	65
	적당한 개선효과 입증 의약품(Vignette Bleue)	30
	약간의 개선효과 입증의약품(Vignette Orange)	15
	교체불가능 또는 초과가 의약품	100
기타 의료비	안경	60
	인공보철	60
	붕대, 약세사리제품, 소형기구	60
	정형외과제품	60
	의안, 환자운반용 기구 등 대형기구	100
	인간유래제품(피, 젖, 정자)	100
교통비	교통비	65
입원	입원비	80

자료: http://www.ameli.fr.

질병보험에서 보장하지 않는 서비스나, 공적 질병보험의 보장률에 추가 보장을 해주어 보장률을 높여주는 역할을 한다. 예를 들어 의약품의 경우 본인부담률이 0%에서 65%까지 이르는데 민간보험 가입을 통해서 처방약에 대한 비용을 환급받을 수 있다.

보충적 민간보험시장에서 경쟁하고 있는 기관을 보면 2014년 기준 동종

〈표 13-10〉 민간보충보험의 구조

(단위: %)

	2010	2011	2012	2013	2014
1. 법정질병보험	76.2	75.9	76.1	76.3	76.6
2. 보편의료보장제도(CMU)	1.3	1.3	1.3	1.4	1.4
3. 민간보충보험	13.4	13.6	13.7	13.7	13.5
공제조합(Mutuelles)	7.5	7.5	7.4	7.3	7.2
민간영리보험회사(Société d'Assurance)	3.5	3.6	3.7	3.7	3.7
공제기관(Institutions de Prévoyance)	2.4	2.5	2.5	2.6	2.6
4. 가계 본인부담	9.1	9.1	8.9	8.7	8.5
총계	100.0	100.0	100.0	100.0	100.0

자료: DREES, 2014: 87.

〈표 13-11〉 민간보험회사의 의료비 지출

(2014년, 단위: 백만 유로)

	공제조합	민간영리보험회사	공제기관	총	민간보험 비중(%)
의료비지출(1 + 2 + 3 + 4 + 5) (CSBM)	13,647 (53.1%)	7,041 (27.4%)	4,994 (19.4%)	25,682 (100%)	13.5
1. 입원치료	2,542	1,382	740	4,663	5.3
2. 외래치료	5,699	2,908	2,220	10,827	21.7
의사	2,121	1,134	761	4,016	19.9
치과	2,058	1,034	1,017	4,019	38.8
의료용구	939	429	248	1,615	11.4
실험실	581	311	194	1,086	25.6
3. 의약품	2,651	1,294	689	4,635	13.7
4. 기타	2,643	1,399	1,327	5,369	38.9
5. 환자운송	112	58	18	188	4.3

자료: DREES, 2014: 93.

직업군의 종사자를 위한 비영리기관인 공제조합이 전체민간보험 시장의 53.1%를 점유하고 있고 민간영리보험회사가 27.4%, 또 다른 비영리기관인 공제기관이 약 19.4%를 점유하고 있다. 프랑스에서는 전체 가구의 약 95%가 보충보험에 가입된 것으로 보고되며(IRDES, 2012) 보충보험을 통해 지출된 금액은 의료비지출(Consommation de Soins et de Biens Médicaux: CSBM)의 약 13.5%를 점유하고 있다.

5) 보편의료보장제도

실업 등의 이유로 법정보험에 가입되지 않은 사람은 보편의료보장제도를 통해 의료보험 혜택을 받을 수 있다. 보편의료보장제도는 두 가지 형태가 있는데 기초 보편의료보장제도(CMU Base)는 일정 소득 이하인 사람을 무료로 일반레짐에 가입시켜 일반레짐 가입자와 동일한 혜택을 누리게 하지만, 본인부담금은 본인이 현금으로 지불하거나 공제조합 등 민간보충보험에 가입하여 혜택을 받는 제도이다. 반면, 보충적 보편의료보장제도(CMU Complementaire)는 기초에 더해서 보충보험까지 국가에서 부담하는 제도이다.

기초 보편의료보장제도의 경우 2011년 기준으로 연소득이 9,164유로 미만이어야 하며 질병보험 기초공단에 여권, 거주증명서 등을 제출하면 혜택을 누릴 수 있다. 소득이 9,029유로 이상인 사람은 연소득에서 9,029유로를 차감한 금액의 8%를 지불하여 혜택을 받을 수 있다. 보충적 보편의료보장제도는 2011년 연소득 상한선 7,611유로 미만(1인 기준)인 사람만이 대상이다. 2010년 현재 기초는 215만 9천 명, 보충은 431만 9천 명이 혜택을 본 것으로 조사되었다(http://www.cmu.fr/site/cmu.php4?Id=3&cat=75).

2005년부터는 보충적 보편의료보장제도 혜택을 받지 못하는 차상위계층(2011년 1인 가족 기준 연소득 9,792유로 이하)에 일부 보충보험 혜택을 지원하는 보충보험지원제도(Aide Complémentaire Santé: ACS)를 지원한다.

보편의료보장제도의 재원은 2009년 이후 보충보험사의 기여금에 의해 운영되고 있다. 2015년 24억 9천 유로에 달하는 금액이 보편의료보장제도를 위한 재원으로 마련되었다. 보편의료보장제도 지출금액은 24억 5천 유로 중 기본급여로 19억 2천 유로, 보충급여로 5억 2천 유로가 지출되었다.

〈표 13-12〉 보충적 보편의료보장제도 수혜조건

(단위: 유로)

가족 수	연간 소득 상한선	
	프랑스 영내	부속 영토(DOM)
1	7,611	8,471
2	11,417	12,707
3	13,700	15,249
4	15,984	17,790
5	19,028	21,179
매 1명 추가 시	+ 3,044	+ 3,388

〈표 13-13〉 보편의료보장제도의 재원

(단위: 백만 유로)

수입	2005	2006	2007	2008	2009	2010	2011	2012	2013	2014	2015
국가예산분담금	695	346	109	47	-	-	-	-	-	-	-
주류세	386	404	480	349	-	-	-	-	-	-	-
담배세		217	411	372	-	-	-	42	352	354	360
보충보험지원제도	13	40	65	87	-	-	-	-	-	-	-
보충보험회사의 기여금	302	492	494	569	1,791	1,856	1,930	2,031	2,066	2,130	2,119
법정보험 분담금	22	25	35	28	79	93	10	11	16	9	20
총	1,418	1,524	1,595	1,452	1,870	1,949	1,940	2,084	2,434	2,493	2,499
지출	2005	2006	2007	2008	2009	2010	2011	2012	2013	2014	2015
기본급여	1,270	1,438	1,442	1,263	1,429	1,444	1,369	1,403	1,581	1,895	1,925
CMU-C	78	81	88	80	323	464	431	458	498	553	521
기타	26	36	29	80	99	13	12	18	18	20	7
총	1,374	1,555	1,559	1,423	1,851	1,921	1,814	1,879	2,097	2,468	2,453

자료: CMU(2016). Annuaire statistique de Fonds de CMU.

5. 맺음말

본 장에서는 의료시스템의 세 가지 축이라 할 수 있는 의료재원조달, 공급자 지불체계, 그리고 의료전달체계 중 의료재원조달과 공급자 지불체계를 중심으로 간략히 살펴보았다. 프랑스 의료보장제도의 특징은 우선 조합주의에 근간하여 사회보장제도가 발전하여 왔으나 프랑스는 '의료접근의 형평성'을 위해 보편의료보장제도를 도입하는 등 비경제활동인에게도 의료보장혜택을 누리게 한다는 점이다.

질병보험 재정적자 문제는 1970년대 중반부터 시작되어, 1980년 GDP 대비 의료비 지출비중이 7.6%였던 것이 1994년 9.4%까지 늘어났고 2004년에는 10%, 2010년에는 11.85%까지 증가하였다. 재정적자는 조세 성격의 세금부과를 계속 늘리는 결과를 가져왔다.

프랑스는 질병보험 재정적자 문제를 해결하기 위해 크게 3가지 정도의 접근방법을 시행하여 왔다. 첫째, 의료수가, 의약품가격 등 가격통제를 통한 방법이다. 그러나 이러한 전략은 사용량 조정이 동반되지 않으면 큰 효과를 거두기 어렵다. 따라서 본인부담금을 늘리는 방식이나 의사의 처방에 사용량과 관련한 인센티브를 부여하는 방식으로 수요를 통제하려는 방식도 시도하였다. 2004년의 주치의제도 도입도 비슷한 맥락으로 해석할 수 있다.

두 번째 전략으로는 공급을 통제하는 것이다. 1991년에는 지역보건의료 정비계획을 세워 병상증가 등을 통제했고, 1996년에는 질병보험지출 국가 목표를 설정했고 설정된 목표액에 따라 총액예산제 등을 통해 질병보험공단과 병원이 협약하여 지출을 통제하였다. 만약 예산 목표량을 초과할 경우 페널티를 주었다.

마지막으로는 2004년 이후 진료비 지불제도의 개편을 통한 지출 축소 노력이다. 프랑스식 포괄수가제는 급성기 병상에만 현재 적용하고 있으나 아직 효과를 평가하기에는 조금 이른 단계이다.

■ 참고문헌

국내 문헌

김대중(2012). 《주요국의 사회보장제도: 프랑스》. 서울: 한국보건사회연구원.

심창학(1997). "국민연대와 집단연대: 프랑스 사회보장개혁(1944~1948)". 〈한국정치학회보〉, 31권 2호, 315~337.

이용갑·허순임·전창배·김경하·엄의현·박지연·구미경(2005). 《외국의 건강보험 제도 조사》. 서울: 국민건강보험공단 건강보험연구센터.

정현진·황라일·서수라·김철웅(2007). 《유럽의 일차의료 현황 및 주치의 제도 개혁: 한국에의 함의》. 서울: 국민건강보험공단 건강보험연구센터.

최기춘·김경하(2006). 《건강보험 운영체계 연구(1): 프랑스》. 서울: 국민건강보험 공단 건강보험연구원.

해외 문헌

Dupeyroux, J.-J. (2011). *Droit de la Sécurité Sociale*, 17e édition. Paris: Dalloz.

Rodwin, V. G. (2006). *Universal Health Insurance in France: How Sustainable?*. Washington, DC: Office of Health and Social Affairs, Embassy of France.

Sandier, S., Paris, V., Polton, D., Thomson, S., & Mossialos, E. (2004). *Health Care Systems in Transition: France*. Denmark: European Observatory on Health Systems.

기타 자료

프랑스 보건사회부(2016). 사회보장재정 통계(Les comptes de la sécurité sociale).

프랑스 재무부(2011). Rapport sur les prélèvements obligatoires et leur évolution.

DREES(2014). Les dépenses de santé en 2014.

Fenina, A., Le Garrec, M.-A., & Koubi, M. (2011). Les Comptes nationaux de la sante en 2010. DREES.

Garrigues(2009). European Health Management Association.

IRDES(2012). Santé et protection sociale.

OECD(각 연도). OECD Health Data.

World Health Organization(2005). Le financement du système de santé en France:

Rôle et organization de l'assurance maladie obligatoire.

_____ (2009). Aspects organisationnels du système de lante française.

http://www.ameli.fr.

http://www.cmu.fr/site/cmu.php4?Id=3&cat=75.

http://www.securite-sociale.fr/Les-sources-de-financement-de-la-Securite-sociale
   (2016).

14

장기요양보장제도

1. 머리말

장기요양이란 일상생활의 수행능력 및 신체적, 정신적 기능 저하로 인해 돌봄이 필요한 대상자에게 가사, 세수, 목욕, 이동, 주택 개보수, 보조기 지원 등의 서비스를 제공하는 것을 의미한다. 프랑스의 대표적인 노인 대상 장기요양제도로는 개인별 자립성 수당(Allocation Personnalisée d'Autonomie, 이하 APA)이 있다. APA는 혼자 일상생활이 어려운 의존성 혹은 자립성 상실 노인이 본인의 집에서 살아가는 데 필요한 서비스 제공을 위한 비용이나 부양노인 주거시설(Etablissement d'Hébergement pour Personnes Agées Dépendant: EHPAD)의 입소요금 일부를 지불하는 데 사용된다.

60세 이상의 모든 노인을 대상으로 하는 APA는 기존의 의존특별수당(Prestation Spécifique Dépendance, 이하 PSD)을 대체해 2002년 1월부터 시행되었다. 2014년 APA의 수급자는 약 125만 명으로 60세 이상 인구 중 약 8%, 75세 이상 노인의 약 20%에 해당한다. 이 중 약 59%인 74만 명이 재가서비스를, 약 41%인 51만 명이 시설서비스를 이용한다(DREES, 2014).

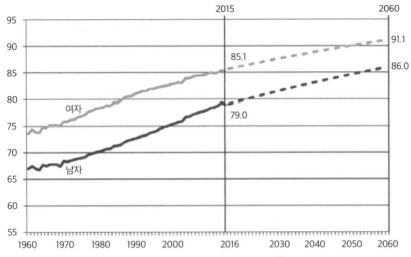

〈그림 14-1〉 프랑스 기대수명의 변화

자료: Cour des comptes d'après données INSEE. Projections à l'horizon 2060.

프랑스의 평균수명은 2016년 1월, 여자 85세, 남자 79세이고 2060년에는 여자 91.1세, 남자 86세에 이를 것으로 예상된다(Cour des comptes, 2016).

베이비붐 세대의 고령 진입과 기대수명의 증가로 프랑스는 중대한 인구 고령화를 마주하게 되었다. 2015년 60세 이상 노인은 전체 인구의 24.8%, 65세 이상의 노인은 전체 인구의 18.8%, 75세 이상 노인은 9.3%이다. 2035년의 60세 이상 프랑스 노인은 전체 인구의 약 31%에 이르고 2060년 75세 이상의 노인은 16.2%로 현재보다 두 배 가까이 늘어날 것이며 100세 이상 노인도 20만 명에 달하게 될 것으로 예상된다(INSEE, 2010).

고령인구의 증가가 곧 의존성 인구비율의 증가라고 단정할 수만은 없다. 그러나 고령화에 따른 의존성의 증가는 기정사실로, 초고령인구층의 확대는 노인부양과 돌봄 등 의존성 욕구의 가중을 의미한다. 2014년 63% 이상의 프랑스인은 의존성 문제와 본인이 연루되어 있다고 느끼며 의존성 상태에 이르게 되는 것에 대한 두려움을 가지고 있는 것으로 조사되었다(*Figaro*, 2014. 7. 4). 또한 고령화에 따른 비용부담과 문제해결을 위해 국가가 적극

(단위: 백만 명)

	총인구 수 전망(1월 1일 기준)	20세 미만	20~59세	60~74세	75세 이상
2015	64.5	24.2	51.0	15.5	9.3
2020	66.0	23.9	49.6	17.0	9.4
2025	67.3	23.5	48.4	17.2	10.9
2030	68.5	23.0	47.5	17.1	12.3
2035	69.7	22.6	46.7	17.1	13.6
2040	70.7	22.4	46.6	16.3	14.7
2050	72.3	22.3	45.9	15.9	16.0
2060	73.6	22.1	45.8	15.9	16.2

자료: INSEE(2010). Scénario central des projections de population 2007~2060.

적으로 나설 것을 요구하고 있다. 고령, 장애, 의존성과 관련된 문제는 신 사회적 위험으로 간주되었고 프랑스의 사회적 논의와 사회정책 개혁의 중 심에 있다. 2016년 〈고령화 사회 적응에 관한 법〉(*Loi Relative à l'Adpatation de la Société au Vieillissement*)의 제정은 이와 같은 프랑스의 정책기조가 반 영된 것이라 할 수 있다. 이 법의 제정으로 APA의 재가급여와 서비스 지원 이 강화되었고 고령화 예방 및 노인의 사회적 불평등 완화를 위한 전 사회 적 구성원의 참여가 촉구되고 있다.

본 연구는 프랑스 장기요양정책의 도입 배경, 발전과정 및 제도의 주요 내용을 살펴보고, 그 이념적 배경과 제도적 특성을 제시하는 데 목적이 있 다. 이를 위해 노인 의존성 혹은 자립성 상실에 관한 정책의 발전 과정, 대 표적 장기요양정책인 APA의 주요 내용 및 현황, APA의 시사점의 순서로 다루고자 한다. 프랑스의 장기요양정책에 대한 이해가 향후 한국 노인장기 요양보험 및 돌봄정책1)의 재조명과 발전을 위한 다양한 논의에 기초 자료 로 활용될 수 있기를 바란다.

---

1) 본 장에서는 프랑스의 핵심 장기요양정책이자 한국의 노인장기요양보험과 유사한 기능을 수행하는 APA(개인별 자립성 수당)를 중심으로 논의한다.

2. 장기요양정책의 형성과 발전

1) 프랑스 노인정책의 형성과 발전

(1) 〈라로크 보고서〉의 발간

연장된 노년기와 고령 노인층의 증가는 정부 차원뿐 아니라 사회 분야 전반의 주요 쟁점으로 대두되었다. 높은 경제성장과 사회보장제도의 확대에도 불구하고 가난, 열악한 주거환경, 사회적 고립과 같은 사회 문제가 해소되지 않음에 따라 노인빈곤에 대한 사회적 관심이 커졌다. 이에 1962년 노인 문제에 대한 관심을 체계화하고 새로운 정책 방향 및 구체적 프로그램을 제시하는 〈라로크 보고서〉(*Rapport Laroque*)가 발간되었다.

프랑스 노년정책(*politique de la vieillesse*)의 출발점이자 근간으로 평가받는 이 보고서는 기존의 사회부조식 관점을 탈피하여 노인과 노화에 따른 욕구 및 문제에 새롭게 접근하였다. 먼저 '제3연령기'(*troisième âge*)라는 활동적인 노인상을 구축하고 '함께 살기'(*vivre ensemble*)의 윤리관을 공고히 하며 사회 구성원으로서 노인의 지위와 공간 보장을 강조하였다. 또한 퇴직자와 노인의 최저소득 보장, 주거지원, 여가 활성화, 가사지원서비스 등을 통해 노인의 사회 참여도를 높이고 재택생활 유지(*maintien à domicile*)를 위한 정책을 확대하였다. 또한 노인 각자의 다양한 삶에 대한 사회동반적(*accompagnement social*) 서비스와 노인 전문 코디네이션(*coordination gérontologique*)을 개념화(박혜미, 2015)하였다.

〈라로크 보고서〉를 기점으로 프랑스의 공공정책은 고령자의 차별을 해소하고 사회적 통합(*intégration sociale*)을 이루기 위한 방향, 즉 노인의 생활수준(*niveau de vie*)만이 아닌 생활양식(*mode de vie*)에 관한 종합정책(*politique globale*)으로 전환되었다(Guillemard, 2014: Laroque, 2014 재인용). 노인 문제의 해결을 위해 치료적, 사후적 대처가 아닌 예방적 접근에 더욱 중점을 두어 의존상태의 출현을 최대한 지연시키고 사회통합을 강조하려는 정책의 의도를 분명히 하고 있다. 현재의 프랑스 노인정책 및 〈고령 사회 적응에 관한 법〉 개정에까지 지대한 영향을 미치고 있는 이 〈라로크 보고서〉는 2014년 재판되어 그 역사적 중요성이 재조명되고 있다.

(2) 의존성 노인의 정책 대상화

1980년대 이후 노년기의 연장으로 기존의 제3연령과 구분되는 새로운 노인 계층인 '제4연령'(quatrième âge) 세대가 등장하면서 '의존성'(dépendance)이라는, 노화에 따른 보건 사회적 문제가 부각되었다(Caradec, 2015; Frinault, 2005a). '초고령(grand âge)의 노화'를 불가능(incapacité)과 의존(dépendance)의 관점에서 접근하면서 노인에 대한 사회적 보호의 필요성이 제기되었다. 의학의 장(champ médical)에서 형성된 '의존'의 개념을 노인정책의 장(champ social)으로 이동시키며(Eunnyer, 2006) 프랑스 노인정책 패러다임의 변화를 가져왔다고 볼 수 있다(박혜미, 2014). 점차 '의존노인'(personne âgée dépendante)이라는 용어가 공식화[2]되었고 노인부양 혹은 돌봄의 문제가 공론화되면서 의존노인의 부양 혹은 돌봄이 노인정책의 주요 쟁점으로 다루어지게 되었다.

고령자의 의존성 혹은 의존노인에 대한 돌봄정책이 성장하면서 3년의 시범사업(prestation expérimentale dépendance)을 거쳐 1997년 의존특별수당(PSD)이 도입되었다. 이에 장애인 돌봄지원을 위한 급여, 즉 제3자 보상수당(Allocation Compensatrice pour Tierce Personne: ACTP)의 수급자 중 60세 이상의 대상자에게 별도의 급여를 지급하게 된 것이다. PSD의 제도화는 노인의 의존성 문제를 법제화하였고 의존성이 60세 이상 노인의 장애

---

2) 〈브롱 보고서〉(Rapport Braun, 1988)는 '의존노인' 문제에 관한 정부의 입장을 표명하고 향후 프랑스 노인부양정책 제고에 결정적 기여를 하였다.

(handicap)와 불구(invalidité)를 대체하는 용어로 공식화하였다(Caradec, 2015). 또한 60세 이상이라는 연령을 기준으로 장애인과 의존노인을 분리하고 의존노인을 대상으로 하는 장기요양정책의 틀을 마련하는 계기가 되었다.

2) 개인별 자립성 수당의 도입

의존성은 의료병리적 관점에서 신체적, 정신적 기능상의 결핍과 이로 인한 무능상태를 의미한다. 반면 자립성은 자신이 스스로 하는 행위의 기준과 행위의 방향 혹은 위험을 스스로 선택할 수 있는 능력을 지칭한다. 그러나 일상생활의 주요 활동을 혼자 수행할 수 없다 하여 더 이상 자신의 삶에 대한 선택과 결정을 내릴 수 없는 것인지에 대한 비판과 함께 의존성과 자립성 상실에 대한 개념적 구분의 필요성이 제기되었다(Caradec, 2015; Ennuyer, 2004; 박혜미, 2014).

2002년 개인별 자립성 수당(APA)의 도입은 제도의 명칭을 '의존성'이 아닌 '자립성 상실'로 변경했을 뿐 아니라 신체적 질병 및 장애와는 별개로 자신의 의지와 결정에 따라 얼마든지 자율적이고 자립적인 생활을 유지할 수 있다는 관점을 부각했다. 즉, 노인을 정책 대상화함에 있어 차별적이고 구속적인 측면을 나타내는 의존성의 개념으로부터 탈피하여 삶에 대한 선택, 권리, 자유와 같은 자율적이고 자립적인 측면을 강조한 것이다(박혜미, 2014; Fouquet, Laroque, & Puydebois, 2009). 그러므로 노인 각자의 권리를 존중하고 그의 대신이 아닌 그와 함께 일상생활 활동을 수행하면서 개인의 자립성을 최대한 보존하는 데 APA의 제도적 목적이 있음을 알 수 있다.

APA는 60세 이상의 모든 노인을 대상으로, 전국적으로 동일한 조건의 서비스 제공을 원칙으로 한다. 노인의 자립성 상실 정도에 따라 판정된 등급과 개인별 욕구 및 서비스의 필요도에 의해 정해진 지원계획의 범위 내에서

APA는 재정지원 형태의 현물급여로 제공된다. 이 급여는 자립성 상실 노인이 본인의 집에서 생활하는 데 필요한 인적, 물적 서비스의 구매 비용이나 부양노인 주거시설인 EHPAD의 이용비용 일부를 지불하는 데 사용된다.

프랑스의 장기요양서비스 제공을 위한 APA 제도는 사회보험이나 공공부조와 같은 단일시스템으로 제공하는 모델이 아닌 혼합형(*hybrid or mixed*) 모델로 분류할 수 있다. 또한 강화된 지방분권 전략을 적용하여(Gisserot, 2007) 도(*département*)[3] 중심의 전달체계를 구축하고 있다. 즉, APA는 별도의 보험료 없이 조세를 주재원으로, 도가 그 주체가 되어 세부적 운영방식을 자율적으로 선택하고 관리하도록 하고 있다.

APA로의 개혁은 PSD의 제한적, 차별적 요소를 완화하고 보편성과 객관성을 보강할 수 있도록 대상자에 대한 수급권 확대, 소득 비례에 따른 본인 부담금, 전국 동일등급 및 급여기준 적용 등 사회보험적 요소를 상당 부분 포함했다(박혜미, 2014; Frinault, 2005a, 2009). 또한 기존의 대상자 선정에 적용되었던 사회부조식 소득기준제한을 없애고 지불금액에 대한 사후승계 및 환수조항을 삭제하였으며 지역 간 차별적 서비스 제공 최소화를 위한 정부의 개입과 참여가 이루어졌다.

2016년 〈고령화 사회 적응에 관한 법〉이 제정되면서 APA의 재가급여에 대한 개혁이 진행되었다. APA 재가수급자의 등급별 상한액을 높여 급여 제공시간을 늘리고 자립성 상실 정도가 큰 중등급 수급자의 본인부담금을 경감하는 등 재가서비스에 대한 지원을 강화하였다. 이 밖에도 APA의 등급평가와 지원계획 작성 시, 대상자뿐만 아니라 돌봄자의 필요와 욕구를 고려하도록 함으로써 지원서비스를 다양화하고 가족돌봄자의 휴식에 대한 권리를 강화하였다.

---

3) 광역단체인 지역(*région*)과 빌(*ville*), 코뮌(*commun*)으로 구성되는 기초단체의 중간 행정체제 구분으로 볼 수 있다. 중간자치단체인 도(*département*)는 국가행정 논리인 자치행정의 원리를 실현하는 중요한 행정체제이다.

3) 연대기금의 설치 및 정책 환경 변화

APA의 도입으로 지역과 질병보험 전국공단(CNAM), 노령보험 전국공단 (CNAV), 연금 및 산재보험 지역공단(CARSAT), 일반사회보장공단(CGSS) 등 사회보장 기구 간의 역할분담이 새롭게 이루어졌다. 재편된 연금과 건강 관련 분과의 노인복지서비스는 자율성 상실의 '예방'(*prevention*) 사업에 주 력하는 방향으로 변화되었다(박혜미, 2014).

2003년 폭염 사태 이후 프랑스는 자립을 위한 전국연대공단(Caisse Nationale de Solidarité pour l'Autonomie: CNSA)을 설치하였고 정부 주도하 에 노인과 장애인의 자립성 혹은 자율성 보장을 위한 정책이 활발하게 이 루어졌다. 2004년 〈노인과 장애인의 자립성을 위한 연대에 관한 법〉(*Loi Relative à la Solidarité pour l'Autonomie des Personnes Agées et des Personnes Handicapées*)의 제정은 재가 노인과 장애인을 위한 지원을 확대하고, 요양 서비스를 질적으로 향상시키고 다양화했으며 위기·재난 시의 안전망을 강화했다. 또한 CNSA의 통계에 의하면 노인과 장애인의 자립생활 지원을 위한 재정 마련을 위해 '연대의 날'(*journée de solidarité*)을 제정하여 노인과 장애인의 사회적 동반을 위한 기금을 조성하였고 2004년부터 2016년까지 약 280억 유로를 확보하였다. 또한 2005년 〈장애인의 권리, 기회, 참여, 시민권의 평등에 관한 장애인법〉의 제정으로 CNSA의 구체적인 기능과 역 할을 보완 및 재편하였고 노인과 장애인의 자립성 향상에 관한 전문 기구 로서의 입지를 확고히 하였다(박혜미, 2016). 이에 CNSA는 고령과 장애인 구의 자립성 지원에 필요한 재정확보 및 재원제공 집행의 형평성 구축과 노인과 장애인에 대한 전문적 평가와 네트워크 센터로서의 기능을 수행하 고 있다.

프랑스는 1983년[4]부터 사회부조 및 사회복지서비스 영역의 지방분권화 가 이루어졌고 노인 및 장애인 복지 분야에 대한 광범위한 권한이 도(*dé-*

partement)에 부여되었다. 2004년부터 지방분권화 2단계(*acte II de la décentralisation*)가 전개되며 도는 사회복지 및 사회의료사업에 걸쳐 그 책임과 역할을 전격 이양받았다. 5) 이로써 도는 기존 노인·장애인 복지사업뿐 아니라 APA와 노인을 대상으로 하는 정보 및 조정 지방센터(Centres Locaux d'Information et Coordination: CLIC)의 관리 운영, 노인정책계획(Plan du Schéma Gérontologique) 등을 주도하며 사회복지정책 전반의 책임자로서의 권한을 갖게 된다.

2005년 고용 안정화와 주택공급 및 기회균등 차원의 사회적 연대 강화를 위한 보를로 계획(Plan Borloo)으로 〈대인서비스 발전을 위한 법〉(*Loi du 26 Juillet 2005 Relative au Développement des Services à la Personne*)이 제정되었다. 이로 인해 단일서비스 고용수표(Chèque Emploi Service Universel: CESU) 제도가 도입되었고 인적서비스 고용 시 임금지불의 공정성을 확보하고 거래의 투명성과 신뢰도를 높이는 데 기여하였다(박혜미, 2016). 또한 재가 돌봄서비스 업종의 전문화와 임금인상을 가져오는 동시에 사회서비스 분야의 경쟁 및 상업화 현상을 촉진하는 결과를 초래하였다. 2016년 〈고령화사회 적응에 관한 법〉이 제정되면서 APA의 급여지출 절차를 단순화하여 별도의 사전동의 과정 없이 CESU의 사용을 통한 서비스에 대한 비용지급이 가능하도록 하였다.

2008년부터 본격적으로 실시된 국가치매계획(Plan d'Alzheimer)으로 프랑스는 치매환자와 보호자에 대한 지원, 치매 관련 연구의 활성화, 치매를 사회적 문제로 다루기 위한 인식개선 등의 사업을 도모하고 있다. 또한 치매 관련 서비스 이용자의 접근성과 통합적 관리를 위한 단일 창구로서 알츠하

---

4) 데페르(Defferre) 법안(1982~1983)에 의거하여 정부의 지방분권화 공공 개혁이 이루어졌다.

5) 〈지역의 자유성과 책임성에 관한 2004년 8월 13일 제정법〉(*Loi du 13 août 2004 Relative aux Libertés et Responsabilités Locales*)을 참고하라.

이머 환자의 자율과 통합의 집(Maisons pour l'Autonomie et l'Intégration des Malades Alzheimer: MAIA)을 설치하여 치매환자와 보호자의 치료 및 돌봄 서비스의 관리체계를 개선하였다. 한편, 의료보건비 절감과 건강관리체계의 개편을 위한 지역보건청(Agence Régionale de Santé: ARS)을 설립하여 의존성 복지 및 보건·의료 코디네이션 분야의 전문성 강화와 특성화를 위한 노력을 지속하고 있다. 그러나 지역별로 불평등한 자원 및 체계화 정도가 심화되었고 코디네이션 기관 간의 파편화 현상 등을 야기했다.

인구고령화 지속에 의한 사회보장 지출의 증가는 기존의 사회보장 운영 체계의 혁신을 포함한 근본적인 제도적 개혁을 필요로 했다. 2008년 대통령 선거에서 사르코지(Sarkozy)는 제5위험(cinquième risque), 즉 5대 사회 보험의 체계화를 공약으로 내세웠으나 비용 충당의 한계를 극복하지 못하고 무산되었다. 이로써 사회보험 형태의 부양정책 도입을 통한 개혁은 실패하고 경제성장의 침체는 계속되었다. 따라서 고령화 위기의 대응을 위해 사회공동체의 참여와 연대에 기반을 두는 새로운 법안 제정이 추진되었다.

2015년 12월 28일, 예방과 불평등 해소를 중심으로 노인의 돌봄 상황을 개선시키기 위한 개혁을 포함하는 〈고령화 사회 적응에 관한 법〉이 제정되었다. 이 법은 고령화 문제를 기치로 한 사회 전 구성원의 결속, 노인의 질적 자립 확보, 노인의 권리와 자율성 보장을 강조하고 있다. 또한 자립성 기반의 통합 노인정책 구축, 노인의 주거환경 개선 및 재가서비스 지원 확대를 통해 노인 욕구의 다양성을 존중하고 일상생활의 질적 수준을 제고하였다.

3. APA의 주요 내용 및 현황

1) APA의 대상자 및 수급 현황

APA는 자립성의 상실 정도에 따라 전국적으로 동일한 조건의 서비스 제공과 개별화 혹은 개인화(*personnalisé*)된 권리보장(박혜미, 2014; Frinault, 2009)을 원칙으로 한다. APA의 수급 대상자의 선정 및 급여 정도의 판정은 PSD의 공식 평가도구였던 AGGIR(Autonomie, Gérontologie Groupe Iso-Ressources)가 지속적으로 사용되고 있다.

APA로의 개혁으로 기존 PSD의 수급 대상인 의존도가 높은 1등급(GIR 1) 부터 3등급(GIR 3)까지에 4등급(GIR 4)을 추가하여 그 대상 범위가 확대되었다. 2011년 APA의 수급자 중 의존도가 낮은 4등급은 재가수급자의 58.1%, 시설수급자의 22%를 차지했다. 시설수급자의 경우 의존도가 높은 1등급과 2등급 수급자가 60% 이상을 차지하고 있다(1등급 41%, 2등급 20%). 4등급이 APA 수급 대상에서 차지하는 비중은 2002년 37%에서 2011년 44%까지 증가하였고 같은 시기 1등급의 경우 11%에서 9%로 감소하였다.

〈그림 14-2〉 APA의 재가 및 시설수급의 등급별 분포

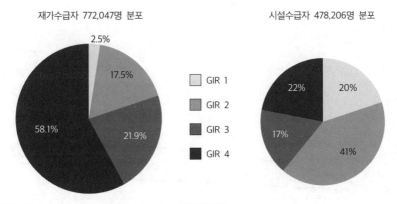

자료: Cour des comptes d'après données DREES(2011).

APA의 도입 초기인 2004년 말까지는 APA의 수혜자 수가 폭증하며 APA의 지급액도 크게 늘어났다. 2005년에서 2009년 사이에는 그 증가속도의 폭이 차츰 완화되다가 2009년 이후로는 증가속도가 줄어 안정화 추세에 접어들었다고 볼 수 있다.

〈그림 14-3〉 APA의 2002~2011년 GIR별 증가 추이

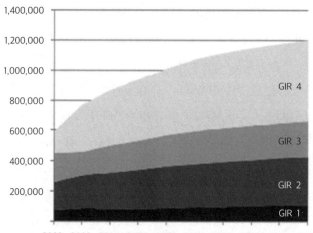

자료: DREES(2012a).

〈그림 14-4〉 APA 수급자 수 변화 및 예상 추이

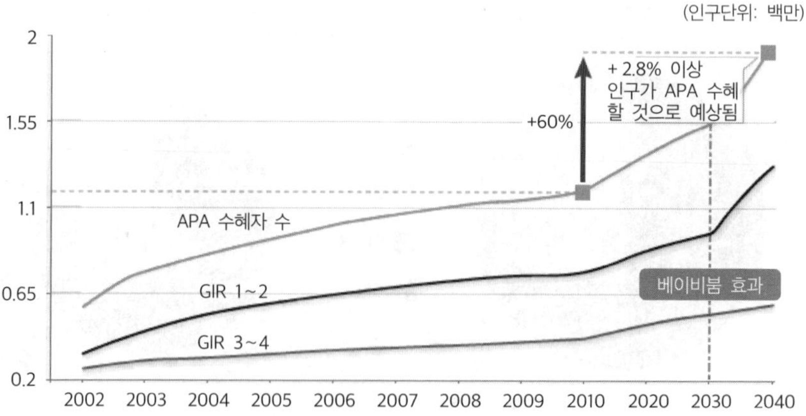

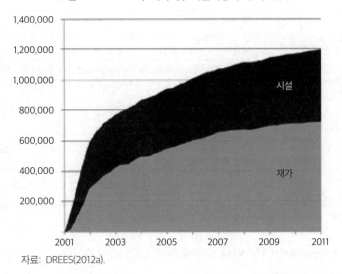

〈그림 14-5〉 APA의 재가 및 시설이용자 수의 변화

자료: DREES(2012a).

 APA의 시행 초반에는 시설급여 수혜비중이 높고 의존노인의 시설 입소
가 빨리 진행되는 경향이 있었다면 점차적으로 재가서비스가 활성화됨에
따라 시설서비스의 이용자 수보다 재가서비스의 이용자 수가 빠르게 증가
하는 양상이 나타나고 있다.

 그러나 2030년 이후 베이비붐 세대의 고령화가 극대화되며 APA 수혜자
의 증가 폭도 크게 증가할 것으로 예상된다. 이에 대한 대비로 프랑스 정부
와 관계 부처는 APA와 돌봄비용의 부담 완화 및 재정 건전화를 위해 만전
을 기하고 있다.

2) 등급판정 도구 및 평가방법

AGGIR는 홀로 수행 가능한 활동에 대한 관찰을 통해 노인의 자립성 정도
를 평가함으로써 자립성의 상실 정도를 측정하는 척도이다. 이를 통해 의
존성 노인 집단은 전국적으로 동질성을 가진 6개 등급(GIR)으로 분류된다.

〈표 14-2〉 APA의 등급별 자립성 상실상태의 특징

GIR	의존성 정도 혹은 자립성 상실 정도
1	필수불가결하고 지속적인 개입자(돌봄자)의 존재가 요구되는, 정신적 기능이 심각하게 손상된 채 침대 또는 안락의자에 갇혀 생활하는 사람
2	정신적 기능이 완전히 손상되지는 않았고 일상생활의 대부분에 돌봄이 요구되는, 침대 또는 안락의자에 갇혀 생활하는 사람이나 정신 기능은 손상되었으나 상시 보호와 감시 속에 운동 능력을 보존하고 있는 사람
3	정신적 자율성 또는 부분적인 운동 능력을 보존하고 있지만 일상적으로 또 하루에 빈번하게 신체적인 자율성을 위해 도움을 받아야 하는 사람
4	혼자서의 이동을 전적으로 수행할 수 없지만 일단 일어서면 주거 공간 내에서는 이동이 가능하고 씻기나 입기 영역에서 종종 도움이 요구되는 사람
5	목욕, 식사준비, 청소를 위해서 일시적인 도움만을 필요로 하는 사람
6	아직은 일상적인 활동 수행이 자율적이고 자립적인 사람

자료: 박혜미(2014), 각 등급(GIR)별 노인의 상태에서 발췌.

이 평가 도구는 APA뿐 아니라 공공부조 또는 퇴직연금공단에서 제공하는 재가도우미 서비스(Aide Ménagère à Domicile) 수급을 위한 자격평가의 척도로도 사용되고 있다.

AGGIR는 노인의 10개의 신체적, 정신적 활동과 7개의 가사 및 사회적 활동을 수행하는 능력을 평가하여 일상생활에서의 도움 필요 정도를 평가한다. 일상의 주요 활동을 수행하는 데 필요한 도움의 정도에 따른 각 등급별 노인의 상태는 〈표 14-2〉와 같다.

AGGIR의 17개 항목 중 신체적 정신적 기능과 관련된 10개 항목, 즉 행동, 의사소통, 시공간 파악, 씻기, 옷 입기, 식사, 배설, 체위 변경, 실내 이동 수행과 관련된 항목은 판별적 변수로, 가사 및 사회적 활동과 관련된 7개 항목은 서술적 변수로 평가에 반영된다. 판별적 변수란 등급 산출을 위한 계산에 직접적으로 적용되는 변수이고 서술적 변수란 계산에 포함되지는 않지만 등급에 대한 참고사항으로 반영되는 변수를 의미한다. AGGIR의 판별적 변수와 서술적 변수의 구체적 내용은 다음과 같다.

각 항목은 노인의 활동능력 및 기능적 의존성 정도에 따라 평가하여 A, B, C로 코드화된다. 평가를 위한 관찰은 가족이나 타인의 도움 없이 노인

혼자의 힘으로 행해진 움직임 또는 행동에 대하여 이루어져야 하고 노인이 사용하는 보조기나 보조장치는 대상자 기능의 일부로 간주한다. 또한 노인이 각 항목에 해당하는 기능을 수행하지 못할 경우 어느 정도의 결핍인지를 구체적으로 명시하도록 하고 있다.

각 항목의 활동은 먼저 네 개의 부사, 즉 '자발적으로'(*spontanément*), '완전하게'(*totalement*), '일상적으로'(*habituellement*), '제대로'(*correctement*) 수

〈표 14-3〉 AGGIR의 판별적 변수 및 그 내용

일관성	구두로 또는 구두가 아닌 방법으로 의사소통이 가능하고, 사회적으로 통용되는 규범에 맞게 논리적이고 분별 있게 반응하거나 행동한다.
파악, 인식	시간과 장소를 식별한다.
씻기	신체의 위생 관리.
입기	착의, 탈의한다. 표현한다.
영양공급	손수 식사하거나 음식을 섭취한다.
배설	소변 및 배변 가능하다.
동작 이전	앉고, 서고, 눕는다.
실내 이동	지팡이, 보행기, 휠체어를 이용하여 또는 사용하지 않고 실내에서 이동한다.
실외 이동	현관에서부터 밖으로 나가 이동한다.
통신	필요시에 전화, 인터폰, 알람(위험신호 알림용 경보장치) 등을 사용한다.

자료: 박혜미(2014: 185, Direction de l'information légale et administrative: AGGIR évaluation des activité)에서 발췌.

〈표 14-4〉 AGGIR의 서술적 변수 및 그 내용

관리	거래·재산·자산을 제어할 수 있고, 금전 단위의 가치를 인지하고, 물건 가치에 맞게 현금을 사용할 수 있고, 행정적 업무를 처리하거나 작성한다.
식사준비	요리하거나 식사를 준비하고 차린다.
집안일	일상적인 청소, 빨래 등의 집안일을 수행한다.
교통	자발적으로 대중교통이나 개인적인 교통수단을 이용한다.
구매	자발적으로 물건의 직·간접 구입을 수행한다.
처방 따르기	의사의 처방전을 지키고 처치 투약 내용사항을 스스로 관리한다.
여가 활동	자발적으로 혼자서나 단체로 일상생활의 단조로움을 벗어날 수 있는 다양한 활동을 한다.

자료: 박혜미(2014: 184, Direction de l'information légale et administrative: AGGIR évaluation des activité)에서 발췌.

행되는지를 평가한 다음에 A, B, C로 코드화된다. A는 혼자서 완전하게 일상적으로 그리고 제대로 수행하는 경우, C는 혼자서 하지 못하는 경우, B는 부분적으로 혹은 일상적이지 않게 수행하거나 제대로 수행하지 못하는 경우에 해당한다.

'혼자서'의 개념은 제3자의 동기부여나 자극 없이도 자발적으로 혼자 수행할 수 있는지를 의미한다. '일상적으로'는 시기에 맞게 반복적으로 수행되는지를, '완전하게'는 행위나 활동의 전체가 실현되는지를, '제대로'는 행위나 활동이 질적으로 보장되고 자신이나 타인이 안전한 상태에서 쓰임에 맞게 수행되는지를 의미한다.

코드화된 각 항목의 답변점수는 최종적으로 알고리즘을 적용하여 6개의 등급 중 하나로 책정·산출된다. AGGIR의 코드화 작업에 도움이 되도록 평가자를 위한 권고사항을 첨가하여 바람직한 적용기법을 제시하는 지침서가 2007년 발간되었다. 또한 평가지 활용체계는 도구의 문항별 해석내용을 세밀화하고 정신적, 심리적 불안상태나 신체적, 정신적 장애의 측면을 더욱더 적절하게 고려할 수 있도록 개선되었다. 이와 같은 지침서의 정밀한 행동별 묘사, 단계별 바른 질문법과 해석법에 관한 내용, 혼동을 가져오거나 애매할 수 있는 문항에 대한 부가설명 및 조언은 AGGIR의 평가표를 작성할 때 초래되는 불확실성을 최소화하고 평가자가 기존보다 다양한 측면 여러 질문을 통해 접근할 수 있도록 유도한다.

3) 의료사회팀의 구성과 서비스 지원계획[6]

도의회(Conseil Départemental)에 소속되는 의료사회팀(Equipe Médico-Sociale: EMS)은 다학문적, 다규율적 관점을 교차하여 다차원적 접근으로

---

6) 이 부분은 박혜미의 "프랑스 개인별 자립성 수당의 개념적 배경과 서비스 전달에 대한 연구"(2014) 결과의 일부를 기반으로 작성했다.

APA의 급여할당에 대한 결정을 내릴 수 있도록 법적인 근거7)를 기반으로 구성된 조직이다(박혜미, 2014). 즉, 등급평가 지표인 AGGIR에 준하여 APA의 자격기준을 확정하고 의존상태 노인의 욕구와 환경을 고려한 서비스 계획을 제시하는 역할을 수행하는 전문가팀을 의미한다.

그러나 의료사회팀이 APA 업무에 있어 수행하는 기능과 역할은 각 지역 간에 조화와 일치를 이루지 못한 실정이다. 'APA의 실행에 있어서의 서비스 계획에 관한 연구'에 의하면 의료사회팀의 실질적인 기능과 파트너십 관계 구도가 도별로 다르게 나타나고 있다는 것이다(Bellanger & Le Bihan-Youinou, 2003).

앞서 언급한 것처럼 도는 APA의 세부 운영방안을 지역의 특성에 따라 자체적으로 마련할 수 있도록 하는데, 지역 내의 관련 기관 및 인력 여건에 맞추어 각기 다른 형태로 의료사회팀의 구성원과 역할을 배분하여 조직하게 된다. 의사와 사회복지사가 각기 다른 부서에 속하면서 APA 수여절차의 다른 단계를 분업하는 형태이다. 즉, 등급의 평가는 의사, 서비스 계획은 사회복지사가 담당하거나 의사는 방문이나 회의에 전혀 참석하지 않으면서 사회복지사의 재가 평가보고서에 대한 자문 격으로만 참석하기도 한다. 그러나 의사의 관리하에 사회복지사 혹은 관련 전문가와 간호사로 구성된 단일한 조직을 이루어, 의사와 재가평가팀원이 함께 참여하여 평가와 서비스 계획을 작성하는 이상적인 경우도 있다(박혜미, 2014).

의료사회팀의 평가를 통한 GIR 등급 획득은 대인서비스 제공시간으로

---

7) 2001년 11월 20일 제정한 〈APA의 운영과 의존성 노인의 보호에 관한 시행령 2001-1085호〉와 〈사회복지서비스 및 가족법〉 232-13조(*L'Article L-232-13 du Code de l'Action Sociale et des Familles, l'Article 13 du Décret n° 2001-1085 du 20 Novembre 2001 en Application de la Loi n° 2001-647 du 20 Juillet 2001 Relative à la Prise en Charge de la Perte d'Autonomie des Personnes âgées et à l'Allocation Personnalisée d'Autonomie*) 을 참고하라.

계산되는 요양서비스 비용의 한도액을 결정한다. 그리고 같은 등급이더라도 노인의 욕구 또는 필요도에 따라 세 단계의 지원금액 한도를 구분 지어 지원계획 수준을 다양화, 차등화하고 있다. 그뿐만 아니라 서비스 지원계획 작성 시 노인이 실질적으로 서비스를 제공받을 재가요양 서비스 기관 선택이 이루어진다.

서비스 지원계획의 단계는 관점에 따라 다르게 구체화할 수 있으며 지원계획의 설계과정 또한 다양한 형태의 업무, 역할로 이루어질 수 있다. 공식화된 서비스 지원계획 양식은 결정된 서비스 내용, 급여액, 기간을 수혜자에게 고지하거나 이를 서면으로 남기거나 혹은 평가자의 내부 평가지 기안에 기입하는 것의 형태를 띤다. 이러한 계획과 관련된 정량화되고 요약된 내용은 전산화된 자료로 공식화된다. 경우에 따라 서비스 지원계획의 고안은 실제적 협상의 산물일 수도 아니면 규격화되고 획일화된 방식으로 책정된 서비스 제공시간 할당을 위한 행정업무의 결과물일 수도 있다.

법적으로 APA의 등급 할당절차는 일률적으로 진행하도록 되어 있지만 서비스 지원계획의 제공내용과 그 구성을 위한 고안의 과정은 각양각색으로 시행될 수밖에 없는 여지가 있다. 그러나 프랑스의 APA 등급판정을 위한 재가 방문에서 의료사회팀은 등급판정뿐 아니라 서비스 지원계획 설계 및 서비스 제공기관 선정 단계까지 진행하므로 노인의 상황과 환경적 여건에 대해 더욱더 구체적인 파악이 가능하다.

4) APA의 서비스체계 및 급여내용

(1) APA의 서비스체계

APA의 급여신청 접수가 이루어진 후 의료사회팀의 대상자 방문을 통해 평가와 지원계획이 정해진다. 또한 의료사회팀은 재가수급자가 서비스 제공기관을 선택할 수 있도록 안내하고 재가서비스 기관에 APA의 지원내용을 전달하여 지원계획에 따른 서비스 제공이 이루어질 수 있도록 연계한다.

APA의 급여내용 및 서비스 지원체계는 재가급여와 시설급여로 구분되어 이루어진다. 재가급여로 지원받을 수 있는 서비스의 내용은 요양서비스 제공인력의 고용, 복지용구 구입, 주택 개보수 비용, 주야간 보호서비스와 단기 보호서비스 이용, 원격서비스 이용 등이 있다. APA의 시설수급자는 입소시설에서 책정한 등급별 '의존성 요금'(*tarif dépendance*)의 비용을 지원받을 수 있다. 급여액은 개인별 등급과 소득수준에 의한 본인부담금 (*ticket modérateur*)에 따라 산출된다.

급여 신청자의 상황이 의료적으로나 사회적으로 긴급한 상황에 있는 경우 도는 별도로 마련된 APA의 긴급절차(*procédure d'urgence*)에 따라 임시로 APA 급여를 제공한다. 더 이상의 재택생활을 유지하기에 즉시 필요한 지원이나 돌봄이 없는 경우 등이 이에 해당한다. 긴급절차에 의한 APA 급여는 재가급여의 경우 정액제(2017년 1월 책정 급여는 857. 4유로), 시설급여

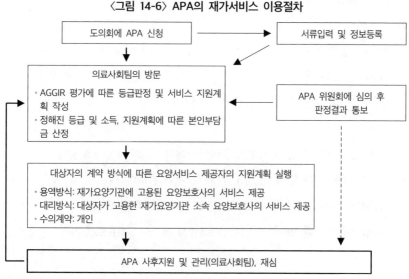

〈그림 14-6〉 APA의 재가서비스 이용절차

자료: Park(2013).

의 경우 1, 2등급에게만 신청일로부터 시설이용 비용의 50%가 제공된다. 그리고 2달 이내에 APA의 방문평가에 따라 일반 APA 절차로 연계되어 급여제공이 이어질 수도 혹은 정지될 수도 있다.

(2) APA의 급여내용

수급자의 자립성을 강조하는 APA의 이념적 배경은 재가서비스 지원의 다양한 제공방식에도 나타난다. APA의 재가서비스는 다음의 세 가지 방식 중 본인이 선택한 방법으로 제공된다. 첫째로 수의계약($gré à gré$)은 적당한 인력을 선택하여 대상자가 직접 계약을 맺는 방식으로 비용부담이 가장 적다고 볼 수 있다. 둘째로 용역방식($mode\ prestataire$)은 서비스 업체를 정하여 급여가 직접 업체에게로 전달되는 형태로 비용부담은 크지만 서비스 제공의 안정성 확보에 있어 가장 유리하다. 셋째로 대리방식($mode\ mandataire$)은 요양서비스 제공인력의 고용자가 수급자 본인이지만 인정서비스 제공자의 병가·이직과 같은 부재 발생 시, 관리 및 행정업무를 대리서비스 업체에서 대행하고 있다. 대리방식의 비용은 수의계약과 용역방식의 중간 정도가 소요된다(박혜미, 2014, 2016).

APA의 재가급여는 등급별 급여 상한선 내에서 대상자의 상태와 욕구를 고려하여 원조의 필요도에 따라 사정한 개인별 지원계획에 의해 정해진다. 2016년 3월 각 등급별 월 상한금액은 다음과 같다.

- GIR 1등급: 한 달에 1,713.08유로(개혁 전보다 400유로 증가)
- GIR 2등급: 한 달에 1,375.54유로(개혁 전보다 250유로 증가)
- GIR 3등급: 한 달에 993.884유로(개혁 전보다 150유로 증가)
- GIR 4등급: 한 달에 662.95유로(개혁 전보다 100유로 증가)

고안된 서비스 지원계획에 의해 제공되는 비용의 상한선은 APA의 등급 및 서비스 필요도에 따라 정해지고 그 지급액은 개인의 소득수준에 따라 조정된다. 즉, 본인부담금의 부담 여부 및 그 정도가 소득수준에 따라 비례하여 책정되고 이 본인부담금을 제외한 금액을 APA가 지급한다. 월 소득이 799.73유로 미만인 경우 본인부담금 납부에서 제외되고 월 799.73유로에서 2,945.23유로 사이의 소득자에게는 산출 공식에 따라 0%에서 90%까지 차등적으로 본인부담금을 부과한다. 월 2,945.23유로 이상의 소득자는 서비스 지원계획에 따른 소요 비용의 90%를 본인이 부담하고 10%의 APA 급여 수급을 받는다.

APA의 시설급여는 판정된 등급에 따른 의존성 비용 지불에 사용되고 등급판정은 의료사회팀이 아닌 입소시설의 평가에 따라 도 APA 위원회의 최종심의를 거쳐 이루어진다. APA의 시설급여 이용이 가능한 기관은 최소 25명 이상의 입소자가 있는 시설로 부양노인 주거시설(EHPAD), EHPAD가 아닌 양로원, 장기요양시설(Unités de Soins de Longue Durée: USLD)로 구분된다. 시설급여의 비용은 입소자의 소득, 판정된 등급, 시설이 책정한 의존성 비용에 따라 정해지고 그 비용의 산출은 재가급여와는 다르게 이루어진다. 월 소득이 2,440.25유로 미만인 경우에는 5, 6등급 대상자에게 적용하는 의존성 비용을 지불한다. 월 소득이 2,440.25유로 이상 3,754.23유로 미만의 경우에는 5, 6등급 대상자 적용 비용에서 수급자 해당 등급의 의존성 비용까지 추가하여 그 금액을 소득수준별로 0~80%까지 차등 지불한다. 월 소득 3,754.23유로 이상은 이 추가 금액의 80%를 지불한다.

APA의 최종 급여액은 대상자의 등급과 소득 정도에 따라 다르고 재가급여의 경우 동일 등급 내에서도 대상자의 욕구 및 필요 정도에 대한 사정에 따라 지원급여를 제한하고 있다. 그러나 전체 APA 재가수급자의 26%가 등급별 한도액 최대치를 지원받고 있다. 특히, 의존도가 높을수록 지원 급여의 한도액 도달 정도가 빈번하며 한도액 최대치 수급자가 1등급의 44%에 달하는 것으로 조사되고 있다(Béradier & Debout, 2011; 박혜미, 2016).

<표 14-5> 2007년 APA의 등급별 최대상한선 도달 정도

(단위: %)

	GIR 1	GIR 2	GIR 3	GIR 4	총계
남성	36	28	23	18	22
여성	47	40	32	22	28
총계	44	36	30	21	26

자료: DREES(2014).

　이와 같은 상한가 수급자의 증가는 재정부담 가중을 심화할 뿐 아니라 APA의 급여 정도가 대상자의 욕구에 미치지 못할 가능성이 커짐을 의미하므로 심각성이 제기되고 있다. 또한 APA의 급여에 대한 욕구는 배우자의 유무, 동거 형태, 자녀 및 가족의 유무 등 가족돌봄 가능 여부에 영향을 받으므로 돌봄 환경에 대한 정확한 평가가 필요하다. 이에 2016년 <고령화 사회 적응에 관한 법>이 제정되면서 APA의 상한선을 유연화하고 본인부담금을 경감하도록 APA에 대한 지원을 강화하였다.

5) APA의 재정 및 운영 관리

APA 운영은 지방분권화로 도가 그 주체가 되어 지역별 상황에 따라 자율적으로 세부운영과 관리방식을 선택하고 지역의 관계 기관 및 단체와 협상하여 필요한 역할을 분담하고 있다. 혼합형 모델로 분류되는 APA의 재정은 개인이 부담하는 별도의 보험료 없이 조세[8]로 충당되고 있다. 그리고 APA 수급자는 등급 및 개인별 지원계획과 소득 정도에 따라 정해진 본인부담금을 지불하도록 하고 있다. 한편, 시설급여는 간병비를 지불하고 있는 질병보험과 APA의 재정을 책임지고 있는 도, 그리고 시설 이용비용 일부에 대한 본인부담금을 지불하는 가족에 의해 조달된다.

---

8) 소득세(CGI), 일반 사회보장 부담금(CSG), 사회부채 상환부담금(CRDS)을 의미한다.

APA의 재원은 관리운영 주체인 지방정부가 약 3분의 2를, 자립을 위한 전국연대공단(CNSA) 9)이 약 3분의 1 정도를 충당(Fouquet, Laroque, & Puydebois, 2009)한다. 그러나 CNSA의 각 도에 대한 재정 지원은 75세 이상 노인 인구비율, APA 지출 정도, 재원 가능성 등을 평가하여 차등적으로 할당되어 이로 인해 각 지역 사이에 갈등이 야기되기도 한다.

한편, 프랑스는 자립성 상실의 돌봄에 대한 책임이 도에 있다. 그러므로 장기요양을 위한 재원 마련을 공공재원에 의존하는 현 구조가 언제까지 유지될지에 대한 우려가 있다. 2012년 APA의 재가급여 비용은 33억 유로, 시설급여 비용은 18억 유로를 차지하였다(DREES, 2012a). 2011년 APA의 재가급여 비용을 분석한 결과, 의존도가 높은 1등급의 44%가 수급한도액의 최대치 비용을 사용하고 있었고 수급자 2명 중 1명은 466유로 이하의 비용을 사용하였다(Rahola, 2011; 박혜미, 2015).

다수의 노인은 본인이 취약하거나 이동능력이 적어진 상태라 할지라도 본인의 집에서 재택생활을 최대한 오래 유지하는 것을 강력하게 원하고 있다. 그러나 베이비붐 세대의 고령화 진입과 그들의 초고령화는 의존성 부양 및 자립성 보존에 대한 부담을 가중한다. APA의 수급자 중 의존도가 비교적 낮은 3등급과 4등급의 비중이 크고, 특히 재가수급자의 경우 약 80% 가까이 3등급과 4등급에 분포한다고 볼 수 있다. 향후 베이비붐 세대의 고령 진입은 4등급 수급자의 증가속도에 영향을 미칠 것으로 예상되어 이러한 대상자의 욕구 및 필요도를 더욱더 정교하게 반영할 수 있는 APA의 개혁이 요구된다.

---

9) 노인과 장애인의 자립을 위한 전국연대공단으로, 질병보험지출 국가목표(Objectif National des Dépenses de l'Assurance Maladie: ONDAM)와 일반 사회보장 부담금 (Contribution Sociale Généralisée), 자립연대 부담금(Contribution Solidarité d'Autonomie), 추가 자립연대 부담금(Contribution Additionnelle de Solidarité pour l'Autonomie)으로 구성된 국민적 연대에 의한 기금으로 충당된다.

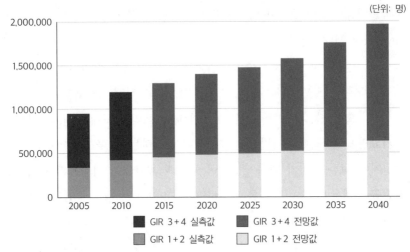

〈그림 14-7〉 APA의 수급자 수

(단위: 명)

자료: DREES(2012a); INSEE(2010).

　프랑스의 2016년 〈고령화 사회 적응에 관한 법〉 제정은 노인의 자립성 상실상태를 예방하고 노인이 더욱더 오래 본인의 집에서 편안하게 거주할 수 있도록 하는 데 상당한 비중을 두었다. 재가서비스 지원을 강화하여 낙상의 위험을 줄이는 등 이 법은 여러 측면에서 값이 비싼 시설로의 조기입소를 제한하고 있다. 또한 고의료비용 지출의 예방과 지연을 위해 노인의 주거 및 환경을 개선하고 노인맞춤형 주거형태를 확대하고자 한다. 2013년 도입된 CASA(Contribution Additionnelle Solidarité pour l'Autonomie)의 기여금은 이 법의 제정에 따라 시행된 APA의 급여 상한선 조정을 위한 추가 비용을 포함하여 연간 4억 5,400만 유로(5,903억 원)을 고령화 사회 적응에 관한 비용으로 지출하고 있다.

　자립성 상실의 부양이 사회적 위험으로 간주되는 만큼 국가의 주도적인 참여뿐 아니라 구성원 전체의 연대적이고 공평한 분담이 공론화되고 있다. 그리고 공공재원뿐 아니라 민간보험 및 시장의 공동분담이 요구되어 더욱더 체계화된 재정 관리를 위한 다각적 노력이 요구된다.

4. APA의 주요 특징 및 시사점

1) 자립성 개념 기반

프랑스는 일상생활을 혼자 수행하는 데 어려움이 있는 의존성 노인의 돌봄을 위해 APA 제도를 도입하였다. 의존성과 자립성 상실은 유사한 개념이지만 동일한 개념으로는 볼 수 없다. 자립성 상실은 의존성을 초래하지만 의존성이 반드시 자립성 상실을 가져오지는 않는다. 의존상태일지라도 제 3자의 도움이나 환경 개선으로 얼마든지 자립적 생활이 가능하기 때문이다.

가족의 노인부양 부담경감이라는 '사회적 효'를 기치로 제도화된 한국의 노인장기요양보험과 달리, 프랑스의 APA는 노인의 잔존능력과 선택의 권리를 강조하는 자립성에 기반을 둔다. 따라서 노인의 상실된 자립성의 회복과 남은 자립생활의 유지를 APA의 궁극적 목적으로 지향하고 있다. 이는 노인이 본인의 주거공간에서 최대한 더 많은 일상생활을 수행할 수 있도록 그리고 재택생활을 더 오래 유지할 수 있도록 하는 개별화된 서비스 지원과 재가 중심의 급여라는 정책 기조로 이어졌다.

2) 의료사회팀의 전문적 기능과 권한

한국의 노인장기요양보험은 방문조사와 등급판정의 절차가 분리되어 있고 장기요양 기관 선택 및 서비스 내용 계약체결이 별도로 진행된다. 이와 달리 프랑스는 의료사회팀의 재가노인 방문 시 등급판정과 서비스 지원계획의 고안 및 요양기관 선정 등 전 과정이 이루어진다. 이는 한국의 노인장기요양요원이 등급평가를 위한 조사자로서의 기능에 집중하는 것과 대조된다. 프랑스의 의료사회팀은 등급평가 단계뿐 아니라 서비스의 구체적인 계획과 그 내용의 결정 단계까지 참여하며 그 전문성을 발휘할 수 있다. 의료

사회팀의 서비스 지원계획 고안 및 요양서비스 제공기관 선택 시 수행하는 전문적 역할과 기능은 APA의 효율적 서비스 제공과 연계에 다음과 같은 이유로 상당한 영향을 미친다.

첫째, 서비스 지원계획 고안의 과정 자체가 노인(이웃, 가족 포함)과 재가 방문한 의료사회팀 간의 관계와 소통을 기반으로 이루어진다. 노인의 욕구와 재택생활 유지를 위해 필요한 서비스 내용에 대한 조사와 지원계획의 설계는 이처럼 노인, 노인의 가족, 이웃, 친지와의 의논뿐 아니라 기존 서비스 제공인력과의 협의를 통해 구체화된다. 이는 노인이 지원받고 있는 APA 이외의 다른 의료, 보건, 사회서비스가 무엇인지 파악하고 필요할 경우 기존 서비스와의 원활한 연계 및 조정을 가능하게 한다.

둘째, APA는 같은 등급에 속하더라도 대상자마다 제공받을 수 있는 서비스 지원계획의 총 서비스 제공시간, 즉 급여액을 총 상한선 내에서 각기 다르게 책정하도록 한다. 따라서 등급 내에서 받을 수 있는 금액 최대치를 무분별하게 이용하는 것이 아닌, 필요한 만큼의 서비스를 효과적으로 활용하고 본인이 수행 가능한 영역은 스스로 해결하도록 제한한다. 의료사회팀은 이와 같은 구체적인 서비스의 내용과 시간에 대한 조율 및 통제의 권한을 가지고 더욱더 효율적인 서비스 제공에 기여한다.

셋째, 의료사회팀은 대상자가 서비스 지원계획을 실질적으로 제공하게 될 요양서비스 기관을 결정하고 연계하는 과정에 개입하여 노인이 선택권을 온전히 행사할 수 있도록 지원한다. 노인이 필요로 하는 유형과 질의 서비스 제공을 위해 의료사회팀은 지역 내 요양기관 관련 정보와 가이드라인을 대상자에게 제시하여 노인이 적합한 서비스와 요양기관을 선택하도록 돕는다. 이와 같은 의료사회팀의 개입과 중재는 서비스 지원계획의 실효성을 확보하고 제공되는 재가요양 서비스의 질적 수준을 감시하는 기능을 한다.

3) 급여방식의 다양성

한국의 노인장기요양보험과 유사하게 APA는 노인의 자립성 상실 정도에 따른 등급, 개인별 욕구 및 서비스의 필요도에 따라 제공되는 급여가 다양하다. 프랑스와 한국 모두 이용자 중심의 서비스 제공을 추구하지만 프랑스의 경우 제공서비스 및 수급방식에 대한 선택의 폭이 더 넓다. 특히, 서비스 제공방식을 수의계약, 용역방식, 대리방식으로 다양화하여 각 개인의 여건과 성향에 맞게 선택할 수 있으며 이용 가능한 서비스 또한 더욱 다양하게 제시된다. 특히, 〈고령화 사회 적응에 관한 법〉 제정으로 가족돌봄자 휴식지원이 제도화되면서 가족이 돌봄에 지속적으로 참여할 수 있도록 그리고 노인의 시설입소를 늦출 수 있도록 재가지원을 확대하고 있다.

4) 지방정부 주도 및 사회적 연대 강화

사회보험 방식의 장기요양제도를 도입한 한국과 달리 별도의 보험료 없이 조세 중심으로 운영되는 APA는 지역특성 이해와 자원활용이 용이한 도를 운영 및 관리주체로 선정한다. 이는 기존의 기계적이고 규격화된 서비스가 아닌, 개별적 상황과 개인의 필요에 부합하는 서비스 지원을 강조하는 APA의 정책기조와 그 맥을 같이한다고 볼 수 있다. 또한 APA에 필요한 인력 및 역할분담을 도별로 여건에 맞게 자율적으로 협상하고 조율할 수 있게 함으로써 지역 내 다양한 유관기관이 더욱 긴밀하게 상호 협력할 동기를 부여한다.

지방분권화 강화로 도는 노인 및 사회복지정책 전반의 책임자로서의 권한을 부여받아 프랑스의 지역 복지활성화를 주도한다. 이러한 흐름에 중앙정부의 재정부담을 줄이고자 하는 의도가 없었던 것은 아니었지만 도의 권한 강화는 대상자 중심의 관리와 서비스 제공의 근접성 확보를 가져왔다.

그뿐만 아니라 장기요양서비스 및 사회복지 전달체계 전반의 효율성을 높이고 서비스의 질적 수준을 향상하는 데 기여한다.

한국 노인장기요양보험의 본인부담금은 재가 15%, 시설 20%로 일정하게 책정되어 있지만 APA는 수혜자의 소득 정도에 따라 본인 부담금을 차등적으로 지불하는 더욱더 강화된 사회적 연대를 적용한다. 더 필요한 사람에게 더 많은 서비스를 제공하고 필요한 만큼만 혜택을 받을 수 있는 APA 재정의 효율적이고 형평성 있는 할당에 대한 인식을 공고히 하고 있다.

더욱이 급격한 고령화에 따른 APA 재정 확보의 문제가 야기되면서 프랑스 정부는 CNSA와 CASA 등 사회연대공단 제도화와 〈고령화 사회 적응에 관한 법〉을 제정하는 등 적극적으로 대응하고 있다. 사회보험 방식이지만 시장 논리에 치우친 한국의 노인장기요양보험과는 달리 프랑스는 자립성 상실이라는 사회적 위험에 사회적 연대를 통해 공동으로 대비하고 동참하고자 하는 분위기를 조성한다. 이는 장기요양 및 사회서비스의 필요성에 대한 사회적 합의를 도출하는 데 기여할 뿐 아니라 서비스 제공주체가 전문성과 공적 기능을 수행함으로 그 정체성을 바로 하는 데 영향을 미친다.

■ 참고문헌

국내 문헌

박수지·김보영·김형용·박수잔·박혜미·윤성원·최연혁·홍이진·김가희·이주연
　　(2014).《사회서비스정책 비교 연구: 사회보장정책 비교연구 5차년 과제》. 서
　　울: 한국보건사회연구원.

박혜미(2014). "프랑스 개인별자립성수당(APA: Allocation Personnalisée d'Auto-
　　nomie)의 개념적 배경과 서비스 전달에 대한 연구". 〈한국공공관리학보〉, 28권
　　3호, 169~193.

＿＿＿(2015). "재가노인의 복지 및 보건·의료 서비스 조정 연계에 대한 연구". 〈한
　　국노년학〉, 35권 3호, 569~588.

＿＿＿(2016). "프랑스의 노인과 장애인을 위한 장기요양 정책 분석: APA와 PCH를
　　중심으로". 〈보건사회연구〉, 36권 1호, 349~376.

해외 문헌

Bellanger, M., & Le Bihan-Youinou, B. (2003). La mise en oeuvre de l'allocation
　　personnalisée d'autonomie. *Etudes et Résultats*, 264. DREES.

Caradec, V. (2015). *Sociologie de la Vieillesse et du Vieillissement*, 4e édition. Coll.
　　128. Paris: Almand Colin.

Ennuyer, B. (2004). *Les Malentendus de la Dépendance: De l'Incapacité au Lien Social*.
　　Paris: Dunod.

＿＿＿(2006). *Repenser le Maintien à Domicile: Enjeux, Acteurs, Organisation*. Paris:
　　Dunod.

Frinault, T. (2005a). La dépendance ou la consécration française d'une approche
　　ségrégative du handicap. *Politix*, 72(4), 11~31.

＿＿＿(2005b). Des procédures automatiques aux nouveaux modes de gestion
　　individualisée: Les recompositions de l'action gérontologique départementale.
　　Revue Française des Affaires Sociales, 3, 33~54.

＿＿＿(2009). *La Dépendance: Un Nouveau Défi pour l'Action Publique*, Collection:
　　Res Publica. Rennes: PUR.

Gucher, C. (2008). Des fondements aux enjeux contemporains des politiques publiques du handicap et de la vieillesse: Divergences et convergences. *Empan*, *70*(2), 105~114.

Guillemard, A-M. (2014). Dynamiques des politiques de la vieillesse en France depuis 1945. Construction du problème et formation d'une politique publique. In Hummel, C., Mallon, I., & Caradec, V. (Dir.). *Vieillesse et Vieillissement: Regards Sociologiques* (21~37), Collection: Le Sens Social. Rennes: PUR.

Laroque, P. (2014). *Le Rapport Laroque: Commission d'Etude des Problèmes de la Vieillesse du Haut Comité Consultatif de la Population et de la Famille*, Réédité. Paris: L'Harmattan.

Lautie, S., Loones, A., & Rose, N. (2011). *Le Financement de la Perte d'Autonomie liée au Vieillissement*. Cahier de recherche, 286. Paris: CREDOC.

Le Bihan-Youinou, B. (2010). La prise en charge des personnes âgées dépendantes en France: Vers la création d'un cinquième risque?. *Informations Sociales*, *157*(1), 124~133.

Le Bihan-Youinou, B., & Martin, C. (2007). Cash for care in the french welfare state: A skilful compromise?. In Ungerson, C., & Yeandle, S. (ed.). *Cash for Care Systems in Developed Welfare States* (32~59). London: Palgrave.

Martin, C. (2001). Les politiques de prise en charge des personnes âgées dépendantes. *Travail, Genre et Sociétés*, *6*(2), 83~103.

Park, H-M. (2013). Organiser le maintien à domicile des personnes âgées dépendantes: Une comparaison du travail des professionnels en France et en Corée, Thèse de Doctorat en sociologie. Université Lille 3.

Weber, F. (2011). *Handicap et Dépendance: Drames Humains, Enjeux Politiques*. Paris: Editions Rue d'Ulm.

기타 자료

Amar, E., Borderies, F., & Leroux, I. (2016). Les bénéficiaires de l'aide sociale départementale en 2014. Document de travail, Série Statistiques, n° 200.

Béradier, M. (2014). Les bénéficiaires de l'allocation personnalisée d'autonomie à domicile et leurs ressources en 2011. Etudes et résultats, 876.

Béradier, M., & Debout, C. (2011). Une analyse des montants des plans d'aide accordés aux bénéficiaires de l'APA à domicile au regard des plafonds nationaux applicables. Etudes et résultats, 748.

Campéon, A. , & Le Bihan, B. (2006). Les plans d'aide associés à l'Allocation personnalisée d'autonomie. Etudes et résultats, DREES, 461.

Cour des comptes (2016). Le maintien à domicile des personnes âgées à domicile. Une organisation à améliorer, des aides à mieux cibler.

Cour des comptes d'après données DREES (2011). Données individuelles APA et ASH.

Cour des comptes d'après données INSEE. Projections à l'horizon 2060.

DREES (2012a). Bénéficiaires de l'APA, 2005~2010.

_____ (2012b). Les dépenses d'aide sociale.

_____ (2014). Enquête-Aide Sociale.

Fouquet, A. , Laroque, M. , & Puydebois, C. (2009). La gestion de l'allocation personnalisée d'autonomie. Synthèse des contrôles de la mise en oeuvre de l'APA réalisés dans plusieurs départements. Rapport d'IGAS.

Fragonard, B. (2011). Stratégie pour la couverture de la dépendance des personnes âgées: Rapport du groupe 4. Ministère des affaires sociales.

Gisserot, H. (2007). Perspectives financières de la dépendance des personnes âgées à l'horizon 2025: Prévisions et marge de choix. IGAS.

INSEE (2010). Scenario central des projections de population 2007~2060,

Lesueur, D. , & Sanchez, J. -L. (2011). Du soutien à la dépendance au soutien à l'autonomie. Les cahiers de l'Odas (Observation national de l'action sociale décentralisée).

Rahola, A. (2011). Sysnthèse de débat national sur la dépendance. Ministère des Solidarites et de la Cohesion sociale.

Suhard, V. (2016). Financement de la dépendance des personnes âgées en France. IRDES.

Figaro (2014. 7. 4). Icon Jean, Luc Nothias, Vieillissement et dépendance: 2 Français sur 3 se sentent concernés.

https://www.service-public.fr/particuliers/vosdroits/F10009.

15

고령자 복지서비스*

1. 고령자 복지서비스 개요

프랑스 여성의 평균수명은 84. 8세이고 남성은 78. 4세이다. 여성이 남성보다 6세를 더 장수한다. 2060년의 여성 평균수명은 91. 1세, 남성은 86세를 예상하고 있다. 또한 프랑스 노인 중 여성이 차지하는 비율은 높은 편이다. 80세에서 89세는 74%, 90세 이상에서는 79%가 여성이다. 프랑스 노인이 자녀와 함께 거주하는 비율은 전 인구의 7. 5% 정도이다. 그러나 자녀와의 교류는 비교적 활발한 편이다. 노인 중 53%는 자녀 중 한 명은 근처에서 거주하면서 왕래하는 것으로 나타났다.

프랑스는 전통적으로 가족의 책임을 정책 방향의 기본으로 두었다. 그러나 의존 노인에 대해 국가가 제공하는 사회복지서비스는 가족의 역할을 대신한다는 인식이 점차 강해지고 있는 추세이다. 프랑스 노인복지서비스

---

* 이 글은 2012년 《주요국의 사회보장제도: 프랑스》(한국보건사회연구원, 2012) 에서 필자가 작성한 "제 3부 제 4장 고령자 및 장애인 복지서비스"를 수정 보완한 것이다.

대상은 자율적 생활이 가능한 독립 노인, 고령화가 진전되어 도움을 필요로 하는 노인으로 나누고 있다. 전통적으로 가족의 책임을 기본으로 하고 있음에도 그 역할에는 국가의 역할을 보다 강조하고 있다.

본 글은 현재 프랑스 노인복지 제도를 대표하는 노인장기요양제도를 제외하고, 국가 건강보험 기금과 지방자치단체가 제공하는 노인복지서비스 및 노인이 입주하는 요양 및 거주 시설을 주로 소개하고자 한다.

1) 인구의 고령화

프랑스 통계청 자료를 보면 2016년 1월 프랑스의 인구는 약 6,660만 명이다. 65세 이상이 인구의 19%로 20년 전과 비교하면 3.7%p가 증가하였

〈표 15-1〉 연령별 인구분포

(단위: %)

	20세 미만	20세 이상 59세 미만	60세 이상	75세 이상
2016년 1월	24.6	50.5	15.8	9.1
			24.9	

자료: insee.fr 재구성.

〈그림 15-1〉 2040년까지 60세 이상 인구증가 그래프

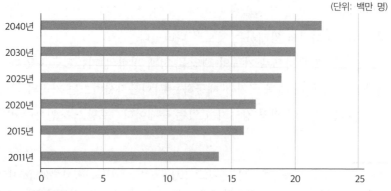

(단위: 백만 명)

자료: insee.fr 재구성.

다. 75세 이상은 20년 전과 비교하여 2.8%p 증가하였으며, 2016년 현재 열 명 중 한 명꼴이다. 프랑스 인구의 노령화는 기대수명의 연장, 세계대 전 이후 베이비붐 세대의 노령화에 기인한다.

〈표 15-1〉은 연령대별 인구 분포를 퍼센트로 나타낸 것이다(프랑스 통계청 자료, insee.fr). 60세 이상 인구가 전체 인구의 25%를 차지하고 있으며 75세 이상도 9%로 나타났다. 2015년 이후 프랑스는 이미 60세 이상 인구가 20세 미만 인구보다 많은 국가이다. 〈그림 15-1〉은 앞으로 2040년까지 60세 이상 인구증가 그래프이다. 2040년 예상 인구수는 약 7,320만 명, 60세 이상 인구는 2,240만 명이다. 2040년까지 인구수도 늘지만 여전히 60세 이상 인구는 꾸준히 증가할 것으로 보인다.

(1) 의존노령자의 정의

1990년대 노인의 의존 심각성이 점차 사회적 문제로 부각되면서 사회적 위험의 5번째 요소로서 의존의 문제를 언급하기 시작하였다. 의존은 질병과는 차원이 다른 개념으로 노인 건강상태에 따라 일상생활에 영향을 미치는 정도를 말한다. 의존은 자율성(autonomie)과 반대의 개념이다. 자율성은 스스로의 행동규칙, 행동방향 그리고 극복 가능한 위험을 개선할 수 있는 개인의 능력 및 권리와 관련된 것으로서 제 3자의 도움 없이도 신체적, 정신적, 사회적, 경제적으로 일상생활을 수행하거나 환경에 적응할 수 있는 가능성을 뜻한다.

의존은 신체상의 결여나 고통으로 인해 제 3자의 도움 및 기구 혹은 처방에 따른 도움 없이는 일상생활에 필요한 행동을 수행할 수 없는 상태를 의미한다. 이 의존의 상태는 진단에 따라 6단계로 나눈다.

프랑스 통계청에 의하면 60세 이상 중 8%가 의존노인이며 85세 이상은 5명 중 1명꼴인 20%가 의존노인이다. 의존노인의 평균 연령은 83세이다. 본 글에서 고령노인의 대상은 프랑스에서 주로 쓰는 의존노인 개념으로 보

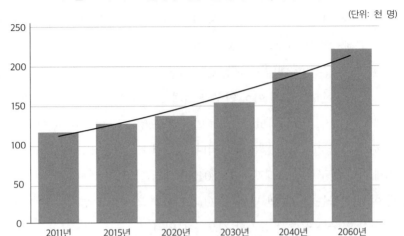

〈그림 15-2〉 2060년까지 의존노인 증가 분포 예측 그래프

(단위: 천 명)

자료: insee.fr 재구성.

고자 한다.

〈그림 15-2〉는 2060년까지 의존노인 인구의 증가를 예측한 것이다. 2015년 126만 명의 의존노인 수가 2060년에는 230만 명으로 늘어, 현재의 약 2배에 가까울 것으로 예상된다.

(2) 65세 이상 의존노인 사회복지서비스

65세 이상을 대상으로 수급자가 거주지에서 머물도록 돕는 노인장기요양 제도에 해당하는 재가방문 도우미서비스가 있다. 수급자가 자식에게 승계할 재산이 있을 경우, 생존 시 급여 받은 액수는 시가 환수한다. 주거보장 서비스로는 주거수당이 있다. 이 역시 자식에게 승계할 재산이 있을 경우, 생존 시 급여 받은 서비스는 시가 환수한다. 현금급여서비스 제공에 있어 가장 많이 차지하는 고령자 주택은 자율적으로 생활이 가능한 노인을 대상으로 한 아파트 형태의 공동시설이다. 각각 독립된 생활공간을 두고 있으며 공동생활공간으로 식사공간과 세탁공간을 둔다. 그뿐만 아니라 방문 의료서비스도 받을 수 있으며 기초자치단체의 여가문화 활동 프로그램도 있어 참여할 수 있다.

의존노인 사회복지서비스를 의료, 주거 그리고 장기요양서비스로 크게 나누어서 국가와 가족의 분담 비율을 살펴보면 다음과 같다.

의존노인 대상 2016년 현재 국가비용은 2,820억 유로로 국민총생산의 1.5%에 해당한다. 〈그림 15-3〉은 의존노인에 제공하는 대표적인 서비스인 장기요양서비스 750억 유로, 주거서비스 970억 유로, 의료요양서비스 110억 유로를 백분율로 나타낸 것이다. 국가 부담은 의료영역인 의료서비

〈그림 15-3〉 국가의 서비스별 의존노인 분담률

자료: insee.fr 재구성.

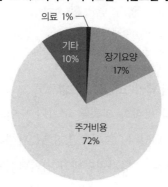

〈그림 15-4〉 가족의 서비스별 의존노인 분담률

자료: insee.fr 재구성.

스에서 가장 많이 차지함을 알 수 있다.

〈그림 15-4〉는 가족이 분담하는 경우를 지불하는 비용에 따라서 재구성해 본 것이다. 가족이 분담하는 비용에서 주거서비스에 부담하는 비율이 여타에 비교하여 확실히 높음을 알 수 있다.

(3) 의존노인 복지서비스의 국가와 가족 분담

2016년 현재 의존노인 복지서비스에서 국가는 75%, 가족은 25%를 차지하고 있다. 2050년 이후에는 퇴직연금이 줄어듦에 따라 국가가 부담할 수 있는 비용이 줄어들 것으로 예상한다. 따라서 2060년에는 가족이 의존노인에 대한 분담하는 비용은 더욱 늘고(25%에서 35%로) 공공 부문의 분담은 줄 것으로(75%에서 68%로) 관측된다.

〈그림 15-5〉 2060년까지 의존노인에 대한 가족과 공공 분담률 변화 전망

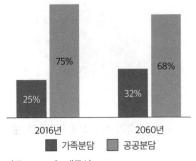

자료: insee.fr 재구성.

(4) 고령자 복지서비스의 핵심: 노인장기요양제도

프랑스 노인복지제도의 방향과 원칙은 국가가 노인의 재가생활보장을 우선 정책으로 하여 시작되었다. 그리고 1983년 시행된 중앙정부 행정권의 지방이전정책의 일환으로 지방자치단체가 지역단위를 담당하는 노인복지지원제도를 채택하였다. 노인의 재가생활 유지를 위해 국가가 관련 활동을

조정하고 행정 제공처의 역할을 맡을 것을 명문화하고 있다.

그러나 2003년 여름의 폭서로 인해 1만 5천여 명의 재가노인이 사망하자 프랑스는 충격에 빠졌다. 폭서로 사망한 노인은 대부분 독거노인으로, 정기적 의료지원이 필요한 노인이 아니었다. 이러한 사건은 국가 노인복지 서비스에서 의료서비스에 중점을 두던 복지서비스에 회의적 여론을 만들었다. 따라서 노인에 대한 지속적인 관찰을 제공하는 노인장기요양제도가 노인복지서비스의 우선 과제가 되었다.

2009년에 실시된 노인장기요양제도는 신체적, 정신적 또는 지적 질병과 노화로 인한 일상생활의 자립성 상실로 인해 식사, 의복 착용 및 목욕 등과 같은 일상생활의 기초적 활동수행에 있어 외부의 도움을 필요로 하는 노인에 대한 의료 및 사회복지서비스를 총칭한다. 장기요양 지원은 주로 가족 또는 친구 등을 포함하는 가사도우미의 동행에 의해 이루어진다. 장기요양 지원은 목욕, 세수, 의복 착용, 식사, 취침 및 기상, 화장실 사용 및 가정 생활 등 일상생활에 필요한 활동과 환부 관리, 통증 관리, 의약품 섭취, 건강검사 및 예방, 재활 및 관련 치료서비스 등의 기본적 의료지원서비스를 지원한다.

노인 재가생활 유지 목표에 이르기까지 고령자 복지서비스의 형성과정을 역사적 배경을 통해 살펴보고자 한다. 재가복지서비스가 형성된 과정을 방향 정립, 서비스 확립, 제도 정착으로 나누어 보고, 마지막으로는 법적 토대가 되는 〈사회복지서비스 및 가족법〉 중 고령자 복지서비스 관련 내용을 소개하고자 한다.

2. 고령자 복지서비스의 형성

1) 고령자 복지서비스의 방향 정립

프랑스 고령자 복지서비스는 국가의 빈민에 대한 부조정책을 기본으로 하였다. 그러나 1945년 이후, 사회보장의 성숙과 국민의 생활수준 향상, 평균 기대수명의 연장을 배경으로 고령자 세대에 대한 정책이 요구되었다. 1962년 〈라로크 보고서〉(Rapport Laroque)는 주로 노동능력이 없는 노인에게 제공하던 국가부조(1941년의 노령보충수당)와는 다른 새로운 원칙을 제시하였다. 먼저, 노인정책은 사후치료의 성격이 아니라 예방을 목적으로 두어야 함을 강조하였다. 다음으로 의존상태를 사회적 위험으로 보았다. 마지막으로 고령화는 일상생활을 하는 데 지장을 초래해 사회생활에 단절을 가져올 수 있으며 이 단절을 결국 고령화를 더 촉진하는 요인으로 보았다. 이를 위해 노인이 사회의 구성원으로서 지장 없이 생활할 수 있도록 노인생활양식을 제공하는 것이 가장 필요하다고 보았다. 보고서는 노인이 장기간 지속적으로 독립생활을 유지할 수 있도록 필요한 수단을 제공해야 한다고 제시하면서, 노인이 자신의 거주지에서 최대한 장기간 생활할 수 있도록 장려하기 위한 재가복지서비스를 우선 강조했다.

이 보고서는 노령에 대한 사회적 인식을 바꾸는 '현대적' 개념의 프랑스 노인복지제도로 평가받는다. 모든 고령인구를 대상으로 한다는 점에서 보편적이다. 또한 노인 주거정책을 재가서비스로 확립했고, 간병서비스, 여가 및 기타 서비스 정책을 포함하고 있어 포괄적이다. 마지막으로 노령을 사회 문제로 인식하고자 했다는 점에서 예방적이고, 세대 간 노인의 고립을 막고자 한다는 의미에서 통합적이다.

오늘날 고령자 복지제도와 관련한 대부분의 정책은 사회복지서비스와 보건의료를 두 축으로 한다. 먼저 사회복지와 관련한 재택정책으로 고령자

주택의 건설을 추진 및 기존 고령자에게 적절한 주택을 보장하는 것으로 하여 고령자 재택 유지를 기본으로 한다. 재택복지정책의 기축으로서 가사원조서비스제도의 도입, 자립과 사회참가를 위해 인생을 시작하는 시기라고 새로이 정의된 제3연령을 위한 지역참가형 정책(고령자 그룹이나 고령자 프로그램) 등이 제안되었다. 입소시설 대책으로는 고령자의 건강상태를 시설입소의 기준으로 하고 종래의 '죽음의 집'이라고 불리던 호스피스를 근대적 시설로 전환하여 고령자시설을 질적으로 개선하였으며 단기적으로 시설을 이용할 수 있는 방향을 제안하였다. 그뿐만 아니라 재택입원, 재택간호서비스를 실시하여 재가에서 요양보호서비스를 제공하고, 요양보호서비스를 제공을 위한 전문가 양성제도를 도입하였다.

2) 의존고령자 복지서비스 확립

1970년대 세계 오일쇼크로 인한 경제 위축은 실업인구의 증가를 가져왔고, 해마다 늘어나는 사회보장예산의 증가로 인해 사회보장재정은 압박을 받을 수밖에 없었다. 그럼에도 이 시기에 의존고령자 서비스와 관련한 몇 가지 중요한 입법들을 제정하였다.

먼저 의존고령자를 위한 시설대책이 있었다. 고령자 입소시설의 법적 지위를 명확히 했으며 고령자 돌봄 대책으로 장기입원서비스를 창설했고, 의존고령자를 위한 사회복지시설의 의료화를 촉진했고 호스피스의 시설 전환을 계획했다. 즉, 기존 시설을 근대화·의료화하여 의존고령자에게 의료서비스를 제공할 수 있는 시설을 늘렸고 이용자에게 익숙한 지역에서 돌봄을 제공할 수 있도록 다양한 시설의 법적 지위를 명확히 함으로써 관리운영의 관할 및 재원의 부담방식을 명확히 하고자 하였다. 1978년에 재택간호서비스는 사회복지의료제도로서 법적 지위를 부여받았고 간호·돌봄의 비용은 의료비로서 의료보험에서 부담하기도 하였다.

3) 의존고령자의 재택서비스 정착

1980년대에는 의존고령자의 재택유지를 추진하기 위해 직업간병인과 가족 간병인 그리고 지역의 자원봉사자 간 상호보완관계를 발전시키는 방향이 설정되었다. 가사도우미서비스의 경우, 사회부조에서 법정급부의 담보설 정이 없어졌고 부양의무자에 대한 구상권 청구제도가 폐지되었다. 또한 고령자 재택유지의 한 형태로서 고령자의 가정위탁제도를 처음 실시하였다. 이는 공동시설에서 생활을 원하지 않는 경우 또는 시설생활이 곤란한 고령 자를 위한 조치이다.

4) 2000년 개정: 고령자 복지 법적 확립

노령에 대한 복지서비스를 규정한 법은 2000년에 개정한 〈사회복지서비스 및 가족법〉에서 찾을 수 있다. 이 법은 1956년에 제정한 〈사회부조 및 가 족법〉을 대체한 것이다. 2000년 〈지방자치법〉 제정 이후, 사회복지서비 스 영역 및 전달체계를 재정비할 목적으로 개정하였다. 〈사회복지서비스 및 가족법〉은 일반적 규정에 원칙을 제시하고 있다. 사회부조, 가족정책, 고령자 및 장애인 대상 정책, 사회적 배제에 대항 원칙이다. 다음으로 구 체적인 사회부조 및 사회복지서비스 내용이다. 가족, 아동, 고령자 및 장 애인의 사회부조, 사회적 배제 대상자 관련 서비스 항목을 제시한다. 고령 (의존노인)과 관련하여 주택, 재가복지서비스, 시설보호서비스를 내용으 로 하고 있다.

　〈사회복지서비스 및 가족법〉은 65세 이상 저소득층 노인에 대한 복지지 원으로서 방문도우미 또는 가정 및 관련 의료사회기관에 신청을 통해 이용 할 수 있는 복지 혜택을 규정하며 근로능력을 상실한 60세 이상 노인에 대 한 동일한 복지서비스도 규정한다(L113-1조).

시기별 추이를 요약하면 1970년대 의료서비스 및 간병보호를 목적으로 하는 의료서비스가 재가복지를 기본으로 시작되었고 1980년대에는 보건, 의료사업에 관한 제반 서비스가 실시되었다. 1990년대에 이르러 의료서비스 외에 일상적 생활보조서비스가 복지서비스로 자리를 잡았다.

2016년 통계에 의하면 프랑스 국민의 77%는 고령노인이 되면 시설에 가기보다는 자신의 집에서 오랫동안 지내기를 희망한다고 한다. 프랑스 정부 또한 "자신의 집에서 건강하게 늙는다"를 기본방향으로 하여 재택정책을 도모하고 있다. 그러나 이 정책이 경제적으로 비용을 절감할 수 있다 하더라도 의존고령자의 부양 배우자와 그의 자식, 즉 가족의 비용 부담 및 분담은 무시할 수는 없는 것이 현실이다.

3. 고령자 복지서비스의 기관

1) 자립을 위한 전국연대공단

자립을 위한 전국연대공단(Caisse Nationale de Solidarité pour l'Autonomie: CNSA)은 고령과 장애로 자율성을 손실한 대상자의 의료사회시설 재정을 담당할 목적으로 정부의 일반사회결속부서에서 설립한 공공기금이다. 법정공휴일에 자유의사에 따라 쉬지 않고 일을 함으로써 그 급여를 갹출하여 보험형식으로 모아 관리한다. 이 기금은 전년도 이월 예산집행의 투명성 보장, 활동 자율성 상실 노인에 대해 전국적으로 효율적인 재정 지원 개선 및 프랑스 전 영토에 대한 평등한 지원보장을 목적으로 한다.

2006년 이후 활동장애를 겪는 노인과 장애인을 위한 복지재정 지원, 전 영토에 대한 평등한 지원보장 및 지원 수급자가 받는 양질의 복지서비스를 위한 평가, 정보제공 및 노인복지 촉진 임무보장을 내용으로 하는 재정 지원 할당, 개인복지서비스의 현대화, 자율성 상실에 대한 연구 및 평가, 서비스 제공자에 대한 교육 등과 같은 기술적 지원을 제공한다. 모금액에 대한 사용은 법으로 60%는 노인복지(40%는 노인장기요양시설 지원금, 20%는 APA), 40%는 장애인 복지에 사용하도록 규정하고 있다.

2) 정보제공 접근성을 높이기 위한 정보 및 조정 지방센터

정보제공 접근성을 높이기 위한 정보 및 조정 지방센터(Centre Local d'Information et de Coordination: CLIC)는 일반고령자를 위한 정보제공과 상담을 목적으로 한 지방센터이다. 이 지방센터는 도의 관할하에 지방자치단체별로 노인에게 각종 정보 및 각 노인에게 필요한 서비스의 확인, 주거환경개선 등을 총괄하여 조정한다.

대상자 중심의 총괄 서비스는 단순 정보제공 및 상담(1단계), 노인의 욕구 파악 및 개인별 지원계획 수립(2단계), 지원결과의 평가 및 건강, 주거개선 등 대책 마련(3단계)의 세 단계 활동을 수행한다(http://www. maison-de-retraite. fr). 현재 CLIC 기관은 의존의 사회적 문제를 함께 다루고자 하는 국가정책 방향에 따라 도의 장애인기관과 그 운영을 통합 중이다.

3) 코뮌 사회복지센터

과거 빈민구제소(Bureaux de charité, 종교 기반 시설)에서 이어져 내려온 제도적 유산인 코뮌 사회복지센터(Centre Communal d'Action Sociale: CCAS)는 1986년에 설립되었다. 프랑스 행정 재편성에 따른 개편과 지방분권화로 도입되었다.

목적은 사회복지서비스가 필요한 사람을 대상으로 지역에서 그 욕구를 일관성 있게 실현·배분하는 것이다. 시청 관할하의 시의회 및 도의회와 사회복지전문가가 특히 장애인, 노인 대상 사회복지서비스를 제공한다. 지방자치단체 단위로 설치 및 운영되는 노인복지센터에는 여가 프로그램 담당부서(Secteur de loisir)가 있다. 이 부서는 다양한 여가문화 활동을 조직·운영한다. 휴가철 여행, 수영·당구·탁구 등 스포츠 활동, 영어강좌, 역사강좌, 노인 간 친선파티, 영화감상 등이다.

지방자치단체 단위 '공공행정기관'의 대표적 기관인 코뮌 사회복지센터는 고유 예산과 법적 권한을 갖는다. 가정을 지원하거나 주거복지서비스를 제공하고 빈곤과 사회적 소외층을 없애기 위한 집행 대리인의 역할을 한다. 또한 아동복지서비스, 장애서비스, 특히 의존노인을 위한 상담, 신청 접수를 맡는다(http://www.unccas.org).

4) 알츠하이머 환자의 자율과 통합의 집

알츠하이머 환자의 자율과 통합의 집(Maison pour l'Autonomie et l'Intégration des Malades d'Alzheimer: MAIA)은 2008년에 설립되었다. 자립을 위한 전국연대공단(CNSA)에서 맡아 운영하고 있다.

60세 이상 환자를 가정에서 보살피고 필요한 서비스를 제공하려는 목적이다. 정보 및 조정 지방센터, 코뮌 사회복지센터 및 민간단체인 프랑스 알츠하이머 협회와 함께 노인복지서비스의 동반자로서 역할을 하고자 한다. 치매환자와 가족이 직면한 문제를 해결하기 위해 지역에서 쉽게 접근할 수 있도록 하며 사회적, 의학적 서비스를 관할 및 조정한다. 알츠하이머뿐만 아니라 관련 파생 및 유사 질병도 다룬다. 현재 총 302개가 있고 2016년 50개소가 더 설립되었다(http://www.plan-alzheimer.gouv.fr/mesure-no4.html).

5) 노인단체

프랑스의 노인단체는 노인의 권익신장 활동이 매우 적극적이다. 10여 개의
노인단체가 있다. 그중 대표적인 단체는 전국 고령자클럽 연합회(National
Senior Citizen's Clubs)와 전국노인연맹(Older Person's Federation)이다.

전국 고령자클럽 연합회는 4천여 개의 지역단위 노인클럽의 연합체이고
전국노인연맹은 각 노인단체의 대표와 노인복지 관련 사업체의 책임자로
구성된 단체다. 이들은 국가의 노인복지정책 수립과정에 큰 영향력을 행사
하고 있다.

4. 고령자 복지서비스

1) 의료 중점 서비스

(1) 재가간병서비스

재가간병서비스(Services de Soins à Domicile: SSAD)의 목적은 가능한 한
입원을 피하며 입원 후 귀가 시 회복을 돕고 건강상태의 악화를 예방하거
나 지연하는 것이다. 질병을 앓는 노인이나 신체능력이 저하된 노인에게
간호 및 보건요양(soins infirmiers et d'hygiene)을 제공한다. 동시에 일상생
활을 하는 데 필요한 행위가 자율적으로 가능하도록 지원한다.

재가간병서비스의 지원 대상은 의사의 판단에 따라 간호서비스를 필요
로 하는 질병상태에서 혼자서 일상생활을 할 수 없고 돌봄을 필요로 하는
의존상황에 처한 노인이다. 질병으로 인해 의료치료가 필요하나 입원이 필
요하지 않은 노인은 의사의 처방하에 전문 간호인의 자택간호지원을 신청
할 수 있다.

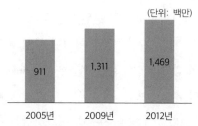

〈그림 15-6〉 재가간병서비스 비용의 변화

(단위: 백만)

2005년	2009년	2012년
911	1,311	1,469

자료: DREES(Direction de la recherche, des études, de l'évaluation et des statistiques du Ministère de la santé)(2016). 프랑스 사회보장(Couverture des risques par la protection sociale en France) 재구성.

신청자는 60세 이상으로 질병을 앓고 있거나 일상생활 활동 의존 정도가 심해야 한다. 다만 상기 조건이 아니더라도 노인이 조기노화나 신체장애를 유발하는 질병을 앓는 경우 사회복지기관의 의료검사 후에 지원을 신청할 수 있다.

재가간병서비스는 의료관찰, 위생간호 및 진료보조와 물리치료 등의 간호를 포함하여 필요한 경우 주말과 휴일을 포함해 지속적으로 시행한다. 재가간병서비스 실시장소는 일반가정, 양로원, 고령자 주택 등으로서 노인이 생활하는 곳이면 어디든지 가능하다. 재가간병서비스 또한 가정방문 지원과 동일하게 100% 지원을 받는다. 반면 의사 진료비와 약품구입비는 건강의료보험에서 상환한다.

재가간병서비스의 원활한 운영을 위해 공적 혹은 사적 기관이 개입한다. 공적 기관으로 코뮌 사회복지센터가 있고 사적 기관으로는 양로원, 간병센터 등이 있다. 이들 단체는 지역 내 욕구조사, 즉 서비스를 받을 수 있는 노인의 수 조사를 근거로 유기적으로 운영한다.

〈그림 15-6〉은 재가간병서비스 비용 추이를 2005년에서 2012년까지 살펴본 것이다. 점차 증가하는 추세다.

(2) 가정방문지원

가정방문지원(Garde à Domicile)은 병원입원을 피하기 위해 다양한 기관의 간병인이 수급자의 자택에서 주간과 야간에 항상 혹은 임시로 체류하며 옷 입기와 식사, 대소변 보기 등 일상생활을 지원하고 의사에게 통보하는 것을 목적으로 한다. 노령보험 전국공단(Caisse Nationale d'Assurance Vieillesse: CNAV)이 100% 운영을 지원하는 가정방문지원은 질병 및 노화로 인해 일상생활 활동 유지에 어려움을 겪는 65세 이상 노인이 대상이다.

담당하는 전문 보조인은 수급자의 개인적 건강상태에 따른 일상생활 유지 및 식사보조를 수행한다. 퇴원, 질병으로 인해 신체에 장애가 발생하거나 부양가족의 일시적 부재 등의 경우 가정방문을 통해 가사, 주거 및 휴가 등 일상생활을 지원하는 것이다.

2) 일상생활 중점 서비스

(1) 방문 가사도우미

방문 가사도우미(Aide Ménagère)는 해당 노인의 주거지를 정기적으로 방문해 가사, 간단한 건강치료, 장보기 및 기타 일상생활 활동을 지원하는 전문 직업인이다. 이 서비스는 가장 오래된 서비스로 노인 재가복지서비스의 중심에 있다.

대상노인, 가족 및 병원 또는 사회복지기관이 신청할 수 있다. 수급자격은 개인주거 또는 기숙시설에 주거하지만 건강 및 노화로 인해 외부인의 지원을 필요로 하는 65세 이상 노인(60세 이상 노인은 근로부적격 판정을 받은 경우로 한정)으로, 개인연금이나 사회복지연금 수급자, 국가 퇴직연금 수급자 및 개인별 자립성 수당(Allocation Personnalise d'Autonomie: APA) 수급자여야 한다.

반면 월 소득이 독신노인의 경우 1,760유로, 부부의 경우 2,650유로를 넘지 않아야 한다. 지원규모는 수급노인의 소득수준에 따라 결정된다. 독신노인은 월 소득이 742.27유로로, 부부는 1,181.77유로 이하의 경우에 거주 지방자치단체의 사회복지기금으로부터 가사도우미 비용을 지원받을 수 있다. 사회복지 분담금 납입면제 혜택도 가능하다.

거주지의 코뮌 사회복지센터 또는 시청에 신청한다. 노인의 본인부담금액은 월 소득액에 비례해 지원금액의 10~73%에 달한다.

(2) 가정방문지원 단순보조금

개인별 자립성 수당(APA)의 수급 대상자가 아니며 퇴직연금이 아예 없거나 소득수준이 낮은 65세 이상 노인 또는 근로부적격 판정을 받은 60세 이상의 노인이 건강상의 이유나 일상활동장애로 자택이나 요양시설에서 지원이 필요한 경우, 현금 또는 방문 가사도우미의 지원을 받을 수 있다.

현금지원은 신청노인의 소득수준에 따라 전액 또는 일부 지원하는 단순한 형태(*allocation simple*)이며, 현물지원은 방문도우미 파견형태로 시행한다. 지원은 주거지의 지방 사회복지기관이나 퇴직연금기관에 소득증명서를 첨부해서 신청하며 현금과 가정방문지원도 중복으로 신청할 수 있다. 지원조건은 프랑스에 6개월 또는 180일 이상 정기적으로 거주하는 프랑스 노인 또는 체류허가를 받아 70세 이전에 최소 15년 이상 지속적으로 프랑스에 거주한 외국인 노인이어야 한다.

수급 신청자는 독신의 경우 연 8,907.34유로 또는 월 742.27유로 이하 소득, 부부의 경우는 소득이 연 14,181.30유로 또는 월 1,181.77유로를 초과하지 않아야 한다.

(3) 노령연대수당

노령연대수당(Allocation de Solidarite aux Personnes Agées: ASPA)은 2006년 1월 1일부터 최저소득노인 대상 보조금제도를 대체하여 최저소득노인의 최저생활비 보장을 목적으로 제정되었다. 대상은 65세 이상의 노인이다. 보조금 신청자는 6개월(180일) 이상 프랑스에 거주해야 한다. 외국인의 경우 10년 이상 노동허가 체류증을 소지하거나 난민, 무국적자 혹은 프랑스를 위한 참전용사로서 유럽경제연합의 국민이어야 한다.

노령연대수당의 지원금액은 신청자의 소득이나 신청자의 배우자 또는 가족 소득수준에 따라 다르며 보조금 지급기일 3개월 전의 소득을 기준으로 결정한다. 독신노인의 경우 소득이 월 742.27유로, 연 8,907.34유로, 부부의 경우 소득이 월 1,181.77유로, 연 14,181.30유로를 넘어서는 안 된다.

보조금액 결정의 근거가 되는 소득은 퇴직연금 및 장해연금, 근로소득, 부동산 및 동산소득, 성인장애급여를 포함한다. 또한 신청자에게 배우자가 있을 경우 부부의 모든 소득이 근거로 포함된다. 한편, 신청자나 가족이 거주하는 주 거주지, 가족연금, 참전용사연금, 거주보조금, 식비지원금, 전쟁·산재·직업병의 피해자에 대한 국가지원금 및 명예연금은 소득근거에 포함되지 않는다.

노령연대수당 지급신청은 신청자가 퇴직연금의 수급자일 경우에 거주지의 퇴직연금기금에, 다수의 연금 수급자일 경우에는 지급받은 연금의 종류에 따라 농촌상호기금, 질병보험기금 또는 가장 많이 받은 연금을 지급하는 기금에서 규정신청서를 작성하여 신청한다. 만약 신청자가 어떤 연금 수급자도 아닌 경우에는 거주지의 시청에서 신청한다. 신청자를 대신해서 상기 신청자를 부양하는 배우자가 대리 신청할 수 있다. 보조금은 신청 접수 다음 달 1일부터 지급되며 수급자는 소득, 가족관계 또는 거주지의 이동 등 변경상황을 보조금 지급기관에 통보하여야 한다. 수급자 사망 시 상속액이 3만 9천 유로를 초과할 경우 유족은 지급된 보조금액을 상환해야 하며 독신유족은 5,658.86유로, 부부유족은 7,684.34유로 한도 내에서 상기 보조금을 상환해야 한다.

(4) 지방자치단체의 서비스: 구내식당 할인 및 식사배달 지원

① 구내식당 할인

지방자치단체는 특정 공동기숙사의 식당을 지정해 노인을 위한 할인식사 제공 프로그램을 운영할 수 있다. 상기 식당은 노인에게 할인가격의 식사를 제공한다. 노인의 소득이 연 8,907.34유로 이하일 경우 지정 식당에서 지방정부 차원의 노인 사회복지서비스의 일환으로 할인된 가격의 식사를 제공받는다.

② 식사배달 지원

지방자치단체는 건강 악화로 외출이 불가능한 노인을 위한 단기 식사배달 프로그램을 실시한다. 비용은 지방정부와 신청노인이 분담한다.

3) 주거복지서비스

정부는 노인인구가 증가하면서 주거정책의 공공성을 강화하기 위해 2006년 '노년층을 위한 연대계획'을 발표하였다. 이 정책의 주요 과제는 개인에게 서비스 선택권을 주는, 즉 수요자 중심으로 재편하는 것이었다. 시설보다는 재가복지를 권장하고, 이를 위해서 거주환경을 개선하는 정책과 재가요양서비스를 확대하였다.

질병이나 건강의 이상으로 일상생활을 독립적으로 유지할 수 없어 제3자의 도움이 필요한 부양노인을 위해 의료와 주거를 겸해 통합적 서비스를 갖춘 노인주거시설로 개조하는 정책을 구축하였다. 이런 기관은 의료사회기관(Etablissement Sociaux et des Médico-Sociaux)으로 불린다. 사회에서 배제상태에 있는 사람, 의존상황에 직면한 사람을 대상으로 하며 의존노인의 경우 의료사회서비스, 의료주거 서비스가 갖추어진 시설을 말한다.

<표 15-2> 부양노인 거주시설의 형태

구분	기관 수	EHPAD 비율	대상 노인 수	EHPAD 비율
자립주거	2,559	12.7%	128,666	15.4%
영리	89	6.7%	4,178	12.4%
비영리	688	11%	33,884	12.1%
국립	1,782	13.7%	90,604	16.7%
양로원	7,225	95.4%	555,773	98.3%
영리	1,768	94.1%	120,007	97.7%
비영리	2,311	98.4%	160,436	96.7%
국립	3,146	98.4%	275,330	99.4%
장기요양시설	608	84.0%	34,187	76.8%
단기요양시설	89	27.0%	1,857	35.7%
총계	10,481	74%	720,483	82.3%

자료: DREES(Direction de la recherche, des études, de l'évaluation et des statistiques du Ministère de la santé)(2012). 프랑스 사회보장(Couverture des risques par la protection sociale en France) 재구성.

현재 노인의 주거시설은 크게 3개로 구분할 수 있다. 의료시설을 갖춘 부양노인 주거시설, 자립생활이 가능한 노인을 위한 주거시설, 그리고 병원(입원) 서비스이다. 〈표 15-2〉는 의료시설을 갖춘 부양노인주거 시설을 영리, 비영리 기관에 따라 나누어 나타내고 있다.

(1) 부양노인 주거시설

부양노인 주거시설(Etablissement d'Hebergment pour Personnes Agées Dépendants: EHPAD)은 대부분이 부양 노인이 이용하는 주거형태로 간단한 의료시설을 갖춘 부양노인 주거시설이다. 2002년에 제정된 이 시설은 노인의 건강상태를 우선적으로 고려하여 주거시설 내에 의료시설을 갖추었다. 정부는 노인의 시설이용 접근성과 정책운영의 효율성을 고려하여 여러 시설을 통합하여 EHPAD라는 단일 시스템을 구축하였다. 의료서비스를 제공할 수 있는 노인시설의 통합명칭으로, 규모는 다양하다.

입주노인은 60세 이상으로 일상활동장애를 겪거나 알츠하이머와 같은 노환을 겪으며 지방자치단체의 사회복지지원 대상자로서 요양시설에서 장기요양과 치료를 필요로 해야 한다. 시설은 개인실 또는 단체실, 식사 및 세탁시설, 여가활동, 24시간 활동지원, 전문인에 의한 일상활동 보조, 의료관찰, 지속적 간호치료, 간호보조 및 정신치료 지원 또는 상주 일반의에 의해 강화된 의료지원을 제공해야 한다. 그러나 상기 거주시설은 전문화된 병원이나 의료시설을 대체할 수 없으며 입주노인은 담당 일반의의 진료를 유지할 수 있다. 그러나 거주시설은 전문화된 병원이나 의료시설을 대체할 수는 없다.

입주를 원하는 의존노인은 거주지 사회복지서비스 기관 또는 해당 거주지에 위치한 장기요양시설에 직접 입주신청을 할 수 있다. 신청 시 신분증과 의료보험 사본, 주거증명서, 소득증명서 및 소득세 납부증명서를 첨부하여 제출한다.

부양노인시설을 EHPAD로 등록하기 위해서는 정부와 협정을 맺어야 하는데 이 협정에는 도의회, 지역보건청이 참가한다. 협약은 각 기관의 역할을 명시한다. 도의회는 시설운영을 위한 재정의 건전성과 이에 준하는 시설운영조건을 검토해야 하는데 여기에는 시설에서 제공하는 서비스의 질에 대한 내용 등이 포함된다. 시설은 입주 허가를 받은 노인 및 가족에게 시설이 제공하는 복지서비스, 입주노인의 권리와 의무, 복지서비스 조건에 대한 정보를 고시해야 한다. 입주노인은 제공 서비스 내용과 비용에 대한 상세 목록을 기재한 입주일기, 시설 내부규칙 및 입주계약서를 수령한다. 입주에 필요한 일반행정, 숙식, 관리 및 행사에 필요한 거주비용, 복지지원과 일상생활 활동수행 지원에 필요한 비용은 EHPAD가 지방자치단체로부터 직접 수령한다.

EHPAD는 다양한 시설을 하나의 체계로 운영하여 지역별로 발생할 수 있는 서비스의 질을 균일하게 하며, 전국적 지역을 고려하여 다양한 형태로 배치된다. 그러므로 이용자는 개인의 경제능력에 따라 시설을 선택할

수 있고 희망하는 도시나 지역의 EHPAD를 이용할 수 있어 노인의 시설이
용 선택권과 접근성이 향상되었다. 또한 정부는 EHPAD 명칭을 부여하기
위해 시설과 협정을 맺을 당시, 관리감독 조건을 제시하고 정기적인 검열
조항을 만들어 이에 준하는 시설의 관리와 감독을 하고 있어 시설의 질을
점검하는 정부 역할의 효율성도 높이고 있다.

(2) 자립이 가능한 노인을 위한 시설

부양노인 주거시설과는 달리, 자립이 가능한 노인을 위한 시설(Etablisse-
ment d'Hebergement pour Personnes Agées: EHPA)은 국가, 지방자치단체
와의 3자협약을 체결하지 않은 민간시설로 의료 복지서비스를 제외한 일상
적인 복지서비스를 지속적이나 일시적, 주간 또는 야간에 제공하는 노인
주거 시설을 총칭한다. 입주 대상 노인은 일상활동의 자립도를 유지하며
독자적 생활이 가능한 노인으로 6등급 기준으로 5, 6등급에 해당하는 노인
이다.

자립이 가능한 노인을 위한 정책은 세 가지 특성을 지닌다. 하나는 이용
자의 상황에 따라 선택할 수 있는 다양성이다. 시설의 규모, 서비스 종류,
지역에 따라 지역노인주택, 주거시설, 서비스주거시설, 임시주거시설과
단기위탁시설이 있다. 이들 주거시설은 부양노인 주거시설인 EHPAD와
다르게 의료시설이 마련되어 있지는 않지만 이전 주거지와의 거리, 자녀의
접근성, 가족상황(독거노인과 부부노인), 선호하는 주거환경을 고려하여
선택할 수 있도록 다양하다. 대부분 임대형식으로 시설을 이용하지만 서비
스주거시설은 자가 소유와 임대 모두 가능하다.

둘째로, 노후한 주거시설에 대한 개조와 보수지원정책이다. 새로 설립
된 자립노인을 위한 주거시설은 노인신체의 연약성, 시설이용의 접근성,
생활의 안정성, 가족과 친지와의 동반성을 중점적으로 고려하여 편리한 생
활기기를 설치하는 등 주거환경이 좋은 반면, 이미 오래된 시설에 거주하

는 노인은 생활에 불편함을 호소하고 있다. 이러한 노인의 요구에 따라 정부는 2013년 자립이 가능한 노인을 위한 새로운 3가지 주거정책 목표로 주거시설의 기능강화, 주거시설의 설비개선, 노인의 건강유지 강화를 위한 주거시설 마련을 제시하고 이에 대한 정부의 역할을 발표하였다. 정부는 개인의 정신적 외로움과 고립감을 사회관계를 통해 해소한다는 공동주거시설의 장점이 활성화되도록 시설의 개조와 보수작업을 지원하고 있다.

마지막으로 단기시설운영이다. 노인이 단기간 동안 가족과 함께 있지 못할 경우나 집에 공사가 있는 등 개인적 사유로 단기간 거주가 필요한 상황을 고려하여 개별상황에 맞춘 임시시설이나 단기이용이 가능한 거주시설을 마련하고 있다.

노인거주시설의 입주비용은 입주계약 시 결정하며, 거주비용과 관리비 및 제공되는 지원서비스 비용이 포함된다. 각 입주자의 최소 의무 입주기간은 2개월 이상이며 입주계약 체결 시 입주기간을 결정한다. 계약서에는 계약내용, 해지, 변경 또는 효력중지에 관한 조항이 있다. 기관은 입주노인에게 입주일기와 출입등록부를 지급해야 하며 입주노인의 개인 귀중품을 보관하고 5년마다 시설 내의 활동과 서비스의 질에 대한 평가를, 그리고 7년마다 외부기관의 감사를 받아야 한다. 상기 외부기관의 감사 결과는 담당 감독기관에 통보되어 해당 시설 허가재발급 결정에 참고가 된다. 시설대표는 감독기관에 있는 모든 입주노인에 관한 정보를 제공하여야 하며 감독관의 시설 내 출입을 허용하고 장비 및 시설운영 조건평가에 필요한 모든 정보를 제공하여야 한다.

① 자립주거시설

자립주거시설〔Residences-Autonomie, 과거 고령자주택(Ex-Logements-Foyers)〕은 자립생활이 가능한 노인을 대상으로 한 아파트 형태의 사회적 시설이다. 각각 독립된 생활이 가능하고 공동 사용공간으로 식사공간, 세탁

공간을 두고 있다. 이 시설은 시내 중심과 가깝거나 대중교통 이용이 편리한 곳에 있으며 대부분 비영리기관이다. 현재 2,559개소가 있으며 총 126,666명이 생활하고 있다.

② 양로원

양로원(Maisons de Retraite)은 노인 대상 집단거주숙소이다. 프랑스 노인의 상당수가 시가 비영리로 양로원을 운영하더라도 비싸다고 인식하며 생애 마지막 단계에 혼자 머무는 공간이기에 부정적으로 생각하는 경향이 있다. 한 달 입소금액은 2,200유로에서 2,800유로로, 80세 이상 노인이 절반을 차지한다. 현재 양로원의 시설은 7,225개소이며, 55만 5,773명이 입소하고 있다. 양로원의 수는 점차 늘고 있는 추세이다.

(3) 병원서비스를 갖춘 주거시설

중증질환의 노인을 위한 거주공간으로 주로 공립병원 내에 있거나 민간병원에서 부속으로 운영한다. 이곳에 거주하는 노인은 대부분 중증질환자이므로 거주기간이 다른 시설보다 짧은 편이다. 이 주거시설은 거주기간에 따라 세분되어 위급상황에 거주하는 단기시설, 재활치료가 필요한 경우에 이용하는 중기시설, 장기간 치료가 필요한 경우에 거주하는 장기시설이 있다.

또한 알츠하이머와 유사한 질병을 가진 노인을 위한 센터도 있다. 역시 주거와 치료를 겸한 시설로 소규모로 운영되며 부양노인 주거시설 EHPAD 내에 마련되기도 하고 별도로 마련되기도 한다.

입원노인을 위한 장기치료시설은 지속적인 의료진료를 필요로 하는 활동장애노인에게 장기치료 요양서비스를 제공하며 전국에 위치한 중앙병원에 설립되어 있다. 상기 시설은 국가, 지역, 자치단체와의 3자협약 체결을 필요로 하지 않지만 2009년 12월 31일부터 상기 3자협약 체결이 가능하다. 입원 대상 노인은 활동자립도를 상실해 독자적으로 기상, 세수, 식사 등의 행위가 불가능하며 지속적인 의료진료를 필요로 해야 한다. 시설은 장기간 입원진료를 제공하며 시설이용은 입원 또는 지속적인 진료 및 물리치료를 위해서도 가능하다. 병원치료노인의 건강상태가 회복되지 않거나 악화되는 경우 장기치료시설로 이송될 수 있다.

① 장기요양시설

장기요양시설(Unites de Soins de Longue Durée: USLD) 은 대표적인 입원보호서비스로 주거보장서비스와 의료보장서비스가 이루어지는 시설이다. 90%의 수급자가 65세 이상 의존노인이다. 장기치료요양이 서비스 제공의 주된 목적이다. 현재 608개소가 있으며 3만 4,187개의 병상이 있다. 또한 단기치료 요양서비스는 89개소가 있고 총 1,867개의 병상이 있다.

〈표 15-3〉은 주거서비스 비용의 분담을 비용(유로)으로 나타낸 것이다. 프랑스 평균 연금인 1,306유로를 기준으로 볼 때 가장 저렴한 비용으로 이용할 수 있는 것은 본인거주서비스이다. 공공 사회-의료서비스나 주거-의료서비스를 제외하고 민간기관으로만 볼 때는 영리기관 이용이 가장 비용이 많이 든다. 양로원이 대표적인 예이다. 민간비영리기관을 기준으로 할 때 본인자택에서 이용하는 비용의 세 배 이상이 든다. 비용 측면에서 본다면 본인자택에서 오랫동안 건강하게 늙어갈 수 있도록 주거-의료-사회서비스를 지원하는 것이 최선이다.

〈표 15-3〉 주거 서비스 비용의 분담

(단위: 유로)

	민간영리기관	민간비영리기관	본인자택	평균 연금
한 달 비용	3,720	2,970	1,078	1,306
본인부담	2,497	1,748	589	

자료: DREES(Direction de la recherche, des études, de l'évaluation et des statistiques du Ministère de la santé)(2015). 프랑스 사회보장(Couverture des risques par la protection sociale en France)재구성.

5. 고령자 복지서비스의 쟁점

1980년대 이후 프랑스 사회적 위험으로 노인의 의존 문제가 등장함에 따라 민간보험의 확대가 서서히 부각되고 있다. 2010년 프랑스 40세 이상의 국민 중 15%가 퇴직 후 노년을 대비한 민간장기보험에 가입했다. 같은 해 민간장기요양 보험제도의 경우 프랑스 보험시장에서 45%를 차지했다.

민간보험의 경우 필요에 따라 총액을 환급받을 수 있다. 노인의존의 경우 사후 예견의 소득보장을 위한 계약, 저축성 계약, 질병보험에 대한 보충적 계약으로 나뉜다. 민간보험 시장의 발달은 프랑스 중산층 이상의 노인이 자신이 죽은 이후 재산을 가족유산으로 세습 및 보존하려는 전통에서 찾아볼 수 있다. 하지만 장년층의 민간보험 가입확대는 장래 노후의 문제가 이제 더는 국가 공공기금으로는 부족하다는 인식이 확장되어 사회연대의식이 점차 무너져가고 있는 현상이 아닌가 생각해 본다.

■ 참고문헌

국내 문헌

강홍진(2012). "프랑스의 노인복지 관련법제". 〈최신외국법제정보〉, 2012년 3호, 82~100.

이은주(2015). "프랑스 노인주거복지정책의 공공성 함의". 〈보건사회연구〉, 35권 1호, 363~390.

조임영(2004). 《프랑스의 노인복지법제》. 서울: 한국법제연구원.

해외 문헌

Cour des Comptes(2016). *Le Maintien à Domicile des Personnes Agées en Perte d'Autonomie.* Paris: La Document française.

Cytermann, L., & Wanecq, T. (2010). *Les Politiques Sociales.* Paris: PUF.

Guillemard, A.-M. (1986). Le déclin du social: Formation et crises des politiques de la vileillesse. *Revue Française de Sociologie, 28*(2), 346~348.

기타 자료

Courson, J.-P., & Madinier, C. (2000). La France continue de vieillir. INSEE Première, n° 746, 1-4.

Le monde. www.lemonde.fr/economie/article.

노인복지서비스. www.solidarite.gouv.fr.

노인복지서비스의 노인 정보 제공 관련 서비스. www.unccas.org.

노인인구통계. www.insee.fr.

노인주거서비스. www.maison-de-retraite.fr.

알츠하이머 의존노인 관련 자율과 통합의 집. www.plan-alzheimer.gouv.fr.

의존노인 관련 2016 노령법. *Adaption de la Societe au Vieillissement.* www.gouvernement.fr.

의존노인 복지서비스. www.pour-les-personnes-agees.gouv.fr.

DREES(Direction de la recherche, des études, de l'évaluation et des statistiques du Ministère de la santé) (2012, 2015, 2016). 프랑스 사회보장(Couverture des risques par la protection sociale en France).

16

장애인 복지서비스*

1. 장애인 복지서비스 개요

의학적 관점에서 볼 때 장애는 신체, 감각, 정신, 인지, 심리적으로 하나 혹은 다수의 기능이 실질적으로 쇠퇴한 것이다. 그러나 이것만으로 장애를 정의하기에는 불충분하다. 장애는 신체기관의 실질적 기능의 부족이라는 관점뿐만 아니라 개인과 환경과의 상호관계 안에서 봐야 한다.

의학적 차원과 사회적 차원을 고려하여 프랑스는 〈2005년 장애인법〉 (2005년 2월 11일 제정, 〈장애인의 권리와 기회의 평등, 장애인의 참여와 시민권을 위한 법〉, www. handicape. gouv. fr) 을 제정하였다. 장애의 정의는 '모든 활동의 한계로서 혹은 환경에서 이루어지는 사회적 삶에 참여하는 데의 제약으로서 실질적이고 장기적으로 하나 혹은 둘 이상의 진단된 기능의 악화 (신체적, 감각적, 정신적, 인지적 혹은 심리적) 와 다발성장애 혹은 불구의 건

---

* 이 글은 2012년 《주요국의 사회보장제도: 프랑스》(한국보건사회연구원, 2012) 에서 필자가 작성한 "제 3부 제 4장 고령자 및 장애인 복지서비스"를 수정 보완한 것이다.

강상태로 인한 어려움'이다〔〈사회복지서비스 및 가족법〉 114조(*L114 du Code de l'Action Social et des Familles*)〕.

2015년 프랑스 인구 6, 600만 명 중 1, 200만 명이 넓은 의미에서의 장애인으로 추정된다. 성별로 보면 54%가 여성, 46%가 남성이며 여성장애인의 50. 6%가 경제활동인구다. 프랑스 통계청의 장애인 수에 의하면 15세에서 64세까지의 경제활동인구 중 24%가 장애인(통계조사 전년도 기준으로 6개월 이상 실업상태였고 이동에 불편이 있으며 산업재해 포함)이었다 (www. insee. fr).

프랑스인의 74%가 장애는 국가의 책임이라고 생각하며 다른 사회적 위험과 비교했을 때 국가가 책임을 져야 한다는 의식이 강하다. 2016년 현재 성인장애수당 지급 만족도는 높은 편이며 장애아동의 교육률, 성인장애인의 고용률은 점차 증가하고 있는 추세이다.

본 장은 〈2005년 장애인법〉 제정 이후 장애인 복지서비스를 통합 운영하고 있는 장애인 서비스 기관인 장애인의 집(Maison Départementale des Personnes Handicapées: MDPH)을 중심으로 복지서비스를 살펴보기로 한다.

1) 장애인 현황

15세 이상 64세 이하 인구 중 넓은 의미로 추정하는 장애인은 총 960만 명이다. 그중 청각장애인이 520만, 이동장애인이 230만, 시각장애인이 170만, 지적행동장애가 70만 명이다. 연령 및 성별로 보면 〈표 16-1〉과 같다.

프랑스 장애인 통계를 보면 등록장애인의 수와 넓은 의미에 장애인 수를 나누어 보고 있다. 등록장애인은 장애인통합기관에서 신청 및 서비스 결정 과정을 거쳐, 사회가 장애를 알 수 있거나 이미 인식하고 있는 대상자를 말한다. 넓은 의미의 장애인은 의학적으로 장애는 인식하였으나 개인의 장애에 대한 사회의 인식 혹은 재인식이 필요한 자를 말한다.

<표 16-1> 연령 및 성별에 따른 장애인 비율

	등록장애인 수		넓은 의미에서 장애인 수		15~64세	
	남	여	남	여	남	여
15~24세(%)	3	4	9	9	19	18
25~39세(%)	20	17	29	27	31	31
40~49세(%)	27	30	25	26	22	22
50~64세(%)	50	49	37	38	28	29
총(%)	100	100	100	100	100	100
총인원(천 명)	998	815	4,415	5,180	1,947	1,992

자료: DREES(Direction de la recherche, des études, de l'évaluation et des statistiques du Ministère de la santé)(2016). 프랑스 사회보장(Couverture des risques par la protection sociale en France) 재구성.

2) 장애개념과 유형

먼저 장애(*handicap*)와 장해(*invalidité*)의 개념을 구분한다. 장애는 다음 법적 정의에서도 살펴보겠지만 직업경력과는 상관이 없다. 그러나 장해는 피보험자의 직업경력 내에서 노동 영구 손상률(*incapacité permanente du travail*) 3분의 2 이하 기준으로 평가한다. 평가기관도 다르다. 장애의 평가는 본 연구의 대상인 장애인통합기관 장애인의 집(MDPH)에서, 장해는 질병보험공단(Caisse d'Assurance Maladie)에서 이루어진다.

평가방식에서 장애와 장해 둘 다 각각의 손상률을 기준으로 적용하지만 장애판정의 경우 의학적 기준뿐만 아니라 '삶의 계획'이라는 개별욕구 사정이 이루어진다. 그래서 장애평가의 경우, 의료사회평가라고 부른다. 최근 2007년 <사회복지서비스 및 가족법>의 개정 조항을 보면 법적 장애유형 분류로 8가지를 제시하고 있다(Le décret n° 2007-1574).

I. 지적 및 행동장애: 1. 아동 및 청소년, 2. 성인
II. 정신장애: 1. 아동 및 청소년, 2. 성인
III. 청각장애: 1. 청각손상률(20dB 이하, 20~39dB, 40~49dB, 50~59dB,

60~69dB, 70~79dB, 80dB 이상)

Ⅳ. 언어장애: 1. 아동 및 성인의 4단계 언어장애율(경미, 중함, 상당, 심각)

Ⅴ. 시각장애: 1. 근시, 원시, 시야장애

Ⅵ. 내과장애: 1. 장애정도(경미, 중함, 상당, 심각)

Ⅶ. 이동장애: 1. 장애정도(경미, 중함, 상당, 심각)

Ⅷ. 외상장애: 1. 장애정도(경미, 중함, 상당, 심각)

법으로 장애를 정의하는 개념은 세 가지이다. 기능의 손상을 말하는 결함(*déficience*), 활동의 제약을 표현하는 손상(*incapacité*), 불가능을 일으키는 불리(*désavantage*)이다. 이러한 개념을 가지고 손상률을 결정한다. 손상률의 수준은 앞선 유형에서 보듯이 4가지 수준으로 경미함(1~15%), 중함(20~45%), 상당함(50~75%), 심각함(80~95%)이다. 장애판정에 있어 프랑스는 한국처럼 등급판정이 아니라 손상률을 판정한다. 장애인통합기관이 장애손상률을 정하는 기준은 세 등급이다(1~50%, 50~80%, 80% 이상). 기준 손상률 50% 이상 80%까지가 성인장애수당과 장애아동교육수당, 장애인카드 등 장애인 복지서비스급여 수급권에 해당하는 영역이다.

장애판정은 네 가지로 나누어 볼 수 있다. 신체·의학평가인 결함 진단, 이에 따라 의학적 재활 및 복구를 평가하는 기능능력 진단, 병리적으로 예상되는 상황을 상세히 알아가고 장애 인식을 돕는 심리사회적 복지서비스의 평가, 마지막으로 삶의 질 향상을 위해 보완할 수 있는 물리적·인적 도구를 사정·평가하여 최종 현물서비스 및 현금급여를 결정한다.

장애판정의 목적은 세 가지로 요약해 볼 수 있다. 첫째, 수급 적격성 여부에 따라 사회적 서비스를 배분하기 위해서, 둘째, 장애를 사회적으로 재인식하는 데 기여하기 위해서(예를 들어 장애인카드), 셋째, 일상생활 동반 도우미서비스와 재가 및 시설복지서비스로 연계하기 위해서이다.

3) 장애인통합기관

〈2005년 장애인법〉은 새로운 원칙인 '보상권리', '접근가능성'의 원칙과 6% 장애인 고용 의무화 강화, 장애인통합기관의 창설을 담았다. 장애인 통합기관의 법적 지위는 비영리를 목적으로 한 공익기관(*groupement d'intérêt public*)으로 공공기관의 행정 단순화 및 기관 운영의 자율성이 특징이다.

　장애인통합기관이라고 하는 이유를 간단히 언급하면 접수, 진단 및 서비스 결정의 단일창구이기 때문이다. 2005년 이전에는 도특수교육위원회 (Commission Départementale de l'Education Spéciale: CDES)와 조정 및 분류 전문기술위원회(Commission Technique d'Orientation et de Reclassement Professionnel: COTORE)라는 두 기관에서 담당하였다. 도특수교육위원회 는 장애아동과 20세 이하의 성인을 대상으로 하였고 조정 및 분류 전문기술위원회는 20세 이상의 성인장애인을 대상으로 직업의 통합을 위한 재취업서비스 제공, 사회통합을 위한 장애인카드 발급, 장애인 의료사회기관 의뢰라는 역할을 하였다. 내담자의 신청접수에서 진단 및 결정까지 한 담당자가 다루다 보니 최종판정까지 시간이 최대 일 년 반 정도가 소요되는 가 하면 장애평가가 구조적이거나 체계적으로 이루어지지 못했다.

　이에 〈2005년 장애인법〉에 의해 설립된 장애인통합기관에서는 다차원적 전문가로 이루어진 종합평가팀(Equipe Pluridisciplinaire d'Evaluation)을 신설하여 보완하고자 하였다. 마지막으로, 최종결정기구인 장애인권리 및 자율위원회(Commission des Droits et de l'Autonomie des Personnes Handicapées: CDAPH)를 두어 최종서비스를 결정한다.

2. 장애판정의 실제

1) 장애판정의 법적 기준

프랑스는 〈2005년 장애인법〉에서 장애를 정의하는 데 2001년 5월 스위스 제네바에서 열린 국제건강기구(Organisation Mondiale de la Santé: OMS)에서 건강과 장애의 기능 국제분류(Classification Internationale du Fonctionnement du Handicap et de la Santé: CIF)를 채택하고 있다.

장애판정의 법적 지위는 다음의 조항에서 살펴볼 수 있다. 종합평가팀은 규정에 따라 장애인의 인생계획과 그 정의를 참고로 영구적 불능 및 장애인의 욕구에 대하여 보상평가를 하고 장애인에게 개별 계획을 제안한다(〈사회복지서비스 및 가족법〉146조 8항 참조).

2) 장애인통합기관의 역할 및 기능

법적 지위는 공익기관으로 중앙정부, 시, 지역 질병보험, 지역 가족급여 기금에서 행정 및 재정지원을 받고 있다. 2016년 현재 도마다 100개의 장애인통합기관이 있다.

장애인통합기관 대표는 도의회(Conseil Général)의 대표가 선출하며 실행위원회(Commission Exécutive)의 절반은 도의회의 대표 추천을 통해 공무원으로 구성한다. 25%는 지역 장애자문위원단(Conseil Départemental Consultatif)의 추천으로 장애 비영리단체 관계자로 구성한다. 나머지 25%는 중앙정부의 추천과 학교 교장의 추천으로 중앙정부 대표, 지역 질병보험기관 대표, 가족급여기금의 대표로 구성한다.

의사결정방식은 다수의 원칙을 따르되 투표수가 동일하다면 기관 대표의 의견을 우선한다. 직원은 임명된 계약직, 국가공무원, 지역공무원 및

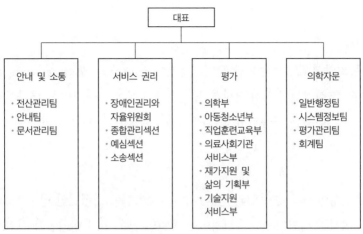

〈그림 16-1〉 장애인통합기관 조직도

대표

안내 및 소통
- 전산관리팀
- 안내팀
- 문서관리팀

서비스 권리
- 장애인권리와 자율위원회
- 종합관리섹션
- 예심섹션
- 소송섹션

평가
- 의학부
- 아동청소년부
- 직업훈련교육부
- 의료사회기관 서비스부
- 재가지원 및 삶의 기획부
- 기술지원 서비스부

의학자문
- 일반행정팀
- 시스템정보팀
- 평가관리팀
- 회계팀

자료: 파리 장애인통합기관 인터뷰(www.handicap.paris.fr),

국가병원의 공무원, 공법에 의해 장애인통합기관에서 채용한 지방공무원 소속이 아닌 자, 사법에 의해 장애인통합기관이 채용한 자로 구성된다. 따라서 모두 공무원의 지위는 아니다. 의사, 간호사, 사회복지사, 심리학자, 재활교육 및 직업치료사가 있고 다른 도의 외부 전문가(단기 파견직)를 활용한다.

장애인통합기관의 재정은 도의회와 중앙정부, 즉 자립을 위한 전국연대공단(Caisse Nationale de Solidarité pour l'Autonomie: CNSA), 지역기업의 소비노동고용부(Directions Régionales des Entreprises, de la Concurrence de la Consommation, du Travail et de l'Emploi: DIRECCTE, 지역의 고용 관계를 감독 및 관할하는 부서로 장애인 고용 6% 할당제를 지키지 않을 경우 범칙금 징수 및 관리)에서 재원이 나온다. 그중 기금보다 도 자체예산이 차지하는 비중이 가장 크다.

또한 장애인통합기관은 자립을 위한 전국연대공단의 지역연대협정을 두어 중앙과 지역 장애인통합기관과의 관계를 정립하고 기관의 서비스 질과 신청자 욕구의 부합하는 서비스의 균일성을 위한 조정의 역할을 한다.

〈그림 16-1〉은 장애인통합기관의 조직구성을 나타낸다.

3) 장애판정의 절차

(1) 신청

국가동일양식(*cerfa*) 문서인 평가신청서(*formulaire de demande auprès de la MDPH*)를 신청인이 직접 작성한다. 총 9개의 항목(A~L)이다. 평가신청서의 항목별 내용은 다음과 같다〔파리 장애인통합기관 인터뷰(www. handicap. paris. fr)〕.

A. 신청아동 혹은 성인의 신원, 주소, 신청인이 미성년인 경우 부모 및 법적 대리인의 신원, 신청인이 성인인 경우 법적 대리인의 신원, 가족수당 수급번호 및 수급기관, 가족관계, 신청인과 배우자의 직장 근무기간 및 장해연금 수급 여부, 병원입원 및 의료사회시설 거주 여부, 거주의 방식(임대 혹은 자가 소유)

B. 신청인의 "삶의 계획"에 대한 욕구 및 기대 표현: 만약 글로 표현하기를 원하지 않는다면 '원하지 않는다'에 표시

C. 장애아동교육 지원수당과 그의 추가수당지원 신청

D. 의료사회기관 및 서비스에서 교육 및 훈련지원 신청

E. 장애인카드 신청: 장애인우대카드 및 장해카드, 유럽주차카드

F. 장애보상급여(Prestation de Compensation du Handicap: PCH) 신청
   -보상급여(장애아동일 경우에도 해당, 2008년 법 개정)
   -제3자 보상수당(Allocation Compensation pour Tierce Personne: ACTP)의 재신청 및 연장 신청
   -직장장애인의 추가비용에 대한 보상수당(Allocation Compensation pour Frais Professionnels: ACFP)의 재신청 및 연장 신청
   -개인별 자립성 수당(Allocation Personnalisée d'Autonomie: APA) 및 연금급여자에 대한 제3자 수당(Majoration Tierce Personne)의 여부

〈그림 16-2〉 장애판정의 절차

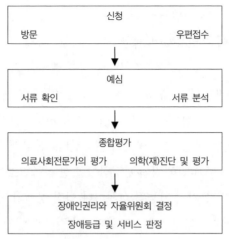

| 신청 | |
| 방문 | 우편접수 |

↓

| 예심 | |
| 서류 확인 | 서류 분석 |

↓

| 종합평가 | |
| 의료사회전문가의 평가 | 의학(재)진단 및 평가 |

↓

장애인권리와 자율위원회 결정
장애등급 및 서비스 판정

자료: 파리 장애인통합기관 인터뷰(www.handicap.paris.fr),

- 보상급여 신청서비스의 내역: 인적도우미, 기술도우미, 주거정비
및 이사, 교통수단정비(시, 도지사의 장애인용 자동차등록 여부 확인),
특수 및 예외 비용, 동물도우미
G. 노령연금에 따른 가정 거주도우미(*aidant familial*)의 신원
H. 성인장애수당(Allocation aux Adultes Handicapés)과 그의 보충수당
(Complément de Ressources) 급여 신청
- 12개월 동안 수령한 급여(활동소득, 장애인 직업훈련소득, 질병보험이
제공하는 일일임금)의 기간 여부
I. 직업훈련, 고용, 일 관련 신청 여부
J. 성인을 위한 의료사회기관 의뢰신청 여부
K. 판정 절차 간소화 5가지 경우 확인
- 장애의 상황이 재심사 필요 없이 기존 서비스급여를 연장하고자 하
는 경우, 직업을 가진 장애인의 경우, 장애카드 재발급의 경우, 노
령연금에 의한 장애인 제 3자 급여 신청 시 의학적 상황의 확인이 필

요한 경우, 판정이 위급한 상황이라고 판단하는 경우

L. 증명서류는 의사진단서로, 주치의나 특수 담당의사 및 입원 담당의사의 작성 이후 밀봉하여 제출

다음으로 의사진단서(*certificat médical*)이다. 역시 국가동일양식의 문서이다. 3개월 이내 작성한 진단서만이 접수 가능하다. 환자의 주치의나 입원 담당의사가 직접 작성 및 서명하여 밀봉한다. 본 서류는 종합평가팀의 의사만이 심사할 수 있다. 과거에 판정신청을 한 등록번호가 있고 의사진단서를 제출하였으며 환자의 기능적 상황이나 법적 장애의 판정상 변화가 없다면 이를 증명한다는 확인으로 서명한다. 이 경우가 아닌 추가진단, 평가 및 입원경력이 장애와 관련이 있다면 다음의 내용을 보충하여 기입한다.

- 장애의 원인이 되는 병리적 증상, 기타 증상
- 병력 혹은 최근 장애신청 이후로부터의 변화
- 현 진료의 상황
- 청력 손상의 경우, 청력 진단결과 제출
- 시력 손상의 경우, 안과의사의 소견서 제출
- 치료 및 치료지원: 진행 중인 치료의 시기와 내용, 규칙적 치료지원의 형태(입원, 특수치료), 야간치료 및 보호, 치료계획, 의학기구의 사용
- 기능의 감퇴: 이동(걷기, 실내이동, 실외이동, 손 사용 여부, 전동기구 이용), 의사소통(말하고 읽기 능력 평가서 제출), 감정표현, 인지(시간과 공간)
- 안전성의 장애: 외출 시 동반도우미가 필요한가의 여부
- 신상 유지: 씻기, 옷 입기, 음식 준비, 먹기
- 일상생활 및 가정생활: 청소, 장보기, 음식 준비, 가계지출 관리
- 사회와 가족 삶 관련 감퇴

- 학업 시 장애
- 직장 고용상 장애
- 환자의 욕구(의료사회기관의 의뢰, 인적도우미, 기술도우미 등)에 관한 제언
- 진단 소견
- 의사증명을 위한 인증과 서명

마지막으로 신분증명서와 거주증명서이다. 신분증명서로는 신원증명서 및 여권, 미성년자의 경우 가족관계증명서(*livret de famille complet*)의 사본, 유럽연합국가의 국민인 경우 국가 신분증 혹은 여권, 유럽연합 이외의 국가의 경우 체류증 혹은 프랑스 국가의 인증서류 사본이 인정된다. 거주증명서로는 3개월 이내의 월세 지급명세서, 전기·가스 혹은 전화·수도세 지급명세서, 미성년인 경우 법적 대리인의 거주증명서, 법적 후견인 증명서가 인정된다.

파리의 경우, 파리 장애인통합기관과 해당 거주지(1구에서 20구)의 사회복지센터(Caisse d'Action Sociale de la Ville de Paris: CASAP)에서 신청서류를 받을 수 있으며 인터넷으로도 내려 받을 수 있다. 성인장애인에게 일상생활서비스를 제공하는 지역의 생활동반서비스(Service d'Accomagnement à la Vie Sociale: SAVS)기관과 이동장애인과 시각 및 청각장애인을 위한 각각의 서비스 기관에서 신청서 서류작성을 돕는다. 아동장애인의 경우 16개의 특수교육 및 재가서비스 기관(Service d'Education Spéciale et de Soins à Domicile: SESSAD)에서, 또는 청각, 시각, 이동장애, 중복장애아동에 대한 11개의 특수교육 및 재가서비스 기관에서도 신청서를 접수한다. 코뮌 사회복지센터(Centres Communaux d'Action Sociale: CCAS)에서도 신청서류를 받을 수 있다. 신청서류는 일주일에 한 번 장애인통합기관으로 이송한다. 신청서류의 접수확인은 장애인통합기관에서만 이루어진다.

(2) 예심

장애인 판정서류를 위한 세 가지 항목, 즉 장애인통합기관 신청서, 장애인 통합기관 의사진단서와 신분증명서(복사본)가 완비되면 기관은 분석을 거쳐 평가양식 서류를 준비한다. 서류 심사 시 허용할 수 없는 신청서류의 경우 신청자에게 송환한다. 허용할 수 없는 신청서류는 장애인통합기관의 공식 서류가 아닌 개인편지 형식으로 신청을 요구한다거나 신분증명서의 기한을 연장해야 하거나 불충분한 경우가 해당된다.

파리 기관의 경우는 예심담당부(Pôle d'Instruction)에서, 센에마른(Seine-et-Marne) 장애인통합기관의 경우는 서비스 계획부서(Service Appui Projet: SAP)에서 예심을 맡는다. 본 단계에서 관련 서류가 불충분한 경우 판정기간이 연장될 수밖에 없는데 신청인에게 서류 재청구를 위해 신청서를 반송하기 때문이다. 이런 경우, 평균 3~4개월이 걸린다.

(3) 종합평가

신청자의 구비서류 접수가 완료되면 다음 단계로 내·외부 전문가로 구성된 평가종합팀이 6가지 평가방법에 의해 이를 평가한다. 평가종합팀의 목적은 간단히 말해 손상률을 측정하는 것이다. 의료사회 평가종합팀은 다수의 의사, 간호사, 사회복지사, 심리학자, 재활교육 및 직업치료사 등 다차원적 전문가로 구성된다.

1. 구비서류 이후의 평가: 개별 진단의뢰서가 필요한 경우 자료보충 요구
2. 의료방문 이후의 평가
3. 전화 평가
4. 장애인통합기관과의 면담 이후 평가
5. 신청인의 거주지 방문 이후 평가
6. 장애인통합기관의 동반기관과 전화면담 이후의 평가

파리 장애인통합기관 종합평가팀의 6가지 단위부서는 의학 담당, 아동 청소년 담당, 취업 및 직업재활 담당, 의료사회기관 담당, 재가서비스 담당, 기술 및 동반서비스 담당이다. 센에마른의 종합평가팀은 장애인 삶의 계획을 위한 특별단위조직으로 4단위인데, 개별 교육 프로젝트팀, 취업 및 직업재활 프로젝트팀, 의료사회기관 담당 프로젝트팀, 재가서비스 프로젝트팀이다.

신청자의 접수 서류를 기반으로 재검사가 필요한 경우, 종합평가팀에서 가장 시간을 많이 할애하게 된다. 장애인통합기관의 방문의사와 진단을 거쳐 이루어지는데 기관이 신청자에게 재검사를 요구할 수 있으며 기관이 채용한 의사진단이므로 별도의 검사 추가비용은 없다.

또한 종합평가팀은 개별 보상계획(Plan Personnalisé de Compensation : PPC)을 준비하는데 이것은 외부기관과의 합의 및 장애인통합기관의 조정에 따라 필요한 조율이 이루어진다. 여기서 외부기관이란 장애인통합기관과 함께 일하는 의학 동반서비스 담당 기관 및 재가서비스 기관, 의료사회 기숙시설을 말한다.

앞서 제시한 종합평가팀의 법적 근거대로 세 가지 평가내용이 있다. 신청자의 삶의 계획(projet de vie), 평가기준(référentiel d'évaluation), 개별 보상계획이다. 평가의 핵심은 의학적 평가와 신청자의 삶의 계획을 기초로 신청자의 욕구와 기대를 정의하는 것이다. 2006년 이래 평가기준으로 장애인 욕구에 의한 보상평가 지침서(Guide d'Evaluation des Besoins de Compensation de la Personne Handicapée : GEVA)라는 평가도구를 이용한다. 총 8개의 항목이 있다. 평가내용을 간추려보면 다음과 같다.

1. 평가를 위한 양식이므로 신원은 신청인의 자세한 인적사항이 아니라 신청인 문서번호와 이름을 기입한다.
2. 삶의 계획은 개인적, 사회적 혹은 문화적 관점에서 신청인이 자유롭

게 작성하는 것이며 의무사항은 아니다. 그러나 이것은 종합평가팀의 평가기본이 된다. 신청인과의 면접을 통해서 평가가 이루어지는 것이 아니라 문서를 통해서 이루어지므로 기초적인 신청인 욕구나 바람 표현은 평가의 중요한 소통도구가 될 수 있다.

3. 가족 및 사회관계 및 가계예산에서는 가족관계 파악을 위한 가족과 상담하여 필요한 경우 관측평가가 있고 사회적 상황에서는 현 고용의 상황, 인턴경력 및 학력, 고용계약 상황, 실업, 장해, 퇴직상황을 기입한다. 재정의가 필요한 경우란 신청자 자신의 재력상황 중 사회복지급여에서 복지서비스급여, 장해연금, 장해영구연금, 군인상해연금, 장해퇴직연금, 기타 소득, 가족구성원 수급자에 의해서 받는 복지서비스급여 등이 없는 경우를 말한다.

4. 거주환경 진단은 주거형태의 기록, 거주지의 근처 접근환경, 교통수단 조사다. 주거지에 필요한 것이 갖추어져 있는가와 해당 장애인이 이용하기에 적절한가를 조사한다. 통학수단과 신청자 및 가족의 교통수단 사항도 기록한다.

5. 교육과정은 의무 학령기 이상, 청소년기 이상의 모든 신청자에게 해당하는 것으로 현재의 학업 및 직업훈련 과정, 무학, 학업의 중단 등으로 나누어 조사한다. 한 교육기관에서 수업을 받을 수도 있고 두 기관 이상도 가능하다(일반학교의 통합수업과 의료사회기관에서의 특수수업). 이에 대한 학업계획 혹은 진학계획을 진단하며 담당교사의 의견을 작성할 수 있다. 학령기간 및 능력평가에 최종 반영한다.

6. 직업훈련과정은 직업훈련교육을 거쳐 직업을 가질 수 있는가를 최종 평가한다. 직업기술학교 교육수준(중등 BEP, CAP, CFPA, 고등 BT, BP, 대학 DUT, BTS)과 자격증 유무 그리고 전문 인턴 교육내용을 조사하며 신청자의 직업 관련 계획을 작성한다.

7. 근로상황은 최근까지의 근로 상황을 말하며 계약관계, 근로시간 및

통계청 직업분류를 기준으로 작성한다. 부서의 근로상황이 신청장애인이 일하기 적합한 환경인지 살펴본다. 고용주 관점 평가가 있는데 만약 장애인이 근무하기에 비적합하다는 이유로 장애인의 해고결정이 성급히 내려지는 경우를 막기 위해 고용인의 적합한 근무환경을 미리 조치할 수 있도록 한다. 단기계약직 혹은 독립계약직, 근무휴직도 일시적 활동 중단사항에 기입한다. 직업경험이 더 이상 없는 실업의 상황인지 혹은 직업을 처음 갖는 상황인지도 조사한다.

8. 의학평가는 모든 평가 대상자에게 해당되는 것으로 장애의 원인인 병리적 현상을 질병분류학(CIM 10: Classification Internationale des Maladies) 기준에 따라 작성한다. 주요 병리증상 및 원인은 예상할 수 있는 혹은 커질 수 있는 증상을 언급하고 평가기간 가장 영향을 미치는 손상의 원인을 진단한다. 과거 수술 및 의료기록, 병력, 임상기록, 손상의 주요 증상 및 가시적 손상기간을 언급한다. 8가지 분류에 따른 장애의 정의와 최종장애진단이 한 가지 장애인지 중복장애인지 나누어 정의한다. 중복장애의 경우 신체장애나 지적장애가 심리장애와 동반하는 장애인지, 두 개 이상의 장애가 서로 연결되어 나타나는 복수장애인지, 정신장애와 함께 심한 신체장애의 증상으로 자율능력을 상실한 다발성장애인지, 지속적 식물인간 상태인지 답한다. 이에 대한 진단으로 매일 규칙적인 치료가 필요한가, 규칙적인 치료서비스, 예를 들어 심리치료사의 치료서비스 개입이 필요한가, 예방이 필요한가를 점검한다. 다음으로 야간보호나 보호자의 보호 혹은 의료장비의 필요성을 상세히 언급한다. 마지막으로 야기할 수 있는 중독성 행동에 대해 위험, 남용, 의존을 진단한다.

9. 심리진단은 장애상황에 따라, 필요에 의해 실시할 수 있다.

10. 행동기능력 진단은 19가지 일상활동을 아무런 도움 없이 혼자서 할 수 있는가를 판단하는 평가이다. 용이한 요소와 방해 요소를 인적

환경, 물리적 환경, 주거 환경에 따라 나누어 조사하고 서비스 부재 항목으로 진단하고 관측한다. 예를 들어 인적 환경의 경우는 인적도우미가 동반되었을 시 장애인의 만족수준에 대한 평가를 예상한다. 직업 행동기능력은 32가지 항목에 대해, 예를 들어 시간약속을 지키는가, 규칙을 준수할 수 있는가, 노동시간을 엄수하는가 등과 사회성 및 규칙성에 관한 진단이다.

11. 복지동반서비스는 가족구성원의 개입과 전문가의 개입을 진단하는데 신청장애인의 가족구성원이 어떻게 돕고 있는가를 살펴보고 그들의 욕구를 살펴본다. 전문가의 개입은 세 가지 항목에 따라 일상(하루 혹은 야간) 개입, 수업시간 도우미 개입, 일주일 단위 혹은 주말 및 휴가기간 등을 살펴본다.

12. 삶의 계획을 기반으로 작성한 개별 보상계획 최종평가를 위해 심사기간에 신청인 및 가족과 교환한 정보와 의견을 평가총괄에 작성한다.

<표 16-2> 서비스에 따른 평가항목

종합평가		장애인 카드	성인 장애 수당 및 보충수당	장애아동 교육 수당 및 보충수당	학업 지원 및 동반 서비스	보상 급여	의료 사회 기관 서비스	직업 교육 서비스
신원	이름과 문서번호	O	O	O	O	O	O	O
	삶의 계획			O	O	O	O	O
1	가족 사회관계 및 가계 예산		O	O	O	O	O	O
2	거주 환경			O		O		
3A	교육 과정			O	O		O	
3B	직업 훈련 과정		O					O
4	의학	O	O	O	O	O	O	O
5	심리	심리 검사의 여부는 신청자의 상황에 따라 적합할 경우						
6	행동 기능력	O	O	O	O	O	O	O
	직업 관련 행동 기능력		O					O
7	복지동반서비스 여부			O	O	O	O	
8	평가 총괄: 신청자와 의견 교환			O	O	O	O	O

자료: 파리 장애인통합기관 인터뷰(www.handicap.paris.fr),

〈표 16-2〉는 서비스 항목에 따라 필요한 평가를 확인한 것이다. 보상급여나 장애아동교육수당의 경우 종합평가팀에서 급여수당금액을 책정하여 제안한다. 예를 들어 보상급여는 신청장애인이 이동이 편리하도록 주거환경 개선을 요구할 시 보상계획에 따라 주거면적 견적서 및 기간을 예상한다. 다음으로 행정관리부(gestion adminstrative)는 개별 보상계획을 신청인에게 알린다. 최종결정기구인 장애인권리와 자율위원회의 결정단계를 알리기 위해서이다.

(4) 장애인권리와 자율위원회의 결정

장애인권리와 자율위원회는 손상률을 판정한다(50%, 50% 이상 80% 미만, 80%). 손상률 50%는 상당한 정도의 장애로, 특히 사회생활을 하는 데 있어서 제약이 따른다. 손상률 80%의 경우는 개별 일상생활에서도 자립이 부족한 경우로 중대한 수준이다. 타인의 도움으로 전반적으로 혹은 부분적으로 생활이 가능하다. 여기에는 기능의 마비장애도 포함된다. 손상률 100%는 식물인간의 의식불능상태이다.

장애인권리와 자율위원회는 신청장애인의 손상률을 최종결정하는 일과 결정에 대한 청구소환권을 심사하는 일을 한다.

손상률 결정에 대한 이의제기의 방법은 두 가지이다. 종합평가팀과 의학자문단의 조정의사(médicin coordinateur)를 거쳐 장애인권리와 자율위원회에 재결정 신청을 하는 방법〔내부 이의제기(recours gracieux)〕과 파리의 손상소송법원(Tribunal du Contentieux de l'Incapacité: TCI)에 소송을 제기하는 방법이 있다. 위원회의 최종결정 통보 2개월 이내에 기관에 이의제기를 할 수 있으며(Article R 143-3 du CSS) 이러한 이의제기 이후 장애인통합기관이 명시적으로 거부하거나 침묵하는 경우, 다시 2개월 이내에 소송을 신청할 수 있다(Article R 146-35 CASF). 소송 시에는 장애인통합기관의 이의제기 서류를 동봉하여야 하는데 모든 관련 서류와 기관의 관찰 자료가 포함되며 의학 관련 서류는 이의제기 담당 관할 외부의사에 의해 밀봉되어 기밀로 법원에 보낸다. 장애인주차카드 관련 이의제기는 행정법원(Tribunal Administratif)에서 시, 도지사 관할 소송으로 이루어진다.

이의제기를 할 수 없는 경우도 있다. 보상급여나 장애아동교육수당의 경우, 종합평가팀에서 수당금액을 책정하고 권리와 자율위원회의 손상률 최종결정이 부합하더라도 만약 가족수당공단(CAF)에서 신청자의 소득 심사 후 지급액 결정에 동의하지 않는다면 이의제기를 할 수 없다. 장애인통합기관은 급여액에 관한 결정기관은 아니기 때문이다.

판정결과는 우편으로 통보하며 결과통보서는 손상률을 표시한 편지양식이다(공개 불가). 성인장애수당과 아동장애교육수당 급여 결정에 관한 결과는 가족수당으로 직접 보내져 급여 판정과 수급이 이루어진다.

지금까지 네 단계, 신청접수-예심-종합평가-최종결정단위 장애인권리 및 자율위원회를 살펴보았다. 장애통합기관은 같은 과정을 거치지만 기관의 조직구성은 각 기관의 자율성에 있다. 다시 살펴보겠지만, 서비스 신청 내역에 따라 기간이 다르고 재신청이 이루어지므로 평가결과가 나오기까지 다소 시간이 걸린다.

서류 전산화 관리(gestion electronique des dossiers)에 의해 모든 관련 서류는 스캔작업을 거쳐 입력·저장된다. 본 행정처리는 장애인통합기관만의 고유 시스템으로, 정보는 시 관할 정보 및 조정 지방센터(Centres Locaux d'Information et de Coordination: CLIC)와 공유한다(〈2005년 장애인법〉 146조 6항 참조).

3. 장애판정에 따른 서비스 제공체계 현황

장애판정에 따른 서비스 현황을 두 부분으로 나누어 살펴보고자 한다. 먼저 손상률을 기준으로 서비스를 제공하는 성인장애수당과 추가급여, 아동교육수당과 추가급여 그리고 자율생활 보장급여, 장애인우대카드이다. 다음으로 손상률 판정기준보다는 개별 보상계획의 의하여 제공하는 장애보상급여, 성인 및 장애 의료사회기관 및 서비스, 아동과 청소년 대상 기관 및 서비스, 장애인주차카드, 근로장려기관 및 서비스를 언급하고자 한다.

1) 성인장애수당과 추가일시급여

성인장애수당은 〈1975년 장애인법〉에서 제도화되었으며 국가가 성인장애인을 대상으로 보장하는 실제 소득이다. 수당급여의 조건은 첫째, 영구손상률이 최소 80%인데, 둘째로 손상률 50~70%도 포함하고 있다. 두 번째 손상률 적용의 경우는 일을 하기에는 지속적 제한이 있고 신청을 한 날짜로부터 일 년 동안 근로를 못 하였다는 것을 증명하여야 한다. 다음으로 프랑스의 영구거주자이며 외국인의 경우 10년 체류증(titre de séjours régulier)을 확보하여야 한다. 다음의 조건은 연령제한이다. 20세 이상 60세 이하여야 하며 가족급여수당을 받을 수 없는 연령인 16세 이상이 되어야 한다. 마지막으로 한 해 자산소득이 7,831.20유로를 넘을 수 없고 결혼 혹은 법적 동거부부 두 사람의 자산소득이 합하여 15,662.40유로를 넘을 수 없다. 수당기간은 1년에서 5년으로 장애인권리 및 자율위원회에서 결정한다.

추가일시급여(Complément de Ressources: CPR)는 성인장애수당에 보충하고자 하는 목적의 급여이다. 이 급여서비스는 성인장애수당 수급자 중 80% 혹은 80% 이상 손상률을 기준으로 소득이 없는 경우를 위한 것이다. 장애인권리 및 자율위원회에서 결정한 근로 가능률(taux de capacité de

travail) 5% 미만자(거의 일할 수 없는 상태) 이어야 하며 일 년 동안 근로소
득이 없어야 하고 독립 거주자로 월세 혹은 주거 임대상환금을 지불해야
한다. 179. 31유로를 급여한다. 수당기간은 1년에서 5년으로 장애인권리
및 자율위원회에서 결정하나 이 급여는 예외적으로 10년까지 연장 가능하
다. 60세 이상 장애인의 경우는 연금 및 노령 특혜급여로 대체한다.

성인장애수당 수급자의 혜택은 월 620유로가량의 급여액(자산이 있을
시, 급여액은 감소)과 질병보험료 면제, 거주세 면제 그리고 전화요금 비용
감소 혜택이다. 2015년 통계에 의하면 총 102만 2, 262명의 장애인이 장애
인통합기관에 신청하여 수급장애인으로 등록되었고 급여서비스인 성인장
애수당을 받았다. 성인장애수당 신청이 전체 서비스 요구신청의 18%를
차지하였고 추가일시급여 신청은 6. 2%이었다.

2) 자율생활 보장급여

자율생활 보장급여(Majoration pour la Vie Autonomie)는 〈2005년 장애인
법〉에서 제정되었으며 성인장애수당의 추가일시급여를 대체한다. 즉, 추
가일시급여를 받는 자가 연장신청을 요구할 경우 이 급여로 대체된다. 목
적은 장애인 자신의 거주지에서 생활을 보장하는 것이다. 조건은 성인장애
수당 대상자 중 손상률 최소 80%이자 독립거주자이어야 한다. 혜택은 주
거보조금으로 월 104. 77유로이다.

3) 장해카드와 장애인우대카드

장해카드는 적어도 근로 영구손상률 80%, 세 번째 장해연금 수급자를 대상
으로 한다. 1년에서 10년으로 기간이 한정된다. 장애인우대카드는 손상률
80% 이하에 고정하여 서 있기가 힘든 상태인 장애인을 대상으로 발급한다.

발급기간은 1년에서 10년으로 재발급 신청이 가능하다. 이 카드는 대중교통을 이용하거나 대기실 혹은 공공장소에서 장애를 인식하도록 돕는다.

2015년 장애인통합기관 통계에 의하면 장해카드와 장애인우대카드 신청이 21.1%로 가장 많이 요구하는 서비스 항목이다.

4) 장애보상급여

장애보상급여(Prestation de Compensation du Hadicap: PCH)는 신청자의 삶의 계획을 기초로 한 종합평가팀의 개별 보상계획 정의에 근거한다. 손상률 기준에 상관없이 모든 장애인에게 해당한다. 조건은 프랑스 영토 거주자이고 장애를 적어도 일 년 이상은 가지고 있어야 한다. 연령 조건은 60세 이하이다. 다만 60세 이하 신청자가 작성한 삶의 계획을 기초로 75세 이전까지는 실현 가능하다. 급여는 현물서비스이다. 구체적으로는 인적서비스, 동물에 의한 서비스, 기술서비스, 주거 및 자동차 설비 보조서비스 등이다.

2008년 법 개정에 의해 장애아동도 대상이 되었다. 네 가지 서비스 항목이 있다. 이동(주거지 안과 밖으로 이동), 개별 서비스(화장실 사용, 옷 입기, 식사 등), 소통 서비스(말하기, 청각 등), 일반적 감각 능력(시간, 공간인지 등)이다. 2015년 장애인통합기관 통계에 따르면, 7.1%의 신청자가 장애보상급여 서비스 신청을 하였다.

5) 성인장애 의료사회기관 및 서비스

장애인권리와 자율위원회에서 결정을 거친 성인장애 의료사회기관 및 서비스(Etablissement ou Service Médico-Social pour Adulte)의 의뢰는 신청자의 삶의 계획을 기초로 한 종합평가팀의 개별 보상계획을 근거로 결정된다.

장애 정도 심각성에 따라 기관을 나열해 보면 다음과 같다. 특수 중증장애인 기숙시설(Masions d'Accueil Spécialisées: MAS), 중증 장애인은 아니지만 제3자의 보호가 필요한 의료기숙시설(Foyers d'Accueil Médicalisés: FAM), 노동을 할 수 없는 장애인이지만 독립적 생활이 가능하여 보호가 필요 없는 대상자를 위한 시설로 생활기숙시설(Foyer de Vie), 같은 생활시설이지만 숙소가 제공되지 않는 이용시설로 낮생활센터(Centres d'Activité de Jour: CAJ), 근로장애인을 위한 기숙시설(Foyers d'Hébergement pour Travailleurs Handicapées: FHTH)이 있다.

재가서비스로는 장애인의 자신의 거주지에서 독립생활을 기여할 목적으로 생활동반서비스(Service d'Accomagnement à la Vie Sociale: SAVS), 간호사의 수급자 거주지 방문서비스가 이루어지는 의료사회동반서비스(Service d'Accompagement Médico-Sociale pour Adultes Handicapés: SAMSAH)가 있다. 이 서비스는 기숙사 형태의 의료사회시설에서 벗어나 부모와 함께 사는 거주나 독립형태의 거주를 장려한다.

6) 장애인주차카드

장애인주차카드는 과거에 손상률 최소 80% 기준을 적용하였으나 이를 폐지하였다. 이 카드는 프랑스뿐만 아니라 유럽지역에서 유효하며 모든 장애인을 대상으로 혹은 장애인을 동반한 제3자에게도 적용한다. 1년에서 10년까지 유효한정기간이 있다. 그러나 장애카드 발급기한이 영구적인 대상자라면 주차카드의 기간제한 없이 이용이 가능하다.

7) 노동장려를 위한 기관 및 서비스

손상률 기준보다는 노동능력을 기준으로 근로장애인의 노동을 장려한다. 신체자율성을 충분히 가진 노동 가능한 장애인을 대상으로 한 장애인 중심

의 적응기업(*entreprise adaptée*)이 대표적이다. 적응기업은 특수기업으로
사회적 경제영역에 속한다. 장애인을 의무적으로 80% 이상 고용해야 하
고 국가의 보조금을 받아 기숙사로 운영하기도 한다. 약 2만여 명의 근로
자가 일하고 있다.

노동장려 서비스기관(Etablissements et Service d'Aide par le Travail:
ESAT)은 앞서 말한 의료사회기관에 속하는 대표적 장애인 고용기관이다.
이곳 장애인의 근로시간은 일반인 노동시간의 3분의 1이고 특수 법적 고

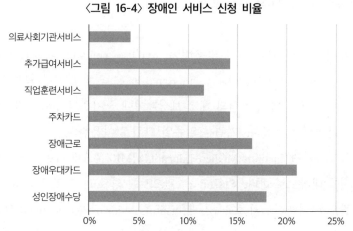

〈그림 16-3〉 장애인 고용 부문과 고용 형태

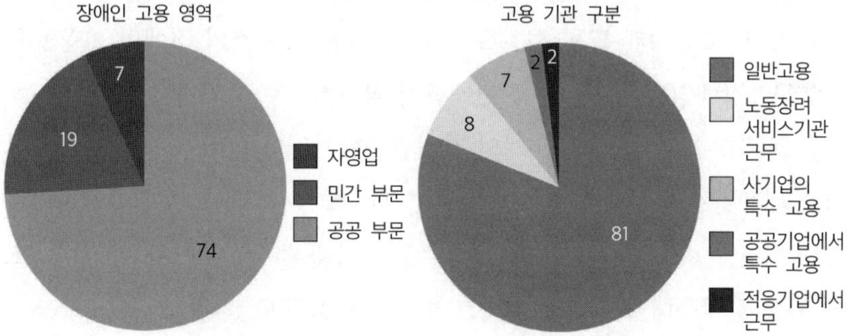

자료: DARES, CNAF(2015). 장애인 조사 통계.

〈그림 16-4〉 장애인 서비스 신청 비율

자료: DARES, CNAF(2015). 장애인 조사 통계에서 재구성.

용계약직이며 법적 최저임금보다 적게 받는다. 총 약 11만여 명이 일한다.

장애인 고용을 살펴보면 장애인 의무고용 할당 6%를 목표로 하고 있다. 기업은 해마다 장애인 고용신고서를 작성해 제출한다. 기업이 장애인 고용의 사회적 의무를 존중하지 않는 경우 재정적 기여라는 명목으로 비용을 지불하여야 한다. 이 재정적 기여는 장애노동자 자활기금 관리단체(Associations pour la Gestion du Fonds pour l'Insertion des Travailleurs Handicapés)에서 관할한다. 이 기금은 장애노동자와 고용주의 고용 장려정책에 쓰인다.

〈그림 16-3〉는 2015년 장애인 고용의 영역과 기관을 나타낸 것이다. 고용영역은 공공 부문이 74%로 압도적으로 많고 일반인과 다를 바 없이 고용된 일반 고용형태 또한 81%로 대다수이다. 프랑스의 장애인 고용률은 〈2005년 장애인법〉 시행 이후 현재까지 점차적으로 증가하고 있다.

〈그림 16-4〉은 2015년 66개의 장애인통합기관의 서비스 신청요구를 서비스 내용별로 구성해 본 것이다. 주요 서비스 지급요청으로 현금급여서비스(성인장애수당과 추가급여서비스)가 많고 장애를 사회적으로 재인식하도록 돕는 장애우대카드 및 주차카드 발급신청 요구도 많다.

8) 아동과 청소년 대상 기관 및 서비스

아동과 청소년을 위한 기관 및 서비스(Etablissements et Services Prenant en Charge des Enfants et Adolescents Handicapés) 의뢰도 신청자의 삶의 계획을 기초로 한 종합평가팀의 개별 보상계획에 근거하여 장애인권리와 자율위원회에서 결정한다. 기관은 일주일 단위로 이용한다.

의료교육기관(Instituts Médico-Educatifs: IME)은 6세 아동에서 20세 미만까지를 대상으로 한다. 의료교육기관으로는 의료교육기관과 의료직업교육기관으로 나눈다. 의료교육기관(Instituts Médico-Pédagogiques: IMP)은 6세에서 14세까지를 대상으로 하며 의료직업교육기관(Instituts Médico-

<table>
<tr><th></th><th colspan="2">일반학교</th><th colspan="2">특수학교</th></tr>
</table>

〈표 16-3〉 장애아동청소년 교육 현황

(2015년)

	일반학교		특수학교	
	개별	공동	수용시설	의료사회기관
초등교육	103,908	47,504	5,399	60,168
3~5세	30,113	6,991	2,390	20,385
6~10세	73,795	40,513	3,009	39,783
중등교육	75,941	32,588	2,066	6,705
11~14세	57,915	14,154	1,426	5,344
15~18세	17,553	3,288	640	1,361
중등교육 수준 이상	473	15,146	-	-
미졸업	-	-	304	3,320
총계	179,849	80,092	7,769	70,193

자료: Depp(2014).

Professionnels: IMPRO)은 14세에서 20세 이하를 대상으로 한다.

그 밖에 이동장애아동 및 청소년을 위한 교육기관(Instituts d'Education Motrice: IEM)과 교육 및 치료기관(Instituts Thérapeutiques, Educatifs et Pédagogiques: ITEP)은 청소년 대상 의료교육기관으로 정신장애나 인지장애를 제외하고 신체장애가 있는 사람을 대상으로 한다.

아동 및 청소년의 인지, 이동 및 감각장애를 동반하고 있는 중복장애를 대상으로 하는 기관(Etablissement pour Enfants Polyhandicapés: EEP), 시각 및 청각의 장애아동 및 청소년을 대상으로 한 감각교육기관(Instituts d'Education Sensorielle: IDES)도 있다.

장애아동청소년 대상 특수교육 및 재가서비스(Services d'Education Spéciale et de Soin à Domicile: SESSAD)는 종합평가팀에서 아동 연령에 따라 특수 서비스를 제안한다. 0세부터 3세까지를 위한 조기교육 가족동반서비스(Services d'Accompagement Familial et d'Education Précoce: SAFEP)와 3세 이상에서 20세까지의 청각장애아동을 위해 음성치료 서비스로 학교에서 수업을 도와주는 동반서비스(Services de Soutien à l'Education Familial et à l'Intégration Scolaire: SSEFIS)가 있다.

시각장애아동을 위한 서비스로 학교에서 수업을 도와주는 동반서비스 (Services d'Aide à l'Acquisition de l'Autonomie et à l'Intégration Scolaire: SAAAIS)와 재가간병서비스(Services de Soins et d'Aide à Domicile: SSAD)는 한 개 혹은 여러 장애를 가진 아동을 대상으로 한다. 지역사회복지사가 개입하여 일상생활 진단, 재가의료서비스가 가능한지를 결정한다. 이 재가간병서비스에는 특수시각과 청각장애아동 대상 서비스도 있다.

마지막으로, 장애아동청소년의 교육정도를 살펴보면 2012년에 입학생 중 총 29만 8,361명의 아동이 2015년에 초등교육과 중등교육을 마쳤다. 45%가 초등일반학교에서 29%가 중등일반학교에서 그리고 26%가 특수학교에서 졸업을 하였다. 장애아동청소년의 교육률은 〈2005년 장애인법〉 이후 현재까지 볼 때 계속 늘고 있는 추세이다.

〈표 16-3〉는 2015년 일반학교와 특수학교에 따라 개별, 공동수업, 수용시설, 의료사회기관에서 장애아동교육 현황을 나누어 본 것이다.

9) 장애아동교육수당과 추가일시급여

장애아동교육수당(AEEH)은 장애아동이나 청소년을 양육 및 교육하는 양육자를 돕기 위한 것이다. 추가일시급여는 6가지 급여액으로 나누어지는데 장애상태, 양육부모의 근로감소, 제3자의 보호 및 양육금액을 바탕으로 한다. 장애아동교육수당 수급 조건은 20세 이하이어야 하며 프랑스 영구거주자이다. 손상률은 80%가 기준이며 손상률 50%에서 79%는 특수교육시설에서 동반서비스가 필요한 상태이거나 장애인권리와 자율위원회에서 권장하는 양육 보호의 경우이다.

그러나 이 수당은 아동이 질병보험 혹은 국가 및 사회복지서비스 재정에 의해서 운영하고 있는 장애아동 기숙사시설에서 거주하고 있는 시기는 제

〈표 16-4〉 추가급여액의 범주

구분	추가급여	지급액	한부모가정 증가지급액
1	한 달 장애아동양육비 최소 221,60유로의 경우, 1년 평균금액을 계산	90.69	변동 없음
2	한 달 장애아동양육비 최소 336,52유로의 경우, 제 3자 고용시간이 정규근로시간 20%의 해당하는 경우, 부모 한 사람 중 정규근로시간의 최소 20%의 노동감소가 일어난 경우	245.60	49.12
3	한 달 장애아동양육비 최소 468,54유로의 경우, 제 3자 고용시간이 정규근로시간 50%의 해당하는 경우, 부모 한 사람 중 정규근로시간의 최소 50%의 노동감소가 일어난 경우, 양육자의 정규노동시간 20% 더불어 추가비용 최소 222,93유로인 경우, 다른 추가비용이 드는 경우	347.63	68.01
4	한 달 장애아동양육비 최소 659,63유로의 경우, 제 3자 고용시간이 정규근로시간의 해당하는 경우, 부모 한 사람이 노동활동을 할 수 없는 경우, 양육자의 정규노동시간 50% 더불어 추가비용 최소 311,99유로가 드는 경우	538.72	215.38
5	제 3자 고용시간이 정규근로시간이거나 부모 중 한 사람이 노동할 수가 없고 추가비용이 최소 한 달 270,69유로가 드는 경우	688.50	275.84
6	제 3자 고용시간이 정규근로시간이거나 부모 중 한 사람이 노동할 수가 없고, 전일보호와 감시가 필요한 경우	1018.91	404.31

자료: 파리 장애인통합기관 인터뷰(www.handicap.paris.fr),

외한다(아동이 집으로 돌아와 있는 시기에는 수급을 받을 수 있다). 또한 아동이 2개월 이상 병원에 있는 경우에도 제외한다.

기본급여액은 한 달 약 120.92유로이다. 최소 1년에서 최대 5년까지 기간을 연장 신청할 수 있다.

다음의 경우에는 급여가 정지한다. 장애인권리와 자율위원회에서 권장하는 양육보호서비스를 무시한 경우거나 16세에서 20세 장애인이 최저임금의 55% 이상의 수입이 있을 경우, 마지막으로 20세가 되는 생일의 달부터 급여가 정지한다. 추가일시급액의 6가지 범주는 〈표 16-4〉와 같다.

4. 장애인 복지서비스의 쟁점

2016년 장애인의 집(MDPH)과 노인을 위한 도 관할 기관인 정보 및 조정 지방센터(Centres Locaux d'Information et de Coordination: CLIC)를 통합하여 자립의 집(Maison de l'Autonomie)을 운영하는 지역도 있다. 장애와 노령을 별개로 보지 않고 일상생활을 지속하는 데 있어 기능이 제약되거나 나이가 들어감에 따라 겪는 어려움, 즉 자율성의 감소 혹은 상실로 본다. 이러한 사회통합 관점에서 자립적 생활을 유지하도록 돕고자 한다. 또한 기관 운영 차원에서 행정절차가 줄고 사후관리를 강화할 수 있다.

2016년 노령과 장애를 담당하는 국가기관인 자립을 위한 전국연대공단은 2016년 장애인의 집이 국가 신원관리시스템(Systeme Nationale de Gestion des Indentifiants: SNGI)을 이용하여 대상자 확인 및 사후관리를 할 수 있도록 하였다. 대상자 신청 및 결정까지 시간이 오래 걸린다는 단점을 해결하고 복지서비스 재신청 시 서비스 중복 및 연장에 대한 수급자 파악을 더욱 쉽게 할 수 있게 되었다.

장애 및 노령이 미치는 '의존'의 문제를 해결하는 복지정책은 프랑스의 제3섹터를 말하는 '사회적 경제와 연대'(Economie Sociale et Solidaire: ESS)에서 중요한 부분을 차지한다. 노인 및 장애인 생활동반서비스 및 장애인 중심의 일자리 창출기업 등은 사회적 경제의 중요한 영역으로 자리를 잡았다. '자립'을 위한 사회복지서비스가 단순한 공공급여를 넘어 사회적 경제영역으로 수렴하는 현상은 넓은 의미에서 사회적 통합에 더욱더 다가가는 흐름이라고 생각한다.

■ 참고문헌

국내 문헌

윤상용·김찬우·임정기·전병주·곽현주(2012). 〈노인장기요양과 장애인활동지원제
　　도의 인정조사 개선 방안에 관한 연구〉. 보건복지부·충남대학교 산학협력단.

해외 문헌

Cytermann, L., & Wanecq, T. (2010). *Les Politiques Sociales*. Paris: PUF.
Rasbischong, P. (2008). *Le Handicap*, *Que sais-je*, *n° 3638*. Paris: PUF.

기타 자료

DARES, CNAF(2015). 장애인 조사 통계.
Depp(2014). 장애인 교육현황.
DREES(2015). Les établissements pour adultes handicapées: Des capacité
　　d'Accueil en Hausse. Etudes et résultats, n° 741, 2015.
_____(2015). Les établissements pour enfants handicapés: Un développement
　　Croissant des Services à Domicile. Etudes et résultats, n° 769, 2015.
_____(2016). 프랑스 사회보장(Couverture des risques par la protection sociale en
　　France).

2005년 장애인법. www. handicape. gouv. fr.
장애인 고용률 및 고용정책. www. fiphfp. fr, www. agefiph. fr.
장애인 복지서비스 역사. www. vie-politique. fr.
장애인 통계 및 장애아동교육 통계. www. insee. fr.

17

아동 및 보육서비스*

1. 프랑스 보육정책의 발전과정[1]

1) 복지국가 재정위기와 영유아 보육교육정책

프랑스 영유아 보육체계의 특징은 프랑스 복지정책과 젠더 이슈의 형성 및 발전과정과 밀접한 관계가 있다. 이러한 프랑스 영유아 보육교육정책의 발전과정은 앞으로 기술할 현재 프랑스의 영유아 보육교육의 체계와 보육서비스 이용현황을 이해하는 데 필수적이다.

프랑스의 복지체계는 네덜란드, 독일, 오스트리아, 이탈리아, 스페인, 포르투갈 등 서유럽국가가 지닌 권위주의적이고 교회권주의적인 보수-조합주의와는 다르게, 민족주의와 반교회권주의에 의해 모습을 갖춘 공화주의에 기초하고 있다. 19세기 말 프랑스 공화주의자들은 공화국에 충성하는

---

* 이 글은 2012년 《주요국의 사회보장제도: 프랑스》(한국보건사회연구원, 2012)에서 필자가 작성한 "제3부 제5장 아동 및 보육서비스"를 수정 보완한 것이다.
1) 이하의 내용은 Morgan, 2002를 참조하여 작성했다.

시민을 육성하기 위하여 아동의 사회화를 담당하는 체계를 가톨릭교회로부터 이전하여 국가가 담당하도록 하는 데 주력하였다. 이러한 과정은 1880년대에 아동의 조기교육을 담당하였던 유치원(école maternelle)을 국가 교육체계에 포함시키면서 시작되었다. 2차 세계대전 이후 유치원의 숫자는 급격히 증가하였으며 1970년대에 오자 유치원은 보편적으로 모든 아동이 다닐 수 있는 교육기관이 되었다. 이에 따라 프랑스는 아동 조기교육 프로그램을 제공하는 데 있어 전 세계적으로 선두주자의 자리를 차지하게 되었다. 교육정책을 복지정책으로 간주하지 않는 대부분의 유럽국가와 달리 프랑스의 유치원 교육체계는 모든 아동에게 교육받을 수 있는 기회를 제공함과 동시에 맞벌이부모의 자녀양육을 지원하는 기능도 하게 되었다.

교육기관인 유치원은 사회복지 혹은 가족정책 영역의 일부인 보육시설(crèches)과는 다르게 관리되었다. 프랑스의 보육시설은 전통적인 보수-조합주의인 독일과 네덜란드의 보육체계와는 다른 발전과정을 보였다. 독일과 네덜란드에서 보육서비스는 "보완성"의 원칙하에 제공되었던 반면, 프랑스에서 보육서비스는 1945년에 이루어진 국가정책과 규제의 틀 안에서 함께 형성되었다. 1945년도의 프랑스 보육정책은 다분히 출산장려적인 성격을 가지고 있었으며 어린 아동의 건강을 보호한다는 인구학적인 목적을 가지고 있었다. 따라서 국가적으로 중요한 보육서비스의 제공기능을 민간에게 맡길 수 없다고 보았다.

프랑스 정부는 1945년도에 '모성 및 영아보호국'(Pretection Maternelle et Infantile)을 신설하여 영유아 및 취학 전 아동의 건강과 보육의 기능을 가진 모든 시설을 규제하기 시작하였다. 이러한 모성 및 영아보호국은 아직도 존속되고 있어 프랑스 보육시설이 높은 위생기준을 준수하도록 감독하고 보육사를 교육하는 역할을 담당한다. 프랑스에서 가족수당의 지급을 담당하는 가족수당 전국공단(Caisse Nationale des Allocations Familiales: CNAF)이 가족과 관련한 사회서비스를 지원하는 역할을 수행하였으며 1970년대부터 보육서비스에 대한 주요한 재정적 지원을 담당하는 역할을 수행하였다.

프랑스는 다른 유럽국가와 달리 기독민주주의자의 정치적 영향력이 상대적으로 약하다는 특징이 있다. 4기 공화정 시기(1946~1958년)의 주요한 정치정당이었던 공화민주주의자(républicain populaire)들은 여성과 가족의 역할에 대해 전통적인 시각을 가지고 있었으며 이는 당시의 가족수당체계에 큰 영향을 미쳤다. 그러나 1950년대 와서 공화민주주의자의 영향력이 약화되고 5기 공화정에 들어 완전히 사라지자, 전통적인 가족모형을 고수하는 분위기는 감소하였다.

드골파가 지배적인 영향력을 행사하던 1958년 이후인 5기 공화정 시대부터 프랑스의 가족정책은 기독민주주의자가 주장하는 가족정책과 더욱 차별적인 양상을 띠게 되었다. 1960~1970년대의 복지국가 팽창기 동안 드골파는 전통적인 계층유지와 기독교회를 지지하기보다는 경제발전과 근대화를 정책의 목적으로 삼았다. 바로 이 시기가 아동보육 이슈가 국가정책의 주요 의제로 등장한 때이다. 엘리트 계층이었던 드골파는 가족의 해체와 모성의 상실에 대한 우려보다는 가족과 여성의 고용에 대한 실용적인 시각을 가지고 있었다. 이러한 엘리트적 실용주의는 1950년대에 확연하게 나타났다. 근대화의 열망을 가진 정치적 리더들은 노동력 부족의 해결방안으로 기혼여성이 노동시장에 참여하는 것을 촉구하였다. 이민자의 유입도 단기적으로는 노동력 공급부족의 문제를 해결할 수 있었으므로 이민자 유입을 위해 적극적으로 노력하였다.

1960년대 말과 1970년대 초에 들어와서 아동보육의 이슈는 더욱 심각하게 드러나기 시작하였다. 자녀 출생 이후에도 노동시장을 이탈하기를 원하지 않았던 여성의 새로운 가치와 열망에 대한 논쟁이 이 시기에 도출되었다. 여성단체 및 1968년 68운동을 통해 보편적으로 아동보육서비스를 제공해야 한다는 시민의 의견이 강하게 제기되었다. 이에 대한 대응으로 중도우파정부는 가족수당 재원으로부터 1억 프랑을 공공 보육시설 설립에 투

자하기 시작하였다. 가족수당 전국공단의 행정위원회는 아동보육 등 사회
서비스의 운영비용을 충당하는 새로운 재정시스템을 창설하였다. 이에 따
라 공공 보육시설이 수용할 수 있는 아동 정원은 급속하게 증가하였다.

1970년대 중반에 와서 프랑스 정부는 공공 보육시설을 지속적으로 확충
하겠다는 분명한 의지를 보였으며 가족수당 전국공단의 재정을 통해 공공
보육시설을 재정적으로 지원하는 새로운 재정시스템을 만들었다. 동 시기
에 국가는 자녀를 가진 모든 부모에게 비용부담을 주지 않고 공공 보육서
비스를 제공하였다. 그러나 1970년대에 경기침체가 시작됨과 동시에 보편
적으로 제공하던 프랑스의 보육서비스에도 변화가 일어나기 시작하였다.

복지국가의 재정위기가 프랑스의 전반적인 복지정책에 커다란 후퇴를
가져온 것은 아니었지만 아동보육정책에는 적지 않은 영향을 미쳤다. 표면
적으로 볼 때 보수주의정부와 사회당정부 모두 지속적으로 아동보육서비
스의 발달을 지지하였으며 아동보육 프로그램의 감축을 주장하지는 않았
다. 그럼에도 공공 보육서비스의 증가율은 1990년대에 지속적으로 감소하
였으며 보육시설에 아동을 맡길 수 있는 자리도 희귀해졌고 자리를 얻기
위해서는 임신한 상태에서 입소등록을 해야 할 정도가 되었다. 보육시설의
부족에도 프랑스가 영유아 보육교육에서 앞선 위치를 차지할 수 있었던 것
은 1970년대에 이미 확립된 3세 이상 아동을 위한 유아교육체계 때문이었
으며 유치원에 자녀를 맡기는 것은 맞벌이부부가 계속 일할 수 있는 데 결
정적인 역할을 하였다.

1970년대 중반을 시작으로 프랑스는 당시 대부분의 OECD 국가가 경험
하였던 인구구조의 변화, 재정 불균형, 실업 증가, 경제성장의 감소 등 사
회복지정책에 가해진 압박을 경험하기 시작하였다. 국민은 점점 더 적은
수의 자녀를 낳고 오래 살게 되어 사회복지재정에 기여하는 사람과 혜택을
받는 사람 간의 비율을 낮추는 결과를 가져왔다. 이러한 문제의 전조는 사
회보장재정의 적자로부터 나타나기 시작하였으며 인구고령화에 따른 보건

의료비용의 증가에 의해 더욱 악화되기 시작하였다.

동시에 전후의 경제발전 시기라고 알려진 '30년간 영광의 시기'가 종결되었다. 연간 경제성장률은 1960~1973년 연평균 5.4%에서 1973~1979년 기간에는 2.4%로 하락하고 1979~1989년 기간에는 2.1%로 하락하였다. 경제성장률의 둔화와 더불어 실업률의 증가가 더욱 현저해졌다. 2% 미만에 불과하던 프랑스의 실업률은 1980년대에 10%로 증가하였으며 1990년대에는 12%를 넘나들었다. 이러한 경제불황과 더불어 1980년대 공산주의 소비에트 연방의 급부상, 그리고 1990년 유럽단일통화체계로의 움직임은 '파괴적인 자유주의자'를 형성하였다.

파괴적인 자유주의자는 복지국가체계를 완전히 축소하지는 않는 대신에 복지에 대한 국가의 의지를 점차 약화시켰다. 이러한 경향이 특히 프랑스에서 현저하게 나타났는데 정부는 복지에 대한 지출을 확대하는 동시에 재정 안정화를 유지하는 것을 정책의 우선적 목적으로 삼았다. 정부는 연금과 건강보장과 같은 분야에 대해서는 세금을 인상하거나 공기업을 매도함으로써 연금과 건강 분야에 대한 국가적 지원의지를 공고히 하였다. 그러나 실제적인 내용에 있어서는 사회보장급여액을 삭감하거나 자격기준을 높이고 서비스에 대해 본인이 부담하도록 하는 등 사회보장의 혜택범위를 축소하였다.

사회보장재정의 악화는 보육시설과 유치원에 서로 다른 결과를 가져왔다. 경제위기가 발생했을 무렵 아동 조기교육은 이미 체계가 확립된 상태였다. 초기에 유치원에 등록한 아동은 대부분 노동자 계급의 자녀였으나 2차 세계대전 이후 점점 더 많은 중산층 부모가 유치원에 자녀를 등록하기를 원했다. 유치원 교육에 대한 수요는 1950~1960년대에 더욱 증가하여 교육부 공무원은 이러한 수요를 만족시키기 위해 급하게 대응하기 시작했다. 1968년 이후 아동의 조기교육은 사회 불평등을 해소하는 데 유용하다는 인식이 확산되어 유치원은 프랑스 교육시스템에서 가장 인기가 높은 분야가 되었다. 1975년도에 이르자 3세 아동의 80%, 4세 아동의 97%, 5세 아동의 100%가 의무적이지 않은 아동 조기교육기관인 유치원에 다니기 시작했다.

유치원의 발달은 아동의 보육과 공평한 성역할에 대한 이슈보다는 아동교육에 강조를 두고 이루어졌다. 실제로 1950~1960년대 감소하던 여성의 노동시장 참여율에도 자녀교육에 대한 부모의 강한 욕구로 인하여 아동의 유치원 참여율은 급속하게 증가하였다. 실제로 오늘날 프랑스의 많은 맞벌이부모는 자녀를 유치원에 보냄으로써 직장생활과 자녀양육을 양립하는 데 도움을 얻고 있지만, 프랑스에서 유치원의 목적은 교육이지 보육은 아니다. 프랑스 유치원이 보육이 아닌 교육의 목적을 가지고 있다는 사실은 프랑스교육부, 노동조합, 교사에 의해 끊임없이 강조되고 있으며 이들은 모두 자신이 단지 보육사 혹은 보육시설이 아니라고 주장한다. 프랑스의 유치원은 매우 광범위한 지지기반을 가진다. 맞벌이부부나 홑벌이부부 모두 자녀교육을 위해 자녀를 유치원에 보낼 수 있다. 유치원은 아동을 위한 최초의 교육기관으로서 강한 교육 관료주의에 의해 상당한 혜택을 입고 있다. 이러한 배경이 경제불황에 따른 복지혜택의 축소에도 유치원에는 거의 아무런 영향을 미치지 않은 이유이다.

유치원과 달리 보육시설은 경제불황에 따른 복지 축소에 상당한 영향을 받았다. 1970년대만 하더라도 유치원 조기교육은 거의 모든 아동에게 제공되었지만, 보육시설은 유치원과 달리 보편적 서비스로 발전하지 못하였다. 1970년대와 부분적으로 1980년대에 공공 보육서비스를 확대하겠다는 강한 의지는 있었지만 1980년대 이후 이러한 의지는 현저하게 후퇴하였다. 1970~1980년대 보육정원의 누적증가율은 176%를 보였으나 1980년대에는 26%, 1990년대에는 연간 보육정원이 단지 1~2%의 증가율만을 보였다.

보육정원의 감소는 부모의 보육수요가 감소했기 때문이 아니었다. 오히려 반대로 공공 보육서비스에 대한 부모의 수요는 높아 공공 보육시설에 자녀를 보내기 위해 긴 시간 동안 대기해야 했다. 1990년대 이루어진 연구에 따르면 보육서비스를 받기 희망하는 5세 미만 아동 중 거의 절반이 서비스를 받지 못하고 있었으며 80%의 부모가 보육서비스의 공급이 부족하다고 응답하였다고 한다.

1981년에 사회주의정부가 정권을 잡자 공공 보육시설에 30만 명의 정원을 확충할 것이라고 약속하였다. 또한 유급 육아휴직제도를 강화하여 남성도 육아휴직을 할 수 있도록 하겠다고 하였다. 새로운 정부는 '국가 가족비서관'을 창설하여 보육시설 설치 확충을 지지하는 보고서를 작성하도록 하였다. 이 결과 1981~1983년 기간 동안 공공 보육시설의 정원은 증가하였다. 그러나 그 이후에 지방분권화정책이 실시됨에 따라 보육시설의 설치는 1980년대 말까지 저조한 실적을 보였으며, 이후 약간의 증가 기간을 거치다가 1990년대 전반 동안 보육시설 정원수는 급속하게 감소하였다. 동 시기에 보육시설 정원이 감소한 것은 정부가 더 많은 재원을 육아휴직급여에 사용하고 개인 보육사를 활성화하는 데 주력하였기 때문이다.

2) 노동정책으로서의 영유아 보육정책

복지국가의 위기 및 경제의 구조적 변화가 프랑스 보육정책에 미친 또 다른 영향은 1980년대와 1990년대에 걸쳐 프랑스 정부가 보육정책을 실업문제의 해결방편으로 삼았다는 점에서 살펴볼 수 있다. 이는 다음과 같은 두 가지 방식으로 수행되었다. 첫째, 개인 보육사가 제공하는 보육서비스 이용을 독려하기 시작하였다. 이를 위하여 부모에게 보조금을 지급하여 집에서 보육사를 고용하도록 함으로써 새로운 여성고용을 창출하는 방편으로 삼았다. 둘째, 자녀를 돌보기 위하여 노동시장에서 이탈하는 부모에게 육아휴직급여의 형태인 보조금을 지급하였다. 이러한 두 가지 정책은 자녀를 보육하는 방식에 있어서 부모, 특히 여성의 선택권을 강화한다는 미명하에 추진되었다.

1970년대 이래 사회주의정부와 보수주의정부는 모두 일하는 부모의 자녀 보육에 대한 욕구를 충족시킴에 있어 비용이 적게 드는 방법을 찾기 시작하였다. 1970년대 초반부터 프랑스 정부는 가족 보육시설(*crèches familiales*)을 개인의 집에 설치하는 것을 실험했다. 이러한 가족 보육시설은 기타 유럽국가의 가족 보육시설과는 달랐다. 프랑스 이외의 다른 유럽국가에서 가족 보육시설은 국가가 재정을 지원하고 엄격한 규제가 적용되며 보육시설 종사자에게 요구되는 것과 같은 수준의 자격을 가족 보육시설의 보육사에게 요구하였던 반면, 프랑스에서는 이러한 지원과 규제가 가족 보육시설에 적용되지 않았다.

이와 더불어 가족 보육시설보다 비용이 더 적게 드는 보육서비스로서 개인 보육사(*assistantes maternelles*) 제도를 도입하였다. 개인 보육사는 여러 명의 아동을 보육사 개인의 집에서 자신의 자녀를 돌보는 동시에 보육하였다. 개인 보육사는 이후 프랑스에서 3세 미만의 아동을 보육하는 가장 현저한 보육서비스가 되었다. 1977년부터 정부는 보육사에게 공식적인 자격과 혜택을 지급하기 시작하였으며 보육사는 국가로부터 자격증을 발급받았다. 건강검진과 보육사 자택에 대한 위생검사를 받는 대신 보육사는 기본적 수준의 월급, 사회보장혜택, 병가, 모성휴가, 4주의 휴가, 6시간 교육을 받을 수 있는 권리가 부여되었다. 이러한 개인 보육사에 대한 자세한 규정은 지역행정국의 관할로 일임하였다.

결과적으로 공공 보육시설에 30만 명의 아동 정원을 추가하겠다는 정부의 약속은 지켜지지 않았으며 그 대신 부모에게 보조금을 지급하면서 보육사 이용을 도모하려는 새로운 노력이 추진되었다. '보육사 고용을 위한 특별한 보조금'(Prestation Spéciale Assistante Maternelle)이 1980년에 창설되어 부모가 자녀보육을 위해 고용하는 보육사에게 지불하는 비용의 일부를 보조해 주었다. 1990년에 사회주의정부는 '인가된 보육사를 고용하는 가족에 대한 보조금'(Aide à la Famille pour l'Emploi d'une Assistante Maternelle Agréée) 으로 명칭을 변경하였다. 동 보조금은 소득수준과 관계없이 6세 미만의 아동을 보육하기 위해 보육사를 고용하는 데 소요한 비용을 보상해 주었다. 1989년부터 정부는 '보육사 중개소'(relais assitantes maternelles) 를 지원하여 부모와 보육사가 서로 만나서 아동보육과 관련된 정보를 교환하고 보육사가 교육을 받을 수 있도록 하였다. 아동의 안전과 보건을 위해 보육사를 인증하고 교육하는 것은 지방자치단체의 담당이었으나 보육사를 고용하는 부모에게 지급하는 보조금의 재원은 국가 아동보육서비스 지원정책으로부터 나왔다.

1986년에 보수정부는 '집에서 아동을 보육하는 것에 대한 수당'(Allocation de Garde d'Enfant à Domicile: AGED) 을 창설하여 3세 미만 아동을 양육하기 위해 고용하는 보육사에게 부모가 지불해야 하는 비용의 일부를 보조해 주었다. 동 보조금은 반드시 '인가받은' 보육사를 고용해야만 한다는 조건 없이 지급되었다. 보육사 고용을 위해서 부모가 지불하는 비용에 대해서도 세제 감면의 혜택을 부여하였다. 이러한 정책은 부족한 공공보육시설에 대한 수요를 완화시키는 동시에 민간시장에서의 고용도 활성화하는 역할을 하였다. 이러한 목적을 위하여 1995년 보수정부는 보육사고용비용에 대한 조세 감면혜택을 상당히 넓히고 AGED의 최대 급여액수를 두 배로 올리고 아동의 연령기준을 3세에서 6세로 확대하였다. 이러한 정책을 추진한 지 2년 만에 AGED 급여를 받는 가족의 수는 170% 증가하였다. 1990년도에는 가족이 보육사를 고용하는 과정과 급여액을 산정하고 지불하는 방식을 단순화하는 많은 조치가 이루어졌다.

시설 중심의 보육서비스에서 개인 보육사가 제공하는 보육서비스로의 변화는 아동보육서비스에서 중요한 질적 변화를 가져왔다. 특히, 유아 조기교육체계와 비교해 볼 때 이러한 변화는 더욱 현저하였다. 유치원을 중심으로 하는 아동 조기교육은 1950년대 말부터 1960년대 기간 동안 보편화되었으며 국가는 유아 조기교육을 발전시키려는 확고한 의지가 있었다. 프랑스 유치원의 85%가 공공 유치원이며 나머지는 광범위하게 국가로부터 지원을 받는 가톨릭 등 종교단체가 운영하는 유치원이 대부분이다. 당시 유치원 교사조합은 자신의 직업을 보장하는 동시에 종교교육에 대한 반감으로서 공공 유치원을 확대하려고 상당히 노력하였다. 프랑스에서도 국가가 공공 유치원을 확대하는 노력을 하지 않았더라면 유아 조기교육에 대한 부모의 수요 증가에 따라 민간 유치원이 확대되었을 것이라고 본다.

유치원과 같은 수준으로서 공공 보육시설을 확대하는 것에 대한 실패는 부모가 개인적인 보육사를 고용할 때 지급받는 수당에 대한 정부의 적극적 지원과 함께 다음과 같은 문제를 가져왔다. 개인적으로 보육사를 고용하는 부모에 대해 적지 않은 액수의 보조금을 지급하는 것은 1990년대 중반 공공 보육시설에 타격을 주었는데, 보육사는 보육시설과 경쟁하면서 중산층 이상의 부모로 하여금 전통적인 보육시설보다는 보육사를 더 많이 이용하도록 유도하였다. 고소득 부모는 저소득 부모보다 높은 보육료를 지불하기 때문에 보육시설을 재정적으로 안정적으로 운영하는 데 중요한 역할을 하였다. 보육사에 대한 광범위한 지원으로 보육시설을 이용하지 않고 개인 보육사를 선택하도록 한 것은 부모들이 사회계층별로 서로 다른 유형의 보육서비스를 선호하도록 하여 단일한 국가적 보육체계를 와해하는 결과를 가져왔다. 보육사들은 조합을 결성하는 데 실패하여 유치원 교사조합이 공공 유아교육시스템을 유지하도록 하는 데 기여한 것과 같은 효과를 보지 못하였다. 더욱 개인화된 서비스로 변화되면서 보육사가 조합을 결성하는 데 어려움을 갖게 되어 보육사조합을 결성할 가능성은 점차 희박해졌다.

개인화된 보육서비스에 의존하는 것은 국가정책에 의해 고무된 구조적 경제시스템에 의해 더욱 심화되었다. 1980년대 초반부터 프랑스 정부는 고용조건과 작업시간에 더 많은 유연성을 두려는 정책을 실행하기 시작하였다. 시간제 고용의 비중은 1981년 6%에서 1997년 12%로 두 배 증가하였다. 프랑스 여성의 시간제 고용 비중은 대부분의 OECD 국가와 비교해 보면 낮은 수준이었지만 그 변화속도는 빨라서 동 시기에 여성 시간제 고용 비중은 20%에서 30%로 증가하였다. 이와 함께 전형적이지 않은 시간에 근무하는 비중도 증가하였다. 고정된 시간에 근로하는 여성의 비중은 1969년 65%에서 50% 이하로 하락하였다. 주당 근로시간을 35시간으로 감축하려는 법안도 이러한 변화를 가속하였다. 새로운 노동법 이행에 대한 협상에서 많은 고용주가 감소된 근로시간에 대한 대가로 유연한 근로조건을 요구하였다.

근로시간의 감축과 유연한 근로조건은 부모가 전통적인 보육시간에 맞추어 서비스를 제공하는 정규적 보육서비스를 이용하는 데 어려움을 갖게 하였다. 이러한 결과로 부모는 자신의 근로시간에 맞게 이용할 수 있는 여지가 큰 개인 보육사를 더 선호하게 되었다. 하지만 보육사 노동조합이 결성되지 못하고 보육사와 개인적인 고용관계를 유지해야 하는 문제는 종종 개인 보육서비스 암시장을 형성하기도 하였으며 전형적이지 않은 근로시간에 보육사를 고용해야 하는 부모의 욕구에 반드시 부합하지는 않는 결과를 가져오기도 하였다.

3) 육아휴직정책과 보육정책

아동보육정책이 노동정책에 의해 타격을 입은 또 다른 문제는 정부가 여성으로 하여금 노동시장에서 이탈하여 어린 자녀를 직접 돌보도록 고무하였다는 데 있다. 경제위기가 시작된 이래 이러한 접근방식은 재정적, 인구학적, 노동시장 목적과 결합되어 다양하게 변형되었다. 이미 1970년대 말 경제위기의 시작과 함께 정부는 여성을 노동시장으로부터 이탈시키는 전략으로 돌아섰다. 데스탱(Valéry G. d'Estaing) 대통령이 급격하게 쏟아낸 가족주의적이고 양성불평등적인 정책을 시작으로 정부는 더욱더 전통적인 방식

을 채택하게 되었다. 1977년 정부는 부모교육휴가(Congé Parental d'Edu-
cation: CPE)를 창설하여 일하는 부모가 휴직급여 없이 2년 동안 3세 미만
의 아동을 돌보기 위해 일을 멈추는 것을 가능하게 하였다. 이후 20년이 지
나서 CPE는 점차로 내용이 변화하여 시간제 근로와 병행할 수 있도록 하였
고 더 많은 부모가 부모교육휴가를 사용하는 것을 가능하게 하였다.

1985년 사회당정부는 세 명 이상의 자녀를 가진 부모가 급여를 받으면서
휴가를 받을 수 있는 부모교육수당(Allocation Parentale d'Educaton: APE)
을 신설하여 여성이 노동시장에서 이탈하도록 유도하는 새로운 노력을 시
작하였다. 동 휴가는 2년 동안 사용할 수 있었는데 휴가를 사용하기 이전
30개월 동안 2년 일한 경험이 있어야 했다. 엄격한 노동경험 규정은 APE
가 실업에 반대하는 메커니즘을 내재하고 있었으며 또한 3명 이상의 자녀
를 가진 부모에게만 적용되어 출산장려적인 성격을 갖고 있음을 의미하기
도 하였다. 소수의 부모만이 APE의 혜택을 받자 1986년에 정권을 잡은 보
수주의정부는 노동경험 규정을 과거 10년 동안 2년 일한 경험으로 축소하
고 3년 동안 유급휴가를 가질 수 있도록 변경하였다.

APE는 또 다른 보수주의정권이 들어오자 더욱더 자유로운 형식으로 변
화하였다. 1994년 〈가족법〉의 개정에 따라 2명의 자녀를 가진 부모에게도
APE를 받을 수 있는 권리가 주어졌으며 노동경험도 과거 5년 동안 2년 근
로한 경험으로 축소되었다. 급여수준도 상당히 증가하였으며 시간제 근로
를 하면서 APE도 받을 수 있도록 하였다.

이러한 APE 정책의 확대는 즉각적으로 어린 자녀를 가진 여성 근로자 수
에 영향을 미쳤다. 1994년 3월부터 1997년 기간 동안 APE의 수급자가 3배
로 증가하는 동안 막내자녀 연령이 3세 미만인 2자녀를 가진 여성 근로자
비중이 69%에서 53%로 하락하였다. 연구결과에 따르면 두 명의 자녀를
양육하면서 노동시장에서 이탈한 여성 중 60%는 APE 정책이 확대되지 않
았더라면 노동시장에서 이탈하지 않았을 것이라는 결과를 보여주기도 하였

다. 이러한 APE의 효과는 여성노동자에 대해서만 나타났다. 이론적으로 볼 때 남성도 APE 혜택을 받을 수 있었지만 APE의 수급자 중 99%가 여성이었기 때문이었다.

4) 지방분권화정책과 보육정책

프랑스 보육정책의 또 다른 변화 중 하나는 복지국가의 확대에 따라 더욱 유연한 유형의 사회서비스가 확대되었다는 것이다. 복지국가의 재편에 따른 사회서비스 전달에서의 변화는 프랑스 아동보육정책에 큰 영향을 미쳤다.

동 시기는 국가가 독점적으로 사회서비스 전달역할을 수행하던 것에서 중요한 전환점이 된 때이다. 1980년대 초반 이래로 정부의 기능이 중앙에서 지역으로 이동함에 따라 사회서비스 제공에 대한 책임도 분권화되었으며 자발적인 협회가 사회서비스를 제공하는 데 중요한 역할을 담당하게 되었다. 이러한 경향은 국가정책자가 공공서비스 제공 역할을 지방정부 및 사회단체와 공유하는 것을 용이하게 하였다. 이는 단지 신자유주의적 사고와 재정적 압박에 따른 결과는 아니었다. 관료주의를 비판하는 새로운 좌파 비평자와 지역서비스에 대한 시민의 참여를 선호하는 사회운동에 힘입어 복지국가의 합법성에 대한 위기가 도래하였다. 이 결과 아동보육 분야에서는 정책을 입안하는 데 지방자치단체와 협회의 역할이 강화되었으며 이용할 수 있는 보육서비스의 종류도 다양화되었다.

프랑스에서 공공 보육시설이 급속하게 증가한 것은 중앙정부가 공공 보육서비스 제공을 위해 많은 직접적 투자를 한 1970년대이다. 중앙정부의 공공 보육시설 확대속도가 감소한 것은 1982년 중앙정부와 지방정부 간의 관계를 근본적으로 재구성한 〈지방분권화법〉이 제정된 시기부터이다. 동 법은 보육시설을 설립할 것인가 말 것인가에 대한 결정을 지방정부의 완전한 책임하에 두었다. 가족수당 전국공단 재정의 많은 부분을 가족수당 지역공단으로 이전함으로써 정부는 보육서비스에 대한 재정지원도 지방분권화하였다. 지방자치단체가 보육서비스를 지원해야 하는 국가적 의무도 없어졌으며 보육서비스가 전국적으로 발전하도록 단일하고 종합적인 계획을 수립하는 중앙정부의 노력도 없어졌다. 보육서비스를 활성화하기 위하여 가족수당 전국공단이 할 수 있는 일은 가족수당 지역공단을 설득하여 보육서비스 일정 부분을 제3자가 제공할 수 있도록 독려하는 일이었다.

〈지방분권화법〉의 제정 이후에도 가족수당 전국공단은 보육시설의 지속적인 발전을 위해 노력했다. 1981년 가족수당 전국공단은 다음 5개년 기간동안 추진할 사회서비스의 목적을 천명한 공문에서 첫 번째 우선순위를 자녀가 있는 가족을 위한 보육시설, 어린이집, 놀이센터, 기타 서비스를 지원하는 것이라고 밝혔다. 1983년 가족수당 전국공단은 지역공단 및 지방자치단체와 협상하는 계약시스템을 개발하였는데 이를 통해 지방자치단체로 하여금 공공 보육시설 설립계획을 발전시키는 것에 동의하도록 하였다. 1988년 가족수당 전국공단은 아동을 위한 더욱 광범위한 사회서비스에 적용되는 새로운 유형의 계약을 개발하였다. 가족수당 전국공단이 아동보육에 지출한 규모는 동 시기에 5년 동안 33% 증가하였다. 1990년대를 거쳐 가족수당 전국공단은 6세 미만 아동을 위한 보육서비스를 가족 관련 서비스 지출에서 가장 높은 우선순위에 두었다.

그러나 지방정부로 하여금 공공 보육시설을 설립하고 지원하도록 요구할 수 있는 지위가 없는 가족수당 전국공단은 지방정부에게 제한적인 영향력만을 행사할 수 있었다. 지방정부가 보육시설을 설립할 의무는 없었으며 비용은 많은 지방정부에게 큰 문제였다. 지방정부는 보육시설을 짓는 것 대신에 가족과 관련한 다른 유형의 서비스를 지원하도록 재원을 활용하였다. 가족수당 전국공단은 보육시설 설치를 가족지원서비스에서 가장 높은 우선순위를 부여하였지만 실제로 보육시설을 새롭게 설치하는 성과에 있어 중앙정부의 기대에 미치지 못하였다.

경제불황과 예산의 압박은 정부의 기능을 분권화하는 데 더욱 박차를 가했다. 지방분권화를 선호하는 정치적 분위기는 1960년대 이후에 조성되었고 이에 따른 개혁은 복지국가에 대한 공공의 신뢰를 감소시키는 결과를 가져왔다. 많은 OECD 국가에서도 지방정부와 사회서비스를 관리함에 있어서 시민의 참여를 촉진하는 운동이 1960년대 후반에 피어나기 시작하였다. 이러한 새로운 사회운동은 관료주의, 신조합주의 협상, 복지국가에 대한 반발이었으며 신자유주의 혹은 뉴라이트의 견해에서 나온 것뿐만 아니라 시민의 필요에 대한 정치엘리트의 책임을 향상하려는 좌파운동으로부터도 유래하였다. 그들의 요구는 새로운 형태의 빈곤, 점차 다양해져 가는 인구구성, 가족의 붕괴 및 비전형적인 고용의 증가와 더불어 국가의 임무가 복잡해지는 시기에 도출된 것이었다.

이와 유사한 운동이 프랑스에서는 1968년 68운동에서 나왔다. 이것은 작업장에서의 자기 관리를 위하여 촉발된 운동으로서 프랑스 사회 전반에 걸쳐 그 영향력이 확대되었다. 가장 특징적으로 중요한 것이 지방정부에서의 시민의 참여를 증가시키는 것이었는데, 특히 정부 프로그램에서 시민을 고객의 입장으로 보는 시각이 도입되었다. 몇몇 지지자는 '지역사회활동그룹'을 만들어서 주거, 학교, 교통 등 지역의 이슈에 시민이 활발하게 참여하는 것을 지지하였다. 많은 중앙정부 공무원도 유사한 시각을 가지고 과도하게 집중되어 비효율적인 중앙정부의 기능이 지방분권화를 통해 효과성을 회복할 수 있을 것이라고 보았다. 이러한 생각은 점차 사회당에 영향을 주었으며 다소나마 공산당의 원칙에도 영향을 주었다. 1980년대 사회주의 강경파는 상당한 정도의 지방분권화 프로그램을 약속하였으며 관련된 많은 양상이 1980년대를 거쳐 이행되었다.

중앙정부의 지방분권화를 통해 각종 협회의 수가 증가하였으며 공공서비스를 운영하는 비영리기구의 역할도 증가하였다. 이러한 효과는 초기에는 국가에 의해서 대부분 운영되었던 보육서비스 분야에서 더욱 현저하였다. 1979년까지만 하더라도 전체 보육시설 중 11%만이 자발적인 협회에 의해 운영되었으나 1993년에 와서는 이러한 비중이 30%로 증가하였다. 자발적인 협회는 가족수당 지역공단과 협력관계를 유지하면서 재정적 혜택을 받았는데 가족수당 지역공단은 협회가 제공하는 서비스를 재정적으로 지원하기 위하여 상당한 재원을 할애하고 있었다. 협회가 제공하는 서비스는 거의 모든 형태의 보육을 포함하고 있었으며 대표적 보육시설로 부모 보육시설이 등장하였다.

부모 보육시설은 집단적인 보육형태를 통해서 아동의 사회화를 도모하려는 1968년 68운동의 열망으로부터 시작되었다. 부모 보육시설은 자녀양육의 부담으로부터 여성을 해방한다는 의미뿐만 아니라 국가가 운영하는 일괄적인 유형의 보육시설에 대한 반발에서 설립되었다. 초기에 부모 보육시설은 국가로부터 독립적으로 운영되어 보육서비스에 대한 통제를 유지하려는 정부의 보건 관계자로부터 많은 반발을 샀다. 오늘날 부모 보육시설은 정부로부터 재정을 지원받지만 온전히 부모에 의해 운영된다. 부모는 보육시설을 운영할 사람을 구성할 책임을 지고 있어 다른 유형의 보육시설보다 부모의 높은 참여가 이루어지고 있다. 부모는 보통 한 달에 평균적으로 약 14시간 동안 보육시설 혹은 협회와 관련된 업무에 종사한다.

이러한 새로운 유형의 보육은 복잡해진 보육시스템에 다양성을 더했다. 전통적 형태의 보육시설 이외에 가족 보육시설, 부모 보육시설, 시간제 보육시설, 놀이센터, 방과 후 프로그램, 부모-아동 센터 등도 설립되었으며 보육사가 증가했다. 가족수당 전국공단과 가족수당 지역공단은 1980년대 후반에 이러한 보육형태의 다양화를 지지하였으며 전적으로 전통적 보육시설에 한해 이루어지던 보육서비스에 대한 재정적 지원은 더 많은 영역의 보육서비스에 대한 재정적 지원으로 변화되었다.

특히, 성장을 보인 보육형태는 시간제 보육시설이었다. 전형적이지 않은 고용 그리고 시간제 고용의 증가와 함께 시간제 보육서비스에 대한 필요가 등장했다. 1985년과 1995년 기간 동안 시간제 보육시설에서의 정원은 67% 증가하여 종일제 보육시설 정원의 증가율인 47%보다 높은 수준을 보였다.

이러한 다양한 형태의 보육의 증가가 보육서비스의 질적 측면과 양적 측면의 발달에 미친 효과는 다음과 같다. 비영리 부문에 대한 옹호자는 서비스 제공에 협회가 참여하여 국가가 부모의 필요와 선호를 책임지는 데 더 많은 향상을 가져왔다고 주장한다. 하지만 보육서비스의 다양성으로 서비스가 필요로 하는 전체적 비용은 증가했으며 국가의 한정된 보육예산을 과거보다 더 많아진 서비스 영역으로 나누어 사용해야 하는 문제가 발생했다. 프랑스 정부는 과거 유아교육 공공시스템을 확대하였던 것과 같이 대규모로 보육시설을 확충하는 것은 더 이상 어렵게 되었다.

정책 결정과정에 협회가 관여하게 됨으로써 공공 보육서비스에 대한 다양성의 요구가 증가하여 단일한 형태로 제공하던 보육서비스는 이제 막을 내리게 되었다. 정부의 지방분권화는 보육서비스 이용 가능성에서 많은 지역적 차이를 낳았다. 보육서비스의 분권화와 다양화는 보육서비스의 다양성에 대한 욕구에는 부응하였으나 분배에 있어서의 형평성을 해치는 결과를 가져오게 되었다.

5) 자녀양육 방식에 대한 부모의 자유로운 선택

1970년대 이래 복지국가의 위기와 이에 따른 경제체계의 재구조화가 도래함에 따라 프랑스의 아동보육정책은 전통적 보육시설에 대한 지원에서 더욱 다양한 서비스와 지원으로 변화되었다. 이러한 변화는 자녀보육에 대해 부모가 '자유롭게' 선택한다는 수사학적인 말로 지지되었다. 1970년대에 '자유로운 선택'을 촉진하는 것은 자녀를 가진 여성이 완전하게 노동시장에 참여하는 것에 목적을 두었다. 하지만 1980년대에 오자 '자유로운 선택'이라는 말은 직장에서 일하는 여성과 가정에 있는 전업주부 여성을 모두 정당화하는 용어로 사용되었다. 보육사에 의한 개인 보육서비스 지원 역시 부모의 선택을 강화한다는 미사여구와 함께 추진되었다. 북유럽식으로 광범위하게 공공 보육서비스체계를 강화하는 대신 프랑스는 종일제 근로여성, 종일제 보육사 그리고 전통적 보육시설에서 벗어난 다양한 유형의 보육서비스를 통해 절충하는 방식을 택하였다. 이는 가족정책 분야에서 이루어진 일련의 정책 결정과정의 결과였다.

프랑스의 가족수당과 보육서비스에 대한 정책적 결정은 가족수당공단을 중심으로 한 광범위한 공공의 의사결정 집단에 의해 이루어진다. 사업계, 노동계, 가족협회의 대표자가 가족수당 지역공단위원회와 함께 가족수당 전국공단의 운영위원회에 참석하여 공공의 지원을 받을 자격이 있는 서비스에 관해 협의한다. 보수적인 가족협회는 공공 보육시설에 대해 전반적으로 반대하지는 않았으나 개인적인 보육서비스와 가정에서 자녀를 돌보는 전업주부의 욕구를 충족할 수 있는 서비스를 선호하였다. 하지만 공산당협회, 노동일반연맹 등은 이에 반대하여 공공 보육서비스의 확대를 주장하였다. 그 밖의 단체들은 이 두 극단의 시각 중간에 위치하였다.

여성고용을 반대한다는 명백한 의도는 없었지만 국가 역시 공공 보육시설에 대한 투자를 확대하고자 하는 의지가 없었다. 가족수당 전국공단과 지역공단 그리고 정부 부처는 여러 유형의 자녀양육 서비스를 이용하는 근로여성뿐만 아니라 자녀를 직접 돌보는 여성에게도 지원을 제공한다는 입장이었다. 하지만 모든 경우에 해당하는 사람을 만족시키기 위해 한정된 재원을 쪼개어 지출하는 것은 누구도 완전하게 만족시키지 못하는 결과를 가져왔으며 자녀교육수당을 확대한 것은 집에 남기로 하는 여성의 선택만을 향상시켰을 뿐이었다.

좌파성향을 가진 정부와 우파성향을 가진 정부 모두 이러한 가족정책에서 타협적 위치를 유지하였으나 강조한 부분은 달랐다. 우파정부는 특히 베이비시터와 같은 개인적 형태의 보육서비스에 더 많은 보조금을 제공하고자 하였다. 이러한 개인적 형태의 보육서비스는 특히 중산층 이상의 가족에게 상대적으로 더 많은 혜택을 제공하였다. 중산층 이상 소득계층 가족은 집에서 자녀를 양육하는 개인 보육사에게 돈을 지불할 수 있는 재정적 여력이 있었으며, 또한 개인 보육사 비용에 대해 세제상의 혜택을 받을 수 있었다. 1990년대 유급 육아휴직을 확대한 것도 우파정부의 영향 때문이었으며 이 결과 자녀를 가진 여성의 취업률은 상당 수준 하락하였다.

좌파정부는 지속적으로 전통적 보육시설 설치를 주장하였다. 사회주의 성향의 정부는 개인 보육서비스가 공공시설 보육서비스와 경쟁하면 궁극적으로 보육의 공공성이 위태로워진다고 인식하였다. 이에 대응하여 1997년 조스팽(Lionel Jospin) 정부는 개인 보육사 이용비용에 대한 세제상의 혜택을 감소하였으며 보육사 이용에 대한 지원금액을 절반으로 줄였다. 이후 좌파정부는 추가적으로 4만 명의 아동을 돌볼 수 있도록 공공 보육시설에 대한 재정을 증가시킬 것을 약속하였다. 동 시기는 경제상황이 다시 호전되어 재정적 상황이 향상되고 실업률이 하락하던 때였다. 좌파정부는 유급 육아휴직제도를 유지하기는 하였지만 여성이 육아휴직이 끝나고 나서 노동시장에 다시 복귀할 수 있도록 인센티브를 제공하는 방안도 제시하였다.

이러한 정책들은 부모의 선호에 얼마나 많이 부응했을까? 국민인식 조사 결과에 따르면 많은 부모가 보육서비스를 이용하기보다 오히려 근로시간을 줄였으며 여전히 많은 사람이 자녀양육은 여성의 책임이라고 인식하고 있었다. 파냐니(Fagnani, 2000)의 연구결과에 따르면 43%의 여성이 자녀를 갖고 나서 직장을 그만두거나 근로시간을 줄이기를 원하고 있었다. 그 밖에도 자녀양육 방식에 대한 부모의 선호는 매우 다양했다. 보육서비스를 이용하지 않는 부모와 비교하여 실제로 보육시설을 이용하는 부모만이 여러 유형의 보육서비스 중 시설 보육서비스를 가장 선호하는 것으로 보고하였다. 모든 부모 중 단지 22%만이 보육시설을 선호하는 보육방식이라고

보고하였으며 32%는 가정 내에서 자녀를 보육하는 것을 선호하였고 23%
는 조부모에 의한 자녀양육을 선호하였다.

부모의 선호에 따라 보육서비스를 제공하는 것은 사회적 형평성을 해치
는 부작용을 가져왔다. 개인 보육서비스에 대한 지원 강화로 가장 많이 혜
택을 받는 집단은 중산층 이상의 계층이었다. 개인 보육서비스는 소득수준
과 관계없이 모든 부모에게 동일한 금액의 비용을 부과하였으며 동 비용 지
출에 대해 조세 감면혜택을 가장 많이 받는 계층도 중산층 이상의 사람들이
었다. 공공 보육시설만이 소득수준에 따라 차등적 비용을 부과함으로써 저
소득 가정에게 가장 많은 혜택을 부여하였다. 그러나 공공 보육서비스는
공급이 부족하였으며 저소득층 가족은 접근하는 데 어려움이 있었다. 〈지
방분권화법〉이 제정됨에 따라 보육시설 수의 지역 간 격차는 더욱 확대되
어 보육시설의 부족 문제는 더욱 심각해졌다. 결과적으로 많은 부모가 자
녀양육에서 진정한 선택을 하기 어려웠으며 그들은 어떤 식으로든 이용 가
능한 서비스를 선택해야만 했다. 저소득가족은 암시장에서 거래되는 보육
서비스를 이용해야만 했고 이용하고 있는 보육서비스에 대한 선호도는 부
모 중 가장 낮았다.

이러한 정책은 또한 노동시장의 성적 양극화와 여성의 장기적 복지에도
부정적 영향을 미쳤다. 자녀양육을 위한 오랜 휴직은 노동시장에서 여성의
장기적 위치를 위태롭게 하였으며, 특히 이러한 문제는 저소득여성에게서
더욱 심각했다. 육아휴직수당은 덜 숙련되고 소득이 낮은 여성이 주로 받
았는데 이미 소득이 낮았으므로 노동시장을 떠나도 별로 잃을 것이 없었기
때문이었다. 노동시장을 오래 떠나 있었던 여성은 육아휴직급여 기간이 끝
나고 나서 노동시장에 재진입하는 데 어려움을 겪었다. 2000년 3월 육아휴
직수당을 받은 여성 중 휴직급여가 종료되었을 때 고용되어 있지 않은 경우
가 27%였다. 이는 여성의 실업률 상승을 가져와 남성의 실업률은 8.4%인
데 반해 여성의 실업률은 11.9%로 상대적으로 높게 나타나는 원인이 되었

다. 여성의 높은 실업률과 더 높아진 빈곤위험을 고려할 때 여성을 노동시장으로부터 이탈하게 만드는 정책은 여성을 주변화할 위험만 증가시킨 결과를 가져왔다.

복잡하게 구성된 프랑스의 영유아 보육시스템은 다양한 선호를 가진 광범위한 사람의 욕구를 만족시키려는 국가의 노력인 것처럼 보인다. 하지만 자유로운 선택을 강조한 정책의 결과는 대부분의 부모에게 진정한 자유를 가져다주지 않았다. 개인 보육사가 제공하는 서비스로 자녀양육을 해결하고 부모들에게 더욱 많은 선택을 부여하고자 했던 노력은 고용활성화와 재정절감의 목적으로 추진된 것이었으며 이 결과 분배에서의 형평성은 오히려 악화되었다. 이후 경제성장과 실업률의 감소가 공공 어린이집의 확대를 가져올지, 보육체계의 다양화에 따라 부모가 개인 보육서비스를 더욱 선호하게 될 것인지는 프랑스 보육체계의 지속적 변화를 통해 관찰이 가능할 것이다.

2. 프랑스 보육시설체계[2]

앞서 프랑스 영유아 보육교육체계의 발전과정에서 살펴본 바와 같이 프랑스 영유아 보육교육체계는 0~2세 영아보육과 3세~취학 전 유아교육으로 구분되어 추진된다. 0~2세 영아보육은 사회서비스의 일환으로 가족·아동·여성권리 부서가 담당하는 보육서비스이며, 3세~취학 전 유아교육은 교육부에서 담당하는 유아교육정책이다. 3세 이상 유아교육은 보편적인 유아 조기교육의 형태로 이루어지는 반면, 0~2세 영아보육에 대한 국가지원은 주로 일하는 근로여성을 대상으로 이루어진다는 특징이 있다.

프랑스의 근로여성에 대한 자녀양육 지원은 다음의 세 가지 유형을 통해 이

---

2) 이하의 주요내용은 신윤정·김윤희, 2012를 참고하여 작성하였다.

루어진다. 일을 잠시 그만두거나 줄여서 일하는 경우 육아휴직수당에 해당하는 '자녀교육을 분담하는 것에 대한 수당'(Prestation Partagée d'Education de l'Enfant: PREPARE)을 지원받는다. 보육시설에 자녀를 맡기는 경우 '통합서비스급여'(Prestation de Service Unique: PSU) 체계에 의해 소득수준에 따라 차등적으로 설정된 보육료를 지원받는다. 시설 보육서비스가 아닌 개인 보육사를 이용하는 경우 '자녀보육방식의 자유로운 선택에 대한 보조금'(Complément de Libre Choix du Mode de Garde: CMG)을 이용해 보육사의 종류, 양육 자녀 수, 소득수준에 따라 차등적으로 지원받는다.

3세~취학 전 유아에 대해서는 보편적 형태의 유아교육을 제공하며 동 연령대의 98%에 해당하는 아동이 유치원에 등원하고 있다. 3세~취학 전 유아를 방과 후 및 유치원 휴일에 부모가 직접 돌보지 못하는 경우에는 교육이 아닌 보육서비스의 형태로 서비스가 제공된다. 여기서는 0~2세 및 3세~취학 전 아동에게 제공되는 보육시설서비스를 중심으로 주요내용에 대해서 살펴보고자 한다.

프랑스 보육시설은 크게 집단 보육시설(accueil collective)과 가족 보육시설(accueil familial)로 구분된다. 집단 보육시설은 시설에서 보육사가 일정 시간 동안 영유아를 보육하는 일반적 유형의 보육시설이다. 가족 보육시설은 영유아가 다양한 활동을 영위할 수 있도록 하루 중 특정한 시간을 부모 혹은 개인 보육사가 아동을 시설로 데리고 와서 다른 부모 및 아동과 함께 양육하는 장소이다.

집단 보육시설에는 집단 어린이집(crèches collectives), 일시 어린이집(haltes garderies), 놀이방(jardins d'enfants)이 있다. 집단 어린이집은 평일 낮 시간에 일반적으로 3세 미만의 영아를 정규적인 방식으로 보육하는 기관이며, 일시 어린이집은 6세 미만 영유아를 비정기적으로 잠시 맡겨두는 보육시설이다. 집단 어린이집이 취업여성의 자녀를 대상으로 종일제 정규 보육서비스를 제공하는 기관인 데 반해 일시 어린이집은 전업주부가 보육서비스가 필요할 때마다 일시적으로 자녀를 맡기는 곳이다. 놀이방은 2~6세 미취학아동 혹은 취학아동을 방과 후에 시간제로 돌보는 정규적인 보육시설이다. 놀이방은 유치원 혹은 공동 보육시설이 운영하지 않는 시간대에 아동을 돌본다.

집단 보육서비스가 하나의 시설에서 각각 제공될 때 단일 보육기관(*mono-accueil*)이라고 하며, 하나의 시설에서 정규 보육(*accueil régulier*)과 일시 보육(*accueil occasionnel*), 종일제 보육(*accueil à temps plein*)과 시간제 보육(*accueil à temps partiel*) 등 다양한 보육서비스가 제공될 때 복합 보육기관

〈표 17-1〉 프랑스 보육시설 수 및 보육정원 현황

(2014년 12월 31일, 단위: 개소 수, 명)

구분		기관 종류	시설 수	정원 수
단일 보육기관	집단 어린이집	지역전통	1,431	68,260
		직장	181	10,380
		부모	129	2,120
		소규모시설	888	8,990
		계	2,629	89,750
	일시 어린이집	지역전통	1,261	21,370
		부모	54	870
		계	1,315	22,250
	보육교육시설		324	10,890
	계		4,268	122,880
복합 보육기관	지역전통		6,746	205,960
	직장		354	13,530
	부모		213	4,050
	소규모시설		1,013	10,090
	단체·가족		385	13,660
	계		8,711	247,280
총 집단 보육시설			12,979	370,170
가족 보육시설			688	52,920
총 보육시설			13,667	423,090

주: 보육교육시설은 2~3세를 위한 "Les jardins d'éveil"와 2~6세 아동을 대상으로 하는 "Les jardins d'enfants"을 의미.
자료: DREES(2016).

<표 17-2> 프랑스 보육시설의 공공 및 민간 비중

(2014년, 단위: %)

구분		공공	민간			계
			비영리 법인	민간 영리	가족수당 지역공단	
단일 보육기관	지역전통(1,431개소)	73.2	22.3	3.6	0.8	100
	지역전통의 소규모 시설(632개소)	12.6	34.8	50.6	2.0	100
	직장(181개소)	64.6	7.7	12.2	15.5	100
	직장의 소규모 시설(77개소)	0.0	0.0	100.0	0.0	100
복합 보육기관	지역전통(6,746개소)	62.1	29.6	6.4	1.9	100
	지역전통의 소규모 시설(996개소)	17.2	35.5	46.0	1.3	100
	직장(354개소)	20.9	7.1	65.8	6.2	100
	직장의 소규모 시설(12개소)	41.7	25.0	16.7	16.7	100

자료: DREES(2016).

(*multi-accueil*)이라고 한다. 시설 수를 볼 때 복합 보육기관이 단일 보육기관 보다 월등하게 높으며 복합 보육기관이 전체 보육시설 수에서 차지하는 비중은 약 63.7%이다. 가족 보육시설이 전체 보육시설 수에서 차지하는 비중은 5.0%이다. 보육시설이 제공하는 보육정원 수 역시 복합 보육기관이 단일 보육기관보다 많으며 복합 보육기관은 전체 보육시설 정원의 약 58.4%를 제공한다. 가족 보육시설은 전체 보육시설 정원의 약 10%를 제공한다.

집단 어린이집, 일시 어린이집, 복합 보육기관은 운영주체에 따라 지역전통 어린이집, 직장 어린이집, 부모 어린이집으로 구분된다. 지역전통 어린이집은 아동의 집에서 가까운 곳에 위치하며 시설당 정원은 60명이다. 낮 동안 8~12시간 운영하고 밤, 일요일 및 공휴일에는 운영하지 않는다. 직장 어린이집은 부모가 일하는 장소(회사 혹은 관공서)에 설치되어 근무지의 근로시간에 맞게 운영하며 시설당 보육정원은 60명이다. 부모 어린이집은 부모가 공동으로 자녀를 보육하는 시설로 부모 자신에 의해 운영되는 어린이집이다.

프랑스의 보육시설의 운영은 대부분 지역을 중심으로 이뤄지며 집단 어

린이집의 약 54. 4%, 일시 어린이집의 약 95. 9%, 복합 보육기관의 77. 4%
가 지역전통 어린이집이다. 직장에서 운영하는 어린이집은 단일 보육기관
의 4. 24%, 복합 보육기관의 4. 06%로서 전체 보육시설에서 차지하는 비중
이 매우 낮다(〈표 17-1〉 참조). 프랑스 보육시설을 공공 혹은 민간 운영주체
별로 비교해 보면 지역에서 운영하는 전통적인 보육시설은 많은 부분 공공
이 운영하고 있다. 민간이 운영하는 보육시설은 대부분 소규모 보육시설에
한한 것으로 나타난다(〈표 17-2〉 참조).

3. 보육서비스 이용현황

프랑스 보건통계국(Direction la Recherche, des Etudes, de l'Evaluation et
des Statistiques: DREES)이 2013년도에 수행한 "영유아보육 실태조사" 결
과에 따르면 월요일부터 금요일 오전 8시부터 저녁 7시까지 3세 미만 아동
의 주된 양육자가 부모인 경우가 61%로 가장 높았다. 부모가 주된 양육자
가 아닌 경우, 인가받은 보육사에 의해 주로 양육되는 아동은 3세 미만 아
동 중 19%인 것으로 나타났다. 그다음으로 높은 비중을 차지하는 것이 시
설 보육서비스로 3세 미만 전체아동 중 13%인 것으로 나타났다. 조부모가
주된 양육자인 경우는 3%로 매우 낮았다. 유치원이 주된 보육방식인 경우
도 3%로서 역시 매우 낮게 나타났다. 전체적으로 볼 때 주중 낮 시간 동안
부모가 주된 양육자가 아닌 경우에 해당되는 39%의 아동 중 3분의 2가 적
어도 다른 방식의 보육서비스를 이용하는 것으로 보인다.

자녀가 주로 보육사에 의해 양육되는 경우 주당 평균적으로 37시간 서비
스를 받는 것으로 나타났다. 이는 보육시설을 이용하는 아동이 주당 평균
적으로 39시간 서비스를 받는 것과 비교하여 적은 시간이다. 보육시설 서
비스가 주된 양육방식인 아동 중 일주일에 5일 보육시설서비스를 이용하는

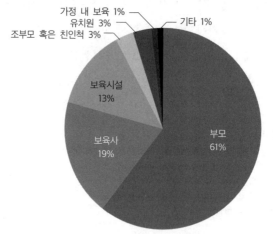

(2013년)

자료: DREES(2013). 2013년도 "영유아 보육실태 조사" 결과, CNAF(2014)에서 재인용.

아동은 56%인데 반해 보육사가 주된 양육방식인 아동 중 일주일에 5일 보육사 서비스를 이용하는 아동은 38%로 낮게 나타났다.

전체아동 중 32%가 다른 보육서비스를 전혀 이용하지 않고 부모에 의해서만 양육되는 것으로 나타났으며 48%가 부모 이외의 적어도 하나의 보육서비스를 이용하고 있었고 적어도 두 개 이상의 보육서비스를 이용하는 아동은 19%인 것으로 나타났다. 부모가 낮 시간 동안 주된 양육자이면서 동시에 다른 보육서비스를 이용할 때 주당 평균적으로 보육서비스를 이용하는 시간은 보육사의 경우 19시간, 시설 보육서비스의 경우 14시간, 조부모의 경우 30분인 것으로 나타났다.

부모가 모두 종일제로 일하는 경우 보육서비스를 이용하는 경우가 더 높았다. 부모가 모두 종일제로 일할 때 0~2세 아동의 낮 시간 동안 주된 보육방식이 보육사인 경우는 38%, 보육시설은 21%로 나타났다. 부모가 모두 일하지 않는 경우에 낮 시간 동안 부모가 주된 보육자인 경우는 86%로 높게 나타났다. 맞벌이부부 중에도 주된 양육자를 부모로 응답하는 경우가 있었

<표 17-3> 프랑스 0~2세 아동의 낮 시간 주된 보육방식: 가족환경에 따른 구분

(2013년, 단위: %)

구분		부모	조부모 및 친인척	개인 보육사	보육 시설	유치원	가정 내 보육	기타	합계
부모 유형	양부모	60	3	21	13	3	1	1	100
	한부모	66	4	10	15	4	0	1	100
자녀 수	1자녀	50	5	24	18	2	1	0	100
	2자녀	61	2	21	11	4	1	0	100
	3자녀 이상	76	2	10	9	2	1	1	100
소득수준	1분위	88	1	3	5	1	0	1	100
	2분위	78	2	7	10	3	0	1	100
	3분위	63	4	18	12	2	0	1	100
	4분위	43	3	34	15	4	0	0	100
	5분위	29	3	37	22	4	5	1	100

자료: DREES(2013). 2013년도 "영유아 보육실태 조사" 결과, CNAF(2014)에서 재인용.

는데 이는 많은 경우 부모 중 적어도 한 명이 시간제로 근로하는 경우였다. 부모 모두가 종일제로 일하는 경우에도 낮 시간 동안 주된 양육자가 부모라고 응답한 경우가 27%로 적지 않았다[이러한 경우의 77%는 주된 양육자는 아니더라도 보육서비스(대부분의 경우 개인 보육사)를 이용하고 있었다]. 부모가 모두 종일제 근로자이면서 낮 시간 동안 주된 양육자가 될 수 있는 것은 부부간 일하는 시간에 차이가 있기 때문이다. 이러한 경우의 5분의 1에 해당하는 것이 모가 재택근무를 하거나 자녀양육을 위해 근무환경 혹은 시간을 조정할 수 있는 경우였다.

부모의 근로활동뿐만 아니라 생활수준에 따라서도 이용하는 보육서비스의 유형에 차이를 보였다. 생활수준이 낮은 부모일수록 가정 내에서 직접 양육하는 비중이 높았는데 이는 근로활동 수준에 따라 받을 수 있는 재정적 수준에 차이가 있으며 자녀보육비용은 부모가 근로활동을 잠시 멈춘 경우 더 높게 받을 수 있기 때문이었다. 3세 미만 자녀가 있는 가정 중 최저소득층은 12%만이 주된 보육방식이 부모 이외의 다른 보육서비스라고 응답하였는데 이는 최고소득층 중 71%가 주된 보육방식이 부모 이외 다른 보육서비스라고 응답한 것과 대조되는 모습이다.

이용하고 있는 보육서비스도 소득계층에 따라 매우 다른 것으로 나타났다. 3세 미만 자녀가 있는 최고소득층 가정은 부모 이외의 주된 양육자로 개인 보육사를 가장 많이 이용하는 반면에 최저소득층은 보육시설서비스를 주된 보육방식으로 가장 많이 이용하고 있었다.

4. 맺음말

프랑스는 출산율과 여성고용률이 모두 높아 유럽 가족정책의 가장 성공적인 유형이라고 지적된다. 프랑스에서 3세 이상 아동에 대한 조기 유아교육시스템은 국가에 의한 아동의 사회화를 중시하는 공화주의 이념에 기초하여 보편적 형태로 매우 잘 발달되어 있다. 이러한 유아 조기교육은 아동에게 공평한 출발선을 보장하여 건강한 미래세대 육성에 기여할 뿐만 아니라 맞벌이부부의 자녀보육을 지원해 주는 역할을 하고 있어 직장과 가정생활을 양립하는 데 크게 기여한다. 프랑스의 유치원은 반일제로 운영되지만 영유아 자녀를 가진 많은 부모가 시간제로 일하거나 근로시간을 탄력적으로 사용함으로써 근로활동과 자녀양육을 병행하고 있다.

발달된 유아 조기교육시스템과 비교하여 0~2세를 위한 보육서비스는 여성이 일과 가정생활을 양립하고 사회적 형평성을 도모하는 데는 아직 부족한 상황이다. 이는 아동이 공공재로서 국가가 아동의 사회화를 담당해야 한다는 규범은 매우 강한 반면, 영아 자녀돌봄에 대해서는 여성이 주된 역할을 해야 한다는 사회적 규범이 여전히 강하기 때문이다.

또한 여성의 양육자와 근로자로서의 역할은 경제상황 및 노동시장 환경에 따라 무게가 달리 주어졌다. 다양한 보육방식에 대한 "부모의 자유로운 선택"이라는 미명하에 유급 육아휴직제도와 개인 보육사 제도를 도입하여 운영하였으나 이러한 자유로운 선택은 저소득층 여성은 육아휴직급여를 받아 집에서 자녀를 돌보고 고소득층 여성은 개인 보육사를 고용하여 직장생활을 유지하는, 여성고용에서의 이중구조를 야기하였다. 이러한 여성고용의 이중적 구조가 젠더적 측면뿐만 아니라 사회적 형평성을 강화하는 데에도 부정적으로 작용함이 프랑스 사례에서 가시적으로 나타나고 있다.

프랑스의 영유아 보육교육정책은 유아 조기교육을 보편적으로 제공함으로써 현격한 성공을 거두었으나 영아보육에서는 아직도 개선의 여지가 많이 남았음을 보여 준다. 프랑스가 이룩한 높은 출산율과 여성 경제활동 참여율의 이면에는 아직도 영아 자녀양육에 있어 많은 직장 여성이 어려움을 겪으며 시간제 노동을 통해 직장생활과 자녀양육을 병행하지만 이는 낮은 수준의 임금과 연금으로 연결되어 결과적으로 양성 불평등 문제는 해결되지 않은 상태로 남았음을 보여주고 있다.

■ 참고문헌

국내 문헌

신윤정 · 김윤희 (2012). 〈저출산에 대응한 영유아 보육 · 교육 정책 방안〉 (연구보고서 2012-47-29). 서울: 한국보건사회연구원.

해외 문헌

Fagnani, J. (2000). *Un Travail et des Enfants: Petits Arbitrages et Grands Dilemmes*. Paris: Bayard.

Morgan, K. (2002). Does anyone have a "Libre Choix?": Subversive liberalism and the politics of french child care policy. In Sonya, M., & Rianne, M. (ed.). *Child Care Policy at the Crossroads: Gender and Welfare State Restructuring* (143~170). New York, London: Routledge.

기타 자료

Caisse Nationale Allocations Familiales (2014). L'accueil du jeune enfant en 2014. Observatoire National de la Petite Enfance Rapport 2015.

DREES (2016). L'offre d'accueil des enfants de moins de 3 ans en 2014: le nombre de places d'assistantes meternelles est prédominant. Etudes & Résultats, Juin 2016, n° 0966.

18

주택 및 주거서비스*

프랑스는 주거지원제도가 잘 발달한 국가 가운데 하나다. 시장에서 스스로 주거 문제를 해결하기 어려운 서민층을 위한 프랑스 정부의 주거지원 서비스는 크게 두 가지로 구분된다. 시세보다 저렴한 주택을 공급하는 방식 그리고 임대료 등을 지원하여 주거비 부담을 낮추는 방식이다.

전자에 대해 프랑스는 여러 방식을 운영하는데 그 가운데 가장 오래되고 보편적인 것이 사회주택(logement social) 공급이다. 사회주택은 단순히 저소득층이나 서민이 거주하는 주택이라고 정의하기보다는 '사회'(social) 라는 단어에 초점을 맞추어 이해할 필요가 있다. 다시 말해, 사회적으로 특권이 없거나 경제적으로 중류 이하의 계층이 거주하는 주택은 중세 이전부터 존재했기 때문에 현재의 프랑스 사회주택을 단순히 저소득층 또는 서민층을 위한 주택으로 규정하기에는 부족한 점이 있다는 것이다. 프랑스의 '사회주택'의 개념에는 국민 간의 사회적 통합, 소득과 권력에 대한 재분배

---

* 이 글은 2012년 《주요국의 사회보장제도: 프랑스》(한국보건사회연구원, 2012)에서 필자가 작성한 "제3부 제6장 주택 및 주거서비스"를 수정 보완한 것이다.

의 의미가 내포되어 있으며 산업화와 도시화 이후 경제적·사회적으로 소외될 수밖에 없는 계층을 위한 '공공의 의지'(개입)를 전제한다.

하지만 프랑스에서 사회주택은 제도화된 개념이 아니다. 제도적으로 사회주택은 공급주체의 위상, 점유형태, 재원의 성격, 입주 대상에 따라 다양한 형태로 나타날 수 있기 때문이다. 프랑스에서 사회주택은 통상적으로 HLM(Habitation à Loyer Modéré: 저렴한 임대료 주택)이란 제도화된 모습을 통해 구체화된다. HLM은 국가 등 공공의 건설에 대한 재정적 지원(aide à la pierre) 하에 순수하게 임대 목적으로 건설, 매입, 정비된 주택과 협동조합 등 특수한 목적에 따라 공급되어 매매가 가능한 주택으로 구분된다.

이런 사회주택과 더불어 프랑스는 가구 또는 개인의 주거비 부담을 낮추기 위해 임대료 등 주거비의 일부를 지원하는 수요자 지원(aide à la personne) 방식을 같이 운영하고 있다. 이는 주거급여란 이름으로 통칭할 수 있으며 제도적으로는 주거수당(Allocations Logement)과 차등적 주거수당(Aide personnalisée au Logement)으로 구분된다.

따라서 여기서는 HLM과 주거급여를 중심으로 프랑스의 주거지원 서비스를 살펴보기로 하겠다.

1. 주거지원제도의 형성과 변화

1) HLM의 형성과 변화

현존하는 프랑스 사회주택은 19세기 말부터 20세기 초반에 만들어진 법·제도적 장치에 기초하고 있다. 1894년 제정된 〈시그프리드(Siegfried)[1]

---

1) 르 아브르(Le Havre)는 시장 겸 국회의원, 신교파 박애주의자였다.

법〉은 사회주택 제도화의 시작을 알렸다. 이 법은 사회주택 건설을 위해 지자체에 설립된 HBM[2] 공급자에게 국립공탁은행(Caisse des Dépôts et Consignations)과 저축공단(Caisse d'Epargne)의 자금을 지원해 줄 수 있는 근거를 마련하였으며 프랑스의 저소득층을 위한 주택건설지원의 기본방향을 제시하였다.

12년 후 스트로스(Strauss)[3]는 각 도(département)에 최소 하나 이상의 HBM 공급자를 의무적으로 설치하도록 규정하는 법을 제안하고 기초지자체와 도가 지방재정의 일부를 이들에게 지원할 수 있는 제도적 장치를 마련하였다. 중앙집권적 성격이 강한 프랑스였지만 이 법을 통해 20세기 초부터 사회주택의 공급과 관리에 대해서는 지방정부의 역할이 강조되었다.

1912년 제정된 〈본느베(Bonnevay) 법〉은 이런 내용을 더욱 구체화하며 완결성을 보여줬다. 즉, 이전에 주로 민간 부분의 노동자주택 공급을 간접적으로 지원하던 것에서 공공이 본격적으로 임대주택 건설에 개입하는 계기 및 기초적 틀을 제공하였으며 지방정부(기초와 광역)에 대한 재정지원 및 이들 스스로 임대주택 건설을 추진할 수 있는 조직체계 구성을 명시했다. 따라서 지자체마다 사회주택을 건설 및 공급할 수 있는 공공 공급자(OPHBM)를 설립할 수 있게 되었다.

하지만 공공의 재정이 예상했던 것만큼 지원되지 못하는 등 사회주택 공급이 원활하지 못하자 프랑스는 새로운 제도적 장치를 구상하였다. 1928년 〈루쉬르(Loucheur)[4] 법〉은 이런 이유로 만들어졌으며, 향후 5년간 26만 호의 HLM의 건설을 위해 필요한 재원을 마련하는 등 공공의 재정적 지원

---

2) Habitation à Bon Marché: HLM의 전신으로 '저렴주택'이라 번역될 수 있다. 입주는 어느 정도 고정된 소득이 있는 공장 노동자를 대상으로 하였다.

3) 1차 세계대전 직후 위생부 장관(Ministère de l'Hygiene)을 지냈으며, 노인, 주부와 어린이 보호, 민중계급의 주거 문제 등에 많은 관심을 가졌던 급진 사회주의자이다.

4) 건설회사를 경영하였으며 이후 산업건설부, 노동부 장관 등을 역임하였다.

을 확대하는 내용을 담고 있었다. 결과적으로 이 법은 사회주택 공급자의 활발한 활동을 유도하여 사회주택 재고가 확대되는 중요한 역할을 하였다.

이 같은 변화를 통해 현재 HLM에 대한 법제적 틀은 1978년 제정된 〈건설 및 주거에 관한 법전〉(*Code de la Construction et de l'Habitation*)에 의해 마련되어 있다.

2) 수요자 지원 제도의 형성과 변화

앞서도 얘기했지만 프랑스의 수요자 지원 제도는 크게 두 가지로 나누어 볼 수 있다. 첫째는 1948년부터 시행하고 있는 주거수당(Allocation Logement) 제도다. 이 제도는 자녀가 있는 저소득 가족의 주거비 부담 완화를 목적으로 도입되었다. 2차 세계대전 이후 정부의 주택정책이 주택의 양적 팽창에 초점을 맞춘 상황에서 주거수당은 제한적 대상에게만 지원될 수밖에 없었다. 하지만 1970년대 이후 HLM의 구조적 문제와 주택건설자금 지원에 대한 재정적 부담의 증가 그리고 주택시장의 양적 안정화는 다른 형태의 주거지원 방식을 요구하였다.

이는 1977년 〈바르법〉(*Loi Barre*)에 의해 구체화되었다. 이 법은 HLM의 문제점과 기존 주거수당 제도의 불완전성을 해소하기 위해 차등적 주거수당(Aide Personnalisée au Logement)이란 새로운 수요자 지원제도를 제시하였다. 이 제도는 임차인이나 모기지(*mortgage*)를 통해 주택을 구입한 세대가 지불할 수 있는 금액과 실제 시장가격을 비교해 그 차이를 국가가 부담하는 방식이다. 초기에는 지원받을 수 있는 주택이 제한적이었지만 1988년 주택에 대한 국민의 권리를 명시한 〈베송법〉(*Loi Besson*) 이후 대상 주택과 가구의 범위가 확대되어 차등적 주거수당이 일반화되는 현상을 보이기 시작하였다.

3) 최근의 정책 동향

프랑스 정부는 현재 주택 문제를 일자리 창출 및 교육 문제와 함께 3대 국가 문제로 다루고 있다. 즉, 주택 문제가 해결되지 못하면 개인(또는 가구)이 사회구성원으로서 역할을 제대로 하기 어려우며 사회통합과 국가발전 역시 요원하다는 전제 아래 모든 국민이 적정한 주거에 거주할 수 있는 권리, 즉 주거권을 오래전부터 강조하고 있다. 이를 위해 2006년 7월 13일 〈주택을 위한 국가의 의무에 관한 법〉(*Loi Portant Engagement National pour le Logement*) 을 제정하고 기존의 건설지원과 가구지원의 제도적, 재정적 틀을 강화한 지원정책을 추진하고 있다.

시장에서 주거 문제를 해결하기 어려운 계층에 집중된 이 같은 정부의 노력은 2005년 수립된 사회통합계획(Plan de Cohésion Social)을 통해 더욱 구체적으로 살펴볼 수 있다. 이 계획은 최근 주택 문제가 나타난 중요한 원인이 수요에 비해 공급이 부족하기 때문이라 전제하고 우선적으로 저소득층을 위한 주택공급 확대를 위해 가구지원과 연계하여 향후 5년간 50만 호의 HLM과 임대료 통제를 받는 민간임대주택 20만 호, 장기분납(금리 0%) 분양주택 24만 호를 공급하고 빈집 10만 호를 리모델링하여 활용하는 목표를 제시했다. 또한 2003년부터 추진하고 있는 도시재생사업을 통해 열악한 주거환경을 개선하는 계획을 강조했다. 현재까지 이 사업을 통해 130개 구역에서 11만 2천 호의 주택이 리모델링되었으며 5만 9천 호가 새로 공급되었다.

2015년에 제정된 〈주택입주와 도시계획 혁신을 위한 법〉(*Loi pour l'Accès au Logement et un Urbanisme Renové*) 은 사회주택을 포함한 신규주택 공급확대를 위해 밀도 상향 등 기존 도시계획 수단의 변화에 대한 내용을 담고 있다. 최근 입법을 예고한 〈평등과 시민권에 관한 법률〉(*Projet de Loi Egalité et Citoyenneté*) 은 신규 사회주택 공급 시 지역적 균형 공급, 사회적 혼합을 강조하고, 기존 사회주택의 임대료 산정 방식을 바꿔 배분의 형평성을 향상하고자 하는 목적을 가지고 있다.

프랑스는 이런 주거지원정책의 추진을 위해 중앙정부 조직에 주택 및 주거서비스를 전담하는 부처(Ministère du Logement et l'Habitat Durable)를 별도로 두고 있다.

2. 주거지원제도의 기본구조

1) HLM

HLM은 프랑스의 사회주택을 지칭하는 법제적 용어로 공공의 재정적 지원을 받아 HLM 기구에 의해 건설, 매입 또는 정비(재개발, 리모델링 등)되는, 그리고 입주자 자격 등 공급 및 관리와 관련하여 별도의 법제적 규정을 적용받는 주택으로 정의된다. 이들은 아파트와 같은 공동주택뿐만 아니라 단독주택과 같은 유형도 존재하며 대부분이 임대주택이지만 약간의 분양주택도 포함[5] 하고 있다. 여기서는 공급자 지원의 대표적 방식인 HLM에 초점을 맞춰 프랑스의 공급자 지원제도에 대해 살펴보기로 하겠다.

(1) 지역주거계획과 사회임대주택건설 의무규정

HLM에 대한 법제적 틀은 1978년 제정된 〈건설 및 주거에 관한 법전〉에 의해 제공된다. 이 법전은 크게 법률(*partie législative*) 과 법규명령 (*partie réglementaire*) 에 대한 부분으로 나뉘는데, HLM에 대한 내용은 법전의 4부(部)

---

5) 따라서 HLM을 HLM, 즉 '저렴한 임대료 주택'으로 사용하기에는 용어상의 모순이 발생하나 이들 분양주택의 재고가 미미하며 임대 시 임대료 등에 대한 제한규정을 두기 때문에 프랑스에서는 HLM으로 통칭하고 있다.

에서 다루며 8편(編)으로 구성되어 있다.

〈건설 및 주거에 관한 법전〉은 사회통합을 고려한 균형적이고 다양한 주택 공급을 위해 지방정부에 의해 수립되는 지역주거계획(Plan Local de l'Habitat: PLH)[6]에 지역별 수요를 고려한 HLM 건설계획을 포함하도록 명시하고 있다. 이와 더불어 2000년 12월 제정된 〈도시재생과 사회통합에 관한 법〉(Loi SRU)은 〈건설 및 주거에 관한 법전〉에 다음과 같은 내용을 담은 조항을 신설하여 사회임대주택 건설 의무를 강화하고 있다. 즉, 1만 5천 명 이상의 인구를 가진 코뮌(commune)을 포함하는 5만 명 이상의 도시권 내 3,500명 이상의 인구(일드프랑스 지역은 1,500명)를 보유한 코뮌 가운데, 전년도 1월 1일 현재 사회임대주택 비율이 빈집 등을 제외한 주택재고의 25% 이하인 코뮌은 임대주택을 그 이상으로 공급하도록 의무화하였다. 사회주택 공가가 많은 지역 등에 대해서는 이 비율을 20%로 낮출 수 있다.

2002년 1월 1일 이후 해당 코뮌의 사회임대주택의 재고가 전체의 25% 또는 20% 이하인 경우 그 차이에 해당하는 호수에 1인당 조세부담액의 20%에 해당하는 금액을 곱하여 부담금으로 부과하도록 규정하고 있다.[7] 이렇게 적립된 부담금은 해당 지역의 지방세에서 부담하며 이 지방정부가 위치한 광역정부로 귀속되어 사회임대주택을 위한 토지취득 및 개발과 사회주택 건설을 위해 사용된다. 또한 법은 해당 지방정부가 매년 7월 1일 이전에 당해 사회임대주택비율을 도지사에게 보고하며 이 내용에 대해 허위 또는 오류가 발견될 경우 벌금을 부과하도록 규정하고 있다. 지역주거계획은 이와 같은 규정을 감안하여 수립하며 이들을 실현할 수 있는 조건과 공간적 배분에 대해서도 구체적으로 다루어야 한다.

---

6) 1991년 제정된 〈도시에 관한 법〉(Loi sur la Ville)에 의해 규정된 지역주거계획은 향후 6년을 목표로 지방정부에 의해 수립된다.

7) 부담금은 해당 지방정부 지출의 5%를 초과하지 못하며 4천 유로 이하는 징수하지 않는다.

한편으로 지역주거계획의 실현을 위해 지방정부는 도시계획과의 연계를 시도하고 있다. 특히, 파리의 경우 도시기본계획에 지역주거계획에서 제시하는 사회임대주택 공급을 위해 '임대주택부족지구'(*zone de déficit en logement social*)라는 용도지구를 새롭게 만들어 지정하고 있으며 이 구역에서 건축되는(정비사업 포함) 모든 주택의 연면적 25% 이상을 사회주택용으로 할당하도록 규정하고 있다.[8] 이와 더불어 파리는 임대주택 집중 공급을 위한 특별구역을 지정하고 있다. 이 구역은 LS 25%, L 50%, LS 50%, L 100%, LS 100%와 같이 5등급으로 구분된다. 예를 들어 LS 25%는 건설되는 주택 연면적의 25% 이상을 사회임대주택으로 공급해야 한다는 것이며 L 100%는 건설되는 건축 연면적의 100%를 주택으로 공급해야 하며 이 가운데 50%는 사회임대주택으로 공급해야 한다는 의미이다.

(2) 공급주체: Organismes HLM

HLM 건설과 관련된 공급자는 다음과 같이 크게 3가지 유형으로 구분할 수 있다.[9]

첫 번째 유형은 '공공주거공단'(Office Public d'Habitat: OPH)이다. 1912년 〈본느베법〉에 의해 구성된 HLM 공단(OPHLM)과 1971년 7월 16일 법에 의해 설립된 공공개발 및 건설공사(OPAC)가 2007년 2월 1일 지침에 의해 공공주거공단으로 통폐합되었다. 공공주거공단의 설립은 도의회(기초 또는 광역) 의결에 의해 발의되며 공공기관 위상을 부여받기 위해 국가의 승인을 얻어야 한다. 즉, 중앙 HLM 위원회의 심의를 거쳐 국가참사원(Conseil d'Etat)의 영(令)에 의해 임대주택기구의 설립을 공식화하고 있으

---

8) 연면적 800m^2 이하 규모는 제외하며 토지를 분할한 경우, 이전 토지에 대해 규칙을 적용한다(PLU Paris, Réglement, Tome I, 33~34).
9) 모든 HLM이 이들에 의해 건설되는 것은 아니며 혼합경제회사(SEM), 민간건설업체 등에 의해 건설된 HLM도 존재한다.

며 심의 및 승인을 위해 지방주거위원회[10]와 국가기관인 지방시설관리청 (DDE)의 의견을 반드시 첨부해야 한다. 이와 같은 의견청취와 심의과정은 주로 법·제도적 사항에 국한된다. 2016년 현재 프랑스 전역에 266개소의 공공주거공단이 설치되어 운영되고 있으며 전체 HLM의 절반에 해당하는 약 240만 호를 보유하고 있다.

두 번째 유형은 '주거를 위한 사회적 기업'(Entreprise Sociale pour l'Habitat: ESH)으로, 민간에 의해 설립되어 민간에 의해 운영되는 HLM 공급자이며 상법상 주식회사의 성격을 가진다. 특이하게도 프랑스에서는 사회주택을 위한 민간 시행자가 공공보다 앞서 합법화되었다. 즉, 1894년 제정된 〈시그프리드법〉에 의해 민간에 의한 사회주택 시행자가 합법적으로 구성되었다는 것이다. 주거를 위한 사회적 기업은 민간 자본, 특히 '주택에 대한 근로자와 기업 연합'(UESL)과 함께 지방정부의 자본 참여를 기초로 설립된다. 한편으로 임차인 대표도 주주로서 경영에 참여할 수 있다. 공공은 최소 10%의 의결권을 가지고 있어 공공의 경영참여가 의무화되어 있으며 이윤을 제한하여 이들에 의해 공급되는 주택이 HLM의 성격을 갖도록 규정하고 있다. 2016년 현재 240개의 사회적 기업이 활동하고 있으며 이들은 약 230만 호의 HLM을 보유하고 있다.

세 번째 유형은 HLM 협동조합(SCHLM)이다. 1908년부터 활동하기 시작한 HLM 협동조합은 저소득층보다 지불능력이 조금 높은 차상위 계층을 위해 주로 자가주택을 공급하는 HLM 공급자로 볼 수 있다. 현재 활동하고 있는 협동조합은 103개이다.

공간적으로 HLM 공급자 각각의 활동영역은 제한적이다. 공공주거공단의 경우, 원칙적으로 이 조직이 설립된 지방정부의 행정구역 내에서만 활동하도록 규정하고 있으며 이 지역과 연접한 지방정부의 동의하에 활동영역을

---

10) 1984년에 설치 근거를 마련하였다.

관련 지역까지 넓힐 수 있다. 민간 공급자는 본사가 위치하고 있는 지역을 그 활동범위로 규정하며 주변 지방정부 동의하에 활동 영역을 확장할 수 있다.

HLM 공급자는 해당 지방정부 동의하에 토지매수 및 수용과 택지개발, 저소득층을 위한 임대주택 건설 및 매입, 기존주택 리모델링 및 주거정비(재건축, 재개발 등)와 더불어 이러한 사업에 따라 공급된 주택의 관리 등의 업무를 수행한다. 또한 일반주거용 건물 건설, 저소득층을 위한 분양주택 건설 및 매입, 주택이 아닌 거처의 매입을 통한 최저소득층의 임시거처 공급 등의 부가적 업무도 수행할 수 있으며 민간주택의 공가에 대해 전대가 가능하다. HLM 공급자의 사업에 의해 건설, 매입, 정비된 주택은 모두 HLM의 위상을 가지며 법에서 정한 기준과 방식에 따라 배분되며 관리되고 있다.

(3) 재정지원 구조

① 공공재원

국가는 HLM의 건설, 매입, 정비 등을 위해 보조금, 융자 등의 형태로 HLM 공급자에게 재정적 지원을 실시한다. 경우에 따라서는 융자금에 대한 이자할인도 실시한다. 중앙정부 재정지원은 중앙의 관련 부처 예산으로부터 마련된 회계에 의해 지원된다. 이와 함께 중앙정부는 기금을 마련하여 융자사업을 추진하고 있다. HLM에 대한 융자사업은 국립공탁은행(CDC)이 책임진다.

후자는 입주 대상별로 다양한 세부사업을 마련하여 사업시행자에게 지원하는데 이 융자금의 재원은 리브레 아(Livret A)라는 주택저축 프로그램으로 대부분 마련되고 있다. 리브레 아는 한국의 주택청약저축과 같은 것으로 누구든지 가입할 수 있으며 시세보다 높은 이자 수익을 제시하여 많은 프랑스 국민이 가입하고 있는 금융상품이다. 융자는 중앙정부와 HLM

공급자의 협약에 의해 결정된 건설원가에 대한 전액 융자가 가능하며 융자기간도 장기저리로 사업시행자의 자부담을 감소시키는 구조이다. 또한 주택건설뿐만 아니라 토지수용 및 개발에 관련된 비용도 지원하며 이 경우 상환기간을 50년까지 확대할 수 있다.

정부는 1980년대 이후 매년 4~6조 원 정도를 HLM 건설 등과 관련되어 지원하고 있다. 건설과 관련한 국가의 직접적 재정지원은 급격히 줄어들고 있으나 기금 등의 융자금액은 2~3조 원 정도를 유지하고 있으며 HLM 리모델링, 재건축 등 신규건설 이외의 지원규모가 증가하고 있다.

정부 재정지원, 기금융자와 함께 HLM 공급자는 조세감면의 혜택을 받을 수 있다. 궁극적으로 임대주택건설 단가를 낮춰 주는 효과를 기대할 수 있는 조세감면 제도는 국세와 지방세로 구분하여 살펴볼 수 있다. 국세감면 사항과 관련하여 HLM 공급자는 국세인 법인세를 면제받으며 공급자협회 역시 법인세를 면제받고 있다. HLM 공급자가 임대주택 건설을 위해 토지를 취득한 경우 부가가치세를 전액 면제해 주며, 민간 공급자의 경우 18.6%의 부가세를 5.5%로 감면해 주고 있다. 임대료, 관리비 등에 대해서도 부가가치세를 면제하고 있다. 반면 건설비에 대해서는 18.6%의 부가세를 부과한다. HLM 조직설립 및 해산과 무상으로 양여받은 지자체 토지 등의 취득 및 HLM 공급자 간 자산이전 변경 등에 관련된 등록세와 인지세는 감면 또는 면제된다. HLM 공급자의 경우, 주택매입에 관한 등록세와 인지세가 면제되며 일반적으로 임대사업자의 임대세(*droit de bail*)는 약 3.5%나 HLM 공급자에 대하여는 2.5%로 감면하고 있다.

지방세의 경우, 사업소세(*taxe professionnelle*)를 면제하고 있으며 토지세(*taxe foncière*)에 대해서는 시한부로 세금을 면제해 주고 있다. 또한 1973년 1월 1일 이전에 지어진 임대주택에 대해서는 25년간 부동산세를 면제해 주며 이후 지어진 주택에 대해서는 15년간 부동산세를 면제한다. 한편, 입주민의 수입이 일정 수준 이하이거나 장애인, 학생일 경우 주민세도 면제하고 있다. 도시계획 관련 지방세의 경우, 지방정부의 자율적 감면을 허용한다. 즉, 도시계획세의 경우 기초정부의 결정에 따라 면세가 결정되며 과밀부담금은 시에 납부 후, 시의회의 결정에 따라 반환될 수 있으며 도세인 자연보존세 역시 도의회의 결정에 따라 면세될 수 있다는 것이다.

한편, 프랑스는 HLM 사업의 재무적 안정을 위해 사회주택보증기금 (*caisse de garantie de logement social*) 을 운영하고 있다. 국가로부터 권한을 위임받은 자와 HLM 공급자 및 혼합경제회사(SEM) 협회대표의 동수로 구성된 이사회에 의해 운영되는 이 기금은 HLM 공급자와 혼합경제회사의 재정적 문제를 예방하고 HLM 공급자 간 통폐합 시에도 필요한 자금을 지원한다. 기금의 재원은 HLM 공급자와 혼합경제회사가 매년 1/4분기에 납부하는 분담금[11], 국가와 국립공탁은행(CDC) 의 차입금, 기금운영 등으로 발생하는 금융수익, 기타 기부금으로 구성된다.

② 민간재원: 주택행동

국가의 행정·재정적 노력과는 별도로 19세기부터 프랑스 기업은 자신의 근로자를 위한 주택을 건설했으며 1943년 이후 이런 움직임은 더욱 폭넓게 진행되었다. 이 같은 기업의 자율적 움직임을 바탕으로 1953년 프랑스 정부는 근로자를 위한 주택건설의 재원 마련을 위해 기업의 재정적 분담, 즉 '주택건설을 위한 기업참여'(Participation des Entreprises 'a l'Effort de Construction: PEEC) 를 의무화하는 '1% 주택'(1% Logement) 제도를 만들었다. '1% 주택'은 2010년 '주택행동'(Action Logement) 이란 이름으로 변경되었으며 주택건설을 위한 기업참여(PEEC) 에 대한 사항은 〈건설 및 주거에 관한 법전〉에 명시되어 있다.

---

11) HLM 공급자가 관리하는 주택에 대해 호당 부과되며 1호당 10유로를 넘지 않는 선에서 매년 국가에 의해 고시된다.

'주택행동'은 일정 규모 이상의 기업이 자신의 근로자 주거 문제 해결을 위해 전체 임금의 일정 부분 해당하는 금액을 매년 적립하여 만들어진 재원으로 운영된다. 적립 대상은 20인 이상을 고용하는 기업(농업 관련 기업은 50인 이상)이며 국가와 공공행정기관은 대상에서 제외된다.[12] 이들은 전년도 전체 임금의 1%를 주택건설 등을 위해 법에 정해진 기관(CIL, FNAL 등)에 납부해야 한다. 1977년 공급자 지원방식에서 수요자 지원방식으로 주거지원정책의 무게중심을 옮김에 따라 1% 주택의 일정 재원이 수요자 지원을 위해서도 할당되었다. 이에 따라 1953년 1%에서 출발한 주택건설을 위한 기업참여 적립금은 1977년 이후 감소하여 현재 0.45%까지 감소하였으며 0.55%는 임대료 보조 등 가구지원을 위한 재원으로 활용되고 있다. 1997년부터 국가의 요청에 따라 해당 기업체 근로자뿐 아니라 실업자, 학생 등을 포함하는 저소득층까지 '주택행동'이 지원하는 수혜 범위가 확대되었으며 국가사업인 도시재생사업에 대한 지원도 병행하고 있다.

'주택행동'의 수혜 대상은 개인과 법인으로 구분되는데, 개인의 경우 분담금을 납입하는 기업의 종사자와 배우자 및 직계존비속, 30세 이하 실업자, 최저소득층(장애인, 이주노동자 등 포함), 국비장학생 등이 혜택을 받을 수 있다.[13] 법인의 경우, HLM 기구, 혼합경제회사, 민간주택사업시행자 및 주택연합회(CIL) 자회사 등이 해당하며 이들은 주택건설을 위해 1% 주택 재원을 지원받을 수 있다. 이를 통해 각 주택연합회는 회원에게 HLM 등 사회주택 물량의 50% 이상에 대해 예약권을 확보할 수 있다.

'주택행동'의 지원사업 유형은 주택건설 및 기존주택매입, 증축 리모델

---

12) 2005년까지 10인 이상을 고용한 기업에 대해 의무를 부과하였으나 2006년 1월 1일 이후 20인 이상으로 완화되었다. 이에 따른 재정손실은 국가의 지원을 통해 충당하며 국가는 이를 바탕으로 1% 주택의 수혜 대상을 근로자 이외 학생, 실직자 등까지 확대하고 있다.
13) 하지만 현실적으로 이들 모두에게 지원하기 어렵기 때문에 내부적으로 지원기준을 별도로 만들어 운영하고 있다.

링 및 대수선, 상업시설을 주거용으로 변경하는 공사, 장애인 등 저소득층 주거지원, 주거이동 및 정착금 지원이다. 지원주택은 거주용도를 원칙[14]으로 하며 건설지원사업의 경우, 사업이 어느 정도 진행된 이후에 지원되는 후불제를 원칙으로 한다.[15] 지원은 융자 또는 보조금 형태로 지원되며 융자규모는 사업비의 50% 이하[16]로 한정하며 이자율은 1~2%로 매우 낮게 책정되어 있다.

현재 약 1,400만 명이 근무하는 22만 개 업체(농업 관련 업체 제외)가 '주택행동'에 가입되어 있으며 40억 유로의 자본금을 보유하고 있다. 프랑스는 민간기업의 재원을 활용한 이 제도를 통해 지금까지 약 90만 호의 사회임대주택을 공급하였다. 특히, 최근에는 청년층에 대한 지원을 확대한 결과 2014년 전체 지원 대상의 46% 정도가 30세 이하로 나타났다.

2) 수요자 지원 제도의 구조

(1) 법제

프랑스의 수요자 지원은 앞서 얘기했듯이 주거수당(Allocation de Logement)과 차등적 주거수당(Aide Personnalisée au Logement)으로 구분될 수 있다. 이들은 만들어진 시기와 배경 등이 달라 현재 각각 다른 법률에 의해 운영된다. 즉, 주거수당은 〈사회보장법전〉(Code de la Sécurité Sociale)에서 다루며 차등적 주거수당은 HLM과 같이 〈건설 및 주거에 관한 법전〉(Code de la Construction et de l'Habitation)에서 다룬다. 주거수당은 사회주거수당(Allocation de Logement Sociale)과 가족주거수당(Allocation de Logement

---

14) 콘도, 별장 등은 지원하지 않는다.
15) 예를 들어, 사업승인 이후 1년 후 또는 입주 후 3개월, 매입, 대수선의 경우, 매입 후 24개월 등이다.
16) 최저소득층 등의 경우, 예외적으로 사업비의 60%까지 지원 가능하다.

Familliale)으로 구분된다. 가족주거수당은 자녀 등 가족을 구성한 가구에게 지급되며 사회주거수당은 학생, 청년, 자녀가 없는 신혼부부, 노인 등 특수 소요계층에게 지급된다.

(2) 지원방식

① 임차가구

차등적 주거수당(차등적 주거수당 1, 차등적 주거수당 2)과 주거수당은 다음과 같은 하나의 모델로 표현될 수 있다. 여기에는 프랑스의 주거비 보조 제도가 가지고 있는 최소부담의 원칙, 한계지원의 원칙, 차등부담의 원칙이란 3가지 원칙을 전제하고 있다.

AL 또는 APL $= L + C - Pp$

L: 실제 월임대료(또는 상한임대료)

C: 기준관리비(가구원 수에 따라 달라짐)

Pp: 임차인 부담의 최소 월 임대료(소득, 가구원 수에 따라 달라짐)

여기서 Pp는 다음과 같이 산정된다.

$Pp = Po + Tp \times Rp$

Po는 수혜가구가 부담해야 할 최소부담금으로, 임대료와 관리비를 더한 금액의 8.5%와 34.53유로 가운데 높은 금액으로 산정된다. Tp는 부담 비율로, 가구구성에 따라 차등을 둔다. Rp는 가구소득에서 기준금액을 뺀 값을 의미한다.

임차가구에 대한 주거급여는 HLM 거주가구뿐 아니라 민간이 소유한 임대주택에 거주하는 가구에게도 지급된다. 차등적 주거수당의 경우 임대인과 공공이 협약을 맺은 경우에 한하고 주거수당은 이들을 제외한 모든 주택 거주가구에게 해당된다. 또한 차등적 주거수당과 주거수당은 공통적으로 프랑스에 합법적으로 거주하는 8개월 이상 해당주택 거주자(외국인 포함)로 일정 소득기준 이하인 자(가구규모, 지역 감안)를 대상으로 한다. 비혈연 노인이나 장애인과 함께 사는 가구는 소득과 상관없이 신청이 가능하다. 학생의 경우 별도규정을 적용하고 있다.

한편, 주거수당은 위의 기준과 더불어 2인 기준 $16m^2$ 이상, 1인 추가 시 $9m^2$($70m^2$ 상한)의 면적 기준과 이 기준을 만족하지 못하는 주택에 거주하는 가구에게는 4년 내에 기준에 적합한 주택으로 의무적으로 이주하도록 하는 강제규정을 적용하고 있다.

② 자가가구

1970년대 프랑스는 공공의 주택 관련 재정규모를 축소하며 가구의 주택구입을 촉진하기 위해 HLM 건설을 지양하고 저축을 장려하는 등 전면적으로 수요자 지원체계로의 전환을 추진하였다. 이 같은 정책이 완벽히 추진되지는 못하였지만 자가가구에 대한 주거비 지원에 힘입어 자가점유율이 높아지는 결과를 유도하였다. 즉, 유럽국가 가운데 프랑스만이 유일하게 자가구입 촉진을 위한 주거비 보조 제도를 실시하고 있다.

자가 주택구입자에 대한 지원체제는 임대주택에 대한 것과 비슷하다. 즉, 모기지를 통한 주택구입 시 가구 특성과 소득에 따라 월 상환액의 일부를 보조금 형식으로 지원한다. 공공의 기금을 받아 건설된 주택에 대해서는 차등적 주거수당 방식을 적용하며 이외 주택에 대해서는 주거수당을 지원하고 있다.

보조금은 다음 식과 같이 산정된다. 가구규모와 소득을 고려하여 대출자가 부담해야 하는 최소 월 상환액과 실제 상환액 간의 차이로 결정된다.

이때 보조금은 최대 보조금을 넘지 못하며 지급 기준에 영향을 미치는 변수의 선택 시 주택구입자는 임차인보다 더 많은 재정적 부담을 진다는 점을 감안하고 있다. 한편, 주택구매자가 '리브레 아'에 가입한 경우 보조금은 더욱 높아질 수 있다.

$$A = K \times (L + C - Lo)$$

L: 월 상환금

C: 기준관리비 (가구원 수에 따라 달라짐)

Lo: 자기부담 월 상환금 (소득, 가구원 수에 따라 달라짐)

K: 가구원 수와 소득에 따라 정해지는 계수

자가가구에 대한 주거보조금 지급방식은 두 가지로 구분할 수 있다. 첫째는 신규주택을 구입하는 경우다. 이 경우 각 가구가 주거보조금을 직접 수령하여 월 상환액을 융자기관에 갚는 방식이 일반적이다. 대출자가 상환금을 3개월 동안 미납하면 융자기관이 주거보조금을 대신 수령할 수 있다. HLM 분양주택의 경우, HLM 공급자가 주택구입자에게 대출을 알선하며 주거보조금은 이 기관에게 지급된다. 공공에 의해 인정된 다른 기관, 특히 혼합경제회사, 협동조합(SC), 신용보증주택회사(SACI)도 위와 비슷한 역할을 맡는다.

둘째, 기존 주택의 경우 주거비 보조예산의 제한과 이 보조금이 투기 목적에 의해 유용되는 것을 방지하기 위해 기존 주택을 정비하는 경우로만 한정하여 지원된다. 이런 주택정비 자금은 건설에 대한 지원이 가지고 있는 장애요인을 피하기 위해 융자가 아닌 보조금 형식으로 사업비의 일정비율을 정하여 지원하며 곧 철거해야 할 건물이나 주택은 대상에서 제외한다. 또한 소유자에게 정비와 관련된 지원이 이루어지면 임대료 증가에 대한 기준을 정해 그 내용을 보조금 지급 시 공공과 작성한 계약에 추가한다.

따라서 공공의 주택정비 보조금을 받은 주택을 임대하는 경우, 공공이 정한 상한임대료 등의 기준을 따라야 하며 주거비 지원조건을 만족하는 임차인은 주거급여를 받을 수 있다. 이 같은 주택개량사업을 위해 중앙정부 산하의 주거정비청(ANAH)이 각 정비유형에 대해 기준가격을 결정하며 명확한 시설기준과 보조금 비율은 지방주택위원회이 결정하고 있다. 즉, 지방주택위원회를 통해 각 지역의 정비지원프로그램을 결정하고 지원받은 자금의 적절한 분배를 한다는 것이다.

또한 건축 및 도로 등 기반시설과 관련된 특별한 소요에 대해, 기준가격을 초과하여 지급하는 방식은 지자체에 의해 결정되며 이같이 정해진 프로그램의 틀 속에서 보조금 지급결정은 도지사가 한다. 주택정비에 대한 지원대상은 임대인 또는 임대인이 파산한 경우 임차인에 부여되며 실제적으로 노인(장애인) 가구 또는 소득 상한 이하의 가구만으로 제한하고 있다. 지원금은 수혜자에게 한 번만 지급되거나 수차례로 나누어 지급될 수 있으며 수혜자가 원한다면 이자할인의 형식을 통해 금융기관에 의해 지급될 수 있다.

(3) 재원과 지급주체

주거수당은 국가의 재정으로 재원을 마련하고 있지만 차등적 주거수당은 국가 재정과 '주택행동'을 통해 만들어진 주거지원기금(Fonds National d'Aide au Logement)을 재원으로 한다. 이 같은 재원의 차이는 주거수당과 차등적 주거수당이 만들어진 배경과 목적이 같지 않음을 방증한다. 즉, 주거수당은 공공부조 차원에서 긴급 주거지원의 성격이 강한 반면 차등적 주거수당은 사회주택 공급과 연동하며 대상계층의 폭이 넓고 국가경제를 고려한 주택정책의 성격이 강하다.

차등적 주거수당을 위한 주거지원기금의 활용은 국가주거기금위원회(Fonds National d'Habitation)에 의해 결정된다. 국가주거기금위원회는 주택 관련 장관을 위원장으로 주택담당부, 재정경제부, 사회복지부, 농림부 대표와 국립공탁은행장, 사회연금기관 이사장, 가족수당공단(CAF) 이사장 등으로 구성되며 차등적 주거수당의 지급 관련 기준과 지급기관, 수혜자, 공공 및 민간 임대인과의 관계를 조정하는 지침을 작성, 운영한다. 위원회는 늦어도 매년 3월 31일까지 당해 주거급여 예산안을 마련하여 관련 부처 승인을 구하며 주거지원기금의 운영은 국립공탁은행에 위탁한다. 국립공탁은행은 주거급여 지급기관에 주거급여액을 배정한다.

3. 주거지원 현황

1) HLM 공급 현황

2015년 현재 프랑스는 약 470만 호의 HLM을 보유하고 있다. 1954년 38만 호 정도이던 재고는 1970년 182만 8천 호, 1978년 282만 3천 호로 급증하였다. 전체 주택 대비 재고비율도 1954년 2.8%에서 1978년 15.1%로 2배 가까이 증가했다.

하지만 1980년대 이후 증가세가 둔화되고 있다. 그 결과 전체 주택 대비 재고비율은 2002년 17.3%에서 2015년 16.2%로 1%p 낮아졌다. HLM의 건설물량 역시 1970년대 초반 13만 호 이상의 건설실적을 보이며 최고치를 나타냈으나 이후 점차 감소하는 경향을 보이고 있다.

〈표 18-1〉 연도별 HLM 재고 변화

(단위: 천 호, %)

	1954	1967	1970	1978	1988	1992	2002	2015
HLM*	380	1,394	1,828	2,823	3,622	3,775	4,231	4,760
비율	2.8	8.9	11.1	15.1	17.0	17.1	17.3	16.2

주: * HLM 임대기금주택(1977년 이전), PLA 지원주택(1977년 이후).
자료: INSEE(각 연도). Enquêtes du logement; CGDD(2015). Compte du logement.

2) 주거비 보조 지원 현황

2014년 주거비 지원 수혜자 비율은 22%로 5가구 중 1가구는 주거비 지원
을 받는 것으로 나타난다. 주거비 지원 수혜가구 비율은 지속적으로 높아
지고 있다. 〈표 18-2〉에서 보이는 것과 같이 1970년대 초반까지 10% 정
도이던 주거비지원 가구의 비율이 차등적 주거수당제도 도입 이후 13.6%
로 증가하였고 1984년 17.4%, 2002년 18.4%, 2014년 22% 등 지속적으
로 증가했다. 2014년 현재 차등적 주거수당과 주거수당을 받는 가구는 각
각 2백만 9천 가구, 3백만 4천 가구로 나타나 1980년대 이후 차등적 주거수
당의 증가가 눈에 띄지만 여전히 주거수당을 받는 가구의 규모가 더 크다.

한편 1977년 주택재정 개혁 이후 HLM과 같은 건설 관련 국가의 직접적
재정지원은 급격히 줄어들고 있으나 가구에 대한 지원은 꾸준히 증가하는
양상이 나타나고 있다.

〈표 18-2〉 주거비 지원 가구 변화

	1970	1973	1978	1984	1988	1992	2002	2014
주거비 지원 수혜자(%)	11.9	10.7	13.6	17.4	17.9	18.2	18.4	22

자료: INSEE(각 연도). Enquêtes du logement.

3) 주거수준과 주거비 부담수준 현황

(1) 주거수준

1인가구의 증가, 보통가구의 감소 등으로 가구 규모가 줄어들고 있음에도
불구하고 주택면적과 방 수는 조금씩 증가하고 있다. 특히, 방이 4개 이상
인 중대형 주택의 비중은 점점 늘어나 1984년 82m²이던 주택 평균면적이
2013년에는 91m²로 약 10m² 정도 증가하였으며 이 같은 현상은 단독주택
에서 더욱 명확히 나타나고 있다. 반면, 공동주택은 지난 20여 년간 면적변

<표 18-3> 주거수준 현황 및 변화

	1984	1988	1992	1996	2002	2006	2013
주택당 평균면적(m^2)	82	85	86	88	90	91	91
단독	96	100	102	105	108	111	112
공동	65	66	66	66	65	66	63
방 수	3.8	3.9	4.0	4.0	4.0	4.0	4.0
단독	4.4	4.6	4.7	4.8	4.8	4.8	4.9
공동	3.0	3.1	3.0	3.0	3.0	2.9	2.9
가구원 수	2.7	2.6	2.5	2.5	2.4	2.3	2.3
단독	2.9	2.9	2.8	2.7	2.6	2.5	2.5
공동	2.4	2.3	2.2	2.2	2.1	2.0	1.9
가구원 1인당 평균면적(m^2)	31	32	34	35	37	40	40
단독	33	35	37	39	41	44	45
공동	27	29	30	30	31	33	32
방 수	1.4	1.5	1.6	1.6	1.7	1.8	1.8
단독	1.5	1.6	1.7	1.8	1.8	1.9	2.0
공동	1.3	1.3	1.4	1.4	1.4	1.5	1.5

자료: INSEE(각 연도). Enquêtes du logement.

화가 거의 나타나지 않고 있으며 오히려 2013년에는 $63m^2$로 감소하고 있어 단독주택과 대조를 보인다. 대부분 도시에 공급되는 공동주택이 가구원 수 감소, 토지가격 상승 등으로 인해 점점 소규모로 공급된 결과로 해석된다.

주택당 방 수의 경우, 단독주택은 지속적으로 증가하는데 공동주택은 미약하게 감소하는 경향을 보이고 있다. 주택면적의 증가와 더불어 1인당 주거소비면적은 1984년 $31m^2$에서 2006년 $40m^2$로 증가하였다. 2013년의 경우 2006년과 같은 면적을 나타내 변화가 없었다. 주택유형별로 단독주택의 증가가 공동주택보다 높게 나타나고 있다. 하지만 공동주택의 가구원 수 규모가 단독주택보다 작고 감소율이 비슷하게 나타나고 있어 구성원이 작은 가구도 규모가 큰 주택을 선호하며 이런 수요에 맞춰 주택, 특히 단독주택이 공급되어 왔다고 판단된다.

(2) 주거비 부담 수준

2013년 현재 주거급여 등을 고려한 프랑스 가구의 주거비 부담 수준은 가구소득의 16.7% 정도로 나타나고 있다. 지난 20여 년 동안의 주거비 부담 수준을 살펴보면 16% 안팎으로 큰 변화 없이 일정한 수준을 유지하고 있다. 다만 2000년 이후 부담 비율이 조금씩 상승하는 경향을 보이고 있다.

2006년의 경우, 민간임대주택에 거주하는 임차가구의 총부담 비율은 22.3%며 순부담 비율은 19.3%로 나타나고 있으며 HLM의 경우, 총부담 비율과 순부담 비율이 각각 18.2%, 12.5%로 나타났다. 다시 말해, HLM은 상대적으로 낮은 임대료와 주거비 보조 등으로 민간임대주택보다 순부담 비율이 낮게 나타나고 있다는 것이다. 특히, HLM의 경우, 저소득층과 고소득층의 주거비 부담 수준의 차이가 크게 나타나지 않고 있으며 같은 소득계층에서 민간과 HLM 간의 차이가 저소득층은 크게 나타나지만 소득계층이 높아질수록 격차가 감소하고 있다.

이 같은 결과는 계층별 차등적 부담을 원칙으로 하는 프랑스 주거지원정책의 원칙에서 그 원인을 찾을 수 있다. 소득분위를 4개로 나누어 보면, 저소득층인 1분위의 주거비 부담 수준은 35.3%로 매우 높게 나타나고 있으나 주거비 지원 등을 고려하면 22.5%로 12%p 정도 낮아지고 있다. 4분위 고소득계층의 경우, 13.8%의 수준을 나타내고 있다. 1분위와 4분위의 총부담 비율의 차이는 12%p 정도 차이가 있지만 공공지원을 고려한 순부담 비율은 9%p 정도의 차이를 보이고 있다.

〈표 18-4〉 주거비 순부담 비율* 변화

	1992	1996	2001	2006	2013
주거비 부담 비율(%)	16.6	15.8	16.1	16.6	16.9

주: * 주거비용에서 주거비 지원 금액을 제외한 비용으로 산정, 주거비용은 임대료(자가가구의 경우 월 상환금), 일반관리비, 광열비, 상하수도료 등 포함.
자료: INSEE(각 연도). Enquêtes du logement.

4. 주거지원제도의 성과와 과제

1) 전반적인 주거수준 향상과 저소득층의 주거안정

앞서 주거현황 부문에서 살펴보았듯 저소득층을 위한 주거지원정책으로 주택의 양적 성장과 더불어 주거소비면적, 주택시설 등 전반적으로 주거수준이 향상되었다. 또한 임대료뿐 아니라 광열비, 관리비, 상하수료 등을 포함한 주거비용을 고려해도 주거비 부담수준이 20% 이하의 안정된 양상을 유지하고 있다. 특히, HLM에 거주하는 가구의 경우, 낮은 임대료와 가구지원의 이중지원에 힘입어 순부담 비율이 12% 정도의 수준을 보이고 있다.

하지만 주거비 부담 비율의 변화를 살펴보면 부담 수준은 조금씩 상승하고 있음을 알 수 있다. 1996년 15.8%던 순부담 비율은 2013년 16.9%로 증가하였다. 이는 가구의 소득증가는 느리게 증가하는 반면 임대료와 관리비용 등 주거비용의 상승이 빠르게 증가한 결과로 주거 문제는 사회 문제, 즉 주거 문제를 해결하기 위해서는 주택에 국한된 정책만으로는 어려우며 경제와 사회정책의 더욱 큰 틀 속에서 해결책을 찾을 필요가 있다는 의미로 해석될 수 있다.

2) 임대주택 공급 감소와 수요자 지원 가구 증가

건설지원에서 가구지원으로의 정책 전환으로 1977년 이후 HLM 건설 물량은 줄어들고 있다. 1970년대 중반까지 HLM의 건설비중이 20%를 상회했지만 이후 감소하는 경향을 보이고 있다. 즉, 1960~1970년대 한 해 10만호를 상회하던 HLM 건설 물량은 이후 급격히 감소하기 시작하여 1980~1990년대를 지나면서 한 해 3만 호 정도까지 줄어들었다.

이에 따라 HLM 재고는 1984년부터 1992년까지 336만 2천 호에서 377

만 5천 호로 약 40만 호 정도만 증가하는 데 그쳤으며 1992년과 2002년 사이에도 매년 5만 호 이하의 공급이 이루어지는 등 HLM 공급은 감소하고 있다.

반면, 1970년대 초반까지 10% 정도였던 주거비지원 가구의 비율은 차등적 주거수당제도 도입 이후 13.6%로 증가하였고 1984년 17.4%, 1992년 18.2%, 2014년 22%로 지속적인 증가세를 나타내고 있다. 이 같은 현상은 공공의 재정지원규모에서도 찾아볼 수 있는데, 1977년 주택재정 개혁 이후 건설 관련 국가의 직접적 재정지원은 급격히 줄어들고 있으나 가구에 대한 지원이 급격히 증가하는 양상을 나타내고 있다. 즉, 2003년 현재 주거비지원 금액은 건설지원 금액의 약 4배 이상을 나타내고 있다. 하지만 2000년 〈도시재생과 사회통합에 관한 법〉에 의해 일정규모 기준을 만족하는 기초지자체는 전체주택 재고의 20%를 HLM으로 보유하도록 규정하고 있어, HLM의 건설은 점차 증가하는 경향을 나타내고 있다.

3) 자가주택 및 단독주택 공급 확대

프랑스의 주거지원정책 결과가 보여주는 또 다른 특이점은 1977년, 즉 주택재정 개혁 이후 자가주택 증가가 높게 나타나고 있다는 것이다. 1963년과 1973년 사이 자가주택은 153만 호 정도 증가하였으나 1973년부터 1984년 사이에는 253만 호의 증가를 나타냈다. 전체 주택재고(*logement principal*) 증가 호 수 대비 자가주택 증가 호 수 비율은 1963~1973년 66.7% 정도에서 1973~1984년 78.2%로 증가하고 있으며 1984~1992년 기간에는 89%를 상회했다. 2007년 현재 자가 점유비율은 57.3%로 1978년보다 10% 이상 증가한 결과를 보여주고 있다.

이와 더불어, 분양주택에 대한 수요자 지원정책은 1960년대 중반부터 시작된 단독주택 공급확대정책과 맞물려 소득 10분위 중 6분위 이하 소득

<표 18-5> 점유형태 비율 변화

	1970	1978	1984	1988	1992	2002	2007
자가(%)	44.8	46.7	50.7	53.6	53.8	56.0	57.3
임차(%)	55.2	53.3	49.3	46.4	46.2	44.0	42.7
전체(%)	100	100	100	100	100	100	100

자료: INSEE(각 연도). Enquêtes du logement.

계층에 대한 소형 단독주택의 공급이 확대되었으며 주택유형과 도시주거
공간의 변화를 유도하였다.

4) HLM 단지의 게토화와 재생사업

1970년대 이후 국가의 주택에 대한 재정지원의 대부분이 건물이 아닌 개
인, 즉 건물면적이 아닌 각 가구의 수입, 가구특성, 주택가격에 따라 결정
되는 정책 전환은 공공과 민간시장의 경계를 희미하게 만들었다. 비슷한
금융조건에 의한 융자장치에 의해 공공이나 민간에 의해 건설된 주택의 임
대료는 거의 차이가 없게 되었고 주택건설을 위한 재정보조를 얻기 위해
임차인이나 장기분할상환 주택구입자의 수에 관심을 갖게 되었다. 실제적
으로 모든 주택에 대해 적용이 가능하게 된 차등적 주거비지원 제도는 사
회주택이 밀집한 도시화 우선지구의 이점을 상실하게 만들었다. 다시 말
해, 대부분의 사람이 이미 도시성을 상실하기 시작한 도시화 우선지구에서
거주하는 것보다 기존 도심에서 거주하기를 선호하는 현실에서 차등적 주
거수당은 기존 도심의 주거비를 도시화 우선지구 내 주택과 비슷한 수준으
로 낮추는 역할을 했다.

이는 도시외곽에 위치한 HLM 단지의 슬럼화를 가속화했다. 프랑스 정
부는 1980년대부터 정상적 기능을 하지 못하는 HLM을 철거하기 시작했
고 2000년 이후 이런 정책은 더욱 확대되어 추진 중이다. 즉, 차등적 주거

비지원 제도의 일반화는 1970년대 이전 지어진 아파트단지의 도시성 저하
와 주민의 부정적 인식을 가중하는 결과를 가져왔으며 1970~1980년대 집
중적으로 추진된 HLM 단지 리모델링정책의 부정적 효과와 더불어 이 공
간에 대한 재생정책이 나오게 된 중요한 요인으로 볼 수 있다.

　2003년부터 프랑스는 도시재생공단을 설립하여 130지구에 대한 재생사
업을 추진하고 있지만 1970년대 이전에 도시외곽에 건설된 HLM 단지의
상황은 크게 나아지지 않고 있다. 한편으로 수요자 지원제도의 확대는 자
가주택 공급의 확대를 유도했으며 주택시장의 안정화에 기여했다는 평가
를 받고 있다.

5. 맺음말

앞서 살펴보았듯 프랑스의 주거지원 서비스는 HLM과 주거급여(AL, APL)
로 대변될 수 있다. 1970년대 초까지 프랑스 정부는 HLM 공급에 주력하
지만 이후 차등적 주거수당 도입을 통해 주거비 보조 제도를 강화하여 주
거지원제도의 두 축인 공급자지원과 수요자지원 제도를 상호보완적으로
운영하고 있다. 즉, 국가는 주거 문제에 있어 매우 적극적이며 광범위하게
참여하는 모습을 보여주고 있다.

　또한 프랑스의 주거지원정책은 지원 대상을 주택구입 가구까지 포함하
며 대부분의 국민을 대상으로 하는 동시에 극빈층에 대한 강한 공공부조
제도를 운영하여 보편성과 차별성이란 두 가지 측면을 동시에 보여주고 있
다고 판단된다. 다시 말해, 보편적(*universal*) 모델을 사용하는 스웨덴이나
덴마크와는 다르게 프랑스는 일반적(*general*) 모델과 잔여적(*residuel*) 모델
의 특성을 모두 가지고 있다는 것이다.

　이 같은 노력의 결과, 저소득 임차가구의 주거비 부담이 20% 이하 수준

을 보이고 있으며 주거수준 또한 높아졌다. 하지만 HLM 단지의 슬럼화는 또 다른 사회적 문제를 만들어냈으며 아직도 해결책을 찾지 못하고 있어 공급자 지원방식의 신중한 적용이 필요함을 일깨우고 있다.

한국도 공공임대주택을 공급하며 최근에는 주거급여 제도를 도입하는 등 큰 틀에서는 프랑스와 비슷한 지원체계를 보이고 있다고 볼 수 있다. 하지만 10년 이상 장기 공공임대주택 재고가 5% 정도 수준이며 주거급여 역시 극빈층에게 제한적으로 지원하고 있어 실제적으로 일반적 선별성과 차별성을 가지기 위해서는 아직 많은 노력이 필요하다고 판단된다.

■ 참고문헌

국내 문헌

봉인식 역(2006). 〈프랑스 주택재정개혁 보고서〉. 서울: 빈부격차차별시정위원회.
봉인식(2007). "프랑스 공공임대주택의 사회적 변화에 관한 연구". 〈주택연구〉, 15권 4호, 25~41.

해외 문헌

Brouant, J. -P. (2004). *Code de la Construction et de l'Habitation*, 11e édition, Paris: Dalloz.
Durance, A. (2007). *Le Financement du Logement*. Paris: Litec.
Ghekière, L. (2008). Le développement du logement social dans l'UE. *Recherches et Prévisions*, *94* (décembre 2008), 21~34.
Houard, N. (2011). *Loger l'Europe: Le Logement Social dans tous ses Etats*. Paris: La Documentation Française.
Keck, J. -L. (1995). *Les Organismes HLM*, 2e édition. Paris: Masson.
Resmond-Michel, I. (2006). *Logement: Votre Conseiller Pratique*. Paris: Editions Prat.

Stébé, J.-M. (2010). *Le Logement Social en France*. Paris: PUF.

기타 자료

CGDD (2007). Compte du logement.
_____ (2015). Compte du logement.
INSEE (각 연도). Enquête du logement.
Les aides financières au logement (2009).
Les organismes de logement social (2009).
Ministère du logement, Logement (2005). Le gouvernement s'engage.

주요 용어

A

• Accidents du Travail	산업재해
• Action Sociale	사회복지서비스
• Age Légale de la Retraite	법정퇴직연령
• Agence Central des Organismes de Sécurité Sociale (ACOSS)	사회보장조직 중앙기구
• Agence Nationale d'Habitat (ANAH)	주거정비청
• Agence Nationale Pour l'Emploi (ANPE)	국립고용안정센터
• Agence Régionale de Santé (ARS)	지역보건청
• Aide au Recouvrement des Pensions Alimentaire	한부모부양료 징수지원
• Aide Personnalisée au Logement (APL)	차등적 주거수당
• Aide Sociale	사회부조
• Aide Sociale à Domicile	재가부조
• Aides Sociale à l'Hébergement	주거부조
• Allocation aux Adultes Handicapés (AAH)	성인장애수당

- Allocation Compensatrice pour Tierce Personne (ACTP)   제3자 보상수당
- Allocation d'Aide au Retour à l'Emploi (ARE)   재취업지원수당
- Allocation d'Education de l'Enfant Handicapé (AEEH)   장애아동교육수당

- Allocation de Base (AB)   기초수당
- Allocation de Fin de Droits (ADFDD)   수급권 만료수당
- Allocation de Logement Familiale (ALF)   가족주거수당
- Allocation de Logement Sociale (ALS)   사회주거수당
- Allocation de Parent Isolé (API)   한부모수당

- Allocation de Rentrée Scolaire (ARS)   개학수당
- Allocation de Solidarité aux Personnes Agées (ASPA)   노령연대수당
- Allocation de Solidarité Spécifique (ASS)   특별연대수당
- Allocation de Soutien Familial   가족지원수당
- Allocation de Veuvage   미망인수당

- Allocation Equivalent Retraite de Remplacement (AER-R)   연금대체수당
- Allocation Equivalent Retraite (AER)   퇴직연금동등수당
- Allocation Familiales   가족수당
- Allocation Journalière de Présence Parentale (AJPP)   자녀간호수당

- Allocation Personnalisée à l'Autonomie (APA)   개인별 자립성 수당
- Allocation Spéciale   특별수당
- Allocation Supplémentaire d'Invalidité (ASI)   장애보충수당
- Allocation Temporaire d'Attente (ATA)   임시대기수당

- Allocation Unique Degressive (AUD) 단일감면수당
- Allocations du Minimum Vieillesse (AMV) 최소노령수당
- Arrêt Perruche 〈페뤼슈법〉
- Assocation Nationale pour la Formation 국립성인직업훈련기관
  Professionnelle des Adultes (AFPA)

- Association Générale des Institutions de 간부퇴직제도 일반단체
  Retraite Complémentaire des Cadres (AGIRC)
- Association pour l'Emploi dans l'Industrie 상공업고용협회
  et le Commerce (ASSEDIC)
- Association pour la Gestion du Fonds pour 장애노동자 자활기금 관리단체
  l'Insertion des Travailleurs Handicapés

- Association pour le Régime de Retraite 보충연금제도단체
  Complémentaire des Salariés (ARRCO)
- Assurance Invalidité 장해보험
- Assurance Vieillesse, Surcomplémentaire 민간 연금보험
- Assurance Viellesse des Parents au Foyer 부모 노후보험
- Auxiliaires de Vie Scolaire (AVS) 취학도우미

C · D

- Caisse d'Allocations Familiales (CAF) 가족수당공단
- Caisse de la Sécurité Sociale 사회보장공단
- Caisse des Dépôts et Consignations (CDC) 국립공탁은행
- Caisse Nationale de l'Assurance Maladie 임금근로자 질병보험 전국공단
  des Travailleurs Salariés (CNAMTS)

- Caisse Nationale de l'Assurance Vieillesse 임금근로자 노령보험 전국공단
  des Travailleurs Salariés (CNAVTS)
- Caisse Nationale de Solidarité pour 자립을 위한 전국연대공단
  l'Autonomie (CNSA)

- Caisse Nationale des Allocations Familiales (CNAF)   가족수당 전국공단
- Caisse Primaire d'Assurance Maladie (CPAM)   질병보험 기초공단
- Caisse Régionale d'Assurance Maladie (CRAM)   질병보험 지역공단
- Caisse Régionale d'Assurance Vieillesse et des Accidents du Travail (CARSAT)   연금 및 산재보험 지역공단
- Classe d'Intégration Sociale (CLIS)   수업통합반
- Code de l'Action Sociale et de la Famille   〈사회복지서비스 및 가족법〉
- Comité Interprofessionel du Logement (CIL)   주택연합회
- Comité Supérieur de l'Emploi   최고 고용위원회
- Comités Techniques Nationaux (CTN)   전국 기술위원회
- Commission des Accidents du Travail/Maladies Professionnelles (CAT/MP)   산재 및 직업병 위원회
- Commission des Comptes de la Sécurité Sociale (CCSS)   사회보장예산위원회
- Commissions Départementales de l'Education Spéciales (CDES)   특수교육도위원회
- Commissions des Droits et de l'Autonomie des Personnes Handicapées (CDAPH)   장애인권리 및 자율위원회
- Complément de Libre Choix d'Activité (CLCA)   직업활동의 자유로운 선택에 대한 보조금
- Complément de Libre Choix du Mode de Garde (CMG)   자녀보육방식의 자유로운 선택에 대한 보조금
- Complément Familial   가족보조금
- Confédération Générale du Travail (CGT)   노동총연합

- Confédération Générale des   기독교노동자총연합
  Travailleurs Chrétiens (CFTC)
- Confédération Générale du   노동총연합-FO
  Travail-Force Ouvrière (CGT-FO)
- Conseil d'Orientation des Retraites (COR) 퇴직연금자문위원회
- Conseil National du   전국 고용주연합
  Patronat Français (CNPF)

- Contrat Complémentaire Santé   보충건강계약
- Contrat d'Accompagnement   고용동반계약
  dans l'Emploi (CAE)
- Contrat d'Avenir (CAV)   미래계약
- Contrat d'Insertion du Revenu   활동통합수당계약
  Minimum d'Activité (CI-RMA)

- Contrat de Dépendance   의존계약
- Contrat de Prévoyance   사후예견계약
- Contrat Emploi Solidarité (CEC)   고용연대계약
- Contrat Initiative Emploi (CIE)   고용주도계약
- Contrat Unique d'Insertion (CUI)   단일통합계약

- Contribution pour le Remboursement 사회부채 상환부담금
  de la Dette Sociale (CRDS)
- Contribution Sociale Généralisée (CSG) 일반 사회보장 부담금
- Convention d'Objectifs et de Gestion (COG) 목표 및 운영에 대한 협약

- Couverture Maladie Universelle   보충적 보편의료보장제도
  Complémentaire (CMU-C)
- Déclaration Obligatoire l'Emploi des 장애인 의무고용신고
  Travailleurs Handicapés (DOETH)
- Direction Départementale de   지방시설관리청
  l'Equipement (DDE)

E · F · G · H · I

• Emploi de Vie Scolaire (EVS)	취학보조고용
• Entreprise Sociale pour l'Habitat (ESH)	주거를 위한 사회적 기업
• Fonds de Reserve pour les Retraites (FRR)	연금유보기금
• Fonds de Solidarité Vieilless (FSV)	노령연대기금
• Fonds Spéciaux	특별기금
• Garantie de Ressources	소득보장금
• Habitation à Loyer Modéré (HLM)	공공임대주택
• Habitation à Bon Marché (HBM)	저렴주택
• Incapacité Permanente Partielle (IPP)	부분 영구장해
• Indemnités Journalières	상병급여
• Institut National de la Statistique et des Etudes Economiques (INSEE)	통계청
• Institut Supérieur du Travail	노동고등위원회
• Intéressement	이익공여제

L · M

• Loi Aubry	〈오브리법〉
• Loi de Financement de la Sécurité Sociale	〈사회보장재정법〉
• Loi pour l'Egalité des Droits et des Chances, la Participation et la Citoyenneté des Personnes Handicapées	〈장애인의 권리, 기회, 참여, 시민권의 평등에 관한 장애인법〉 (〈2005년 장애인법〉)
• Loi sur les Retraites Ouvriers et Paysannes (ROP)	〈노동자와 농민을 위한 퇴직연금제도에 관한 법〉
• Maison Départementale des Personnes Handicapées (MDPH)	장애인의 집
• Minima Sociaux	최저소득보장제도

O · P

• Objectif National des Dépenses Assurance Maladie (ONDAM)	질병보험지출 국가목표
• Office Public d'Aménagement et de Construction (OPAC)	공공개발 및 건설공사
• Office Public d'Habitat (OPH)	공공주거공단
• Office Public Habitation à Bon Marché (OPHBM)	저렴주거공단
• Office Public Habitation à Loyer Modéré (OPHLM)	공공임대주택공단
• Pôle Emploi	고용지원센터
• Pacte Civil de Solidarité (PACS)	시민연대계약
• Participation des Entreprises à l'Effort de Construction (PEEC)	주택건설을 위한 기업참여
• Pension de Révision	복귀연금
• Plan Local de l'Habitat (PLH)	지역주거계획
• Prestation d'Accueil du Jeune Enfant (PAJE)	영아보육수당
• Prestation de Compensation du Handicap	장애보상급여
• Prime à la Naissance	출산장려금
• Prime pour l'Emploi (PPE)	취업촉진장려금
• Projet Personnalisé d'Accès à l'Emploi (PPAE)	개별화된 취업접근계획

R

• Régimes Complémentaires Obligatoires	의무적 보충레짐
• Régime Complémentaire	보충레짐
• Régime de Base	기초레짐
• Régime Général	일반레짐

- Régime Supplémentaire   보충레짐
- Rentes d'Accident du Travail   산재보험정기급여
- Revenu de Solidarité Active (RSA)   활동연대수당
- Revenu de Solidarité (RSO)   연대수당
- Revenu Garanti (RG)   보장소득
- Revenu Minimum d'Insertion (RMI)   최저통합수당

S · T · U

• Salaire Minimum Agricole Garantie (SMAG)	농업 분야 최저임금제도
• Salaire Minimum Interprofessionnel de Croissance (SMIC)	성장을 위한 직업 간 최저임금
• Salaire Minimum Interprofessionnel Garantie (SMIG)	생활보장을 위한 직업 간 최저임금
• Société Anonyme Crédit Immobilier (SACI)	신용보증주택회사
• Société Cooperative d'Habitation à Loyer Modéré (SCHLM)	공공임대주택 협동조합
• Société d'Economie Mixte (SEM)	혼합경제회사
• Stage d'Accès à l'Entreprise (SAE)	기업접근견습제도
• Stage d'Insertion et de Formation à l'Emploi (SIFE)	취업통합 및 훈련견습제도
• Taxe à la Valeur Ajoutée (TVA)	부가가치세
• Union Nationale Interprofessionnelle pour l'Emploi dans l'Industrie et le Commerce (UNEDIC)	상공업고용 전국연합
• Union pour le Recouvrement des Cotisations de Sécurité Sociale et l'Allocations Familiales (URSSAF)	사회보험료 통합징수기관
• Unités Pédagogiques d'Intégration (UPI)	통합교육수업